CATALOGUE

DES LIVRES

DE FEU
M. LE DUC DE LA VALLIERE.

PREMIERE PARTIE.

CATALOGUE
DES LIVRES
DE LA BIBLIOTHEQUE
DE FEU
M. LE DUC DE LA VALLIERE.
PREMIERE PARTIE

Contenant les Manuscrits, les premieres Éditions, les Livres imprimés sur vélin & sur grand papier, les Livres rares, & précieux par leur belle conservation, les Livres d'Estampes, &c. dont la Vente se fera dans les premiers jours du mois de Décembre 1783.

Par Guillaume de Bure, fils aîné.

TOME SECOND.

A PARIS,
Chez Guillaume de Bure fils aîné,
Libraire, Quai des Augustins.

M. DCC. LXXXIII.

CATALOGUE
DES LIVRES
DE LA BIBLIOTHEQUE
DE FEU M. LE DUC
DE LA VALLIERE.

PREMIERE PARTIE.

BELLES-LETTRES.

Introduction à l'Etude des Belles Lettres.

2150 De la maniere d'enseigner & d'étudier les belles lettres, par rapport à l'esprit & au cœur. Par M. Charles Rollin. *Paris, Ve Estienne*, 1740. 2 vol. in 4. G. P. m. r.

Tome II. A

BELLES-LETTRES.

Grammaires & Dictionnaires des Langues Orientales.

2151 Linguarum duodecim characteribus différentium alphabetum. auctore Guillelmo Postello. *Parisiis, Lescuier.* in 4. m. bl. l. r.

2152 Grammatica hebraica & chaldaica, ex optimis, quæ hactenus prodierunt, nova facilique methodo concinnata. auctore Domno Petro Guarin. *Lutetiæ Parisiorum, Jacobus Colombat,* 1724. 2 vol. in 4. G. P. v. f.

2153 Lexicon hebraicum & chaldæo-biblicum, auctore domno Petro Guarin. *Parisiis Jac. Franc. Collombat,* 1746. 2 vol. in 4. G. P. v. f.

2154 Lexicon chaldaicum, auctore Eliia Levita. *Isnæ,* 1541. in fol. v. f.

2155 Jacobi Golii lexicon arabico-latinum, contextum ex probatioribus orientis lexicographis. *Lugduni Batavorum, Typis Bon. & Abrahami Elzeviriorum.* 1653. in fol. v. f.

Grammaires & Dictionnaires Grecs.

2156 Thesaurus Cornucopiæ & Horti Adonidis. græcè. sive collectio veterum grammaticorum græcorum, digesta per ordinem litterarum per Guarinum Camertem, Carolum Antenoreum; nec sine adjumento & consilio Angeli Politiani;

BELLES-LETTRES.

ex recognitione Aldi Romani, qui multa addidit, plurima immutavit adjuvante Urbano Bolzano. *Venetiis, in domo Aldi Romani,* 1496. in fol. m. r.

PREMIERE EDITION.

2157 Theodori Introductivæ Grammatices libri IV. Ejusdem de mensibus opusculum. Apollonii grammatici de constructione libri IV. Herodianus de numeris. Græcè ex recensione Aldi. *Venetiis, in Ædibus Aldi,* 1495. in fol. m. r.

PREMIERE EDITION.

2158 Thomæ Magistri per alphabetum, hoc est elementorum ordinem Attici eloquii, elegantiæ quibus approbatissimi priscorum usi sunt. atque non nullæ circa eandem annotationes & differentiæ. Græcè. *Romæ, per Zachariam Caliergi,* in 8. v. f.

2159 Emanuelis Chrysoloræ Erotemata linguæ græcæ, cum multis additamentis, & cum commentariis latinis Guarini. cùm præfatione Joannis Mariæ Tricælii, & altera Pontici Virunii ad Ant. Vicecomitem. accedit vita Chrysoloræ, per eundem Ponticum Virunium. *Ferrariæ, per Joannem Mazochum,* 1509. in 8. m. bl.

TRÈS RARE.

2160 Erotemata Chrysoloræ. De anomalis verbis.

De formatione temporum ex libro Chalcondylæ. Quartus Gazæ de Conftructione. De Encliticis. Sententiæ monoftichi ex variis poetis. Dionyfius de fitu orbis. hæc omnia græcè. ex recenfione Aldi Manutii. *Venetiis in Ædibus Aldi*, 1512. in 8. m. r.

IMPRIMÉ SUR VÉLIN.

2161 Joannis Tortellii Arretini commentariorum grammaticorum de orthographia dictionum è græcis tractarum opus. *Vicentiæ, per Stephanum Koblinger*, 1479. in fol. m. r.

On trouve au recto de l'avant-dernier feuillet la fouf-cription fuivante imprimée en lettres capitales :

Ioannis Tortellii Arretini commentariorum grammaticorum de orthographia dictionum e graecis tractarum opus per Stephanum Koblinger viennenfem vicentiæ accuratiffime impreffum idibus ianuariis millefimo quadrigentefimo feptuagefimo nono.

Au verfo de ce feuillet, & fur le recto du dernier, il y a une piece de 26 vers en l'honneur du premier Imprimeur.

2162 De Foenicum literis, feu de prifco latinæ & græcæ linguæ charactere, ejufque antiquiffima origine & ufu commentatiuncula, Guillielmo Poftello authore. *Parifiis, Vivant Gaultherot*, 1552. in 8. m. r.

2163 Le Jardin des Racines grecques, mifes en vers françois. Par Meffieurs de Port-Royal. *Paris, Pierre le Petit*, 1664. in 12. m. r. doub. de m. l. r.

BELLES-LETTRES.

2164 Julii Pollucis Onomasticon, græcè, ex recensione Aldi Manutii. *Venetiis, apud Aldum,* 1502. in fol. m. bl.

2165 Julii Pollucis Onomasticum græcè & latinè. cum notis variorum, ex recensione Tiberii Hemsterhuis. *Amstelædami, ex Officina Wetsteniana,* 1706. 2 vol. in fol. G. P. vel.

2166 Dictionarium græcum copiosissimum secundum ordinem alphabeti cum interpretatione latina. Cyrilli opusculum de Dictionibus. Ammonius de differentia dictionum græcè & latinè, studio Aldi Manutii. *Venetiis, in Ædibus Aldi Manutii,* 1497. in fol. m. r.

2167 Hesychii Lexicon Græcè, cum notis variorum, ex recensione & cum animadversionibus & notis Joannis Alberti. *Lugduni Batavorum, Samuel Luchtmans,* 1746. 2 vol. in fol. G. P. v. f.

2168 Suidæ Lexicon, Græcè. curâ Demetrii Chalcondyli. *Mediolani, impensa & dexteritate D. Demetrii Chalchondyli, Joannis Bissoli, Benedicti Mangii Carpensium,* 1499. in fol. m. r.

PREMIERE EDITION.

2169 Suidæ Lexicon græcè & latinè. ex recensione & cum notis Ludolphi Kusteri. *Cantabrigiæ, Typis Academicis,* 1705. 3 vol. in fol. G. P. v. f.

2170 Joannis Crastoni Placentini Carmelitani,

BELLES-LETTRES.

Lexicon græco-latinum, ex recensione & cum præfatione Boni Accursii Pisani, Joanni Francisco Turriano ducali quæstori. (*Mediolani*, *circa* 1480.) in fol. cuir de Russie.

CETTE EDITION, sans chiffres & réclames, mais avec signatures, a certainement vu le jour à Milan, où *Bonus Accursius* faisoit imprimer tous les Ouvrages qu'il donnoit. Les caracteres, tant grecs que romains, en sont semblables à ceux de l'Edition des Fables d'Esope, imprimées par les soins du même Auteur.

Il est bon de remarquer que les caracteres romains seulement, employés dans le *Pseautier Grec* exécuté à Milan en 1481, & les caracteres grecs de l'*Homere*, imprimé à Florence en 1488, par *Bernardus Nerlius*, ressemblent parfaitement à ceux de cette Edition du *Lexique de Craston*.

2171 Thesaurus græcæ linguæ, ab Henrico Stephano constructus. *Parisiis, apud H. Stephanum*, 1572. 4 vol. in fol. G. P. m. r.

2172 Glossaria duo, è sinu vetustatis eruta : ad utriusque linguæ cognitionem & locupletationem perutilia. comment. H. Stephani. *Parisiis, H. Stephanus*, 1573. in fol. m. r.

2173 Etymologicum Magnum Græcum, græcè, editum sumptibus Nicolai Blasti Cretensis; cum præfatione græcâ Marci Musuri & duobus epigrammatibus unâ Marci Musuri, alterâ Joannis Gregoropuli, Cretensis. *Venetiis*, 1499. in fol. m. r.

PREMIERE EDITION.

BELLES-LETTRES.

Grammaires & Dictionnaires de la Langue Latine.

2174 Marcus Terentius Varro de lingua latina. in fol. m. r.

EDITION sans chiffres, réclames & signatures, à longues lignes au nombre de 35 sur les pages qui sont entieres. Le titre énoncé ci-dessus se trouve dans le haut du premier feuillet imprimé en lettres capitales, de grandeurs inégales. La premiere page contient 33 lignes, sans y comprendre celle du titre. Au verso du trente-quatrieme feuillet il y a cette souscription :

℃ *De origine Latinæ lingue ad .M.Tullium Ciceronē hactenus diss*...

Le reste du mot est effacé.

Le feuillet suivant commence par deux lignes, dont la premiere est imprimée en lettres capitales inégales.
℃ *.M. T. Varronis Analogie Lib. I.*

Et au bas du 57e & dernier feuillet on lit :
Finis eius quod inuenitur Marci Varronis.

Cette Edition paroît avoir été exécutée à Rome par *Georgius Sachsel de Reichenbal* & *Barth. Golsch de Hohenbart ;* car le caractere est semblable à l'Edition de *Paradoxa super Juvenalem*, sortie de leurs presses en 1474.

Ces deux Artistes ont très peu imprimé ; on ne connoît jusqu'à présent que trois de leurs Editions, y compris celle-ci, dont l'existence soit certaine.

2175 M. T. Varronis de lingua latina libri qui extant, cum additionibus fragmentis ejusdem studio Pomponii, deinde Francisci Rhollandelli Trivisani. *Parmæ*, 1480, *tertio idus Decembris.* in fol. m. r.

Les caracteres ressemblent à ceux de *Portilia*, qui imprimoit à Parme.

2176 Sexti Pompeii Festi de verborum significatione liber. *Mediolani*, (*Ant. Zarothus*) *tertio nonas Augustas.* 1471. in fol. m. r.

PREMIÈRE EDITION.

2177 Sexti Pompeii Festi collectanea priscorum verborum. *Romæ , Joannes Reynhardus de Enyngen*, 1475. in fol. m. r.

Le Volume commence par le texte ; à la fin il y a cette souscription :

Collectanea Arrogantissimi Pompei Festi. Priscisq; verbis pmulgata. a Iohãne Reynhard de Enyngen. Constantieñ. Impressa Rome Sub Sixto. IIII. Pontt Maxi. Anno sed nedum salutis eiusdem. Absoluta saluberrimè extiterant. A. D. M.. LXXV. Calend. vero Octobr.

Au verso de ce dernier feuillet est le registre.

2178 Sex Pompeii Festi & Mar. Verrii Flacci de verborum significatione libri XX. notis & emendationibus illustravit Andreas Dacerius, in usum Delphini. *Lutetiæ Parisiorum , Lambertus Roulland*, 1681. in 4. v. f.

2179 Deux Planches de bois fort anciennes qui ont servi à imprimer un Donat, de format in 4. Elles sont chacune dans un étui de m. r.

Voici de quelle maniere M. le Baron de Heiniken rend compte

Prepositio quid est? Pars orationis que preposita alijs partibus orationis significationem
earum aut complet. aut mutat.
aut minuit. Prepositioni quot accidunt?
Unum. Quid? Casus tantum. Quot casus?
Duo : Qui? Accusatiuus et ablatiuus. Da prepo-
sitiones accusatiui casus : ut ad. apud. ante.
aduersum. cis. citra. circum. circa. contra.
erga. extra. inter. intra. infra. iuxta ob.
pone. per. prope. propter. secundum. post. trans.
vltra. preter. supra. circiter. vsque. secus.
penes. Quomodo dicimus enim? Ad patrem.
apud villam. ante edes. aduersum inimi-
cos. cis renum. citra forum. circum vicinos
circa templum. contra hostes. erga propin-
quos. extra terminos. inter naues. intra menia. infra tectum. iuxta macellum.
ob augurium. pone tribunal. per parietem
prope fenestram. propter disciplinam. secundum fo-

Cat. de M. de la Val. T. II. p. 8.

Et pluraliter doceamur docemini doceantur. Futuro docetor tu docetor ille. Et pluraliter doceamur doceminor docentor. Optatiuo modo tempore presenti et preterito imperfecto vtinam docerer docereris vel docerere doceretur. Et pluraliter vtinam. doceremur doceremini docerentur. Preterito perfecto et plusquamperfecto vtinam doctus essem vel fuissem esses vel fuisses esset vel fuisset. Et pluraliter vtinam docti essemus vel fuissemus essetis vel fuissetis essent vel fuissent. Futuro vtinam docear docearis vel doceare doceatur. Et pluraliter vtinam doceamur doceamini doceantur. Coniunctiuo modo tempore presenti

Page gravée fur bois, d'une Edition de la Grammaire Latine d'*Ælius Donatus*. Le paſſage du Chapitre *de la Conjugaiſon* qu'elle contient, eſt tel qu'il ſe trouve dans les différentes Editions qui ont été faites de cette Grammaire.

BELLES-LETTRES.

compte de ces deux morceaux curieux d'antiquité dans son *Idée générale d'une collection complete d'estampes*, p. 257 & suiv.

« J'ai trouvé chez M. Morand, de l'Académie des Sciences & des Arts, à Paris, deux planches de bois fort anciennes d'un Donat. J'étois informé déjà de leur existence ; elles sont de la grandeur in 4. La premiere contient vingt lignes, dont j'ai fait copier exactement les cinq premieres qu'on trouve ci-joint sous le Nº 2. L'autre planche n'a que seize lignes. M. Foucault, Conseiller d'Etat, qui étoit très curieux d'antiquités, en avoit fait l'acquisition en Allemagne. Après la mort de M. Foucault ces deux planches passerent à M. le Président de Maisons ; de là à M. du Fay, fils de celui qui possédoit cette belle Bibliotheque, dont le Catalogue est imprimé. Enfin M. Morand en est devenu possesseur. M. Meerman possede pareillement une planche du même Donat, qui vient de la Bibliotheque de M. Hubert à Bâle ; mais elle est cassée par la vieillesse.

» Quand on examine ces lettres on les trouve justement du même type ou dessin que celui de la Bible que je nomme la premiere, & dont je parlerai dans un autre endroit. elles sont encore semblables à celui du Pseautier de 1457, quoiqu'elles ne soient pas de la même grandeur.

» Je crois que ces tables sont du livre que le *Chroniqueur de Cologne* appelle un *Donat*, & que *Tritheme* nomme un *Catholicon*, (livre universel) ce qu'on a confondu ensuite avec le grand Ouvrage intitulé : *Catholicon Januensis*. C'est toujours l'ouvrage d'un Graveur en bois dont s'est servi celui qui a voulu imprimer & publier cette Grammaire.

On remarque dans l'une de ces deux planches gravées en bois, dont nous avons fait tirer des épreuves pour joindre ici au Catalogue, la lettre C. au bas de la page. Cette lettre, qui a certainement servi pour l'assemblage des feuillets, prouve que l'usage des signatures dans les livres imprimés est plus ancien qu'on ne pense, & que ce n'est pas parceque les Imprimeurs ignoroient cet usage, qu'ils ne l'ont mis en pratique qu'assez tard. Schoyffer même, suivant l'Auteur d'une *dissertation sur les signatures*, imprimée dans l'esprit des Journaux du mois de Mai 1782, ne s'en servoit pas dans un temps qu'elles étoient employées par la plupart des Imprimeurs de l'Europe.

2180 Donatus (arte grammaticus per allegoriam traductus) Venerabilis Magistri Johannis Gerson. *Impressus circa* 1476. in fol. goth. v. f.

EDITION sans chiffres, réclames & signatures, exécutée à longues lignes, au nombre de 32 sur les pages qui sont entieres. Les caracteres sont semblables à ceux dont s'est servi *Frederic Creuszner* pour imprimer à *Nuremberg* en 1477, *Radicalis Attestatio*.... annoncé ci-devant, N° 816.

Le Volume qui consiste en 7 feuillets commence ainsi au recto du premier.

Incipit donatus Venerabilis Magistri Johannis Gerson Cācellarij Parisiensis.

2181 Priscianus de octo partibus orationis : de constructione : de duodecim carminibus : de accentibus : de numeris, de ponderibus & mensuris. interpretatio ex Dionysio de situ orbis. *Venetiis, impensis Marci de Comitibus sociique ejus Girardi Alexandrini*, 1476. in fol. v. f.

BELLES-LELTRES.

2182 Prisciani Grammatica & alia ejusdem opera. *Mediolani, Alexander Minutianus, 1503, octavo kl. Novembris.* in fol. m. r.

2183 Nonnus Marcellus de proprietate sermonis. 1471. in fol. m. r.

PREMIERE EDITION.

Elle paroît être sortie des presses d'Ulric Han.

2184 Nonius Marcellus de proprietate sermonis. ex recensione Pomponii auxiliante Volsco & amicis. (*Romæ, Georgius Laver de Herbipoli circa* 1470.) in fol. m. bl.

EDITION qui a dû paroître en 1470; elle est exécutée sans chiffres, réclames & signatures, à longues lignes, au nombre de 40 sur les pages qui sont entieres.

On trouve à la tête du Volume un feuillet qui n'est imprimé qu'au verso; il contient une Epître dédicatoire commençant ainsi :

Pomponi9 Gaspari blondo Salutem rogauit me Georgius laur'd herbipoli. fidelissimus librorum impressor ut Nonii Marcelli opus percurrerem atq3 si fieri posset corrigerem ego ob amorem observantiamq3 et fidem quam erga me habet laborem subire non recusaui. &c.

On trouve à la fin du texte ces vers :

Ex scriptis rerum. ut fertur. cognoscitur omnis
   Causa. patent illis oppida. bella. duces.
Scriptori multum debemus. nec minus illis
   Maiorum qui non scripta perire sinunt.
Marcelli studium multorum inscitia noui
   Spreuit dignum omni posteritate legi.
Correptum pariter ceu scripserit auctor habeto
   Illud pomponi candide lector ope.

BELLES-LETTRES.

Cette foufcription eft fuivie d'un feuillet de *regiftre*.

Pomponius, Editeur de cet Ouvrage, a fait imprimer un *Quinte Curce* par le même Laver, en 1470.

2185 Ifidori Hifpalenfis Epifcopi Etimologiarum libri viginti. in fol. goth. m. r.

CETTE EDITION exécutée vers 1470, eft fans chiffres, réclames, & fignatures, fur 2 colonnes, dont celles qui font entieres ont 51 lignes.

Le Volume commence par cet intitulé, qui eft imprimé en lettres capitales:

Incipit epiftola Ifidori iunioris Hifpalenfis epifcopi ad Braulionem Cefar Auguftanum Epifcopum.

Il finit au bas de la feconde colonne du recto du dernier feuillet par cette ligne:

ut vis morbi ignis ardore ficcetur.

2186 Nicolai Perotti Erudimenta Grammatices. Parifiis, (*Cæfaris*,) 1477. in fol. m. r.

LE VOLUME commence par ces mots:

Nicolai Perotti pontlipontini ad pyrrum perottü Nepotem ex fratre fuauiffimum erudimenta grammatices.

Au bas du verfo du dernier feuillet du texte il y a la foufcription fuivante:

Opus vtiliffimü Grämaticale finit Impreffü Parifii in vico facti Iacobi in interfignio Follis viridis iuxta predicatores. Anno. M. CCCC. Lxxvii. quinta die menfis Decëbris.

On trouve après cette foufcription deux feuillets commençant ainfi:

Principiü quo qui poffumus ad fümum pontificem.

On lit au bas du recto du fecond:

Opus bonü Finit feliciter;

BELLES-LETTRES. 13

2187 Nicolai Perotti Rudimenta Grammatices. *Venetiis, Gabriel Petrus Tarvifianus*, 1478. in 4. m. r.

On lit à la fin cette foufcription :
Impreffum quidē eft hoc opus mira arte & diligentia Gabrielis Petri Taruifiani.
INCLYTO VENETIARVM DVCE ANDREA VENDRAMINO. M. CCCC. LXXVIII. QVINTO IDVS APRILIS.

2188 Rudimenta Grammatices, ex multis voluminibus excerpta & in unum corpus, redacta per Francifcum Venturinum. *Florentiæ, per Antonium Bartholomæi Mifchomini. anno falutis 1482. idibus Maif. hora decima octava.* in fol. m. r.

PREMIERE EDITION.

2189 P. Francifci Nigri brevis Grammatica. *Venetiis*, 1480, XII. *cal. Aprilis.* in 4. m. r.

2190 Guillermi Tardivi Grammatica & Rhetorica. *Impreff. circa annum* 1480. in 4. goth. m. r.

EDITION à longues lignes, fans chiffres & réclames; mais avec fignatures. Les pages qui font entieres ont 34 lignes.

2191 Laurentii Vallenfis de Elegantia latinæ linguæ libri fex. *Romæ*, (*Ulricus Gallus*) *in Pinea Regione*, 1471. in fol. m. r.

PREMIERE EDITION.

Nous l'appellons la premiere, quoique la fuivante porte

la même date, parceque nous présumons que l'Ouvrage de Valla a été d'abord imprimé dans la Ville où il naquit en 1415, & où il mourut en 1457.

Cet Exemplaire orné de lettres initiales peintes en or, est imparfait de 12 feuillets qui doivent se trouver à la tête. Ils contiennent des vers de *Lucidus Aristophulus Surroneus* en l'honneur de l'Imprimerie, une Epître de *Valla* à *Tortellius*, & l'index des livres & des chapitres, suivi d'une souscription dans laquelle on apprend que l'Edition a été faite dans l'Hôtel de *Jean-Philippe de Lignamine*.

2192. Laurentii Vallensis Elegantiæ latinæ linguæ. *Venetiis, per Nicolaum Jenson*, 1471. in 4. m. r.

Ce Volume commence par deux feuillets qui contiennent une Epître Dédicatoire de Laurent Valla à Jean Tortellius Aretinus. Le texte suit, & au bas du dernier feuillet il y a cette souscription en lettres capitales:

Laurentii Vallensis de linguae latinae elegantia: et de ego mei tui et sui ad Joannem Tortellium Aretinum per me N. Nicolaum Ienson Venetiis opus feliciter impressum est. M. CCCC. LXXI.

On trouve ensuite huit feuillets qui contiennent une table alphabétique des chapitres.

On lit à la fin du Volume intitulé *Claudiani de raptu Proserpinæ, tragoedia* ... annoncé ci-après. N° l'épitaphe de Valla qui est conçue en ces termes:

Epitaphium Laurentij de valla poete. atq; oratoris famosissimi.

Postea q̃ manes defunctus valla petiuit
Non audet pluto verba latina loqui
Jupiter hunc celi dignatus parte fuisset
Censorem lingue sed timet ille sue.

BELLES-LETTRES.

2193 Laurentii Vallæ elegantiarum latinæ linguæ libri sex. Ejusdem Vallæ tractatus de reciprocatione sui & suus. Ejusdem liber in errores Antonii Raudensis, cum Epistola dedicatoria & ex recensione Petri Pauli Senilis, & Joannis Heynlin de Lapide Epistola ad Pet. Paul. Senilem scripta in Ædibus Sorbonæ, anno 1471. (*Parisiis*, *Gering*,) circa annum 1471. in fol. m. r.

EDITION sans chiffres, réclames & signatures, à longues lignes, au nombre de 32 sur les pages qui sont entieres.

Le Volume commence par une table des chapitres qui contient 9 feuillets; ils sont suivis de l'Epître Dédicatoire de P. P. Senilis à Jean Heynlin de Lapide. Le texte suit, & au milieu du recto du dernier feuillet du texte il y a: *Finis*;

On trouve après, 16 feuillets contenant *index vocabulorum*, & une Épître de *Jo. Heynlin de Lapide*. Cette Epître finit ainsi:

Aedibus sorbone scriptū anno uno & septuagesimo quadringentesimoq; supra millesimū;

2194 Uberti Folietæ de linguæ latinæ usu & præstantia libri tres. *Romæ*, *Josephus de Angelis*, 1574. in 8. m. r.

2195 Hadrianus Cardinalis Sancti Chrysogoni, de sermone latino. *Romæ*, *Marcellus*, *Silber*, 1515. in fol. m. r.

2196 Annotationes linguæ latinæ: græcæ que conditæ per Jo. Bapt. Pium Bononiensem. *Bono-*

niæ, apud Jo. Antonium Platonicum de Benedictis, 1505. in fol. m. verd.

EXEMPLAIRE DE GROLLIER.

2197 Fratris Joannis (Balbi) de Janua summa quæ vocatur Catholicon. *Moguntiæ, per Joannem Fust & Petrum Schoyffer de Gernszheym,* 1460. in fol. goth. m. r.

PREMIERE EDITION.

2198 Joannis (Balbi) de Janua ordinis Fratrum Prædicatorum summa quæ vocatur Catholicon. *Moguntiæ, per Johannem Fust & Petrum Schoyffer de Gernszheym,* 1460. 2 vol. in fol. goth. m. r.

PREMIERE EDITION.

2199 Joannis (Balbi) de Janua summa quæ vocatur Catholicon. *Moguntiæ, Johannes Fust & Petrus Schoyffer de Gernszheym,* 1460. 2 vol. in fol. m. r. dent.

PREMIERE EDITION.
IMPRIMÉ SUR VÉLIN.

SUPERBE EXEMPLAIRE de la plus belle conservation. Les lettres initiales en sont peintes en or & en couleurs.

2200 Catholicon Joannis (Balbi) Januensis. *Lugduni,* 1496. in fol. goth. v. f.

2201 Papias Vocabulista. *Venetiis, per Philippum de Pincis,* 1496, *die XIX Aprilis.* in fol. v. f.

2202 Nestoris Dionysii, Novariensis, ordinis Minorum

BELLES-LETTRES.

Minorum Onomasticon. *Mediolani, per Leonardum Pachel, & Uldericum Sinczinceler de Alemannia socios. An. Do. M.CCCC.LXXXIII. pridie nonas Januarias.* in fol. m. bl.
PREMIERE EDITION.

2203 Nicolai Perotti Cornucopie sive commentarii linguæ latinæ. *Parisiis, Udalricus Gering, & Berchtoldus Renbolt,* 1496, 23 *Aprilis.* in fol. v. f.

2204 Cornucopiæ, sive linguæ latinæ commentarii diligentissimè recogniti, atque ex archetipo emendati. *Tusculani, apud Benacum in ædibus Alex. Paganini,* 1522. in 4. m. bl. l. r.

2205 Commentarii linguæ latinæ Stephano Doleto autore. *Lugduni, Griphius,* 1536. 2 vol. in fol. m. bl. l. r.

2206 Phrases & formulæ linguæ latinæ elegantiores, Stephano Doleto autore. cum præfatione Joannis Sturmii. quibus adjecimus connubium adverbiorum Ciceronianorum Huberti Sussanæi. *Argentorati, Josias Rihelius,* 1576. in 8. m. r.

2207 Novus linguæ & eruditionis romanæ Thesaurus post Rob. Stephani & aliorum eruditissimorum hominum curas digestus, locupletatus, emendatus a Joanne Matthia Gesnero. *Lipsiæ, Vidua Casp. Fritschii,* 1749. 4. vol. in fol. v. f.

2208 Repertorium Vocabulorum exquisitorum

Tome II.   C

oratoriæ, poeseos & historiarum, cum fideli narratione earum rerum quæ ambiguitatem ex hujusmodi Vocabulis accipiunt per quod fere omnes occultæ & difficultates & subtilitates in studiis humanitatis facile juxta alphabeti ordinem invenientur. editum a doctissimo litterarum amatore Magistro Conrado Turicensis ecclesiæ Cantore & completus anno Domini m°. cclxxnj. &c. *Circa annum* 1472. in fol. goth. m. r.

EDITION à longues lignes, sans chiffres, réclames ni signatures. Les pages qui sont entieres ont 36 lignes.

Ce Volume commence par le titre annoncé ci-dessus. Il est imprimé au verso du premier feuillet, & au dessous il y a les vers suivants :

Vnde liber venerit presens si forte requiras
Quid ve noui referat per legequod sequitur
Bertholdus nitide huc impresserat in basilea
Vtq; adeat doctos protinus ille iubet
Ille quid abstrusum si diua poemata seruant
Exponit. lector ingeniose scies
Quid lacium teucri dignum quid grecia gessit
Preterea magnusque videt occeanus
Si libet interdum raris gaudere libellis
Disperiam si non hic liber vnus erit.

2209 Glossarium ad scriptores mediæ & infimæ latinitatis, auctore Carolo Dufresne, Domino du Cange. editio nova locupletior, operâ & studio Monachorum Ordinis Sancti Benedicti. (D. Maur Dantine & D. Petr. Carpentier.)

Parisiis, Carolus Osmont, 1733. 6 vol. in fol. G. P. v. f.

2210 Glossarium novum ad scriptores medii ævi, cum latinos tum gallicos ; seu supplementum ad auctiorem Glossarii Cangiani editionem. Collegit & digessit D. P. Carpentier. Parisiis, le Breton, 1766. 4 vol. in fol. v. f.

Grammaires & Dictionnaires de la Langue Françoise.

2211 Traité de la Grammaire Françoise. Par M. l'Abbé Regnier Desmarais. Paris, Jean-Bapt. Coignard, 1705. in 4. G. P. m. r.

2212 Remarques nouvelles sur la Langue Françoise. Par le Pere Dominique Bouhours. Paris, George & Louis Josse, 1692. 2 vol. in 12. m. r.

2213 Doutes sur la Langue Françoise, proposés à MM. de l'Académie Françoise, par un Gentilhomme de Province. (Le Pere Dominique Bouhours.) Paris, Sébastien Mabre Cramoisy, 1675. in 12, m. r.

2214 La Maniere de bien traduire d'une langue en autre. d'avantage de la ponctuation de la Langue Françoise. plus des accens d'icelle. Par Estienne Dolet. (Lyon, 1540.) in 8. v. m.

2215 Le grand Dictionnaire des Prétieuses, avec la clef. Par de Somaize. Paris, Jean Ribou, 1661, 3 vol. in 8. m. r.

2216 Dictionnaire comique, satyrique, critique, burlesque, libre & proverbial. Par Philibert-Joseph le Roux. *Amsterdam, Zacharie Chastelain*, 1750. in 8. m. r. dent.

Grammaires & Dictionnaires de la Langue Italienne.

2217 Prose di Messer Pietro Bembo nelle quali si ragiona della Volgar Lingua. *In Vinegia, Giovan Tacuino*, 1525. in fol. v. f.

2218 Dialogo del Trissino intitulato il Castellano, nel quale si tratta de la Lingua Italiana. (*Vicenza, Tolomeo Janiculo da Bressa*, 1529.) in fol. m. r.

2219 Epistola del Trissino de le Lettere nuovamente aggiunte nela Lingua Italiana. *In Vicenza, Tolomeo Janiculo da Bressa*, 1529. in fol. m. r.

2220 La Grammatichetta di M. Giovan Giorgio Trissino. *In Vicenza, per Tolomeo Janiculo*, 1529. in 8. m. r.

Ces trois Editions des traités de *Trissino* ont cela de singulier, qu'en place de l'*o* & *e* romains, on y a employé l'ω & l'ε grecs.

2221 Vocabolario degli Accademici della Crusca. *In Firenze, Domenico Maria Manni*, 1729. 6 vol. in fol. vel.

BELLES-LETTRES.

Grammaires & Dictionnaires de la Langue Espagnole.

2222 De la Antigua Lengua, poblaciones, y comarcas de las Espaňas, en que de paſo ſe tocan algunas coſas de la Cantabria. Compueſto por Andres de Poça. *En Bilbao, por Mathias Mores*, 1587. in 4. m. r.

2223 Diccionario de la Lingua Caſtellana, compueſto por la Real Academia Eſpaňola. *En Madrid, Franciſco del Hierro*, 1726, 6 vol. in fol. v. éc.

Grammaires & Dictionnaires des Langues Septentrionales.

2224 Linguarum veterum Septentrionalium theſaurus Grammatico-Criticus & Archæologicus. Auctore Georg. Hickeſio. *Oxoniæ, e Th. Sheldoniano*, 1705. 2 vol. in fol. G. P. m. r.

RHÉTORIQUE.

Rhétorique ou Traités généraux de l'Art Oratoire.

2225 Theonis Rhetoris de Modo declamandi libellus. græcè. *Romæ, per Angelum Borbatum*, 1520. in 4. v. f.

2226 Guillermi Ficheti Alnetani Rhetorica. *In Pa-*

risiorum Sorbona, per Ulricum Gering, Mart. Crantz & Mich. Friburger. cira annum 1470. in 4. goth. m. r.

Première Edition.

2227 Guillermi Ficheti Alnetani, artium & theologiæ parisiensis Doctoris, Rhetoricorum libri. *in Parisiorum Sorbona, per Ulricum Gering Martinum Crantz & Mich. Friburger, circa ann.* 1470. in 4. goth. m. cit.

Première Edition. Imprimé sur vélin.

Superbe Exemplaire en tête duquel on trouve deux feuillets qui contiennent deux Epîtres Dédicatoires de *Fichet*, l'une à *Charles, Archevêque de Lyon*, l'autre au *Cardinal Bessarion*. Ces Epîtres n'y sont qu'en manuscrit, exécutées en lettres rondes & enrichies d'ornements peints en or & en couleurs.

Il y a eu cinq Exemplaires de cette Rhétorique sur vélin, auxquels *Fichet* a joint une Epître imprimée & adressée à autant de personnes, en leur en envoyant un Exemplaire en présent. Ces personnes distinguées furent le Cardinal *Bessarion*, *René d'Anjou*, *Guillaume Quadrigarius*, Evêque de Paris, *Jean Rolin*, Evêque d'Autun, & le Pape *Sixte IV* dont l'Exemplaire existoit dans le cabinet de M. *de Maizieu*, & qui fut vendu après sa mort 600 liv. Il est passé dans le beau cabinet de M. le *Camus de Limare*.

Fichet fit encore plusieurs autres présents de son Livre; mais il se contenta de les accompagner d'une lettre manuscrite.

2228 Alberti de Eyb Margarita Poetica, continens nonnullas artis Rhetoricæ præceptiones :

BELLES-LETTRES.

diverſas clauſularum variationes ac plurimas tam oratorum quàm poetarum autoritates : diverſis in voluminibus ſparſas : & vagè disjectas : dictu quidem & memoratu digniſſimas : quæ ad ornatam concinnam ſplendidam & reſonantem orationem : ac ad benè beatèque vivendum admodùm conducerent & expedirent. in fol. goth. m. r.

Edition très ancienne, ſans date, nom de Ville ni d'Imprimeur, réclames, ſignatures & chiffres. Elle eſt imprimée ſur 2 colonnes, dont celles qui ſont entieres ont 51 lignes. Le Volume commence par une table qui eſt imprimée au verſo ; elle contient 12 feuillets, dont le dernier n'a qu'une ſeule colonne, & finit au milieu de la page. Le texte commence par ces mots :

Margarita poetica : opus clariſſimuȝ feliciter incipit. et primo p̃mittitur epiſtolaris prologus.

Le corps de l'Ouvrage contient 231 feuillets, dont le dernier n'a qu'une ſeule colonne ; au bas de laquelle il y a la ſouſcription ſuivante, en deux lignes & demie.

Summa Alberti de Eyb vtriuſqȝ iuris doctoris eximii : que Margarita poetica dicit : felciter finit.

2229 Alberti de Eyb Margarita poetica. *Romæ, per Udalricum Gallum alias Han*, 1475. *die XX menſis Decembris*. in fol. m. r.

Ce Volume commence par une table qui contient 17 feuillets. Le texte ſuit, & à la fin il y a cette ſouſcription :

Summa Oratorum omnium : Poetarum : ac Philoſophorȝ

autoritates in unum collecte per clarissimũ uirum Albertũ de Eiib vtriusq3 iuris doctorem eximiũ que margarita poetica dicitur : feliciter finem adepta est per ingeniosum virum magistrũ Vdalricũ Gallũ alias Han Alamanũ ex Ingelstat ciuem : vienensem : non calamo. ereoue stilo : Sed noue artis ac solerti industrie genere Rome impressa Anno incarnationis dominice Mccclxxv. die uero xx. mensis decembris : Anni Iubilei. Sedente Sixto diuina prouidentia papa iiii. pontifice maximo.

Suit un feuillet de registre.

2230 Alberti de Eyb Margarita poetica. *Et in hoc habetur finis presentis tabule. Et per consequens huius egregii operis Impressi Parisius (per Petr. Cæsaris, & Jo. Stol.) in vico Sancti Iacobi In intersignio viridis follis. circa* 1475. in fol. m. r.

2231 Alberti de Eyb Margarita poetica. 1480. *Decima quinta mensis Julii.* in fol. goth. m. cit.

2232 La Clavicule ou science de Raymond Lulle. avec toutes les fleurs de Rhétorique. par le Sieur Jacob. Et la vie du même Raymond Lulle, par M. Colletet. *Paris, Jean Remy,* 1647. in 8. v. f.

Rhéteurs & Orateurs Grecs.

2233 Antiqui Rhetores græci: scilicet; Aphthonii Progymnasmata. Hermogenis Rhetorica; Aristotelis Rhetorica, &c. græcè. cura Aldi Manutii. *Venetiis, in Ædibus Aldi,* 1508. in fol. m. r.

2234 In Aphthonii Progymnasmata commentarii innominati

BELLES-LETTRES.

innominati autoris. Syriani. Sopatri. Marcellini commentarii in Hermogenis Rhetorica, græcè, curâ ejufdem Aldi Manutii. *Venetiis, in Ædibus Aldi*, 1509. in fol. m. r.

2235 Ifocratis Orationes. Alcidamas contra dicendi magiftros. Gorgias de laudibus Helenæ. Ariftides de laudibus Athenarum. idem de Laudibus urbis Romæ. græcè. ex recognitione Aldi Manutii & Andreæ Soceri. *Venetiis, apud Aldum & Andræam Socerum.* 1513. in fol. m. r.

2236 Orationes horum Rhetorum, Æfchinis, Lyfiæ, Alcidamantis, Antifthenis, &c. græcè. ex recenfione Aldi Manutii. *Venetiis, apud Aldum & Andræam Socerum,* 1513. 2 tom. en 1 vol. in fol. m. verd.

PREMIERE EDITION.

2237 Ifocratis Orationes, græcè, curante Demetrio Chalcondyla. *Mediolani, per Henricum Germanum, & Sebaftianum ex Pontremulo, fumptibus Bartholomæi Scyafi, Vicentii Halipranti, & Bartholomæi Rozoni,* 1493. 24 Januarii. in fol. m. bl.

PREMIERE EDITION.

Maittaire a obfervé que l'écuffon qui eft à la fin de ce Volume, où il y a un V. S. a été employé par Ulric Scinzenzeler. *V. Annales Typographici Tom.,* I. 1719, *pag.* 320.

2238 Demofthenis Orationes duæ & fexaginta.

Tome II.   D

Libanii in eas ipsas orationes argumenta. vita Demosthenis per Libanium. Ejusdem vita per Plutarchum. græcè. ex recensione Aldi Manutii. *Venetiis, in Ædibus Aldi*, 1504. 2 tom. en 1 vol. in 4. m. bl.

PREMIERE EDITION.

2239 Œuvres de M. de Toureil. *Paris Brunet*, 1721. 2 vol. in 4. m. r. l. r.

2240 Themistii Orationes XXXIII. græcè & latinè cum notis & observationibus Dionysii Petavii & Joannis Harduini. *Parisiis, in Typographia Regia, Sebast. Mabre Cramoisy*, 1684. in fol. G. P. v. f.

Rhéteurs & Orateurs Latins Anciens.

2241 Conciones & Orationes ex historicis latinis excerptæ. ex recensione Jobi Veratii. *Lugduni Batavorum, ex officina Elzeviriana*, 1649. in 12. m. r. dent.

2242 Conciones & Orationes ex historicis latinis excerptæ. studio Jobi Veratii. *Amstelodami, Ludovicus Elzevirius*, 1652. in 12 m. r.

2243 M. Tullii Ciceronis Opera ferè omnia. in fol. magno & crasso. m. r.

SUPERBE ET INFINIMENT PRÉCIEUX MANUSCRIT sur vélin du *XV siecle*, contenant 488 feuillets, dont plusieurs sont enrichis de grandes capitales & d'ornements peints,

BELLES-LETTRES.

rehauffés d'or. Il eft très élégamment écrit en *lettres rondes*, fur 2 colonnes. Son caractere fait foi qu'il a été exécuté en Italie, il y a plus de 350 ans.

Les MSS. qui réuniffent en un feul Volume autant d'Ouvrages de Cicéron que celui-ci, font exceffivement rares, & doivent être pour cette raifon d'un très grand prix.

Il contient :

1 *De natura Deorum libri III.*
2 *De Divinatione lib. II.*
3 *Ex Platone Timæus feu de Mundo, fragmentum.*
4 *Liber de Fato.*
5 *Queftionum Tufculanarum lib. V.*
6 *De Finibus Bonorum lib. V.*
7 *De Legibus lib. III.*
8 *Queftionum Academicarum lib. II.*
9 *De Officiis lib. III.*
10 *De Seneɛtute liber.*
11 *De Paradoxis.*
12 *De Amicitia.*
13 *De petendo confulatu liber.*
14 *Somnium Scipionis.*
15 *Novæ Rhetoricæ lib. IV.*
16 *Rhetoricorum commentariorum lib. II.*
17 *De Partitione Oratoria.*
18 *Orator ad Brutum.*
19 *Liber de Bruto.*
20 *De Oratore lib. III.*
21 *Philippicarum lib. XIII.*
22 *In Q. Cæcilium Divinatio ; Aɛtio prima et Aɛtionis fecunda in Verrem lib. V.*
23 *Orationes* fcilicet: *pro C. Rabirio Poftumo, pro C. Rabirio Poftumo Perduellionis reo ; pro Rofcio Comædo de Lege Agraria III. in Pifonem, pro Aulo Cæcina,*

Invectivarum in Catilinam libri IV, in P. Vatinium, Salustii Invectiva in Ciceronem, in Salustium, pro se pridie quam iret in Exilium, pro Domo sua ad Pontifices, Gratias agens senatui, post Reditum, Gratias agens Populo, de responsis aruspicum, de Provinciis Consularibus, pro M. Cælio, pro L. Cornelio Balbo, pro P. Sexto, pro M. Marcello, pro Q. Ligario, ad Quirites post Reditum, pro Rege Dejotaro, pro Milone, pro Ligario, pro Cn. Plancio, pro Sex. Roscio Amerino, pro Aulo Cluentio, pro Publio Sulla, pro Lucio Murrena, pro Archia Poeta.

24 *De Optimo Oratore.*
25 *Argumentum in Orationem Demosthenis.*
26 *Topica ad C. Trebatium.*
27 *Ortus Locorum.*
28 *De Differentiis Locorum.*
29 *Cicero Vecturio suo (de Synonymis.)*
30 *Orationes pro Lege Manilia & pro L. Flacco.*

Nous nous sommes apperçus qu'il manque quelque chose au second livre des *Questions Académiques*, au cinquieme des *Philippiques*, dont le sixieme manque presque totalement, & à l'*Oraison pour Plantius*.

Nous avertissons aussi qu'il y a une transposition de feuillets dans les Oraisons *pro Milone, post Reditum ad Quirites*, & *pro Ligario*, transposition qui vient de la part du Relieur.

Parmi les Ouvrages supposés *de Cicéron*, mêlés dans cette collection avec ceux qui lui appartiennent incontestablement, celui intitulé : *Des Synonymes*, qui consiste en 2056 mots, commence de cette maniere :

Veturio suo Cicero salutem dicit
Collegi ea verba que multis modis dicerentur quo uberior promptiorque fieret oratio, &c.

BELLES-LETTRES. 29

Les mots grecs font restés en blanc dans ce MS.

2244 Marci Tullii Ciceronis Opera omnia. *Mediolani, Alexander Minutianus*, 1498 & 1499. 4 tom. en 2 vol. in fol. m. r.

PREMIERE EDITION.

Ce Livre appartenoit à la Bibliotheque publique de Lyon, à laquelle il a été rendu.

2245 M. Tullii Ciceronis Opera, omnium quæ hactenus excusa sunt, castigatissima nunc primum in lucem edita. ex recognitione & cum notis Petri Victorii. *Venetiis, in officina Lucæ Antonii Juntæ*, 1537. 4 vol. in fol. v. f.

2246 M. Tullii Ciceronis Opera omnia, cum castigationibus & notis Pet. Victorii. *Venetiis, in officina Lucæ Antonii Juntæ*, 1537. 4 vol. in fol. m. r.

2247 M. Tullii Ciceronis Opera omnia. *Lugduni Batavorum ex officina Elzeviriana*, 1642. 10 vol. in 12. m. viol. dent. doub. de tabis. l. r.

SUPERBE EXEMPLAIRE.

2248 M. Tullii Ciceronis de Officiis libri tres. *Lugduni Batavorum, ex officina Elzeviriana*, 1642. in 12. m. viol. doub. de m. cit. l. r.

On trouve à la fin de ce Volume *Somnium Scipionis*, qui n'est pas dans l'Edition précédente.

2249 Quinti Asconii Pediani commentationes in aliquot M. Tullii Ciceronis Orationes. *Lug-*

duni Batavorum, *ex officina Francifci Hackii*, 1644. in 12. m. bl. dent. doub. de tabis.

2250 M. Tullii Ciceronis Opera omnia. cùm delectu commentariorum, ftudio Jofephi Oliveti. *Parifiis, Joannes Baptifta Coignard*, 1740. 9 vol. in 4. G. P. format petit in fol. m. r.

2251 M. T. Ciceronis de Oratore ad Quintum fratrem libri III. in 4. v. f. d. f. tr.

MANUSCRIT fur vélin exécuté en Italie dans le *XV fiecle*, contenant 104 feuillets. Il eft écrit en *lettres rondes*, à longues lignes, & enrichi de capitales peintes en or & en couleurs.

La note fuivante écrite fur le dernier feuillet de ce MS. apprend qu'il a appartenu à *Sozomene de Piftoie*:

Ἡ Βίβλος τῦ Cωζομένυ.

Sozomene, natif de Piftoie, & Chanoine de la Cathédrale de la même Ville, poffédoit une Bibliotheque de Livres choifis & affez confidérable pour le temps où il vivoit; elle confiftoit en 116 Volumes des meilleurs Auteurs latins anciens, parmi lefquels il y en avoit quelques-uns d'Auteurs grecs. On les trouva enchaînés dans 6 tablettes, lorfqu'on en fit l'inventaire le 29 Octobre de l'an 1460, deux ans après fa mort, qu'on fixe en 1458. Le P. Zacharia a inféré cet inventaire dans fon *Bibliotheca Piftorienfis*, & y a donné la notice de quelques-uns des Livres qui font reftés à Piftoie.

Sozomene eft Auteur d'une Chronique univerfelle dont il ne nous refte qu'une partie qui eft imprimée dans le tom. 16 de la collection de *Muratori*.

BELLES-LETTRES.

2252 M. T. Ciceronis de Oratore lib. III. in 4. rel. en cart. dos de veau d. f. tr.

BEAU MANUSCRIT fur vélin, exécuté en Italie dans le *XV fiecle*, contenant 156 feuillets écrits en *lettres rondes*, à longues lignes. Le premier feuillet & trois autres font enrichis d'ornements peints, rehauffés d'or.

2253 M. T. Ciceronis de Oratore libri III. *Editio excufa Typis Monafterii Sublacenfis, circa,* 1466. in 4. G. P. m. r.

PREMIERE ÉDITION. Exempl. de la plus belle confervation.

Elle eft exécutée avec les mêmes caracteres dont fe font fervis Sweynheym & Pannartz pour leur Edition de Lactance, faite en 1465 dans le Monaftere de Subbiaco. Elle eft fans chiffres, réclames & fignatures, à longues lignes au nombre de 30 fur les pages qui font entieres.

Dans notre Exemplaire le premier Livre de l'Orateur commençant par cette ligne :

OGITANTI MIHI SEPE NVME-

Finit à la troifieme ligne du 33ᵉ feuillet... par ces mots : *quod fe id nefcire confeffus eft.*

Le fecond Livre commence à la quatrieme ligne du même feuillet, & finit au bas du recto du 79ᵉ par ces mots : *meridiem mallet q̃ primum tamen audire uelle dixerunt.*

Le feuillet fuivant eft blanc. Le 81ᵉ feuillet contient le commencement, & le 109ᵉ la fin du troifieme Livre, dont la derniere ligne porte ces mots :
tionis animos noftros curãq; laxemus. ET SIC FINIS.

L'Exemplaire qui a fervi à l'Auteur de la Bibliographie pour donner la defcription de cette Edition, étoit différent du nôtre, puifque fon fecond Livre finiffoit par : *Curam-*

que *laxemus*, & fon troifieme livre par *audire velle dixerunt*.

Nous fommes néanmoins dans la perfuafion que tous les Exemplaires de ce Livre doivent être de même, & nous foupçonnons dans celui de la Bibliographie une tranfpofition du dernier feuillet du fecond Livre, & du dernier du troifieme qui avoient été mis, felon toutes les apparences, à la place l'un de l'autre par inadvertence du Relieur.

Ajoutons, contre l'affertion du même Bibliographe qui prétend le contraire, que dans toutes les Editions du XV fiecle, la fin des fecond & troifieme Livres de l'Orateur de Cicéron eft telle que celle de l'Edition rapportée ici.

Nous avertiffons auffi que le Volume eft de format in 4. & non in fol. comme on l'a toujours annoncé ; la preuve en eft que les raies du papier, appellées en terme d'Art *Pontufeaux*, font horizontales. Elles feroient perpendiculaires fi le Volume étoit in fol. L'in 8. les a auffi comme l'in fol. & l'in 12. comme l'in 4.

2254 M. T. Ciceronis de Oratore liber cum commentariis Omniboni Leoniceni. *Venetiis, per Bartholomeum Alexandrinum & Andream Afulanum*, 1485. III. *Nonas Martias*. in fol. m. r.

2255 M. Tullii Ciceronis de Oratore opufculum cum commentario Omniboni Leoniceni. *Venetiis, per Thomam de Blavis Alexandrinum*, 1488. *die XVI Maii*, in fol. v. m.

2256 Commentarii Omniboni Leoniceni Rhetoris præftantiffimi : in Marci Tullii Ciceronis Oratorem. *Vicentiæ*, 1476. in fol. m. r.

PREMIERE EDITION.

CE

Ce Volume a des signatures depuis a 2 —— u. Le premier feuillet qui devroit être signaturié a I, ne l'est point, & ne contient que six lignes qui sont imprimées au verso A la fin du Volume il y a cette souscription :

FINIS Commētarii Omniboni Leoniceni Rhetoris præstā--tiſſimi : In. M. Tullii Oratorem. Quod Vicentiæ non minus accurate est emendatum : q̃ diligenter impreſſum. Anno Saluatoris. M..CCCC.LXXVI. Vndecimo Cal. Iañ. Xisto Summo ponti. Atq; Andrea Vendramino Venetiar Principe optimo.

2257 M. Tullii Ciceronis de Oratore dialogi tres, Jacobi Lodoici Strebæi commentariis illustrati. *Pariſiis , Vaſcoſanus ,* 1540. in fol. m. viol. doub. de m. cit. dent. l. r.

Superbe Exemplaire de M. le Comte d'Hoym.

2258 M. T. Ciceronis de Finibus Bonorum & Malorum libri V. *Editio antiquiſſima (Coloniæ. per Olricum Zel de Hanau,* circa 1467.) in 4. goth. m. r.

Premiere et très rare Edition, exécutée à longues lignes au nombre de 27 sur les pages qui sont entieres , sans date, indication de Ville & d'Imprimeur, chiffres, réclames & signatures.

Elle a été annoncée jusqu'à ce jour comme sortie des presses de Mayence, parcequ'on a cru y voir une grande conformité de ses caractères avec ceux des Offices de Cicéron, imprimés en cette Ville en 1465. Après avoir comparé très attentivement l'une & l'autre Edition, nous pouvons assurer que les caracteres ont très peu de rapports entr'eux, & que ceux

Tome II. E

des Offices de Cicéron font beaucoup plus petits ; mais qu'ils reſſemblent parfaitement à ceux avec leſquels *Zel de Hanau*, Imprimeur de Cologne a exécuté en 1467 les traités de St. Auguſtin, intitulés : *De vita Chriſtiana & de ſingularitate Clericorum*, annoncés ci-devant, N° 475.

D'ailleurs l'une & l'autre Edition ſont de même format, & ont une même juſtification de pages.

Le Volume commence ainſi :

M. T. Cyceronis De finibus Bonorũ et Malorũ. L. primg Jncipit feliciter.

Le premier Livre finit au bas du verſo du XVIII feuillet. *M. T. Cy. de. fi. bo. et ma. deſinit L. primg.*

Le 2ᵉ Livre commence au XIX feuillet ; il finit au milieu du verſo du L.

Le 3ᵉ Livre au LI. il finit au bas du recto du LXX feuillet.

Le 4ᵉ Livre au LXXI. feuillet ; il finit au bas du verſo du XCI.

Le 5ᵉ Livre au XCII. il finit au CXVII par la fouſcription ſuivante qui eſt au bas du recto.

.M. Tulij Ciceronis De finibus bonorũ et malorum liber quintus deſinit.

2259 M. T. Ciceronis de finibus Bonorum & Malorum libri V. *Venetiis, per Joannem ex Colonia,* 1471. in 4. m. r.

On trouve à la tête une Dédicace de George Alexandrinus, à Louis Fuſcarenus, Procurateur de St. Marc ; elle contient deux feuillets. Le texte ſuit, & le Volume finit par cette fouſcription :

.M. Tulii Ciceronis De finibus bonorum & malorũ liber quintus deſinit.

Venetiis. M. CCCC. LXXI. Chriſtophoro Mauro Duce.

BELLES-LETTRES.

Ioanne ex Colonia Agrippinenſi ſumptū miniſtrante Impreſſum.

Comme le caractere avec lequel ce Livre eſt imprimé eſt abſolument le même que celui de Vindelin de Spire, ne pourroit-on pas inférer par les mots : *ſumptum miniſtrante impreſſum*, que Jean de Cologne fit les frais de l'Edition, & en chargea cet Artiſte.

2260 M. T. Ciceronis de Finibus Bonorum & Malorum libri V. *Venetiis, per Philippum condam Petri*, 1480. in fol. m. r.

A la fin :

De finibus bonorum & malorum opus finis cũ magna diligentia Impreſſum per Philippum condam petri uenetiis regnante Iohanne Moʒenico inclito duce : .M. CCCC. LXXX. die. VI. Nouenbris.

2261 M. Tullii Ciceronis Tuſculanarum lib. V. in 4. rel. en cart. d. ſ. tr.

Beau Manuscrit ſur vélin éxécuté en Italie dans le XV ſiecle, contenant 145 feuillets écrits en *lettres rondes*, à longues lignes. Le premier feuillet eſt décoré d'ornements peints, & les paſſages grecs y ſont reſtés en blanc.

2262 M. T. Ciceronis Opera varia, in 4. rel. en cart.

1. *Libri quinque tuſculanarum diſputationum.*
2. *De eſſentia mundi modicum quod reperi (ego ſcriptor.)*
3. *Fragmentum de academicis modicum quod reperitur.*

Beau Manuscrit ſur du vélin très blanc, exécuté dans le XV ſiecle en Italie. Il eſt très élégamment écrit en *lettres rondes*, à longues lignes. Les ſommaires ſont en rouge.

BELLES-LETTRES.

Quelques ornements peints décorent la premiere page de ce Volume qui contient 92 feuillets.

2263. M. T. Ciceronis Tufculanarum quæstionum libri V. *Romæ, per magistrum Ulricum Han de Wienna*, 1469. in 4. G. P. m. r.

PREMIERE EDITION.

Cette Edition a été annoncée par Maittaire & autres Bibliographes, comme étant de format in fol. mais elle est in 4. puisque les marques des Pontuseaux sont en travers.

2264 M. T. Ciceronis Tufculanarum quæstionum libri V. *Venetiis, per Nic. Jensen*, 1472. in fol. m. r.

2265 M. T. Ciceronis Tufculanarum quæstionum libri V. ex recensione Erhardi. (*Parisiis, Gering &c. circa* 1471.) in fol. v. f.

EDITION à longues lignes au nombre de 31 sur les pages qui sont entieres, sans chiffres, réclames ni signatures. Les caracteres sont semblables à ceux avec lesquels les trois premiers Imprimeurs de Paris ont exécuté la Rhétorique de Fichet vers 1470.

LE VOLUME commence ainsi :

M. T. C. orator Homeri prologus in Tusculanarum quæstionum (in quibus de maximis quæstionibus copiose, ornateq; dicit) librum p̄mum fœliciter incipit ;

Il finit au bas du recto du dernier feuillet du texte par ces mots :

M. T. Ciceronis Tusculanar quæstionũ Liber Quintus & ultimus finem habet fœlicem ;

Le verso & deux autres feuillets contiennent des pieces de vers & la table des chapitres. Il manque dans le IV. Livre les chapitres VII à XX.

BELLES-LETTRES.

2266 M. T. Ciceronis Tufculanarum quæftionum libri V, *Venetiis, per Philippum quondam Petri*, 1480. *die XVI. Septembris.*

A la fin du texte :

Marci tullii ciceronis tufculanarum quæstionum finis : Impreſſarum uenetiis per philippum quondam petri : anno. M. cccc. lxxx. die. xvi. fetembris :

Suit un feuillet de regiſtre.

2267 M. T. Ciceronis Tufculanæ quæftiones, cum commentariis. *Venetiis, per Joannem de Forlivio & focios*, 1482. *menfis Augufti die IX*, in fol. m. bl.

2268 Les Queſtions Tufculanes de Marc Tulle Ciceron, Traduites de latin en François, par Eſtienne Dolet. *Paris, Jean Ruelle*, 1544. in 16. m. bl.

2269 M. T. Ciceronis de natura Deorum libri tres. de Divinatione libri duo. de Fato liber. de Legibus libri tres. Academicarum Quæſtionum, liber fecundus qui vulgo infcribitur Lucullus. de Difciplina Militari. & M. T. Ciceronis vita ex dictis Plutarchi breviter excerpta. *Venetiis, per Vindelinum de Spira*, 1471. in 4. m. r.

PREMIERE EDITION.

CE LIVRE a été annoncé pour être de format in fol. mais il eſt in 4. les Pontufceaux étant en travers.

2270 M. Tullii Ciceronis de Legibus lib. III.

ejusdem timeus, ejusdem liber de fato, oratio pro lege manilia, oratio pro t. annio milone in 4. rel. en cart. d. f. tr.

Beau Manuscrit sur vélin exécuté en Italie dans le *XV siecle*, contenant 60 feuillets. Il est en *lettres rondes*, à longues lignes. Les 2 Oraisons sont d'une main différente.

2271 M. T. Ciceronis de officiis ad M. filium libri tres. in 4. rel. en cart. d. f. tr.

Très beau manuscrit sur vélin exécuté en Italie dans le *XV siecle*, contetant 121 feuillets. Il est écrit en *lettres rondes*, à longues lignes. Ses sommaires sont en rouge. Ses capitales sont peintes en or & en couleurs, & sa premiere page est enrichie d'ornemenrs rehaussés d'or & décorée des armes, des devises & des emblêmes d'un *Visconti*, pour lequel le MS. a été fait.

2272 M. T. Ciceronis de officiis lib. III. in 4. rel. en cart. d. f. tr.

Beau Manuscrit exécuté en Italie dans le *XV siecle* sur un vélin très blanc, contenant 80 feuillets. Il est écrit en *lettres rondes*, à longues lignes, & enrichi de lettres capitales peintes en or & en couleurs.

2273 M. T. Ciceronis Officiorum lib. III. in 4. rel. en cart. d. f. tr.

Beau Manuscrit sur vélin exécuté en Italie dans le *XV siecle*, contenant 78 feuillets. L'écriture est en *lettres rondes*, à longues lignes, & le premier feuillet de chaque livre est enrichi d'ornements peints en miniature rehaussés d'or.

BELLES-LETTRES.

2274 M. T. Ciceronis de officiis lib. III. = M. T. Ciceronis tufculanarum lib. V. in fol. rel. en cart. d. f. tr.

TRÈS BEAU MANUSCRIT exécuté en Italie dans le *XV fiecle*, fur du vélin fort blanc. Il eft écrit en *lettres rondes*, à longues lignes, & il contient 206 feuillets.

2275 M. T. Ciceronis Officiorum libri tres. Paradoxa, & verfus XII. Sapientum. *Moguntiæ, per Johannem Fuft, & Petrum Schoyffer de Gernsheym, anno* 1465. petit in fol. goth. m. r.

PREMIERE EDITION.
SUPERBE EXEMPLAIRE IMPRIMÉ SUR VÉLIN.

Après la foufcription il y a un feuillet qui contient l'Ode d'Horace commençant par ces mots:

Diffugere nives, &c.

Elle eft adreffée à *Manlius Torquatus*. Au bas font les écuffons imprimés en rouge.

2276 M. T. Ciceronis Officiorum libri tres. Paradoxa, & verfus XII Sapientum. *Moguntiæ, Joannes Fuft & Petrus de Gernshem*, 1466. in fol. goth. m. r.

IMPRIMÉ SUR VÉLIN.

SUPERBE EXEMPLAIRE dont les lettres initiales font peintes en or & en couleurs. On y trouve auffi à la fin la même Ode d'Horace: *Diffugere nives*, &c. mais fans les écuffons au deffous.

2277 M. Tullii Ciceronis de Officiis libri tres. Paradoxa, de amicitia & feneɛtute. adduntur duodecim Sapientum verfus pofiti in Epitaphio Ciceronis. *Romæ, in domo Petri de Maximo, per Conr. Suueynheym & Arn. Pannarts* 1469. in 4. G. P. m. r.

SUPERBE EXEMPLAIRE d'une Edition très rare.

Plufieurs Bibliographes fe font trompés en annonçant cette Edition de format in fol. elle eft grand in 4. témoins les *pontufceaux* qui y font en travers.

2778 M. T. Ciceronis de Officiis libri tres. Paradoxa; de Amicitia, dialogus de feneétute; fomnium Scipionis; & verfus XII Sapientum. *Venetiis, per Vindelinum de Spira*, 1470. in 4. m. r.

Il n'y a aucune piece préliminaire à la tête du Volume, dont le texte finit par cette foufcription :
Anno chrifti. M. CCCC.lxx. Die uero xiii. mēfis Augufti : Venetiis.

 E fpira nato Ciceronis opufcula quinque
 Hec Vindelino formis impreſſa fuere.

On doit trouver à la fuite deux feuillets qui contiennent *verfus XII. fapientum.*

Le premier de ces feuillets manque dans cet Exemplaire. On n'y lit que les vers de Euftenins, Pompelianus, Maximinus & Vitalis.

2279 M. Tullii Ciceronis Officiorum libri tres. Paradoxorum liber. de amicitia dialogus. de feneétute. fomnium Scipionis. verfus duodecim fapientum. de legibus libri tres. in fol. m. r.

EDITION exécutée vers 1470, fans chiffres, réclames

ni

ni signatures, à longues lignes qui sont au nombre de 36 sur les pages entieres. Mêmes caracteres que ceux de l'Ausone de Venise 1472.

Le Volume commence par cet intitulé qui est en lettres capitales :

M. Tullii Ciceronis Arpinatis consulisque Romani. ac Oratorum maximi. ad M. Tullium Ciceronem filium suum officior liber primus.

Le troisieme Livre du traité *de Legibus* finit par cette ligne :

tradita. Sic pfecto ceseo id ipu qua dicis expecto.

FINIS.

2280 M. Tullii Ciceronis Officiorum libri tres. de amicitia liber. de senectute libri tres. somnium Scipionis. Paradoxorum liber. ex recensione Guillermi Fichæti & Joannis de Lapide. (*Parisiis, Ulricus Gering &c.* 1471. in fol. m. r.

Edition à longues lignes au nombre de 31 sur les pages qui sont entieres, sans chiffres, réclames ni signatures. On voit beaucoup de sommaires écrits en rouge dans cet Exemplaire qui est décoré de lettres peintes en or.

On trouve à la tête du Volume huit feuillets, dont le premier qui est de vélin, orné d'une miniature, contient une Epître Dédicatoire de Jean de Lapide ou de la Pierre, à George, Evêque de Metz, & les autres : une Dédicace de Fichet au même Jean de la Pierre, la table des chapitres, &c. Le texte suit, & au dernier feuillet il y a :

M. Tulli Ciceronis paradoxa foeliciter finiunt.

On voit par les passages suivants de l'Epître Dédicatoire de Fichet, que ce Volume a dû paroître vers la fin de l'année 1471.

Tome II F

.... *inciderunt forte fortuna manus meas opera multa ciceronis ! q̃ Turonẽ externi q̃dam librarii (quos dicimus impreſſores) aduexerant.... Rogatum itaq; té uolo ! ut Ciceronis officia (que pariſienſes librarii nõ longo poſt tempore ſũt impreſſuri) prius iſto caſtigãdi tuo , diſtinguendiq; labore ! reddantur meliora. &c. ... Vale. Apd Turonẽ edibus hoſpitis mei Radulſi touſtani ciuis longe humaniſſimi , Anno uno & ſeptuageſimo q̃dringenteſimoq; ſupra Milleſimũ , Nonis Martii citiſſime ſcriptum ;*

2281 M. T. Ciceronis de Officiis; Paradoxa; de Amicitia; de Senectute ; de Somno Scipionis ; necnon de Eſſentia mundi; libri. &c. verſus XII Sapientum &c. *Venetiis, ductu & expenſis Jacobi Lunenſis de Fiviẓano, in domo Marci. de Comitibus ,* 1477. in fol. m. r.

A la fin :

MARCI Tullii Ciceronis de Officiis : Paradoxa : de Amicitia : de Senectute : de Sumno Scipionis : nec nõ de Eſſentia mundi ɔ ac. xii. Sapiẽtum Epitaphiis libri finiunt. qui peroptime emendati impreſſi ſunt Venetiis ductu & expenſis Iacobi Lunẽſis de Fiuiẓano in domo magiſtri Marci de Comitibus. M. cccc. lxxvii.

2282 M. Tullii Ciceronis de Officiis libri tres : Paradoxa : de Amicitia : de ſenectute : de ſomno Scipionis : nec non de Eſſentia Mundi : ac XII Sapientum epitaphiis , libri peroptime emendati *Venetiis , ductu & expenſis Jacobi Lunenſis de Fiviẓano in domo magiſtri Marci de Comitibus ,* 1477. in fol. vel.

2283 M. Tullii Ciceronis Officiorum libri tres; de amicitia, de senectute, &c. *Veneriis, per Philippum quondam Petri*, 1480. *die VIII Maii*, in fol. m. r.

A la fin :

MARCI *Tullii ciceronis de Officiis : Paradoxa : de Amicitia : de Senectute : de Somno Scipionis : necnõ de Essentia mũdi. ac. xii. Sapiẽtũ Epithaphiis libri finiũt. qui peroptime emẽdati impressi sunt Veneciis ductu & expensis per philippum. quondam petri ueneti anno ab ĩcarnatione. d. M. cccc. lxxx. die viii maii. Inclito uenetorum duce. Iohanne mozenico imperio.*

2284 Tullius de Officiis: de amicitia: de senectute: & paradoxa. opus Benedicti Brugnoli studio emaculatum: additis græcis quæ deerant: cum interpretatione super officiis Petri Marsi, Francisci Maturantii, Jodoci Badii Ascensii, & aliorum. *Tusculani, apud Benacum, in Ædibus Alexandri Paganini. mense Maii* 1523. in 4. m. r.

2285 M. T. Ciceronis Officiorum libri tres; Cato Major, vel de senectute: Laelius, vel de amicitia: Paradoxa Stoicorum sex : Somnium Scipionis, ex libro sexto de republica. additæ sunt variæ lectiones è libris manuscriptis & ex ingenio (operâ & studio Pauli Manutii.) *Veneriis, Paulus Manutius*, 1541. in 8. m. cit.

2286 M. T. Ciceronis Officiorum libri tres. &c.

Parisiis, *Robertus Stephanus*, 1543. in 8. m. r. doub. de m. l. r.

2287 Tullius de Officiis, translaté de latin en françois, & nommé Tulle des Offices. *Lyon*, 1493. in fol. goth. v. m.

2288 Les Offices de Cicéron, traduits en françois sur la nouvelle édition latine de Grævius, avec des notes, par M. du Bois. *Paris*, *Ve de J. Bapt. Coignard*, 1691. in 8. m. r. l. r.

2289 M. Tullii Ciceronis libelli de senectute, de amicitia, de somno Scipionis & paradoxa. *Impress. circa annum* 1480. in 4. goth. v. f.

EDITION à longues lignes au nombre de 26 sur les pages qui sont entieres ; elle a des signatures qui commencent à *aa*.

Il manque dans l'Exemplaire *ee11* & *ee111*.

2290 M. Tullii Ciceronis Cato Major, seu de senectute. *Lutetiæ*, *Typis Josephi Barbou*, 1758. in 24. m. r.

Avec un beau Portrait de Cicéron, gravé par Ficquet, d'après Rubens.

2291 M. Tullii Ciceronis de amicitia dialogus. *Lutetiæ*, *Typis Josephi Barbou*, 1771. in 24. m. r.

Avec un beau Portrait de Cicéron, gravé par Ficquet, d'après Rubens.

2292 Les livres de Cicéron, de la vieillesse, & de l'Amitié, avec les paradoxes du même au-

BELLES-LETTRES.

teur; traduits en françois, avec des notes. par M. du Bois. *Paris, Jean Baptiste Coignard*, 1691 in 8. m. r. l. r.

2293 T. Tullii Ciceronis Paradoxa, cum commentariis. = D. Juvenalis Satyræ, cum commentariis Domitii Calderini. *Venetiis per Baptistam de Tortis*, 1485. *die XXX martii* in fol. v. f.

Il manque la feuille A. du Juvenal.

2294 M. T. Ciceronis Opera philosophica. ex recensione Pauli Manutii. *Venetiis, apud Aldi filios*, 1541. 2 vol. in 8. m. cit.

2295 M. Tullii Ciceronis Opera philosophica. *Parisiis, Robertus Stephanus*, 1543. 2 vol. in 8. m. r. doub. de m. l. r.

2296 M. T. Ciceronis Orationes quædam. in 4. rel. en carton d. f. tr.

1 *Oratio pro Marco Marcello.*
2 *Oratio pro Q. Ligario.*
3 *Oratio pro Dejotario rege.*
4 *Oratio Crispi Salustii in M. T. Ciceronem.*
5 *Oratio M. T. Ciceronis in Crispum Salustium.*
6 *Orationes IV in L. Catilinam.*
7 *Oratio pro Aulo Licinio poeta.*
8 *Oratio de laudibus Gn. Pompeii magni (alias pro lege Manilia.)*

MANUSCRIT sur vélin exécuté en Italie dans le XV siecle, contenant 59 feuillets. Il est écrit en *lettres rondes*, à longues lignes, & enrichi de notes marginales.

On trouve à la fin de ce MS. la note grecque que *Sozomene de Pistoie* écrivoit sur tous ses livres.

2297 M. T. Ciceronis Orationes VII : scilicet pro A. Cluentio, cn. plancio, P. silla, P. quintio, L. flacco, de responsis Auruspicum, de provinciis consularibus. in 4. rel. en cart. d. s. tr.

BEAU MANUSCRIT sur vélin exécuté en Italie dans le XV siecle, contenant 101 feuillets. Il est écrit en *lettres rondes*, à longues lignes, & enrichi de notes marginales.

C'est encore un MS. de la célebre Bibliotheque de *Sozomene de Pistoie*.

La note suivante écrite au commencement du Volume est très curieuse, & paroît de la main de Sozomene :

Melius est emere libros iam scriptos, quam scribi facere. nam pro membranis exposui grossos tredecim, scriptori dedi libras duodecim, et cartorario grossos quatuor, summa ergo in totum libras sexdecim solidos tredecim denarios vj, die primo mensis martii m. cccc. xxv.

Il faut entendre le *Relieur* par le mot *Cartorarius*.

2298 M. Tullii Ciceronis Orationes. *Venetiis, Christophorus Valdarfer,* 1471. in fol. m. r.

PREMIERE EDITION.

Il paroît par le nom de Lodovicus Carbo que l'on trouve après la date, que ce savant a été correcteur de cette Edition.

Au dessous de la souscription il y a une note manuscrite qui est très curieuse, parcequ'elle fait connoître le prix des Livres dans les premiers temps de l'Imprimerie ; elle est écrite en rouge, & conçue en ces termes :

Anno dñi Mº ccccº lxxiij has pñtes tulianas orões precio

BELLES-LETTRES.

duorū ducator auri comparaui teſte ſigno meo manuali hic appōto Anno prediđo die XX januarij. Jaulnern.

2299 M. T. Ciceronis Orationes. *Imp. per magiſtrum Adam de Ambergau*, 1472. in fol. m. r.

On croit cet *Adam de Ambergau* le même qu'*Adam Rot*, qui a imprimé à Rome depuis 1471, juſqu'en 1475. Ses Editions ſont exceſſivement rares, ſur-tout celle des Offices de Cicéron de 1472. dont le R. P. Laire, Auteur d'une hiſtoire de la Typographie Romaine, très eſtimée, n'a trouvé aucun Exemplaire dans les Bibliotheques de Rome.

2300 M. Tullii Ciceronis Orationes diligenter emendatæ. *Venetiis, per Nicolaum G. (Girardengum)* 1480. *die X. Martii*. in fol. vel.

2301 M. Tullii Ciceronis Orationes, cum Verrinis & Philippicis. *Venetiis, per Johannem Forlivienſem & Jacobum Brixienſem*, 1483. *die VIII. Novembris*. in fol. v. f.

2302 M. Tullii Ciceronis Orationes per Philippum Beroaldum recognitæ ac diligenter correctæ. addita in calce oratione adverſus Valerium quæ hactenus incognita fuit. *Bononiæ, Benedictus Hectoris*, 1499. in fol. m. r.

2303 M. Tullii Ciceronis Orationes ex recenſione Pauli Manutii. *Venetiis, Paulus Manutius*, 1540. 3 vol. in 8. m. cit.

2304 M. Tullii Ciceronis Orationes. cum præfatione & ex recenſione Roberti Stephani. *Pari-*

fiis, *ex officina Roberti Stephani*, 1543. 3 vol. in 8. m. r. doub. de m. l. r.

2305 M. T. Ciceronis Orationes Philippicæ, ex recognitione Joannis Antonii Campani. *Romæ, Vdalricus Gallus, circa annum* 1470. in 4. m. r.
PREMIERE EDITION.
On fait que toutes les Editions données par Campanus, & imprimées par Ulric Han, font antérieures à l'an 1471.

2306 Afconii Pediani explanationes in orationes Ciceronis fequentes: in L. Pifonem, pro M. Scauro, pro Milone, pro Cornelio de majeftate, in toga candida contra C. Anthonium & L. Catilinam, de divinatione in Verrem, de prætura urbana in eundem, de jurifdictione ficilienfi. in 8. rel. en cart. d. f. tr.

TRÈS BEAU MANUSCRIT exécuté en Italie dans le XV *fiecle*, fur un vélin très blanc, contenant 118 feuillets, dont le premier eft décoré d'ornements. L'écriture eft en *lettres rondes*, à longues lignes, & les capitales font élégamment peintes en or & en couleurs.

2307 Quinti Afconii Pediani commentarii in Ciceronis Orationes. Georgius Trabezuntius de artificio Ciceronianæ Orationis, pro Quinto Ligario. Antonii Lufchi inquifitio fuper XI orationes Ciceronis. *Venetiis, per Johannem de Colonia fociumque Johannem Manthen de Gerretzem.* 1477 in fol. m. r.
PREMIERE EDITION.

2308 Marci Tullii Ciceronis Epiſtolarum ad familiares libri XVI. in fol. rel. en cart. d. ſ. tr.

Beau Manuscrit ſur vélin exécuté en Italie dans le *XV ſiecle*, contenant 160 feuillets écrits en *lettres rondes*, à longues lignes. Il eſt enrichi de capitales & d'ornemens peints en or & en couleurs.

2309 M. T. Ciceronis Epiſtolarum ad familiares libri XVI. in fol. rel. en cart.

Beau Manuscrit ſur vélin, contenant 225 feuillets, dont le premier eſt orné d'un cadre peint. Il a été exécuté en Italie dans le *XV ſiecle*. L'écriture eſt en *lettres rondes*, à longues lignes, & les capitales ſont peintes en or & en couleurs.

2310 M. Tullii Ciceronis Epiſtolarum ad familiares lib. IX. Ariſtotelis economicorum ſive de re familiari lib. II. Leonardus Aretinus tranſtulit è græco. in 4. rel. en cart. d. ſ. tr.

Manuscrit ſur vélin exécuté en Italie dans le *XV ſiecle*, contenant 137 feuillets. Il eſt écrit en *caracteres ronds*, à longues lignes. L'Ouvrage de Cicéron ne renferme que les IX premiers Livres, dans leſquels les paſſages grecs ont été laiſſés en blanc.

2311 M. T. Ciceronis Epiſtolæ ad familiares. *Romæ, Conradus Sweynheym & Arnoldus Pannartz, in domo Petri de Maximo,* 1467. in 4. m. bl.

Premiere Edition.

Nous l'annonçons in 4. parceque les *pontuſceaux* ſont en travers.

Tome II. G

2312 M. Tullii Ciceronis Epiſtolarum familiarium libri XVI. ex recognitione Joannis Andreæ Epiſcopi Alerienſis. *Romæ, pridie nonas Novembris, 1469, per Conradum Sweynheym & Arnoldum Pannartz, in domo Petri & Franciſci de Maximis.* in fol. m. r.

CETTE EDITION eſt très rare ; elle commence ainſi ſans aucune piece préliminaire :

M. Tul. Ciceronis ad. P. Lentulũ Impatorẽ. Po. Ro. Epiſtolar. familiarũ liber primus. Cicero. P. Lentulo Impatori. S. PL. D.

On lit à la fin cette ſouſcription :

Io. An. Epiſcopus Alerien̄ recognouit. prid Nonas Nouemb. Rome. M. CCCC. LXIX.

Et au deſſous les 8 vers :

Aſpicis, illuſtris lector, &c.
Huic operi aptatam contribuere domum.

2313 M. T. Ciceronis Epiſtolarum familiarium libri XVI *Venetiis, per Joannem de Spira,* 1469. in fol. m. r.

Jean de Spire a publié deux Editions des Epîtres familieres de Cicéron dans la même année. Celle-ci ſe diſtingue par ces vers :

Primus in Adriaca formis impreſſit aenis
Vrbe Libros Spira genitus de gente Iohannes
In reliquis ſit quanta uides ſpes lector habenda
Quom Labor hic primus calami ſuperauerit artem.
M. CCCC. LXVIIII.

2314 M. T. Ciceronis Epiſtolæ ad familiares. *Mediolani, Zarothus*, 1476. in fol. m. r.

On lit à la fin :

Mediolani Anno. M. cccclxxvi. Octauo. kl. decembres Duce Galeacio Maria glorioſiſſimo. hoc opus diligenter emendatum Antonius Zarothus parmenſis huius præclare artis magiſter politiſſimus quā maxima potuit diligentia impreſſit.

2315 M. Tullii Ciceronis Epiſtolæ ad familiares. 1476. in fol. v. f.

Edition à longues lignes, ſans nom de Ville ni d'Imprimeur, avec des ſignatures.

On lit à la fin du dernier feuillet recto, la date imprimée ainſi :

.M. CCCC. LXXVI.

2316 Commentarii Hubertini Clerici Creſcentinatis in M. T. Ciceronis Epiſtolas familiares. *Vicentiæ, Lichteſten*, 1479. in fol. m. cit.

Ce Volume eſt imprimé à longues lignes avec des ſignatures depuis A — gg. A la fin :

Hermannus lichteſten colonienſis ꝑbatiſſimus librarie artis exactor Impreſſuʒ Vicētiæ āno uirgĩs partu M. cccc.lxxix. iii. kl. Martias.

2317 M. T. Ciceronis Epiſtolarum familiarium libri XVI. in 8. v. f.

Imprimé sur vélin.

Il manque dans cet Exemplaire le titre & le feuillet de ſouſcription. On voit par le caractere que cette Edition eſt d'Alde, & qu'elle a été imprimée vers 1510.

2318 M. T. Ciceronis Epiftolæ familiares, diligentius quam hactenus exierunt emendatæ. Studio Pauli Manutii. *Venetiis, Paulus Manutius*, 1540, in 8. m. cit.

2319 M. Tullii Ciceronis Epiftolæ familiares cum Scholiis Pauli Manutii. *Parifiis, Robertus Stephanus*, 1543, in 8. m. r. doub. de m. l. r.

2320 Les Epîtres familiaires de Marc Tulle Ciceron, traduites de latin en françois, par Eftienne Dolet. *Lyon, Eftienne Dolet*, 1542, in 8. v. m.

2321 Le Epiftole famigliari di Cicerone, tradotte (da Guido Loglio Regienfe) fecondo i veri fenfi dell' auttore, & con figure proprie della lingua volgare. *In Vinegia, in cafa di figlivoli di Aldo*, 1545, in 8. vel.

2322 M. T. Ciceronis Epiftolæ ad Atticum, Brutum & Quintum fratrem, cum ipfius Attici vita. *Venetiis, Nic. Jenfon*, 1470. in fol. m. r. dent.

Sweynheym & Pannartz ont donné en la même année 1470, une Edition des Epîtres de Cicéron à Atticus; mais celle de Jenfon eft préférable à caufe de la beauté de fon exécution.

2323 M. T. Ciceronis Epiftolæ ad Atticum, ad M. Brutum, ad Quintum Fratrem, fumma diligentia caftigatæ, ftudio Pauli Manutii. *Venetiis, Paulus Manutius*, 1540. in 8. m. cit.

2324 M. Tullii Ciceronis Epiftolæ ad Atticum,

BELLES-LETTRES. 53

ad M. Brutum & ad Quintum fratrem, cum scholiis Pauli Manutii. *Parisiis, ex officina Roberti Stephani,* 1543. in 8. m. r. doubl. de m. l. r.

2325 M. T. Ciceronis Epistolæ ad M. Brutum, Q. Ciceronem fratrem, & T. P. Atticum. ex recensione Bart. Saliceti & Lud. Regii. *Romæ, per Euch. Silber alias Franck,* 1490. in fol. m. bl. dent.

2326 M. T. Ciceronis Rhetoricorum ad C. Herennium lib. IV. = Ejusdem de inventione lib. II. in 4. rel. en cart.

Beau Manuscrit sur vélin exécuté en Italie dans le XV siecle, contenant 142 feuillets, dont le premier est enrichi d'ornements peints en or & en couleurs. Il est écrit en *lettres rondes*, à longues lignes.

2327 M. T. Ciceronis Rhetoricorum libri quatuor emendati ab Omnibono Leoniceno. *Venetiis, Nicolaus Jenson,* 1470. in 4. m. bl.
Premiere Edition.
Imprimé sur vélin.
Superbe Exemplaire avec plusieurs lettres initiales peintes en or & en couleurs.

2328 M. Tullii Ciceronis Rhetoricæ ad Herennium libri IV. *Romæ, de Wuila,* 1474. in fol. m. r. l. r.
Le Volume commence ainsi :
M. T. CICERONIS. ARTIS. RHETORICAE AD. HERENNIUM. LIBER. PRIMVS

A la fin :

Impreſſus quoq; eſt hic. M. T. C. Rhetoricorum nouorum ad Herennium. Liber vltimus Rome Per me Vuendellinum. de Vuila in Artibus Magiſtrum. M. CCCC. LXXIIII.

Et au deſſous de la ſouſcription eſt le Regiſtre.

Les Editions faites par cet Imprimeur ſont fort rares, puiſqu'il n'a exercé ſon art dans cette Ville que depuis 1473 — 1475. Le R. P. Laire a cité cette Edition dans ſon *Specimen hiſt. Typographiæ Romanæ,* pag. 209 & 210; mais il n'en avoit pas trouvé d'Exemplaires à Rome.

2329 M. Tullii Ciceronis Rhetorica. *Pariſiis, ex Officina Roberti Stephani,* 1544. in 8. m. r. doub. de m. l. r.

2330 Dialectica Ciceronis, quæ diſperſe in ſcriptis reliquit, maxime ex Stoicorum ſententia, cum commentariis quibus ea partim ſupplentur, partim illuſtrantur. Opus non ſolum ad intelligenda Ciceronis ſcripta, ſed etiam multorum veterum auctorum, imprimis utile. Adamus Buſius compoſuit. *Samoſci, Martinus Lenſcius,* 1604, in 4. m. viol.

LIVRE FORT RARE. On prétend que la plus grande partie de l'Edition en a été ſubmergée.

2331 Stephani Doleti dialogus, de imitatione Ciceroniana, adverſus Deſid. Eraſmum. *Lugduni, Gryphius,* 1535. in 4. m. r.

2332 M. Fabii Quinctiliani opera omnia, cum

BELLES-LETTRES.

notis variorum, ex recenſione Petri Burmanni. *Lugduni Batavorum, Iſaacus Severinus*, 1720. 2 vol. in 4. gr. pap. v. f.

2333 Marci Fabii Quintiliani inſtitutionum oratoriarum ad Victorium Marcellum libri XII. ex recenſione Joannis Antonii Campani. *Romæ, (Ulricus Gallus) in via Papæ*, 1470. in fol. m. r. dent.

PREMIERE EDITION.

2334 M. Fab. Quintiliani inſtitutionum oratoriarum libri XII, ab Omnibono Leoniceno emendati. *Venetiis, Nicolaus Jenſon*, 1471, *menſe Maii die XXI.* in fol. m. r.

IMPRIMÉ SUR VÉLIN.   SUPERBE EXEMPLAIRE.

Voici le paſſage de l'Epître Dédicatoire dans lequel Omnibonus Leonicenus attribue l'invention de l'art de l'Imprimerie à Nicolas Jenſon :

... Accedebāt iuſtæ preces magiſtri Nicolai Ienſon Gallici alterius (ut uere dicā) Dædalii qui librariæ artis mirabilis inuentor : non ut ſcribantur calamo libri : ſed ueluti gēma imprimantur : ac prope ſigillo primus omnium ingenioſe mōſtrauit. &c.

2335 M. Fab. Quintiliani inſtitutiones oratoriæ. *Mediolani, Antonius Zarothus*, 1476. in fol. m. r.

2336 M. Fabii Quintiliani declamationes CXXXVI. cùm præfatione Thadæi Vgoleti. *Parmæ, Aug. Vgoletus*, 1494. in fol. m. viol.

BELLES-LETTRES.

SUPERBE EXEMPLAIRE de M. le Comte d'Hoym.

2337 Publicii Optatiani Porphyrii panegyricus dictus Constantino Augusto, ex codice manuscripto Paulli Velseri. *Augustæ Vindelicorum*, 1595. in fol. v. f.

Orateurs Latins modernes.

2338 Pii Papæ secundi oratio contra Turcos. (*Coloniæ per Olricum Zel de Hanau circa*, 1470.) in 4. m. r. goth.

EDITION à longues lignes au nombre de 27 sur les pages qui sont entières ; elle est sans chiffres, réclames & signatures, exécutée avec les caracteres de Zel de Hanau.

Le Volume commence ainsi :

Pius papa secũdus eloquẽtissimus. q̃ obijt Anno. M. cccc. lxiiij. in. Anchona. dũ p̃ficisci p̃posuerit contra turcos. cõposuit. &c.

Il finit au bas du recto du dernier feuillet sans aucune souscription.

2339 Bessarionis Episcopi Sabinensis, Cardinalis Nicæni & Patriarchæ Constantinopolitani orationes de bello turcis inferendo. (*Parisiis, per Ulricum Gering, &c.* 1471.) in 4. v. f.

PREMIERE EDITION à longues lignes, au nombre de 23 sur les pages qui sont entieres, sans chiffres, réclames & signatures.

Le Volume contient 41 feuillets, dont un est orné d'un cadre, & plusieurs de lettres peintes en or & en couleurs. Il commence par une dédicace qui porte ce sommaire :

AGNANIMIS

BELLES-LETTRES. 57

AGNANIMIS PRINCIPIBUS Ludouico christianissimo, francor regi, eiusq; dictionis regibus ducibus comitibus marchionibus & uiris omnibus preclaris, Guillermus fichetus parisiesis theologus doctor secundos optat successus;
Elle finit ainsi :
Nonis sextilibus anno uno & septuagesimo, quadringētesimoq; supra millesimum. Parisii scriptum ædibus sorbone;
On trouve ensuite une autre Dédicace adressée à Guillaume Fichet par le Cardinal Bessarion ; elle est datée : *ex urbe die xiii Decembris. M. cccc. lxx.*

Le Volume finit par une traduction latine de l'Oraison de Démosthene, intitulée :
DEMOSTHENIS ORATIO pro ferenda ope olynthiis aduersus Philippū regem Macedonum.

Dans cette Oraison le Cardinal Bessarion compare l'état de l'Italie menacée par les Turcs, à celui où étoit la Grece du temps de Philippe de Macedoine.

On voit à la fin de cet Exemplaire la signature de Jacques d'Armagnac, Duc de Nemours, Comte de la Marche, &c. à qui il a appartenu. Il eut la tête tranchée aux halles de Paris, le 4 Août 1477.

2340 Ladislaii Vetesii Pannonii Cubicularii Apostolici Oratio ad summum Pontificem Sixtum IIII. pro præstanda obedientia nomine invictissimi Principis divi Matthiæ serenissimi Hungarorum ac Bohemorum Regis quarto novas Februarii, 1475. in 4. v. f.

Edition à longues lignes au nombre de 25 sur les pages qui sont entieres, sans chiffres, réclames ni signatures, exécutée vers 1476. La totalité du Volume est de 12 feuillets.

2341 Henrici Cornelii Agrippæ orationes X. ejus-

Tome II. H

dem de duplici coronatione Caroli V. Cæsaris apud Bononiam, historiola. Ejusdem, ac aliorum doctorum virorum Epigrammata. *Coloniæ, Joannes Soter*, 1535. in-8. m. r.

2342 G. Sauromanus. Proc. Cæs. ad Principes Christianos de religione ac communi concordia. *Romæ*, 1524. in 4. m. r.

2343 Stephani Doleti orationes duæ in Tholosam. Ejusdem Epistolarum libri II. Ejusdem carminum libri II. ad eundem Epistolarum amicorum liber. Cum præfatione & argumento in primam orationem Symonis Finetii. in 8. m. r.

2344 Joannis Bodini oratio de instituenda in Republica juventute ad Senatum populumque Tolosatem. *Tolosæ, Petrus Puteus*, 1559, in 4. m. r.

POÉTIQUE.

Introduction à la Poésie; ou Institutions, Eléments & Traités généraux de Poétique.

2345 Poetica d'Aristotele vulgarizzata, & sposta per Lodovico Castelvetro. *Stampata in Vienna d'Austria, per Gaspar Stainhofer*, 1570. in 4. vel.
EDITION ORIGINALE.

2346 Poetica d'Aristotele vulgarizzata, & sposta per Lodovico Castelvetro. *Stampata in Basilea, de Sedabonis*, 1576. in 4. m. r.

BELLES-LETTRES.

2347 Petri Victorii Commentarii in primum librum Aristotelis de Arte Poetarum. *Florentiæ, in offic. juntarum*, 1573. in fol. v. f.

2348 La Poetica di Messer Giovan Giorgio Trissino. *In Vicenza, per Tolomeo Janiculo*, 1529, in fol. m. r. = La quinta e la sesta divisione della Poetica del Trissino. *In Venetia Andrea Arrivabene*, 1562. in 4. m. r.

2349 La Poetica di M. Giovan Giorgio Trissino. *In Vicenza, per Tolomeo Janiculo da Bressa*, 1529. in fol. = La quinta e la sesta divisione della Poetica del Trissino. *In Venetia, Andrea Arrivabene*, 1563. in 4. m. r.

2350 Marci Hieronymi Vidæ de Arte Poetica libri tres. *Parisiis, Christ. Wechelus*, 1534. in 8. v. f.

2351 Robertus Gaguinus de Arte Metrica. ejusdem versi. (*Parisiis, Gering, circa* 1477.) in 4. v. m.

Caracteres de Gering. A longues lignes au nombre de 28 sur les pages qui sont entieres, sans chiffres & réclames; mais avec signatures.

Collections & Extraits des Poetes Grecs.

2352 Poetæ Græci Principes heroici carminis, & alii nonnulli, græcè. Studio Henr. Stephani. *Parisiis, H. Stephanus*, 1566. in fol. m. r. l. r.
SUPERBE EXEMPLAIRE.

2353 Planudis Rhetoris Anthologia epigrammatum græcorum, græcè, cum fcholiis græcis, ex recenfione Joannis Lafcaris Rhindaceni. Editio litteris capitalibus impreffa. *Florentiæ, per Laur. Francifcum de Alopa*, 1494. in 4. v. f.

PREMIERE EDITION.
IMPRIMÉ SUR VÉLIN.

CET EXEMPLAIRE ayant été prêté à M. le Duc de la Valliere par MM. de Ste. Genevieve, leur a été rendu par ordre de Madame la Ducheffe de Chaftillon.

2354 Planudis Rhetoris Anthologia epigrammatum græcorum, græcè, cum fcholiis græcis, ex recenfione Joannis Lafcaris Rhindaceni. Editio litteris capitalibus impreffa. *Florentiæ per Laurent. Franc. de Alopa*, 1494. in 4. v. f.

PREMIERE EDITION.

2355 Theocriti Eclogæ triginta. Genus Theocriti & de inventione Bucolicorum. Catonis fententiæ. Sententiæ feptem fapientum. De invidia. Theognidis fententiæ. Sententiæ Monoftichi per capita ex diverfis poetis. Aurea carmina Pythagoræ. Phocylidæ poema admonitorium. Carmina Sibyllæ Erytheæ. Differentia vocis. Hefiodi Theogonia, Scutum Herculis, Georgicon libri duo græcè. Studio Aldi Manucii. *Venetiis, Aldus Manucius*, 1495. in fol. m. bl.

PREMIERE EDITION.

Ouvrages des Poetes Grecs.

2356 Homeri opera omnia græcè, ex recensione Demetrii Chalcondylæ Atheniensis & Demetrii Cretensis : cum præfationibus, latina Bernardi Nerlii & græca Chalcondylæ. Exegesis Herodoti Halycarnassei de vita Homeri. Plutarchus de vita Homeri. Dionis Chrisostomi Sermo de Homero, græcè. *Florentiæ, Nerlius,* 1488. 2 vol. in fol. m. r.

PREMIERE EDITION.

2357 Homeri Ilias & Odyssea, Batrachomiomachia & Hymni ; accedit vita Homeri per Herodotum & Plutarchum. Græcè. ex recensione Aldi Pii Manucii. *Venetiis, Aldus,* 2 vol. in 8. m. r.

IMPRIMÉ SUR VÉLIN.

2358 Homeri opera cum commentariis græcis Eustathii Archiepiscopi Thessalonicensis. *Romæ, Bladus,* 1542. 4 Tom. en 3 vol. in fol. m. r.

2359 Eustathii Archiepiscopi Thessalonicensis, commentarii græci in Homeri Iliada. *Romæ, Antonius Bladus,* 1542. in fol. tom. primus. m. r.

IMPRIMÉ SUR VÉLIN.

2360 Eustathii Archiepiscopi Thessalonicensis, commentarii in Homeri Iliadem. Græcè. Alexander Politus nunc primum latinè vertit, recensuit, notis perpetuis illustravit. Accedunt notæ Antonii M. Salvini. *Florentiæ, Bernardus Paperinius*, 1730. 3 vol. in fol. v. f.

2361 Homeri Ilias & Odyssea, græcè & latinè. (*Genevæ,*) *è Typographia Joannis Crispini*, 1560. 6 vol. in 12, m. r.

2362 Homeri Ilias & Odissea, græcè & latinè, cum scholiis græcis Didymi. Accurante Cornelio Schrevelio. *Amstelodami, ex officina Elzeviriana*, 1656. 2 tom. en 1 vol. in 4. m. r.

2363 Homeri Ilias & Odyssea, græcè. *Glasguæ; in ædibus Academicis, excudebant Robertus & Andreas Foulis*, 1756. 2 vol. in fol. G. P. m. r. l. dent.

2364 Homeri Odyssea, Batrachomyomachia, Hymni, aliaque ejus opuscula. Græcè & latinè, cum præfatione, scholiis & indice D. Giphanii. *Argentorati, Theodosius Rihelius*. in 8. m. r.

2365 Homeri Ilias in Græcos versus modernos translata à Nicolao Lucano. *In Venetia, per Maestro Stephano da Sabio : ad instantia di Miser Damian di Santa Maria da Spici*, 1526. in-4. fig. m. r. dent.

2366 Homerus de Bello Trojano. Traductio Hexametris versibus Pyndari haud indocti ad institutionem filii sui. *Parrhisiis impressa est sumptibus propriis ac opera industriaque Anthonii Denidel in artibus magistri necnon Roberti Gourmont, propè collegium de Coqueret commorantium. Anno*

BELLES-LETTRES.

à Christo nato. M. CCCC. iiij. xx. xviij. xv. calendos Martii. vale. cum bona fortuna & feliciter. in-4. v. f.

2367 L'Iliade & l'Odyssée d'Homere. Nouvelle traduction. (Par M. de la Valterie.) *Suivant la copie imprimée à Paris, chez Claude Barbin*, 1682. 4 vol. in 12. m. r.

Avec figures dessinées & gravées par A. Schoonebeek.

2368 L'Iliade & l'Odyssée d'Homere, traduites en françois, avec des remarques. Par Madame (Anne le Febure) Dacier. *Paris, Rigaud*, 1711. 6 vol. in 12. v. f.

2369 L'Iliade & l'Odyssée d'Homere, traduites en françois, avec des remarques par Mde (Anne le Febure) Dacier. Edition enrichie de figures par Bern. Picart ; avec un supplément contenant la vie d'Homere par Mde Dacier ; une Dissertation sur la durée du siege de Troye par M. l'Abbé Banier, & les remarques & la préface de M. Pope sur Homere, & une table des matieres pour l'Iliade & l'Odyssée. *Amsterdam, Wetsteins & Smith*, 1731. 7 vol. in 12. m. r.

2370 Les XXIV. livres d'Homere réduits en tables démonstratives figurées, par Crespin de Passe. Chaque livre rédigé en argument poétique, par J. Hillaire, sieur de la Riviere. *Trajecti Batavorum*, 1613. in 4. m. r.

BELLES-LETTRES.

2371 Les fantaſtiques Batailles des grands Rois Rodilardus & Croacus, tranſlaté du grec d'Homere, (du latin d'Eliſius Calentius) en françois. *Lyon, François Juſte*, 1534. in 16. m. bl. goth.

2372 Les fantaſtiques Batailles des grands Rois Rodilardus & Croacus : tranſlaté du grec d'Homere (du latin de Calentius) en françois. *Poitiers, à l'enſeigne du Pélican*, 1535. in 16. m. bl. goth.

2373 Porphyrii Philoſophi Homericarum quæſtionum liber. & de Nympharum antro in Odyſſea : Opuſculum, græcè. Leonis X. P. M. beneficio è tenebris erutum. *Impreſſumque Romæ in Gymnaſio Mediceo ad Caballinum montem*, 1518, in 4. v. f.

2374 Apollonii Sophiſtæ Lexicon græcum Iliadis & Odyſſeæ. græcè, cum verſione latina & notis Joan. Bapt. Caſpari d'Anſſe de Villoiſon. *Lutetiæ Pariſiorum, J. C. Molini*, 1773, 2 vol. in fol. très Grand Pap. v. f.

2375 Heſiodi quæ extant. græcè & latinè, cum notis, ex probatiſſimis quibuſdam authoribus. Operâ & ſtudio Cornelii Schrevelii. *Lugduni Batavorum, Typis Franciſci Hackii*, 1650. in 8. m. r. doub. de m. l. r.

2376 Sapphus Poetriæ Lesbiæ, fragmenta & elogia, quotquot in auctoribus antiquis græcis & latinis

latinis reperiuntur, cum virorum doctorum notis integris, curâ & studio Jo. Christiani Wolfii. *Londini, Abrah. Vandenhoeck*, 1733. in 4. G. P. v. b.

2377 Les Poésies d'Anacréon & de Sapho, traduites de grec en vers françois, avec des remarques, par M. (Hilaire-Bernard de Requeleyne sieur de) Longepierre. *Paris, Pierre Emery*, 1684. in 12. m. r. l. r.

2378 Anacréon, Sapho, Bion & Moschus, traduction nouvelle en prose, suivie de la Veillée des Fêtes de Vénus, & d'un choix de pieces de différents auteurs. Par M. Moutonnet de Clairfonds. *Paris, le Boucher*, 1773. in 4. G. P. fig. v. f.

2379 Pindari opera. Callimachi hymni. Dionysius de situ orbis. Licophronis Alexandra. Græcè. ex recensione Aldi Manucii. *Venetiis in ædibus Aldi & Andreæ Asulani Soceri*, 1513, in 8. m. b.

2380 Pindari Opera. cæterorum octo lyricorum carmina, Alcæi, Sapphus, Stesichori, Ibyci, Anacreontis, Bacchylidis, Simonidis, Alcmannis, nonnulla etiam aliorum. omnia græcè & latinè. *Antverpiæ, Christophorus Plantinus*, 1567. in 16. m. r. doub. m. l. r.

2381 Pindari Opera græcè cum versione latina Nicolai Sudorii. *Oxonii, è Th. Sheldoniano*, 1697. in fol. m. r.

Tome II.   I

2382 Lycophronis Alexandra cum græcis Isaaci Tzetzis commentariis, græcè & latinè, accedunt variantes lectiones & annotationes. curâ & operâ Jo. Potteri. *Oxonii, è Theatro Sheldoniano*, 1697. in fol. m. v.

2383 Theocriti Idyllia, Epigrammata, &c. græcè, cum Additione & Scholiis Græcis, ex recensione Zachariæ Calliergi. *Romæ, Zacharias Calliergi, mense Januario*, 1516. in 8. m. r.

2384 Theocriti Idyllia, græcè. *Lovanii, apud Theodoricum Martinum Aloſtenſem*, 1520. in 4. m. r.

2385 Theocriti, Moschi, Bionis, Simmii quæ extant: cum græcis in Theocritum Scholiis. Operâ Danielis Heinsii. accedunt Josephi Scaligeri, Isaaci Casauboni, notæ & lectiones. *Ex Bibliopolio Commeliniano*, 1604. in 4. m. r. doub. de m. l. r.

2386 Les Idylles de Théocrite, traduites de Grec en vers François, avec des remarques, par M. (Hilaire-Bernard de Requeleyne, sieur de) de Longepierre. *Paris, Pierre Aubouin*, 1688. in 12. m. r. l. r.

2387 Les Idylles de Bion & de Moschus, traduites de Grec en vers François, avec des remarques. (Par Hilaire-Bernard de Requeleyne, fieur de Longepierre.) *Paris, Pierre Aubouin*, 1686. in 12. m. r. l. r.

2388 Idylles de Bion & de Moschus, traduites de Grec en vers François. (Par Hilaire-Bernard de Requeleyne, fieur de Longepierre.) *Amsterdam, Henri Desbordes*, 1688. in 8. m. r. l. r.

2389 Callymachi Hymni, Epigrammata & Fragmenta, cum notis variorum, ex recenfione Ezechielis Spanhemii. *Ultrajecti, Halma*, 1697. 2 vol. in 8. G. P. m. r.

2390 Callymachi Hymni, Epigrammata & Fragmenta, graecè & latinè, cum notis variorum, ex recenfione Joannis Augufti Ernefti. *Lugduni Batavorum, Samuel Lucthmans*, 1761. 2 vol. in 8. P. Fort. v. f.

2391 Apollonii Rhodii Argonauticorum libri IV. graecè; ab Jeremia Hoelzlino in latinum converfi; commentario & notis illuftrati, emaculati, cum fcholiis graecis. *Lugd. Bat. ex Officina Elzeviriana*, 1641. in 8. m. viol.

Poëtes Dramatiques Grecs.

2392 Æfchyli Tragœdiae, graecè, ex recenfione Adriani Turnebi. *Parifiis, Adrianus Turnebus*, 1552. in 8. m. r.

2393 Æfchyli Tragœdiae feptem, cum fcholiis

græcis omnibus ; deperditorum drammatum fragmentis, verſione & commentario Thomæ Stanleii. *Londini, Flesher*, 1663. in fol. m. r.

2394 Æſchyli Tragœdiæ ſuperſtites, græcè, græca in eas ſcholia, & deperditorum fragmenta, cum verſione latina & commentario Thomæ Stanleii; & notis variorum. curante Joanne Cornelio de Paw. *Hagæ Comitum, Petrus Goſſe*, 1745. 2 vol. in 4. G .P. m. r.

2395 Sophoclis Tragœdiæ ſeptem græcè. ex recenſione Aldi Manucii. *Venetiis, in Aldi Romani Academia, menſe Auguſto*, 1502. in 8. v. m.

2396 Commentarii in ſeptem Tragœdias Sophoclis : quæ ex aliis ejus compluribus injuria temporum amiſſis, ſolæ ſuperfuerunt : opus exactiſſimum : rariſſimumque in gymnaſio mediceo Caballini montis à Leone X. P. M. conſtituto, recognitum, repurgatumque, in plurima exemplaria editum græcè. *Romæ*, 1518. in 4. m. r.

2397 Tragédie de Sophocles, intitulée : *Electra*, traduite du grec en rhythme françoiſe, ligne pour ligne, & vers pour vers. (Par Lazare de Baïf.) *Paris, Eſtiene Roffet*, 1537. in 8. m. r.

2398 Euripidis Tragœdiæ ſeptemdecim, græcè. *Venetiis, apud Aldum*, 1503. 2. vol. in 8. v. f.

BELLES-LETTRES.

2399 Euripidis Tragœdiæ XIX. græcè. in quibus præter infinita menda sublata, carminum omnium ratio hactenus ignorata nunc primum proditur: Operâ Gulielmi Canteri. *Antverpiæ, Christophorus Plantinus*, 1571. in 12. m. r. doub. de m. l. r.

2400 Euripidis quæ extant omnia, græcè & latinè, cum scholiis græcis & notis, Operâ Josuæ Barnes. *Cantabrigiæ, Hayes*, 1694. in fol. m. r.

2401 Georgii Anselmi Nepotis Hecuba, Tragœdia Euripidis, è græco in latinum translata. *Parmæ, Franciscus Ugoletus, nonis Juniis*, 1506. in 4. v. f.

2402 La Tragédie d'Euripide, nommée Hecuba, traduite de grec en rhythme françoise, par Lazare de Baïf. *Paris, Robert Estienne*, 1544. in 8. m. bl.

2403 La Tragédie d'Euripide, nommée Hecuba: trad. de grec en rhythme françoise (par Lazare de Baïf.) *Paris, Rob. Estienne*, 1550. in 8. v. m.

2404 L'Iphigene d'Euripide, tournée de grec en françois par l'Auteur de l'art poétique. (Thomas Sibilet.) *Paris, Gilles Corrozet*, 1549. in 8. m. r.

2405 Aristophanis Comœdiæ novem, græcè,

cum Scholiis græcis, ex recognitione Marci Musuri. *Venetiis, apud Aldum*, 1498, *Idibus Quintilis.* in fol. m. r.

PREMIERE EDITION.

2406 Aristophanis Comœdiæ undecim, græcè & latinè, cum Scholiis antiquis & notis variorum, ex recensione Ludolphi Kusteri. *Amstelodami, Fritsch,* 1710. in fol. G. P. m. r.

2407 Aristophanis Comœdiæ undecim, græcè & latinè, cum notis Stephani Bergleri, curante Petro Burmanno secundo. *Lugduni Batavorum, Samuel Luchtmans*, 1760. 2 vol. in 4. G. P. v. f.

2408 Le Théâtre des Grecs, traduit en françois par le Pere (Pierre) Brumoi. *Paris, Rollin,* 1730. 3 vol. in 4. G. P. m. viol.

Collections & Extraits des Poetes Latins Anciens.

2409 Corpus omnium veterum poetarum latinorum, tam Prophanorum quam Ecclesiasticorum; cum eorum, quotquot reperiuntur, fragmentis. Collectore Michaele Maittaire. *Hagæ Comitum, Isaacus Vaillant,* 1721. 2 vol. in fol. v. b.

2410 Diversorum veterum Poetarum in Priapum lusus. P. Virgilii Maronis Catalecta, Copa, Rosæ, Culex, Diræ, Moretum, Ciris. &c.

BELLES-LETTRES.

Venetiis, in Ædibus Aldi & Andreæ Soceri mense Decembri 1517. in 8. m. r.

Ouvrages des Poetes Latins Anciens.

2411 Q. Ennii Poetæ vetustissimi fragmenta quæ supersunt ab Hieronymo Columna conquisita, disposita & explicata. accurante Francisco Hesselio. *Amstelædami, ex Officina Wetsteniana*, 1707. in 4. G. P. v. b.

2412 Titi Lucretii Cari de rerum natura libri VI. cum commentariis Joannis Baptistæ Pii. *Bononiæ, Typis excussoriis editum in Ergasterio Hieronymi Baptistæ de Benedictis Platonici Bononiensis*, anno 1511. in fol. v. f.

2413 Titi Lucretii Cari Opera. *Venetiis, in Ædibus Aldi, & Andreæ Soceri*, 1515. in 8. m. r.

2414 Titii Lucretii Cari de rerum natura libri sex. accedunt selectæ lectiones dilucidando Poemati appositæ. curâ Stephani Andreæ Philippe. *Lutetiæ Parisiorum, Antonius Coustelier*, 1744. 2 vol. in 12. fig. m. r.
IMPRIMÉ SUR VÉLIN.

2415 Titi Lucretii Cari de rerum natura libri sex. *Birminghamiæ, Typis Joannis Baskerville*, 1772. in 4. m. r.

2416 Les Œuvres de Lucrece, contenant sa

BELLES-LETTRES.

Philofophie fur la Phyfique, ou l'origine de toutes chofes. en latin & en françois, avec des remarques par le Baron de Coutures. *Paris, Thomas Guillain*, 1692. 2 vol. in 12. m. r. l. r.

Avec des figures deffinées par Van Mieris, & gravées par Duflos.

2417 Lucrece, traduction nouvelle, avec des notes, par M. la Grange. *Paris, Bleuet,* 1768. 2 vol. in 8. G. P. fig. m. r.

2418 Val. Catulli Veronenfis carmina. in 12. rel. en cart. avec dos de veau.

MANUSCRIT exécuté en Italie dans le *XV fiecle*, fur vélin, contenant 70 feuillets écrits en *lettres rondes*, à longues lignes. La premiere page en eft décorée d'ornements peints en or & en couleurs, & les marges en font chargées de corrections.

Ce MS. offre les particularités fuivantes :

Au I. Livre. les Odes 2 & 3 font réunies & n'en forment qu'une feule, ainfi que les 14 & 15. Les 4 derniers vers de la 35 font tranfportés au commencement de la 36, à laquelle la 37 eft réunie 38. 39 & 40 ne font point féparées. 50. 51 & 52 vont auffi de fuite fans diftinction. Les 2 derniers vers de la 52 commencent la 53; dont les 10 derniers vers formant une Ode féparée, font deux Odes plus loin. 54 & 55. 57 & 58. 63 & 64. 68 & 69. réunies. 70, 71, 72, 73 & 74 les cinq réunies en une feule. Les 4 premiers vers de la 73 manquent; mais fe trouvent au commencement de la 84. 81 & 82 font réunies, ainfi que 83, 84 & 85. 86, 87 & 88. 90 & 91. 108 & 109. 111 & 112.

2419 Albi Tibulli Poetæ clariſſimi Elegiarum Lib. IV. in 12. rel. en cart.

MANUSCRIT ſur vélin exécuté en Italie dans le *XV ſiecle*, contenant 49 feuillets. L'écriture eſt en *lettres rondes*, à longues lignes, & la premiere page eſt enrichie d'ornements peints, rehauſſés d'or.

On trouve à la fin un Calendrier des Faſtes des Romains, & une vie abrégée de *Tibulle*, écrite en rouge.

Dans ce MS. l'Elégie 5 du II Livre eſt coupée au vers : *Impiger anea volitantis frater amoris*, lequel commence l'Elégie ſuivante :

La 7e du III livre finit par les ſix vers qui compoſent la 12e Elégie du IV livre. Celle-ci outre cela ſe trouve dans ſon rang.

Au livre IV. le Panégyrique à *Meſſala*, que quelques Savants n'attribuent point à Tibulle, manque. Les Elégies 11 & 12 ſont réunies.

2420 Propertii Aurelii Nautæ Poetæ Elegiarum Libri IV. in 12. rel. en cart. d. ſ. tr.

MANUSCRIT exécuté en Italie dans le *XV ſiecle*, ſur vélin, contenant 90 feuillets écrits en *lettres rondes*, à longues lignes. La premiere page eſt décorée d'un beau cadre en miniature, & pluſieurs autres, d'ornements peints. La premiere lettre capitale repréſente un *Amour*.

On trouve dans ce MS. quelques corrections, & à la fin une vie abrégée de Properce, écrite en rouge, avec la date de ſon exécution, qui eſt de l'an 1481.

Voici les particularités qu'il renferme :

Au livre II. les 2 derniers vers de la 6e Elégie manquent; mais ils ſe trouvent à la fin de la 7.

Tome II   K

La 7 eſt partagée en deux Elégies. La feconde commence par ce vers : *Unde mihi , &c.* 9 & 10 font réunies. 34 eſt partagée en deux , dont la feconde commence par le vers : *Quid tua focraticis....*

Au livre IV la premiere eſt partagée en deux au vers *quo ruis imprudens . . .* La 5 eſt auſſi féparée en deux Élégies , la feconde commence par le vers :

Muſa Palatini.

Les deux derniers vers de la 8 font en tête de la 9.

Il nous paroît que les trois MS. que nous venons de décrire , n'ont formé autrefois qu'un feul Volume.

2421 Sexti Aurelii Propertii Lib. IV. Elegiarum. in 4. rel. en cart.

BEAU MANUSCRIT exécuté en Italie dans le *XV fiecle* , fur vélin , contenant 85 feuillets écrits en *lettres rondes* , à longues lignes.

Ce MS. eſt défectueux en quelques endroits. Voici ce qu'il y manque :

Au livre I. l'Elégie 1. Les 18 premiers vers de la feconde. Les 13 premiers vers de la 19. Les Elégies 20. 21 & 22. Les 11 & 12 n'en forment qu'une.

Au livre II. les 27 premiers vers de la premiere. Les deux derniers vers de la 7 qui ont été mis à la fin de la 6. Les 8 derniers vers de la 10 qui y eſt réunie à la 9. Les Elégies 11. 12. 13 manquent, & les 16 premiers vers de la 14. 31 & 32 font réunies.

Au livre III. la 11 eſt partagée en 4. La feconde commence par le vers: *Omphale in tantum...* La 3 : *Perfarum ſtatuit Babilona....* La 4 : *Scilicet inceſti . . .* La 15 en forme deux ; la feconde commence par *Teſtis eris Dirce.*

Au livre IV. les 2 & 3 font réunies. La 6 eſt partagée en

deux, dont la feconde commence : *Mufa Palatini*. . . . .
Les 58 derniers vers y manquent, ainfi que les Elégies
depuis 7 jufqu'à 11.

2422 Catulli, Tibulli & Propertii Opera. & liber
Sylvarum Statii Papinii, ex recenfione Guarini
Veronenfis. *Venetiis, Joannes de Colonia, &
Joannes Manthen de Gherfem*, 1475. in 4. m. r.

Le premier feuillet verfo contient une vie fommaire de
Catulle. Le fecond commence ainfi :

*Hextichum Guarini Veronenfis Oratoris Clariffimi In
libellum Valerii Catulli eius conciuis.*

A la fin des Ouvrages de ce Poete on lit :

Catulli Veronenfis Epigrammaton Libellus Explicitus eft.

Suit un feuillet dont le verfo contient la vie de Tibulle.
Le fuivant porte ce titre :

*Albii Tibulli. eq̃. Ro. Poetæ. Cl. Liber Primus quod fpretis
diuitiis & militia Deliã amat & amori feruiat.*

Cette partie du Volume finit par une Epître d'Ovide
en vers fur la mort de Tibulle.

Les poéfies de Properce font précédées d'un feuillet dont
le verfo renferme un abrégé de fa vie, & elles font terminées par cette foufcription :

Propertii Aurelii nautæ poetæ finis. 1475.
*Catulli. Tibulli. Proptii. & liber. Siluar. Statii papini ĩ
ifto uolumine cõtineĩ. Et ĩpreffi fũt opere & impenfa Iohannis de colonia : & Iohannis manthẽ de gherfem qui una
Veneciis fideliter Viuunt.*

Viennent les Forêts de Stace, dont le premier Livre porte
pour fommaire, en lettres capitales:

P. Pauini Statii Surculi Silvarum liber primus.

K 2

Et le dernier finit ainsi :

P. Papini Statii Siluar. Liber Vltimus.

2423 Tibullus, Catullus & Propertius, cum commento Philippi Beroaldi. *Venetiis, per Symonem Bevilaquam*, 1493, *Die XXVI Junii*. in fol. m. r.

2424 Catullus, Tibullus & Propertius. à Victore Gifelino & Theodoro Pulmanno Craneburgio emendati. *Autverpiæ, Chriftophorus Plantinus*, 1569. in 16. m. viol.

2425 C. Valerii Catulli, Tibulli & Propertii Opera. interpretatione & notis illuftravit Philippus Silvius in ufum Delphini. *Parifiis, Fredericus Leonard*, 1685. 2 vol. in 4. v. f.

2426 Catulli, Tibulli & Propertii Opera, priftino nitori reftituta, & ad optima exemplaria emendata. ftudio Stephani Andreæ Philippe. *Lutetiæ Parifiorum, Ant. Urb. Couftelier*, 1743. 3 vol. in 12. m. bl.

IMPRIMÉ SUR VÉLIN.

2427 Catulli, Tibulli, & Propertii Opera *Birminghamiæ, Typis Joannis Baskerville*, 1772 in 4. m. r.

2428 Cajus Valerius Catullus & in eum Ifaaci Voffii obfervationes. *Londini, Ifaacus Littleburii*, 1684. in 4. vel.

BELLES-LETTRES.

2429 Philippi Beroaldi Bononienfis, commentarii in Propertium. *Bononiæ, Benedictus Hector & Plato de Benedictis*, 1487. in fol. m. r.

2430 P. Virgilii Maronis Opera quædam. in fol. rel. en cart.

BEAU MANUSCRIT exécuté en Italie dans le *XV fiecle*, fur vélin, contenant 59 feuillets. Il eft écrit en *lettres rondes*, à longues lignes, & décoré de capitales peintes en or & en couleurs.

Il contient les Ouvrages fuivants: *Eclogæ X, Moretum, Verfus Octaviani Imperatoris fuper tefto Virgilii qui iuffit ne opus fuum conbureretur. & Georgica*.

Le vers *fæpe finiftra cava prædixit ab ilice cornix*, manque dans la premiere églogue comme dans prefque tous les MSS. de Virgile antérieurs au XVI fiecle.

2431 P. Virgilii Maronis Opera quædam. in fol. rel. en cart.

MANUSCRIT fur vélin exécuté en Italie dans le *XV fiecle*. Il eft écrit en *lettres rondes*, à longues lignes, & il contient 117 feuillets. Les intitulés font en rouge.

Les pieces qu'il renferme font:

Virgilii culex, diræ, priapeya, copa, eft & non, vir bonus, liber rofarum, moretum, ecloga X. & georgica Francifci Petrarchæ Laureati poetæ Bucolicæ XII.

On a graté plufieurs vers du *Priapeia* Le vers apocriphe de la premiere églogue de Virgile: *Sæpe finiftra cava prædixit ab ilice cornix*, ne s'y trouve pas. Chaque livre des Géorgiques eft précédé de l'argument en quatre vers de *Herennius Modeftinus*, & les églogues font chargées de notes

2432 Publii Virgilii Maronis Opera, ex recensione et cum præfatione Joannis Andreæ Episcopi Alerienfis. *Romæ, Conradus Suueynheym & Arnoldus Pannartz, in domo Petri & Francifci de Maximis,* (anno 1469.) in fol. m. bl. dentelles.

Superbe Exemplaire, dont plusieurs capitales font peintes en or & en couleurs.

Premiere Edition d'une rareté si excessive, qu'elle n'a été connue que de peu de Bibliographes. Elle est exécutée en *lettres rondes* (sans distinction des v & u, des j & i,) à longues lignes au nombre de 38 sur les pages qui sont entieres; elle n'a ni signatures, ni réclames, ni chiffres, & elle consiste en 191 feuillets de format petit in fol. dont le timbre du papier représente un rond dans lequel on remarque une arbalête.

Elle est sortie des presses de *Sweynheym* & *Pannartz*, qui ont mis à la fin du Volume leur souscription ordinaire, sans y avoir annoncé la date de l'année; mais le passage suivant tiré de l'Epître Dédicatoire de l'Evêque d'Aleric au Pape Paul II, qui précede le corps de l'Ouvrage, prouve incontestablement qu'elle est de l'an 1469 :

.... *Hac nof potiffimum ratione : cum iam ab Impreffori-buf noftrif efflagitarentur Poetæ Pater Beatiffime Paule. II. Venete Pontifex Maxime a Mantuani Vatif operibuf Poetarŭ exprimendorŭ initia : domino auxiliāte. fumuf auspicati. cæterof item temporibuf idoneif : put tibi placere didicerimuf : per ordinĕ omnef impreffuri...*

Or cette Edition de Virgile étant la premiere des Poëtes latins, exécutée par les deux Imprimeurs de Rome, elle doit avoir paru en 1469, puisque leur Edition de Lucain qui l'a

BELLES-LETTRES.

fuivie eſt datée de cette année; nous la croyons même du mois d'Août ou du mois de Septembre au plus tard.

Il y a à la tête du Volume 13 feuillets qui contiennent les pieces fuivantes :

1° L'Epître Dédicatoire de l'Evêque d'Alerie au Pape Paul II, laquelle, fuivant le rapport du R. P. Laire, (*Specimen Typ. Rom.*) porte dans quelques Exemplaires un titre ou fommaire. Elle eſt imprimée dans l'Ouvrage du Cardinal Quirini, intitulé : *De optimorum ſcriptorum Editionibus*, pag. 162.

2° Une table des pieces contenues dans le Volume, avec les premiers mots par leſquels elles commencent.

3° Les Catalectes de Virgile connus fous les noms de *Culex*, *Diræ*, *Copa*, *Eſt & Non*, *Vir bonuſ*, de *Roſiſ*, *Moretū*, *Verſiculi* nocte, *Verſuſ in baliſtam latronem*, *Verſuſ Ovidii qualis*, *Sūma uirgilianæ narratiōis in tribuſ operibuſ*.

Ces 13 feuillets font fuivis d'un feuillet blanc, après lequel on trouve le corps de l'Ouvrage qui commence au recto, par ces deux lignes :

Ityre tu patulæ recubanſ
ſub tegmine fagi : ME.

Ce vers & les trois fuivants font coupés, parce qu'on y a laiſſé une place en blanc pour la premiere capitale qui eſt peinte en or dans notre Exemplaire.

Après les Bucoliques, les Géorgiques & l'Enéide, on trouve encore :

1° *Verſuſ Sulpitii Carthaginenſiſ.* Iuſſerat.
2° *Carmina Cæſariſ Auguſti.* Ergo ne.
3° *Epithaphia illuſtrium uirorum.* Condituſ.
4° *Verſuſ de Muſarum inuentiſ.* Clio.
5° *Elegia in Mecenatiſ obitu.* Deflæram.

Toutes pieces qui font mentionnées dans la table, & dont la derniere est suivie de cette souscription :

Aspicis illustris lector quicunq; libellos
    Si cupis artificum nomina nosse : lege.
Aspera ridebis cognomina teutona : forsan
    Mitiget ars musis inscia uerba uirum.
Cõrardus suueynheym : Arnoldus pãnartzq; magistri
    Rome impresserunt talia multa simul.
Petrus cum fratre Francisco maximus ambo
    Huic operi optatam contribuere domum.

Le Volume est terminé par cinq feuillets, dont le premier manque, & qui renferment un extrait du *Lusus poetarum in Priapum*. Il paroît que ces 5 feuillets n'ont été imprimés qu'après coup, puisqu'ils ne sont pas indiqués dans la table, & qu'ils manquent dans des Exemplaires qui pour cela ne doivent pas être regardés comme incomplets.

(Voyez au sujet de cette rare Edition : *Specimen historiæ Typographiæ Romanæ*, Ouvrage curieux publié par le R. P. Laire, en 1778. in 8.)

2433 Publii Virgilii Maronis Opera. in fol. goth. m. r.

EDITION de la plus grande rareté inconnue à tous les Bibliographes ; du moins aucun ne l'a décrite d'une maniere à pouvoir la distinguer & la reconnoître infailliblement ; nous la croyons d'environ l'an 1470. Elle est exécutée à longues lignes au nombre de 32 sur les pages entieres, dont la justification a plus de 7 pouces de hauteur ; elle est sans chiffres, réclames, signatures, titre, registre, date d'année, indication de Ville & d'Imprimeur. Son caractere est

Publij Virgilij Maronis Liber Bucolicorum
Incipit Feliciter.   ·Melibeus
        Itire tu patule recubans sub tegmi
        ne Fagi   Siluestrem tenui mu
        sam meditaris auena   Nos
        patrie fines . et dulcia linquimus
        arua   Nos patriam fugimus
        tu titire lentus in vmbra
Formosam resonare doces amarillida siluas
Ti · O melibee deus nobis hec ocia fecit

               FINIS ÆNEIDOS

Strauerat: atq3 humeris inimicum īsigne gerebat
Ille oculis postquam seui monimenta doloris
Exuuiasq3 hausit: Furijs accensus et ira
Terribilis: tu ne hinc spolijs indute meorum
Eripiare mihi ⁊ pallas te hoc vulnere: pallas
Immolat: & penam scelerato ex sanguine sumit
Hoc dicens: ferrum aduerso sub pectore condit
Feruidus: at illi soluuntur frigore menbra
Vitaq3 cum gemitu fugit indignata sub vmbras

BELLES-LETTRES.

est celui qu'on appelle *lettres de somme* (*). Les majuscules en sont fort singulieres. Nous ne connoissons aucun Artiste qui se soit servi des mêmes types, & le seul livre imprimé avec ce caractere que nous ayons trouvé dans la Bibliotheque de M. le Duc de la Valliere, est annoncé, N° 461, sous ce titre : *Sancti Augustini confessionum libri XIII.* Mais cette Edition également destituée du nom de son Artiste, ne nous a donné aucun éclaircissement sur l'année, & la Ville où ce Virgile a pu être exécuté.

Quel qu'en soit l'Imprimeur, il n'a employé ni la virgule, ni le point & la virgule, ni l'y grec, ni l'æ ni l'œ, ni l'*v* consonne au milieu des mots ; mais il s'est servi du point, des deux points, du point interrogant, & indifféremment de la conjonction *et* & *&*. Il n'a fait usage des majuscules qu'au commencement de chaque vers, & il a laissé des places en blanc pour les lettres *tourneures*, lesquelles pour la plupart dans notre Exemplaire ont été peintes en vermillon.

Le Volume est composé de 107 feuillets de papier fort, dont la marque ou le timbre est un grand *q* Flamand de lettre de forme, & il contient ce qui suit :

1° Les 10 Eglogues de Virgile qui occupent les 13 premiers feuillets, & un quart du 14 recto ; elles ont pour sommaire :

Publij Virgilij Maronis Liber Bucolicorum Incipit Feliciter.

(*) Les *lettres de somme* dérivent des *lettres de forme*, et ont été employées dans les premiers livres imprimés en Allemagne, en France & dans les Pays Bas. Il faut excepter pourtant de ces livres le *Speculum humanæ salvationis*, une ou deux Bibles sans date, & les *Pseautiers* de 1457 & 1459 dont le type est la *lettre de forme*. On confond aujourd'hui cette derniere lettre avec celle de *somme* & l'ancienne *bâtarde* qui toutes trois ne sont plus connues que sous la dénomination générale de *lettres gothiques*. Il n'y a que les gens de l'art qui les distinguent encore.

Tome II.   L

Le 18ᵉ vers de la premiere Eglogue : *Sæpe sinistra cava...* qu'il est rare de trouver dans les anciens MSS. & les premieres Editions, est dans celle-ci.

2.º Le feuillet 14 porte sur le recto, à la suite des 9 derniers vers des Bucoliques, le Tetraste latin contenant l'argument du premier livre des Géorgiques. Il y est attribué à Ovide; mais on sait que Herennius Modestinus, Jurisconsulte dans le III siecle, en est le véritable Auteur. Au bas de ces quatre vers on lit :

Publij Virgilij Maronis Liber Primus Georgicorum Jncipit Feliciter.

Ce livre commence au verso, & tout ce poeme didactique occupant les 34 feuillets suivants, finit au verso par la 26ᵉ ligne & le dernier vers.

3.º Le feuillet suivant, c'est-à-dire la 49ᵉ du Volume, est blanc au recto, & contient au verso d'abord l'argument en 12 vers de *Herennius Modestinus* de tout l'Enéide, ensuite l'argument particulier en 11 vers du premier livre. La page est terminée par ces deux lignes :

Publij Virgilij Maronis Liber Eneidum
    Jncipit Feliciter

On en trouve le commencement sur le 50ᵉ feuillet, & on y remarque la suppression des 4 vers : *ille ego...* qui néanmoins sont dans l'Edition précédente, & les autres du XV siecle. Le douzieme livre finit au recto du 207ᵉ feuillet qui ne contient que les 9 derniers vers.

Nous croyons faire plaisir aux Bibliographes de joindre ici le commencement & la fin de cette Edition de Virgile, gravés exactement, pour leur donner un modele du type, & les mettre à même de découvrir par d'autres Livres, s'il en existe imprimés avec les mêmes caracteres & auxquels l'Imprimeur ait mis son nom, de quelles presses elle est sortie.

BELLES-LETTRES.

Notre Exemplaire est chargé jusqu'au troisieme Livre de l'Enéide de beaucoup de notes marginales & interlinéaires ; elles sont écrites d'une main du XV siecle, en *ancienne batarde*, & elles sont curieuses. Il y en a plusieurs qui renferment des étymologies latines.

Nous sommes entrés dans des détails un peu longs au sujet de ces deux Editions de Virgile, parcequ'il étoit nécessaire de faire connoître leur rareté & leur prix. Si nous n'avons pas donné des notices aussi étendues sur plusieurs autres Editions rares, particulièrement sur celles sans date, noms d'Imprimeur & de Ville, c'est non-seulement à cause qu'un simple Catalogue, fait pour en distraire les Livres qu'on y annonce, n'en est point susceptible ; mais encore afin de ne point outre-passer les bornes que nous nous étions prescrites, voulant éviter de le rendre volumineux, & de n'être pas dans la nécessité d'en reculer la publication par le surcroît de temps que des recherches & des notices plus amples auroient occasionné.

2434 Publii Virgilii Maronis Opera. *Venetiis, Leonardus Achates*, 1473. in fol. rel. en cart.

EDITION très rare, inconnue à plusieurs Bibliographes. Il manque dans cet Exemplaire la premiere Eglogue, & une partie de la seconde. Le Volume commence par ce vers :

Addam cerea Pruna: honos erit huic quoq3 Pomo, &c.

Immédiatement après le dernier vers du XII Livre de l'Enéide, il y a en lettres capitales :

EXPLICIT. LIBER. XII.

.P. MARONIS. VIRGILII. VITA. EX : SERVIO. DONATO : QVINTILIANO. AGELIO. ET RELIQVIS.

Cette vie de Virgile est suivie de deux pieces de vers ; la premiere est intitulée :

Galli. Cornelii. ad Oct. de morte Virgilii.

La seconde :

Oct. Au. Ce. Ref.

Après cette derniere piece on trouve cette souscription :

Vrbs Basilea mihi nomen est Leonardus Achates :
Qui tua compressi carmina diue Maro.
Anno christi humanati. M. cccc. lxxiij. Venet. Duce Nicol. Marcel.

Cette souscription est suivie de vingt feuillets qui contiennent les Catalectes de Virgile ; elles sont terminées par cette date :

Finis .M. CCCCLXXIII.

2435 Publii Virgilii Maronis Opera, cum expositione Mauri Servii Honorati, Grammatici. *Mediolani*, (*Antonius Zarotus*) 1475. in fol. v. f.

On trouve à la tête du Volume six feuillets qui contiennent la vie de Virgile, & autres pieces. Le texte suit, & à la fin il y a cette souscription :

Anno a Natali christiano millessimo quadrigentessimo septuagessimo quinto Kalendis decembrib9 Diuo Galeacio maria sfortia uicecomite Mediolani Duce quinto florente hoc opus non indiligenter est impressum.

2436 P. Virgilii Maronis Opera, cum commentariis Mauri Servii Honorati. *Mediolani*, (*Ant. Zarotus*,) 1475. in fol. v. f.

2437 P. Virgilii Maronis Opera, cum commentariis Servii Mauri Honorati. *Brixiæ, per Jac. Britannicum*, 1485. die XXII Augusti in fol. v. f.

BELLES-LETTRES.

2438 P. Virgilii Maronis Opera cum commentariis Servii Mauri Honorati. *Venetiis, per Antonium Bartholomæi, impressorum discipulum,* 1486. in fol. m. r.

2439 Pub. Virgilii Maronis Opera, cum commentariis Servii Mauri Honorati. *Florentiæ, XV. calendas Aprilis,* 1487. in fol. vel.

2440 Pub. Virgilius, cum commentariis Pub. Servii, Landini, Ant. Mancinelli, &c. *Venetiis,* 1494. *die ultimo Septembris,* in fol. v. f.

2441 Pub. Virgilii Maronis Opera, cum emendationibus Pauli Malleoli. *Parisiis, per Udalricum Gering & Berchtoldum Renbolt,* 1498. in 4. relié en peau de mouton.

Le premier feuillet manque.

2442 Pub. Virgilii Maronis Opera, cum Servii Mauri Honorati grammatici commentariis. *Impreff.* (*circà* 1490) in fol. v. m.

2443 P. Virgilii Maronis Bucolica, Georgica, Aeneis, cum Servii Probique commentariis ac omnibus lectionum variantibus in antiquis codicibus repertis. *Venetiis, per Alexandrum Vellutellum accuratissime revisi, & emendati & propriis expensis in ædibus Petri de Nicolinis de Sabio impressi,* 1534. in 8. m. r.

2444 P. Virgilii Maronis Opera omnia indubitata. ad Jacobi Pontani castigationes accuratiſſimè excuſa. *Sedani, ex Typographia Joannis Iannoni*, 1628. in 24. m. r. l. r.

2445 Publii Virgilii Maronis Opera, ex recenſione Danielis Heinſii. *Lugduni Batavorum, ex officina Elzeviriana*, 1636. in 12. m. r.

EDITION ORIGINALE.

2446 Pub. Virgilii Maronis Opera. *Pariſiis, è Typographia Regia*, 1641. in fol. m. r.

2447 Pub. Virgilii Maronis Opera per Joan. Ogilvium edita & ſculpturis æneis adornata. *Londini, Roycroft*, 1658. in fol. v. éc.

SUPERBE EXEMPLAIRE de la premiere Edition latine, imprimé ſur papier fort, & dont les épreuves ſont très belles. Cette Edition eſt bien préférable à celle qui eſt annoncée dans la Bibliographie inſtructive, N°. 2686.

2448 P. Virgilii Maronis Opera interpretatione & notis illuſtravit Carolus Ruæus, ad uſum Delphini. *Pariſiis, Simo Benard*, 1675. in 4. v. f.

2449 Pub. Virgilii Maronis Opera, ex recenſione Nicolai Heinſii. *Amſtelodami, ex officina Elzeviriana*, 1676. in 12. Gr. Pap. m. r.

2450 P. Virgilii Maronis Codex antiquiſſimus à Rufio Turcio Aproniano diſtinctus & emendatus qui nunc Florentiæ in Bibliotheca Mediceo Laurentiana adſervatur bono publico Typis deſcriptus. *Florentiæ, Typis Mannianis*, 1741. in 4. Gr. Pap. m. bl.

BELLES-LETTRES.

2451 Pub. Virgilii Maronis Opera. *Londini, J. & P. Knapton & Gul. Sandby,* 1750, 2 vol. in 8. fig. Gr. Pap. m. viol. dent. doub. de tab. l. r.

2452 Publii Virgilii Maronis Opera. *Birminghamiæ, Typis Joannis Baskerville,* 1757. in 4. m. r. dentelles.

PREMIERE EDITION.

2453 Publii Virgilii Maronis Opera. *Birminghamiæ, Typis Joannis Baskerville,* 1766. in 8. m. r.

2454 Mauri Servii Honorati Grammatici Commentarius in Bucolica Virgilii incipit. *Impreff. circa* 1472. in fol. m. r.

EDITION sans chiffres, réclames & signatures, sur 2 colonnes, dont celles qui sont entieres ont 56 lignes. Les caracteres avec lesquels elle est exécutée, sont semblables à ceux de deux Ouvrages de Petrarque, annoncés sous les N°s 1305 & 1306. Le texte commence par le titre rapporté ci-dessus, & finit au recto du dernier feuillet premiere colonne, par cette ligne :
Homerus Amen.
Suit une table qui contient 22 feuillets.

2455 Les Œuvres de Virgille, translatées de Latin en vers François, par Guillaume Michel & Octavien de Saint-Gelais. *Paris, par Nicolas Couteau, pour Galliot du Pré,* 1529. in fol. goth. m. b.

88 BELLES-LETTRES

IMPRIMÉ SUR VÉLIN, avec 31 miniatures.

2456 Les Œuvres de Virgile, traduites en François, le texte vis-à-vis la traduction, ornées de figures en taille-douce, deffinées & gravées par M. Cochin, avec des remarques, par M. l'Abbé Guyot des Fontaines. *Paris, Quillau pere,* 1743. 4 vol. in 8. m. r.

2457 Les Bucoliques de Virgile Maron, avec cinq autres Livres par lui compofés ; c'eft à favoir, Virgile du Vergier, & de la Lectre Pythagoras y grecum ; de l'Invention des Mufes ; du Chant des Seraines & de la Roze, tous par Rime, tranflatés de Latin en François, par Guillaume Michel, dit de Tours, avec l'expofition en profe. *Paris, Jehan de la Garde,* 1516. in 4. goth. fig. m. bl.

2458 Les Géorgiques de Virgile Maron, tranflatées de Latin en vers François, & moralifées, par Guillaume Michel dit de Tours. *Paris, M. Durand Gerlier,* 1519. in 8. v. m.

2459 L'Enéide en vers François. in fol. m. r.

TRÈS BEAU MANUSCRIT fur vélin du commencement du *XVI fiecle*, contenant 161 feuillets. Il eft écrit en *ancienne bâtarde*, fur 2 colonnes. Il n'a point de miniatures. On n'y voit que les places qui leur étoient deftinées, & qui font au nombre de 24.

Octavien de Saint Gelais, Evêque d'Angoulême fous Charles VIII & Louis XII, mort en 1502, eft Auteur de cette

cette traduction, qu'il dédia le 27 Avril de l'an 1500, à Louis XII, dont il étoit très aimé. Ses vers sont de 10 syllabes, & n'observent pas l'alternative des rimes masculines & féminines.

2460 Les Énéydes de Virgile, translatés de Latin en vers François, par Messire Octavien de St. Gelais, & revues par Maître Jehan Divry. *Paris, Michel le Noir*, 1514. in fol. goth. v. m.

2461 La Bucolica di Virgilio interpretata di latino in rime vulgare per Bernardo Pulci.== Francisci de Arsochis Senencis carmen Bucolicum. Italicè. == Bucolica di Hieronymo Benivieni. == Epistola & quattro Aegloge composte per Jacopo Fiorino de Boninsegni da Siena. *Florentiæ, per me Antonium Bartholomæi Miscomini*, 1481. *die ultimo Februarii*. in 4. m. r.

2462 Compendium Operum Virgilianorum, tam oculis quàm auribus omnium expositum. ære ac studio Crispiani Passæi Chalcographi. latinè & gallicè. *Ultrajecti Batavorum, Hermannus Borculoi*, 1612. in 4. m. r.

2463 Q. Horatii Flacci Carmina. in 4. rel. en carton, avec dos de veau.

MANUSCRIT sur vélin du *XIV siecle*, contenant 101 feuillets. Il est écrit en *lettres rondes*, à longues lignes, & enrichi de Scholies & de Leçons marginales de différentes mains.

Tome II. M

Ce MS. des Œuvres d'Horace est complet ; il renferme :

1° *Les 4 livres d'Odes*, dont la 7 du I. livre est partagée en 2 Odes. L'une porte ce titre : *Paranetice dicolos ad plancum*. L'autre commencant au vers : *Albus ut obscuro*... est intitulée : *Ad plancum oratio bene iuuendi*.

2° *Le livre des Epodes*.

3° *L'Art Poétique*.

4° *Les deux livres des Epîtres*. L'Epître 15 du I livre : *Ad numonium yalam*, finit par le vers 25 : *Scribere te nobis*... Les autres vers jusqu'à la fin sont adressés *ad Menium Scaurum*.

5° *Les quatre livres des Satyres*. La Satyre 2 du I. livre ne va que jusqu'au 24e vers. Le suivant : *Malthinus Tunicis* porte en tête : *Egloga secunda*, dont le dernier vers est le 85, le 86 & les suivants jusqu'à la fin de la Satyre sont intitulés : *Egloga III*.

La Satyre 10 du I. livre commence par les 8 vers qui passent pour apocriphes.

2463 Q. Horatii Flacci Opera omnia, in 4. rel. en cart. d. s. tr.

BEAU MANUSCRIT sur vélin exécuté en Italie dans le XV siecle, contenant 155 feuillets, dont le premier est décoré d'ornements peints en couleurs & rehaussés d'or. L'écriture est en lettres rondes, à longues lignes. Les marges sont enrichies de scholies, & les interlignes de leçons.

Ce MS. renferme, 1° l'art Poétique, 2° les Odes, 3° les Epodes, 4° les Epîtres, & 5° les Satyres.

Les Odes 16 & 17 du I. livre y sont réunies, & n'en font qu'une ; de même que les Epodes 17 & 18. Le dernier vers de l'Epître 2 du II livre y manque. Les 8 vers apocryphes de la dixieme Satyre s'y trouvent, & la Satyre 3 du

Il livre y est partagée en deux, dont la seconde commence par *Servius Oppidius*, &c. qui est écrit *Neruius*.

2465 Quinti Horatii Flacci Carmina. *Venetiis, per Philippum Condam Petri,* 1478. *die* 15 *Septembris.* in fol. m. cit.

Ce Volume commence par le texte; on trouve à la fin cette souscription suivie d'un registre :

Horatii opere finis cum magna diligentia. Impreſſum per Philippuʒ condã petri in ueneciis ducãte Ioanne moʒenico inclito duce M cccc lxxviii. die xv septẽbris.

2466 Quinti Horatii Flacci Opera, cum commentariis Acronis & Porphyrionis. in fol. m. r.

Edition à longues lignes au nombre de 34 sur les pages qui sont entieres, sans chiffres, réclames & signatures. Les caracteres en sont les mêmes que ceux avec lesquels George Laver a imprimé à Rome sans date : *è Magno Baſilio Aretini traductio*, annoncé ci-devant, N° 387.

On trouve à la tête du Volume cinq feuillets, dont le premier n'est imprimé qu'au verso. Ils contiennent deux Epîtres adressées, l'une par *Joannes Aloiſius Tuſcanus* à *Fr. Helius Parthenopeius*; l'autre par *Franciſcus Marchiſius Aelius Partenopeus* à *Joannes Aloiſius*, & deux vies d'Horace selon *Acron* & selon *Porphyrion*.

Le texte suit, & il finit ainsi au verso du dernier feuillet :

℃ *Explanatio Porphirionis In arte poetica feliciter Explicit.*

2467 Quinti Horatii Flacci Opera omnia, cum interpretatione Christophori Landini. *Florentiæ*,

BELLES-LETTRES.

per Antonium Miscominum, 1482. *nonis Augusti*, in fol. m. r.

2468 Quinti Horatii Opera, cum commentariis & annotationibus Jacobi Locher. *Argentinæ, per Joan. Reinhardum cognomento Gruninger*, 1498. in fol. fig. v. f.

2469 Q. Horatii Flacci Opera omnia. *Sedani, ex Typographia Joannis Iannoni*, 1627. in 24. m. r. l. r.

2470 Q. Horatii Flacci Poemata, ex recensione Danielis Heinsii. *Lugduni Batavorum, ex officina Elzeviriana*, 1628. = Danielis Heinsii in Q. Horatii Flacci Opera, animadversiones & notæ. *Lugd. Bat. ex officina Elzeviriana*, 1629. = Dan. Heinsii de Satyra Horatiana libri duo. 3 vol. in 12. m. viol. dent.

2471 Q. Horatii Flacci Poemata, cum commentariis & annotationibus Joannis Bond. *Amstelodami, apud Danielem Elzevirium*, 1676. in 12. m. r.

SUPERBE EXEMPLAIRE. Édition en lettres rondes.

2472 Q. Horatii Flacci Opera, interpretatione & notis illustravit Ludovicus Desprez, in usum Delphini. *Parisiis, Fredericus Leonard*, 1691. 2 vol. in 4. v. b.

2473 Quinti Horatii Flacci Opera. *Londini, æneis tabulis incidit Joannes Pine*, 1733. 2 vol. in 8. m. bl. dent. doub. de tab. l. r.

BELLES-LETTRES.

PREMIERE EDITION.

2474 Q. Horatii Flacci Opera. *Parifiis, è Typographia Regia*, 1733. in 18. m. r. dent.

2475 Quinti Horatii Flacci Opera. *Londini, Gul. Sandby*, 1749. 2 vol. in 8. fig. Gr. P. m. viol. dent. doub. de tab. l. r.

2476 Q. Horatii Flacci Opera. *Birminghamiæ, Typis Joannis Baskerville*, 1762. in 12 m. r.

2477 Quintus Horatius Flaccus. *Birminghamiæ, Typis Joannis Baskerville*, 1770. in 4. m. bl.

2478 Odæ Horatii fideliter emendatæ à Joanne Chappuis. *Parifiis, Anthonius Denidel*, 1598. in 4. goth. v. f.

2479 L'Art Poétique d'Horace, tranflaté de Latin en rime françoife. *Paris, Jean Grandichan*, 1541. in 8. m. bl.

2480 Terentianus de litteris, fyllabis & metris Horatii. *Venetiis, per Joannem de Cereto de Tridino alias Tacuinum*, 1503. in 4. v. f.

2481 Publii Ovidii Nafonis Opera omnia. 2 vol. in fol. m. r.

EDITION à longues lignes au nombre de 43 fur les pages qui font entieres, fans chiffres, réclames & fignatures, exécutée vers 1475 par Nic. Jenfon, à en juger par les caracteres qui font femblables à ceux du Macrobe, forti des preffes de cet Imprimeur en 1472.

On trouve à la fin du 15e livre des Métamorphofes les vers fuivants :

Orba parente suo quicumq; uolumina tangis
His saltem uestra detur in urbe locus.
Quoq; magis faueas : non sunt hæc edita ab illo :
Sed quasi de domini funere rapta fui.
Quidquid in his igitur uicii rude carmen habebit :
Emendaturus si licuisset eram.

2482 Pub. Ovidii Nasonis Opera quæ extant, cum præfatione & correctionibus Boni Accursii, & emendationibus Barnabæ Celsani. *Primum volum. impressum Vicentiæ, ab Hermano Levilapide, 1480. pridie idus Aug. Secundum vol. Vicentiæ, per Hermanum Colonienfem Lichtenstein, 1480. sex. id. Maii.* 2 vol. in fol. m. r.

Les pieces préliminaires qui sont à la tête du Volume occupent neuf feuillets ; elles consistent en la Préface de Bonus Accursius, adressée à Ciccho Simoneta ; la vie d'Ovide, tirée de ses Ouvrages ; & la table des XV livres des Métamorphoses, dont le premier livre commence au verso du neuvieme feuillet.

Le second Volume renferme tous les autres Ouvrages d'Ovide, à commencer par les Héroïdes.

2484 Pub. Ovidii Nasonis Opera, per Bonum Accursium & Valerium Superchium emendata & correcta. *Lucantonii Florentini impensa a Matheo Capcasa Parmense accuratissime impressa, 1489. pridie calendas Januarias.* in fol. m. r.

2484 Pub. Ovidii Nasonis Opera & Vita. curis Boni Accursii Pisani. *Venetiis, per Christo-*

BELLES-LETTRES.

phorum de Penfis, de Mandello, 1498. in fol. v. f.

2485 Pub. Ovidii Nafonis Opera, ex recenfione Danielis Heinfii. accedunt breves notæ Jofephi Scaligeri & Jani Gruteri. *Lugd. Batavorum, ex officina Elzeviriana*, 1629. 3 vol. in 12. m. cit.

2486 Pub. Ovidii Nafonis Opera, interpretatione & notis illuftravit Daniel Crifpinus, ad ufum Delphini. *Lugduni, apud Aniffonios*, 1689. 4. vol. in 4. velin.

2487 P. Ovidii Metamorphofis, cum Raphaelis Regii enarrationibus. *Tufculani, apud Benacum, in ædibus Alexandri Paganini*, 1526. in 4. fig. m. r.

2488 Publii Ovidii Nafonis Heroidum Epiftolæ. *Romæ, apud Sanctum Thomam in regione Parionis per Stephanum Guillireti*. in 4. v. f.

2489 Les Métamorphofes d'Ovide, moralifées par Thomas Waleys, Docteur en Théologie, de l'Ordre de Saint Dominique; tranflatées & compilées par Colard Manfion, en la noble ville de Bruges. *Bruges, Colart Manfion*, 1484 in fol. goth. fig. m. bl.

2490 La Bible des Poëtes de Ovide métamorphofée, tranflatée de latin (de Thomas Vallois) en françois. (Par Colard Manfion.) *Paris, Michel le Noir*, 1523. in fol. goth. fig.

2491 Le grand Olympe des Histoires Poetiques du Prince de Poesie, Ovide Naso en sa métamorphose. Traduit de latin (de Thom. Vallois) en françois, (par Colard Mansion.) *Paris, Pierre Sergent*, 1537, 3 vol. in 8. fig. m. r. dent.

2492 Le grand Olympe des Histoires Poetiques du Prince de Poesie Ovide Naso, en sa métamorphose. traduit de latin (de Thom. Vallois) en françois, (par Colard Mansion.) *Paris, par Arnould l'Angelier, & Jean Real.* 1538, in 8. goth. fig. v. f.

2493 Les Métamorphoses d'Ovide, en latin, traduites en françois, avec des remarques & des explications historiques. Par M. l'Abbé Banier. Ouvrage enrichi de figures en taille douce, gravées par Bern. Picart, & autres habiles maîtres. *Amsterdam, Wetstein*, 1732. in fol. m. r. très-grand Pap.

Les Exemplaires tirés sur ce très grand papier sont fort rares; les épreuves des figures en sont superbes.

2494 Les Métamorphoses d'Ovide, en latin & en françois, de la traduction de M. l'Abbé Banier, avec des explications historiques, & des figures gravées sur les desseins des meilleurs Peintres françois, par les soins des sieurs Le Mire & Basan. *Paris, Pissot.* 1767, 4 vol. in 4. v. f.

BELLES-LETTRES.

2495. La Métamorphose d'Ovide figurée. (en vers françois, avec les figures du petit Bernard) *Lyon, Jean de Tournes.* 1557 in 8 fig. m. r.

2496 Métamorphoses d'Ovide en rondeaux. (par Isaac de Benserade.) *Paris, de l'Imprimerie Royale*, 1676. in 4. m. r. l. r.

Avec figures de le Clerc, François Chauveau & Jean le Pautre.

2497 Le premier livre de la Métamorphose d'Ovide, translaté de latin en françois, par Clement Marot. *Lyon, Gryphius.* in 8. goth. m. cit.

2498 Le Procès d'Ajax & d'Ulysses, pour les armes d'Achilles, contenu au XIII livre de la Métamorphose d'Ovide, translaté en langue françoise, par Jacques Colin. Premise la description desdites armes translatée du grec Homere en françois. *Lyon, Pierre de Tournes,* 1547, in 8. m. r.

2499 Les vingt & une Épîtres d'Ovide :translatées de latin en vers françois, par Révérend Pere en Dieu maître Octavien de Saint Gelais, Evêque d'Angoulesme. *Paris*, 1525, in 4. goth. fig. v. m.

2500 Ovide *de Arte amandi*, translaté de latin en vers françois. *Geneve.* = Le Remede d'amour composé par Eneas Silvius, autrement

Tome II.   N

dit Pape Pie II. tranflaté de latin en vers françois, par Albin des Avenelles, avec aucunes additions de Baptifte Mantuen. === Les XXI Epîtres d'Ovide, tranflatées de latin en vers françois, par Octavien de Saint Gelais. *Paris, veuve de Jean Trepperel,* in 4. goth. m. r.

2501 Ovide du remede d'amours, tranflaté nouvellement de latin en vers françois, avec l'expofition des fables confonnante au texte. *Paris, pour Antoine Verard, le 4 Février,* 1509. in fol. goth. v. éc.

2502 Ovide du remede d'amours, tranflaté nouvellement de latin en vers françois, avec l'expofition des fables confonnante au texte. *Paris, Antoine Verard, le 4e jour de Février,* 1509, in fol. goth. m. r.

IMPRIMÉ SUR VÉLIN, avec 3 Miniatures.

2503 Ovidio Metamorphofeos vulgare. Per Joanni de Bonfignore. *In Venetia per Chriftofolo de Penfa ad inftantia di mifer Lucantonio Zonta,* 1501, *adi VII. de Marzo.* in fol. fig. v. f.

2504 Incominciono lepiftole douidio Tranflate di latino in uolgare in uerfi in rima (ottava) per venerabile huomo S. domenico de Monte Vcchiello. in fol. v. f. d. f. tr.

MANUSCRIT exécuté en Italie dans le *XV fiecle,* fur

papier, contenant 126 feuillets écrits en *lettres rondes*, à longues lignes. Le premier feuillet est enrichi d'ornements peints, & on lit au dernier :

Qui finiscono lepistole douidio scripte per me giouanni di ghirghoro ciptadino fiorentino et fort... te oggi questo di xvij di gungnio m. cccc. lxxiiij.

2505 Ovidio de arte amandi in volgare. *Florentiæ, per Antonium Venetum,* 1488. *V. idus augusti,* in 4. v. f.

2506 Phædri Augusti liberti fabularum Æsopiarum libri V. notis illustravit in usum Principis Nassavii David Hoogstratanus. *Amstelodami, Fr. Halma* 1701. in 4. G. P. vel.

Avec de très jolies figures dessinées & gravées par Vianen.

2507 Phædri fabulæ, & Publii Syri sententiæ. *Parisiis, ex Typographia Regia,* 1729. in 18, m. r. dent.

2508 M. Annæi Lucani Pharsalia, ex recensione Joannis Andreæ Episcopi Aleriensis. *Romæ, Conradus Suueynheym, & Arnoldus Pannartz,* 1469, in fol. cuir de Russie.

PREMIERE EDITION.

Le passage suivant de l'Epître Dédicatoire de l'Evêque d'Alerie, qui se trouve à la tête du Volume, est remarquable :

Hoc tempore pater beatissime Paule II. uenete Pontifex Maxime bonā primū ualetudinē ab omnipotenti deo per castissimas tuas preces opto : ut incredibili queam sufficere recognoscendi oneri : prius alieno rogatu suscepto : nŭc māibus pedibusq; ut aiŭt : mea sponte ita complexo : ut nulla uidear posse difficultate reuocari. Liberalem deinde illis animum dari : libros suos quicumq; habent : in medium exponendi ut uariorum exemplarium fideliore subsidio : facilius possim : alioqu. ǫe pauper ingenii : publico studiosorum commodo subseruire. Aut si quos tanta occupauit uel rusticitas : ut multos : uel inuidia : ut plures : uel itē auaricia ut nō nullos : ne eorum chartē uilescant : quas ut predam harpyiarum more unguibus retinent : saltem in meam uel suggillationem : uel rubore : nostram presentē operā irridentes : carpāt : modo proferant sua ipsi : uel ex libris : uel ex ingenio locupletiore : ueriora , &c.

2509 Lucani Pharsalia. *Venetiis, per Juvenem Guerinum*, 1477. die XIIII mensis Maii.

2510 M. Annæi Lucani Pharsalia, cum commentariis Omniboni Vicentini. *Venetiis a Nicolao Battibove Alexandrino*, 1486. tertio idus Maii, in fol. v. f.

2511 M. Annæi Lucani Pharsalia, cum commentario Petri Burmanni. *Leidæ, Conradus Wishoff*, 1740 in 4. G. P. v. f.

2512 M. Annæi Lucani Pharsalia cum notis Hugonis Grotii, & Richardi Bentleii. *Strawberry-Hill*, 1760. in 4. v. f.

2513 La Pharsale de Lucain, ou les Guerres civiles de Cesar & de Pompée, en vers françois, par M. de Brebœuf. *Leide, Jean Elzevier*, 1658. in 12 m. r.

BELLES-LETTRES.

2514 C. Calphurnii Eclogæ XI. = Caii Silii Italici Punicorum libri XVII, ex recensione Joannis Andreæ Episcopi Alerienfis. *Romæ Conradus Svveynheim & Arnoldus Pannartz, in domo Petri & Francifci de Maximo*, 1471. in fol. m. r.

PREMIERE EDITION.

2515 Silii Italici Punicorum libri XVII. *Parmæ*, 1481. die 16 menfis Novembris, in fol. m. r.

2516 Caii Silii Italici Opera, cum commentariis Petri Marfi. *Venetiis, per Baptiftam de Tortis*, 1483, die VI. Maii. in fol. m. r.

2517 Caii Silii Italici Punicorum libri XVII. cum interpretatione Petri Marfi. (*Venetiis Jacobus de Paganinis Brifienfis circa* 1490) in fol. v. f.

2518 Caii Silii Italici Punicorum libri XVII, cum notis Variorum curante Arnoldo Drakenborch. *Trajecti ad Rhenum, Guill. Vande Water*, 1717, in 4. fig. G. P. v. f.

2519 Caii Valerii Flacci Argonauticon libri VIII. *Bononiæ, per Ugonem Rugerium, & Domininum Bertochum Regienfes*. 1474, die feptima madii in fol. m. r.

PREMIERE EDITION.

2520 C. Valerii Flacci Argonautica. Joannis Bapt. Pii Carmen ex quarto Argonauticon Apollonii.

Orphæi Argonautica, innominato interprete. *Venetiis in Ædibus Aldi & Andreæ Soceri*, 1523. in 8. m. viol. l. r.

2521 C. Valerii Flacci Argonauticon libri VIII. cum notis variorum. curante Petro Burmanno, qui & suas adnotationes adjecit. *Leidæ, Samuel Luchtmans*, 1724. in 4. G. P. v. f.

2522 Juvenalis & Persii carmina. in 8. rel. en cart. dos de veau.

MANUSCRIT sur vélin exécuté en Italie dans le *XV siecle*, contenant 98 feuillets. Il est écrit sur un beau vélin, en *lettres rondes*, à longues lignes, & décoré de quelques ornemens peints. Il renferme les 16 Satyres de Juvénal, & les 7 de Perse.

2523 D. Junii Juvenalis & Auli Persii Flacci Satyræ. in 4. m. r.

EDITION très ancienne, peut-être LA PREMIERE. Elle est à longues lignes au nombre de 32 sur les pages qui sont entieres, sans chiffres, réclames & signatures. Le caractere ressemble beaucoup à celui du *Decor Puellarum* de Nic. Jenson.

Les Satyres de Juvénal, contenant 61 feuillets, commencent par ces trois lignes :
Iunii Iuuenalis aquinatis liber primus.
EMPER EGO AVDITOR.
tantum : nunquam ne reponam ?

Et finissent vers le milieu du recto du 61e feuillet. Les Satyres de Perse commencent par ces deux lignes :
Auli Flacci Persii satyra prima.
Ec fonte labra prolui caballino.

BELLES-LETTRES.

Elles contiennent 11 feuillets, & finissent au recto du dernier, dont on a fait la page de 33 lignes, pour ne pas rejeter un vers au verso.

2524 Decii Junii Juvenalis & Auli Persii Flacci Satyræ. in fol. m. r.

ÉDITION qui paroît avoir vu le jour vers 1475, & être exécutée par George Laver, dont le caractere du Rational de 1477 est le même que celui-ci. Elle est à longues lignes, au nombre de 38 sur les pages qui sont entieres, sans chiffres, réclames & signatures.

Les Satyres de Juvénal qui occupent 51 feuillets, commencent par ces deux lignes:

Iunii Iuuenalis aquinatis liber primus.

EMPER EGO AVDITOR.

Les Satyres de Perse occupent 9 feuillets, dont le premier porte ce sommaire:

Auli Flacci Persii Satyra prima.

Le dernier finit au verso au bas de la page.

2525 D. Junii Juvenalis, & Auli Persii Flacci Satyræ. *Mediolani, Antonius Zarotus,* 1479. in fol. m. cit.

La souscription est suivie d'un feuillet de registre.

2526 Decii Junii Juvenalis & Auli Persii Flacci Satyræ. ex recensione Aldi Manutii. *Venetiis, Aldus Manutius.* in 8. m. bl.

IMPRIMÉ SUR VÉLIN.

2527 D. Junii Juvenalis & Auli Persii Flacci Satyræ. cum notis variorum, accurante Cornelio Schrevelio. *Lugd. Bat. ex Officina Hackiana*, 1671. in 8. m. r. doub. de m. l. r.

2528 D. Junii Juvenalis & Auli Persii Flacci Satyræ. *Birminghamiæ, Typis Joannis Baskerville*, 1761. in 4. m. r.

2529 Decii Junii Juvenalis Satyræ. *Venetiis, Jacobus de Fivizano*, (circa 1472.) in 4. m. r.

Ce Volume commence ainsi :

IVNII IVVENALIS AQVINATIS
Satyrici Poetæ Digniſſimi Liber Incipit.
EMPER EGO AVDITOR

Et au deſſous il y a 23 lignes qui ne contiennent que 22 vers, parceque le ſecond eſt doublé.

Le Volume finit par cette ſouſcription :
FINIS.

Octo bis ſatyras Iuuenalis perlege aquini :
Scripſit quas Iacobus ære notante manu
De Fiuiʒano : ueneta ſed doctus in urbe :
Iampridem Lune patria clara tenet.
Solue preces ſolue quicunq; uolumina cernis :
Maxime qui pauper porrige uota deo.

2530 D. Junii Juvenalis Aquinatis Satyræ. in 4. m. r.

Edition exécutée en beaux caracteres romains, avec ſignatures depuis a = g ; elle paroît être d'environ 1476. Les pages ſont à longues lignes au nombre de 35 ſur celles qui ſont entieres, & les caracteres ſont ſemblables à ceux des *Orationes Ciceronis*, *Venetiis, Chriſtoph. Valdarfer*, 1471.

Le

BELLES-LETTRES.

Le Volume commence par un feuillet qui contient au recto le regiſtre. Il eſt intitulé :

Principia Cartarum Primi Quaternionis.

Le texte ſuit & commence ainſi :

D. IVNII IVVENALIS AQVINATIS SATYRA-RVM LIBER PRIMVS. MATERIAM ET CAV-SAM SATYRARVM INSPICE PRIMA. EMPER EGO AVDITOR

tantum ? nunquam ne reponam.

A la fin il y a cette ſouſcription :

D. Iunii Iuuenalis Aquinatis Satirarum ad limam non indiligenter redactarum.

FINIS.

2531 Juvenalis Satyræ, cum commentariis Domitii Calderini. *Venetiis, Jacobus de Rubeis,* 1475. in fol. m. bl. dentelles.

PREMIERE EDITION avec les Commentaires.

Ce Volume commence par deux feuillets qui contiennent une Dédicace de Calderinus à Julien, fils de Pierre Coſme de Medicis, & une vie de Juvenal. Le texte ſuit, & au bas de la derniere Satyre il y a cette ſouſcription :

Iunii Iuuenalis Aquinatis Satyrarum Libri Impreſſi Venetiis Diligentiſſime Arte Et Ingenio Iacobi de Rubeis Natione Gallici VIII. KL. Maias Anno Chriſti M. CCCCLXXV. Inuictiſſimo Et Inclyto Duce Petro Mocenico.

Après cette ſouſcription on trouve dix feuillets, au bas du dernier deſquels on lit cette ſeconde ſouſcription.

Domitii Calderini Veroneſis cōmētarii in Iuunalē. cũ defenſiōe cōmētariōr Martialis & Recrimīatiōe aduerſus Brotheũ Grãmaticũ. Ad Iulianum Medicen Florentinum. Editi Romæ. K. Septēbris. MccccLxxiiii.

Tome II. O

BELLES-LETTRES.

2532 Decii Junii Juvenalis Satyræ, cum commentariis Domitii Calderini. in fol. m. r.

On lit à la fin du Volume la souscription suivante :

Domitii Calderini Veronensis Secretarii apostolici in Satyras Iuuenalis ad clarissimum uirum Iulianum Medicen Laurentii fratrem Petri cosmi filiũ Florentinũ editi Romæ : quom ibi publice profiteretur. Calen. septembris. M. cccc. lxxiiii.

Cette Edition qui a des signatures nous paroît être de Venise, & faite par Jacques de Paganinis, parcequ'elle ressemble au Stace qu'il a imprimé en 1490.

2533 Paradoxa in Juvenalem, per A. Sabinum Poetam Laureatum. *Romæ, Sachsel de Reichenhal, & Golsch de Hohenbart,* 1474. in fol. m. r.

PREMIERE EDITION qui est très rare. On en connoît peu de ces deux Imprimeurs de Rome.

Ce Volume commence par un feuillet qui contient l'Epître Dédicatoire adressée à Nicolas Perottus par A. Sabinus ; elle commence par ces mots :

On indignum esse arbitror Reuerẽde domine &c.

Le texte suit, & dans le haut du verso du dernier feuillet il y a cette souscription :

☙ *Paradoxa hec super diui Iuuenalis libro In alma Vrbe Roma Impressa sunt totius orbis terrarum Regina olim & Imperatrice arte maxima atq3 ingenio dignissimorum Impressorum : Georgii Sachsel de Reichenhal & Bartholomei Golsch de Hohenbart Clericor. Anno domini Milesimo quadringentesimo septuagesimo quarto. die uero.IX. Mensis Augusti. Pontificatu uero SIXTI diuina puidentia pape. IIII. anno eius. III.*

BELLES-LETTRES.

Cette foufcription eft fuivie d'un feuillet qui contient une autre Dédicace adreffée au même Perottus, par Sabinus. Elle commence ainfi :

Tatueram R. D. nec ampli9 &c.

Nous avertiffons qu'il manque au commencement de cet Exemplaire une feconde Epître de Sabinus à Nicolas Perottus, & que cette Epître manque dans prefque tous les Exemplaires.

2534 Enarrationes Satyrarum Juvenalis, per Georgium Merulam Alexandrinum. *Tarvifii, per Bartholomæum de Confoloneriis Duce inclyto Johanne Mozenigo,* 1478. in fol. v. f.

2535 Auli Perfii Flacci Satyræ, cum commentariis Bartholomæi Fontii. in fol. goth. m. r.

EDITION d'environ 1480. Le caractere du texte eft fort gros, & il eft entouré du Commentaire. On trouve au premier feuillet verfo une Dédicace de Fontius à Laurent de Médicis, & le dernier fol. recto finit par un regiftre.

2536 Quatre Satyres de Juvénal, tranflatées de Latin en vers François, par Michel d'Amboyfe, Seigneur de Chenillon. *Paris, Jehan Longis,* 1544. in 8. m. r.

2537 Juvenale tradotto in terza rima, per Georgio Summaripa Veronefe. *Tarvifii, per magiftrum Michaelem Manzolinum Parmenfem,* anno 1480. in 4. v. m.

PREMIERE EDITION.

2538 Valerii Martialis Epigrammata, ex recenfione Georgii Alexandrini (Merulæ.) *Venetiis, Vindelinus, de Spira, circa ann.* 1470. in 4. m. r.

PREMIERE EDITION TRÈS RARE.

Cette Edition a été annoncée jufqu'à préfent comme étant imprimée de format in fol. mais elle eſt in 4. ce que prouvent les Pontufceaux qui font en travers. Ce Volume d'ailleurs n'eſt pas à beaucoup près ni auffi grand ni auffi large qu'un in 4. grand papier.

On peut inférer du paſſage ſuivant que nous extrayons de l'avertiſſement de George Alexandrinus, que cette Edition eſt la premiere.

.... *Quod opus quũ nuper impmendum foret peterētq; nõnulli ut eo perlecto (Martiale) ſi quippiã uel tēpor iniuria uitioſum: uẽl litterator quorũdã arrogantia deprauatũ offendiſſent: Id corrigerē: et quoad poſsē i uerã lectionem redigerē: diu eq̃dem repugnaui. &c.*

2539 Domitii Calderini Veronenſis commentatii in Marcum Valerium Martialem, cum deffenſione. *Romæ, Johannes Gensberg,* 1474. *die Martis XII.* in 4. m. r.

PREMIERE EDITION.

2540 Domitii Calderini Veronenſis commentarii in M. Valerium Martialem. *Venetiis, opera Joannis de Colonia Aggripinenſi, & Jo. Mathen de Gerretzem, anno* 1474. in fol. v. f.

CE VOLUME a des ſignatures depuis a z—g g.

2541 M. Valerii Martialis Epigrammata, cum

commentariis Domitii Calderini. *Venetiis*, 1480. in fol. m. r.

Elle nous paroît être de Jacques de Paganinis, qui a donné plusieurs Auteurs latins avec des Commentaires.

2542 Martialis Epigrammata, cum commentariis Domitii Calderini Veronensis. *Mediolani, per Leonardum Pachel & Uldericum Scinczenceller*, 1483. in fol. v. f.

2543 M. Valerii Martialis Epigrammata interpretatione & notis illustravit Vincentius Colesso, ad usum Delphini. *Parisiis, Antonius Cellier*, 1680. in 4. v. f.

2544 Publii Papinii Statii Thebaidos libri XII. & Achilleidos libri duo. in fol. m. r.

EDITION très ancienne, qu'on peut regarder comme la premiere ; elle est sans chiffres, réclames & signatures, à longues lignes au nombre de 36 sur les pages qui sont entieres. Le caractere est un beau romain ; on y voit un usage fréquent de la virgule.

On trouve à la tête du Volume XI feuillets ; le premier commence ainsi :

hebe, ut ait yſydorus & ſolinus, de regionibus &c.

La Thébaïde commence par l'argument en 12 vers.

Oluitur in primo fratrum concordia libro.

Ils sont suivis du texte :

Raternas acies alterna q; regna profanis.

Le Volume finit au dernier feuillet verso qui ne contient que 32 lignes, par ce dernier vers de l'Achilléide :

Et memini meminiſſe iuuat ſcit cetera mater.

2545 P. Papinii Statii Thebaidos libri XII. ex recensione Bonini Mombritii. (*Mediolani, circa annum* 1478.) in fol. m. bl.

EDITION à longues lignes au nombre de 34 sur les pages qui sont entieres ; elle est exécutée sans chiffres & réclames, avec les mêmes caracteres qui ont été employés pour l'Ouvrage du même Mombritius, intitulé : *Vita Sanctorum.*

Ce Volume commence par un feuillet détaché qui contient une piece de 32 vers adressés par Mombritius à Bartholomé Calcus. Le texte suit ; il y a des signatures depuis a i —— t. Le Volume finit par cette souscription :

Bon. Mombr. M. D. Barth. Calco. S. D.
Accipis impressam Belouesde Thebain urbe
O decus o uitæ spes nimis ampla meæ.
Viue memòr nostri. nihilum iam quærimus ultra :
Quam q3 sis nostri Bertholomæe memor.

2546 Statii Poemata, cum interpretatione Placidi Lactantii. *Venetiis, per Jacobum de Paganinis,* 1490. in fol. v. f.

2547 Statii Papinii Achilleidos Libri II. *Parisiis, mira arte ac diligentia Alexandri Aliate de Mediolano, anno* 1497. *inueniuntur in vico Sancti Jacobi ad intersignium Sanctæ Barbaræ.* in 4. v. f.

2548 Statii Sylvarum Libri V. Thebaidos Libri XII. Achilleidos libri duo. *Venetiis, in ædibus Aldi. mense augusto,* 1502. in 8. m. r.

2549 Pub. Papinii Statii Opera, interpretatione & notis illustravit Claudius Beraldus, ad usum

Delphini. *Lutetiæ Parisiorum, Lamb. Roulland*, 1685. 2 vol. in 4. m. r.

2550 Ausonii Peonii Epigrammatum liber; Versus Paschales; Epistolæ, &c. = Probæ Falconiæ vatis de fidei nostræ mysteriis ex Virgilio Centones. Titi Calphurnii Æglogæ XI. *Venetiis, anno 1472.* petit in fol. m. r.

Première Edition.

Les pieces préliminaires qui sont à la tête du Volume contiennent six feuillets dont le premier renferme un Avis au Lecteur imprimé en lettres capitales au verso, ainsi qu'il suit :

Ad lectorem

O

Musarum cultor quisquis es Ausonii Pœonii Epigrammaton libellum intuens : quanta fuerimus sedulitate usi in his quæ tum ad græcarum tum ad latinar litterarum eruditionem solertiamque pertinent : advertas precamur. ac. Pub. Ovidii nasonis vatis eminentiss. ad Liviam de morte Drusi epistolam. Probaeque Falconiae vatis clariss. a Divo Hieronymo comprobatæ centonam : necnon Calphurnii Siculi poete Bucolicum carmen : demumque. P. Gregorii Tiferni Epigrammaton libellum : ut diligenter perlegas vehementer etiam atque etiam rogamus. vale.

B.   G.

A nativitate Christi ducentesimae nonagesimae quintae Olympiadis anno. II. VII. idus Decembres.

Venetiis.

Les cinq autres feuillets de tables commencent ainsi :

Diligentis et accuratissimi impressoris manu : poemata Haec in parvo hoc opere continen.

Aufonii Peonii poetae lepidiss. atque feſtivi Epigrammatωn dimidiatus liber. &c. ━ *Verſus Paſchales.* ━ *Epiſtolarum liber I.* ━ *Aufonii Burdigalis Vaſſatis. Medici poetae ac praeceptoris gratiarum aɛlio ad Gratianum Imperatorem pro conſulatu.* ━ *Verſus monoſillabis.* ━ *Technopegnion liber primus.* ━ *Cento nuptialis.* ━ *Auſonius Paulo .S. &c.* ━ *Publii Ovidii Naſonis Epiſtola de morte Druſi.* ━ *Probae Falconiae vatis ex virgilio centones.* ━ *Titulus Titi Calfurnii Bucolici carminis.* ━ *Titulus Pub. Graegorii Tiferni Epiſtolarum Epigrammatωn que pars.* ━ *Finit Tabula eorum qui in hoc volumine continentur.*

La premiere page du texte eſt imprimée en lettres capitales, & commence par ces mots :

Aufonii Peonii poetae diſertiſſimi Epigrammatωn liber primus.

Les différents Ouvrages d'Auſone occupent 46 feuillets, dont le verſo du dernier porte cette ſouſcription en lettres capitales :

Expliciunt ea Auſonii fragmenta. quae invidia cunɛta corrodens vetuſtas ad manus noſtras venire permiſit.

τέλος.

B. G.

Au deſſous il y a quatre vers qui commencent ainſi :
ἀυσόνιωσ *fueram ſolus* ; &c.

On trouve enſuite 2 feuillets blancs, & un troiſieme portant ce titre :

Probae Centonae clariſſ. Feminae excerptum e Maronis carminibus ad teſtimonium veteris novique Teſtamenti opuſculum.

Ces Centons occupent onze feuillets qui finiſſent ainſi :

τέλος.

Probae

Probae Centonae clariss. feminae opusculum : feliciter explicit.

Le Volume est terminé par seize feuillets, dont le premier à pour sommaire :

Titi Calphurnii Siculi bucolicum carmen Ornitus et Corydon fratres interlocutores Aegloga prima.

Au bas du recto du seizieme feuillet on lit cette souscription, imprimée en lettres capitales :

τέλος.

Titi Calphurnii siculi Bucolicum carmen.
Finit.
Anno. incar. Dominice. M. cccc. LXXII.

On ne trouve pas dans ce Volume les deux traités suivants qui sont annoncés dans l'Avis au Lecteur & dans la Table :

Pub. Ovidii Epistola de morte Drusi. et P. Gregorii Tiferni Epigrammata.

Maittaire interprete les deux lettres B. G. qu'on voit dans cette Edition, par Bart. Girardinus.

2551 Ausonii Opera, ex recensione Julii Æmilii Ferrarii, Novariensis. *Venetiis, per Joannem de Cereto alias Tacuinum de Tridino*, 1494. in fol. m. r.

2552 Cl. Claudiani Opera omnia, ex recognitione Barnabæ Celsanii, *Vicentiæ, Jacobus Dusensis,* 1482. *sexto calendas Junii.* in fol. m. r.

PREMIERE EDITION.

2553 Cl. Claudianus de raptu Proserpinæ, cum commentariis Jani Parrhasii. *Mediolani, in*

Tome II.   P

114 BELLES-LETTRES.

Ædibus Clariss. viri Lucii Cottæ pridiè Kal. sextiles, 1501. *dexteritate Guillermorum le Signerre fratrum.* in fol. bas.

IMPRIMÉ SUR VÉLIN.

2554 Cl. Claudiani Opera diligentissimè castigata ab Aldo Manutio & Andrea Asulano socero. *Venetiis, in Ædibus Aldi & Andreæ Asulani*, 1523. in 8. m. r.

2555 Cl. Claudiani quæ extant, ex recensione & cum notis Nicolai Heinsii. *Lugd. Bat. ex Officina Elzeviriana*, 1650. in 12. m. r.

2556 Cl. Claudiani quæ extant, cum notis variorum, ex recensione Nicolai Heinsii. *Amstelodami, ex Officina Elzeviriana*, 1665. in 8. m. r.

2557 Cl. Claudiani Opera quæ extant, interpretatione & annotationibus illustravit Gulielmus Pyrrho, in usum Delphini. *Parisiis, Fredericus Leonard*, 1677. in 4. v. b.

2558 Cl. Claudiani Opera, quæ extant, omnia, cum notis variorum, ex recensione Petri Burmanni Secundi. *Amstelodami, ex Officina Schouteniana*, 1760. in 4. Gr. Pap. v. f.

2559 Aurelii Prudentii Opera omnia. in 4. rel. en cart. d. s. tr.

BEAU MANUSCRIT exécuté en Italie dans le *XV siecle*, sur vélin, contenant 108 feuillets. L'écriture est en *lettres*

BELLES-LETTRES.

rondes, à longues lignes, & les *capitales* en font peintes en couleurs. On n'y trouve point les Préfaces de l'*Hymne* I. & du *Pſychomachia*.

2560 Prudentii Poetæ Opera. *Venetiis, apud Aldum, menſe Januario,* 1501. ⎯ Proſperi Aquitanici epigrammata. ⎯ Jo. Damaſceni hymni, græcè & latinè. in 4. v. f.

2561 Aurelii Prudentii Clementis quæ extant, ex recenſione Nic. Heinſii. *Amſtelodami, Dan. Elzevirius,* 1667. in 12. m. r.

2562 Aurelii Prudentii Clementis Opera, interpretatione & notis illuſtravit Steph. Chamillart, ad uſum Delphini. *Pariſiis, vidua Cl. Thibouſt,* 1687. in 4. m. r. l. r.

2563 Sidonii Apollinaris Poema aureum, ejuſdemque Epiſtolæ, ex recenſione Joannis Baptiſtæ Pii Bononienſis. *Mediolani, Uldericus Scinzenzeler, impenſis Hieronymi de Aſula & Jo. de Abbatibus,* 1498. in fol. m. r.
PREMIERE EDITION.

Poëtes Dramatiques Latins Anciens.

2564 M. Accii Plauti Comœdiæ, ex recenſione Georgii Alexandrini (Merulæ.) *Venetiis, impendio Joannis de Colonia, atque Vindelini de Spira,* 1472. in fol. v. f.
PREMIERE EDITION.
Le premier feuillet du texte eſt MS.

2565 M. Accii Plauti Comœdiæ, ex recensione Georgii Alexandrini (Merulæ.) *Tarvisii, impendio Pauli de Feraria, atque Dionysii de Bononia*, 1482. in fol. m. r.

2566 M. Accii Plauti Comœdiæ, ex recensione Georgii Alexandrini. (Merulæ) *Venetiis*, 1495. *die XXIII Novembris*. in 4. m. r.

2567 Plauti Comœdiæ, cum interpretatione Petri Vallæ, & Bern. Saraceni. *Venetiis, per Sim. Papiensem dictum Bevilaqua*, 1499. *XV. Kalendas Octobres*. in fol. m. r. dent.

2568 Plauti Comœdiæ, cum interpretatione Joannis Bapt. Pii. *Mediolani, Uldericus Scinzenzeler*, 1500. in fol. v. m.

2569 Marci Accii Plauti Comœdiæ, ex fide atque auctoritate complurium librorum manuscriptorum, operâ Dionysii Lambini, emendatæ. *Lutetiæ, Macæus*, 1576. in fol. Gr. Pap. m. r. l. r.

2570 M. Accii Plauti Comœdiæ viginti & fragmenta, interpretatione & notis illustravit Jacobus Operarius, in usum Delphini. *Parisiis, Fredericus Leonard*, 1679. 2 vol. in 4. v. f.

2571 Comedia di Plauto intitulata la Mustellaria dal latino al vulgare tradotta per Geronimo Berardo. *In Vinegia per Nicolo di Aristotile detto Zoppino*, 1530. in 8. m. r.

BELLES-LETTRES. 117

2572 Publii Terentii Comœdiæ sex. in 4. v. f. dos de m. r. d. s. tr.

MANUSCRIT sur vélin exécuté en Italie dans le *XV siecle*, contenant 97 feuillets écrits en *lettres rondes*, à longues lignes. Chaque Comédie y est précédée de l'argument en vers de Sulpice Apollinaire, appellé *Periocha*. Il manque à ce MS. le dernier feuillet ; celui qui le précédoit finit par ces mots: *Satiu id est*.

2573 Publii Terentii Comœdiæ, cum vita ejusdem ex Donati commentariis excerpta. 1474. *pridiè nonas Augusti*. in fol. m. r.

EDITION sans chiffres, réclames & signatures, en beaux caracteres romains, & les mêmes que Valdarfer a employés dans son Edition des Oraisons de Cicéron, faite à Venise en 1471 ; *V.* N°. 2298.

Le Volume commence par deux feuillets qui portent pour sommaire en lettres capitales :
Terentii Vita ex Donati Comentariis Excepta (pour *Excerpta.*)

Le texte suit ; il commence par l'Andrienne, & au bas du verso du dernier feuillet il y a cette souscription :
F I N I S.
M. CCCC. LXXIIII. PRIDIE NONAS AVGUSTI.

Il y a des endroits où les vers sont distingués, & d'autres où ils ne le sont pas.

2574 Pub. Terentii Comœdiæ. *impres. circa* 1475. in 4. m. r.

EDITION exécutée avec les mêmes caracteres que l'Ausonne annoncé ci-devant, N° 2550. Elle est sans chiffres & réclames ; mais avec signatures. Les pages en sont à longues lignes; celles qui sont entieres ont 34 lignes. Le verso du dernier feuillet contient le regiftre.

2575 Pub. Terentii Comœdiæ cum Ælii Donati grammatici interpretatione. infuper addita eft Calphurnii in Heautontimorumenon accurata expofitio. *Tarvifii, Hermannus Levilapis*, 1477. in fol. m. r.

Ce Volume a des fignatures depuis A 2.——l. du fecond alphabet. A la fin il y a cette foufcription :

Lepidas elegantefque Terentii Comœdias cum Donati interpretis commentario iuxta fidele Calphurnianæ caftigationis exemplar : doctrinam ftudiumq̃ Calphurnii Hieronymo Bononio enixe commẽdante Hermannus Leuilapis Colonienfis probatiffimus librariæ artis exactor fumma confecit diligentia.

Taruifii Anno Chrifti. MCCCCLXXVII. XIV. KL. Octobres.

Après cette foufcription fuit une piece de 9 vers qui porte pour fommaire :

Bononii Carmen.

2576 Pub. Terentii Comœdiæ, cum interpretatione Ælii Donati. *Venetiis, per Nic. Girardengum : recognitumque per Franc. Dianam, anno 1479. die XV Decembris.* in fol. m. r.

2577 Pub. Terentii Comœdiæ, collectæ ex diverfis commentariis. ex recenfione Calliopii. *Argentorati, Joannes Grunninger*, 1496. *Kalendarum verò Novembrium.* in fol. fig. v. f.

2578 Pub. Terentii Comœdiæ, cum directorio vocabulorum, gloffa interlineari Donati, &

BELLES-LETTRES.

commentariis Guidonis Ascensii, per Joannem Curtum ex Eberspach redactum. *Argentinæ, per Joh. Gruninger*, 1499. in fol. fig. m. r.

2579 Pub. Terentii Comœdiæ sex, ex recensione Heinsiana. *Lugd. Bat. ex officina Elzeviriana*, 1635. in 12. m. r.

EDITION ORIGINALE.

2580 Pub. Terentii Comœdiæ, ex recensione Heinsiana. *Amstelodami, ex officina Elzeviriana*, 1661. in 12. m. r. doub. de m. l. r.

2581 Pub. Terentii Comœdiæ, cum notis variorum. curante Arn. Henr. Westerhovio. *Hagæ-Comitum, Petrus Gosse*, 1726. 2 vol. in 4. Gr. Pap. v. m.

2582 Pub. Terentii Comœdiæ, ad optimorum exemplarium fidem recensitæ. accesserunt variæ lectiones. *Londini, J. & P. Knapton, & G. Sandby*, 1751. 2 vol. in 8. m. viol. dent. doub. de tabis, l. r.

Avec des figures gravées par J. S. Muller.

2583 Pub. Terentii Comœdiæ. *Birminghamiæ, Typis Joannis Baskerville*, 1772. in 4. m. r.

2584 Térence en François, Prose & Rime, avec le Latin. *Paris, pour Antoine Verard.* in fol. goth. fig. m. r.

2585 Le grand Térence en François, tant en

Rime qu'en Profe. *Paris , Guil. le Bret,* 1539. in fol. goth. fig. v. f.

2586 Les Comédies de Térence, avec la traduction & les remarques de Madame Dacier (Anne le Febure.) *Rotterdam , Gafpar Fritfch,* 1717. 3 vol. in 8. Gr. P. fig. de Bernard Picart. m. cit.

2587 Les Comédies de Térence, traduction nouvelle, avec le texte Latin à côté , & des notes. par M. l'Abbé le Monnier. *Paris , Ch. Ant. Jombert,* 1771. 3 vol. in 8. Papier de Hollande. fig. m. r.

2588 Premiere Comédie de Térence, appellée l'Andrie, traduite & mife en Rime Françoife. Plus, un Traité des Quatre Vertus Cardinales, felon Seneque. Par Bonaventure des Perriers. *Lyon , Pagan,* 1555. in 8. m. r.

2589 Lucii Annæi Senecæ Tragœdiæ, ex recenfione Caroli Fernandi. *Parifius , Jo. Higman , & Vuolfangus Hopil, Socii.* in 4. m. r.

CE VOLUME commence par une Epître Dédicatoire qui contient deux feuillets. Le texte fuit , & à la fin il y a ces vers :

Carolus fernandus lectorem alloquitur.
Qui legis altiloqui veneranda poemata vatis :
Mufa coturnato cui dedit ore loqui.
Hactenus antiquo nimium fpoliata nitore :
Nūc tamen ad prifcum vifa rediiffe iubar.
Te balbi meminiffe decet : qui codic multo
Collato.

BELLES-LETTRES.

Collato. heç tribuit munera tanta tibi.
Multaq; vuolfgăgo debet gratia : cuius
Hec nitet artifici littera preffa manu.
Ite alacres igitur paucis ne parcite nŭmis :
Quando poteft minimo maximus auctor emi.

Au verfo de ce feuillet il y a cette foufcription qui eft fuivie du regiftre:

Impreffŭ parifius in vico claufo brunelli per Iohannẽ higman vuilhelmŭ ppofiti & vuolfgangŭ hopyl focios.

Quoique cette Edition n'ait point de date, on peut préfumer qu'elle eft la premiere, & antérieure à celle de Lyon de 1491. Les deux Imprimeurs qui l'ont exécutée, imprimoient enfemble dès 1484.

2590 Lucii Annæi Senecæ Tragœdiæ, cum commento Gellii Bern. Marmitæ. *Venetiis, per Lazarum Ifoarda de Saviliano,* 1492. *die XII. Decembris.* in fol. m. r.

2591 L. Annæi Senecæ Tragœdiæ, ex recognitione Hieronymi Avantii Veronenfis, adjuvante Andrea Afulano. *Venetiis, in Ædibus Aldi & Andreæ Soceri, menfe Octobri* 1517. in 8. m. r.
IMPRIMÉ SUR VÉLIN.

Poëtes Latins Modernes. Collections & Extraits des Poëtes Latins Modernes.

2592 Recueil de différentes Pieces de Poéfies Grecques & Latines, rangé par ordre alphabétique, depuis 1523 —— 1750. 12 porte-feuilles in 8. avec des dos de m. r.

Nous rapportons les titres des pieces les plus remarquables:

1 ΙΩΑΝΝΟΥ. ΓΕΩΜΕΤΡΟΥ ΕΠΙΓΡΑΜΜΑΤΑ ΤΕΤΡΣΤΙΧΑ. Hortus Epigrammatum Græc. Moralium, Jo. Geometrâ Auctore, Fed. Morello prof. R. interpr. &c. *Lutetiæ, Fredericus Morellus* 1595.

2 ΜΑΡΚΙΑΝΟΥ. ΗΡΑΚΛΕΩΤΟΥ ΠΕΡΙΗΓΗΣΙΣ. Marciani Heracleotæ poema de situ orbis. Fed. Morellus profess. & Interpres Reg. græcè recensuit, & latinè eodem genere versuum expressit. cum notis & indice duplici. *Lutetiæ, Fredericus Morellus.* 1596.

3 Recitus veritabilis super terribili Esmeuta païsanorum de Ruellio ; Auctore Samon Faillyona.

4 Santolio Victorino Linguarium. Le Bâillon mis à la langue de M. Santeuil de S. Victor.

5 Sortes Virgilianæ quibus Æstuantis Galliæ Theatridium instruxit Pasquinus Passavanti Patricius Romanus Archi-refendarius Catholicus. sors omnia versat. *Veronæ.*

6 Benedicti Claromontani carmina duo ; unum in Papam Roman. Alterum in Jesuitas. *Recusa. Anno* .M D CX. in 8.

7 Scena motuum in Gallia nuper excitatorum Virgilianis & Homericis versib. expressa. 1616. in 8.

8 Sortes Virgilianæ quibus Aestuantis Galliæ Theatridium instruxit Pasquinius Passavanti patricius Romanus Archi-referendarius Catholicus. sors omnia versat. *Veronæ,* 1616. in 8.

9 Oculi Phyllidis in astra latino Metro donati Metamorphosis. *Parisiis, Franciscus Muguet,* 1689. in 12.

10 Jupiter Gallicus, seu expeditiones Bellicæ Ludovici Magni. An. 1691. *Parisiis, Laurentius d'Houry,* 1692.

11 Aviarium feu de educandis avibus. Carmen. Autore Joanne Roze è Societate Jefu. *Parifiis, Robertus Pepie,* 1701.

12 Fanaticorum Bellum civile in Gebennis ortum. *Rotomagi, Joannes B. Befongne,* 1704.

13 Campania vindicata five laus Vini Remenfis à Poeta Burgundo eleganter quidem, fed immeritò culpati. (Carolus Coffin, &c. anno domini 1712. *Parifiis, C. L. Thibouft.*)

14 Barcelletta nuoua fopra le putanelle più mefchine, che vanno in mafchera il Carnevale. Cofa redicolofa da cantare in mafchera. Compofta per Giulio Cefare Croce. *In Milano, per Pandolfo Malatefta.*

15 Avertimenti à quelli che amano le Cortegiane. Opera nuoua & diletteuole nouamente pofta in luce. *In Milano, per Gratiadio Ferioli,* 1600.

2593 Recueil de différentes Pieces de Poéfies Latines, depuis l'année 1547 —— 1776. rangées par ordre alphabétique. 8 porte-feuilles in 4. avec des dos de m. r.

2594 Recueil de différentes Pieces de Poéfies Latines, fans date d'année, rangées par ordre alphabétique. 2. porte-feuilles in 4. avec des dos de m. r.

2595 Pafquillorum tomi duo. Quorum primo verfibus ac rhythmis, altero foluta oratione confcripta quam plurima continentur, ad exhilarandum, confirmandumque hoc perturbatiffimo rerum ftatu pii Lectoris animum, apprimè conducentia. (Collectore Coelio Secundò

Curione.) *Eleutheropoli*, 1544. in 8. m. r.

On a mis à la tête le portrait de l'Editeur.

2596 Recueil de Pieces in 8. m. r.

1 Gravissima protestationis querela, appellatioque inflicti gravaminis Pasquillo Mero Germano facta. 1561.

2 Triumphus Caroli V per carmen Caroleium descriptus à Pasquillo Mero Germano. 1561.

3 Chronicon, seu commentarium quoddam historicum à Pasquillo Mero Germano, apostolico poeta, in principis favorem, patriæque suæ amorem, contextum, de multis bellorum calamitatibus, quas quondam Geldriæ populus, à Carolo duce suo vernaculo, sine liberis è vivis excedente, perpessus est; &c. 1562.

4 Defensio umbræ Lutheri. 1561.

5 De mirifica Dei virtute & immensis ejus operibus spiritualibusque quibusdam Canticis & Davidicis Psalmis paraphrastico carmine versis, per Pasquillum Merum. 1561.

6 De spurco, foedoque ac turpi amore, libellus à Pasquillo Mero redactus. 1552.

7 Libellus de Fallaci & Lubrico Muliercularum statu compositus, à Pasquillo Mero. 1562.

2597 Varia Doctorum Piorumque Virorum, de corrupto Ecclesiæ statu, Poemata. cum præfatione Mathiæ Flacii Illyrici. (aliàs Francowitz) *Basileæ, Lucius*, 1557, in 8. m. r.

BELLES-LETTRES. 125

Poëtes Latins Modernes, Italiens de Nation.

2598 Buccolicum Carmen meum, (Petrarchæ) incipit. = Ejufdem novem Epiftolæ Carmine confcriptæ. in 4. rel. en carton.

MANUSCRIT fur papier du *XV fiecle*, contenant 68 feuillets. Il eft en *lettres rondes*, & fes fommaires font en rouge.

On lit à la fin de la derniere Eglogue cette foufcription intéreffante :

Explicit carmen Bucolicū Francıfci Pt poete Florē fumptū ex originali fua ṗp manufcripto in quo talem inueni fufcritionem.

Bucolicum carmen meū explicit. Quod iṗe qui ante amnos dittaueram fcripſi manu ṗṗa apud mediolanū anno huius aetatis ultime 1347.

Scriptum eft hoc opus ṕ me Jeronymum de pafqualinis año dñi 1456 die 23 nouembris.

2599 Joannis Jacobi Cornalli Civis placentini, ad totum Chriftianicum Collegium Chriftidis. libri V. in 4. rel. en cart.

MANUSCRIT fur papier du *XV fiecle*, contenant 78 feuillets. L'écriture eft en *lettres rondes*, à longues lignes, & les capitales en font peintes en couleurs.

2600 De crudeli Eurapontinæ urbis excidio. Sacro Sanctæ Religionis Chriftianæ lamentatio, per Paulum Marfum. in 4. rel. en cart.

EDITION fans chiffres, réclames ni fignatures, à longues

lignes au nombre de 24 sur les pages qui sont entieres. Le Volume est composé de 8 feuillets; l'Ouvrage qu'il contient est dédié au Pape Paul II. & a, selon les apparences, été imprimé avant la mort de ce Pontife, arrivée le 28 Juillet 1471. Les caracteres sont ceux de Sweynheym & Pannartz.

2601 Hieronymi Alexandrini Petroboni Cæsarii juris ac Pontificii Scholastici Bentivola. 1494. *XV. Kalendas Julias.* in 4. v. f.

2602 Omnia Opera (Poetica) Baptistæ Mantuani Carmelitæ. scilicet: Eglogæ X. Sylvarum libri VIII. de Calamitatibus libri tres. Parthenicæ libri tres, &c. in fol. m. r.

2603 Baptistæ Mantuani Opus insigne de mundi calamitatibus. earumque tum causis tum remediis. aliud ejusdem contra Poetas impudicè loquentes opusculum. *Daventriæ, Rich. Pasroedt,* 1495. in 4. m. r.

2604 Fratris Joannis Baptistæ Mantuani carmina. *Venetiis, Jacobus de Leucho,* 1499. in 4. m. r.

2605 Baptistæ Mantuani Parthenice Mariana, ab Jodoco Badio Ascensio familiariter explanata. ejusdemque apologeticon & carmen votivum ad divam Virginem, cum suis elucidatiunculis. *Parisiis, Jehan Petit,* 1499. in 4. m. r.

2606 La Parthenice Mariané de Baptiste Mantuan, translatée de Latin en vers François, par

BELLES-LETTRES. 127

Jacques de Mortieres. *Lyon, Claude Nourry,* 1523. in fol. goth. v. f.

2607 Parthenice Catharinaria fratris Baptistæ Mantuani : ab Ascensio familiariter exposita. *Parisiis, Jehan Petit,* 1499. in 4. m. r.

2608 De calamitatibus temporum seu contra peccatorum monstra aureum Bapt. Mantuani Poema familiariter ac succinctè declaratum. *Parisiis, Joan. Parvus,* 1499. in 4. m. r.

2609 Bapt. Mantuani aureum contra impudicè scribentes opusculum familiariter explicatum. *Parisiis, industriâ Thielmani Kerver, expensis Jo. Confluentini, & Jo. Pusilli,* 1499. in 4. m. r.

2610 F. Baptistæ Mantuani Bucolica seu adolescentia in decem Æglogas divisa. ab Jodoco Badio Ascensio familiariter exposita. *Argentinæ, Joannes Prus, in Ædibus Thiergarthen,* 1504. in 4. m. r.

2611 Maffei Vegii Laudensis Poetæ & Oratoris disceptatio terræ : solis & auri : liberque Philalitis & veritatis : necnon de felicitate & miseria : carmen quoque Astianactis, &c. *Mediolani, per Guillermum Siguerre,* 1497. in fol. m. r.

2612 Livia Publii Fausti Andrelini Forolivensis Poetæ Laureati. *Imp. per Felicem Baligault.* in 4. v. f.

2613 Odæ Francisci Philelphi. *Impressit hoc Opus*

(*Brixiæ*) *Angelus Britannicus die IIII Julii*, 1497. in 4. m. r.

2614 Francisci Philelphi Satyræ centum, distinctæ decem decadibus Catholicis passim refertæ sententiis: præmissâ authoris vitâ ex variis ejusdem operibus ab Egidio Perrino Campano fideliter excerpta. marginariisque annotationibus ab eodem super additis. *Parisiis, Robertus & Joannes Gourmont*, 1508. 18 *Kal. Octobres.* in 4. m. r. l. r.

2615 Michaelis Tarchaniotæ Marulli Hymni & Epigrammata. *Florentiæ, Societas Colubria, VI. Kal. Decembris*, 1497. in 4. m. r.

PREMIERE EDITION.

2616 Ludovici Bigi Pictorii Ferrariensis opusculorum Christianorum libri tres. *Mutinæ, per M. Dominicum Rocociolam*, 1498. *die VII. Augusti.* in 4. m. r.

PREMIERE EDITION.

2617 Ludovici Bigi Pictorii Ferrariensis in cœlestes proceres Hymnorum Epitaphiorumque liber. ejusdem Epigrammaton libelli duo. *Ferrariæ, Jo. Maciochus Bondenus*, 1514. in 4. m. r.

2618 Octavii Cleophili Phanensis Poetæ venustissimi libellus de cœtu Poetarum. *Impressum pro Alexandro Alyate de Mediolano. Anno Domini*

BELLES-LETTRES.

Domini M. CCCC. XIX. (pro 1499.*) die primo mensis Augusti.*

2619 Invectiva Cœtus Fœminei contra Mares edita per magistrum Johannem Motis, Neapoletanum. = Remedium contra Concubinas & Conjuges per modum abreviationis libri Matheoli à Petro de Corbolio archidiacono Senonensi & ejus sociis compilatum. = De Arte Rigmatizandi. in 4. goth. m. r.

Le premier traité finit ainsi :

Quatuor sunt quæ mulieres summe cupiunt.

 A formosis amari juvenibus
 Pollere filiis pluribus
 Ornari preciosis vestibus
 Et dominari præ ceteris in domibus.

On lit à la fin du second :

Quinque sunt quæ perturbant Rempublicam, sive bonum commune.

 Falsus judex in consistorio
 Falsus mercator in foro
 Sacerdos avarus in templo
 Pulchra meretrix in prostibulo
 In aulis dominorum adulator.

L'Abrégé de l'Ouvrage de Mattheolus est une Satyre très violente, & on ne peut pas plus obscène, contre les femmes : on en peut juger par le passage suivant :

 Omnem recipiet fœmina masculum
 Omnemque subdita vincet testiculum
 Quis potest conjugis implere vasculum
 Nam una mulier fatigat populum.

&c. &c.

Tome II   R

BELLES-LETTRES.

Les trois Strophes suivantes sont de la même force.

2620 Apologia Mulierum in viros probosos Joannis Motis Neapolitani. *Excussum in Thermis Anthoninis oppidi Badensis per Renat. Beck civem Argentinensem. Anno* 1511. *Nono Kal. Januarii. quando pestis præter solitam crudelitatem Argentorati incrudescebat.* in 4. m. r.

2621 Opuscula Elisii Calentii Poetæ clarissimi: scilicet. Elegiarum libri tres. Epigrammaton libellus; Epistolarum libri tres. Hectoris horrenda apparitio. de Bello Ranarum libri tres. Satyra contra Poetas, &c. *Romæ, per Joannem de Besicken,* 1503. *die XII. Decembris.* in fol. m. r. l. r.

2622 Jesuis Hieronymi de Vallibus Patavini: Passionem Domini Nostri Jesu Christi: Heroicis Carminibus ex Evangelio Joannis complexa. *Parisiis, Jodocus Badius,* 1510. in 4. m. r.

2623 Jani Vitalis Panormitani, in Divos Archangelos Hymni. *Romæ,* 1516. in 8. m. r.

IMPRIMÉ SUR VÉLIN.

2624 Pub. Francisci Modesti Ariminensis Venetiados libri XII. & alia Poemata. *Impressum Arimini, curâ & impensâ Sebastiani Modesti, per Bernardinum Venetum de Vitalibus,* 1521. in fol. m. r.

2625 Zachariæ Ferrerii Vicentini, Pontificis Gardienfis Hymni novi Ecclefiaftici. *Romæ, Ludovicus Vicentinus & Lautitius Perufinus, Kal. Februarii,* 1525. in 4. m. r.

2626 Actii Synceri Sannazarii de partu Virginis libri tres. Eclogæ V. Salices, &c. *Neapoli, in Ædibus Andreæ Matthæi Aquivivi Hadrianorum Interamnatumque Ducis per Antonium Fretiam Corinaldinum. ac fideliter omnia ex archetypis Accii Synceri ipfius manu fcriptis. Anno* 1526. *Maio Menfe.* petit in fol. m. r.
IMPRIMÉ SUR VÉLIN.

2627 Carmina de Vrinarum judiciis edita à magiftro Egidio, cum expofitione & commento magiftri Gentilis de Fulgineo caftigatis & pluribus in locis emendatis per magiftrum Avenantium de Camerino. *Lugduni, per Jacobum Myt,* 1526. in 8. goth. m. r.

2628 Julii Cæfaris Scaligeri Lacrimæ in obitum Ducis à Longavilla, qui ad Ticinum interfectus fuit. *Parifiis, Michael Vafcofanus,* 1534. in 8. m. bl.

2629 Marci Hieronymi Vidæ Cremonenfis, Albæ Epifcopi, Chriftiados libri fex. *Cremonæ, in Ædibus Divæ Margaritæ, Ludovicus Britannus,* 1535. in 4. m. r.

2630 Bafilii Zanchii Poemata. *Romæ, apud Valerium & Loifium fratres Doricos,* 1550, in 8. m. r.

Poëtes Latins Modernes, François de Nation.

2631 Liber Marbodi quondam nominatissimi præsulis Rhedonensis, (scilicet Hymni, & alia Poemata) ex recensione Radulphi Besiel. *Rhedonis, per Jo. Baudouyn primum & unicum Calcographum & impressorem ejusdem civitatis,* &c. 1524. in 4. goth. v. f.

2632 Nicolai Horii Remensis Præfecti auxiliaris Poemata nova. in laudem nostræ sanctæ fidei Catholicæ edita in VII. libros. Ejusdem libri XV. soluta oratione compositi. scilicet : de Gloriosa Virginis Mariæ Assumptione liber : de Christi Passione, &c. *Lugduni, per Jacobum Sacon,* 1507. *die XXVII. Septembris.* in fol. m. bl.

2633 Penitentiarius magistri Joannis de Galandia. *Impress.* (*Parisiis*) *per Antonium Caillaut.* in 4. goth. rel. en cart.

2634 Petri de Blarrorivo (vernaculè Blaru) insigne Nanceidos Opus de Bello Nanceiano. *Impressum in pago divi Nicolai de Portu, per Petrum Jacobi,* 1518. in fol. fig. m. r.

2635 Guilielmi de Mara in Chimeram conflictus. opere tripertito. de qua in catholica priore Joannis Cap. II. omne quod est in mundo : concupiscentia carnis est : & concupiscentia

BELLES-LETTRES.

oculorum : & superbia vitæ. (ex Cadomensi Gymnasio. 1510. in 4. rel. en cart.

2636 Joannis Novillei Jonivillani Poemata. in fol. m. r.

Très beau Manuscrit sur vélin du *XVI siecle*, contenant 72 feuillets. Il est écrit en *lettres rondes*, à longues lignes, & enrichi de 18 belles miniatures qui ont 8 pouces & demi de haut sur 5 pouces 4 lignes de large. Les intitulés en sont en rouge, & les lettres capitales en sont élégamment peintes en or & en couleurs. On trouve au premier feuillet les armes de France & de Lorraine, avec ces deux légendes :

Hic duo prole fide federe nexa micant & funiculus triplex difficile rumpitur. On voit au verso l'Auteur qui offre son Livre au Cardinal *Jean de Lorraine*, en lui disant :

Accipe paccato pastor dignissime vultu
    Quas offert parvas pauper amicus opes.

Ce MS. qui est l'original, & très précieux, contient les pieces suivantes :

1 *Ioannes Nouilleus Ioniuillanus illustrissimo ac dignissimo Patri Cardinalique imprimis reuerendo Ioanni Lotharingo salutem.*

C'est l'Epître Dédicatoire en prose mêlée de vers.

2 *Elogium Renati Sicilie nouissimi Regis Lotharingorumque et Barrensium moderatoris illustrissimi : Antoniique eiusdem filii Calabrie, Lotharingie et Barri ducis inclyti qui Priamo & Hectori Troianis rite comparantur.*

22 vers Hexamêtres & Pentamêtres.

3 *Elogium Inclytissimi Campaniarum moderatoris, Claudii a Lotharingia, Renati Regis secundi filii, qui Deiphobo Troiano rite comparatur.*

16 vers Hex. & Pent.

4 *Elogium sanctissimi & dignissimi Patris Cardinalisque reuerendi Joannis a Lotharingia qui decenter Heleno Priami filiorum tertio comparatur.*

14 vers Hex. & Pent.

5 *Elogium illustrissimi imprimis & bellicosissimi Ludouici, Vademontis Comitis: qui non indecenter Peleo & Troiano Alexandris comparatur.*

18 vers Hex. & Pent.

6 *Funebre Elogium Renati Regis filiorum ultimi Francisci: omnibus cum corporis tum animi dotibus prediti.*

18 vers Hex. & Pent.

7 *Super eiusdem immatura morte Threnodia in quibus virtutes eius gemebunde introducuntur.*

72 vers Hex. & Pent.

8 *Celata Lotharingiæ exultatio super habita in Lutheranos victoria.*

83 vers Hex.

9 *In humani viatoris peregrinationem prologus* (prose).
10 *Ad illustrissimum ac dignissimum Patrem Cardinalemque imprimis reverendum Ioannem a Lotharingia de humani viatoris peregrinatione Joannis Nouillei Joniuillani libri III.*

Environ 1672 vers Hex.

Parmi les miniatures qui ornent ce dernier Poeme, il s'en trouve une d'une invention curieuse. Le Peintre voulant personnifier la *Simonie*, l'a représentée sous la figure d'une femme placée dans une boutique, devant un bureau, & montrant à une autre femme, qui est l'*Ambition*, une crosse que celle-ci semble lui marchander. Cette boutique est

BELLES-LETTRES. 135

garnie d'un chapeau de Cardinal, d'une tiare à 3 couronnes, d'une mitre, d'une croix Papale, de trois croffes & d'une aumuffe.

L'Auteur de ces poéfies qui n'ont jamais été imprimées, étoit de *Joinville*, ville de Champagne, où naquit fon Mecene, *Jean, Cardinal de Lorraine*. Un paffage de fa Dédicace nous apprend qu'il profeffoit la Philofophie dans l'Univerfité de Paris. *Duverdier* cite de lui dans fon *Suppl. à la Bibliotheque de Gefner*, deux Ouvrages imprimés. Il l'appelle *Joan. Neovillæus Genvillanus*.

2637 Valerandi Varanii de Geftis Joannæ Virginis Francæ egregiæ bellatricis, libri IV. *Parifiis, Joannes de Porta*, 1516. in 4. m. r.

2638 Dialogus linguæ & ventris. *Parifiis, Claudius Jaumar*. in 4. goth. rel. en cart.

2639 Stephani Doleti Galli Aurelii carminum libri IV. *Lugduni*, 1538. in 4. v. f.

2640 Francifci Valefii Gallorum Regis fata. Stephano Doleto autore. *Lugduni*, 1539. in 4. v. f.

2641 Les Faits & Geftes du Roi François Ier. compofés en Latin par Eftienne Dolet, & après par lui-même tranflatés en Langue Françoife. in 8. goth. v. m.

2642 Les Geftes de François de Valois, dans lequel Œuvre on peut connoître tout ce qui a été fait par les François depuis l'an 1513 — 1539. trad. du Latin de Eftienne Dolet, par lui-même. *Lyon, Estienne Dolet*, 1540. in 4. m. bl.

2643 Les Gestes de François de Valois. Par Estienne Dolet. *Lyon, Estienne Dolet*, 1543. in 8. m. viol.

2644 Genethliacum Claudii Doleti, Stephani filii. liber vitæ communi in primis utilis, & necessarius. autore Patre. *Lugduni, apud Eundem Doletum*, 1539. in 4. v. f.

2645 L'Avant-naissance de Claude Dolet, fils de Estienne Dolet, composé en Latin par le pere, & par un sien ami, traduite en Langue Françoise. *Lyon, Estienne Dolet*, 1539. in 4. m. bl.

2646 Nicolai Borbonii Vaudoperani Lingonensis, Nugarum libri octo. ab auctore recens aucti & recogniti. *Basileæ, Hæredes Andreæ Cratandri*, 1540. in 8. m. r.

2647 Theodori Bezæ Vezelii Poemata. *Lutetiæ, Conradus Badius*, 1548. in 8. v. f.

2648 Elegiarum liber de amoribus Chryseæ & Philocleryſi. authore Francisco Zabechario. *Parisiis, per Thielmannum Kerver*, 1598. in 4. m. bl.

Poëtes

BELLES-LETTRES.

Poëtes Latins Modernes, Allemands, Flamands, &c.

2649 Disceptatio Oratorum duorum Regum Romani (Jacobi Phiniphelingi,) scilicet & Franci (Roberti Gaguini,) super raptu illustrissimæ Ducissæ Britannicæ, (1492.) in 4. goth. m. bl.

2650 Varia Sebastiani Brant carmina, tam divina quam humana. *Basileæ, operá & impensis Johannis Bergman de Olpe, Kl. Maiis anni, &c.* XCVIII, (1498.) in 4. m. r.

2651 Sebastiani Brant stultifera Navis mortalium. per Jac. Locher in Latinum traducta. *Basileæ, per Jo. Bergman de Olpe,* 1497. in 4. fig. v. f.

2652 Sebastiani Brant stultifera Navis. per Jacobum Locher in Latinum traducta. *Basileæ, Joan. Bergman de Olpe,* 1497. in 4. fig. v. f.

2653 Stultifera Navis per Sebastianum Brant germanicè scripta, atque per Jacobum Locher, cognomento Philomusum, in latinum traducta. *Basileæ, per Jo. Bergman de Olpe,* 1498. in 4. fig. v. f.

2654 Sebastiani Brant stultifera Navis. *Parisiis, Gaufridus de Marnef,* 1498. in 4. fig. m. r.

2655. Navis stultifera à Sebast. Brant edificata. deinde ab Jacobo Lochero latinitate donata & demum ab Jodoco Badio Ascensio vario carminum genere illustrata. *Parisiis, in Ædibus Ascensianis*, 1505. in 4. fig. v. f.

2656 Navis stultifera per Sebast. Brant; deinde à Jacobo Lochero latinitate donata : & demum ab Jodoco Badio Ascensio vario carminum genere non sine eorundem familiari explanatione illustrata. *Impressum, per Nic. Lamparter. Anno rc.* M. CCCC. VI. (1506.) *die vero XXVI. mensis Augusti.* in 4. goth. fig. m. r.

2657 La Nef des Folz du monde, composée en Allemand par Sebastien Brant, consécutivement d'Allemand en Latin, rédigée par maître Jacques Locher, reveue & ornée de plusieurs belles concordances & addicions par ledit Brandt, & de nouvel translatée de Latin (en vers) François. *Paris, Jean Ph. Manstener & Geof. de Marnef*, 1497. in fol. fig. m. bl.

2658 La Nef des Folz du monde, trad. en prose. *Paris, Geof. de Marnef*, 1499. in fol. fig. v. m.

2659 Le grand Nauffraige des Folz qui sont en la mer de ce monde. *Paris, Denys Janot.* in 4. goth. m. r.

2660 La Nef des Folies, selon les cinq sens de nature, composés, selon l'Evangile de Monseigneur St. Mathieu, des cinq Vierges qui ne prinrent point d'huile avec eux pour mettre en leurs lampes, trad. du Latin de Joce Bade. (par

Jean Droyn.) *Paris, par petit Laurens, pour Geoffroy de Marnef.* in 4. goth. fig. m. r.

IMPRIMÉ SUR VÉLIN.

2661 La Nef des Folles, selon les cinq sens de nature, composés, selon l'Evangile de Monseigneur St. Mathieu, des cinq Vierges qui ne prinrent point d'huile pour mettre en leurs lampes. trad. du Latin de Joce Bade. *Paris, Jehan Treperel,* 1501. in 4. goth. v. m.

2662 Hexastichon Sebastiani Brant in memorabiles Evangelistarum figuras. Thomas Phorcensis cognomento Anshelmi tradidit. 1502. in 4. m. r.

FIGURES COLORIÉES.

2663 Liber qui intitulatur Brunellus in speculo Stultorum. *Coloniæ, anno* 1499. in 4. goth. fig) m. r.

PREMIERE EDITION.

2664 Tractatus de Ruinæ Ecclesiæ planctu. latino & idiomate Germanico rithmico seu versifico modo compositus. *Impressum Phortze.* == Oratiuncula quæ dicenda fuit in præsentia Regis & Reginæ Romanorum, in Templo Spirensi, anno 1494. *die Junii IX.* in 4. goth. m. r.

2665 In Eduardum Leum quorundam è sodalitate literaria Erphurdiensi, Erasmici nominis studiosorum Epigrammata. *Moguntiæ*, (*Joan. Schoyffer,*) 1520. in 4. v. m.

Au bas du dernier feuillet il y a les écussons de Schoyffer.

2666 Regnum Papisticum. Thoma Naogeorgo autore. 1553. === Sylvula carminum aliquot à diversis piis & eruditis viris conscriptorum. 1553. === Sylva carminum in nostri temporis corruptelas, præsertim religionis. in 8. m. viol.

2667 Satyrarum libri quinque priores : Thomâ Naogeorgo autore. *Basileæ, Oporinus,* 1555. in 8. m. r.

2668 Opus Poeticum de admirabili fallacia & astucia vulpeculæ Reinikes. ex idiomate Germanico in Latinum conversum. auctore Hartmanno Scoppero. *Francofurti ad Moenum,* 1567 in 8. fig. v. f.

2669 Joannis Pollii Westphali Poetæ lepidissimi opuscula, piissima & eruditissima, in primis autem nostræ ætati appositissima. *Tiguri, Froschoverus,* in 8. v. f.

2670 Epiniciorum à populo christiano post deletos acie Pragensi perduelles, Deo, Sanctis, Ferdinando Cæsari, cæterisque piæ militiæ tam superstitibus, quam fato functis bellatoribus exhibendorum, pegmata sacra. === Apocalypsis Bohemica, seu admirabilis & prorsus stupenda visio, belli Bohemici causam, &

BELLES-LETTRES.

exitum portendens, elegantissima carminis heroici concinnatione illustrata. 1620. in 4. m. r.

2671 Richardi Bartholini, de bello Norico Austriados libri XII. *Argentorati, ex Ædibus Mathiæ Schurerii,* 1516. in 4. m. r.

2672 Poemata & effigies trium fratrum Belgarum Nicolai Grudii. Hadriani Marii. Joannis Secundi. accessit Luschi Antonii Vicentini Domus pudicitiæ. & Domini Lampsonii Brug. Typus vitæ humanæ. *Lugduni Batavorum, Ludovicus Elzevirius,* 1612. in 8. m. bl.

2673 Dominici Baudii Amores, edente Petro Scriverio. *Lugduni Batavorum, apud Franciscos Hegerum & Hackium,* 1638. in 12. m. r.

2674 Humanæ salutis Monumenta. B. Ariæ Montani studio constructa. *Antverpiæ, ex Proto-Typographia Regia,* 1571, in 4. fig. m. bl.

2675 Diacosio Martyrion. id est ducentorum Virorum testimonium, de veritate corporis, & sanguinis Christi, in Eucharistia, ante triennium, adversus Petrum Martyrem, ex professo conscriptum. Joanne Whito Anglo authore. *Londini, Robertus Calus,* 1553. in 4. m. r.

Poetes Dramatiques latins modernes.

2676 Claudiani Siculi viri inprimis doctiſſimi de Raptu Proſerpinæ Tragœdia prima heroica. ⹀Maximiani Philoſophi atque Oratoris ethica ſuavis & periocunda. in fol. goth. m. r.

EDITION ſans chiffres, réclames & ſignatures, à longues lignes au nombre de 31 ſur les pages qui ſont entieres. Elle eſt d'environ l'an 1473, exécutée avec les caractères de Nicolas Ketelaer & Gerard de Leempt imprimeurs d'Utrecht en cette année. On trouve après la Tragédie une Epitaphe en 12 vers de *Ladiſlas*, Roi de Hongrie, & à la ſuite du ſecond traité les Epitaphes du Pape *Nic. V.* en 14 vers latins du Pape *Eugène IV.* en 18 vers, de *Laurent-Valle*, en 4 vers, d'*Ovide* auſſi en 4 vers, & l'épigramme ſuivante, par laquelle ce Volume finit :

Epigrāma ridiculum.
Deuorat agricolā rex. regem tyro. ſed illum
Vſurator edit. comedit ſed presbiter iſtum
Presbiterū meretrix. meretricē leno remordet
Lenonem caupo. ſed cauponem paraſitus
Jllū ſenipedes. ſymia ſenipedes.

Explicit.

2677 Bartholomei Zamberti Veneti Comœdia quam lepidiſſima, Dolotechne. *Argentorati. ex ædibus Schuretianis*, 1511. in 4. m. r.

2678 Joannis Reuchlin Phorcenſis ſcenica progymnaſmata : hoc eſt : Ludicra preexercitamenta ex recenſione Joannis Richartzhuſen.

BELLES-LETTRES.

Basileæ, Jo. Bergman de Olpe, 1498. in 4. m. r.

Cette Comédie de Reuchlin est la premiere qui ait été faite pour l'instruction de la jeunesse Allemande, comme on peut le voir par le passage suivant, extrait de la Dédicace de Jean Bergman de Olpe, Archidiacre de Grandval & Imprimeur à Basle; elle est adressée à Jean Camerarius Dalburgio, Evêque & Prince de Worms:

.... His tuis virtutibus noster Jo. Reuchlin Phorcensis provocatus, comediam lepidissimam pro usu Germanicæ juventutis à se lucubratam coram tua pientissima paternitate omni scenico ludo servato, primum recitari fecit: ut judex esses novæ et numquam à Germano attentatæ compositionis. audisti: probasti: pueros recitantes auro annulisque donasti: ut eos: ceterosque bonos adolescentes ad ferventius litterarum studium accenderes et inflammares: &c.

2679 Joannis Reuchlin Phorcensis Sergius vel capitis caput Comœdia cum commentario Georgii Simler. *Phorce in ædibus Thomæ Anshelmi*, 1508. in 4. m. r.

2680 Nicolai Bartholomæi Lochiensis Christus Xylonicus Tragœdia, *Parisiis, Simon Colinæus*, in 8. v. f.

2681 Incendia seu Pyrgo polinices Tragœdia recens nata, nephanda quorundam Papistici Gregis exponens facinora, Thomâ Naogeorgo authore. *Wittebergæ*, 1541. in 8. m. r.

2682 Ignoramus. Comœdia coram Rege Jacobo

& totius Angliæ magnatibus per Academicos Cantabrigienfes habita. auctore Mro. Ruggle. *Londini*, 1659. in 12. m. r.

2683 Adraftus, Tragédie latine en cinq actes, avec un épilogue en vers françois, adreffé à Louis XIV. in 8. m. r.

MANUSCRIT fur papier du *XVII fiecle*, très bien écrit, contenant 68 feuillets.

2684 Le Triomphe de Jefus-Chrift, Comédie apocalyptique, traduite du latin de Jean Foxus, Anglois, en rithme françois, & augmentée d'un petit difcours de la maladie de la Meffe. par Jacq. Bienvenu. *Geneve, Bonnefoy*, 1562. in 4. v. m.

PIECE TRÈS RARE.

Voyez au fujet de cette Comédie la Bibliotheque du Théâtre François, Tom. III. pag. 236 & fuiv.

2685 Tragédie de Timothée Chreftien, lequel a a été brûlé iniquement par le commandement du Pape, pour ce qu'il foutenoit l'Evangile de Jefus-Chrift. traduit de latin en françois. *Lyon, Saugrain*, 1563. in 8. m. r.

CETTE PIECE EST TRÈS RARE.

2686 L'Hiftoire de Jofeph, extraite de la fainte Bible, & réduite en forme de Comédie, traduite du latin de Macropedius, par Antoine Tiron. *Anvers, Waesberghe*, 1564. === L'Hiftoire de l'Enfant prodigue, réduite en forme de

BELLES-LETTRES.   145

de comédie, traduite de latin en françois, par Antoine Tiron. *Anvers, Waesberghe,* 1564. in 8. v. f.

2687 La Tragédie de Jephtée, traduite du latin de George Buchanan, en vers françois, par Claude de Vesel. *Paris, Rob. Estienne,* 1566. in 8. m. r.

Poetes Macaroniques.

2688 Recueil de différentes Pieces imprimées en un corps de volume. in 8 goth. m. bleu.

Ce Volume contient :

1 *Macharronea contra macharroneam Bassani, ad spectabilem D. Balthasarem Lupum astin studentem papie.*
2 *Comedia de Lhomo et de soy cinque sentimenti.*
3 *Farsa de Zohan Zauatino et de Biatrix soa mogliere. et del Prete ascoso soto el grometto.*
4 *Farsa de Gina et de Reluc ha doe matrone repolite. quale voliano reprender le Zovene.*
5 *Farsa de la dona chi se credir havere una roba de veluto dal franzoso alogiato in casa soa.*
6 *Farsa de Nicolao Spranga Caligario el quale credendo hauer prestata la soa veste trouo per sententia che era donata.*
7 *Farsa de Peron et Cheyrina iugalli chi littigoreno per un petto.*
8 *Farsa del lanternero chi acconcio la lanterna et el sommeto de doe Done Vegie.*
9 *Farsa de Nicora et de Sibrina soa sposa chi fece el figliolo in cauo del meise.*
10 *Farsa del Bracho et del Milaneiso inamorato in Ast.*

Tome II.   T

11 *Farsa del Franzoso alogiato à lostaria del lombardo. a tre personagii......*

12 *Conseglo in favore de doe sorelle spose contra el fornaro de primello nominato Meyny.*

Sujet de la Piece :

Duabus sororibus nuptis duobus fratribus dum coquerent panem circa horam noctis. promittit fornarius tres cavalotos quos ex tunc exbursauit in terris sub domo furni dummodo faciant se supponi a maritis eo presente & vidente.

Evocatis maritis. quilibet eorum suam ascendit. at fornarius qui numquam credidisset hoc eventurum cœpit dicere eisdem quod forte fingebant sed non pro veritate coibant. una mulierum respondit, inspice. Fornarius assumpta lucerna inspexit alteros ex conjugibus quos vidit habere .... & dolens de promissione arreptis tribus cavalotis discessit. tandem conventus in judicio hac exceptione se turbatur scilicet q̃ licet alteri conjugum veritate coirent ut viderat. Nescit, tamen an alteri hoc facerent. Replicatur quod poterat videre et eos si voluisset. tandem ͡de causa. N. Jo. Georgius Alionus consultus. Respondit in scriptis ut infra sequitur. et ita judicatum fuit in loco p̃meli, comitatus coconati.

13 *Frotula de le donne.*

14 *Cantione doe per li frati de sancto augustino contra li disciplinati de Ast.*

15 *Uno Benedicite dominus & uno reficiat.*

16 Les Œuvres de l'Acteur en langue françoise. & premièrement. le recoeil que les citoyens d'Ast firent à leur Duc d'Orléans à sa joyeuse entrée quand il descendit en Italie pour l'entreprinse de Naples. auquel ils présenterent ung grant géant accompagné de quatre cent hommes sauvages,

BELLES-LETTRES. 147

tous armés de feuilles pour le servir à ladite entreprinse.

17. Le Voyage & Conqueste de Charles huitieme roy de france sur le royaume de Naples. & sa victoire de Fornouë.

Ce Volume, qui est très singulier & fort rare, a pû être imprimé vers 1496. Charles VIII. fit son entrée à Naples le 22 Février 1495 ; & la bataille de Fornouë s'est donnée le 6 Juillet de la même année. La premiere piece est en vers latins macaroniques ; les autres en vers lombards ou piedmontois ; dans quelques-unes des farces il y a des personnages qui parlent françois. La derniere piece est toute en françois.

Il manque dans ce Volume deux feuillets de la signature t. fol. IV. & V. qui contiennent la fin de la piece intitulée : *Conseglo in fauore de doe sorelle*. la piece entiere de *Frotula de le done*, & le commencement de celle intitulée : *Cantione doe per li frati de sancto augustino*.

2689 Macaronea. Merlini Cocai (Th. Folengo) Poetæ Mantuani Macaronices libri XVII *Venetiis, per Cæsarem Arrivabenum*, 1520. ⹀ Antonius Arena Soleriensis provincialis ad suos compagniones studiantes; qui sunt de persona friantes, Bassas Dansas in galanti stilo compositas &c. cum guerra romana, mandat. 1519. in 8. goth. v. f.

2690 Merlini Coccaii (Th. Folengo) Poetæ Mantuani Macaronicorum, totum in pristinam formam per me Magistrum Acquarium Lodolam optime redactum. *Tusculani, apud Lacum Benacensem. Alexander Paganinus*, 1521. in 12 fig. m. bl.

2691 Merlini Cocalii (Th. Folengo) Poemata. *Venetiis, Hæredes Pet. Ravani*, 1554. in 12 fig. m. bl.

2692 Histoire Maccaronique de Merlin Coccaie, Prototype de Rabelais : avec l'horrible bataille des mouches & des fourmis. (traduit du latin de Th. Folengo) en françois. *Paris*, 1734. 6 vol. in 12. m. r.

IMPRIMÉ SUR VÉLIN.
Il manque la seconde partie du tome premier.

2693 Antonius de Arena (de la Sable) provincialis de Bragardissima villa de Soleris ad suos compagnones studiantes, qui sunt de persona friantes bassas, dansas in galanti stilo bisognatas, cum guerra romana, mandat. in 8. goth. m. verd.

2694 Antonius de Arena, &c. *Paris, Jehan Bonfons*, in 8. goth. m. r.

2695 Antonius de Arena, &c. *Lyon, Claude Nourry dit le Prince*, 1529 in 8. m. r.

2696 Antonius Arena Provincialis de Bragadissima villa de Soleriis, ad suos compagnones studiantes, qui sunt de persona friantes bassas dansas in gallanti stilo bisognatas : & epistola ad fallotissimam garsam pro passando lo tempus alegramentum mandat. *Poitiers, Jacques Bouchet*, 1546, in 8. goth. v. f.

BELLES-LETTRES.

2697 Meygra entrepriza Catoliqui Imperatoris. quando de anno domini mille ccccc, xxxvi veniebat per provenſam bene coroſſatus impoſ-tam prendere franſam cum villis de Provenſa propter groſſas & menutas gentes rejohire per A. Arenam (de la Sable) baſtifauſata. Gallus regnat, Gallus regnavit, Gallus regnabit. *Avenione millo CCCCC XXXVII.* in 8. goth· m. r.

On voit ſur le frontiſpice une gravure en bois qui repréſente un Coq couronné, au milieu de trois fleurs de lis; d'un côté il y a:

Gallus cantat. de l'autre: *Gallus cantabat*
Gallus cantavit. *Gallus cantabit*

& au deſſous on voit la moitié de la figure de l'Aigle impériale; cette figure fait alluſion à la perte de la plus grande partie de l'Armée que Charles V. avoit amenée en Provence.

On lit à la ſuite ces quatre vers:

Tu quicũq; voles noſtrã truffare biſognam
Corrige folliſias groſſe maraude tuas
Et tibi ſi placeo franſam laudaſſe per orbem
Bon compagnonus et mon amicus eris.

Ce frontiſpice & les pieces préliminaires occupent 8 feuillets. Le texte commence ainſi:

Sotam entreprizam gentilhominis vtriuſque iuris lanſacánetor imperelatoris &c.

A la fin du Poeme on lit:

Scribatum eſtando cum galhardis payſanis per boſcos, mõtagnas, foreſtos de prouëſa de Anno mille ccccc xxxvi. quãdo imperayrus despagna et tota sua gẽder maria pro fauta de panibus per vignas roygabat rasinos et post veniebant fort bene acambram sine cresteris et candeletis dapoticaris in villa de aquis.

On trouve ensuite 13 feuillets, dont le premier est intitulé :

Sensuyuent les cités, villes et chateaulx grãdes & petites, habitées & non habitées, &c. lesquels l'Empereur vouloit prendre, &c.

Et au bas du dernier feuillet :

Finis. Imprime auinione millo ccccc xxxvii.

Cette Edition est l'originale, & fort rare. Ce petit Poeme est une Satyre très piquante contre l'Empereur Charles V.

2698 Meygra entrepriza Catoliqui Imperatoris, per Ant. Arenam (de la Sable.) *Avenione*, 1537 in 8. goth. m. r.

CETTE EDITION est absolument la même que la précédente, à l'exception de la moitié de la figure de l'Aigle Impériale qui ne s'y trouve pas. Il faut que cette figure ait été ajoutée ou retranchée pendant que l'Edition étoit sous presse.

2699 Guarini Capelli Sarsinatis Macharonea in Cabrinum Gagamagogæ regem composita, multum delectabilis ad legendum. *Arimini, per Hieronymum Soncinum*, 1526, *die XVI Decembris*, in 8. m. bl.

BELLES-LETTRES.

POÉSIE FRANÇOISE.

Cette Classe est une des plus completes & des plus intéressantes de la Bibliotheque de feu M. le Duc de la Valliere. Les premiers siecles sur-tout en sont précieux par la quantité de Manuscrits rares dont ils sont composés. Ces anciens monuments de notre Poésie qui disparoissent de jour en jour, & ne se rencontrent que très rarement, méritent qu'on les recherche, parcequ'ils renferment le berceau de notre langue, & qu'ils servent à l'histoire des mœurs & de la littérature du moyen âge.

Nous eussions desiré pouvoir lire d'un bout à l'autre ce nombre de MSS. pour offrir à nos Lecteurs quelques anecdotes littéraires, & une idée sommaire des sujets qu'ils renferment; mais outre que la lecture en est immense, la variété & la quantité d'objets que nous avons eus à traiter en un court espace de temps, nous ont mis dans l'impossibilité de satisfaire nos desirs. Néanmoins pour faire connoître le langage, la mesure des vers, & l'ordonnance des rimes, nous rapportons exactement le commencement & la fin de chaque piece, en observant l'orthographe, sans cependant nous assujettir aux abréviations que les caracteres de l'Imprimerie ne pourroient figurer. Par là nous mettons aussi les Bibliophiles & les hommes de lettres qui sont à la tête des grandes Bibliotheques, en état de voir s'ils possedent le même Ouvrage, & hors de danger d'en acquérir un double, quoiqu'on puisse assurer qu'il n'existe pas un MS. entièrement semblable à un autre.

Nous avons disposé les Ouvrages de nos Poetes par siecle & demi siecle, persuadés qu'on appercevra plus aisément les progrès de notre poésie de siecle en siecle, & sa marche lente vers le haut degré de perfection qu'elle a atteint depuis le regne de Louis XIV.

Toutes les fois qu'un Auteur a produit des Ouvrages à la fin d'un siecle & au commencement d'un autre, nous prévenons que nous n'avons pas rejetté chaque ouvrage dans le siecle où il a paru, mais que nous avons placé les derniers qui ont vu le jour à la suite des premiers, quoique ceux-là appartinssent à un autre siecle. Quelques-uns ont été disposés au hasard, parceque nous n'avons pu découvrir ni les noms de leurs Auteurs, ni précisément le temps où ils ont été composés.

Introduction à la Poésie Françoise.

2700. Discours sur l'origine des Fabliaux. — Extrait général des Fabliaux contenus dans un MS. de l'Abbaye de S. Germain-des-Près, coté 1830. — Extraits de Fabliaux de la Bibliotheque du Roi, N°. 7218. in fol. v. m.

MANUSCRIT sur papier très nettement écrit, contenant 307 feuillets. Ce MS. est fort curieux. Nous en ignorons l'Auteur. Il paroît avoir été composé en 1749.

Poetes François des XI, XII & XIII siecles.

2701 Recueil de Poesies des Troubadours. grand in fol. m. r. dentelles.

MANUSCRIT sur vélin du *XIV siecle*, d'une conservation parfaite. Il est écrit en *lettres de forme*, sur 2, 3, 4, 5 & 6 colonnes, & il contient 151 feuillets. Les *tourneures* en sont peintes en couleurs; il y en a un grand nombre qui sont historiées & rehaussées d'or. Les pieces liminaires consistent

BELLES-LELTRES.

fistent en 4 feuillets de table très inexacte des noms des Troubadours, avec les premiers vers de leurs pieces, & 4 feuillets qui contiennent un abrégé des vies de plusieurs d'entr'eux. On trouve ensuite toutes les pieces des Troubadours, dont la plupart des premieres Strophes sont notées sur une portée, tantôt de 4 lignes, tantôt de 5 lignes. Les notes sont celles du chant grégorien ou plain-chant.

Ce MS. qui vient de la Bibliotheque de Madame *d'Urfé* est le plus rare & le plus précieux de la Bibliotheque de feu M. *le Duc de la Valliere*. Non-seulement il est le seul connu en ce genre, dont l'acquisition ait été jamais offerte au Public, & qui soit encore en la possession d'un particulier (les autres étant dans des Bibliotheques fixes qui ne peuvent être dispersées); mais encore il offre un recueil des poésies des Troubadours, plus complet qu'aucun de ceux de la Bibliotheque du Roi, du Vatican, de Florence, &c.

Le temps & la place ne nous permettant pas d'entrer dans de longs détails sur les productions de ces anciens Poetes Provençaux; nous prions nos Lecteurs qui desirent d'en être suffisamment instruits, de lire: *Les Vies des plus célebres & anciens Poetes Provençaux*, par Nostradamus, l'*Istoria della Volgar-poesia da* Crescimbeni, le *Voyage Littéraire de Provence*, par le P. Papon, & sur-tout l'*Histoire Littéraire des Troubadours*, par Mr. de Ste. Palaye, rédigée par M. l'Abbé Millot.

Ils apprendront dans ce dernier Ouvrage quelle utilité on peut retirer des Poésies de ces Peres de la Littérature moderne, combien elles sont précieuses pour connoître les mœurs, & les usages des XI. XII. & XIII. siecles, & quelles lumieres elles jettent sur l'histoire, la vie privée des grands & des gens du peuple, sur l'état des lettres, &c. de ces différents siecles.

Voici le Catalogue alphabétique des noms des Trouba-

Tome II.   V

dours, avec le nombre des pieces qui composent notre précieux recueil. Nous conservons l'orthographe des noms, & nous remplissons les noms de baptême qu'on n'y voit qu'en abrégé.

A

Adzemar de Roca-Ficha, 1 Piece.
Aimeric de Belanuey, 12 P. avec sa vie.
Aimeric de Pegulhan, 37 P. avec sa vie.
Aimeric de Sarlat, 1 P.
Albertet, 4 P.
Alegret, 1 P.
Arnaut Daniel, 8 P. avec sa vie.
Arnaut de Brancalo, 1 P.
Arnaut Catalan, 1 P.
Arnaut de Marsan, 1 P. longue intitulée : *Ensenhamen*. (instruction).
Arnaut de Maruelh, 26 P. dont 5 fort longues, avec sa vie.
Arnaut P. Dagange, 1 P.

B

Berenger de Pararols, 11 P.
Bernart Arnaut de Montcuc, 1 P.
Bernart de Uentadorn, 35 P. avec sa vie.
Bernart de Venzac, 1 P.
Bernart Marti, 1 P.
Bertrant Carbonel de Marcelha, 16 P. & les Coblas triadas esparsas.
Bernart Arnaut Sabata, 1 P. suivie de 12 tensons.
Bertrant de Lamano, 2 P.
Bertrant del Born, 12 P. avec sa vie.
Bertrant de Paris de Roergue, 1 P.

C

Cadenet, 9 P.
Coms de Peitieus, 1 P.
Conteza de Dia, 1 P.

D

Daude de Pradas, 11 P.

E

Elias Bariol, ou de Bariol, 7 P.
Elias Cayrel, 10 P.
Elias Fonsalada, 2 P.
Episcopus de Claramens, De motas demantas, & 1 P. assez considérable.
Escudier de la Ylha, 1 P.

F

Fabre du Zest, 1 P.
Folquet de Lunel, 4 P. dont 1 assez considérable.
Folquet de Marcelha, 20

BELLES-LETTRES.

P. dont 1 considérable, & sa vie.
Folquet de Rotmans, 11 P.
Fraire Menor. Voy. Monge de Fossan.

G
G. de Solonhan, 1 P.
G. Augier, 4 P.
Gan, 1 P.
Gaubert de Puegsibot, 8 P. avec sa vie.
Gaucelm Faizit, 38 P. avec sa vie.
Giraut de Bornelh, 57 P. les 4 premieres suivies de 3 tensons. avec sa vie.
Giraut de Calanso, 10 P. dont 1 fort longue.
Giraut lo Ros (Leroux), 2 P.
Giraut Riquier, 66 P. dont 1 fort longue; elles sont datées depuis l'an 1256 jusqu'à l'an 1286.
Guauardan, 10 P.
Gui d'Uyssclh. 8 P. avec sa vie.
Guillielm Adzemar, 5 P. avec sa vie.
Guillielm de Balaun, 1 P. avec sa vie.
Guillielm de Berguedan, 7 P. dont 1 assez considérable.
Guillielm de Biartz, 1 P.
Guillielm de Cabestanh, 5 P. avec sa vie.
Guillielm de Sant-Leydier, 12 P. avec sa vie.
Guillielm Figuieyra, 8 P.
Guillielm Godi, 1 P.
Guillielm Magret, 4 P.

I
Jaufre (Geoffroy) Rudelh, 5 P.
Jo. Anguila, 1 P.
Izarn Marques (Marquis), 1 P.

M
Marcebru, 13 P. L'écrivain a mis en tête que ce fut le premier Troubadour: il se trompe.
Miraualh, ou Miraualis. V. Raimon de Miraual.
Monge (le Moine) de Foissan, 4 P.
Monge de Montaudo, 12 P. avec sa vie.
Montanhagol (Guill.) 7 P.

N
Na. Gormonda de Monpeslier, 1 P.
Namanieu de Sescas, 4 P. considérables dont une intitulée : Aiso es lessenhamen de la donzela que se niamanieu de sescas com apela dieu damours.
Nat. de Mons, 6 P. dont

plusieurs considérables.
Naudoy, 1 P.
Nesperdut, 1 P.
Nozils de Cadatz, 1 P.
Nuc (Hugues) Brunenc, 5 P. avec sa vie.
Nuc de la Bacalaria, 1 P.
Nuc de Murel, 1 P.
Nuc de Pena, 2 P.
Nuc de Sant-Sire, 1 oP.

O

Oliuier Darle, Coblas triadas esparsas.

P

P. Bast, 1 P.
P. Luzer, 1 P.
P. Ymbert, 1 P.
Peyre Bremon-Ricas-Nouas, 8 P.
Peire d'Aluernhe, 10 P. avec sa vie.
Peire de Bossinhac, 1 P.
Peire Cardinal, 58 P. dont plusieurs considérables. Après les 54 premieres suivent 27 tensons.
Peire (maistre) de Corbian, 2 P. dont 1 très considérable.
Peire de Mula, 2 P.
Peire del Uilar, 1 P.
Peire Duran, 5 P.
Peire Espanhol, 4 P.
Peire Remon de Tholoza, 5 P.

Peire Rotgier, 6 P. avec sa vie.
Peire Uidal de Tholoza, 47 P. dont 1 très considérable, avec sa vie.
Peirols, 25 P. avec sa vie.
Perdigo, 8 P. avec sa vie.
Pistoleta, 3 P.
Pos de Capduelh, 20 P. avec sa vie.
Pos Dortafam, 1 P.
Pos Sagardia, 2 P.

R

R. Dauinco, 1 P. Après elle suivent 16 tensons.
Raimon de Castelnou, 1 P.
Raimon de Durtfort, 1. P.
R. Rigaut, 1 P.
Raimbaudet, 1 P.
Raimon de la Sala, 1 P.
Raimon de Mirauals, 35 P. dont 1 considérable, avec sa vie.
Raimon Escriua (l'Écrivain) 1 P.
Raimon Gaucelm, 1 P.
Raimon Iorda Vescoms de Sant-Antoni, 3 P. avec sa vie.
Raimon Uidal de Bezaudun, 3 P. dont 1 considérable.
Raymbaut d'Aurenca (d'Orenge), 11 P.
Raymbaut de Uaquieiras, 17 P. dont 1 assez considé-

BELLES-LETTRES. 157

rable, avec sa vie. Après 2 de ses Pieces suivent 2 tensons anonymes.
Rey Nanso de Castella, 2 P.
Rigaut de Berbezils, 8 P.
Rozenac, 2 P.

S
Sauaric ou Seueri (de Malleon), 18 P. avec sa vie.
Sercalmon, 1 P.
Sordel, 6 P.

T
Templier (lo) en Oliuier, 1 P.
Tibaut de Blizon, 3 P.

Différentes Pieces qui portent ces Sommaires:

1. Las nouas del héretic.
2. Incipit prologus planctus beate marie.
3. Incipit liber beati augustini de passione cristi.
4. Beatus augustinus petit ab illo adiuuari.
5. Incipit oratio beati augustini episcopi ad beatam mariam ut sibi reuelet ueritatem passionis ihesus cristi.
6. Responsio beate marie.
7. Responsio beati augustini.
8. Responsio beate marie.
9. Quomodo cristus respexit mariam de cruce.
10. Conquiuit mater de morte.
11. Beata mater conquiuit de iudiis crucifigentibus cristum.
12. Conquiuit beata maria de morte interficiente cristum.
13. Beata maria queritur de felio quare nomen oritur cristo.
14. Quomodo comendauit cristus Joanem matri sue.
15. Quomodo comendauit cristus matrem suam johannem.
16. Quomodo stabat iuxta crucem beata maria & johannes.
17. Quomodo cristus dixit socio.
18. Quomodo terra tremuit in passione cristi.
19. Quomodo beata maria fleuit in morte cristi.
20. Quomodo petiit corpus ihesus.
21. Quomodo volebat beata mater tangere cristum mortuum in cruce.

BELLES-LETTRES.

22. Quomodo iosephus petiit corpus ihesus.
23. Quomodo beata maria rorabat et lacrimis mactabat cristum.
24. Piece qui porte ce titre en provençal : ces 7 allegresses (de la vierge) ont été dictées par Monseigneur Gui Folqueys et il accorda cent jours d'indulgence, quand il fut eveque à ceux qui les réciteroient.
25. Los vij sagramans.
26. Las vii bontatz.
27. Los vii peccats mortals.
28. Las vii vertutz.
29. Los x mandamens.
30. Aiso es la reuelatio que dieu se a sant paul et a sant miguel de las penas dels yserns.
31. Aiso son las naturas dalcus auzels e dalcunas bestias del pol. Ils sont au nombre de 43.
32. Quelques Pieces sans titres et ne finissant pas.

2702 Ci commence la geste de Alisandre. in fol. v. f. d. s. tr.

Très précieux Manuscrit sur vélin, dont le langage & l'écriture qui est en *lettres de forme*, sur 2 colonnes, sont du *XII siecle*. Il est orné de 318 miniatures de la plus grande singularité, & de figures dessinées au simple trait. Le Volume est composé de 87 feuillets. On voit peint sur les marges du premier six femmes jouant de divers instruments. Le 8e manque, & a été arraché malicieusement, parcequ'à en juger par la suite des vers, on y trouvoit le nom de l'Auteur de la premiere partie de ce Roman, qui commence par ces vers :

  Mult parest iceste siecle dolenz e perilleus
  Fors a icels qui seruent le hault rei glorius
  Qui por nus deliura le seon sanc precius.
Il finit ainsi :
  Li reis e li princes lur vies emperdirent
  Pur la mort alisandre kil a tort murdrirent
  Isci finist la romanz de tute cheualerie.

BELLES-LETTRES.

Le plus célebre Roman, & en même temps un des plus anciens Ouvrages en vers françois, est celui d'Alexandre le Grand. Il a joui dans tous les temps d'une réputation d'autant plus brillante, qu'il est l'Ouvrage de plusieurs Poetes fameux qui y ont successivement ajouté des branches; c'est-à-dire des continuations. Les premieres en ont été composées sur la fin du regne de *Louis le jeune*, ou au commencement de celui de *Philippe Auguste* son successeur. Entre plusieurs preuves qu'on en peut tirer pour leur fixer ces époques, il y en a deux qui paroissent les leur assurer.

1° Un des Auteurs de ce Roman vivoit sous le premier regne, ce qu'il témoigne lui-même à la fin de son *Histoire du Brut d'Angleterre*, quand il dit qu'il mit ce Roman en vers en l'année 1155.

2° Les douze Pairs qu'élit Alexandre ont rapport aux douze Pairs de France que, suivant tous les historiens, *Louis le jeune* assembla, & dont il établit les fonctions au sacre de son fils, qui se fit à Rheims en 1179. Enfin la description du couronnement d'Alexandre & de sa femme, où les douze Pairs sont en fonctions, paroît faite d'après le couronnement de *Philippe Auguste* & *d'Isabelle de Henaut*, célébré à Saint Denis en 1180.

Déterminer toutes les branches du Roman d'Alexandre, & en indiquer les différents Auteurs, c'est ce dont on ne peut venir à bout, même avec le secours de plusieurs MSS. & cela parce que les Copistes se sont permis d'y faire des changements considérables.

Les MSS. de cet Ouvrage que nous avons été à portée d'examiner nous ont fourni les noms de quelques Auteurs; mais aucuns ne nous ont indiqué exactement la partie qui leur appartient.

Notre MS. contient les anciennes branches du Roman d'Alexandre; c'est-à-dire, celles du XII siecle; mais il est différent de presque tous les MSS. en ce qu'il en renferme deux qu'on ne trouve pas ailleurs, & dont personne n'a encore parlé. L'une comprend l'enfance & les premieres armes d'Alexandre; l'autre, ses dernieres actions & sa mort. Ces branches sont remplacées ordinairement dans les MSS. par deux autres qui contiennent les mêmes circonstances différemment contées.

Voici les noms des Auteurs nommés dans notre MS. fol. 44. verso. 2 col.

La conclusion del liure alixandre et de mestre eustace qui transata leiure.

Ce Maistre Eustache est nommé dans un autre MS. du même Roman, en ces vers:

 Moult par fu grant la presce si com raconte *ystace*
 Des morz et des naurez qui gisent en la place.

Même fol. 44.

 D'un bon liure en latin fis cest traslatement...
 Qui mun non demande Thomas ai non de kent...

On n'a pas connoissance du livre latin d'où le Roman d'Alexandre est tiré. Ce n'est point celui de la vie d'Alexandre, attribué à *Callisthene*, ni l'Alexandriade de *Gaultier de Lille*, qui parut vers 1170.

Il y a des MSS. qui sont encore mention de deux Auteurs de ce Roman, savoir *Lambert le Court de Chateaudun*, & *Alexandre de Paris ou de Bernai*.

 La vérité de l'istoire si com li roys la fist
 Un clers de chastiaudun lambers li cors li mist
 Qui du latin la trait et en romant la fist...
 Alixandre nous dit que de bernay fu nez.
 Et de paris reçu ses sournoms appelles
 Qui or a les siens vers o les lambert melles

Il parut dans le XIII siecle deux branches du même Roman; l'une intitulée: *Le Testament d'Alexandre*; l'autre:

la

BELLES-LETTRES.

la Vengeance d'Alexandre ; c'est-à-dire, la vengeance que son fils *Allienor* tira de sa mort. On lit dans les vers suivants le nom de l'Auteur de la premiere branche :

 Largesce est enfermee sous une couuerture
 Auarice a les clez qui moult afiche et jure
 James nen iert ietee tele iert lenfermeture
 Perot de saint cloot troua en lescripture
 Que maues est li arbres dont le fruit ne meure.

Ce Perrot de Saint Cloot est le principal auteur du Roman du Renard.

La vengeance d'Alexandre commence ainsi :

 Seignors or fetes pes un petit vous tesies
 Oies bons vers nouuiax que li autres sont vies
 Onques par nul jongleour ne fu meillour contes
 Jehan li venelais fut moult bien afaities....

Fauchet le nomme *Nevelois* ; il paroît avoir mal lu, puisque nous le trouvons écrit *Venelais* dans deux MSS. différents.

2703 Ci commence li veu du paon, & tout li acomplissement & li mariage. — Ci commence le restor dou paon. in fol. m. r.

Manuscrit sur vélin du *XIV siecle*, contenant 183 feuillets. Il est écrit en *lettres de forme*, à longues lignes, & décoré de 5 miniatures.

Ce MS. renferme plusieurs branches du Roman d'Alexandre, composées dans le XIV siecle par différents Auteurs qui y reprennent la vie de ce Conquérant fameux, mort empoisonné dans le Roman du XII siecle, pour y ajouter des faits aussi fabuleux que ceux qui y sont déja rapportés.

La fin de la derniere branche du Roman dont il est ici

question ne laisse aucun doute sur la distinction qu'il y faut faire de 3 branches au moins. On y voit même trois Auteurs clairement désignés.

>Ci finent du paon li veu con i uoua
>Benoit soit qui de cuer pour celi proiera
>Qui la matere prist dalixandre et rima
>Et qui en la priere il la conpaignera
>Celui qui du paon lez veuz i aiousta
>Et especialment celui qui i enta
>Le rector du paon que cil entroublia
>A touz lez autres veuz emprist & compassa
>Et comment mercien elyot espoussa
>Com li roys le prist assist et acorda
>Et com amieniduz sa niece maria
>A ionc gadifer quant a lui sacorda
>Explicit du poon bien ait qui lez lira

Philippe de Maizieres, au Chapitre 52 de la troisieme partie de son *Songe du vieil Pélerin*, Ouvrage qu'il composa dans sa retraite pour l'instruction de *Charles VI*. Roi de France, caractérise ainsi un de ces trois Auteurs : *Comme les bourdes des veuz du paon qui nagaires furent composées par ung legier compaignon ditteur de chansons et de virelais qui estoit de la ville daraines.*

Nous ne saurions affirmer que cet Auteur soit un certain Brise-Barre, qui se nomme lui-même au commencement de la seconde branche, ou plutôt de la troisieme ; car il semble y en avoir quatre. Ce Brise-Barre vivoit en 1327. On en a la preuve dans un MS. du Roi, N° 7071, où on trouve un traité dont le titre porte : *Sensieut lescole de la foy que fist j. brisebare lan 1327.* Il y est suivi d'un autre du même, sans date, intitulé : *Chi apres sensuit le tresor nostre dame que fist le dit brisebare.*

BELLES-LETTRES. 163

I. Branche contenant 3845 vers.

    Apres qualixandre ot de sefur conquis
    Et a force despee ocist le duc melchis.

A la fin :

    Et de lez canaus qui moult lonneure et prisse
    Et de haute proesce li donne le mestrise.

II. Branche contenant 4420 vers ; elle paroît être du même Auteur que la précédente.

    Ce fu el mois de may qu iver va a declin
    Que cil oisillon gay cantent en lor latin

A la fin :

    Chascun ot bon cheual viste et remuant
    En la cite dephezon furent tout repairant.

III. Branche contenant 1385 vers.

    Seigneur prince et baron et dames et bourgois
    On dit en un prouerbe et si lacorde drois
    Cuiseuse est moult nuiseuse et ce dist li englois
    Que poi vaut sens repus ne auoirs enfouois
    Dont cis qui set le bien ne doit mie estre cois
    Et diex qui les biens donne et sans nombre et sans pois
    Ma donne par sa grasce engien cest biaus enuois
    De rimer les biaus fais des contes et des rois
    Or faut en alixandre encore uns moult biaus plois
    Mais ie qui nommez fui brisebarre a la fois
    Li weil metre et enter ains qui passe li mois...

A la fin :

    Aiment miex lor auoir a tout le renpnier
    Que la grasce des bons qui mout puet auancier

IV. Branche intitulée : *le restor du Paon*, contenant 2165 vers.

BELLES-LETTRES.

Quant porus li yndois et tout fi compaignon
Eurent par reuerence en grant deuotion....

Nous avons rapporté ci-dessus les derniers vers de cette branche.

2704 Les vœux du paon. — Le restor du paon. in 4. m. r.

MANUSCRIT sur vélin du *XIV fiecle*, contenant 172 feuillets écrits en *lettres de forme*, à longues lignes, & décorés de 6 miniatures.

Il manque dans cet Exemplaire la troisieme branche. Il y a dans les autres quelques vers de plus que dans celles du précédent, sur-tout dans la seconde branche qui finit par 26 vers que nous ne trouvons pas dans l'autre MS. Les deux derniers sont:

Tel prince ne nasquit ne iames nestra
Explicit du paon les veuz con y voua.

Ce MS. & le précédent devroient être rangés parmi les poésies du *XIV fiecle*; mais comme ils renferment des continuations du *Roman d'Alexandre*, nous les avons fait suivre ce dernier.

2705 Fabliaux & Contes des Poetes François des XII, XIII, XIV & XV fiecles, tirés des meilleurs Auteurs. Par M. Barbafan. *Paris, Vincent*, 1756. 3 vol. in 12. m. r.

2706 Le Roman de Floriemont. in fol. m. r.

MANUSCRIT sur vélin du *XIII fiecle*, contenant 78 feuillets écrits sur 2 colonnes.

Ce Roman en vers au nombre de plus de 13900, commence ainsi :

Cil qui a cuer de vasselage
Et uelt amer de fin corage

BELLES-LETTRES.

Si doit oir et efcouter
Ce que *aimes* uealt reconter
Affez i puet de bien entendre
Si de buen cuer uealt entendre.

Aimes ou *aimons de Varienes*, (Varennes) que quelques MSS. appellent, par erreur de Copiftes, *Aimes de Varentine*, Auteur de ce Roman, étoit de l'ancienne maifon de *V*arennes, qui avoit un Château de ce nom fitué en Lyonnois. *Du Verdier, Quadrio* & *M. Galand* l'ont cru de Châtillon, parcequ'il dit dans fon Prologue, qu'ayant apporté l'hiftoire de Florimont de la ville de Philippes, en France, il la mit de *latin en roumans*, à Châtillon.

Ce Roman eft compofé de deux branches. *Aimes* nous dit que la feconde, qui commence au 53ᵉ feuillet de notre MS. étoit depuis long-temps perdue, qu'il a eu le bonheur de la découvrir, & qu'il l'ajoute à la fuite de la premiere qu'il a trouvée en Grece; elle eft précédée d'un Prologue dans lequel il parle de l'obligation où il eft d'aimer fon Seigneur & fa *Mie*, & cela à caufe de fon nom d'*Aimes* qu'il fait dériver du latin *amo*. Il acheva fon Roman en 1189, fuivant les derniers vers de ce MS.

Quant aimes lenfift le romains
mil c quatrouint et vIIII ans
Auoit del encharnacion
A donc fu retrait por aymon
Cift romainz eft de floriemont
Qui fu flor de traftuit le mont
De la quel flor fi le fauit
Que romadanaple conquit
Dont alixandres fu engendrez
Que toz iors fera renomez.

Nous trouvons dans un autre MS. la date de 1180 :
M. et C et quatre vinz ans.

Un autre porte celle de 1128, & un troisieme qui est parmi les MSS. de Harlay, celle de 1224.

Sans assurer que cette derniere date soit la véritable, nous sommes portés à la préférer aux trois autres, parcequ'elle nous rapproche du temps où vivoit un *Aymon de Varennes*, le seul qu'on connoisse du nom d'*Aymon* dans les XII & XIII siecles; il florissoit en 1268. *Le Laboureur* dans *les Mazures de l'Isle Barbe, Tom. II. pag. 616*, rapporte que Milon de Vaux & le Chapitre de l'Eglise de Lyon lui inféoderent en cette année divers cens qu'ils avoient dans la paroisse de la Cenaz.

Quoi qu'il en soit de la diversité des quatre dates rapportées ci-dessus, il est très certain que le Roman de *Floriemont* est postérieur à celui d'*Alexandre*, quoiqu'il renferme l'histoire de son grand-pere. On en trouve la preuve dans le 106ᵉ vers & les suivants :

> Seignor ie sai assez de fi
> Que dalixandre auez oi
> Mais ne sauez encore pas
> Dont fu sa mere olimpias
> Del roi filipon ne sauez
> Qui fu son pere et dont fu nez....

2707 Recueil de Poesies. in 4. m. bleu.

MANUSCRIT sur vélin du *XIII siecle*, écrit sur 2 colonnes, & contenant 24 feuillets.

1° *La Bible Guyot*, (d'environ 3247 vers.)

> Du siecle pouant et orible
> Mestuet commencier vne bible.
> Por poindre et por argoilloner
> Et por grant exemple doner....

BELLES-LETTRES.

A la fin :

> De tes faintes armes auoir
> En boin defir et en boin voloir
> Norrift li biens et la bone oeure
> Dont deus fon cuer et fes oeus oevre.

Cette *Bible Guyot*, c'eft-à-dire *Livre de Guyot*, eft d'un nommé *Guyot de Provins*, qui la compofa vers la fin du XII fiecle. Elle renferme une Satyre fanglante ; mais fine & bien maniée, contre tous les Etats de la vie, & même contre la Cour de Rome. Nous en pourrions rapporter des endroits fort agréables ; mais nous nous bornons au paffage fuivant qui eft curieux, & qui prouve que dès le XII fiecle la Bouffole étoit inventée & en ufage.

> I arts font (les Marins) qui mentir ne puet
> Par la uertu de la manete (*)
> Vne pierre laide et brunete
> Ou li fers volentiers fe ioint
> Ont ; refgardent lor droit point
> Puez c'une aguile lont touchie
> Et en un feftu lont fichie
> En laugue la mette fens plus
> Et li feftui la tient defus
> Puis fe torne la pointe toute
> Contre leftoille...
> Quant li nuis eft tenebre et brune
> Con ne voit eftoile ne lune

(*) Manete, de *Magnes*, Aiman. Ce mot eft mal écrit dans tous les MSS. Celui dont s'eft fervi Faucher portoit *Marinette* ; Pafquier a lu dans le fien *Mariniere*; Barbafan, *Maniere*, & M. Legrand, *Marniere*. Ces différents auteurs ont rapporté le paffage fur la bouffole, mais ils ont ignoré la fignification du mot *manete*, fi diverfement copié par les fcribes.

> Lor font a laguile alumer
> Puiz ne puent il affarrer
> Contre leftoile uers la pointe
> Por ce font li marenier cointe
> De la droite uoie tenir
> Cest vns ars qui ne peut mentir.

2º *Les x Commandemens de Lefcolle* (de Dieu.) 96 vers.

> Des x comandemens lefcolle
> Vos dirai par pou de parolle

A la fin :

> A celui deu tent ton feruife
> Qui terre et meir & ciel iuftife.

3º *Les vij pechiez.* (280 vers.)

> Qui vuet (favoir) les vij pechiez
> Dont larme et li cors font chargiez.

A la fin :

> Proiez tuit la uirge marie
> Que nos moint en fa compaignie.

2708 La guerre des Albigeois, en vers Provençaux. in fol. m. viol.

MANUSCRIT infiniment précieux, rare & curieux. Il est du *XIV fiecle*, écrit en *lettres de forme*, à longues lignes, & il contient 120 feuillets, dont 13 font ornés de figures deffinées au fimple trait.

En voici les premiers vers :

> El nom del payre e del filh e del fant eperit
> Comenfa la canfos q' maeftre .w. fit
> Vf cleres q' en nauarra fo a tudela noirit
> Mot es fauis e pros fi cum leftoria dit

BELLES-LETTRES.

ꝑ clergues e ꝑ layes fo el forment grazit
ꝑ comtes ꝑ uefcomtes amatz eobezit
ꝑ la deſtructio q' el conofc e vit
En la gromancia q'l ac lonc temps legit
E conoc q'l paes er ars e deſtruzit
ꝑ la fola crezenſa qu'auian coſentit
E q' li ric borzes ſerian enpaubrezit
De lor grans manentias don eran eriquit
E q' li caualier ſen irian faizit
Caitiu en autras terras coſſiros emarrit
Albires e ſon cor car era ichernit
E de ſo q' uolia apert e amaruit
Q'el fezes un libre q' fos pel mon auzit
Q'n fos ſa ſauieza e ſon ſen eſpandit.
Adones ſe aq'ſt libre es el meteish leſcrit
Pos q' fo comenſatz entro q' fo fenit
Nomes en als ſa entenſa ne sh a penas dormit
Lo libres fo be faitz e de bos motz complit
E fil uoletz entendre li gran e li petit
Podon i mot apendre de ſen e de bel dit
Car aiſel q'le ſe n'al uentre tot farſit
Eſel q' nol conoish ni nol'a reſentit
Ja no ſo cuiaria.
Senhors eſta canſo es faita da tal guia
Com ſela dantiocha e ayſſis uerſiſia...
A la fin :
Mas la uerges maria lor enſira guirens
Q' ſegon la dreitura repren los falhimens
ꝑ que ſa ſanc benigna nos ſia eſpandens
Car ſent cernis los guida que non ſian temens
q' dieus e dreitz e forſa el coms iones e ſens
Lor defendra tholoza amen.

Finito libro francatat eſt qui eſcripſit queſto romanſie

Tome II. Y

Willielm, ou *Guillaume de Tudela*, Auteur de ce Roman qui comprend la guerre des Albigeois jusqu'au siege de Toulouse par *Louis*, fils de Philippe Auguste, en 1219, nous apprend au 103ᵉ vers & suivants, qu'il le commença en Mai 1210 à Montalba, (Montauban, ville de france dans le Quercy, bâtie en 1144 par Alphonse comte de Toulouse,) & il dit qu'il devroit en être bien payé, comme le font les Jongleurs que l'on comble de présents en Chevaux & en habits.

    Senhors oi mais ses forsan li uers de la chanso
    Q' son ben comseia lan de laincarnatio
    Del senhor ihu crist ses mot de mentizo
    C'avia. m. cc e x ans q' uenc en est mon
    E si fo lan e mai can florichol boicho
    Maestre .w. la fist a montalba on fo
    Certas si el agues aue'tura odo
    Co an mot fol iotglar cmot auol garso
    Ja nolh de gra falhir negus cortes psom
    Q' nolh dones caual o palafre breton . . . .

Ce Roman est si rare, qu'il paroît avoir été inconnu à tous les Historiens de Languedoc. Il consiste en environ 9550 vers.

2709 Chest li lusidaires. in 8. m. bleu.

    Beau Manuscrit sur vélin du *XIII siecle*, contenant 83 feuillets écrits en *lettres de forme*, à longues lignes. Il commence ainsi :

    Seignour oies cheste raison
    Que diex vous fache vrai pardon
    De vos pechies a icel iour
    Que toute riens iert en dolour . . . .

A la fin :

    Li vn en sont lie et ioiant
    Et li autre triste & dolant

BELLES-LETTRES.

Explicit
Chi defeuift li romans du lucidai re.

Cette piece fans nom d'Auteur, confiftant en 3639 vers, eft la traduction du 3e livre de l'Ouvrage latin intitulé : *Elucidarium*, qu'on a attribué à différents Auteurs; mais que *Dom Gerbon* a joint aux Œuvres de *S. Anfelme*, Evêque de Cantorbery, comme étant de ce Prélat.

2710 Vie & Miracles de la Vierge. in fol. m. viol.

TRÈS BEAU MANUSCRIT fur vélin du *XIII fiecle*, infiniment rare, & d'une confervation parfaite. Il eft écrit en *lettres de forme*, fur 2 colonnes. Les fommaires font en rouge, & les *tourneures* font peintes en or & en couleurs. Il contient 326 feuillets enrichis de miniatures & d'autres ornements. La plupart des vers font de 8 fyllabes; il y en a de 6. Ils riment deux à deux fans obferver l'alternative des rimes mafculines & féminines. On y trouve beaucoup de Chanfons notées à l'honneur de la Sainte Vierge.

L'Auteur des miracles & contes devots que ce MS. précieux renferme, eft un nommé *Gautier de Coinfi* ou de *Comfi*. Il fut Moine de S. Medard de Soiffons, enfuite Prieur de Vis-fur-Aifne, où il mourut en 1236. On dit que les miracles opérés à Soiffons par la Sainte vierge furent originairement écrits en latin dans le XII fiecle par *Hugues Farfi*, Moine de S. Jean des Vignes de Soiffons, que le Moines *Coinfi* ne fit que les traduire & mettre en rimes; mais qu'il y ajouta d'autres fujets devots fans miracles.

Ce MS., qui eft le plus complet que l'on connoiffer, enferme les pieces fuivantes :

1 Ci commence la généalogie noftre dame en roumans.
2 —————— la natiuite noftre dame.
3 —————— la natiuite jhucrift.

Y 2

4 ——— ——— la cainne nre feigneur.
5 ——— ——— li regres de la mere jhucrift
6 ——— ——— li prologues feur les myracles nre dame que gautiers prieus de ui moines de faint maart tranflata.
7 Ci commencent les rebriches de la premiere pattie dou liure.
8 Comment theophilus vint a penitance.
9 De faint phildefons archeuefque de tolete.
10 Del enfant a un giu qui fe creftienna.
11 De la taulete en coi lymage nre dame eftoit painte.
12 Dun preftre qui toz iorz chantoit falue fancta parens.
13 Dun clerc mort en cui bouche on trouua la flour.
14 Dou moine que noftre dame deliura dou dyable.
15 Dun clerc grief malade que noftre dame fenna.
16 Dune noble fame de rome.
17 Dou riche & de ueue fame.
18 De labeeffe que noftre dame deliura de grant angoiffe.
19 De lenfant qui mift lannel ou doit lymage
20 Dou jouuencel que li dyables raui mais il ne le pot tenir contre noftre dame.
21 D'un moigne en cui bouche on trouua v rofes nouueles.
22 Dou moine que noftre dame refufcita.
23 De celui qui fe tua par lamoneftement dou dyable.
24 Dune nonnain qui vaut pechier que noftre dame deliura.
25 Dou moine qui ne fcoit mie as ores noftre dame.
26 Dou cheualier a qui la volente fu contee pour fait.
27 De la nonnain a cui noftre dame abreia fes falus.
28 Dou larron pendu que noftre dame fouftint par iij jours.
29 Dou foucretain que noftre dame uifita.
30 De lymage noftre dame.
31 De deux fames que noftre dame conuerti
32 De lymage noftre dame qui fe deffendi dou quarrel.
33 Dun abe qui naioit en mer.
34 Dun evefque de clermont.

BELLES-LETTRES.

35 Dun escoumenie.
36 De lorrison nostre dame.
37 De cele meisme oroison.
38 Dun moine.
39 Dun chevalier.
40 Dun moinne qui fu ou flueue.
41 De la nonnain.
42 Comment S. leocade fu perdue.
43 Comment li dyable volt tuer le prieur gautier qui faisoit cest liure.
44 Ci commence li prologues en la seconde partie.
45 Des nonains de nostre dame de soissons.
46 De la chastee as nonains.
47 De saint basile.
48 Comment nostre dame deffendi la cite de constantinoble.
49 De lenfant refuscite qui chantoit gaude maria.
50 Comment li horsfeures fu renluminez.
51 Des marchans qui offrirent a nostre dame deniers & puis li tolrent.
52 Comment la fiertre fu boutee hors de l'eglise.
53 Comment li monstiers et toute la vile fu arse par un dragon.
54 De ij freres perron et estene.
55 Dun vilain.
56 Dou cierge qui descendi a v jougleour.
57 Les miracles nostre dame de soissons.
58 De gondree comment nostre dame li rendi son nez.
59 Comment nostre dame rendi 1 homme le piet.
60 Dune fame qui fu deliuree a loon dou feu.
61 Dune fame qui fu garie arras.
62 Comment nostre dame sauua 1 homme ou fons de laue
63 Dun clerc.
64 Dou prestre qui auoit ij fames.

65 De lymage de nostre dame de sardane.
66 De 1 moigne de chartouse.
67 Le myracle que deffendi les samedis nostre dame.
68 (Une spece d'Epilogue.)
69 De la misere domme et de fame et de la doutance qu'on doit auoir de morir. (& moralités en vers.)
70 Ci commence li prologues des salus nostre dame (par Hermans Prestre.)
71 Ci commencent li salu nostre dame.
72 Ci commence lasomptions nostre dame.
73 Ici commence li prologues sus lepistre saint iherome de la garde de virginite laquele il enuoia a eustochium la fille sainte Paule.

2711 Voyage d'enfer ou le Songe d'enfer. in 8. v. f.

MANUSCRIT sur vélin du *XIII siecle*, contenant 8 feuillets. L'écriture est en *lettres de forme*, à longues lignes; il renferme 375 vers.

  En songes doit fables auoir
  Se songes puet torner en uoir.

A la fin:

    auoc lor urines
  Burent tant quant il se nousirent
  A tant de tables se partirent.

On trouve le nom de l'auteur dans les vers suivants:

  Pilatres dist et baucibus
  Raol bien soiez uos uenus
  Li mengers e apareilliez.

Ce *Raol* est *Raoul de Houdanc*, qui vivoit sur la fin du XII siecle, & dont on connoît deux Romans en vers, l'un intitulé: *Meraugis de Porlesguez*, & l'autre : *le Roman des Aeles* ou *des Elles*.

BELLES-LETTRES.

Le Fabliau *du Songe d'Enfer* renferme une Satyre. *M. Legrand* en a donné un extrait en profe dans le Tom. II. de fes Contes des XII & XIII fiecles. Mais le MS. dont il s'eſt fervi étoit différent en beaucoup d'endroits du nôtre.

2712. Cheſt le liures de le voye de infer. in fol. v. f. d. f. tr.

MANUSCRIT fur vélin du *XV fiecle*, contenant 26 feuillets écrits en *ancienne bâtarde*, fur 2 colonnes.

> Dieus qui les bons gouuerne et garde
> Veulle tous chiaus prendre en fa garde
> Qui as mes dis efgarderont
> Et en leurs coeurs les garderont.

Le fonge de *Raoul de Houdanc* a fans doute fourni à l'Auteur de celui-ci, l'idée d'un pareil voyage en Enfer ; mais l'un a tourné fon fonge à la critique, & l'autre a cherché à corriger les hommes en leur préfentant leurs péchés perfonnifiés.

Nous ignorons en quel fiecle notre Fabliau a été compofé. S'il eſt du XIII fiecle il faut que le ſtyle en ait été rajeuni ; car il paroît du commencement du XV. Les vers font au nombre d'environ 4442.

2713 A. Recueil de Contes Devots. in 4. v. f. d. f. tr.

MANUSCRIT fur vélin du *XIII fiecle*, contenant 202 feuillets écrits en *lettres de forme*, fur 2 colonnes. Les fommaires en font en rouge.

Il contient :

1 Ceſt de la uie des peres et de aucuns autres exſamples.
 C'eſt une forte de Prologue.
2 Ceſt li uie de ij hermites freres.

3 Ci apres uient li miracles dou iuef qui ne pouoit chaftier 1 fil qu'il auoit de aler auec les enfanz creftiens et commant li fiz a dit iuef alai le ior de pafques comenier auec les enfanz creftiens et commant li peres le gefta en la fornaife et commant ihefucriz le gari.

4 Dun hermite qui fu fi tantez dune farrazine qu'il an ot g'pt deu et fa mere.

5 Dune dame qui voa chaté et puis prift 1 boriois par miracle de noftre dame.

6 Dum prodome et dun larron qui fe confefferent a 1 hermite qui lor donna effez grief penitance.

7 Dune fole fame qui ot a non thais qui fu hermite.

8 Dun prodome qni laifa les delices dou monde et fe randi hermites et ne fauoit autre oroifon dire mais que miferere mei deus.

9 Dun prodome lais de la terre degypte qui uoloit coper fon pie et dex le gari.

10 Dun roi de la terre degypte & dun fenefchal qui le ferui loiamant et dun iouenceal qui dota la mort.

11 De trois clers degypte de qui fu li vns fains felis qui fu moines de cyfteaux et gift a cyfteaux mas lon ne fet ou.

12 Dun emperaor et de fa famme que fes ferorges diffama tant que en effil la dame gita.

13 Dun hermite qui fe defpara et fu dampnez et dou larron qui p̃uoir dire fu tuez et fu fauuez.

14 De la fecretaine por cui noftre dame ferui ij ans et fu focretaine.

15 Dun clerc mort de cui iffoit 1 flor de la boiche et i auoit efcrit aue maria.

16 Dou deauble qui eftoit for la cuee de la robe a la dame que fainz jeromes uit et moftra.

17 Dun mauais fil qui caicha la char coite por fon pere.

18

BELLES-LETTRES.

18 Dun boriois de rome qui le ior de ſes noces miſt ſon anel ou doi a vne ydole de pierre.

19 Dun cheualier qui ne pouoit emplir vn berri daigue por ſa penitance faire.

20 Dune abbeaſſe cui noſtre dame deliure dun anfant.

21 Dun preſte qui fiſt fornicacion la uoile de natiuité et perdi le cors iheſu criſt a dues meſſes quant il fu confes a la meſſe gran.

22 Dun prodome et de ſa fole feme et de lor fille qui les viſt apres lor mort.

23 Dun hermite et dun mal duc.

24 Dun clerc qui ala au religion et moſtra a puple i deauble ſor i chaſteal.

25 Dun hermite qui plora ſus i ſarradin et le ſauua.

26 Dun larron clerc qui ſe raudi por ambler le treſſor de ſabaie.

27 De quatre reclus don li dui pecherent par anuie des autres doux et puis ſe repantirent et firent penitance et furent ſaux.

28 Dun roi et de ſa bele feme qui tua le feneſchal et ardi ſa coſine que noſtre dame par confeſſion garda dardoir et le nora.

29 Dun hermite a cui la fille dun boriois miſt ſus quale eſtoit anceinte de lui.

30 Dun hermite qui ardi ſon doi por vne famme qu'il ot abergie.

31 Dun hermite que la dame fiſt baignier an aigue froide.

32 De laueſque paulin qui ſe miſt an la chartre por deliure le fit dune famme uoue.

33 De vne recluſe que i moines angita.

34 Dun hermite qui tua ſon compere et iut a ſa commere.

35 Dun marcheant de chartroſſe conuer qui deliura i cheualier et ſon fil dun vſurier.

Tome II   Z

36 Dun vſurier qui ſe conuerti a bien par vn hermite.
37 Dune nonnain qui mangea le deauble en 1 chol.
38 Dun boios de rome qui chaſtia ſon fil.
39 Dune borioiſe de rome qui ot 1 anfant de ſon fil.
40 Des iues qui crucifierent i crucifi de feuſt et ſeigna par le coſtel.
41 Dun moine ſecretain et dun deauble.
42 De mellin qui anſoigna a uilain le treſor.

Après cette piece on lit ce qui ſuit :

> *Explicit li romanz des uies des peres*
> *Qui ſcripſit ſcripta manus eius ſit beñdicã*
> *Dirige ſcribentis ſpiritus alme mang*
> *Explicit iſte liber ſcriptor ſit crimĩe liber.*

43 Le liure calixte apoſtoile (II du nom) des miracles ſaint iaſques de galice (en proſe.)

2714 B. Recueil de Contes Devots & d'autres Poéſies. in 4. m. bl^a

MANUSCRIT ſur vélin *du XIII ſiecle*, contenant 224 feuillets écrits à longues lignes.

Il contient :

1 Le romans de ſapience.

> Romans de ſapience ceſt la paors de deu
> Qui fit et ciel et terre et fu au tens ebreu.

A la fin :

> Dame a toi vuil parler qui ai fait ce ſairmon
> Ie ai a nom *hernaut* noblier pas mon nem
> Je vous pri douce dame vous oiez ma raiſon
> Preſtes ſuis ordonez et tes ſers et tes hom
> Je ai fait ton conmant fine ai mon ſairmon
> Se riens i ai meſpris merci nous tam priom
> Des pechiez que iai faiz quier abſoluciom

A touz mes biensfaitors faites remiſſion
Et au iour de joice aient verai pardom
De la dextre ton filz aient beneicom
Et mon pere et ma mere iceux ni obliom
Que tuit aillions enſemble laiſus en ta maiſom
Cil qui liront de loi toe que fait auons
Cil qui ceſtui eſcrit et cil qui leſcriront
Cil qui lou feront lire et lire lou ſauront
Tuit ſoient habergie laiſus en ta maiſom
Amen ma douce dame ton liure finerom.

2 Romans commant li mort noſtre ſeignot fut vaingie de ceux qui lou crucifiairent.

 Or entendez treſtuit cheualier et ſergent
 Et li home et les fammes et li petit enfant.

A la fin :

 Or prions ce ſeignor de cui eſt cit eſcriz
 Qui nous doint paruenir laiſus en paradis
 Et nous et nos amis moint il a bone fim.

3 Romans de la uie des peres.
4 De lermite que la dame requit damors.
5 De la demiſelle qui ne vot encuſer ſom ami.
6 Dune famme qui vot geſir auec lermite a force.
7 Dun hermite que la dame fiſt baignier an aigue froide.
 Le titre de ce conte étant entièrement graté, nous l'avons emprunté du même conte qui ſe trouve dans le MS. N° 2713 A.
8 Dun hermite qui ſe fit mettre la hart ou col pour racheter j priſonnier.
9 Dun hermite qui enſeignoit ſa niece et li moines la deçut par ſa muſardie.
10 De lermite qui iut a ſa commere et tua ſom compere et fut yures.

11 De celui qui espousa j ymaige de pierre.
12 Li romans de confessiom.

   Se deux me vuet donner sa grace
   Proposemant ai que ie face
   Un tratier par com puet sauoir
   Commant prestres se doit auoir
   Qui confessiom viaut oir.

A la fin :

   O lui en la uie celestre
   Ou il nous face tretouz estre.

2715 C. Recueil de Contes Devots. in fol. m. r.

MANUSCRIT sur vélin du *XIII siecle*, très bien conservé. Il est écrit en *lettres de forme*, sur 2 colonnes, & il contient 169 feuillets.

1 Des ij ermites qui fesoient paniers.
2 De la file au boriois qui dit que li ermites lauoit angroisie.
3 De lermite qui ardi sa main a sa lanterne que la fole fame vost deceuoir.
4 De saint paulin qui raiamboit les chetis.
5 De la niece a lermite qui mist au folie.
6 De lermite qui tua son compere iut a sa conmere.
7 De celui qui deliura le fil au cheualier des mains a luserier.
8 De luserier qui se repanti et fu faus.
9 De la nonnain qui mania la fuelle dou chou sanz seignier.
10 Dou moine qui contrefit le deable trop let.
11 Dou iuetel qui fu ietez an la fornaise.
12 De lermite qui ama la sarrazine.
13 Dou boriois qui renia die por sa mie.

14 De celui qui osta les copiaus de son ble et les ieta an lautre.
15 Cest de tais qui se repanti que li ermites conuerti.
16 De celui qui touiorz disoit miserere tui deus.
17 Dou fil au boriois quicuidoit auoir asez amis.
18 De celui qui passa parmi la gueule au mause tout ardent.
19 Dou prouoire qui fit fornicacion le ior de noel.
20 De la borioise qui fu grose de son fil.
21 De merlin et dou paisant.
22 De celui qui ne pot estre mis an terre pour le put tans et sa fame i fu mise pour le bel.
23 Dou larron qui se tint de pechier le ior de la croiz aorée.
24 De la soucretaine qui lesa sabaie nostre dame i remist.
25 De celui qui touiorz disoit aue maria.
26 De saint girome qui vit le deable seur le secors à la dame.
27 Dou crucefi qui senia.
28 De lanperiz de rome qui fu chacie de rome pour son serorge.
29 Cest li salus que li prieus de vie seur esne (Gautier de Comsy) anuoia aus dames de nostre dame de soissons. Différent du N° 1710. 70.
30 De celui qui repot sa char pour son pere.
31 De celui qui espousa lymaige de pierre.
32 De celui qui lesa saumosne pour sa fame.
33 Dou fil au senechal que ses mestres blasma au roi.
34 Des iij coronnez felix, boniface, dieudonne.
35 De celui qui ampli le barril dune lerme.
36 De labeesse cui nostre dame deliura danfant.
37 De lermite qui copa sa laingue aus danz.
38 Dou raudu qui vit le deable seur les murs dou chastel.

39 Dou farrazin qui fe bauptifa par 1. lerme dun prudome.
40 De celui qui fe raudi pour rober fabaie.
41 Des iiij rauduz dont li coulons becha lor pain et li diu an orent anvie.
42 Dou fenechal qui fit iefir fa fame auec le roi.

2716 D. Recueil de Contes Devots. in 4. m. r.

Manuscrit fur vélin de la fin du *XIV fiecle*, contenant 283 feuillets écrits, & 88 en blanc. Il eft écrit en *lettres de forme*, à longues lignes, & enrichi de miniatures & d'ornements tres grotefques. Les fommaires en font en rouge, & la plupart des *tourneures* en font peintes en or & en couleurs.

1 Plufeurs exemples eftrais de la vie des peres.
2 Des deux compaignons recluz qui tant fe entramerent de bonne amour.
3 Du juif qui jetta fon filz en vn four chault pour ce quil auoit efté commenié.
4 De la fille au bourgoiz qui mift fuz a lermite qui lauoit enceinte.
5 Du preudomme qui leffa a faire fon aumofne pour lamoneftement de fa fame.
6 De lermite qui ardy fon doy pour ce quil ne uouloit pas pecher.
7 Du preftre qui pecha en fornication la vegille de noel et celebra en fon pechie.
8 De lermite qui demanda fon per a noftre feigneur.
9 De lermite qui voult efpoufer la faradine.
10 De lymage noftre dame qui enclina au bourgoys.
11 Dun bon proudomme lequel fift confcience de getter lez coipcaulz dedans le ble de fon voifin.
12 Des juifs dantioche qui batirent le crucifix dont le fanc failli par les piez par les mains et par la tefte.

BELLES-LETTRES.

13 Dune pechereffe appelle tays qui fe repentit de fon pechie et fe mift en reclufage par le confeil dun bon hermite.
14 De faint jerome qui vit le deable fur la queue de la cote de la bourgoife.
15 Dun bon hermite qui ne fauoit autrement dire que mifere tui deus.
16 Cy racompte dun bourgoiz de romme qui chaftia fon filz dez follez compaigniez dont il cuidoit faire bons amis.
17 De lorrible tefte qui vint au deuant dun faint hermite quant il aloit au monftier.
18 Du deable qui accufa la bourgoyfe de romme laquelle fuft enchainte de fon filz.
19 Du chreftien qui efpoufa lidole.
20 Dez ij villains armés qui aloient chafcun au boys.
21 De lemperilz de romme qui fu condampnee a tort.
22 De lermite qui fe defpera pour le fauuement du larron.
23 De la bourgoife qui fu dampnee et fa fille menee pour veoir lez tourmens de fa mere et lez ioies de fon pere.
24 De labeffe qui fuft accufe de fes nonnains pour ce quelle eftoit enchainte.
25 Dun duc nomme malaquin lequel fe conuerti par le fait dun hermite.
26 Dun filz dun bourgoys ufurier lequel conuerti ceulz de la cite où il fuft nes pour ce quil auoit veu lez auenus denfer fur les portes de la cite en la prefence de fon pere.
27 Dun faint proudomme qui fauua le farradin par lez lermes quil ploura.
28 Dun clerc de maluefe vie lequel fe rendy moingne pour rober fon abbaye et depuiz demoura bon religieux.
29 De iiij reclus ij vielz et ij ioennes dont lez ij vielz eurent envie fur les ij joennes.
30 Dun roy lequel efpoufa la fille de fon chaftellain.
31 De monfeignour S. hildelfons a qui noftre dame faparuft.

32 Dun cleir a qui noſtre dame ſaparuſt.

33 De ij freres de la cite de romme.

34. Dun hermite qui obeiſt a lanemi par crainte (en proſe.)

35 Dun clerc que la mere dieu fiſt deſterrer dez champs pour mettre en lieu ſaint.

36 Dun cheuallier a qui-lermite donna en penitance demplir i barillet de ces lermez et en la fin il lempli dune ſeule lerme (en proſe.)

37 Dun riche varlet auquel le crapot ſailli en la bouche pour ce quil auoit muchiee la viande a ſon pere (en proſe.)

Les quatre recueils de Fabliaux & Contes devots que nous venons de détailler, en obſervant l'orthographe des titres, ſont infiniment rares. Il paroît par pluſieurs endroits de ces Contes, qu'un Moine en eſt l'Auteur, & que, à en juger par le ſtyle, ce qui cependant n'eſt pas toujours un guide ſûr pour fixer le ſiecle de la compoſition d'un Ouvrage, ils ont vu le jour au plutôt dans le XIII ſiecle. Le Poete leur a donné le titre de *vies des Peres*, ſans doute parcequ'ils contiennent les Hiſtoires des Hermites, & qu'ils ont été recueillis des anciennes Vies des Peres des Deſerts.

Ces monuments très peu connus de notre ancienne Poéſie ne ſont pas ſans mérite; on y trouve beaucoup d'imagination, une narration ſimple & naïve, & des vers très harmonieux. M. le Grand dans ſon recueil de Fabliaux a mis quelques-uns de ces Contes de rime en proſe.

Nos quatre MSS. renferment, à l'exception du n° 2714 B. preſque tous les mêmes contes; mais avec des changements ſouvent très conſidérables. Comme il eſt impoſſible de diſtinguer, d'après les titres rapportés ci-deſſus, quel Conte eſt le même dans chaque MS. vu le peu de reſſemblance de quatre titres d'un même Conte, nous avons fait le travail de les parcourir tous, & de reconnoître ceux qui ne ſont différents

BELLES-LETTRES.

différents que par le titre. Voici l'état que nous en avons fait: la lettre désigne le MS. & le chiffre indique le rang que le Conte y tient.

A 1. B 3. D 1. Il y a des différences dans chaque.
A 2. C 1. D 2.
A 3. C 11. D 3.
A 4. C 12. D 9.
A 5. C 13. D 10.
A 6. C 14. D 11.
A 7. C 15. D 13.
A 8. C 16. D 15.
A 9. C 32. D 5.
A 10. C 33.
A 11. C 34.
A 12. C 28 très différent. D 21.
A 13. C 23. D 22.
A 14. C 24.
A 15. C 25.
A 16. C 26. D 14.
A 17. C 30. D 37.
A 18. B 11. C 31. D 19.
A 19. C 35. D 36.
A 20. C 36. D 24.
A 21. C 19. D 7.
A 22. C 22. D 23.
A 23. C 37. D 25.
A 24. C 38. D 26.
A 25. C 39. D 27.
A 26. C 40. D 28.
A 27. C 41. D 29.
A 28. C 42. D 30.
A 29. B 5. C 2. D 4.
A 30. B 6. C 3. D 6.
A 31. B 7. D 8.
A 32. C 4.
A 33. B 9. C 5.
A 34. B 10. C 6.
A 35. C 7.
A 36. C 8.
A 37. C 9.
A 38. D 16.
A 39. C 20. D 18.
A 40. D 12.
A 41. C 27.
A 42. C 10. D 20.

2717 Le Roman du Renard. in fol. m. r.

MANUSCRIT sur vélin du *XIV siecle*, contenant 167 feuillets. Il est écrit en *lettres de forme*, sur 2 colonnes, & enrichi de 15 miniatures. Les sommaires en sont en rouge.

Ce MS. est un recueil de Contes en vers, non satyriques, comme quelques Auteurs en ont été persuadés; mais faits à plaisir par plusieurs Auteurs du *XIII siecle*, & contenant les tours & les ruses qui se débitoient dans ce temps-là sur le Renard. Ces Contes y sont appellés: *Branches du Renard*. Ils ont tous été achevés au plutôt dans le *XIII siecle*, ce que

Tome II. A a

prouvent, 1° des MSS. que nous en avons vus, dont l'écriture est inconteftablement de ce fiecle. 2° Différents paffages trop longs pour être cités, lefquels ont trait aux ufages & à quelques perfonnes d'alors. 3° Le Roman fatyrique du Renard, compofé en vers en 1290, par *Jacquemart Gielée*, de Lille en Flandres, & que cet Auteur intitula : *le nouveau Renard*, afin qu'il ne fût pas confondu avec celui qui exiftoit déjà.

Ainfi ceux qui ont dit que ce Roman fut achevé en 1339, ne l'avoient pas bien examiné, & s'en étoient trop légèrement rapportés à une foufcription en vers qu'on trouve à la fin de notre MS. d'où ils ont tiré cette date. Cette foufcription eft de la façon de l'Ecrivain, & non d'un des Auteurs de ce Roman. La voici :

  Lan mil ccc et trente nuef
  Fu ce liure acompli tout neuf
  Defcripture ou il ot grant paine
  Tout droit deuant la magdalaine
  Le uendredi ci comme dift
  Li efcriuains qui tout lefcripft
  Liez fu quant fift la fin du liure
  Car lors fu de paine deliure.

Nous ne connoiffons pas de MSS. qui renferment généralement toutes les branches du Renard. Celui-ci eft un de ceux que nous avons examinés qui en réunit davantage; il a en outre le mérite d'être plus lifiblement écrit que de plus anciens, & d'avoir le langage un peu rajeuni.

Comme on rencontre beaucoup de difficulté dans la collation des MSS. de ce Roman, & que d'ailleurs on ignore combien il en exifte de branches, nous penfons qu'il ne fera pas inutile de rapporter les fommaires & les premiers vers de celles qui font contenues dans notre MS. Ils pourront même servir dans la suite à fixer le nombre des branches, & à collationner d'autres MSS.

Il est bon de prévenir que les Sommaires varient très souvent, & qu'ils n'annoncent qu'une partie des ruses du Renard, contées dans chaque branche.

 1. *Perrot* qui son enging essart
  Mit en vers faire de renart
  Et de ysengrin son chier compere
  Laissa le miex de sa matiere
  Car il entroublia le plait
  Et le iugement qui su fait
  En la court noble le lyon

Quoique cette branche soit la premiere dans tous les MSS. ces vers témoignent qu'elle n'est pas la premiere qui ait été composée ; elle est la plus considérable de toutes, & elle contient le Procès que Renard a à soutenir en Cour contre Ysengrin, qu'il a fait cocu. D'autres MSS. appellent l'Auteur *Perrins*.

 2. Si comme renart emporte j coc que il a pris en i parc auec pluseurs gelines et vne fame et vilains le chacoient a chien et a bastons et le coc sen eschapa par barat (ruse).

  Seigneurs oi auez maint conte
  Que maint iuglierie vous raconte.

Cette branche dans quelques MSS. est partagée en deux, alors la seconde commence au 137e vers avant la fin.

 3. Tybert le chat dont ie ai dit
  Doute renart assez petit

 4. Si comme R. est dessouz vn fou ou il auoit j corbel qui mengoit i fourmage et R. fist tant que il li chai a terre.

  Entre ij mons en vne plaigne
  Tout droit au pie dune montaigne

5. Si comme R. fift le mort emi la voie pour deceuoir char‑
retiers qui portoient harens fres et afguiles dont il emporta
grant quantité.

  Seigneurs ce fu en ce termine
  Que li douz temps defté decline

6 Si comme li lyons tient fefte et i auoit plufeurs beftes qui
mengoient et faifoient ioie et fi comme le teffon yfengrin
amaine R.

  Meffire noble le lyons
  O foi auoit touz fes barons.

La fin de cette branche extrêmement libre manque dans plufieurs MSS.

7. Si comme R. et yfengrin font chafcun en i feel dedenz vn
puis R. amontant et Y. aualant.

  Or me conuient tel chofe dire
  Dont ie vous puife faire rire

Cette branche eft quelquefois coupée au vers 476.

  Sachiez il li ferai domage

Tous les autres depuis le fuivant

  I iour iffi hors de fa lande

jufqu'au dernier :

  Quen malpertuis lont embatu

font alors partie de la quatrieme branche.

8 Si comme R. ua apres i tropel de gelines et par illec paffoit
i abbe qui menoit garcons qui menoient chiens fi li firent
perdre fa proie.

  Oiez vne nouuel eftoire
  Con doit bien auoir en memore
  Lonc temps a efte adiree

Mais or la i maiſtre trouuee
Qui la tranſlatee en roumanz
Oiez comme iel vous commanz

A la fin :
Ce nous diſt *Richart de Liſon*
Qui commencie a ceſte fable
Pour donner a ſon conneſtable
Et vous diſt ſe il a meſpris
Jl nen doit ia eſtre repris
Se il i a de ſon langage
Que folx nais il ni ert ia ſages
Jl ne weult guerpir ſa mature
Que diex noſtre ſire na cure
Touz iours ſiet la pomme i pommier
Ne vous voeil auant rimoier.

Le quatrieme vers de cette fin eſt différent dans un autre MS. *Richard de Liſon* s'y dit Normand : *il eſt normenz s'il a meſpris*. Cette branche paroît avoir été compoſée du temps de *Huon*, Doyen de Rouen, & de l'*Archevêque Gautier de Couſtences*, qui y ſont nommés. Celui-ci eſt mort en 1207. Nous ne trouvons point de Doyen nommé *Huon* du temps de l'*Archevêque Gautier*. On en voit un de ce nom en 1245, & un autre en 1246.

9. Si comme R. eſt dedenz i geliniere et pluſeurs moines le batent de baſtons.

Foulx eſt qui croit ſa fole penſe
Moult remaint de ce que fol penſe

10. Si comme R. ſe confeſſe a i hermite deuant qui il eſt agenouillé et apres ſi comme il ſacheminerent a aler a romme lui et belin le mouton et bernart laſne.

Jadiz eſtoit R. en pais
En malpertuis en ſon palais.

11. Si comme j vilain maine vne charrue a viij bues et j
ours deuant lui qui en veult auoir j et dautre part le vilain
qui demande conseil a R. comme il sen cheuira.

>   Uns prestres de la croix en brie
>   Qui dame dieu doint bonne vie
>   Et ce que plus li atalente
>   A mis son estude et sentente
>   A faire vne nouuele branche
>   De Renart....

On parle dans cette piece d'un Comte Thibaut, proba‑
blement *Thibaut le Grand*, Comte de Champagne, & d'un
Constans des Noes, renommé pour ses richesses. Il est encore
question de lui dans la Branche 2.

12. Si comme thibert le chat est en vne huche et hume
plain pot de lait et R. le soustient le couuercle de la
huche.

>   Ce fu en mai au temps nouel
>   Que li temps est serin et bel

13. Si comme R. ist dun Bois et entre en vn chastel par vn
pont tourneis et pluseurs gens a cheual alans apres qui le
chacoient.

>   Une estoire voeil commencier
>   Qui durement fait a prisier

14. Vn cheualier qui chace R. et il entra en vn chastel.

>   Se or vous voulies taisir.
>   Seigneur ia pourries oir

15. Si comme R. lie ysengrin dune corde par les iiii pies
dessous i arbre ou il sestoit endormi.

>   Ce fu en la douce saison
>   Que cler chantent li oisillon

BELLES-LETTRES.

16 Si comme j vilain a pris R. en j toiffeul et le prent par le pie R. le mordi fi fort que le vilaint paillart li crie merci.

>*Perres* qui de *s. cloft* fu nez
>Seft tant trauailliez et penez
>Par priere de fes amis
>Que il uous a en rime mis
>Vne rifée et i gabet
>De Renart....

A la fin:

>Si uait R. a fon repaire
>Et yfengrin fon chier compere
>Sen eft ales a fon manoir
>Ici fait *pierres* remanoir
>Le conte ou fe uoult traueillier
>Et laiffe R. confeillier

Pierres de *S. Cloft*, & *Perrot* Auteur de la premiere branche, font différents noms du même Poete, qui a encore compofé une branche du Roman d'Alexandre, qu'il a intitulée: *le Teftament d'Alexandre*.

17 Si comme R. arrache a J moine blanc la c.... car il auoit feru dun bafton a' liffue dun parc ou il auoit gelines et chapons que R. auoit eftrangles.

>Ou mois de mai queftez commence
>Que li arbre cuillent femence

Le Roman du Renard en vers François a été traduit en plufieurs langues dès le XV fiecle. *Henri d'Aickmar*, Maître d'Ecole, le mit en vers Bas-Saxons vers 1470, & en tira des moralités pour l'inftruction de la jeuneffe. *Gerard Leeu* l'imprima en profe Flamande à Goude en 1479. *Caxton* le traduifit de Hollandois en Anglois, & le mit fous preffe dans l'Abbaye de Westminster en 1481. Il en parut une traduction Allemande à Lubec en 1498, & à Francfort sur le Mein en 1567; une autre en vers latins faite par *Hartman Schopper*; enfin on le mit au jour en prose françoise en 1566, & de rechef en 1739, sous le titre de : *Renard, ou le Procez des Bestes*. Toutes ces traductions ne sont ni fidelles ni completes. Dans presque toutes on a omis les Tours du Renard qui blessoient la pudeur, & on n'en a choisi que ceux dont on pouvoit tirer des moralités, qu'on a placées à la fin de chaque Chapitre.

2718 Le Roman du Renard. in fol. m. r.

MANUSCRIT sur vélin du *XIV siecle*, contenant 157 feuillets. Il est écrit en *lettres de forme*, sur 2 colonnes, & orné de beaucoup de miniatures.

Ce MS. est différent du précédent ; les branches qu'il contient sont disposées dans un autre ordre, & ne sont pas si nombreuses ; elles n'ont pas de sommaires ; on y voit beaucoup de vers changés, ajoutés & supprimés, & on y remarque souvent du changement dans le langage. Rarement trouve-t-on dans les XII. XIII. & XIV. siecles deux MSS. d'un même Ouvrage qui se ressemblent. Non-seulement les Copistes se permettoient d'y faire des changements ; mais encore ils substituoient le Patois de leurs Provinces au style de celui qu'ils copioient.

Voici l'ordre des branches de ce MS. correspondantes à celles du MS. précédent.

1. 9. 10. 7. 8. 2. 6. 11. 12. 13. 14. 15. 16. La branche 8 n'est pas si complete que dans l'autre MS. Il y manque la fin, où se trouve le nom de l'Auteur.

La branche 15 ne finit point, & la 16 manque presque entièrement, à la réserve des 46 derniers vers. Cette imperfection

BELLES-LETTRES. 193

fection vient de ce qu'on a enlevé plusieurs feuillets. Voici la fin de cette derniere branche :

  Chi fait perrins remanoit
  Le liure de R. pour uoir
  Duquel seft uolus trauillier
  Yfengrin laift a confillier
  Se par ce meschiet yfengrin
  Li blames en ert fus perrin
  Chi faut li romans de renart
  Bien li chiet cui fa fraude nart.

2719 Recueil de Chanfons. in fol. m. r.

MANUSCRIT fur vélin du *XIII fiecle*, très précieux, & d'une confervation parfaite. Il eft écrit en *lettres-de forme*, fur 2 colonnes, & enrichi de lettres *tourneures* peintes en or & en couleurs. Il contient 155 feuillets.

Ce MS. renferme les pieces fuivantes :

I. Les Chanfons de Thibaut IV. Comte de Champagne & Roi de Navarre.

Elles font fans nom d'Auteur; mais avec le fecours de la Table des Chanfons attribuées à ce Prince, que M. *de la Borde* a fait imprimer dans le Tom. II. de fon effai fur la Mufique, il nous a été facile d'en reconnoître 60. Il eft rare d'en voir autant de réunies dans un feul MS. car M. *Levêque de la Ravalliere*, qui a publié en 2 vol. in 12. les Chanfons de Thibaut & *M. de la Borde*, qui en a donné la Table d'après plus de 6 MSS. différents, n'en ont connu que quelques-unes de plus. Le premier Auteur eft entré dans de longs détails fur la Vie, les Amours & les Poéfies du Roi de Navarre, qui vit le jour en 1201, & qui mourut en 1253 ou 1254. Il s'eft efforcé de prouver que ce Prince n'a jamais brûlé d'amour pour la Reine *Blanche*, mere de *St. Louis*, & que fes Chanfons où il l'exhale, ne s'adreffent point à cette

Tome II.   B b

Reine; mais malgré tout ce qu'il en a dit, il est très constant qu'elle fut toujours l'objet de sa passion.

Les Chansons de Thibaut, connues jusqu'à ce jour, sont au nombre de 68, dont deux douteuses. Nous donnons ici le premier vers de celles qui manquent dans ce MS. & qu'il faut avoir pour en compléter la collection connue.

>   Bauduin, ils sont dui amant
>   Dame damours
>   En mai, la rousée que nest la flor
>   Pour conforter ma pesance
>   Puisqu'il mestuet de ma dolor (douteuse)
>   Savez pourquoi amors a non amours
>   Tres haute amors, ki tant s'est abaissée (douteuse)
>   Une chose bauduin vous demande

II. 238 Chansons faites dans le XIII siecle, sans noms d'Auteurs.

De cette quantité de Chansons, M. de la Borde n'en a mentionné que 167. Les 71 autres ne se trouvoient pas dans les 6 MSS. dont il a fait usage, desorte qu'il nous est de toute impossibilité d'en désigner les différents Auteurs. A l'égard de celles dont il a eu connoissance, nous en allons rapporter les noms des Auteurs & le nombre, en observant l'ordre de sa Table.

Les premieres strophes de ces Chansons, ainsi que de celles du Roi Navarre, sont notées en musique; la portée sur laquelle les notes sont posées est tantôt de 4, tantôt de 5 lignes.

1 *Gace Bulés*, Contemporain de Thibaut, Comte de Champagne, dont on prétend qu'il étoit ami.

46 Chansons, savoir: 1, 3, 5, 6, 8, 9, 10, 11, 15, 17, 18, 19, 20, 23, 25, 26, 29, 31, 33, 34, 36, 37, 38, 43, 44, 45, 46, 50, 51, 52, 53, 54,

BELLES-LETTRES.

57, 58, 61, 62, 63, 64, 68, 69, 71, 73, 74, 77, 78, 79.

2 *Arnould li Viéleux*, Poete du Gatinois, du XIII siecle.
 1 Chanson. 3.

3 *Gillebert de Berneville* étoit au service de Henri III. Duc de Brabant. Ce Prince lui a adressé une Chanson.
 7 Chansons. 3, 4, 6, 11, 14, 28, 31.

4 *Richard de Semilli* vivoit sous S. Louis.
 7 Chansons. 2, 4, 8, 9, 10, 11, 14.

5 *Mathieu* Vidame de Chartres, du temps de Thibaut, Comte de Champagne.
 4 Chansons. 2, 6, 7, 8.

6 *Monseign. Thibaut de Blazon*, Gentilhomme attaché à Thibaut, Roi de Navarre.
 5 Chansons. 1, 2, 4, 5, 6.

7 *Thierry de Soissons* vivoit sous S. Louis.
 4 Chansons. 1, 2, 3, 4.

8 *Martin le Beguins de Cambray*.
 1 Chanson 3.

9 *Jacques de Chison* ou *Kison* florissoit vers 1250.
 2 Chansons. 1, 8.

10 *Gautier d'Espinais* ou *Espinois*.
 1 Chanson. 3.

11 *Guillaume de Bethune*.
 1 Chanson. 1.

12 *Le Chatelain de Coucy*, célebre par ses amours pour la Dame de Fayel. M. de la Borde a donné des détails curieux & intéressants sur ce Seigneur, dans une dissertation particuliere.
 18 Chansons. 1, 2, 3, 4, 6, 7, 9, 10, 11, 12, 13, 14, 15, 16, 17, 20, 22, 23.

13 *Jean Moniot d'Arras* vivoit sous S. Louis.
 6 Chansons. 4, 5, 8, 10, 12, 14.

BELLES-LETTRES.

14 *Eustache le Peintre*, *de Rheims*, mort vers le milieu du XIII siecle.

7 Chansons. 1, 2, 3, 4, 5, 6, 7.

15 *Henri III. Duc de Brabant*, mort en 1260. Son fils Jean I. a fait aussi des Chansons; mais en Allemand.

1 Chanson. 3.

16 *Charles d'Anjou*, *frere* de S. Louis, mort en 1285, vieux style.

1 Chanson. 2.

17 *Perrin d'Angecourt*; il a adressé plusieurs de ses Chansons à Charles d'Anjou, frere de S. Louis.

23 Chansons. 1, 2, 3, 4, 5, 6, 7, 8, 9, 10, 12, 13, 14, 15, 16, 17, 18, 20, 22, 23, 24, 25, 26.

18 *Blondeau ou Blondel*, *de Neele*. Nous avons lu dans une Chronique d'Angleterre, composée en 1455, que ce Chansonnier découvrit la prison de Richard I. Roi d'Angleterre, arrêté en 1192 par Léopold, Duc d'Autriche, son ennemi implacable, en chantant une Chanson qu'il avoit composée autrefois avec Richard, & à laquelle ce Prince répondit de la Tour, où il étoit enfermé, en chantant le second couplet.

14 Chansons. 4, 5, 6 bis, 7, 8, 9, 12, 14, 15, 18, 19, 21, 22, 27.

19 *Raoul de Soissons*, ami du Roi de Navarre, mort en 1230.

4 Chansons. 1, 2, 3, 4.

20 *Adam de le Hâle*, surnommé le Bossu, d'Arras, florissoit en 1260. Il est Auteur de pieces dramatiques les plus anciennes que l'on connoisse.

7 Chansons. 4, 11, 16, 25, 26, 28, 29.

21 *Guyot de Dijon*.

1 Chanson 6.

22 *Hugues de Bresi*. On le croit le même que *Hugues de Berci*, Auteur d'une Piece de Poésie qu'il a nommée *Bible*.

BELLES-LETTRES. 197

1 Chanfon 3.

23 *Meſſire Gautier d'Argies*, ami de Richard de Furnival, vivoit fous St. Louis.

1 Chanfon 24.

24 *Meſſire Pierre de Moulins* vivoit fous le même regne.

1 Chanfon 1.

25 *Robert du Chaſtel.*

2 Chanfons. 3, 6.

III. Le traitié des quatre néceſſaires.

Ce traité eſt en profe, & d'une écriture différente de celle qui précede, quoiqu'elle foit auſſi du *XIII ſiecle*. Il commence ainſi :

En lan de grace de noſtre feignor m. ij cenz et lxvj fu commenciez ceſt liure et acheuez auquel nos metons non le traitie des quatre neceſſaires... on y divife le livre en quatre parties, on traite en la premiere des qualitez felon les mours, en la feconde des qualitez de gens de droit entre les genz, en la tierce des qualitez des gens felonc le cors, en la quarte des qualitez des gens felon lame.

IV. Le Beſtiaire damours meſtre Richard de Furnival. (profe.)

Cet Auteur vivoit fous S. Louis, & a fait des vers. Son Beſtiaire eſt un traité de la nature de différents animaux, avec des applications morales.

V. 30 Chanfons chrétiennes anonymes.

2720 Choix de Chanfons, à commencer de celles du Comte de Champagne, Roi de Navarre, jufques & compris celles de quelques Poetes vivants, recueillies par M. de Moncrif. 1757. in 12. m. r. dent.

IMPRIMÉ SUR VÉLIN.

Ce Recueil contient les Chansons choisies du Comte de Champagne, Roi de Navarre, de Raoul, Comte de Soissons, Villon, Clément Marot, du Bellay, Ronsard, Baïf, Belleau, Desportes, Passerat, Berthaud, André de la Vigne, Gilles Durand, le Cardinal du Perron, Bussi d'Amboise, la Comtesse de Murat, Petit, Moncrif, deux Romances de M. le Duc de la Valliere; la premiere, les infortunées amours de Gabrielle de Vergi & de Raoul de Coucy, & les infortunées amours de Cominge, &c.

2721 Cist liures est appelles le Mapemonde pour ceu quil parole de toutes les chouses dou monde. — de l'abbaye de deuotion et de chariteit (prose) — li boins arbres de la paulme (prose) in 4. m. r.

Manuscrit sur vélin du *XIV siecle*, bien conservé, contenant 55 feuillets écrits en *lettres de forme*, sur 2 colonnes.

Le Poeme de *la Mappemonde*, appellé aussi l'*Image du Monde* & *Traité de Clergie*; c'est-à-dire de Science, est une description des sept Arts Libéraux, du Ciel, de la Terre & de la Mer. L'Auteur qui se nommoit Gautier de Metz le composa en 1245, date qu'il a eu soin de nous conserver dans ces vers:

> Qui premierement fu parfais
> Aus roys a laparition
> M. cc. et xlv ans.

Ce Poeme qui contient environ 6464 vers, commence par ceux-ci:

> Qui bien veult entendre cest liure
> Et sauoir coment il doit viure &c.

BELLES-LETTRES.

Il finit ainfi :

> Des or finerons ceft romans
> Pouis c'oit aueiz les comans
> De dieu porcoi le mont format
> Et porcoi iome tant amat
> Quil le forma a fa famblance
> Et de bien et de mal poiffance
> Apres porcoi il nous fift teil
> Quil ne peuft pechier morteil
> Comment que len trouat premiers
> Les vij ars et de lor meftiers
> Puis des iij manieres des gens
> Compofat en lancien temps
> Comment clergie eft remuee
> Tant que eft or en france trouee
> De nature comment elle oeure
> Diuerfement en chafcune oeure
> Qui eft et queil creauture
> Saueiz oy de la faiture
> Dou monde et la deuifion
> Des iiij elemens enuiron
> Qui fe treuuent ou firmament
> Comment la terre eft finement.

2722 **La Mappemonde ou de l'image du monde.** in 4. v. f. d. f. tr.

Manuscrit fur vélin de la fin du *XIV fiecle*, contenant 54 feuillets. Il eft écrit en *lettres de forme*, fur 2 colonnes, & décoré de figures peintes.

Ce MS eft différent du précédent, parceque *Gautier de Metz*, deux ans après avoir fini fa *Mappemonde*, fit beaucoup de changements à cet Ouvrage, & le divifa en deux parties, en y ajoutant un traité considérable qui le précede.

On trouve l'une & l'autre parties dans ce MS. mais le commencement de la premiere y manque. La date de sa composition est marquée dans ces vers ;

> A S. arnolt une abeie
> De moines noirs quest establie
> Droit deuant mes en lohereine
> Trouer listoire moult anteinne
> De latin la mis en roumans
> Por fere entendre es laies gens
> En ix iors de marz loi parfet
> M. ijcc ans xl set
> Et ces ij ci apres oüec
> Dont lune en commence cilet

L'Auteur y a changé les vers où se trouve la date de la *Mappemonde*, que nous avons rapportés ci-dessus. On les lit ainsi dans ce MS.

> ... cis liures fu premiers fais
> Qui premierement fu parfais
> Au rois a laparition
> En lan de lincarnation
> Mil et cc et xl vij ans...

A la fin il y a une récapitulation de tout ce que renferment les deux parties. La premiere partie contient ce qui suit :

> Desor fineront cest romans
> Puisquoi aues au commans
> De deu qui nature crea
> Porquoi le monde apres forma
> Porquoi il fist de tel affere
> Lome qui puet bien et malfere
> Comment qui le troua premiers
> Les vij ars et de lors mestiers

Comment

BELLES-LETTRES.

Comment eles furent fauuees
Por le deluge et retrouees
Comment pais remues ont
Tant quen france uenues font
Par karlemeine le bon roi
Qui dameldeu ama de foi
Apres aues reſſon oie
Des ſermons de philoſophie
Queſt li mondes et queſt fortune
Et des richeces con anuie
Du los du moult de fole uie
De monnoie et de marchandiſe
Des philoſophes qui cerchoient
Le monde ou ades eſparnoient
De platon qui ueſqui fanz guile
Puis dapolone et de uirgile
De feint pol et de feint brandan
Qui par la mer erra meint an
Comment nature i home fiſt
De celui qui ſa mere ociſt
De tholomeu le foutil home
Ce contient la premiere ſome
En la feconde oi aues &c.

2723 Le Livre du Clergie nommé l'image du monde, tranſlaté de latin en françois (trad. de rime françoiſe de Gautier de Metz, en proſe.) = Le chemin de pénitence, lequel chemin a trois journées de long, par St. Pierre de Luxembourg. in 4. goth. m. bl.

2724 Le Roman de Karles le Cauue. in fol. v. f. d. ſ. tr.

Tome II.   C c

MANUSCRIT sur vélin du *XIV siecle*, contenant 87 feuillets. Il est écrit en *lettres de forme*, sur 2 colonnes, & il renferme 15660 vers. Il y manque quelque chose à la fin.

Ce Roman paroît avoir été composé dans le XIII siecle au plutôt.

Seigneurs or faites pas pour dieu qui tout crea
Sores bonne kanchon con vous recordera
Je croy que de meleur onques hons ne chanta
A saint denis en france la où riche abbie a
La en est le cronique que oir le vaura
Bien aves oy dire et recorder piecha
Quil ot un roy en france a cui diex envoia
Le noble fleur de lis et sisse baptisa
Pour la sainte miracle que diex li demonstra
Cis rois fu clouis que ihesus tant ama
Ades de plus en plus france fructifia
La lignee de li moult longuement dura
Jusques au tamps roy clotaire que france justicha
Et quant chis rois clotaire du siecle trespassa
Il neust nul roy en france a grant meschief trouua
Et adonc ihesu crist vn roy leur anoncha
Et estoit sarrasins quant diex le defia
Ciex fu kareles le cauue ainsi on lapela
Par le vertus de dieu qui le sien corps ama
Fu rois de douche france et sien possessa
De ce karles le cauue que diex tant honora
Descent nostre matere ou moult de biaux mos a
Em biax dis escouter cest vn certain nota
Ne puet nulz maulx venir ne iamais netera.

2725 Le Roman d'Yaumont, d'Agoulant et d'Aspremont. in 4. m. r.

BELLES-LETTRES.

MANUSCRIT fur vélin du *XIII fiecle*, contenant 87 feuillets. Il eſt écrit fur 2 colonnes, & il confifte en 10415 vers. Il y manque deux feuillets vers le milieu, & deux vers la fin, lefquels ont dû renfermer 480 vers. Du refte le Volume eſt très bien confervé.

    Plaiſt uos oir bonne chancon uaillant
    De karlemain lou riche roi puiſſant
    Et dou duc nayme que karle ama tant
    Tel confeillier norent onques li franc
    Il ualoit mie les barons ampirant
    Neue donna confeil petit ne grant
    Parcoi proudome deferite fuſſant
    Les ueues fames ne li petit anfant
    Que uos troie plus leſtoire aloignant
    Karle apparut quil i ert de confeil grant
    Car honorez an fu an fon uiuant
    Or uos dirai dyaumont et dagoulant
    Et dafpremont ou li eſtors fu grant
    Si com li rois i adouba rollant
    Et il li ceint a fon cofte le brant
    Ce diſt la geſte durendart la trenchant
    Ceſt la premiere dont il onques fut fanc
    Dont il ociſt le fil roi agoulant
    Or mefcoutez des ici an auant
    Car sil uos plaiſt bone chanfon uos chant.

A la fin :

    Bien ait quel fiſt dex li face pardon
    Et nos aufint qui efcoute lauon
    Explicit le roman dyaumont et dagoulant.

2726 Enfuit le recit de la conqueſte de bretaigne armoriqne fait par le preux charlemaigne fur un payen nommé aquin qui l'avoit usurpée &c. in fol. v. m.

Manuscrit sur papier de 63 feuillets, lisiblement écrit. On lit sur un feuillet séparé :

Un Volume contenant près de trois mille vers, qui est la copie d'un MS. trouvé sous les ruines du Monastere des Recolets de l'isle de Cezambre, près le fon de la Conchée à 3 lieues de St. Malo, que les Anglois brûlerent & démolirent lorsqu'ils y descendirent dans le temps du bombardement de St. Malo. Copié exactement sur les fragments délabrés que l'on trouva. Ce MS. est unique, & n'est point à la Bibliotheque du Roi ni dans aucune autre.

2727 Le Roman de Garin le Loherens. in fol. m. r.

Manuscrit sur vélin du *XIII siecle*, contenant 239 feuillets. L'écriture est en *lettres de forme*, sur 2 colonnes.

Dom Calmet attribue le Roman de *Garin le Loherens*; c'est-à-dire, *le Lorrain*, à *Hugues Metellus*, Chanoine Régulier de Saint-Léon de Toul, vivant vers l'an 1150. (Voy. Histoire de Lorraine, seconde Edition, Tom. I. pag. xcviii & cxlvi du Catalogue des Ecrivains, pag. ccxxx des preuves, & la Bibliotheque Lorraine, pag. 405 & 656.)

Mais les preuves que ce Savant Historien en donne sont foibles. Il rapporte à la pag. cclxxiii des preuves du tom. I. de la même histoire, plusieurs vers de ce Roman, dont le sujet est tiré de l'histoire des guerres de Charles Martel, & de son fils le Roi Pepin, contre les Sarrasins & d'autres

BELLES-LETTRES. 205

peuples. *Waſſebourg* & quelques Hiſtoriens en ont fait uſage comme d'une hiſtoire vraie, & en ont tiré des Fables dont ils ont farci leurs Chroniques.

Notre MS. eſt défectueux; il y manque au commencement 348 vers; après le troiſieme feuillet 117, & à la fin 1774. Cette derniere défectuoſité eſt dans une partie qui ne ſe trouve pas dans pluſieurs MSS. Ainſi on ne peut regarder ce MS. que comme imparfait du commencement, dont les premiers vers ont été publiés par *Dom Calmet*.

Ce Roman exactement complet renferme environ 29000 vers. Nous en rapportons les premiers & les derniers d'après un autre MS. parceque *Dom Calmet* en les tranſcrivant, a quelquefois mal lu certains noms propres.

  Vielle chanſon voyre vueillez oyr
  De grant yſtoire et meruillous pris
  Sy come ly wamdre vindrent en ceſt pays
  Creſtiente ſy ourent malement enlaydy
  Les homes mors et ars tout par le pais
  Deſtruirent rains et arcent lez marchis
  Et ſains memyns ſy comme la chanſon dit
  Et ſaint nychaiſez de rains y fuſt occis
  Et ſaint moriſe de cambray la fort cyt...

A la fin :

  Si faut liſtoire dou loheranc garin
  Et de begon qui ou bois fut occis
  Et de rigaut li bon vaſſaul hardi
  Et dernaut de iofroi l'angeuin
  Et de huion qui fu de cambreſis
  Et dou bon duc qui out a non aubri
  Et dou uillain qui out a non herui
  De ſon anfant tyon et morandin
  De l'allemant qui out a non ouri

Et de douon qu'a bordiax fut ocis.
Et de gautier qui out a non orphennis.
Et de gerin le bon vaffaul hardi
Et de raimon qu' ocirent farazins
Gent qui aidoient a girbert le gentil
Et de fromon qui ai deu relanquis
Et de guillaume lorguillous de monclin
Et de fromon qui ou bois fut occis
Lai où devoit noftre feigneur feruir
Qui vout girbert le loheranc murdrir
Ales vous en li roumans es finis.
Des loherans ne poeis plus oir
S'on ne les vuet controver et mentir.

M. Sinner a auffi donné, dans fon Ouvrage intitulé: *Extraits de quelques Poéfies du XIII fiécle*, une idée fommaire de ce Roman.

2728 Le Roman dou Loherens Garins. in fol. m. r.

MANUSCRIT fur vélin du *XIII fiecle*, contenant 174 feuillets. Il eft écrit en *lettres de forme*, fur 2 colonnes, & il eft décoré de 5 miniatures qui font fur le premier feuillet.

Le Roman contenu dans ce MS. eft très précieux & très rare. Il a été inconnu à *Dom Calmet*, qui a publié les extraits des deux autres Romans des *Loherans*, dont celui-ci eft une fuite. Il a appartenu à *Anne de Graville*, & à *Claude d'Urfé*. On y compte environ 24861 vers.

Grans fu li guerre ki onques ne prift fin
Eftraite fu dou loherenc heruin
Ki peres fu al loherenc garin
Et a begon i molt noble mefcin
Garins fu peres gerbiert le palafin

Et de begon le seignour de belin
Ki engenra et hernaut et gerin
Si ot vii filles li loherens heruin
Dont tans uassaus et tans preudom issiz
Ki gerroierent et hardre et ses fis
Jcil hardres fu quens poesteis
XV contes auoit a maintenir
Si ot maint fil que il engenriz
Des gentuis femes que il a mollier prist
Fille le roi dengleterre henriz
Si lor donna ses contes a tenir
Li ainsnes fu froimons li poestis
Ki peres fu au conte froimondin
Haim de bourdele et boucars et hendris
Li quens guillaume li sires de monclin
Lautre guillaume li sire as poiteuins
Et de uerdun li rices lansfelins...

A la fin :

Ci faut lestoire dou loherent garin
Et de begon le cheualier hardi
De moriane lempereor tieri
Et de huon celui de cambresis
Et de gerart de l'alemant ouri
Et dou vilain qui ot a non heruis
De son fill le vaillant rigaudin
Et de thion et dou preu morandin
Et de gerbert d'ernaut et de gerin
Et d'anseis fil gerbert le marquis
Et de borgoigne del bon duc amauri
Et de fromont qui tant fu poestis
Et dou flament le conte bauduin
De lorgellous guillaume de monclin

Lautre guillaume celui as poiteuins
Le tiert guillaume de blanceflor la cit
Et de bordele duc aimon le hardi
Et bernart le fegnor de naifil
Et de lefkieres et boucart et baudri
Et de boloigne dant yfore le gris
Cil peres bierengers le marcis
Et de beraut de fouquier le petit
Et del preu bauce dont bien aues oit
Coment il fu en la foreft mordris
Proies pour iaus dex lor face mercis
Dites amen que dame diex lotrit

2729 Recueil de Romans du XII & XIII fiecle. in fol. m. r.

MANUSCRIT fur vélin du *XIII fiecle*, contenant 282 feuillets. Il eft écrit en *lettres de forme*, fur 2 colonnes, & il eft décoré de 20 miniatures.

1 Le Roman de Garin de Montglaive.

On ignore le nom de l'Auteur de ce Roman, qui paroît être du *XIII fiecle*. Il a été mis en profe dans le *XV*.

Oies fegnor por dieu omnipotent
Que dame diex vos doinft honor et ioie grant
Oi aues canter de bernart de braibant
Et dernaut de beaulande daimeri fon enfant
De gerart de viane a lorgoillox famblant
Et de renier de genuez que dex por ama tant
Ki fu pere oliuier le compaignon rolant
De guillaume de fouke et du preu uiuiant
Et de la fiere gefte dont cantent li anciant
Ki tant foffri de paine for farrafine gent
Mais tot en ont laifie le grant commencement

De

BELLES-LELTRES.

De garin de monglaue le cheualier vaillant
Dont iſſi cele gent dont on parole tant
Ja ſares dont il fu et dont et de quel gent
Et comment il conquiſt monglaue et montirant
Et la terre enuiron une iornée grant
Quen tans tenerent felon et foudiuant
Et qui fu cele dame dont furent li enfant
Que on apele geſte trel le commencement.
El roiaume de france . . . .

A la fin :

Mabilete la bele dun fil deliura
Hernaut lapela on quant on le baptiſa
En VII ans et demi enſi comme conta
Or ele IIII fiex que garin engenra
Hernaut, renier, milon, gerart qui diex ama
Tant les norri garin et totdit guerroia
Que auoirs li failli por ce que tant dona
Quant furent bel et gent garin les regarda
Poures les uit et nus moult forment lenpenſa
Quant veſtir ne les puet porpoi ne forſena
A i tans de paſcor au roi les enuoia
Qui cheualiers les fiſt et qui les adouba
De leſtoire garin plus auant n'en ia
Ne mais de ſes enfans qui plus dire enualera
Encore ia eſtoire qui rimer le ſara
Chiax qui lont eſcout iheſus qui tot forma
Lor otroit ioie fine qui grant pooir en a
Et doinſt treſtoz grant ioie amen.

Ce Roman contient plus de 14000 vers.

2. Le Roman d'Erec, fils de Lancelot du Lac.

Un nommé *Chreſtien de Troyes* ſe dit Auteur de ce

Tome II.   D d

Roman; il l'eft auffi d'une partie de nos Romans de Chevalerie, qu'il mit en vers dans le XII fiecle. Tels font ceux du Chevalier au Lyon, de Perceval le Galois, la fuite de ce Roman, intitulé: *Roman de Graal*, fait en 1188, d'Alexandre & de Gliges, du Chevalier à l'Epée, & de celui de la Charette, ou de Lancelot du Lac, que Chreftien ne finit point, & que Geoffroy de Lignei acheva.

L'Auteur de tous ces Romans rapporte au commencement de celui d'Alexandre les noms de quelques-uns qu'il a compofés en vers. Il cite entr'autres celui contenu dans ce MS. & l'art d'aimer d'Ovide.

Il vivoit après le milieu du XII fiecle; c'eft ce qu'on voit dans fon Roman de Graal, où il apprend qu'il le mit en rimes pour *Philippe d'Alface*, Comte de Flandres, mort en 1191. On croit qu'il mourut auffi dans la même année.

Le Roman dont il eft ici queftion, & auquel nous donnons le nom d'*Erec, fils de Lancelot du Lac*, a été quelquefois annoncé fous celui d'*Herec*, d'*Eric*, & d'*Erée* & d'*Enide*. Il commence par ces vers:

>   Li vilains dift en fon refpit
>   Que tel chofe a len en defpit
>   Qui moult uaut miex que on ne quide
>   Por ce fait bien qui fon eftuide
>   Atorne a bien quel qui il ait
>   Car qui fon eftuide entrelait
>   Toft i puet tel chofe a taifir
>   Qui moult vendroit puis a plaifir
>   Por ce dit creftiens de troies
>   Que raifons eft que totes voies
>   Doit cafcuns penfer et entendre
>   A bien dire et a bien aprendre
>   Et trait dun conte dauenture

BELLES-LETTRES.

Une moult bele coniuncture
Por con puet prouer et fauoir
Que cil ne fait mie fauoir
Qui fa fcience nabandone
Tant com diex grace len done
Derec le fil lac eft li contes
Qui deuant rois et deuant contes
De pechier et de rompre fuelent
Cil qui de conter viure voelent
Defor commencerai leftoire
Qui toz iors mais ert en memoire
Tant que durra creftientes
De ce feft creftiens vantes

Un ior de pafques au tans nouel...

Ce Préambule fe trouve rarement en tête de ce Roman, qui commence ordinairement par le dernier vers : *Un ior*... Quand il eft complet il en contient 6545. Il en manque 69 à la fin du nôtre.

3 Le Roman d'Ogier le Danois.

Il n'a ni commencement ni fin ; nous le croyons celui qu'*Adenez*, Poete du XIII fiecle, mit en rimes par ordre de *Guy, Comte de Flandres*.

2730 Le Roman de Renaut de Montalbain. — Le Roman de fapience. in fol. m. r.

MANUSCRIT fur vélin du *XIII fiecle*, contenant 77 feuillets écrits en *lettres de forme*. L'écriture du premier Roman eft fur 3 colonnes ; celle du fecond fur 2.

1 Le Roman de Renaut de Montalbain.

Fauchet l'atttribue à *Huon de Villeneuve*, qui vivoit

dans le XIII siecle. Il a été mis en prose dans le XV, & il contient plus de 18000 vers.

 Seignor oies chancon de moult nobilete
 Toute est de uoire estoire sens point de fausete
 Jamais norrez si bonne en trestout vostre ae
 Ce fu a pentecoste a i ior honore
 Que charles tint sa cort a paris sa cite
 Cuit i furent uenu si prince et si chasse
 Maint cheualier i ot que li rois ot mande
 XX archeueske furent et bien cc abe
 Girars de rossillon cil fu a cort ales
 Et aymes de dordon li vasaus aloses
 Ki IIII fiux auoit de grant nobilite
 Li dus si vint a cort ouec lautre barne
 Mais doons de nantueil qui ot le poil mesle
 Cil ni daigna venir por sa grant cruelte
 Car charles lemperes lauoit cueilli en he
 Ne li duc daigremont qui tant auoit bonte...

A la fin :

 Quant li baron oirent quil est si faitement
 Que diex fist tex miracles por lui aparissant
 Cascuns se conforta et sel fist liement
 Puis ont saissi lo cors qui flairoit durement
 Au mostier nostre dame fu porte erraument
 Encore gist en fiertre ce seuent bien la gent
 Sains renaut est neiez por dex soffri torment
 Or prions cel seignor por quil morut biement
 Quil nous pregne a tel fin par son commandement
 Que ne perdons les armes par engin de serpent
 Ici faut de renaut o lo fier hardement
 Si fil tindrent sa terre et tot son chassement
 Puis ne uesquirent gueres apres cest finement

BELLES-LETTRES. 213

>Tant ama li uns lautre qui ni ot mautalent
Nus ne uit cele amor ſi enterinement
Si orent puis grant guere contre mauuaiſſe gent
Mais iamais ne vorres en als a faitement
En pais et en amor fais mon definement
Explicit la mors de renaut de mantalbain

2 Le Roman de ſapience (par Hernaut.)

Ce ſont les hiſtoires de la Bible miſes en vers. Ce Roman en contient ordinairement environ 5400 ; il en manque à la fin du nôtre 238.

>Romanz de ſapience ceſt la cremors de deu
Il fiſt et ciel et terre yeaue et feu en tans breu
Anges fiſt et archanges molt les miſt en haut leu
Nos trouons en eſcrit de latin et debreu
Partie en trebucha en leu maluais et greu
Quant il uoldrent reignier et combatre vers deu.

Voyez la fin de ce Roman rapportée ſous le N° 2714 B.

2731 Le Roman d'Auberi le Bourguignon, in fol. m. r.

MANUSCRIT ſur vélin du *XIII ſiecle*, contenant 114 feuillets écrits en *lettres de forme*, ſur 2 colonnes
Le Roman d'*Aubery le Bourguignon* eſt très rare, & contient environ 22500 vers.

>Or eſcoutes pour deu le criator
Quil vous gart par la ſoe douchor
Boen chancon du temps ancianor
Oir la doiuent duc et prince et contor
Dames puceles bouriois et vauaſſor
Du duc auberi a la fiere uigor

Qui tant foffri de painne et de dolor
Homs de fon tems ne foufri tant deftour
Tuit li faillirent fi parent le meillor
Et tuit deuindrent enuers lui traitrour
Mes deu de gloire li donna tel ualour
Que tuit le tindrent en la fin a feignor
Moult tint baron fon pere a grant honour
Et fi tint iennes et le pais entour
Huimes commence chanfon de grant ualour
Damor de dames de pitie de douchour
Se deu me fauue ma force et ma uigor
Meillor noiftes dire par iougleour

A la fin :

Ichi define le rommans daubery
Deu ait de fame et pitie et merci
A S. denis el mouftier feignori
Fu puis trouuz en i farquin poli
Et li efcris et li oeure de li
C. ans apres quil iffu enfoy
Ce dit leftoire dont li uers font failly
Cil dame deu qui onques ne menti
Nous doinft tretous uenir a fa merci
Amen amen que deu lottroit iffy

Explicit le rommans dauberi. ce fu fet l'an de grace M. CC IIII^{XX} et XVIII le prochain mardy deuant la natiuité.

2732 Recueil de Romans. in fol. m. r.

MANUSCRIT fur vélin du *XIII fiecle*, contenant 209 feuillets parfaitement confervés. Il eft écrit en *lettres de forme*, fur 2 colonnes, & il eft orné de miniatures

1 Chi commenche li vraie eftoire de guion de auftone et de beuvon fon fil. (d'environ 10600 vers.)

 Oies fignor por dieu le creatour
 Boine canchon ains noiftes millor
 Ceft de guion a la fiere vigour
 Qui de auftone tient la tere et lonour
 Vieus fu li dus fi fift moult grant foulour
 Car bele dame prift et iouene a oifour
 Puis en morut a deul et a dolour
 Beuves fes fiez qui tant ot grant valour
 En fu menes en tere paienor
 Car de fa mere fu pris en tel haour
 Sa mort iura coirent li plus four
 Ele uoloit prendre autre fignour
 En ame ot vn felon traitour
 Do de maienche j mauais boifeour

A la fin :

 Quant bueues ot fes iiij fieus corones
 Et dans fobaut richement afenes
 Bueues entra for la mer en fes nes
 Et efra tant que il fu ariues
 En cele tere ou ihefus crift fu nes
 Dont il eftoit rois et fires clames
 Grant joie en fift et fes riches barnes
 Et yofiane dont il eftoit ames
 La tere tint et vefqui plus affes
 Tant par fu preus vaillans et aloffes
 Qui for païen conquift iiij chites
 Toute la tere environ et enles
 Quant il morut et il fu trefpaffes
 Bueues fes fieus en fu rois corones
 Dieus lama moult fi voit quil fu nes

> Et en la crois trauellies et penés
> Nous otroit il par ses saintes bontés
> Quen paradis puissons estre boutés
> Amen amen de patdieu en dires.

2. Ichist commenche li vraie estoire de juliens de S. gille leques fu pere elye duquel aiols issi. (d'environ 2750 vers.)

> Or faites pais signor que dieus uos beneie
> Li glorieus del chiel li fieus saincte marie
> Plairoit il vous oir iij vs. de baronie
> Certes chou est dun conte qui fu nes a S. gille.
> Signor il vesqui tant que la barbe ot florie
> Ains ne fist en sa vie tinson ne boisdie
> Ains ama moult forment le fiex S. marie
> Et moult bien honora monstier et abeie
> Et si fist bons pont faire et grant ostelerie
> Juliens ot a nom moult grant signorie....

A la fin :

> Ensi dona li rois sa seror al vis cler
> A elye le preu fil julien le ber
> Qui fu dus de S. gille si comme oi aués
> Delye vint ayous si comme auant orés
> Ichi faut li romans de julien le ber
> Et delye son fil qui tant pot endurer
> Cil engenra ayoul qui tant fist aloer
> Si comme vous mores dire sel uoles escouter

3. Ichi commenche li droite estoire d'aiol et de mirabel sa feme. (d'environ 11050 vers.)

> Seignor or escoutes que dieus vous soit amis
> Li rois de sainte gloire qui en la crois fu mis
> Qui le ciel et le tere et le mont establi

Canchon

BELLES-LETTRES.

Et adan et evain forma et benei
Canchon de fiere eftoire plairoit vous aoir
Laiffies le noife efter fi vous traies vers mi
Cil nouel iougleor en font mal efcarni
Por les fables quil dient ont tous mis en obli
La plus veraie eftoire ont laifiet et guerpi
Je vous en dirai vne qui bien fait a cefti
A tesmoing en trairoie maint franc home gentil
Et maint dus et main conte et maint riche marchis

A la fin :

En borgonge sen va li riche dus elie
Enfamble o lui aiol le cheualier nobile
Senmainent mirabel a moult grant cheualcie
De mibrien fe partent quant a lui confel peifent
Li rois baifa aiol et mirabel fa mie
Si les commande a dieu li fil S. marie
Cil fire vous confaut qui tout le mont . . . .
Ceus qui mont efcoute lor pri iou quil noblient
Et del romans aiol eft la rime finie
Dieus nous confaut treftout qui tout a enbaillie
Amen amen apres cafcun de vous en die

4 Ichi commenche li romans de robert le deable. (d'environ 5070 vers.)

Or entendes grant et menor
Jadis al tans anchienor
Auoit i duc en normendie
Dont bien eft drois que ie uos die
Preudome ert et de grant lignage
Et fi auoit moult vafelage
Affes eftoit haus hon et prous
De fes armes cheualerous
Si baron de fa duchete

Tome II   E e

El point de fon millor ae...

A la fin :

A rome ont pris un grant concille
Gens i vindrent de maintes terres
Et fiffent pais de pluffor guerres
Icel conchille iffi avient
Cuns riches hom del pui i vient
De S. robert conquift la vie
Et cil en fa tombe ravie
Loiffement quil troua
Plus davoir porter ni roua
En fon pais revient ariere
Pres del pui for vne riviere
El non robert qui rome prift
Une riche abeie i fift
Abe i mift, moigne et preftre
Qui moult fu glorieus li eftre
Encore e la vile moult bele
S. robert tous li mons lapele

Le Roman de Robert le Diable, compofé en vers, felon les apparences, dans le XIII fiecle, & mis en profe dans le XV, eft deftitué de fondement hiftorique. Le Romancier, en appellant fon Héros *Robert le Diable*, a eu fans doute en vue *Rollon* ou *Raoul*, I Duc de Normandie, appellé *Robert I.* après qu'il fe fut fait baptifer en 1192. Avant fa converfion il étoit très méchant ; mais il changea dans la fuite, & devint un Prince bon & fage.

2733 Recueil de Romans du XIII fiecle. in fol. m. r.

MANUSCRIT fur vélin du *XV fiecle*, contenant

132 feuillets. Il est écrit en *ancienne bâtarde*, & il est enrichi de 25 miniatures, & de *tourneures* peintes en or & en couleurs.

1 Chi commence le liures de robert le deable.

Ce Roman est le même que le précédent, à l'exception que le langage en est tant soit peu rajeuni.

2 Chi sensieut le liures de clomades et de marchadigas sen pere.

Adenes, quelquefois appellé *Adans*, & surnommé le Roi, soit qu'il fût *Héraut*, ou *Roi d'Armes*, soit qu'une de ses pieces eût été couronnée dans le temps, est Auteur de *Cléomades*. Il déclare dès le commencement de ce Roman, qu'il en a fait trois autres qui existent encore aujourd'hui.

> Jou (dit-il) qui fis dogier le danois
> Et de biertain qui fu ou bois
> Et de bueuon de commarchis
> Ai vn autre liure rempris...

Il ajoute plus loin que ce fut après avoir entendu raconter, par deux belles Dames qu'il ne nomme pas de crainte de leur déplaire, l'histoire de Cléomades, qu'il en reçut tout de suite l'ordre de la mettre en rimes. Ces deux Dames passent pour être *Marie de Brabant*, fille de Henri III. Duc de Brabant, Princesse aimable, & *Blanche d'Artois*, sœur de Robert II.

On ignore l'année précise de la composition de ce Roman, qui a dû voir le jour après l'an 1261 (N. S.) parceque le Poete y parle, à la fin, de son Bienfaiteur *Henri III*. Duc de Brabant, comme étant déjà mort.

> Ce liure de cleomades
> Rimai-ie li rois adenes
> Meneftres au bon duc henri
> Fui, cil maleua et norri

Et me fist mon meftier aprendre
Diex len ville guerredon rendre
Auec fes fains en paradis

Il dit enfuite que la mort de ce Duc excita les regrets de tous fes fujets. Il fait l'éloge de fon bon cœur, & le dépeint comme un Prince vertueux, charitable, compatiffant & jufte. Il rapporte qu'avant de mourir ce Prince commanda d'ouvrir les portes de fon Palais à tous ceux qui voudroient venir le voir, ayant fait mettre beaucoup d'or & d'argent près de lui, afin de le donner aux pauvres. Après le récit de cet acte de charité, dont *Adenes* avoit été luimême témoin, ce Poete fouhaite toute forte de profpérités aux enfants du Duc Henri. Il nomme le *bon Comte Guion*, (Gui de Dampierre, Comte de Flandre,) le *Duc Jehan de Brabant*, (Jean I. fils de Henri III.) & *Godefroit*, (Godefroy, frere de Jean I. qui eut pour mere Alix de Bourgogne.)

Lui (Jean I.) et mon feignour godefroit
Maintes fois mont gardé du froit

Le poeme eft terminé par un envoi de 12 vers, qui manque fouvent; il eft intitulé:

Ceft li enuois que li roys adines fait de fen liure au conte dartois.

Ce Comte d'Artois eft *Robert II.* fils de Robert, premier Comte d'Artois. Il fuccéda aux Etats de fon pere en 1250, & fut tué en 1302, à la bataille de Courtrai, qu'il perdit.

Le fujet du Roman de *Cléomades* nous vient d'Afie, & a été apporté en Europe pendant les dernieres croifades. *Girardin d'Amiens*, contemporain d'*Adenes*, a mis cette Hiftoire auffi en rimes; mais fa diction eft moins attachante que celle de notre Poete, qui, élevé au milieu d'une Cour

BELLES-LETTRES.

où les beaux esprits étoient accueillis avec empressement, avoit acquis le talent de s'exprimer plus agréablement.

Outre les Romans de *Berthe*, d'*Ogier*, de *Buevon de Commarchis*, & de *Cléomades*, qu'*Adenes* a rimés, il est encore Auteur de ceux de *Doolin de Mayence*, & de *Maugis d'Aigremont*, qui ont été ensuite mis en prose, comme presque tous les Romans écrits en vers. Au rapport de *Marie*, surnommée de France, Poete du XIII siecle, qui nous a laissé une traduction en vers des Fables d'Ésope, *Adenes* traduisit d'abord ces Fables de grec en latin, & ensuite de latin en anglois.

2734 Recueil de Romans du XIII siecle. in fol. m. r.

MANUSCRIT sur vélin de la fin du *XIII siecle*, & du commencement du *XIV*, contenant 232 feuillets. L'écriture est en *lettres de forme*, & les *tourneures* sont peintes en couleurs.

1 Le Roman de Cleomades.

Il manque dans ce MS. le premier feuillet, c'est-à-dire les 76 premiers vers. Il est du XIII siecle, écrit sur 2 colonnes. On y voit à la fin, en tête de l'envoi, une miniature qui représente *Adenes* offrant son livre au Comte d'Artois. Ce Poete y porte une couronne sur la tête, ce qui induit à croire qu'il avoit remporté le prix sur les Trouveres de son temps, & que ce fut pour cela qu'on l'appella le *Roi Adenes*.

2 Le Roman de Pepin et de Berthe (d'environ 3486 vers) du commencement du XIV siecle, écrit à longues lignes.

Si *Adenes* n'eût eu la précaution de faire l'énumération d'une partie de ses Ouvrages au commencement de son Roman de *Cléomades*, nous ignorerions probablement qu'il fut l'Auteur de celui de Berthe, qui commence par ces vers :

A liſſue dauril vn tans dous et ioli
Que herbeletes poingnent et pré ſont rauerdi
Et arbriſſiau deſirrent quil fuſſent parflori
Tout droit a cel termine que ie ici vous di
A paris la cite eſtoie vn vendredi [1]
Pour ce quil ert deuenres en mon cuer aſſenti
Ka ſaint denis iroie pour proyer dieu merci
A vn moinne courtois con nommoit ſauari
Macointai telement damedieu en graci
Que le liure *as eſtoires* me mouſtra et gi vi
Leſtoire de bertain et de pepin auſſi
Comment nen quel maniere le lyon aſſailli
Aprentif iougleour et eſcriuain marri
Qui ſont de lieus en lieus ca et la conqueilli
Ont leſtoire fauſſee onques mais ſi ne viſi
Illueques demourai delors iuſkau mardi
Tant que la vraie eſtoire emportai auoec mi
Si comme berte fu en la foreſt parli
Ou mainte groſſe painne endura et ſoufri
Leſtoire ert ſi rimee par foi le vous pleui
Que li mes entendant en ſeront abaubi ...

Le Moine *Savari* eſt figuré dans la premiere lettre *tourneure*, montrant à *Adenes* couronné la Chronique de S. Denys.

Nicolas de Rheims, autre Religieux de S. Denis, rendit à Adenes le même ſervice qu'il reçut du Moine Savari, lorſque Guy, Comte de Flandres, l'envoya dans cette Abbaye conſulter l'hiſtoire qu'on y conſervoit, pour compoſer le Roman des *Enfances d'Ogier*, qui avoit été falſifié par les Jongleurs, comme celui *de Berthe*. Cette particularité eſt rapportée par Adenes lui-même dans les premiers vers de ce Roman.

Le Roman *de Berthe* eſt antérieur à l'an 1261. Quelque

BELLES-LETTRES.

temps après qu'il parut, *Girardin d'Amiens* lui donna une suite sous le titre de *Roman de Charlemagne, fils de Berthe*. L'un & l'autre sont fort agréables, sur-tout le premier qui offre des détails intéressants. On y lit avec plaisir une description de la vue de Paris & de ses environs, du haut de Montmartre.

    La dame est a montmartre sesgarda la valee
    Vit la cit de paris qui est longue et lée
    Mainte tour mainte sale et mainte cheminee
    Vit de montleheri la grant tour crenelee
    La riuiere de saine vit qui moult estoit lee
    Et dune part et dautre mainte vigne plantee
    Vit pontoise et poissi et meulens en lestree
    Marli mommorenci et conflans en la pree
    Dantmartin en goiele qui moult est bien fermée
    Et mainte autre grant vile que ie nai pas nommee
    Moult li plus li pais et toute la contree
    Ha diex fait ele sire qui fist ciel et rousee
    Come est berte ma fille richement mariee...

2735 Le Roman d'Aymeri de Narbonne & de Guillaume d'Orange surnommé au court nez. 2 vol. in fol. m. r.

MANUSCRIT sur vélin du *XIV siecle*, divisé en 2 volumes, & contenant 452 feuillets. Il est écrit en *lettres de forme*, sur 2 colonnes, & enrichi de 16 miniatures. Il manque un feuillet à la fin du second volume, & plusieurs sont endommagés.

Ce MS. est très précieux, parcequ'il est rare d'en trouver d'aussi complets, c'est-à-dire, réunissant autant de branches du Roman qu'il contient. *M. de Ste. Palaye* en attribue une partie au Poëte *Adenes* & de *Catel*, sans en avoir connu l'Auteur, en a donné quelques extraits, en parlant de *Guillaume au Court Nez*, Connétable de France, dans son *Histoire de Languedoc*, pag. 567. Il consiste en plus de 77000 vers.

Divisions & Branches de ce Roman contenues dans notre MS.

1 A ceste estoire dire me plaist entendre
   On len peut sens et example aprendre

2 Comment li rois manda aymeri que il li envoiast de ses enfans.

   Or fetes pes pour dieu seigneur baron
   Sorrez chancon qui moult est de grant nom

3 Comment loys fu coronez a ais de par guillaume.

   Oiez seigneurs que diex vous soit aidant
   Plest vous oyr dune estoire uaillant
   Bone et courtoise gentis et auenant
   Vilain iougleres ne sai porquoi se uant
   Nul mot nen die dusque len li commant

4 Ci commence li charois de nimes.

   Seigneurs barons or oiez la deuise
   Com faitement quens guillaume a emprise

5 Comment marados parole a guerin.

   Plest uous oyr chancon de grant mesure
   Des vieilles gestes anciennes qui furent
   Bonne est a dire les vers sont de droiture
   Et bien rimez moult y mist len sa cure
   De viuien daleschans en est vne
   Et de son pere de guerin dansseune

6 Ci apres comence li sieges de barbastre.

   Plest vous oir chancon bien fete et compassée

Toute

BELLES-LETTRES.

Toute est de vielle hystoire de lonc temps pourpensee

7 Coment aymeri dona sa terre a son fillueil et comment guibers fu rois dandrenas.

Ce fu a pasques la feite seignori
Dedens narbonne fu li quens aymeri

8 Ci comence de viuien coment il fu marcheans et coment il occist marados.

Apres aoust que estez est passez
Est godefrois en son ostel entrez

9 Coment viuiens fu fais cheualiers.

Seigneurs barons por dieu or entendez
Iceste estoire iames meillor norrez

10 La bataille daleschans.

An ce iour que la doleur fu grans
Et la bataille orrible en aleschans

11 Coment Renouart parole a cels de la nef

Seigneurs oiez merueilleuse chancon
Ja de plus uraie ne chantera nus hom

12 Coment ponpaillairs fu refaite.

Li franc baron de france la loee
De ponpaillart ont la vile fermee

13 Ici commence la bataille des sagytaires & la mort daymeri.

Seignour oez qui chancon demandez
Soiez em pais et si moez conter

14 Ci endroit fine li liures de la fin daymeri et dermengart et de pluseurs de leur enfans et retourne a conter de renuart qui estoit moines.

Ce fu en may que li bois sont feullu

Tome II. Ff

Et pluſeur arbre ſont de fleur reueſtu

15 Comment maillefers ariua a ponpaillart et comment il ſe combati a renuart ſon pere.

Diſt maillefer ſire laiſſiez eſter
Ge nai or cure certes de marier

16 Coment reniers li fils maillefers fu nez et quel deſtinees les fees li donnerent.

Bonne chancon qui entendre uodra
Si laiſt la noiſe ſi ſe traie de ca.

2736 *Recueil de Poéſies & de proſe du XIII ſiecle.* in fol. m. bl.

Manuscrit des plus précieux, ſur vélin écrit en différents temps & par différentes mains, après le milieu & vers la fin du *XIII ſiecle*. L'écriture eſt celle qu'on appelle *lettres de forme*, & les pages en ſont ſur 2 colonnes. Il eſt enrichi de beaucoup de miniatures qui n'ont d'autre mérite que leur antiquité. Il contient 275 feuillets.

Les pieces en grand nombre que ce beau MS. renferme ſont fort rares. Elles ont preſque toutes été compoſées après le milieu du *XIII ſiecle*, en partie par des Poetes de la Ville d'Arras en Artois.

1 Chi commencent les canchons maiſtre adan de le hale.

On ne connoît pas de MSS. contenant des Chanſons anciennes, qui en réuniſſent autant d'Adam de la Hale que celui-ci; elles y ſont au nombre de 34. M. de la Borde qui a vu plus de ſix MSS. différents de ces ſortes de Poéſies, n'en a découvert que 33. Ces Chanſons ſont les mêmes que les nôtres, à l'exception de la 8, 18 & 20 qui nous manquent; mais en revanche notre MS. en contient 4 qu'il n'a pas connus. Voici le premier vers de chacune :

BELLES-LETTRES.

1 Helas il n'eſt mais nus qui aint
2 An repairier en la douche contrée
3 Amours mont ſi douchement naure
4 De lant com plus aproime mon pais

M. de la Borde a placé parmi les Chanſons anonymes celle commençant par ce vers :

Dous eſt li maus qui met le gent enuoie

Cette Chanſon eſt néanmoins d'*Adam de la Hale*. Notre MS. la met au nombre de celles qu'il a faites, ainſi que le MS. de *Noailles*.

Ce Poete étoit d'Arras, & floriſſoit dans le milieu du XIII ſiecle. Quelques Auteurs l'ont confondu avec *Adenes*, Poete Contemporain, qui prenoit quelquefois le nom d'*Adam*.

2 Les partures adan.

Ce ſont des Jeux-partis, ou queſtions d'amour que ſe font entr'eux Sire Jehan Bretel, Adam de la Hale, Rogier & Grieviler. Ferri, Cuvelier, Dragon, Evrart & Jean le d'Aries y ſont nommés, & pris pour Juges. Nous les croyons tous d'Arras; quelques-uns ſont connus pour avoir faits des Chanſons.

Ce MS. renferme 18 Jeux-partis, dont les premieres Strophes ſont notées ſur une portée de cinq lignes.

3 Li rondel adan.

Il y a 16 Rondeaux notés en muſique.

4 Li motet adan.

Ces Motets ſont au nombre de 8 tous notés; nous en choiſiſſons un aſſez remarquable.

Adieu commant
Amourettes

Car ie men uois dolans
Por les douchetes
Fors dou douc pais dartois
Qui eſt ſi mus et deſtrois
Pour che que li bourgois
Ont ete ſi fourmene
Quil ni queurt drois ne lois
    Gros tournois
    Ont anules
    Contes et rois
Juſtiches et prelas tant de fois
Que mainte bele compaingne
Dont arras mehaingne
Laiſſent amis et maiſons et harnois
Et fuient cha deus cha trois
Souſpirant en terre eſtrange

5 Li ius du pelerin.

Or pais or pais ſegnieur et a moi entendes
Nouueles uous dirai ſun petit atendes
A la fin :
Soit mais anchois uoeil aler boire
Mau dehais ait qui ne uenra.

M. *le Grand* regarde avec raiſon cette Piece, ainſi que les ſuivantes, comme des monuments précieux pour l'hiſtoire du Théâtre François. Ce ſont les plus anciens que l'on connoiſſe. Ces eſſais, tout informes qu'ils paroiſſent, offrent, dit le même Auteur, *des Perſonnages clairement déſignés, des Scenes diſtinctes, une Action qui marche & qui amene un Dénouement.*

Les perſonnages du Jeu du Pélerin ſont : le *Pélerins*, le *Vilains*, *Gautiers*, *Guios*, *Rigaus*, *Warniers*. Les quatre derniers ſont des amis du Poete.

BELLES-LETTRES.

6 Chi commenche li gieus de robin et de marion cadans fist.

Cette piece commence ainsi :

> Marions.
> Robins maime, robins ma
> Robins ma demandee si mara
> Robins macata cotele
> Descarlate bonne et bele
> Souskanie et chainturele
> A leur i ua
> Robins maime robins ma
> Robins ma demandee si mara

M. Legrand a mis cette piece Dramatique de rime en prose ; elle est très agréable, & entre-mêlée de chant. Les personnages sont des Bourgeois d'Arras, amis du Poete ; savoir : Marions, le Cheualiers, Robin, Gautiers, Baudons, Peronnele, Huars, Perrete, Warniers, Rogaus, Guios.

Elle finit par ces deux vers qui sont chantés par Robins :

> Venes apres moi uenes le sentele
> Le sentele le sentele les le bos

7 Li ius adan.

Piece Dramatique qui porte quelquefois le titre de *Mariage d'Adam de le Hale*. M. Legrand l'a mise en prose. Les Interlocuteurs, tous Bourgeois d'Arras, sont, Maistre Adans, Hane li Merciers, Rikiers, Guillos le Petis, Maistre Henris, li Fisisciens, Douce Dame, Rainneles, li Moines Wales, li Kemuns, li Peres, li Derues, li Peres au Derues, Rikece Aurris, la Grosse Femme, Crokelos, Morgue, Maglore, Arsile, & li Ostes. Adam parle le premier.

> Seigneur saues pourquoi jai mon abit cangiet
> Jai este auoec feme or reuois au clergiet

A la fin :

>Senirons a faint nicolai (paroiſſe d'Arras)
>Commenche a ſonner des cloquetes
>
>>Explicit li ieus de le fuellie

Les douze premiers vers de cette piece ſont Alexandrins. Les autres ſont de 8 ſyllabes.

8 Ceſt du roi de ſezile.

>>On doit plaindre et ſeſt hontes a tous bons trouueours
>>Quant bonne matere eſt ordenee a rebours

A la fin :

>>De dieu et de legliſe auint il ou il tent
>>Et diex li voeille aidier ſelonc chou quil emprent

Cette piece conſiſtant en 372 vers Alexandrins, eſt à la louange de *Charles I. Comte d'Anjou*, dernier fils de Louis VIII. dit le Lyon, & frere de St. Louis. L'Auteur (Adam de le Hale) y rapporte les principales actions de ce Prince, depuis ſa naiſſance, juſqu'à ſon élection au Royaume de Sicile en 1266, par le Pape clément IV. Elle eſt intéreſſante. *Adam* nous y apprend qu'il portoit le ſurnom de *Boſſu*, ſans qu'il le fût réellement.

>>Mais iou adans darras lai a point radrechie
>>Et pour chou con ne ſoit de moi en daſerie
>>On mapele bochu mais ie ne le ſui mie

Il nous eſt parvenu deux Chanſons aſſez agréables de Charles d'Anjou.

9 Ce ſont li ver damours. (194 vers.)

>>Amours qui mas mis en ſouffranche

A la fin :

>>>Par j behourt de uaine gloire
>>>Enſi ſont li poure honni

10 Cest li congies adan. (156 vers.)

Adam dit adieu à la ville d'Arras, qu'il quitte, & nomme 8 Particuliers de cette Ville, qui étoient ses amis & ses bienfaiteurs. Voici comme il débute :

>Coment que men tans aie vse
>Ma me conscienche acuse
>. . . . .
>Arras arras uile de plait
>Et de haine et de detrait
>Qui solies estre si nobile
>On ua disant con uous refait
>Mais se diex le bien ni ratrait
>Je ne uoi qui uous reconcile
>on i aime trop crois et pile
>Chascuns su berte en ceste uile
>Au point con estoit a le mait
>Adieu de fois plus de c. mile
>Ailleurs uois oir leuangile
>Car chi sort mentir ou ne fait

11 Cest li ver de le mort. (36 vers.)

>Mors comment que ie me deduise
>Eu chanter et en mainte herluise

A la fin :

>Mais cest tout trufe et deuinaille
>Nus nest fisiciens fors dieux

>>Explicit dadan

12 Cest li ius de S. nicholai.

Piece Dramatique assez considérable ; elle est en vers de 8 & 12 syllabes. M. Legrand l'a extraite, & en a rapporté les noms des personnages.

Oiies oiies feigneurs et dames
Que diex vous foit garans as ames.

A la fin:

A dieus dont deuons nous canter
Huimais te deum laudamus.

Chi fine le ieus de S. Nicolai que jehans bodiaus fift.

Bodiaus, autrement nommé *Bodel*, étoit d'Arras, & vivoit dans le XIII fiecle. Il nous a laiffé cinq Chanfons. On trouve dans fon *Jeu de S. Nicolas* les deux vers fuivants qui rappellent ceux du Cid de Corneille.

Seigneur fe ie fui iones ne maies en defpit
On a ueu fouuent grant cuer en cor petit.

13 Chi commenche li beftiaires maiftre Richard de furniual. (profe.)

Toutes gens defirrent par nature a fauoir &c.

Ce *Beftiaire*, appellé dans d'autres MSS. le *Beftiaire d'Amour*, eft un traité fur la nature de différents Animaux, avec des applications morales. Ces Animaux y font figurés en 54 miniatures.

Richard de Furnival, Chancelier de l'Eglife d'Amiens, vivoit fous le regne de S. Louis. Il eft Auteur de plufieurs Ouvrages en vers & en profe. Le fuivant paroît être auffi de lui.

14 Ceft li refponfe du beftiaire. (profe.)

Hom qui fens et difcretion a en foi &c.

15 Comment diex fourma adan. (profe.)

Noftres fires cria au commencement le chiel et la terre &c.

16 Ceft du cors et de lame. (240 vers.)

Cors en ti na point de fauoir
Car tu gouloufes trop auoir.

17 dun

BELLES-LETTRES. 235

17 Dun equiuoque bauduin de condé. (42 vers.)

> Chiex qui le miex fa char encarne
> Mire en foi comment mors defcarne

A la fin :

> Contre mors neft chars fi carnee
> Que riens i uaillent carnement
> Sé chieus qui fift no char ne ment.

Che fift bauduins de conde qui ne uit onques de conde.

Nous connoiffons d'autres poéfies de ce Poete, qui vivoit dans le XIII fiecle.

18 Ceft de Renart le nouuel

> Qui le bien fet dire le doit
> Sil ne le dift pour lui le doit

A la fin :

> Vefci le roe que iai dite
> Ki doit eftre des boins maldite.

Piece confidérable, divifée en 2 livres, mêlée de profe & de mufique, enrichie de 52 miniatures, dont la derniere repréfente le Renard élevé par la fortune au plus haut de fa roue.

L'Auteur fe nomme vers la fin :

> Jamais nen ert renard mis ius
> Si dix nel fait par fes vertus
> Ce nous dift jaquemars gelee

On trouve la date plus loin dans les vers fuivants :

> Plus nen ferai or mention
> En lan del incarnation
> Mil et ij cens et quatreuins
> Et ix fu ci faite li fins

Tome II. Gg

> De ceste brance envne vile
> Que ou appele en flandres lisle
> Et parfaite au iour S. denis.

Cette date de 1289 nous paroît fausse; car nous avons vu deux MSS. de ce Roman, qui portoient celle de 1290. Ceux dont s'étoient servis La Croix du Maine, du Verdier, Fauchet, l'Abbé Massieu, Barbasan & Prosper Marchand, avoient aussi la même date. Ce dernier Auteur s'est beaucoup étendu sur le Roman du nouveau Renard, qui renferme une Satyre curieuse. Voyez son Dictionnaire au mot *Gielée*.

19 Chi commence des iiij euangelistres. (474 vers.)

> Li matere dons ie conmenche
> Si nenseigne mie con menche

A la fin:

> Entendons i. ci endroit fine
> Li matere ki moult est fine.

Cette piece est enrichie d'une grande & singuliere miniature.

20 Chi conmence li tournoiemens antecrist. (3408 vers.)

> Nest pas huiseus ains fait boine œuure
> Li trouuerres qui se bonce œuure

A la fin:

> Apres le main des boins ouuriers
> Je lai cuelli moult volentiers

Le nom de l'Auteur se voit dans ce vers:

> Ice vit huges de moiri
> Ki a grant paine a fait ce liure.

Ce Poete vivoit sous S. Louis. Il paroît, par quelques endroits de son Tournoiement, qui contient un combat des vices & des vertus, qu'il fut Moine de St. Germain des Prez, & qu'il compofa fon Poeme peu de temps après 1228. Il y fait mention de *Raoul de Houdanc*, & de *Chreftien de Troye*, Poetes de fon temps, dont on trouve dans ce Catalogue des Poéfies.

21 Chi commence li confaus (confeils) d'amours (en profe.)

Bele tres douce fuer quant ie reciu vos letres par leskeles vous me faifies affauoir ke vous auies grant defirrier damer par amours....

Nous croyons cette piece de Richart de Furnival.

22 Ce font li iij mors et li iij uis que baudouins de conde fift. (162 vers.)

Enfi con li matere conte
Il furent fi com duc et conte

A la fin :

Tout iij de boin cuer et de fin
Que diex vous prenge a boine fin.

Trois jeunes Seigneurs riches & puiffants reçoivent, de trois corps morts rongés de vers, dont ils font rencontre, des leçons terribles fur la vanité des grandeurs humaines. Ce dit étoit fort en vogue dans les XIII, XIV & XV fiecles. Notre MS. en contient trois verfions différentes ; chacune y eft accompagnée d'une miniature dans laquelle fe voient d'un côté les trois Seigneurs, dont le premier porte fur le poing un Faucon, marque de fa puiffance, & de l'autre côté les trois Morts debout. On retrouve ce fujet repréfenté dans des Monuments anciens, ainfi que dans quelques Heures MSS. du XV fiecle; mais avec une différence, c'eft que dans celles-ci, les trois Seigneurs, au lieu d'être à pied, le

Faucon fur le poing, y font repréfentés à cheval, fans cet Oifeau.

23 Chi conmenche li iij mors et li iij uis ke maiftres nicholes de marginal fift (216 vers.)

>Troi damoifel furent iadis
>Mais qui partout queroit ia dis

A la fin :

>Si ken fe glore pure et fine
>Soions ki en nul tans ne fine

24 Li cace (chaffe) dou cerf. (320 vers.)

>As fages loiaus honnourables
>Courtois amoureus et raifnables

A la fin :

>Car neft de chute ne foufprife
>A ceft mot ai cornee prife

Cette piece eft ce que les anciens appelloient un *dit*. Ils entendoient par ce mot une piece qui renferme un enfeignement, une inftruction, ou le recit d'une belle ou d'une mauvaife action. Le dit de la chaffe du Cerf eft orné dans notre MS. d'une grande miniature, au long de laquelle font peints plufieurs écuffons; il y en a d'or au lion de fable; il y en a auffi qui font d'argent, à la croix de gueules. Ces écuffons fe trouvent répétés fur d'autres feuillets.

25 Cheft des iij mors et des iij vis. (192 vers.)

>Diex pour trois peceours retraire
>Monftra vn figne dont retraire
>Vous voel.....

A la fin :

>Kanemis ne nous tourne enuers
>Kant fera no caroigne en uers

BELLES-LETTRES.

26 Cheft du roi ki racata le laron. (332 vers.)

>Ki rice œuure met entre mains
>Li rice ouurier lueuure en vaut mains

A la fin :

>J mift pour nous et vie et cors
>Paions briement ceft li recors

Cette Piece eft un dit.

27 Chi commenche de le honnine (chenille.) (300 vers.)

>Boin fait fon domage refcourre
>Ains con fe laift fi auant courre

A la fin :

>Ceft fucier le miel fur lefpine
>Ci faut li dis de le honnine

28 Chi commenche des iij fignes. (190 vers.)

>Ce me tourne a moult grant meruelle
>Que li plus de mont fapparelle

A la fin :

>Et de confors et de fecours
>Ci a pris me raifons fen cours

Cette Piece eft un dit.

29 Cheft du honteus meneftrel. (126 vers.)

>Selonc le fiecle ki beftourne
>Me conuient il que ie matourne

A la fin :

>Or me doinft dix tel gent trouuer
>Vie le puiffe recouurer

Autre dit :

30 Cheft li dis du urai anel (anneau.) (432 vers.)

> Com plus a li hom de sauoir
> Plus doit eftre engins de favoir

A la fin :
> Si ert en nous et dix et fois
> Plus nen dirai a cefte fois

Les vers fuivants indiquent le fiecle où le Poete écrivoit.

> Celui ki a penfee france
> Ceft nofeigneur le roi de france
> Car moult eft vaillans et courtois
> Et fi feroit li quens dartois
> Robers ki moult seft trauillies
> Pour le loi diu et iffillies
> Ki a des a efte entiers
> Li quens de flandres feroit tiers
> Ki moult eft vaillans et gentiex.

C'eft-à-dire Philippe le Hardi, Roi de France, Robert II. Comte d'Artois, & Guy de Dampierre, Comte de Flandres. Par conféquent ce *dit* a été fait après le milieu du XIII fiecle.

31 Cheft li dis de le lampe. (292 vers.)

> Sages eft li hom ki fauife
> A mieus faire kil ne deuife

A la fin :
> Si mecent paine clerc et lai
> Car a ceft mot finee lai

32 Cheft li dis de le brebis defrubee. (278 vers.)

> Li peudom qui het les defcors
> Nous dift fouuent en fes recors

A la fin :
> Car cafcuns au defreuber bee
> Ci faut li brebis defreubee

33 Cheſt li jus des eſquies (échecs.) (298 vers.)

    Chiex ki ſens a du bien retraire
    Il ne sen doit mie retraire

A la fin :

    Fauſſete gouuerne ſans rime
    Pour ce faut des eſcies li rime

Cette Piece eſt un dit. Le Poete ſe nomme dans le 18e vers avant la fin.

    Engrebans darras fiſt ce dit

34 Cheſt li dis du faucon. (198 vers.)

    Ceus ki trop priſe chou kil neute
    Et apres con le deshouneure

A la fin :

    Prendes garde ſi ert ſauoirs
    Paradis vaut trop miex kauoirs

35 Ceſt de cointiſe. (218 vers.)

    On conuoite plente dauoir
    Mais on doit conuoitier dauoir

A la fin :

    Ou li boin vont ki ont cuer fin
    A tant de cointiſe defin

Ce dit eſt intéreſſant; il roule ſur la coquetterie des Femmes du XIII ſiecle. Les Nonains, les Béguines & les Moines n'en étoient point exempts.

36 Ceſt li dis dou pré. (194 vers.)

    Ki de raiſon ſon cuer atempre
    Bien puet partout et tart et tempre

A la fin :

    Si pringe garde a tant men tais
    Au pre ou demeure li tais

37 Cheſt du courtois donneur. (168. vers.)

    Onques ne vi en mon viuant
    Homme metre le bien auant

A la fin :

    Si ert en honnour retenus
    Partout ames et bien venus

C'eſt un dit.

38 Cheſt du ſot le conte (le Fou du Comte.) (288 vers.)

    Moult eſt li hom de grant hautece
    En cui il na viſſe ne tece

A la fin :

    A tant vous ai fine mon conte
    Ki eſt fais pour le ſot le conte

C'eſt auſſi un dit.

39 Ceſt du ſonge du caſtel. (308 vers.)

    Mout doit on amer le meſtier
    Ki a toute gent a meſtier

A la fin :

    Et nous de lui ſi ken la fin
    Noùs puiſſons aquiter par fin

Autre dit.

40 Che ſont li congie baude faſtoul daras. (696 vers.)

    Se ie ſauoie dire ou faire
    Coſe ki autrui deuſt plaire

A la fin :

    Cil du biau rain et du grant val
    Dient que iai trop demouré

Cette piece eſt des plus intéreſſantes. Baude Faſtoul forcé de de quitter la société de ses Compatriotes, à cause d'une maladie honteuse ; (probablement une lepre), qu'il s'étoit attirée par une suite de débauches, dit adieu à ses Bienfaiteurs, ses Parents & Amis d'Arras, & en nomme plus de cent. Entr'autres Sire Audefroi, connu par des Chansons & des Romans qui nous sont parvenus, Robert du Castel, & Jean Bodel, Auteur de plusieurs Chansons, &c.

41 Chi conmenche li poisanche damours. (en prose.)

Ki veut sauoir et entendre le verite et le raison par coi ne de coi ne conment corages de femme est par force de nature esmeus en amour.

Fauchet assure que cette Piece est de *Richard de Furnival*.

42 Chest li honeurs et li uertus des dames que jehans petis daras fist. (prose.)

Maistres de chele noble personne qui houme desirrent, &c.

43 Chi commenche dun dit damours que neuelos amions fist. (265 vers.)

  Amours iai oi de vous faire
  Maint boin ver qui bien doiuent plaire

A la fin :

  Ne lais ie pas que naparelle
  Le cors a faire vo commant

Nevelos Amions nous paroît être d'Arras. *Baude Fastoul* nomme dans son *congé* un *Henri Amion*, Bourgeois de cette Ville.

44 Ce sont li congie jehan bodel daras. (356 vers.)

  Pities ou me matere puise
  Menseigne que ie me deduise

Tome II.   H h

BELLES-LETTRES.

A la fin :

> Car gent ia de carite
> Bien me fouffiroit lor vitaille

Piece dans le genre de celle des adieux de *Baude Faftoul*, qui y eft nommé, ainfi que plufieurs amis du Poete, demeurant à Arras.

2737 Incipit vita fancti honorati. in 4. m. r.

MANUSCRIT TRÈS PRÉCIEUX fur papier, du *XV fiecle*, contenant 204 feuillets écrits en *ancienne bâtarde*, à longues lignes.

On trouve avant le corps de l'Ouvrage 7 feuillets écrits qui contiennent :

1 Une Table des Sommaires.

2 Une piece de vers françois du XVI fiecle fur les Reliques de l'Ifle St. Honoré de Lerins.

3 Un Catalogue des SS. Perfonnages qui ont demeuré dans l'Abbaye de S. Honoré de Lerins.

4 Une Prophétie fur l'Antechrift.

5 Le nom de l'Ecrivain appellé Bartholomé Audibert, & la date du MS. commencé en 1441.

22 autres feuillets de différentes écritures, qui font après le corps, & qui terminent le Volume, renferment :

1 La date de la confection du MS. en 1442, par le même Audibert, qui y a mis 6 vers latins, dont voici les deux derniers :

> Et qui furabitur per collum fufpendatur
> Et fi fit mulier in igne comburatur

2 Une piece intitulée : *Sequuntur quedam Prophecie.* Ces

BELLES-LETTRES. 243

Prophéties s'entendent depuis 1424 jusqu'à la résurrection qui doit arriver en 2767.

3 Une autre piece intitulée : *Cantinella in natiuitate Domini.* en vers Provençaux du XVI siecle.

4 Des vers latins sur différents Saints ; il y en a de Baptiste Mantuan.

5 Les Versets que l'on chante à Aix, la Fête de S. Etienne, dans l'Eglise de S. Sauveur la Métropole, paraphrasés en vers Provençaux.

6 Des vers Provençaux en l'honneur de S. Honorat.

Le corps de ce rare MS. contient la vie & les miracles en langue Provençale, de *S. Honorat*, premier Abbé & Fondateur de Lerins, Isle appellée aujourd'hui de son nom, & située entre Antibes & Fréjus. Il y fit bâtir en 391 un Monastere qui est devenu célebre par le nombre de Saints qu'il a donnés à l'Eglise. Il fut élu Evêque d'Arles en 426, & il mourut saintement en 429.

Il y eut autrefois deux vies de ce Saint ; l'une fut écrite en prose latine au V siecle par S. Hilaire son Disciple ; l'autre distribuée en 3 Livres, fut composée par un Anonyme qui la remplit de Fables. C'est cette derniere vie que *Raimond Feraud*, Auteur de celle que nous annonçons, a mis de latin en vers Provençaux, & dont il a fait cinq Chants ou Livres. Les deux premiers renferment la vie de S. Honorat ; les 3 & 4 ses miracles, & le 5e est intitulé : *La passions de mon senhor sanct porcari e dels sinc cencs mohegues de lerins.* Ils sont précédés d'un Prologue qui commence par ces vers :

Sel que vol commansar la vida sant alban
Els termes del compot vol tornar en vers plan

Nostradamus dit que *Raymond Feraud* étoit Gentilhomme, & vivoit en 1300. Il fit dans sa jeunesse des

BELLES-LETTRES.

Chansons d'amour qu'il brûla, lorsque, revenu d'une vie libertine, il prit l'habit monastique, & se retira à Lerins. Il avoit été long-temps au service de *Marie*, fille d'*Etienne V.* & sœur de *Ladiſlas*, Roi de Hongrie, laquelle avoit épousé *Charles II.* dit *le Boiteux*, Roi de Naples & de Sicile; elle mourut en 1323. *Feraud* ayant terminé sa vie de Saint Honorat en 1300, la dédia à cette Reine, par l'Ordre de laquelle il l'avoit entreprise. Il confirme ce fait à la fin de son 5ᵉ livre :

.... hay la vida romansat
Per mandament del bon abbat
Mossen gansselm que veramentz
Ha fach far la fin el comens
May qui lo nom vol enteruar
De sel que la volt romansar
Els miracles compli dieu laut
Hom lappella raymon feraut .....
Frayre som humils e enclins
Del sanct monestier de lerins
...... e lobra comant
A la benastrugua reyna
Donna maria que ha bontat fina
De iherusalem ha corona
E de cecilia la bona ....
De la vida li fac prezent
Que hai complit per lo sien plazer
E la comant en son poder
Si li plas au gran humilitat
E pree dieu per sa gran bontat
E sanct honorat de lerins
Quel don los gaus de paradis
Mays ben vuelh que sapian las gens
Que lan de dieu mil e tres cens

Compli lo prior fon romans
A lonor de dieu et del fanct toftemps.

Il fe dit Prieur dans l'avant-dernier vers, parceque cette vie de Saint Honorat lui valut un Prieuré dépendant de fon Monaftere.

2738 Recueil de pieces en profe & en vers du XIII fiecle. in fol. m. r.

MANUSCRIT fur vélin du *XIV fiecle*, bien confervé, contenant 161 feuillets. Il eft écrit en *lettres de forme*, fur 2 colonnes, & à longues lignes, & il eft enrichi de 71 petites miniatures. Les fommaires en font en rouge, & les *tourneures* en font peintes en or & en couleurs.

Il renferme les pieces fuivantes :

1 Ici commance le nombre des anz et des aages des fainz et apoftoiles et des empereeurs de romme et des roys de france et de la natiuité noftre feignor iufques a noftre tens dorendroit. (en profe.)

Jufqu'à l'an 1338, le dernier fait rapporté eft de l'an 1296 : *Ci furent les cretinnes des eaus qui abatirent le caftele de petit pont et fondirent toz les pons la ueille S. thomas lapoftre. et iehan de S. jehan pris en gafcoingne.* Felibien a rapporté le premier fait au Tom. I. pag. 467 de fon Hiftoire de Paris.

2 Ici commancent les aages du monde, li empereur de rome, les rois de france, les apoftoiles de rome. (profe.)

3 Ci commance li liures des pierres précieufes que on apele lapidaire. (profe.)

C'eft la traduction d'une piece de vers latins de *Marbode*, mort en 1123. Quelques Auteurs ont attribué cette piece à *Hildebert* ; mais à tort. Elle fe trouve imprimée avec quelques autres Ouvrages du même *Marbode*, à la fin des Œuvres du Moine Hilbert, publiées à Paris. in fol. en 1708. Elle y est accompagnée d'une traduction en vers françois, qui paroît du XIII siecle.

Marbode a traduit ce traité des pierres précieuses d'Evax, Roi d'Arabie, qui l'avoit composé pour Néron, Empereur Romain. Les pierres qui y sont décrites se montent au nombre de 61. On y traite de leur nature, de leurs qualités, & des propriétés qu'on leur attribuoit alors.

4 Auctoritez. (en prose,)

5 Ci commancent moralitez (prose.)

6 Ce sont li uers daumosne. (prose.)

7 Lexposition de la pater nostre. (prose.)

8 Ici commance un sermon monseigneur saint pols. (prose.)

9 Trois sermons de S. gregoire pape. (prose.)

10 Ici commance le sermon monseign. S. benoit au commancement de sa ruile.

C'est uniquement le Prologue de la Regle de S. benoît.

11 Ci sont meditations. (prose.)

12 Ce sont les uers de la mort.

(575 vers.)

Mors qui ma mis muer en mue
En celle est une ou li cors sue

A la fin :

De si chier morcel nai ie cure
Jaim miex mes pois et ma porée

13 Du bon ange et du mauues.

(482 vers.)

Seingneurs de par diex uos semon

Que entendez a ma refon

A la fin :

Qui dient quil ueulent pechier
Quil feront quites de legier

14 Ici commancent les VII uèrtuz.

(24 vers.)

15 Ici font li VII principaus uices.

(524 vers.)

Le premerain nommer uos ueil
Bien fachiez quil a non orgueil

A la fin :

Nus de nous riens nenportera
Fors feul i tant com fet aura

16 Ici commance la conception noftre dame.

(1762 vers.)

Ou non dieu qui nous doint fa grace
Oiez que nos dit maiftre gace

. . . .

Gaces ot non icel qui fift
Cefte eftoire et en romans mift

A la fin :

Por madame S. marie
Amen amen chafcun en die.

Ce Gace eft probablement Gace Brulés, Chanfonnier François du XIII fiecle. Il donne dans cette Piece une origine miraculeufe à la Fête de la Conception.

Guillaume, Duc de Normandie, après la conquête de l'Angleterre, & la mort du Roi *Erat* (Harald, dernier Roi Saxon,) ami du Roi de Danemarck (Suénon II.) envoya l'Abbé *Helfins* vers ce Monarque qui venoit de lui déclarer la guerre, pour appaiſer ſon courroux par des préſents. *Helfins* réuſſit dans ſa négociation. A ſon retour il fut aſſailli d'une violente tempête qui mit ſa vie dans le plus grand danger. Un Ange lui apparut, & le tirant à l'écart, lui promit de faire ceſſer la tempête, s'il vouloit s'engager à célébrer tous les ans une Meſſe à l'honneur de la Conception de Notre Dame. *Helfins* fut d'abord embarraſſé à choiſir le jour de cette célébration; mais l'Ange le tira d'affaire, en indiquant le 8 Octobre. Cet Abbé retourné dans ſon Abbaye de Ramſey, ne manqua point, tout le reſte de ſa vie, d'être fidele à ſon engagement.

Dugdale, (Monaſt. Angl. tom. I. pag. 240,) nomme cet Abbé *Ailſinus*.

Gace a traduit cette hiſtoire miraculeuſe d'un des 2 traités de S. Anſelme, ſur la conception.

17 Ici commance la moralité des ij maries et la mor que la magdalene ot et moſtra de noſtre ſeigneur iheſuſcriſt.

(1812 vers.)

Puiſque chanter me ſemont
Ne le lerai pour tout le mont

A la fin :

Amen amen ce eſt la fin
Beſſiez la teſte tuit enclin

18 Ici commance leſtoire de ioſeph comment ſes freres le uendirent en egypte. (1618 vers.)

Dune ancienne eſtoire
Vous ueil faire memoire

A la fin :

Et ſauf nous treſtoz face,
Pardeuant la ſeue face

19 Ici

BELLES-LETTRES.

19 Ici commance cathon.

(879 vers.)

  Seingnors uos qui metez uos cures
  Es fables et es auentures

  . . . .
  Ce dit iehan du chasteleft
  Qui nos commance cest roman
  De chaton et de ses commans

A la fin :

  Ci endroit prennent finement
  De chaton li commandement
  Jehan de paris fist ce liure
  Au miex quil onques pot escriure
  Les uers de latin mot a mot
  Por tel le fist quil moult amot
  Riens ni uost aiouster du sien &c.

Il paroît que cet Auteur se nommoit tantôt Jean du Châtelet et tantôt Jean de Paris.

20 Ici commance le romans de la mor que nostre sire ot a homme.

(892 vers.)

  Bien est amez qui amors aimme
  Et qui de par lui se reclaimme

A la fin :

  Sanz nulle fin en trinite
  Uns et trebles en unite

21 Uertuz. (256 vers.)

  Questionner uos ueil dun iugement
  Se i haus sires enuoie son present

Tome II   Ii

A la fin :

>Qui por auoir font de dieu liuroifons.

22 Ici commance Eructauit.

>(2184 vers.)

>>La chancon que dauid fift
>>Que noftre fire ou cuer li mift
>>Dirai madame de champaingne
>>Cele qui damel dieu enfaingne

A la fin :

>>Que toz mes cuers puiffe obeir
>>A lui loer et beneir

23 Ici commancent les ix manieres des painnes denfer.

>(208 vers.)

>>Qui liront en la uie iob
>>Il ne foloieroit pas trop

A la fin :

>>Ce dit li fages qui fermonne
>>Ce que tu confires fi donne

24 Ce font les x commandements.

>(86 vers.)

>>Aillors nos dit la S. page
>>Que cil qui nos fift a fymage

A la fin :

>>Qui uit et regne et regnera
>>Per infinita feculorum fecula

25 Ici commance un enfaingnement.

>(174 vers.)

>>Qui uelt eftre beneurez

BELLES-LETTRES.

    Ne foit pas trop afeurez

A la fin :

    Il meifmes nos doint tel sen
    Que nous le puiffon fere amen

26 Ici commancent les painnes et les tormenz denfer que faint michiel larchange monftra a S. pol lapoftre auant quil receuft mort.

    (593 vers.)

    Seigneurs or efcoutez qui damel dieu amez
    Qui les painnes denfer et les doulours cremez

A la fin :

    La nous doint paruenir ou li bon font mult lie
    En pardurable uie en fon faintifme fie

27 Jci commance la uie madame fainte thaife cuns fainz hermites qui auoit non pannuces fift retraire de folie.

    (1810 vers.)

    Qui dieu donne droit sen certes moult puet hair
    Jteles euures qui font lame de dieu partir

A la fin :

    Qui en la croiz daingnas pour moi fauuer morir
    Merci aiez de moi ne me leffiez perir

Cette vie en vers de Sainte Thaïs, Pénitente en Egypte vers le milieu du IV fiecle, n'eft pas la traduction de celle que fit *Marbode* en vers latins dans le XI fiecle, & qui eft imprimée à la fuite des Œuvres d'Hildebert.

POETES FRANÇOIS DU XIV SIECLE.

Ouvrages composés avant le milieu de ce siecle.

2739 Cest le Romant de la Rose. in fol. m. cit.

BEAU MANUSCRIT sur vélin du *XIV siecle*, parfaitement conservé, contenant 163 feuillets écrits en *lettres de forme*, sur 2 colonnes. Les sommaires en sont en rouge, & les *tournewes* en sont peintes en or & en couleurs. Il est enrichi de 49 miniatures & de divers ornements peints sur toutes les pages. On y voit aussi des petites figures très grotesques.

Tout le monde sait que le célebre Roman de la Rose fut d'abord commencé par *Guillaume de Lorris*, mort en 1260 ou 1262, après en avoir fait les 4150 premiers vers, & qu'il fut continué quarante ans après par *Jean de Meun*, surnommé *Clopinel*, parcequ'il étoit boîteux. On le croit né en 1279 ou 1280 au plus tard, dans la petite ville de Meun, située sur la Loire. Il continua ce Roman dans sa jeunesse, & l'acheva sûrement dans les premieres années du XIV siecle.

L'Ouvrage entier contient environ 22708 vers de 8 syllabes, rimant deux à deux, sans mélange alternatif de rimes masculines & féminines. Notre MS. en contient à la fin, vingt-quatre, qu'on ne trouve ni dans presqu'aucun MS. ni dans aucune Edition ancienne. *Lenglet du Fresnoy* est le seul qui les ait fait imprimer.

2740 Vesci le Rommans de la Rose, (commencé par Guill. de Lorris, & achevé par Jean de Meun.) in fol. m. r.

MANUSCRIT sur vélin du *XIV siecle*, bien écrit, contenant 138 feuillets. L'écriture en est en *lettres de forme*, sur 2 colonnes, & les sommaires en sont en rouge,

BELLES-LETTRES.

2741 Cy commence le Rommant de la Rose, (commencé par Guil. de Lorris, & achevé par Jean de Meun.) in fol. m. r.

Très beau Manuscrit sur vélin du *XV siecle*, exécuté en lettres appellées *ancienne bâtarde*, sur 2 colonnes, & contenant 162 feuillets. Il est enrichi de 49 excellentes miniatures, dont la premiere porte 5 pouces & demi de hauteur, sur 6 pouces & demi de largeur. Les autres ont plus de 3 pouces & demi de hauteur, sur 3 de largeur. Les pages sont élégamment ornées & remplies d'une grande quantité de *tourneures* peintes en or & en couleurs. La premiere est écrite dans un cadre fort riche. On lit à la fin du MS.

Cy fine le rommant de la Rose escript de la main de Jehan lorin.

2742 Œuvres diverses de Jean de Meun. in fol. m. r. dent.

Superbe Manuscrit sur vélin du *XV siecle*, contenant 223 feuillets écrits en *ancienne bâtarde*, sur 2 colonnes & à longues lignes. Il est enrichi de 117 miniatures de la plus grande beauté. Il y en a cent treize qui portent environ 3 pouces en quarré, & quatre, 5 pouces & demi de largeur, sur près de 4 pouces de hauteur.

Il contient :

1 Cest cy le romans de la rose.

2 Cest le testament de maistre jehan de meun.

  Ly peres et ly filz et ly sainctz esperis ....

Cette piece renferme 2120 vers Alexandrins ; elle est décorée d'une fort belle miniature qui représente *Jean de*

Meun, vêtu d'une robe bleue, couché fur un lit, & tenant d'une main un livre couvert de velours cramoifi. A l'entour de fon lit font un Pape, un Cardinal, un Evêque, des Moines, des Femmes, &c. Cette miniature eft analogue au Teftament qui renferme une Satyre contre les Hypocrites du temps de *Jean de Meun*. Cet Auteur y dévoile la conduite des Prélats, des Femmes & des Magiftrats. Il l'a intitulée: *Teftament*, parcequ'elle contient une forte de profeffion de foi.

3 Le codicile maiftre jehan de meun. (de 88 vers de 8 fyllabes.)

Dieux ait lame des trefpaffez . . .

4 Le trefor maiftre jehan de meun des fepts articles de la foy lequel il fift et compila ou lit de fa mort (d'environ 1619 vers de 8 fyllabes.)

O glorieufe trinite . . . .

Lenglet du Frefnoy & l'*Abbé Goujet* ont confondu ces trois dernieres pieces de *Jean de Meun*. Ils ont intitulé le Teftament: *Codicile*, & le Tréfor: *Teftament*. L'un a mis à la fuite du Tréfor *le Codicile*, avec le titre d'*Epitaphe des Trépaffés*; l'autre a dit que le *Teftament* & le *Tréfor* ne font qu'une feule & même piece. Ils ont été fans doute induits en erreur par les différentes Editions anciennes que l'on a faites de ces trois pieces, dans lefquelles on remarque les mêmes fautes.

2743 Le Rommant de la Rofe, (commencé par Guill. de Lorris, & achevé par Jean de Meun.) in fol. goth. fig. v. m.

EDITION fur 2 colonnes, dont celles qui font entieres ont 41 lignes.

BELLES-LETTRES. 255

Le premier feuillet ne contient que ce titre qui est imprimé au recto :

LE Rommant De La Rose.

A la fin, recto, au bas de la seconde colonne :

*Cest la fin du romant de la rose
Ou tout lart damours est enclose.*

2744 Le Romant de la Rose, (commencé par Guill. de Lorris, & achevé par Jean de Meun.) *Paris, Jehan Jannot.* in 4. goth. m. r.

2745 Le Romant de la Rose, (commencé par Guill. de Lorris, & achevé par Jean de Meun.) *Paris, Michel le Noir*, 1519. in 4. goth. m. r.

2746 Le Romant de la Roze, (commencé par Guill. de Lorris, achevé par Jean de Meun, & revu par Clément Marot.) *Paris, Galliot du Pré, le 19 Avril* 1526, *après Pasques.* in fol. goth. m. r.

IMPRIMÉ SUR VÉLIN, avec 95 Miniatures.

2747 Le Romant de la Rose, (commencé par Guill. de Lorris, achevé par Jean de Meun, & revu par Clément Marot.) *Paris, Galliot du Pré*, 1529. in 8. m. viol. doubl. de m. cit. dent. l. r.

SUPERBE EXEMPLAIRE de M. le Comte d'Hoym.

2748 Le Romant de la Rose, (commencé par Guill. de Lorris, achevé par Jean de Meun, &

revu par Clément Marot.) *Paris, Galliot du Pré*, 1531. in fol. goth. v. b.

2749 Le Romant de la Rose, (commencé par Guill. de Lorris, achevé par Jean de Meun, & revu par Clément Marot.) *Paris, Guillaume le Bret*, 1538. in 8. goth. v. f.

2750 Le Roman de la Rose, par Guillaume de Lorris, & Jean de Meun, dit Clopinel, accompagné de plusieurs autres Ouvrages, d'une Préface historique, de Notes & d'un glossaire. Par M. l'Abbé Lenglet du Fresnoy, (& par J. B. Lantin de Damerey.) *Paris, Veuve Pissot*, 1735. 3 vol. in 12. v. b.

2751 Le Romant de la Roze moralisé cler & net translaté de rime en prose par J. Molinet. *Lyon, Guillaume Balsarin*, 1503. in fol. goth. fig. m. r.

2752 Le Romant de la Rose, moralisé cler & net translaté de rime en prose, par Jehan Molinet. *Paris, Ant. Verard.* in fol. goth. fig. v. m.

On voit par la note suivante écrite à la fin du Volume, que cette Edition paroissoit au commencement de l'année 1511.

Anthoine Verard libraire demour apīs a donne ce pn̄t livre au monastere de clerevaulx le XV jo. de mars mil V et oze priez dieu pō luy.

2753 C'est le Romant de la Rose moralisé cler et net

BELLES-LETTRES.

net tranſlaté de rime en proſe par Jehan Molinet. *Paris, pour Anthoine Verard.* in fol. goth. m. verd.

SUPERBE EXEMPLAIRE IMPRIMÉ SUR VÉLIN, avec 140 miniatures. Il a appartenu à *Claude d'Urfé*, dont on voit le chiffre aux quatre coins de la couverture, & les armes en cuivre doré, au milieu. Il a auſſi appartenu à *Honoré d'Urfé*, & à *M. Jean du Tillot*, qui a mis à la tête du Volume des remarques MSS. ſur les Auteurs du Roman de la Roſe, & un portrait de Jean Clopinel, ſurnommé de Meun, deſſiné à l'encre de la Chine.

2754 Cy ſenſieut le teſtament Maiſtre Jehan de Meuun. — Vers ſur la Vierge. — Enſieut le traictiet du Rouſſignol oyſelet amoureux. in fol. v. f. d. ſ. tr.

MANUSCRIT ſur papier du *XV ſiecle*, contenant 38 feuillets. Il eſt écrit en *ancienne bâtarde*, à longues lignes. Les différentes pieces qu'il renferme ſont en vers Alexandrins. Le Teſtament de *Jean de Meun*, auquel il manque pluſieurs vers, commence ainſi :

    Li peres el li filz et li ſains eſperis

2755 Cy commance le liure appelle le treſor fait & compoſe par maiſtre Jehan de Mehum. in 4. m. r.

MANUSCRIT ſur vélin du *XV ſiecle*, contenant 34 feuillets. Il eſt écrit en lettres appellées *ancienne bâtarde*, à longues lignes, & enrichi de *tourneures* peintes en or & en couleurs.

    O glorieuſe trinité ....

2756 Le Codicille & Teſtament de maiſtre Jehan de Meun. avec l'Epitaphe du feu Roi Charles ſeptieme qui trepaſſa audit Meun. (Par Simon Grebt.) in 4. goth. m. verd.

2757 Le Codicille & Teſtament de Mtre. Jehan de Meun. *Paris, Michel le Noir*, 1501. in 4. goth. m. r.

2758 Le plaiſant jeu du Dodechedron de Fortune, non moins recréatif que ſubtil & ingénieux, (compoſé par Jean de Meun, revu par François Gruget.) *Paris, Nicolas Bonfons*, 1577. in 8. v. m.

2759 Cy commence le pelerinaige de vie humainne expoſé ſus le Roumant de la Roſe. in fol. m. r.

Très beau manuscrit ſur vélin du *XV ſiecle*, contenant 190 feuillets écrits en *ancienne bâtarde*, ſur 2 colonnes. Les ſommaires ſont en rouge, & les lettres *tourneures* ſont peintes en or & en couleurs. Il eſt enrichi d'une miniature d'environ 7 pouces de largeur, ſur 4 & demi de hauteur, & de 41 de 3 pouces en quarré. Les armes anciennes de Bourgogne ayant pour ſupports deux Lyons, & dans le Cimier un Hibou, décorent le premier feuillet.

Guillaume de Guilleville, Auteur de cet Ouvrage en vers, naquit à Paris vers 1295, & ſe fit Moine de l'Abbaye de Chaalis, Ordre de Citeaux, fondée au XII ſiecle près la Ville de Senlis. Il y compoſa ſon Poeme, qui conſiſte en trois Songes que la lecture du Roman de la Roſe lui fit imaginer. Il commença ſon premier ſonge en 1330, & acheva le troiſieme en 1358. Ils ſont écrits en vers de 8 ſyl-

BELLES-LETTRES. 259

labes qui riment deux à deux, fans l'alternative des rimes mafculine & féminine. Le premier eſt intitulé : *Le Pélerinage de la vie humaine*; le fecond : *Le Pélerinage de l'ame féparée du corps*, & le troifieme : *Le Pélerinage de Jéfus Chriſt*. Les Editions qu'on en a faites ont été revues & retouchées par *Pierre Virgin*, Religieux de Clairvaux. Il y a des MSS. & des Editions qui contiennent le premier Songe, reduit en profe en 1364, par *Jean Gallopez*, Clerc d'Angers, à la Requête de Jeanne de Laval, Reine de Jérufalem & de Sicile.

2760 Le Romant des trois Pelerinaiges. le premier eſt de l'homme durant qu'eſt en vie. le fecond de l'ame féparée du corps. le tiers eſt de notre Seigneur Jefus. fait & compofé par Guillaume de Guileville, Moine de Chaaliz, (revu par Pierre Virgin.) *Paris, Maître Barthole & Jehan Petit.* in 4. goth. m. bl. dent.

IMPRIMÉ SUR VÉLIN.

2761 Le Romant des trois pelerinaiges. Par frere Guill. de Guileville, (revu par Pierre Virgin.) *Paris, Maître Barthole & Jehan Petit.* in 4. goth. v. f.

2762 Le Romant des trois pelerinages de l'homme, par Guillaume de Guileville, (revu par Pierre Virgin.) *Paris, Ant. Verard*, 1511. in fol. goth. fig. v. f.

2763 Le Pelerinage de la vie humaine. in fol. m. r.

MANUSCRIT sur vélin du *XV siecle*, contenant 123 feuillets. Il est écrit en lettres appellées *ancienne bâtarde*, sur 2 colonnes, & il est décoré de 100 figures coloriées.

Ce MS. ne renferme que le premier songe de *Guillaume de Guilleville*.

2764 Le Pélerinaige de la vie humaine, converti de ryme en prose (par Jean Gallopez.) *Lyon, Mathis Husz*, 1485. in 4. v. f.

2765 Cy commence le liure intitule le liure des troiz maries lequel compila fit & ordonna frere Jehan Fillons de Venette lez compiegne en beauuoisins de lordre des Carmes lan 1357 acompli ou moys de may ledit an a lheure des complies. in fol. m. r.

TRÈS BEAU MANUSCRIT sur vélin du milieu du *XV siecle*, contenant 232 feuillets écrits en lettres appellées *ancienne bâtarde*, sur 2 colonnes. Les titres y sont en rouge, & les lettres *tourneures* peintes en or & en couleurs. Il est orné de 7 miniatures qui sont exécutées en camaïeu gris. Il a appartenu à un Abbé ou à un Evêque de la maison de *Rolin*, dont les armes avec une crosse se voient sur le 10e feuillet. Les trois Maries dont il est parlé dans l'Ouvrage en vers de *Jean de Venette*, sont: *Marie*, Mere de Notre Seigneur, *Marie Cleophé* & *Marie Salomé*. M. de Sainte-Palaye dans le tom. XIII. des Mém. de l'Académie des Inscriptions ; & l'*Abbé Goujet*, dans le tom. IX de sa Bibliotheque, ont donné de longues notices de ce Poeme de *Jean de Venette*, qui est aussi Auteur de la seconde continuation de la Chronique de Guillaume de Nangis.

BELLES-LETTRES.

2766 La vie des trois Maries, de leurs Peres, & de leur Mere, de leurs Maris & de leurs Enfans, composée en ryme françoise, par Frere Jehan Venette, & tranflatée de ryme en profe, par Mtre. Jehan Drouin. *Rouen, J. Burges.* in 4. goth. m. r.

2767 La vie des trois Maries, mife en ryme par Fr. Jehan Venette, & tranflatée en profe par Jehan Drouin. *Lyon, Claude Nourry*, 1513. in 4. goth. m. r.

2768 Boece de la confolation de la Philofophie. in fol. m. verd.

MANUSCRIT fur papier *du XV fiecle*, contenant 114 feuillets. Il eft écrit en *ancienne bâtarde*, à longues lignes.

 Fortune mere de triftefſe
 De douleur et daffliction
 Mettre me fift a ma jeunefſe
 Mon eftude et intencion
 De faire ung rommant fur boece
 Quon dit de confolacion

A la fin:

 Se vous voulez fauoir lannee
 Et la ville et la journee
 Ou le frere parfift fentente
 Lan mil ccc et fix et trente
 Le derrain jour de may prenez
 Si faurez quand a fin menez
 Fut ce romant a polligny
 Dont le frere eft de polligny

Qui le rommant en ryme a mys
Dieu gard au frere ses amis
Que ce petit rommant a fait
Et qui pardoint tout son meffait

Cette traduction de la *Consolation de Boece* est toute en vers. M. *Galand*, dans les Mém. de l'Acad. des Inscriptions, *du Verdier*, tom. III. pag. 360 de sa Bibliotheque, & *la Monnoie* sur du Verdier, en ont parlé fort au long ; mais d'une maniere peu claire. Ce Roman a besoin d'un nouvel examen.

Le Poete Traducteur se nommoit *Frere Regnault de Louens*.

2769 Le Livre de bonne vie qui est appellé Mandevie. Par Jehan du Pin. *Chambery, Antoine Neyret*, 1485. in fol. goth. v. f.

2770 Le Champ vertueux de bonne vie appellé Mandevie, (en vers & en prose,) par Jehan du Pin. *Paris, Michel le Noir*. in 4. goth. m. r.

2771 Les Poésies de Guillaume de Machau. 2 vol. in fol. m. r.

MANUSCRIT TRÈS PRÉCIEUX sur vélin, du *XIV siecle*, divisé en 2 Volumes, & contenant 364 feuillets écrits en *lettres de forme*, sur 2 colonnes, & à longues lignes. Les sommaires y sont en rouge, & les *tourneures* peintes en couleurs. Il est enrichi de 148 miniatures qui sont assez belles, eu égard au siecle où elles ont été exécutées.

Ce MS. rare renferme les pieces suivantes :

1 Piece commençant par ces mots : *Comment nature volant orendroit* . . . .

BELLES-LETTRES.

2 Le dit dou vergier.

3 Le Jugement du bon Roi de Behaingne.

4 Le jugement du Roi de Navarre contre le jugement du bon Roi de Behangne (de l'an 1349.)

5 Remede de fortune.

6 Le dit dou lyon (de l'an 1342, 2 d'Avril.)

7 Le dit de l'Alérion.

8 Le Confort d'Ami (de l'an 1357.)

9 Le dit de la Fonteinne amoureuse.

10 Le dit de la Harpe.

11 Livre du voir dit.

12 Le dit de la Marguerite.

13 Le dit de la Rose.

14 Vesci les biens que ma Dame me fait.

15 La prise de la ville d'Alexandre par Pierre, Roi de Jérusalem & de Chypre (après l'an 1369.)

16 La louange des dames.

17 Les Complaintes.

18 Le dit de la fleur de Lys & de la Marguerite.

19 Lays sur plusieurs sujets dont les premieres Strophes sont notées.

20 Autres lays dont le lay mortel, le lay de la fonteinne, le lay de confort, le lay de bonne esperance, le lay de plour, le lay de la souscie, le lay de la rose.

21 Motets notés en musique; il y en a en latin.

22 Une Messe notée à quatre parties que l'on croit avoir été chantée au Sacre de Charles V, Roi de France.

23 Balades notées.

24 Rondaulz notés.

25 Chanſons baladées & notées.

Guillaume de Machau, Auteur de toutes ces pieces, vit le jour vers la fin du XIII ſiecle. Il étoit Champenois. Il devint en 1307 Valet-de-Chambre de Philippe le Bel, emploi qu'il exerça juſqu'à la mort de ce Monarque, arrivée en 1314. Il s'attacha enſuite à Jean de Luxembourg, Roi de Boheme, dont il devint Secrétaire par la protection de Henri, Roi de Navarre. Après la mort du Roi de Boheme, tué en 1346 à la bataille de Creci, Machau entra ſucceſſivement en la même qualité de Secrétaire, dans les maiſons de Bonne de Luxembourg ſa fille, de Jean Duc de Normandie, qui fut enſuite Roi de France ſous le nom de Jean II, & de Charles V ſon fils. On ignore l'année de ſa mort. Il vivoit encore en 1370, puiſqu'il rapporte dans une de ſes pieces, intitulée: la Priſe d'Alexandrie, l'aſſaſſinat de Pierre, Roi de Jéruſalem, arrivé ſur la fin de l'an 1369. Il eſt étonnant que Machau, qui fut Officier de Charles V, n'ait mis aucun de ſes Ouvrages dans la riche Bibliotheque que ce Monarque avoit formée au Louvre. Du moins l'inventaire qui en fut fait en 1373, & celui de 1410, ordonné par Charles VI, ne font mention d'aucune piece de ce Poete.

M. l'*Abbé le Beuf*, dans le tom. XX des Mém. de l'Acad. des Inſcriptions, M. le *Comte de Caylus* au même tom. & en dernier lieu M. l'*Abbé Rive*, dans le tom II de l'Eſſai ſur la Muſique, par M. *de la Borde*, ont donné des notices ſavantes ſur la perſonne & les Ouvrages de *Guil. de Machau*. Les deux Académiciens avoient commis des erreurs que M. l'*Abbé Rive* a relevées.

2772 Ci commence le dit du Lion (par Guillaume de Machau.) in fol. m. r.

MANUSCRIT

BELLES-LETTRES.

Manuscrit fur vélin du *XV fiecle*, contenant 16 feuillets. Il eſt écrit en *ancienne bâtarde*, fur 2 colonnes. Les *tonrneures* y font peintes en or & en couleurs, & une partie des pages décorée d'ornemens & de 10 miniatures. L'Auteur défigne à la fin de cette piece, compofée le 2 Avril 1342, comme dans prefque toutes celles qu'il a faites, les vers où l'on peut trouver fon nom.

> Et pour ce quil napartient mie
> Son nel demande que ie die
> Que ce liure ay mis en rime
> Prennez tout le ver penultime
> Et les lettres deſſemblez
> Puis autrement les raſſemblez
> Et dou derrein la premerainne
> A donc porrez ſauoir ſans peinne
> Mon nom et mon furnom fans faille
> Car lettre ni a qui faille

Voici ces vers; mais on ne peut en former le nom de *Guillaume de Machau*, fans y ajouter des lettres:

> *Se dun gent voloir (deceu)*
> *Auoit mon cuer qui la creu*

Ouvrages compoſés après le milieu du XIV fiecle.

2773 Le Reſpit de la mort. Par Jehan le Febure. *Paris, Alain Lotrian*, 1533. in 8. goth. v. b.

2774 Satyre contre le mariage. — Apologie du mariage. in fol. v. f. d. f. tr.

Manuscrit fur vélin du *XV fiecle*, contenant 109 feuillets. Il eſt écrit en *ancienne bâtarde*, fur 2 colonnes.

Il est décoré de *tourneures* peintes en or & en couleurs, & des armes d'*Urfé*.

Le premier de ces deux traités est connu sous le titre de *Livre de Matheolus*. On l'a quelquefois annoncé sous celui de *Lamentations de Mariage & de Bigamie*, & aussi sous celui du *Résolu en Mariage*.

Un MS. de feu M. *le Marquis de Bourbonne*, apprend que cette Satyre contre le Mariage a été *translatée par Jean le Fevre de Thremanne*. (Il faut lire sans doute : *de Therouane*,) *du latin de Maistre Mahieu*, qui la lui avoit envoyée pour la mettre en vers françois. Le livre latin de *Mahieu*, autrement nommé *Mathieu*, *Mathiet* & *Matheolus*, livre qui n'est plus connu aujourd'hui, a excité dans le XV siecle le ressentiment de plusieurs Auteurs contre les reproches & les blâmes dont ce Satyrique, qu'ils ont surnommé *le Bigame*, y accable les femmes. Le plus ancien d'entr'eux est *Christine de Pisan*. Cette fille célebre a pris vivement la défense de son sexe, dans son livre *de la Cité des Dames*, qu'elle composa en 1403; elle y dit même que l'idée de cet Ouvrage lui vint, en ouvrant un jour le livre qui se *clamoit Matheolus*. Elle y discute les attaques de cet Auteur, & lui oppose aux mépris qu'il tâche d'inspirer pour les femmes, les traits de courage & de vertu de celles qui se sont illustrées dans l'histoire.

Le Traducteur paroît avoir vécu du temps de *Matheolus*; mais, à en juger par le Prologue, il ne mit cette Satyre en rimes qu'après sa mort. Il raconte que *Matheolus* avoit envoyé à Therouane un Exemplaire de son livre très proprement écrit.

Le second traité contenu dans ce MS. a été imprimé sous le titre de *Rebours de Matheolus*. Jean le Fevre y prend la défense des femmes contre le premier traité qu'il s'excuse d'avoir publié, en disant qu'il n'a fait que le traduire.

2775 Le Livre de Matheolus qui nous montre fans varier les biens & auffi les vertus qui vieignent pour foi marier & à tous faictz confidérer il dit que l'homme n'eft pas faige fy fe tourne remarier quant prins a efte au paffaige, (trad. du latin par Jean le Fevre de Therouane.) *Paris, Ant. Verard*, 1492. in fol. goth. m. bl.

On lit au dernier feuillet les vers fuivants :

>Pour lan que ie fus mys en fens
>Retenez. M. et cinq cens
>Je vous prie oftes en huyt
>Mettez octobre le tiers iour
>Et prenez plaifir et feiour
>Tout ainfy comme il fenfuyt.
> Œ Explicit.

2776 Le Livre du refolu en mariage : traitant & démontrant la grande prouefſe & réfiftance qu'ont eu & ont de préfent les femmes contre les hommes, & principalement contre les puiflans, fors & preux. *Paris, Veuve de Jehan Trepperel.* in 4. goth. m. bl.

Même Ouvrage que le précédent, à peu de chofe près.

2777 Recueil de pieces. in 4. goth. v. m.

Il contient :

1 Le Rebours de Matheolus, (par Jean le Fevre de Therouane;) *Paris, Michel le Noir*, 1518.

BELLES-LETTRES.

2 Le Girouflier aux Dames. Ensemble le dit des Sibiles, Epître de Seneque à Lucille.

3 Le Banquet du Bois.

4 Les Fantaisies du Monde. *Paris, Mich. le Noir.*

5 Les Souhaits des Hommes. (*Paris, Mich. le Noir.*)

6 La Complainte du Nouveau Marié. (*Paris, Jean Trepperel.*)

7 Demandes d'Amours, (attribué à Alain Chartier.) en prose. (*Paris, Mich. le Noir.*)

2778 La vie de Bertrand du Guesclin. in fol. m bl.

MANUSCRIT sur vélin du *XV siecle*, contenant 288 feuillets. Il est écrit en *ancienne bâtarde*, à longues lignes, & décoré de 14 miniatures peintes en camaïeu. Les lettres *tourneures* y sont rehaussées d'or.

 Seigneurs or entendez par dieu le roy diuin
 Car nostre dieu qui de leaue fist vin
 Le iour quil fut aus noces du saint archedeclin...

A la fin :

 Jhesus par sa grace qui maint en mageste
 Doint que soions sauuez par la soye bonte

Cette vie de Du Guesclin contient environ 18400 vers. Le nom du Poete se trouve au 23ᵉ vers.

 Cilz qui le mist en rime cuneliers est nommez
 Et pour lamour du prince qui de dieu soit amez
 Adfin con neust pas le bons faiz oubliez
 Au vaillant connestable qui tant fut redoubtez
 En a fait les biaus vers noblement ordonnez...

Cet Auteur étoit déjà mort en 1389, ce que prouve le

BELLES-LETTRES. 259*

paſſage ſuivant, tiré du Chapitre 57 de la troiſieme partie du *Songe du vieil Pélérin*, par Philippe de Maizieres:

> Beau filz tu peulz auoir des faiſeurs honneſtes et prudomes qui font les beau dicties de dieu et de la vjerge marie et des hyſtoires honeſtes morales et devottes comme eſtoit le pouure homme appelle *Cimelier* (pour Cunelier, par erreur du Copiſte.)

POETES FRANÇOIS DU XV SIECLE.

Ouvrages compoſés avant le milieu de ce ſiecle.

2779 La Fontaine des Amoureux. (par Jean de la Fontaine.) *Paris, Jehan Janot.* in 4. goth. m. r.

2780 La Fontaine des Amoureux de Science. Par Jean de la Fontaine. revue & miſe en ſon entier avec les figures, par Antoine du Moulin. *Lyon, de Tournes*, 1571. in 8. m. r.

2781 La transformation métallique, trois anciens traités en rime françoiſe. ſavoir: la Fontaine des Amoureux de ſcience, par J. de la Fontaine. les remontrances de nature à l'Alchymiſte, par Jean de Meung. le Sommaire Philoſophique de Nicolas Flamel. *Paris, Guil. Guillard*, 1561. in 8. m. r.

2782 Le Roman de Méluſine ou de Partenay ou de Luſignan. — Cy ſenſuiuent les fais auenuez ou royaume de France depuis lan de graçe mil

Tom. II.

IIII^c trois (jufqu'en 1454. en profe.) in fol. m. verd ou m. bleu.

Très beau Manuscrit fur vélin, exécuté en *ancienne bâtarde*, & fur 2 colonnes. Il eft du commencement du *XV fiecle*, mais la Chronique en profe, qui a été ajoutée à la fin, eft de l'année 1454. Il eft orné de quatorze belles miniatures qui ont 4 pouces 7 lignes de hauteur, fur 6 pouces de largeur, & il contient 54 feuillets.

Les vers du roman de Mélufine font de 4 pieds ou de huit fyllabes. Ils riment deux à deux; mais ils n'obfervent point l'alternative des rimes mafculines & féminines.

L'Auteur de ce Roman eft un nommé la Coudrette. Il l'entreprit à la priere de Guillaume de Partenay, & il le continua après la mort de ce Seigneur, arrivée en 1401, par le commandement de Jean de Partenay fon fils. On lui remit quatre Ouvrages différents, compofés avant lui, qui traitoient du Château de Lufignan, & de la Fée Mélufine, d'après lefquels il mit en rimes le Roman dont il eft queftion.

L'hiftoire fabuleufe qu'il contient eft celle de la fameufe Fée Mélufine, que l'on dit avoir exifté dans la perfonne de Milefende, femme de Raimond de Poitiers, Prince d'Antioche, & Comte de Tripoly. Cette Dame étoit regardée comme une Fée demi-Femme & demi-Serpent, qui revenoit après fa mort dans le beau & ancien Château de Lufignan, fitué à 4 lieues de Poitiers, & dont elle paffoit pour Fondatrice. Elle fe mettoit quelquefois fur la groffe tour de ce Château; mais plus fouvent elle plongeoit fa queue de ferpent dans la grande fontaine, & ne laiffoit voir que des attraits de Femme qui éblouiffoient tous les yeux. Brantome dans fon éloge de Louis de Bourbon, Duc de Monpenfier, raconte, comme un fait certain, que toutes les fois que la famille de Lufignan, ou le Royaume de Chypre font menacés de quelque grand

BELLES-LETTRES.

défaftre, cette Fée bienfaifante ne manque pas de pouffer, trois jours avant, par trois différentes reprifes, des cris effroyables & aigus. Le même Auteur déplore beaucoup la ruine du Château de Lufignan, le plus ancien monument de France ; il n'y a perfonne, dit-il, qui ne maudiffe le Duc de Montpenfier qui l'a fait rafer.

2783 L'Epiftre que la Deeffe Othea envoya a Hector de Troye en fa jeuneffe pour l'induire en vertuz & pour monftrer comment les cheualiers tendans a hault pris d'honneur fe doivent maintenir. in 4. m. r.

TRÈS BEAU MANUSCRIT fur vélin du *XV fiecle*, contenant 126 feuillets écrits en *ancienne groffe bâtarde*, à longues lignes. Il eft enrichi de *tourneures* peintes en or & en couleurs, & d'une fuperbe miniature qui a 4 pouces & demi de hauteur, fur plus de trois pouces & demi de largeur. Le premier feuillet qu'elle décore eft entouré d'un beau cadre orné de fleurs & de fruits peints fur un fond d'or, & chargé des armes d'Oetingen, furmontées d'un cimier.

Ce MS. ne porte point de titre. Celui que nous lui donnons eft emprunté d'un autre MS. il n'a pas non plus d'Epître Dédicatoire ; cependant *Chriftine de Pifan*, Auteur de l'Ouvrage qu'il contient, en compofa deux différentes qu'elle adreffa, l'une à *Louis, Duc d'Orléans*, fecond fils de *Charles V*, & l'autre à *Jean, Duc de Berry*, frere de ce Monarque, en leur en envoyant un Exemplaire.

Cet Ouvrage eft mêlé de profe & de vers, & il contient cent faits tirés de la Fable & de l'Hiftoire ancienne. Chaque fait y eft accompagné d'une Glofe & d'une Allégorie qui ramenent tout à la Morale Chrétienne.

2784 Les cent histoires de Troye, par Chrestienne de Pise. *Paris, Philippe Pigouchet.* in 4. goth. fig. m. r.

2785 Cy commence le liure de la mutacion de fortune fait & compilé le xviij iour de nouembre lan de grace mil iiij^c & iij & est divise ledit liure en vij parties. in fol. m. r.

BEAU MANUSCRIT sur vélin du *XV siecle*, contenant 176 feuillets, dont le premier manque. L'écriture est en *ancienne bâtarde*, sur 2 colonnes. Les intitulés sont en rouge. Les lettres *tourneures* & 3 miniatures qui le décorent, sont rehaussées d'or.

Ce Poeme Allégorique & Moral, écrit en vers de 8 syllabes, rimant deux à deux, sans mélange de rimes masculines & féminines, est encore de la célebre *Christine de Pisan.* Elle en parle dans la seconde partie de *sa vision*, comme d'un Ouvrage qui lui a donné beaucoup de peine; & dans la premiere partie de sa *Vie de Charles V*, Roi de France, elle dit : que l'ayant fait présenter le premier jour de l'an 1403 (vieux style) à Philippe le Hardi, Duc de Bourgogne, qui étoit pour lors logé au *Chastel du Louvre*, ce Prince, après l'avoir lu avec plaisir, voulut en connoître l'Auteur ; c'est pourquoi il la manda auprès de lui, la reçut avec bonté, & lui commanda d'écrire la vie de *Charles V* son frere. *Christine* se mit aussi-tôt à composer cet Ouvrage, dont la premiere partie fut achevée le 28 Avril 1404, quatre mois après qu'elle en eut reçu l'ordre.

Le livre *de la Mutation de Fortune* est mentionné dans l'inventaire de la Librairie de *Jean, Duc de Berry,* auquel *Christine* l'avoit envoyé en présent en Mars 1403. (vieux style.).

Elle

BELLES-LETTRES. 263

Elle étoit dans l'usage de présenter à ce prince, presque tous les ans, pour étrennes, quelques-uns de ses Ouvrages.

2786 Ovide Methamorfoseos. in fol. m. r.

MANUSCRIT sur vélin du *XV siecle*, contenant 347 feuillets écrits en *ancienne bâtarde*, sur 2 colonnes. Les sommaires y sont en rouge ; le premier feuillet est décoré des armes d'*Urfé*.

> Se lescripture ne me ment
> Tout est pour nostre enseignement

A la fin :

> Et mon nom soit escript ou liure
> Ou dieu fait ses amis escripre

Ce MS. renferme plus de 67000 vers. Il est sans nom d'Auteur ; mais celui qui existe dans la Bibliotheque de Genêve nous l'a conservé. On y lit : .... *Ovide le Grant dit Metamorphoses translaté de latin en francois par Cretien Gouays de Sainéte More vers troye.*

Le latin sur lequel a traduit ce *Chrétien Gouays*, n'est point celui d'*Ovide* ; mais un Ouvrage en prose latine, intitulé : *Métamorphoses d'Ovide, moralisées par Thomas Walleis* ou *Guallensis*, autrement *Vallois*, Anglois de nation.

Il est parlé d'une traduction en vers des Métamorphoses moralisées, dans le Prologue de la traduction en prose qu'en a faite Colard Mansion en 1484. Nous conjecturons que cette traduction est celle que nous avons sous les yeux.

2787 Supplication a nostre Dame faite (par maistre Pierre de Nesson.) in 4. goth. v. f.

Petite piece de vers très singuliere & fort rare ; elle est

imprimée sous le titre de *Teſtament de Pierre de Neſſon*, dans *la Danſe aux Aveugles, & autres Poéſies du XV ſiecle*, *Lille* , 1748. in 12. pag. 169.

L'Edition eſt à longues lignes au nombre de 26 ſur les pages qui ſont entieres. Elle eſt ornée de 2 figures en bois, & elle contient en tout 6 feuillets. Les caractères en ſont les mêmes que ceux du *Champion des Dames*, N° 2794.

2788 Recueil de Poéſies du Duc d'Orléans. in 8. m. bl.

Manuscrit ſur vélin du *XV ſiecle*, contenant 169 feuillets écrits en *ancienne bâtarde*, à longues lignes. Il a des lettres *tourneures* peintes en or & en couleurs.

L'Auteur des charmantes Poéſies contenues dans ce rare MS. eſt *Charles d'Orléans*, Petit-fils de *Charles V*, Pere de *Louis XII*, & Oncle de *François premier*. Il naquit en 1394, & ſe trouva en 1415 à la funeſte bataille d'Azincourt, dans laquelle il fut fait Priſonnier. On le conduiſit en Angleterre où il demeura pendant 25 ans. Il dut principalement ſa liberté à *Philippe le Bon*, Duc de Bourgogne.

Ses Poéſies conſiſtent en ballades, complaintes, & en un grand nombre de rondeaux & de Chanſons, parmi leſquelles il s'en trouve deux en Anglois. Ce Prince avoit le vrai goût de la Poéſie, & *M. l'Abbé Goujet* dit avec raiſon, que, dans un ſiecle plus éclairé, il auroit été un de nos plus grands Poetes. Il regne dans ſes Poéſies une fineſſe & une naïveté qui étoient inconnues à ſon ſiecle, & qu'on découvre rarement dans les Ouvrages des Poetes du ſiecle ſuivant.

Pluſieurs Princes, Seigneurs & Poetes du XV ſiecle étoient en relation avec le Duc d'Orléans, & lui envoyoient fréquemment des vers auxquels il répondoit. Leurs Poéſies ſont mêlées avec les ſiennes, & on ne les trouve pas ailleurs.

BELLES-LETTRES.

M. *l'Abbé Sallier* est le premier qui a tiré les Poésies du Duc d'Orléans de l'oubli, où elles étoient restées pendant très long temps. Lorsqu'il en fit l'objet d'un Mémoire lu à l'Académie des Inscriptions en 1734, tout le monde fut étonné de leur existence. Depuis ce temps l'Abbé Goujet, les Auteurs des Annales Poétiques, celui des Mélanges d'une grande Bibliotheque, & M. de la Borde, en ont publié quelques pieces.

2789 Prieres en vers a nostre Dame. — Plusieurs Oraisons en prose. petit in fol. v. éc. d. s. tr.

MANUSCRIT sur vélin du commencement du *XV siecle*, contenant 53 feuillets écrits en *lettres de forme*, à longues lignes, & décorés de 25 miniatures peintes en camaïeu gris sur un seul côté du feuillet.

  Aue en qui sans nul nombre a
  Tant de biens que nus nes nombra.

2790 Œuvres diverses de maistre Alain Chartier. in fol. m. r.

BEAU MANUSCRIT sur vélin du *XV siecle*, contenant 136 feuillets écrits en *ancienne bâtarde*, sur 2 colonnes. Il est enrichi de *tourneures* peintes en or & en couleurs, & de 19 miniatures, dont 8 portent 5 pouces & demi en quarré, & 11, 3 pouces 5 lignes de hauteur, sur 2 pouces & demi de largeur. Voici le détail des pieces contenues dans ce MS. Celles qui sont marquées d'un Astérisque, ne se trouvent pas dans l'Edition la plus complete des *Œuvres d'Alain Chartier*, donnée en 1617 par *André Duchesne*.

1 Le Quadriloge. (en prose.)

266 BELLES-LETTRES.

2 Les Complaintes des quatre Dames.

3 Lay de paix.

4 Le Curial. (en profe & en vers, compofé l'an 1437.)

5 Le Bréviaire des Nobles.

6 * Le debat du cuer et de lueil.

7 Refueille matin.

8 Lay fait le premier iour de lan.

9 La Belle Dame fans mercy.

10 Coppie de la Requefte baillee aux Dames contre Lacteur. (en profe.)

11 Lettres envoyees par les Dames a lacteur. (en profe.)

12 Lexcufacion enuoyee aux Dames par lacteur.

13 * La belle Dame ou Mercy.

14 Le debat des deux fortunez damours, (ou le débat du gras & du maigre.)

15 Complainte de lamant contre la mort.

16 Cy commence le liure de lofpital damours.

17 * Le proces et condempnacion de la belle fans mercy.

18 * 47 Rondeaux.

19 * 3 Balades.

20 * Cy commence lepytaphe de Charles le bien fervy et tres victorieux Roy de France feptiefme de ce nom.

Notre MS. confond deux pieces fous le nom de *Curial*; l'une eft intitulée : *Curial*, & l'autre l'*Efpérance*. Ce font deux pieces différentes, qui néanmoins dans toutes les Editions ont été réunies.

L'*Hôpital d'amours*, attribué affez généralement à *Alain Chartier*, n'eft pas de ce Poete. Il appartient à un jeune

Clerc de Tournay. C'eſt le Roi *René* qui nous l'apprend dans ſon Roman *de la Queſte de tres-doulce-merci*, fol. verſo 94 du MS. annoncé au N° 2811. On ne peut pas non plus lui attribuer l'Epitaphe de *Charles VII*, puiſqu'il eſt mort avant ce Monarque.

2791 Œuvres diverſes d'Alain Chartier. in fol. m. r.

MANUSCRIT du *XV ſiecle*, ſur vélin, contenant 104 feuillets. Il eſt écrit en *ancienne bâtarde*, à longues lignes, & enrichi de lettres *tourneures* & d'ornements peints en or & en couleurs.

1 Senſuit le Quadrilogue fait par maiſtre Alain Charretier.
2 Le debat des deux fortunes damours.
3 Lay de paix.
4 Senſuit le Breviaire des Nobles.
5 Senſuit un lay que fiſt feu maiſtre Rogier Haultpin.
6 Balade.
7 La belle Dame ſans mercy.
8 Copie des lettres enuoiees par les Dames a Alain.
9 Copie de la requeſte baillee aux Dames contre Alain.
10 Lexcuſacion enuoyee aux Dames.

2792 Les faits de maiſtre Alain Chartier, Notaire & Secrétaire du Roi Charles VI. *Paris*, *Pierre le Caron*, *le V Septembre* 1489. in fol. goth. m. bl.

2793 Les Œuvres de maiſtre Alain Chartier, Secrétaire du feu Roi Charles VII. *Paris*, *Gal-*

liot du Pré, 1529. in 8. v. f. lettres rondes.

2794 Le Champion des Dames. Par Martin Franc. in fol. goth. fig. en bois, m. r.

Ce livre eſt imprimé ſur 2 colonnes, dont celles qui ſont entieres ont 36 lignes, ſans chiffres & réclames ; mais avec ſignatures.

Au commencement 4 feuillets ; le premier ne contient que le titre, & les 3 autres la Dédicace au Duc Philippe de Bourgogne.

2795 Le Champion des Dames. contenant la défenſe des Dames, contre Malbouche & ſes Conſorts, & victoire d'icelles. Par Martin Franc. *Paris, Galiot Dupré*, 1530. in 8. m. viol. lettres rondes.

2796 L'Eſtrif de fortune & de vertu deſquels eſt démontré le pauvre & foible état de fortune contre l'opinion commune. Par Martin le Franc. *Paris, Mich. le Noir*, 1519. in 4. goth. m. r.

2797 Le Miroir de l'ame. (en proſe) Le debat du corps & de l'ame (en vers.) La ſcience de bien vivre & bien mourir (en vers.) in 4. goth. m. r.

Ouvrage imprimé à longues lignes au nombre de 27 ſur les pages qui ſont entieres, ſans chiffres, réclames & ſignatures, contenant 25 feuillets.

2798 Cy commence un liure nommé Flouret (en vers trad. du latin.) — Cy ſenſuit le pelerinage de lame (en vers, par Guillaume de Guilleville.) in 4. rel. en cart.

BELLES-LETTRES.

Manuscrit sur papier du *XV siecle*, contenant 230 feuillets écrits en *ancienne bâtarde*.

On ignore le véritable Auteur du Poeme latin *le Floret*; les uns l'attribuent à *Saint Bernard*; d'autres au *Pape Clément II*.

2799 Recueil de pieces. in 4. goth. v. f.

Contenant :

1 Floret en francois, en rime. On lit à la fin :
Cy Finiſt floret en Franczoys Jmprimé a Rennes Lan de grace Mil quatre cens quatre vingts et. v. (avec le Monogramme de l'Imprimeur.)

2 Les lamentations & craintes du jugement. en vers.

3 La maniere de bien vivre devotement pour chaſcun jour. par Jehan Quentin.

4 Ung petit livre extrait par moy nicole du meſnil prins ſur palladius, galien, ariſtote et autres expers en la ſcience de enter, planter et garder fruitz, vignes, poires, pommes et autres en pluſieurs et diverſes manieres.

5 La voie de Paradis. en vers.

6 Le Martiloge des faulces langues. en vers. (*Paris*,) *ſur le pont N. Dame, à l'image de S. Jean l'Evangeliſte.* (*Ant. Verard.*)

2800 Le noble livre de Floret, tranſlaté de latin en vers françois. qui le veut enſuivre ne peut faillir d'être délivré de tout mal & ſainement vivre. in 12. goth. m. r.

2801 La danſe Macabre par perſonnages (on la dit compoſée par un nommé Macabre.) in 4.

MANUSCRIT sur papier du XV.° siecle, contenant 12 feuillets.

2002 Ce préfent livre est appelle Miroer falutaire pour toutes gens : Et de tous eftatz. & de grant utilite : & recreacion. pour pleufeurs enfengnements tant en latin comme en francoys lefquelx il contient. ainfi compofe pour ceulx qui defirent acquerir leur falut : & qui le voudront avoir. La danfe macabre nouuelle. in fol. fig. m. r.

On lit au verfo du dernier feuillet :

Ce petit liure contient trois chofes : Ceſt aſſauoir la danfe macabre des fēmes. Le debat du corps et de lame Et la complainte de lame dampnee Lequel a eſte imprime a paris par guyot marchant demorāt ou grāt hoſtel de champs gailliart derrenier le college de nauarre Lan de grace mil quatre cent quatre vingʒ et ſix le ſeptieſme iour de iuillet.

2803 La danfe Macabre des hommes. en vers. *Paris.* in fol. goth. m. bl.

IMPRIMÉ SUR VÉLIN.

Avec 19 grandes miniatures. On voit dans la premiere figure de cet Ouvrage un Ange qui porte un rouleau déployé, fur lequel il y a :

> *Hec pictura decus. pompā luxumqʒ relegat:*
> *Jnqʒ choris noſtris Ducere feſta monet.*

Au bas du dernier feuillet on lit :

Cy finiſt la dāce macabre hiſtoriée et augmentée De pluſieurs
nouueaux

BELLES-LETTRES.

nouueaux perfonnages et beaux dits. Et les trois mors et trois vifs enſēble nouuellemēt ainſi cōpoſées et imprimée a paris ....

Le reſte de la fouſcription a été graté.

2804 Cy eſt la nouvelle danſe Macabre des hommes dicte Miroer ſalutaire de toutes gens &c. *Paris, Guyot*, 1490. in fol. fig. enluminées, m. r.

2805 Cy eſt la danſe Macabre des femmes toute hyſtoriée & augmentée de nouueaulx perſonnaiges. &c. *Paris, Guiot*, 1491. — Senſuiuent les trois mors & les trois vifz auec le debat du corps & de lame. *Paris, Guiot Marchant*, 1491. in fol. fig. enluminées, m. bl.

Ouvrage différent des précédents.

2806 La danſe Macabre. *Paris, Groulleau*, 1550. in 16. fig. m. r.

Il eſt encore différent des précédents.

2807 Poéſies & rondeaux des douze dames de rhetorique, nommées : ſcience, éloquence, profondité, gravité, vieille acquiſition, multiforme richeſſe, florie mémoire, noble nature, clere inuention, précieuſe poſſeſſion, déduction louable, glorieuſe acheuiſſance. — Complainte, balade, & 5 rondeaux d'Alain Chartier. in fol. m. r.

BEAU MANUSCRIT ſur vélin du *XV ſiecle*, contenant

14 feuillets écrits en *ancienne bâtarde*, à longues lignes, & enrichis de grandes letttes *tourneures* rehauffées d'or. Les fommaires y font en bleu.

La piece intitulée : *les douze Dames de Rhetorique*, eft fans nom d'Auteur dans ce MS. Mais à en juger par un MS. du Roi, c'eft un Ouvrage de fociété fait à la louange de *George Chaftelain*, qu'on fuppofe doué des qualités des douze Dames, & envoyé à *Jean Robertet*, Secretaire du Duc de Bourbon, par le Seigneur de *Montferrant*, Gouverneur de *Jacques de Bourbon*, auquel ces 12 Dames s'étoient apparues.

La Complainte d'*Alain Chartier* qui la fuit eft celle contre la mort. La Ballade & les cinq Rondeaux ont été omis dans l'Edition de fes Œuvres, donnée par *André Duchefne*.

2808 Le Beftiaire d'amours : moralifé fur les bêtes & Oifeaux, le tout par figure & hiftoire. *Paris*, (*Jean Treperel.*) in 4. goth. m. r.

2809 L'enlevement de Proferpine. in 4. v. f. d. f. tr.

MANUSCRIT fur vélin du *XV fiecle*, contenant 72 feuillets. L'écriture eft en *ancienne bâtarde courante*, à longues lignes. Les vers de ce Poeme font de 8 fyllabes, rimant deux à deux, fans mélange de rimes mafculines & féminines. Il manque quelques vers au commencement.

2810 Le Martire de Saint Honoffre. in 4. rel. en cart.

MANUSCRIT fur papier du *XV fiecle*, contenant 6 feuillets. Il commence par ces vers :

BELLES-LELTRES.

Au nom de dieu premierement
Et de chelle quy humblement &c.

Ouvrages composés après le milieu du XV siecle.

2811 Le Roman de tres douce Mercy au Cuer d'Amours epris (en profe & en vers.) in fol. m. r.

SUPERBE MANUSCRIT fur vélin du *XV siecle*, contenant 138 feuillets écrits en *ancienne bâtarde*, à longues lignes. Les lettres *tourneures* en font peintes en or & en couleurs, & les fommaires en font écrits en rouge, en bleu & en or. Il eft enrichi de 70 miniatures d'une beauté parfaite & d'une fraîcheur éclatante ; elles font de différentes grandeurs ; il y en a qui ont 6 pouces en quatré ; les plus petites portent 5 pouces de largeur, fur 2 pouces 6 lignes de hauteur.

Ce Roman eft mêlé de profe & de vers. Il a pour Auteur *Réné d'Anjou*, Roi de Naples & de Sicile, qui l'a adreffé à *Jean de Bourbon*, qu'il qualifie *fon neveu*, en tant qu'époux de *Jeanne*, fille de Charles VII, & de *Marie d'Anjou*, fœur du Roi *Réné*. Son Ouvrage contient un voyage allégorique qu'il fait entreprendre *au Cuer d'Amour epris, pour la Conquefte de la doulce Mercy*. C'eft l'hiftoire, les amours & les fouffrances de deux amants fideles, dont René a caché les noms fous ceux de *Cœur d'Amour* & de *Doulce Mercy*. Il feint que tout ce qu'il voit n'eft qu'un fonge. Il s'éveille & fe met auffi-tôt à tout écrire. Ce fonge arriva en l'an 1457, comme il le marque dans ces vers qu'on y lit à la fin :

> Dont le matin quant me leuay
> Le pappier pris et efcript ay
> Mon fonge au plus pres que jay fceu

En priant a tous sil est leu
En quelque bonne compaignie
Que on excuse ma folie
Car le mal damours si est tieulx
Quel nespargne jeune ne vieulx
Lequel fait maintesfois souuent
Songiez en dormant et en veillant
Quant bien a son gre en na pas
Allegement des estroitz las
En quoy amours tient maint de rire
Si men vueil taire sans mot dire
Fort que ce liure cy fut fet
Mil quatre cens cinquante sept

La partie la plus intéressante de ce Roman est sans contredit celle qui est intitulée : l'*Isle d'amour*, où se trouve l'*Hôpital d'amour*, qui a son Eglise & son Cimetiere. Dans l'Eglise, l'Auteur représente les blasons des plus Illustres Amoureux anciens & modernes, qui y sont cloués contre une voûte d'albâtre de la longueur de cent pieds. Les Amoureux anciens sont : César, Auguste, Néron, Marc-Antonin, David, un dont l'écu semé de trois fleurs de lis pendu au col d'un Cerf ailé, étoit si haut, que *le desir & cœur d'amour* ne purent en lire l'inscription. (Cet Amoureux pourroit bien être *Charles VII* qui avoit pris le Cerf pour devise.) Thesée, Enée, Trajan, Archiles, Hercules, Paris, Troile, Deomedes, & Deophontes.

Les Amoureux modernes sont : Lancelot du Lac, Tristan, Ponthus, le petit Artus de Bretagne, Loys, Duc d'Orléans, Jean, Duc de Berry, Loys, Duc de Bourbon, Philippe, Duc de Bourgogne, Charles V. Roi de France, Charles, Duc de Bourbon, Réné, Roy de Jérusalem, Loys de France, Dauphin, Charles d'Anjou, Comte du Maine, Gaston de

BELLES-LETTRES. 275

Foix, Loys de Luxembourg, & Louis de Beauvau. Les miniatures qui repréfentent la voûte & les blazons de tous ces Amoureux, font accompagnées de vers de 12 fyllabes, & d'explications.

Réné place dans le Cimetiere fix tombes avec leurs Epitaphes, favoir : celles d'Ovide, de Guillaume de Machault, de Boccace, de Jean Clopinel, de Pétrarque & d'Alain Chartier.

On a toujours ignoré l'année de la mort de ce dernier Auteur. L'Epitaphe faite par *Réné* prouve qu'il ne vivoit plus en 1457; mais il n'étoit pas mort en 1456, puifqu'il compofa en cette année l'Epitaphe de *Jacques Milet*, confervée parmi des Poéfies MSS. à la Bibliotheque du Roi.

Ce fuperbe MS. du Roman du *Cœur d'Amour* vient de la Bibliotheque de feu M. Gaignat, à la vente duquel il n'a coûté que 875 liv.

2812 Les Œuvres de maître François Villon. le Monologue du Franc Archier de Baignollet. le Dialogue des Seigneurs de Mallepaye & Baillevent. (Par Fr. Villon.) *Paris, Galliot du Pré*, 1532. in 8. m. r.

2813 Les Œuvres de François Villon, revues & remifes en leur entier par Clément Marot. *Paris, Galliot du Pré*, 1533. in 8. v. f.

2814 Le grant Teftament de François Villon, & le petit fon Codicille. avec le jargon & fes Ballades. *Paris, Guillaume Nyverd.* = Le Recueil des Repues Franches du même. in 8. goth. m. r.

2815 Le grand Teftament de Villon & le petit

Codicille. le jargon & ſes Balades. *Paris*, *Michel le Noir*. in 4. goth. m. r.

2816 Le Recueil & Hiſtoire des Repues Franches. Par François Villon. in 8. goth. v. f.

2817 La vie de Sainte Marguerite (comment le Roi Olibrius la voulut épouſer.) in 4. m. bl.

MANUSCRIT ſur vélin du *XV ſiecle*, contenant 28 feuillets écrits en *ancienne bâtarde*, à longues lignes, & enrichis de treize jolies miniatures qui ont 4 pouces & demi de hauteur, ſur 3 pouces de largeur.

Cette vie fabuleuſe conſiſte en 647 vers de 8 ſyllabes. Elle eſt précédée de deux prieres à St. Sébaſtien, l'une en vers latins léonins, & l'autre en vers françois de 8 ſyllabes. Ces prieres ont été omiſes dans les Editions que l'on a faites de cette vie. On n'y trouve pas non plus les ſommaires qui ſont écrits en rouge au commencement de chaque chapitre de notre MS. Ils ſont très ſinguliers, témoin le cinquieme qui eſt conçu en ces termes : *Comment apres que vng grant dragon eut engloti et aullé ſaincte margarite par le ſigne de la croix que la vierge auoit faict en lonneur de la paſſion de dieu le dragon creua par le meillieu et ſaincte margarite en yſſit toute ſaine. Le ſixieme: Comment apres que le dyable eſtant en homme noir eut menaſſe ſte. margarite la vierge le prent par les cheueux et le mept a terre auſſi luy mept le pie deſſus ſa poictrine et le bapt tres durement.*

2818 Vie de Sainte Marguerite. in 4. goth. fig. en bois, v. m.

2819 La vie Sainte Marguerite. *Lyon*, *Claude Nourry*. in 8. goth. rel. en cart.

2820 La vie de Mde. Sainte Marguerite, Vierge

BELLES-LETTRES. 277

& Martyre, avec fon Antienne & Oraifon. in 8. goth. v. m.

2821 La Dance des Aveugles, (par Michault Taillevent.) *Paris, par le petit Laurens.* in 4. goth. m. bl.

2822 La Dance aux Aveugles, (par Michault Taillevent) & autres Poéfies du XV fiecle, extraites de la Bibliotheque des Ducs de Bourgogne. *Lille, André Jofeph Panckoucke,* 1748. in 8. m. r.

2823 Le Doctrinal du temps préfent, par Pierre Michault (Taillevent.) in 4. m. r.

MANUSCRIT fur vélin de la fin du *XV fiecle*, contenant 151 feuillets. Il eft écrit en *ancienne bâtarde*, & décoré de 18 miniatures.

On ignore l'année de la naiffance, la patrie & la mort de *Pierre Michault*, qui dans d'autres Ouvrages qu'il a faits, fe nomme *Michault Taillevent*. Dans fon *Doctrinal*, Ouvrage allégorique, mêlé de profe & de vers, il fe qualifie *Secrétaire du Comte de Charolois*, & s'y dit *Orateur & Sujet de Philippe le Bon, Duc de Bourgogne*, à qui il dédia fon Doctrinal, un an avant la mort de ce Prince ; c'eft-à-dire en 1466. Cette date eft marquée énigmatiquement dans les vers fuivants qu'on y lit à la fin :

    Ung trippier et quatre croiffans
    Par fix crois auec fix nains faire
    Vous feront eftre congnoiffans
    Sans faillir de mon milliaire

Quoique *Michaut* ne foit pas mentionné dans l'état des Officiers des Ducs de Bourgogne, il eft pourtant vrai qu'il continua d'être Secrétaire de *Charles le Téméraire*, après la mort de *Philippe le Bon*.

2824 Le Doctrinal du temps, par maître Pierre Michault (Taillevent.) in fol. goth. fig. en bois, m. r.

ÉDITION très ancienne, avec des signatures. On lit à la fin le quatrain suivant :

> Ung treppier et quatre croyssans
> Par six croix auec six nains faire
> Vous ferons estre congnoissans
> Sans faillir de mon milliaire.

2825 L'Abusé en Court, en prose & en vers. petit in fol. goth. fig. en bois, m. r.

ÉDITION fort ancienne, avec des signatures ; les caracteres sont les mêmes que ceux du *Doctrinal du temps de Pierre Michault*, N° ci-dessus.

2826 L'Abusé en Court. *Vienne, Pierre Schenck.* 1484. in fol. goth. v. m.

2827 Le Spécule des Pécheurs. l'exhortation des Mondains, tant gens d'Eglise comme Séculiers. l'exemple des Dames & Damoiselles & de tout le Sexe féminin. trad. de latin en vers françois par frere Jehan de Castel, Religieux de l'Ordre de St. Benoist, & Chroniqueur de France, l'an 1468. in 4. goth. m. r.

On a écrit à la tête :

Ce livre n'a point de frontispice ; il est tiré d'un Volume qui

BELLES-LETTRES.

qui renferme plusieurs traités de morale en latin, entre autres : *Speculum animæ peccatricis*, dont cet Ouvrage est la traduction en vers, & est je crois un des morceaux les plus rares qu'il y ait dans la littérature; il est imprimé par Antoine Caillaut & Loys Martineau, l'an 1483.

2828 Poésies de Guillaume Coquillart, revues & corrigées sur les différentes Éditions, augmentées d'un grand nombre de pieces avec des notes historiques & critiques, & un Dictionnaire des anciens termes qui se trouvent dans les Poésies de Coquillart. 3 vol. in 4. rel. en cart.

MANUSCRIT sur papier du *XVIII siecle*, bien écrit, contenant 299 feuillets. Il s'y trouve des pieces qui ne sont certainement pas de Coquillart.

2829 Les Œuvres de maître Guillaume Coquillart, en son vivant Official de Reims. *Paris, Galliot du Pré*, 1532. in 8. m. bl.

2830 Les Œuvres de Coquillart. *Lyon, François Juste*, 1535. in 12. goth. v. f.

2831 Recueil de pieces. in 4. goth. m. r.

Il contient :

1 Les Droits nouveaux, avec le débat des Dames, & des Armes. L'Enquefte avec la simple & la rusée, avec son plaidoyer. Par Mtre. Guill. Coquillart. *Paris, Jehan Janot*.

2 La belle Dame sans mercy. (par Alain Chartier.)

3 Le débat de la Demoiselle & de la Bourgeoise. *Paris, Guil. Vigneaux.*

Tome II.

2832 Recueil de Poésies de Jean Meschinot, in fol. m. r.

BEAU MANUSCRIT sur vélin du *XV siecle*, contenant 145 feuillets dont le premier est enrichi d'une très jolie miniature qui porte 10 pouces & demi de hauteur sur 6 pouces de largeur. L'écriture est en *ancienne grosse bâtarde*, à longues lignes. Les sommaires sont en rouge, & les *tourneures* sont peintes en or & en couleurs. Il a appartenu à l'*Amiral de Graville*, qui l'a fait décorer de ses armes.

Jean *Meschinot*, natif de Nantes, mort en 1509, a publié lui-même le Recueil de ses Poésies sous le titre de *Lunettes des Princes*; elles ont été plusieurs fois imprimées. Il nous paroît que notre MS. renferme quelques pieces de plus que les Editions. On y trouve 25 petites pieces de 6 vers de *George Chastelain*, que ce Poete avoit envoyées à *Meschinot*, & sur lesquelles celui-ci répondit par autant de ballades, finissant par le dernier vers de l'envoi.

2833 Les Lunettes des Princes, par feu Jehan Meschinot, Seigneur de Mortiers. *Nantes, le 15 jour d'Apvril* 1493, *par Estienne Larcher*. 2 vol. in 8. goth. m. r.

IMPRIMÉ SUR VÉLIN.

On trouve à la tête du premier Volume la note suivante écrite de la main de M. l'Abbé de St. Leger, ancien Bibliothéquaire de Ste Genevieve :

Cette Edition de Meschinot est certainement de Nantes, chez Estienne Larcher, en 1493. A la vérité on ne voit point dans cet Exemplaire sur vélin la date qui a été grattée avec un canif à la derniere page ; mais il a été comparé avec l'Exemplaire sur papier qui est à Ste Gene-

BELLES-LETTRES.

vieve, & l'identité de ces deux prétendues Editions s'eft trouvée démontrée par cette comparaifon. La foufcription grattée à la derniere page de cet Exemplaire eft ainfi conçue.

Imprime a Nantes ce 15 jour d'Apvril en l'an mil cccc. iiiixx et xiii. par Eſtienne Larcher imprimeur et libraire a prefent demourant a Nãtes en la rue des carmes pres les changes.

2834 Les Lunettes des Princes. enfemble plufieurs additions & Ballades, par Jehan Mefchinot. *Paris, Galliot du Pré*, 1528. in 8. v. f.

2835 Les Paraboles de maître Alain (de Lille en Flandres, trad. du latin) en françois. *Paris ce XX jour de Mars, 1492, par Anthoine Verard.* in fol. goth. m. cit.

IMPRIMÉ SUR VÉLIN, avec 205 miniatures.

2836 Les Paraboles de maître Alain (de Lille en Flandres, trad. du latin.) *Paris, Denys Janot.* in 12. goth. m. r.

2837 Débat entre deux Dames, l'une appellée la Noire & l'autre la Tannée. petit in 4. m. cit.

MANUSCRIT fur vélin de la fin du *XV fiecle*, contenant 23 feuillets. Il eft écrit en *ancienne bâtarde*, à longues lignes, & enrichi de deux cadres peints, & de deux miniatures, dont la premiere porte 3 pouces 3 lignes de hauteur fur 3 pouces de largeur. Les vers de ce petit Poeme font de 8 fyllabes, rimant deux à deux, fans mélange alternatif de rimes mafculines & féminines. Il commence ainfi :

BELLES-LETTRES.

Mes dames je apporte nouuelles
De deux femmes coinctes et belles

On trouve à la fin de ce MS. deux jugements sur ce Poeme, l'un de *M. de Boze*, & l'autre de *M. de la Monnoye*, tous deux de l'Académie Françoise; ce dernier Académicien, qui paroît avoir vu le MS. après M. de Boze, a donné plus d'étendue à sa notice. Elle est conçue en ces termes :

Le MS. Mr. sur lequel il vous a plu me consulter, n'a, que je sache jamais été imprimé; c'est un Dialogue entre deux Dames nommées, l'une la Tannée, & l'autre la Noire, par raport à la couleur de leurs habits. La premiere aimoit passionnément un Cavalier, qui, suivant la peinture qu'elle en fait, étoit un homme accompli, mais absent & éloigné d'elle, sans qu'elle pût savoir où il étoit, ni par conséquent lui écrire. L'autre, mariée, avoit un Amant, qu'à la vérité elle voyoit tous les jours, mais que son mari jaloux qui ne la quittoit pas, ne lui permettoit pas de favoriser du moindre regard. Chacune d'elles exagere son martyre, & prétend être plus malheureuse que sa compagne, sur quoi ne pouvant s'accorder; Elles conviennent de s'en remettre sous deux noms supposés, à deux Princesses alors fort estimées. La Noire propose la Duchesse d'Orléans, qui en ce temps-là étoit Jeanne, fille de Louis XI & femme de Louis, Duc d'Orléans depuis Louis XII. Roi de France. La Tannée avoit auparavant nommé de sa part pour juge, la Comtesse d'Angoulême, savoir : Louise de Savoye, depuis mere de François I, lesquelles le Poete, par un privilege de la poésie, appelle sœurs, quoiqu'elles ne fussent qu'épouses des deux cousins-germains. L'Ouvrage finit là, sans qu'on voie le jugement des Princesses.

BELLES-LETTRES.

On peut de là conclure que l'Auteur dont le nom m'eſt inconnu, écrivoit vers l'an 1490, &c.

Nous ferons ſur cette notice deux remarques : le Poeme a été imprimé, & ſe trouve dans le *Jardin de plaiſance & Fleur de Rhétorique.* Il a été écrit avant l'an 1487, & non en 1490, parceque la *Ducheſſe d'Orléans*, pendant la vie de laquelle il a été très certainement compoſé, mourut en cette année 1487.

2838 Le Jardin de Plaiſance & fleur de Rhétorique. *Paris, au Palais, (Ant. Verard.)* in fol. goth. v. m.

Le frontiſpice manque.
On trouve à la fin du Volume la note ſuivante :

L'Auteur paroiſt ſe nommer Jourdain, au fol. 9. ailleurs, fol. 136 & 139, il ſe nomme Jean de Calais. . . . Ce qui eſt ſûr c'eſt qu'il vécut ſous Charles VIII. car il lui adreſſe des vers au fol. 27. Il ſe trouve cependant, fol. 206, une piece datée de 1459. Ainſi l'Auteur auroit vécu ſous Charles VII. qui ne mourut qu'en 1461, & auroit rimé au moins pendant 39 ans juſqu'à la mort de Charles VIII. en 1498. car dans les vers qu'il adreſſe à ce Roi, le titre porte au feu Roi. . . . .

2839 Le Jardin de Plaiſance & fleur de Rhétorique. *Paris, Michel le Noir, pour Jehan Petit.* in 4. goth. v. f. l. r.

2840 L'Art & Science de Rhétorique, pour faire Rigmes & Ballades. *Paris, Antoine Verard, le 10 Mai 1493.* in fol. m. r.

284　BELLES-LETTRES.

2841 Recueil de pieces. in 4. goth. m. r.

Il contient :

1 L'art & science de Rhétorique pour apprendre à faire rimes et ballades. *Tholose, Jehan Guerlins.*

2 L'espoir de paix. en rime.

3 La loyauté des femmes. avec les nuef preux de gourmandie et ballades d'amours.

4 L'entreprise de Venise, avec les villes, cités, &c. que usurpent et detiennent lesdits Venitiens.

5 Missus est. translaté de latin en rime françoise. *Paris, rue neuve Notre Dame, à l'écu de France.*

6 Le Chapelet de Jesus et de la Vierge Marie.

7 Le traité de la paix faite a tout jamais, entre Louis XII. et la Seigneurie de Venise, le 3 Juin, 1513. avec une belle ballade, et le regret que fait un Anglois de Mylord Havart.

8 Le Doctrinal des bons serviteurs.

9 Le Doctrinal des filles.

10 Les Noels nouvellement faits, composés en l'honneur de la nativité de Jesus Christ.

2842 Dialogue entre le Gris & le Noir. in 8. v. f.

MANUSCRIT sur vélin du *XV siecle*, contenant 39 feuillets écrits en *ancienne bâtarde*, à longues lignes, & enrichis de 8 miniatures qui ont 3 pouces de hauteur, sur 2 pouces & demi de largeur.

  Couschie soubz saules tout enuers
  Sus vng lit basti derbe vert

BELLES-LETTRES.

A la fin :

>Celuy qui porte m et a
>En plufieurs lieux pour fa deuife
>Pour celle qui tant amee a
>Et ailleurs fi quailleurs ne vife
>Requiert fe nul facteur auife
>Aucune faulte en ce traittie
>Quainfy que de rime on deuife
>Quil nen foit ja trop mal traittie

Ce petit Dialogue eft dans le même genre que celui du N° 2837. Deux Amoureux appellés, l'un *le Noir*, & l'autre *le Gris*, à caufe de la couleur de leurs habits, fe font confidence de leur martyre. *Le Gris* fe plaint des rigueurs de fa Maîtreffe. *Le Noir* lui enfeigne les moyens de les faire finir. *Le Gris* à fon tour tâche de prouver, mais vainement, *au Noir*, qui fe défefpere de la perte de fa maîtreffe que la mort lui a enlevée, l'inutilité de fes regrets & de fes complaintes.

2843 Le Cheualier Genin. in 4. v. b.

MANUSCRIT fur vélin de la fin *XV fiecle*, contenant 8 feuillets. Il eft écrit en *ancienne bâtarde*, à longues lignes, & il eft décoré d'une miniature de 3 pouces 9 lignes de largeur, & de 3 pouces de hauteur.

>En la conte de dampmartin
>Aduint entour la faint martin

A la fin :

>Et tant fe trauaille et efforce
>Quil partift depuis au tier iour
>Adieu genin adieu mamour.

Cette petite piece qui renferme un Conte affez plaifant, confifte en 318 vers.

2844 Recollection de merveilleufes avenues en noftre temps, commencée par George Chaftelain (dit l'Aventurier,) & continuée jufqu'à préfent par Jehan Molinet. *Anvers, Guillaume Vorfterman*, in 4. goth. v. m.

2845 Le Temple de Mars (par Jehan Molinet.) *Paris, le petit Laurens*. in 4. goth. rel. en cart.

2846 Les Vigiles de la mort du feu Roi Charles VII. à neuf Pfeaumes & neuf Leçons contenant la Chronique & les faits advenus durant la vie dudit feu Roi. compofées par Marcial de Paris, dit d'Auvergne. in fol. goth. fig. en bois, m. r.

2847 Les Vigiles de la mort du Roi Charles VII. à neuf Pfeaumes & neuf Leçons ; contenant la Chronique, les faits advenus durant la vie dudit feu Roi. compofées par Marcial de Paris, dit d'Auvergne. *Paris, Robert Bouchier*. in fol. goth. m. r.

2848 Les Vigiles du Roi Charles VII. Par Marcial de Paris, dit d'Auvergne. *Paris, Michel le Noir*, 1505. in 4. goth. m. r.

2849 Les Vigiles de la mort du Roi Charles VII. où eft contenu comment il conquift France fur les Anglois. la Duché de Normandie & la Duché

BELLES-LETTRES. 287

de Guyenne. &c. Par maiſtre Marcial de Paris, dit d'Auvergne. *Paris, Veuve de Jean Trepperel.* in 4. goth. v. f. l. r.

2850 Très devotes louanges de la glorieuſe Vierge Marie, compoſées par Mtre. Marcial d'Auvergne, Procureur en Parlement. *Paris, Simon Voſtre,* 1489. in 8. v. m.

2851 Devotes louanges à la Vierge Marie, compoſées par Marcial d'Auvergne, Procureur en Parlement. *Paris, Jehan du Pré, le IX jour de Mars,* 1492. in 8. goth. m. r.

IMPRIMÉ SUR VÉLIN.

2852 Les devotes louanges de la Vierge Marie, par Marcial d'Auvergne. *Paris, Simon Voſtre,* 1509. in 12. m. r.

2853 L'Amant rendu Cordelier à l'obſervance d'amours, (attribué à Marcial d'Auvergne.) = La Complainte que fait l'Amant à ſa Dame par amours. *Paris, Jehan Bonfons.* in 8. goth. m. cit.

2854 Livre d'amours : auquel eſt relaté la grant amour : & façon par la quelle Pamphille peut : jouir de Galathée & le moien : qu'en fiſt la Macq... *Paris, Anthoine Verard,* 1494, *le* 23 *jour de Juillet.* in fol. goth. m. bl.

2855 Livre d'amours, au quel eſt relaté la grande amour de Pamphile, & de Galathée, & le

Tome II   P p

288 BELLES-LETTRES.

moien, comme il en peut jouir. Livre très récréatif. *Paris, Jeanne de Marnef*, 1545. in 18. fig. m. verd, l. r.

2856 Prologue de l'entrée du Roi (Charles VIII) faite à Rouen. in fol. goth. v. m.

2857 Recueil de pieces. in 4. goth. m. r.

Il contient :

1 Les Epitaphes des feus Rois Louis XI & Charles VIII.
2 La prise du Royaume de Naples.
3 Complainte de France.
4 Le Sacre du Roi Louis XII.
5 L'entrée du Roi Louis XII en sa bonne ville de Paris, & le souper qui fut fait au Palais.
6 L'entrée faite à Paris par l'Archi-Duc d'Autriche.
7 Lettres nouvelles de Milan, avec les regrets du Seigneur Ludovic.
8 Lettres de Milan envoiées au Roi, touchant la prise de Ludovic.
9 Les ordonnances royaux publiées par Louis XII.
10 L'Epitaphe de Mtre Jehan Trotier.
11 Les remontrances faites au Roi Louis XI contenant les privileges de l'Eglise Gallicane.
12 L'ordonnance & ordre du Tournois, joutes, & combats à pied & à cheval, fait à l'entrevue des Rois de France & d'Angleterre, & des Reines leurs compagnes, à Calais.

2858 Les Vigiles des morts translatées de latin en françois. *Paris, Anth. Verard.* in 4. goth. m. bl.

BELLES-LETTRES.

Imprimé sur vélin, avec 29 miniatures.

2859 Le Paſſetemps d'oiſiveté de maître Robert Gaguin. in 8. goth. m. r.

2860 Le débat du Religieux & de l'homme mondain. *Paris, le petit Laurens*, 1491. in 4. m. bl.

2861 Cy commence vng excellent et très prouffitable liure pour toute creature humaine apelle le miroer de mort, (par Olivier de la Marche.) in fol. goth. m. r.

Edition ancienne, ſans date, ſans nom de Ville ni d'Imprimeur, avec ſignatures, & contenant 16 feuillets. Le texte commence au bas de la figure qui eſt au premier feuillet, par ces vers :

> E fus indigne ſerviteur
> Au tẽps de ma p̃miere jeuneſſe
> De loutreſpaſſe de valeur
> La ioye de mon pouure cueur
> Ma paraſſouuie maiſtreſſe
> Mais la mort par ſa grand rudeſſe
> Enuyeuſe de noſtre bien
> Print ſon corps et laiſſa le myen.

On lit à la fin :

> Cy finiſt le mirouer de mort
> A glace obſcure et tenebreuſe
> La ou on voit choſe doubteuſe
> Et matiere de déſconfort.

2862 Cy commence le traictie appelle le Cheualier delibere. in fol. m. r.

SUPERBE MANUSCRIT sur vélin très blanc, de la fin du XV siecle, contenant 47 feuillets. Il est écrit en *ancienne bâtarde*, à longues lignes, & enrichi de douze très belles miniatures, dont les plus grandes portent 5 pouces 3 lignes de hauteur, sur 4 pouces de largeur, & les plus petites, 4 pouces de largeur, sur 3 pouces de hauteur.

Ce beau MS. provient de la vente de M. *Gaignat*, où il a coûté 270 liv.

On a souvent attribué le *Chevalier délibéré* à *Georges Châtelain*, tandis qu'il est incontestablement d'*Olivier de la Marche*. On en a la preuve dans le dernier vers qui renferme sa devise: *Tant a souffert*. Cet Auteur naquit vers l'an 1427 d'une famille noble de la Franche-Comté. Son pere pourroit bien être ce *Philippe de la Marche*, qui en 1450 étoit Ecuyer d'écurie du Duc Philippe de Bourgogne. *Olivier* entra dès l'âge de 12 ans à la Cour de ce Prince, qui n'eut point de plus fidele serviteur que lui. Il s'attacha également au Comte de *Charolois*, depuis *Charles le Hardi*. Son premier Maître le créa Chevalier, pour prix de sa bravoure, à la bataille de Montlhéri, donnée en 1465. Il devint dans la suite premier Maître d'Hôtel & Capitaine des Gardes de *Charles le Hardi*, qu'il eut la douleur de voir périr dans la malheureuse bataille de Nanci, où lui-même tomba prisonnier entre les mains de ses ennemis. Sa rançon lui coûta 4000 écus. Enfin après avoir été employé par *Maximilien d'Autriche* en diverses négociations, il mourut à Bruxelles en 1502. Il avoit été long-temps en relation avec le Duc d'*Orléans*, pere de *Louis XII*, à qui il envoyoit des vers. On en trouve quelques-uns parmi les poésies MSS. de ce Prince, annoncées sous le N° 2788.

Le *Chevalier délibéré* est un Roman Allégorique qui contient les principales actions de *Charles le Hardi*. Il fut

BELLES-LETTRES. 291

compofé en 1483. Cette date y eft marquée dans les derniers vers.

2863 Cy commence le traictie du Cheualier delibere. in 4. m. r.

BEAU MANUSCRIT fur vélin du *XV fiecle*, contenant 62 feuillets écrits en *ancienne bâtarde*, à longues lignes. Il eft enrichi de *tourneures* peintes, rehauffées d'or, & de 13 très jolies miniatures qui ont environ 3 pouces & demi de haut fur 3 pouces de large. Les fommaires y font en rouge.

2864 Le Chevalier délibéré. (Par Olivier de la Marche.) *Paris, le VIII. jour d'Aouft 1488, fur le pont notre Dame à l'image St. Jehan l'Evangelifte (Antoine Verard.)* in 4. goth. fig. v. m.

2865 El Cavallero determinado traduzido de la lengua francefa (de Olivero de la Marche) en Caftellana, por Don Hernando de Acuña. *En Anvers, Juan Steelfio,* 1555. in 8. fig. m. r.

2866 Le Parement des Dames, favoir : les Pantouffles, les Soulliers, les Chauffes, la Jaretiere, la Chemife, la Cotte, la Piece de l'eftomac, le Lacet, le Demy-fain & l'Efpinglier, la Bourfe, les Coufteaulx, la Gorgerette, le Pigne, le Ruben, la Coueffe, la Templette, le Dyamant, la Robe, la Sainéture & les Patenoftres, les Gants, le Chapperon & le Mirouer. in 4. v. b.

BEAU MANUSCRIT fur vélin du commencement du

XV siecle, contenant 35 feuillets écrits en *ancienne ronde bâtarde*, à longues lignes. Il est enrichi de *tourneures* peintes en couleurs, rehaussées d'or, & de 25 jolies miniatures qui ont 3 pouces & demi de largeur, sur 2 pouces de hauteur. La premiere est de la moitié plus grande.

L'Auteur, dans cet Ouvrage, fait un détail de la parure allégorique, dont il conseille à sa Dame de s'orner. Il se nomme à la fin, & il y désigne le nom qu'il faut donner à son livre.

> Et je *la Marche* meu de tres bon voulloir
> Querant vertuz et reboutant les blasmes
> Lay baptise *le parement des dames*

2867 Le Parement & triumphe des Dames, (en vers & en prose.) Par Messire Olivier de la Marche. *Paris, Veuve de Jean Trepperel.* in 8. goth. v. f.

2868 L'aisnée fille de fortune. in 4. vélin.

MANUSCRIT sur vélin du *XV siecle*, contenant 18 feuillets écrits en *ancienne bâtarde*, à longues lignes.

M. *Lancelot* a publié cette piece qui est en stances de 7 vers dans le tom. VIII des Mémoires de l'Académie des Inscriptions, & l'a accompagnée de recherches historiques. Voici ce qu'il en dit :

Anne de France, Dame *de Beaujeu*, Duchesse de Bourbon, fille aînée de *Louis XI*, & sœur de *Charles VIII*, a joué un si grand rôle pendant les premieres années du regne de *Charles VIII*, qu'il n'est pas étonnant que les Ecrivains contemporains se soient attachés à parler de cette Princesse, conformément aux intérêts des différents partis qu'ils avoient embrassés. Entre ceux qui nous la représen-

BELLES-LETTRES.

tent comme une Héroïne préférable à toutes celles qui l'avoient précédée, aucun ne paroît avoir porté ſes louanges auſſi loin que l'Auteur de la piece en vers de l'*aiſnée fille de fortune*, qui parut vers 1489.

2869 Le grand Blaſon des fauſſes amours, fait & compoſé par frere Guillaume Alexis, Religieux de Lyre : & Prieur de Buſy. *Paris, Jehan Lambert*, 1493. in 4. goth. v. m.

2870 Le grand Blaſon de faulces amours, fait par frere Guille Alexis, Religieux de Lyre. *Paris, Guil. Nyverd.* in 8. goth. m. bl.

2871 Le Paſſetemps de tout homme & de toute femme, en ryme, (par Guillaume Alexis.) *Paris, Jehan St. Denys.* in 4. goth. m. v.

2872 Le Paſſetemps de tout homme & de toute femme, (par Guillaume Alexis.) *Paris, Pierre Sergent.* in 8. m. verd.

2873 Recueil d'Héroïdes & d'autres Poéſies. in fol. m. r.

MANUSCRIT ſur vélin du commencement du *XVI ſiecle*, contenant 57 feuillets écrits en *ancienne ronde bâtarde*, à longues lignes. Il eſt enrichi de *lettres tourneures* peintes, rehauſſées d'or, & de 8 ſuperbes miniatures qui ont environ 10 pouces de hauteur ſur 7 pouces de largeur.

1 Heroide de Zenone à Paris.
2 Ariadne à Theſée.
3 Didon à Enée.
4 Philix à Demophon.

5 Yſiphile à Jaſon.

6 Epytaffe de feue madame de Balſac.

7 Lapel des troyes dames contre la belle Sans ſy.

8 Larreſt de la louenge de la dame Sans ſy.

Les cinq Héroïdes traduites d'*Ovide* en vers de dix ſyllabes, où l'alternative des rimes maſculines & féminines eſt obſervée, ſont d'*Octavien de Saint Gelais*, Evêque d'Angoulême. Nous le croyons auſſi Auteur des autres pieces.

2874 La chaſſe & le départ d'amours, fait & compoſé par Meſſire Octavien de St. Gelais, & par noble homme Blaiſe Davriol, Bachelier en droit. *Paris, pour Anthoine Verard, le 14ᵉ jour d'Avril* 1509. in fol. goth. m. r.

IMPRIMÉ SUR VÉLIN.

2875 La chaſſe & le départ d'amours. Par Octavien de St. Gelais, & Blaiſe Davriol. *Paris, Ant. Verard*, 1509. in fol. goth. v. f.

2876 La chaſſe & le départ d'amours. Par Octavien de St. Gelais. *Paris, Ph. le Noir*, 1536. in 4. goth. m. r.

2877 Le ſéjour d'honneurs, par Octavien de St. Gelais. *Paris, Ant. Verard.* in 4. goth. v. f.

2878 Le ſéjour d'honneur. Par Octavien de St. Gelais. *Paris, Ant. Verard*, 1519. in 4. goth. v. m. l. r.

2879 Le Vergier d'honneur. de l'entrepriſe & voyage de Naples. auquel eſt comprins comment le

BELLES-LETTRES.

le Roi Charles VIII. à baniere deploiée paſſa & repaſſa de journée en journée depuis Lyon juſqu'à Naples, & de Naples juſqu'à Lyon. compoſé par M. Octavien de Saint Gelais, & par Maitre Andry de la Vigne. *Paris, Jehan Trepperel.* — Le Traité intitulé, de la différence des Schifmes & des Conciles de l'Eglife. & de la prééminence des Conciles de la Sainte Eglife Gallicane. compoſé par Jean le Maire de Belges. *Paris, de Marnef*, 1511. in 4. goth. v. f. fig.

2880 Le Vergier d'honneur. de l'entrepriſe & voyage de Naples. auquel est comprins comment le Roy Charles VIII a baniere deployée paſſa & repaſſa de journée en journée depuis Lyon juſqu'a Naples, &c. Par Octavien de Saint Gelais, & par Mtre Andry de la Vigne. *Paris, rue St. Jacques, à l'Enſeigne de la Roſe blanche couronnée.* in fol. v. m.

2881 Le Vergier d'honneur. nouvellement imprimé à Paris. de l'entrepriſe & voyage de Naples. auquel est comprins comment le Roy Charles huytiefme de ce nom a baniere déployée paſſa & repaſſa de journée en journée depuis Lyon juſqu'a Naples, &c. Par Octavien de Saint Gelais & Andry de la Vigne. in 4. goth. fig. v. f.

2882 Les Ballades de bruit commun ſur les alliances des Rois, des Princes, & Provinces. avec le

Tome II   Qq

BELLES-LETTRES.

tremblement de Venife. Par M. A. (André) de la Vigne. in 4. goth. rel. en cart.

2883 Palinodz, Chants Royaulx, Ballades, Rondeaux & Epigrammes a l'honneur de l'immaculée Conception de la toute Belle Mere de Dieu Marie, (Patronne des Normans,) prefentez au Puy, a Rouen; composez par (Andri de la Vigne, Guill. Cretin, Jean Marot, &c.) *Paris, à l'Enfeigne de l'Eléphant.* in 8. goth. m. r.

2885 L'espinette du jeune Prince, conquerant le Royaume de bonne renommé. (par Simon Bougouinc.) *Paris, Mich. le Noir*, 1514. in fol. v. m.

2886 Le Congié prins du fiecle feculier. (Par Jacques de Bugnin.) *Lyon, Pierre Marechal, & Barnabé Chauffard*, 1503. in 4. goth. v. f.

2887 Le Pélerin de Paix. in 4. v. f.

MANUSCRIT fur vélin de la fin du *XV fiecle*, contenant 4 feuillets écrits en *ancienne ronde bâtarde*, à longues lignes. Il renferme 210 vers.

    Na pas longtemps ne fcay a quel propoz
    Quaduis me fut prenant de nuyt repoz

A la fin :

    De France eft roy lun lautre dangleterre
    Plus vertueux monarques de la terre

Cette petite piece paroît avoir été faite à l'occafion de la paix accordée à la Bretagne, l'an 1491, par le mariage de

BELLES-LETTRES. 297

la Ducheſſe *Anne de Bretagne* avec le Roi *Charles VIII.*

2888 La Quenouille ſpirituelle, compoſée par Mtre Jehan de Lacu. in 8. goth. m. r.

2889 Recueil de pieces in 8. goth. m. r.

Il contient :

1 Les Complaintes & Epitaphes du Roi de la Bazoche.

2 La contenance de Table. *Paris.*

3 Le débat de reveil matin, compoſé par Mtre Alain Chartier, de deux Compagnons couchés en un lit, dont l'un étoit amoureux, & l'autre vouloit dormir.

4 Le Pré d'eſpoir de l'amant avec le haſard d'amour. & une Ballade joyeuſe des Taverniers qui brouillent le vin.

5 Le débat de l'homme & de l'argent. *Paris, Jehan St. Denys.*

6 Les regrets de Picardie & Courtray, à 29 couplets.

2891 Le départ & renoncement d'amours: lequel eſt moult utile & proufitable pour jeunes gens qui se veulent garder de folle amour. *Paris, Veuve de Jehan Trepperel.* in 4. goth. m. r.

2892 Le las d'amour divine. *Paris, Félix Balligault.* in 4. goth. v. f.

2893 Le Girofflier aux Dames, enſemble le dit des Sybilles. *Paris, Mich. le Noir.* = Le Chateau d'amours. (par Pierre Gringore.) 1500. in 4. goth. m. bl.

2894 Le Girouflier aux Dames. ensemble le dit des douze Sybilles. *Avignon, Jehan de Channey.* in 8. goth. fig. m. r.

Qq 2

2895 Recueil de pieces. in 8. goth. m. r.

Il contient :

1 Le débat du vieil & du jeune.

2 Le débat de liver & de lefté. avec l'état préfent de l'homme. & plufieurs autres joyeufetés.

3 Le Miracle notable fait en la ville de Paris.

4 Pfautier des Villains. (par Alain Chartier.)

5 Bréviaire des Nobles, par le même.

6 La deftruction avec la défolation des pauvres filles de Huleu ; & de Darnetail.

7 Les Elégies, Threnes & Complaintes fur la mort de Mde. jadis en fon vivant Reine de France.

2896 Recueil de pieces. in 8. goth. m. r.

Il contient :

1 Le débat du vieux & du jeune. *Paris.*

2 Débat de l'homme & de la femme.

3 Le Blafon du mois de May.

4 La louange & beauté des Dames.

5 La grant triomphe & honneur des Dames & Bourgeoifes de Paris, & de tout le Royaume de France : avec la grace & honefteté : prognoftiquées d'icelles. pour l'an 1531.

6 Le double des lettres des verds gallands. avec les dits de chacun.

7 Le moyen de foi enrichir profitable & utile à toutes gens, compofé par Mtre François Girault. *Paris, rue Saint Jacques au deffus de la croix de St. Benoift.*

8 Les Rues & Eglifes de Paris. avec la dépenfe qui fe fait chacun jour à Paris. *Paris, Guichart Soquaud*

BELLES-LETTRES.

2897 La Vie Sainte Katherine. in 4. goth. rel. en papier.

2898 La Vie de Saint Mathurin de Larchant, historiée. *Paris, Jacques Nyverd.* in 4. goth. fig. v. m.

2899 La Vie & Legende de Saint Fiacre en Brie. in 4. goth. fig. v. m.

2900 La Vie de Notre Dame. in 4. goth. m. r.

2901 La Vie & Legende de Madame Sainte Reigne, Vierge & Martyre. *Troyes, Jean Lecoq.* = Les Heures de Mde Sainte Reigne. in 8. goth. m. r.

2902 Recueil de pieces in 8. goth. m. r.

Il contient :

1 La vie faint Harenc glorieux Martyr & comment il fut pefché en la mer & porté à Dieppe.

2 Le débat de l'hiver & l'efté.

3 Les menus propos, avec le temps qui court. (Par Pierre Gringore.) *Paris, Alain Lotrian.*

4 Le débat du vin & de l'eau.

5 La Monologie des nouveaux Sots de la joyeufe bande.

2903 La Vie de Monfieur St. Euftace, de fa femme & de fes deux enfants. *Paris, Jehan St. Denys.* in 8. goth. v. m.

2904 Recueil de Pieces. in 4. goth. v. m.

Il contient :

1 Le Meffagier d'Amours.

BELLES-LETTRES.

2 La complainte de trop tôt marié.

3 Le Doctrinal des nouvelles mariées. A la fin : *Cy finiſt le Doctrinal des nouuelles maries. Jmprime a Lantenac, le cincquieſme iour doctobre Lan mil quatre cens quatre vigns xi. Jehan Cres.* Suit l'écuſſon de l'Imprimeur.

4 L'art & ſcience de bien parler & de ſoi taire. *Rouen, Robinet Macé.*

5 Devote exhortation pour avoir crainte du grand jugement de Dieu. par Guillaume Flameng.

6 La vie ſaint Jehan Baptiſte. *Rouen, Jacques le Foreſtier*

7 Vigilles de Mors, en françois. *Paris, Jehan Treperel.*

8 Les ſept Pſeaulmes, en franczoys. A la fin : *Cy finiſſent les ſept pſeaulmes penitēciaux et la letanie en frāczois.* (*Lantenac, Jehan Cres,*) avec l'écuſſon.

9 Les menus propos. par Gringore. (*Rouen, Rob. Macé.*)

10 Doctrinal des nouveaux Mariés. (*Rouen, Rob. Macé,*)

11 La belle Dame ſans Mercy. (par Alain Chartier.)

12 Le recueil des hyſtoires des repeus franches. (par Franc. Villon.)

13 Le débat du vin & de l'eau. (*Paris Mich. le Noir.*)

Recueil précieux pour les pieces rares & ſingulieres qu'il contient ; la vie de St. Jehan Baptiſte eſt de ce nombre.

2905 Le Meſſagier d'amours. *Paris.* in 8. goth. m. r.

2906 Les Souhaits des hommes. (*Paris, avec la Marque de Jehan Trepperel.*) in 4. goth. rel. en cart.

2907 Les ſouhaits & beautés des Dames, avec la fille comparée a la vigne. (*Paris, avec la*

BELLES-LETTRES.

marque de Jehan Trepperel.) in 4. goth. v. m.

2908 Le Chevalier aux Dames, qui pour les garder de tous blames fait grandes prouesse & vaillance. *Metz, Gasp. Hochfeder,* 1516. in 4. goth. fig. m. r.

2909 La faulcete trayson & les tours de ceux qui suivent le train d'amours. in 4. goth. v. m.

2910 Les ventes d'amours. in 4. goth. rel. en cart.

2911 Le Mirouer du Monde. *Geneve, Jacques Vivian,* 1517. in 4. goth. m. verd.

Les deux premiers feuillets manquent.

2912 Les Commandements de Dieu & du Diable. (*Paris*, avec la marque de Jehan Trepperel.) in 4. goth. v. f.

2913 La remembrance de la mort. in 4. goth. rel. en carton.

2914 La crainte du grand Jugement. in 4. goth. v. f.

2915 La complainte douloureuse de l'anfe dampnée. *Paris, Michel le Noir.* in 4. goth. v. f.

2916 La contenance de la table. (*Paris, avec la marque de Jean Trepperel.*) in 4. goth. rel. en cart.

2917 Le Pseautier Nostre Dame, selon St. Jerosme. translaté de latin (peut-être d'Alain de la Roche, Jacobin,) en françois. *Paris, Ant. Verard.* in 4. goth. m. r.

2918 Les ioyes & douleurs que la gloryeuſe Vierge Marie eut de ſon benoiſt filz Iheſus en matiere contemplative, ou eſt en ſubſtance continuée la paſſion de Iheſus Criſt, avec autres matieres. in fol. goth. v. m.

ANCIENNE EDITION, ſans date, ſans nom de Ville ni d'Imprimeur. L'Ouvrage finit ainſi :

Cy finiſſent les ioyes et doleurs de la glorieuſe vierge marie nouvellemẽt imprimees.

2919 La Chaſtelaine du Vergier. livre d'amours du Chevalier & de la Dame Chatelaine du Vergier. comprenant l'état de leur amour & comment elle fut continuée juſques à la mort. *Paris, rue neuve Notre-Dame, à l'enſeigne St. Jean-Baptiſte.* in 18. m. viol. fig.

2920 Les Inſtituts de Juſtinien, tranſlatés de latin en rime françoiſe. in fol. goth. ſans date, &c. m. r.

2921 L'advenement du tres chretien Roi de France Louis XII, a Milan : & ſa triomphante entrée audit Milan. tranſlaté de italienne rime : en rime françoiſe. in 8. goth. m. bl.

BELLES-LETTRES.

POETES FRANÇOIS DU XVI SIECLE.

Ouvrages composés avant le milieu de ce siecle.

2922 Recueil de différentes pieces de poésies françoises, depuis 1500 jusqu'à 1775. 92 portefeuilles in 8. dos de m. r.

Voici quelques pieces intéressantes de cette collection précieuse, qui n'est point susceptible d'un plus grand détail.

1 Maître Aliborum qui de tout se mêle & scait faire tous metiers & de tout rien. (attribué à Gringore.) goth.

2 La Complainte du nouveau marié avec le dit de chacun lequel marié se complaint des extencilles qui lui faut avoir à son ménage & est en maniere de chanson avec la loyauté des hommes. (sans date.) goth.

3 La Complainte de trop tôt marié. (sans date.) goth.

4 Le Depucellage de la ville de Tournay. avec les pleurs & lamentations obstant sa defloration. goth.

5 Le Doctrinal des filles à marier. goth.

6 Les Drois nouveaux établis sur les femmes. goth.

7 La leaulté des femmes avec les neuf preux de gourmandise; & aussi une bonne recepte pour guerir les yurôgnes. (sans date) goth.

8 La Resolution de ny trop tost ny trop tard marié. (sans date.) goth.

9 S'ensuit le mistere de la saincte Larme comme elle fut apportée de Constantinople à Vendosme. (sans date.) goth.

10 Sermon joyeux de la patience des femmes obſtinées contre leurs marys : fort ioyeux & recreatif à toutes gens. (ſans date.) goth.

11 Ly enſuiuent en brief langaige : les tenebres de mariage leſquelles furent ſans mentir compoſees par ung vray Martir lequel fut dix ans au feruage. goth.

12 Le teſtament dung amoureux qui mourut par amour, enſemble ſon epitaphe compoſé nouvellement. C'eſt le Déprofondis des amoureux. (ſans date.) goth.

13 L'Adieu du Drolifique & Senſifique Arlequin, Marquis de Beure frais, Baron des Capilotades, Comte des Ragoûts, Sur-Intendant des Cuiſines, Lieutenant-Général des Bouteilles & Flacons. (ſans date)

14 L'Aigle qui a faict la Poulle devant le Coq à Landrecy. *A Lyon.* (ſans date.)

15 Le Carquois d'amour. (ſans date.)

16 La miſere des Clercs des Procureurs. (ſans date.)

17 Paſquille nouvelle ſur les amours de Lucas & Claudine. *A Troyes.* (ſans date.)

18 Le Purgatoire des Priſonniers, envoyé au Roy. (ſans date.)

19 Le qu'as-tu vu de la Cour. (ſans date.)

20 La Complainte de trop tard marié, compoſé par Pierre Gringore. *Paris*, (1505.) goth.

21 La grant triumphe & honneur des Dames & Bourgeoiſes de Paris & de tout le Royaume de France : avec la grace & honêteté : pronoſtiquées dicelles. pour l'an 1531. goth.

22 Complainte & Regretz de Gaſpard de Coligny, qui fut Admirail de France. *A Lyon*, 1572.

BELLES-LETTRES.

23 Déluge des Huguenotz avec leur tombeau, & les noms des chefs & principaux, punys à Paris. 1572.

24 Elegie fatyrique fur la mort de Gafpar de Colligny qui fut Admiral de France, à laquelle chacun Carme commence par la fin de l'autre, autrement appellez Carmes Serpentins. *Paris*, 1572.

25 La Complainte de la France fur les Demerites de Jean Louis de Nogaret, de la Valette Duc d'Efpernon préfentée au Roy. M. D. LXXXVIII.

26 Le Proces criminel d'un Marcaffin. *Paris*, M. D. LXXXVIII.

27 La vie des Traitres Politiques Navarois. fur la copie, imprimée à Paris, 1589.

28 Hiftoire plaifante de la jaloufie de Jennain fur la groffeffe foudaine de Prigne fa femme, contenant un brave difcours de l'accouchement d'icelle. le tout mis en rime & langue Picarde, & envoyé par un Courtifan à un autre fien amy. *Chez Pierre Menier, Portier*, 1598.

29 Les Phrenetiques amours & Phantafques poéfies de M. J. Tripon Docteur ès lois, & Avocat à Condom. dédiées à haut & puiffant Seigneur de Sacquedeburre, Seigneur de la grand Braufte. Reueuës & commentées par fon fils Iou Balent, & enrichies d'Annotations par la Bordeblanque. *Arraiogat, par Jan Mirgail & Daniel Schapacaca, Imprimeurs jurez.* 1609. in 12.

30 La Bravade d'amour. contenant 42 fonnets, ou font naifuement efcrites les rufes & les appafts des Douces beautés orgueilleufes, & le mefpris qu'on en doit avoir. *Paris, par Claude Percheron, rue Galend, aux trois Chapellets*, 1611.

31 Le Pafquin françois, 1615.

32 Advis de Colin à Margot, ou coq à l'asne sur le temps présent. 1617.

33 Les Bigarures de Maître Guillaume envoyées à Madame Mathurine, sur le temps qui court. 1620.

34 Le Pasquin de la Cour. 1620.

35 Le Coq à l'asne envoyé de la Cour. 1622.

36 Le Corbeau de la Cour. 1622.

37 La Corneille deplumée. 1622.

38 Le Coq-à-l'asne ou pot aux Roses descouvert, adressé aux Financiers. 1623.

39 Le Changement de la Cour. 1624.

40 Pasquil du Duc de Rohan à M. le Connetable. 1624.

41 Les Ponts Bretons, 1624.

Cette piece & les deux suivantes sont des satyres très violentes contre plusieurs personnes de la Cour.

42 Le Passepartout des Ponts Bretons composé & augmenté par Robert le Diable. 1624.

43 Le passe par tout des Ponts-Bretons, corrigé & augmenté de toutes les plus belles pieces. 1624.

44 Le Satyrique de la Cour. 1624.

45 Le tout en tout des bons Bretons. 1624.

46 Tablettes addressées aux Dames de la Cour. 1624.

47 L'adieu du Plaideur à son argent. 1626.

48 Le Droguiste du temps aux Dames. 1626.

49 Le Musicien renversé. 1626.

50 Le trebuchement de l'yvrogne. *Paris*, 1627.

51 La Casaque du Savoyard. 1630.

BELLES-LETTRES.

52 Etranges propheties sur les mondanitez des femmes & des filles de ce tems. 1632.

53 La mort de Procez avec sa descente aux enfers. par M. P. *Paris, Anthoine Robinot.* 1634.

54 Le Pater noster de M. Colbert mis en vers burlesques. *Collogne.* 1684.

55 Gazette infernale ou nouvelles extraordinaires venant du Royaume de Pluton au bord du Stix. 1691.

56 Dialogue de plusieurs Laquais touchant les conditions de ce tems, & les miseres de ce siecle. en vers burlesques. *Paris,* 1716.

57 La Maltôte des Cuisinieres, ou la maniere de bien ferrer la Mule. Dialogue entre une vieille Cuisiniere & une jeune Servante. *Paris,* 1724.

2923 Recueil de différentes pieces de poésies françoises, depuis l'année 1544 jusqu'en 1779, rangées par ordre alphabétique. 29 porte-feuilles in 4. avec des dos de m. r.

2924 Recueil de différentes pieces de poésies françoises; sans date d'année; rangées par ordre alphabétique. 8 porte-feuilles in 4. avec des dos de m. r.

2925 Recueil de pieces de vers en latin & en françois. 2 porte-feuilles in fol. avec dos de m. r.

2926 Recueil de poésies composées par Jean Trotier, Molinet, Pierre Fabri, Cretin, Castel, Jehan Braconier de Bordeaux, Guillaume Tasſerie. & autres auteurs anonymes. in fol. m. v. antiqué.

MANUSCRIT ſur papier *du XVI ſiecle*, écrit en *ancienne bâtarde*, à longues lignes, contenant 142 feuillets.

2927 Les balades de la Confrerie de Noſtre Dame du Puy en Amiens. in 4. v. f. d. ſ. tr.

MANUSCRIT ſur papier du *XVI ſiecle*, contenant 34 feuillets écrits en *ancienne bâtarde courante*.

La Confrérie de N. Dame du Puy a été établie dans pluſieurs Villes de France. Les plus célebres ont été celles de Rouen & d'Amiens. On rapporte leur origine & leur ancienneté au tom. I. 3. part. p. 56 de l'Hiſtoire de Rouen, par Farin. in 4. & au tom. II. p. 108 de l'Hiſtoire d'Amiens, par le P. Daire.

Notre recueil de ballades conſiſte en 22 pieces. La plus ancienne eſt de *Jean de Bery*, & la plus moderne de *Jean le Prevoſt*. L'un fut Maître du Puy en 1471 & l'autre en 1504.

2928 La Louange des Rois de France. *Paris, Euſtace de Brie*, 1507. in 8. goth. m. r.

2929 La nef des Dames vertueuſes, compoſée par Mtre Simphorien Champier. contenant quatre livres. le 1ᵉʳ eſt intitulé la fleur des Dames. le 2ᵉ du regime de mariage. le tiers des propheties des Sybilles. & le quart le livre de vraye amour. *Lyon, Jacq. Arnollet*. in 4. goth. v. f.

2930 Le livre des loups raviſſans, ou autrement doctrinal moral, (en vers & en proſe.) Par Ro-

BELLES-LETTRES.

bert Gobin. *Paris*, *Ant. Verard.* in 4. goth. fig. m. r.

2931 Confession generale en Rime. appellée l'advertissement de conscience. composé l'an 1506, par Maistre Robert Gobin, Prestre, &c. *Paris, Michel le Noir.* in 4. goth. v. m.

2932 L'Epitre du Roy à Hector de Troye & aucunes autres Œuvres assés dignes de voir. (Par Jean le Maire de Belges). *Paris, Ambr. Girault.* in 4. rel. en cart.

2933 Traités singuliers. sçavoir : les trois contes intitulés de Cupido & Atropos, trad. de l'italien de Seraphin. le second & tiers de l'invention de Jean le Maire. les epitaphes de Hector & Achilles, composées par George Chastelain, dit l'avanturier. le temple de Mars, par Jean Molinet. plusieurs Chants royaux, Ballades, &c. par Guillaume Cretin. *Paris, Galliot du Pré*, 1525. in 8. goth. m. bl.

2934 Le Catholicon des maladvisés autrement dit le cymetiere des malheureux, fait par Maitre Laurent Desmoulins. *Paris, Jehan Petit,* 1513. in 8. goth. m. r.

2935 Les poesies de Guillaume Cretin. *Paris, Simon du Bois, pour Galliot du Pré*, 1527, *le* 25 *d'Avril.* in 8. goth. v. m.

2936 Chants Royaux, Oraisons, & autres petits traités faits & composés par feu Guillaume Cretin. *Paris, Galliot du Pré*, 1527. in 8. goth. m. r. l. r.

Cet Exemplaire a appartenu à la Reine de Navarre, comme on le voit par la note suivante qui est à la fin du Volume :

Ce don de Monsr mt. francoys charbonnier qui en a fait premiere adresse a la Royne de Navarre.

2937 Le debat de deux Dames sur le passetemps de la chasse des chiens & oiseaux, par Guillaume Cretin. avec le loyer des folles amours. *Paris, Guichard Soquaud*, 1528. in 8. goth. m. bl.

2938 Le Recueil sommaire de la Chronique françoise. 5 vol. in fol. v. f. d. s. tr.

Très beau Manuscrit sur vélin du commencement du *XVI siecle*, contenant 631 feuillets dont les 5 derniers du tom. IV qui manquoient, ont été refaits avec beaucoup de soin. L'écriture est en *ancienne ronde bâtarde*, ou *bâtarde brisée*, à longues lignes. Les caracteres en sont fort gros. Les sommaires rimés sont écrits en rouge, & les capitales sont élégamment peintes en or & en couleurs.

Guillaume Dubois, autrement dit *Cretin*, sobriquet signifiant dans l'ancien langage un *petit panier*, commença cette Chronique en 1515 par ordre de *François I.* dont il étoit Chroniqueur. Il y a traité l'histoire de France depuis *Pharamond* jusqu'au couronnement de *Hugues Capet*. Sa mort arrivée en 1525, l'empêcha de la mener plus loin. Les vers qu'il y a employés sont ceux que l'on appelloit autrefois *Héroïques*, dont la mesure n'est que de 10 syllabes pour les masculins,

BELLES-LETTRES. 311

masculins, & de 11 pour les féminins. Ils riment deux à deux ; mais n'obfervent pas l'alternative des rimes masculines & féminines. Il y en a beaucoup qui finissent par sa devise : *Mieulx que pis*.

Cette Chronique n'a jamais été imprimée. Les MSS. en font extraordinairement rares, parceque dans le temps où elle parut, on commençoit à ne plus tant les multiplier.

2939 Le quint volume du recueil sommaire de la Cronique françoise. in fol. m. r.

MANUSCRIT sur vélin du *XVI siecle*, contenant 78 feuillets. Il est enrichi de capitales peintes en or & en couleurs, & de 11 très belles miniatures qui portent 11 pouces de hauteur sur 7 pouces de largeur. Il manque dans ce Volume au moins la moitié de ce que renferme celui du N° précédent. Il ne va que jusqu'au XII Chapitre inclus.

2940 Description de tous les ports de mers de l'univers auecques sommaire mention des conditions différentes des peuples & adresse pour le rang des ventz propres a nauiguer. in 4. rel. en cart.

MANUSCRIT sur papier du *XVI siecle*, contenant 52 feuillets très bien écrits en *ancienne ronde bâtarde*.

Les vers de cet Ouvrage sont de 10 syllabes, & riment deux à deux, sans mélange alternatif de rimes masculines & féminines. *Jehan Mallart Escripuain du Roi* en est l'Auteur ; il l'adresse au Roi (Louis XII ou François I.) par une Epître Dédicatoire en vers.

2941 Recueil de pieces. in 8. goth. m. r.

Tome II. Sſ

Il contient :

1 La reformation : fur les Dames de Paris, faite par les Lyonnoifes. *Paris, Guillaume Nyverd.*

2 Deploration de Robin & les regrets faits dans fon coeur d'avoir eu pour fon larcin le fouet tout nud en deshonneur. *Paris, Guillaume Nyverd.*

3 La plainte du commun, a l'encontre des Taverniers Boulangers, & la defefperance des Ufuriers. *Paris, Guil. Nyverd.*

4 La repentance du mariage de Robin, & la complainte fur fa fuftigation. avec la chanfon nouvelle. par le Seigneur B. de Gourmont. *Paris, G. Nyverd.*

5 Le double des lettres envoiées a Paffevent Parifien, par le noble & excellent Pafquin Romain, contenant en vérité la vie de Jehan Calvin. *Paris, P. Gaultier,* 1556.

6 Deploration fur le trepas de Mtre Francois Picard, Docteur en Theologie, &c. *Paris, Eft. Denife,* 1556.

7 Sourdine Royale, fonnant le Boutefelle, l'a cheval, & a l'eftandart, a la nobleffe catholique de France, pour le fecours du Roi tres Chretien Charles IX. Par Guillaume de la Tayffonniere. *Paris, Fred. Morel,* 1569.

8 Le Congié pris du fiecle feculier. (par Jacq. de Bugnin.)

2942 Les grands graces de France. nouvellement compofées pour le joyeux retour du Roi notre Sire. contenant fes grands prouelfes, depuis fon facre & couronnement jufques au préfent. in 4. goth. rel. en pap.

2943 Les Hymnes en françois, tranflatées nou-

BELLES-LETTRES.

vellement. *Paris, Ant. Verard.* in 4. goth. m. r.

2944 L'Advocat des Dames de Paris, touchant les pardons Saint Trotet. in 8. goth. v. f.

2945 La Doctrine des Saiges, pour inciter chacun a vertu & laiſſer tout vice. *Lyon.* in 12. goth. v. f.

2946 La Foreſt de conſcience contenant la chaſſe des princes ſpirituelle. par Guill. Michel dict de Tours. *Paris, Michel le Noir*, 1520. in 8. goth. m. bl.

2947 Le Siecle doré: contenant le temps de paix, amour & concorde. en Ryme. par Guillaume Michel. *Paris, le Fevre,* 1521. in 4. goth. v. b.

2948 La Penthaire de l'eſclave fortuné: (Michel d'Amboyſe.) ou ſont contenues pluſieurs lettres & fantaiſies. *Paris, Alain Lotrian,* 1530. in 8. goth. fig. m. r.

2949 Les Epîtres veneriennes de l'eſclave fortuné (Michel d'Amboiſe) privé de la cour d'amours. *Paris, Alain Lotrian & Denys Janot.* in 8. goth. v. f.

2950 Les Epîtres de l'eſclave fortuné (Michel d'Amboyſe) *Paris, Jehan Longis & Denys Janot,* 1534. in 8. v. f.

2951 L'Eſclave fortuné. le Babilon autrement la confuſion de l'eſclave fortuné. ou ſont contenues plufieurs lettres recreatives & joyeufes. avec aucuns Rondeaux & Epîtres amoureufes. (par Michel d'Amboife) *Lyon, Olivier Arnoullet*, 1535. in 8. goth. m. r.

2952 Les cent Epigrammes avec la vifion, la Complainte de vertu traduite de frere Baptifte Mantuan, en fon livre des calamités des temps: & la fable de l'Amoureufe Biblis & de Caunus, trad. d'Ovide, par Michel d'Amboyfe, dit l'efclave fortuné, Seigneur de Chevillon. *Paris, Jehan Longis*, 1532. in 8. goth. v. m.

2953 Le Palais des nobles Dames, auquel a treize parcelles ou chambres principales : en chacune defquelles font déclarées plufieurs hiftoires, tant grecques, hebraiques, latines, que françoifes. enfemble couleurs & fictions poetiques, concernant les louanges des Dames. Par Jehan Dupré Seigneur des Bartes. in 8. goth. m. r.

2954 L'adreffe du fourvoié captif, devifant de l'eftrif entre amour & fortune. Par Charles de Hodic Seigneur de Annoc. *Paris, Pierre Leber*. in 8. goth. m. r.

2955 Les Œuvres poetiques de Mtre Roger de Collerye. *Paris, Pierre Roffet*, 1536. in 8. v. f.

2956 Le remede d'amour, compofé par Eneas Silvius, tranflaté de latin en françois, par Albin des Avenelles. avec les additions de Bapt.

BELLES-LETTRES. 315

Mantuen. *Paris, à l'enseigne de l'Escu de France.* in 4. goth. v. f.

2957 Le Livre des Pretres, en Rime. in 4. goth. m. bl.

2958 L'honneur des Pretres, en Rime. *Rouen.* in 4. goth. v. f.

Cet Ouvrage est le même que le précédent; il n'y a que le titre qui soit différent.

2959 Les Mots & Sentences dorées du maitre de sagesse Caton en françois & latin, avec bons enseignemens, proverbes & adages (par Pierre Grognet). *Lyon, Olivier Arnoullet,* 1533. in 8. goth. m. r.

2960 Le second volume des mots dorez du grand & sage Cathon. lesquels sont en latin & en françois, avec aucuns bons & tres utiles adages, authorités & dits moraux des sages. par Pierre Grognet. *Paris, par Denys Janot pour Jehan Longis & Pierre Sergent,* 1533. in 8. parch.

IMPRIMÉ SUR VÉLIN.

2961 Le Jardin amoureux contenant toutes les regles d'amours. avec plusieurs lettres missives, tant de l'amant comme de l'amye : fait & composé par Mtre Christophe de Barronso. *Lyon, à l'enseigne de St. Jean Baptiste.* in 8. goth. m. bl.

2962 Le Chateau de Labour. en Ryme. (par

Pierre Gringore dit Vaudemont). *Paris*, *Gillet Couteau.* in 4. goth. v. m.

2963 Le Chasteau de Labour, auquel est contenu l'adresse de richesse & chemin de pouvreté, les fantaisies du monde. (par Pierre Gringore). *Paris, Ant. Augereau pour Galliot du Pré*, 1532. in 16. m. r.

2964 Le Chateau d'amours. (Par Pierre Gringore.) (*Paris, Ph. Pigouchet & Simon Vostre.*) in 8. goth. m. r.

2965 Les Folles entreprises, composées par Pierre Gringore. *Paris, Pierre le Dru.* in 8. goth. m. r.

IMPRIMÉ SUR VÉLIN, avec 22 Miniatures.

M. l'Abbé Rive a écrit à la tête du Volume :

[*Collationné. Iterum lustranda signatura C ne forte desit unum folium.*

Ce feuillet manque effectivement, puisque toutes les signatures ont huit feuillets, & la lettre C n'en a que sept.

2966 Les Folles entreprises, qui traitent de plusieurs choses morales. Par Pierre Gringore. *Paris.* in 4. goth. m. r.

2967 Les Abus du monde. (par Pierre Gringore.) *Lyon, Ant. du Ry.* in 8. goth. v. f.

2968 Les Fantaisies de Mere sotte, par Pierre Gringore, dit mere sotte. *Paris, Jehan Petit*, 1516. in 4. goth. v. f.

2969 Les Fantaisies de mere sotte : contenant plusieurs belles histoires moralisées, en ryme. (par

BELLES-LETTRES.

P. Gringore.) *Paris, veuve de Jehan Trepperel*, 1525. in 4. goth. fig. m. r.

2970 Les Menus Propos, (par Gringore). *Paris, Jehan Trepperel.* in 4. goth. m. r.

2971 Les Menus Propos, par Pierre Gringore. (*Paris, avec la Marque de Jehan Trepperel*). in 4. goth. rel. en cart.

2972 Les Menus Propos de mere sotte, composés par Pierre Gringore. *Paris, Philippe le Noir*, 1528. in 8. goth. fig. v. f.

2972 * Les Dits & autorités des sages Philosophes. (par Pierre Gringore.) in 4. goth. rel. en cart.

2973 Contredits de songe creux. (autrement du prince des sots.) par P. Gringore. *Paris, Galliot Dupré*, 1530. in 8. goth. m. r.

2974 Les Contredits du prince des sots autrement dit songe creux. Par Gringore. *Paris, Jehan Longis*, 1532. in 8. goth. v. m.

2975 Recueil de pieces. in 8. goth. m. r.

Il contient :

1 Les cent nouveaux Proverbes dorés, (par Pierre Gringore.) *Paris, rue Notre Dame, à l'enseigne de l'Ecu de France.*

2 Les Regrets avec la Chanson de Messire Charles de Bourbon.

3 Pronostication nouvelle.

4 Les grands & merveilleux faits du Seigneur Nemo avec les privileges qu'il a & la puissance qu'il peut avoir.]

5 La reformation des Dames de Paris, faite par les Dames de Lyon.

6 Remede très utile contre la peste laquelle court a prefent en plufieurs lieux. fpecialement partout.

7 Les quinze fignes defcendus en Angleterre. avec la lettre defcorniflerie.

8 Le Doctrinal des bons Serviteurs.

9 Vatelet de tous metiers.

10 Le dit des pays joyeux. avec les conditions des femmes. avec les dix Commandemens joyeux.

11 Les trois Blafons de France. par Pierre Danche. c'eft à fçavoir. le Blafon des bons vins de France; le Blafon de la belle Fille; & le Blafon du bon Cheval.

12 Le Livre qui guerit de tous maux, & de plufieurs autres.

13 La doloreufe querimonie de Bles foy difant jadis reale ville pour la tranfportation d'elle a St Denys en France. du corps de la feue Reine de France Ducheffe de Bretaigne, Madame Claude.

14 Epitaphes en Rondeaux de la feue Reyne Ducheffe de Bretaigne.

2976 Les Proverbes dorés. (par Pierre Gringore.) in 8. goth. rel. en pap.

2977 Notables, enfeignemens, adages, & proverbes faits & compofés par Pierre Gringore dit Vauldemont. *Paris, Galliot du Pré*, 1528. in 8. goth. v. f.

2978 Les diverfes fantaifies des hommes & des femmes, compofées par Mere fotte (Pierre Gringore). *Paris, Den. Janot*, 1538. in 16 v. m.

BELLES-LETTRES.

2979 Recueil de pieces. in 8. goth. m. r.

Il contient ;

1 Les fantaisies du Monde, (par Pierre Gringore.)

2 Le Temple de Mars Dieu de Bataille, (par Jean Molinet.) *Paris.*

3 Le Doctrinal des filles à marier.

4 Les secrets & loix du mariage, composé par le Secrétaire des Dames.

5 Sermon joyeux de la patience des femmes obstinées contre leurs maris. fort joyeux & recréatif à toutes gens.

6 Le dit des pays joyeux. avec les conditions des femmes. & plusieurs autres Balades. avec les dix Commandements joyeux.

7 La terrible vie, testament & fin de Loyson.

8 Les dits des bêtes aussi des oiseaux. fig. *Paris, rue neuve Nostre Dame a lescu de France.*

9 La malice des femmes nouvellement imprimée.

10 Le Testament de Taste Vin. Roy des Pions.

2980 Recueil de pieces. in 4. goth. m. r.

Il contient :

1 Maître Aliborum qui de tout se mêle, (attribué à Pierre Gringore,) avec le cri des Monnoyes.

2 Le Chasteau d'Amours. (par Pierre Gringore.) (*Paris, Jean Trepperel.*)

3 Les faits & gestes de M. le Légat, translatés de latin en françois, par Jehan Divry, selon le texte de Fauste Andrelin.

4 Les regrets du Loyal Amoureux.

Tome II.   T t

BELLES-LETTRES.

5 Le Temple de Mars Dieu de bataille. (par Jean Molinet. *Paris, avec la marque de Jean Trepperel.*)

6 Les droits nouveaux établis fur les femmes.

7 Les fantaifies du monde qui regne.

2981 Heures de Noftre Dame tranflatées en françois & mifes en rithme par Pierre Gringore dit Vaudemont. *Paris, Jehan Petit.* in 4. goth. m. r.

On a annexé à la fin de ce Volume différentes pieces de vers MSS. avec des miniatures, entr'autres la finguliere fupplication à Notre Dame, par Pierre de Neffon.

2982 Chants Royaux figurés moralement, fur les myfteres miraculeux de notre Sauveur Jefus Chrift, & fur fa Paffion, par Pierre Gringore, dit Vaudemont. *Paris, Jehan Petit,* 1527. in 4. goth. m. r.

IMPRIMÉ SUR VÉLIN.

2983 Rondeaux au nombre de trois cent cinquante, finguliers & a tous propos. (attribués à P. Gringore). *Paris, Galliot du Pré,* 1527. in 8. goth. m. bl.

2984 Hiftoire romaine de la belle Cleriende, laquelle fauva la vie a fon ami Reginus le romain, en habit de charbonnier, avec la piteufe mort de Ciceron. tranflatée de latin en françois. *Paris, Alain Lotrian & Denys Janot.* in 8. goth. m. r.

BELLES-LETTRES.

2985 Les Epîtres envoiées au Roi tres chreſtien dela les monts par les etats de France, compoſées par frere Jehan Dauton, avec certaines Ballades & Rondeaux, par le dit Dauton ſur le fait de la guerre de Veniſe. *Lyon, par Claude de Troys pour Noel Abraham*, 1509. in 4. goth. v. f.

2986 L'exil de Genes la ſuperbe, fait par frere Jehan Dauton. = La muſique angelique toute nouvelle de *Salve Regina*, par frere Gilles de Redon. in 4. goth. v. m.

2987 La Complainte de Gennes ſur la mort de dame Thomaſſine Eſpinolle Geneuoiſe dame intendyo du roy. = L'épitaphe parlant par la bouche de la defunɛte. = Regret que faiɛt le roy pour la mort de ſa dame intendyo. in 4. m. bl.

MANUSCRIT ſur vélin du commencement du *XVI ſiecle*, contenant 9 feuillets écrits en *ancienne bâtarde*, & enrichis de 3 belles miniatures.

La mort funeſte de *Thomaſſine Spinola*, dit M. l'*Abbé Garnier*, d'après *Jean d'Auton*, a quelque choſe de ſingulier. *Louis XII.* après avoir terminé les affaires qui l'avoient appellé en Italie en 1502, viſita les Villes du Duché de Milan, & ſe rendit auſſi à Gênes. La réception qu'on lui fit dans cette Ville fut des plus brillantes. Au milieu des fêtes, *Thomaſſine Spinola* ne put défendre ſon cœur d'une tendre émotion à la vue de la beauté mâle de *Louis XII*. Elle en devint ſi éperdument amoureuſe, qu'elle n'eut pas la force de lui cacher ſa paſſion. Elle lui en fit l'aveu, en le suppliant de vouloir bien être son *Intendio*; c'eft-à-dire, fuivant les Auteurs de ce temps, *accointance honorable & amiable intelligence*, ou Maîtreffe de cœur. Louis XII lui accorda ce qu'elle defiroit; dès lors elle dédaigna le commerce des hommes, & même les empreffemens de fon mari. Elle fe confoloit de l'abfence du Roi en lui écrivant fouvent, en lui recommandant les intérêts de fa patrie, & le foulagement des malheureux. Enfin cet amour innocent lui devint funefte; car les ennemis de la France ayant femé en 1505 le bruit en Italie que le Roi étoit mort, *Thomaffine Spinola*, à la premiere nouvelle, s'abandonna à toute fa douleur: déteftant la lumiere qu'elle ne partageoit plus avec fon cher *Intendio*, elle s'enferma dans une chambre obfcure, où une fievre ardente la confuma en moins de huit jours. La République de Gênes, en récompenfe des fervices qu'elle en avoit reçus, lui décerna des funérailles publiques, & députa deux illuftres Citoyens pour porter au Roi cette trifte nouvelle. Il ne put refufer des larmes à cette tendre Amie, & voulant honorer fa mémoire, il lui fit compofer une Epitaphe par *Jean d'Auton* fon Hiftoriographe, & l'envoya à Gênes pour être gravée fur fon tombeau, *en figne de continuelle fouvenance & fpectacle mémorable*.

Cette Epitaphe & les vers que *Jean d'Auton* fit à cette occafion, font contenus dans notre MS. Ils furent préfentés à *Louis XII* lorfqu'il étoit à Tours. Ce Monarque eft repréfenté dans la troifieme miniature, vêtu de noir, & décoré du collier de l'Ordre de St. Michel; fa fuite eft compofée de quatre Officiers habillés de même.

V. Jean d'Auton, Dreux du Radier & M. l'Abbé Garnier.

2988 Recueil de pieces. in 4. goth. m. r.

Il contient:

1 Les Triumphes de France, tranflatés de latin en françois

BELLES-LETTRES. 323

par Maître Jehan Divry. *Paris, Guillaume Euſtace*, 1508.

2 Les faits & geſtes de M. le Légat, tranſlatés de latin en françois par Maître Jehan Divry. *Paris, Guillaume Euſtace.*

3 L'exil de Gênes la Superbe, fait par frere Jehan Dauton.

2989 Les Regnards traverſant les périlleuſes voyes des folles fiances du monde, compoſées par Sebaſtien Brandt. (Jehan Bouchet.) *Paris, pour Anthoine Verard.* in fol. goth. fig. m. r.

On trouve à la tête du Volume la note ſuivante :

*Quoi qu'en diſe Verard, cet Ouvrage n'eſt pas de Sebaſt. Brandt, mais de Jehan Bouchet, Procureur à Poitiers, comme le prouve l'*Exhortation* qui ſe trouve au feuillet F. 2. que Verard a imprimée ſans l'entendre.*

En effet, elle eſt compoſée de 28 vers qui forment *Jehan Bouchet, natif de Poiɛtiers.*

Voyez auſſi les Epîtres de Jehan Bouchet, Epître XI de la ſeconde partie des Epîtres Morales, feuillet 47 verſo, Edition de Poiɛtiers en 1545. in fol.

  Le premier fut les Regnards traverſans
  L'an mil cinq cens, qu'avois vingt cinq ans,
  Ou feu Verard pour ma ſimple jeuneſſe
  Changea le nom ; ce fut a lui fineſſe
  L'inſtituant au nom de Monſieur Brand, &c.

* *Nota.* Cette Exhortation eſt ainſi intitulée :

Exhortation ou par les prémieres lettres des lignes trouverez le nom de l'aɛteur de ce preſent livre et le lieu de ſa nativité.

2990 Les Regnards traverſant les perilleuſes voyes des folles fiances du monde, compoſées par Sebaſtien Brandt. (Jean Bouchet) & autres pluſieurs choſes compoſées par autres facteurs. *Paris, Michel le Noir*, 1504. in fol. fig. v. b.

2991 Les Regnards traverſant les périlleuſes voies des folles fiances du monde, par Sebaſt. Brandt. (Jehan Bouchet.) *Paris, Denys Janot*, 1530. in 4. goth. fig. v. f. l. r.

2992 L'amoureux tranſi ſans eſpoir. Par Mtre Jehan Bouchet. *Paris, Jehan Jehannot.* in 4. goth. m. verd.

2993 Les angoyſſes & remedes d'amours, du traverſeur, en ſon adoleſcenſe. (Jehan Bouchet). *Poitiers de Marnef*, 1536. in 4. goth. v. f.

2994 Les angoyſſes & remedes d'amours, du traverſeur, en ſon adoleſcence. (Jehan Bouchet). *Poitiers, J. & Engilb. de Marnef*, 1537. in 16. v. m.

2995 Les angoiſſes & remedes d'amours. (Par J. Bouchet). *Lyon, de Tournes*, 1550. in 18. v. m.

2996 Le Temple de bonne renommée, & repos des hommes & femmes illuſtres trouvé par le traverſeur des voies périlleuſes. (Jean Bouchet). *Paris, Galliot du Pré*, 1516. in 4. goth m. r.

2997 Les elegantes Epitres extraites du panegyrique

du Chevalier fans reproche Mgr Louis de la Tremoille, composées par le traverseur des voies perilleuses. (Jehan Bouchet). *Paris, Denys Janot*, 1536. in 8. v. b.

2998 Le Labyrinthe de fortune & séjour des trois nobles Dames, par Jehan Bouchet. *Poitiers, Eng. de Marnef*, 1522. in 4. goth. v. f. l. r.

2999 Le Labyrinthe de fortune, par Jehan Bouchet. *Poitiers, Jacq. Bouchet*, 1524. in 4. goth. v. f.

3000 Les Triumphes de la noble et amoureuse Dame & l'art de honnestement aymer. (en vers & en prose.) Par Jehan Bouchet. *Poitiers, Jacq. Bouchet*, 1532. in fol. goth. m. r.

3001 Les Triumphes de la noble & amoureuse Dame : & l'art de honestement aimer. composé par le traverseur des voyes perilleuses. (Jehan Bouchet) en vers & en prose. *Paris, Nicolas Cousteau, pour Galliot du Pré*, 1535. in fol. goth. m. r.

IMPRIMÉ SUR VÉLIN.

3002 Les Triumphes de la noble & amoureuse Dame, par Jehan Bouchet. *Paris, Amb. Girault*, 1536. in fol. goth. v. m.

3003 Les exclamations & epitres & oraisons de la noble Dame amoureuse dite l'ame incorporée. Par Mtre Jehan Bouchet. *Paris, Den. & Sym. Janot*, 1535. in 8. m. r.

3004 Le Jugement poetique de l'honneur feminin & fejour des illuftres, claires & honnetes Dames, par Jehan Bouchet. *Poitiers, J. & Eng. de Marnef*, 1538. in 4. goth. v. f.

3005 Triomphes du tres chretien Roy de France, François premier, contenant la différence des Nobles. Par Jean Bouchet. *Poitiers, Jean & Enguilbert de Marnef*, 1549. in fol. v. m.

3006 Le Parc de Nobleffe. Defcription du tres puiffant & magnanime Prince des Gaules, & de fes faits & geftes. Par Jean Bouchet. *Poitiers, Jean de Marnef*, 1565. in fol. v. m.

C'eft le même Ouvrage que le précédent.

3007 Le Chappellet des Princes par ballade de laquelle les deux premiers baftons contiennent le nom du Prince a qui il eft dirigé le petit euure & le tiers bafton contient le nom de lacteur (dedié a Charles de la Tremouille mort en 1515, par Jean Bouchet.) in 4. couv. de velours.

MANUSCRIT fur vélin du commencement du *XVI fiecle*, contenant 18 feuillets écrits en *ancienne bâtarde*, & à longues lignes.

3008 Le Chapelet des Princes, par cinquante rondeaux & cinq ballades, par Mtre Jehan Bouchet.

BELLES-LETTRES.

chet. *Paris, à l'enseigne St. Jean Baptiste.* in 8. m. r.

3009 La Deploration de l'Eglise militante sur ses persecutions interieures & exterieures, & imploration de aide en ses adversités par elle soutenue en 1510 & 1511 : que presidoit en la chaire monseigneur St. Pierre Julius Secundus. composée par le traverseur des voies perilleuses, (Jehan Bouchet.) *Paris, Guillaume Eustace,* 1512. in 8. goth. v. f.

IMPRIMÉ SUR VÉLIN.

3010 La Deploration de l'Eglise militante sur ses persecutions. (par Jean Bouchet.) in 8. goth. rel. en cart.

3011 Le livre de la Deablerie, en rimes & par personnages, par Eloy Damerval. *Paris, Michel le Noir,* 1508. in fol. goth. v. m.

3012 La grant Diablerie : qui traite comment Sathan fait demontrance a son maitre Lucifer de tous les maux que les poures mondains font selon leurs etats, en ryme. Par Eloy Damerval. *Paris, Alain Loctrian,* 1531. in 4. goth. v. éc.

3013 Plusieurs Chansons de Noels nouveaux & specialement ceux que composa feu maitre Lucas le Moigne, Curé de St. George du Puits la Garde, en Poitou. *Paris,* 1520. in 8. goth. m. r.

BELLES-LETTRES.

3014 Les Hymnes communs de l'année : translatez de latin en françois, en rithme, par Nicolas Mauroy le jeune. *Troyes, Jean Lecoq*, 1527. in 4. goth. fig. m. r.

3015 Chronique abregée par petits vers huitains des Empereurs, Rois & Ducs d'Auftrasie. Par Nicole Vallryr de Seronville. *Paris, Didier Maheu*, 1530. in 4. goth. v. m.

3016 Chants royaux, Rondaux & Ballades présentés par Nicolas Coquinvillier Evesque de Verieuse (Venosa, ville de Naples) a haulte & puissante damoiselle Anne de Graville la Mallet. in fol. m. v. antiqué.

MANUSCRIT fur papier du commencement du *XVI siecle*, contenant 43 feuillets. Il est en *ancienne bâtarde*, à longues lignes.

Ces Poésies n'ont pas été imprimées. *Anne de Graville*, à qui elles sont dédiées, étoit fille de *Louis Mallet*, Sire de Graville, Amiral de France en 1486, & femme de Pierre de Balsac, Seigneur d'Entragues. Elle est Auteur des *Amours d'Arcite & de Palemon*, Roman qu'elle mit en vers par ordre de la Reine *Claude*.

3017 Ballades, Chants royaux & autres poesies, du XVI. siecle. in fol. rel. en carton.

MANUSCRIT fur papier du *XVI siecle*, contenant 67 feuillets écrits en *bâtarde brisée*.

Ces Poésies sont dans le goût de celles du N° précédent. Elles pourroient bien être du même Coquinvillier.

BELLES-LETTRES. 329

3018 Le Mirouer des pecheurs. Par Fr. Olivier Conrad. (Conrard.) *Paris, à l'enseigne de l'Eléphant.* in 8. goth. m. r.

3019 Le Mirouer des pecheurs. en vers & en prose, par Olivier Conrad, Franciscain. in 8. goth.

Manque le frontispice.

3020 Le Penser de Royale memoire. auquel penser sont contenues les Epitres envoiées par le royal prophete David, au tres chretien Roi de France, François Ier. *Paris, Jean de la Garde & P. le Brodeur*, 1518. in 4. goth. v. m.

3021 Trialogue nouveau contenant l'expression des erreurs de Mart. Luther. les doleances de jerarchie ecclesiastique, & les triumphes de verité invincible. Par frere Jeban Gachi de Cluses. 1524. in 4. goth. fig. m. r.

3022 Ballade double sur la victoire obtenue contre les Suisses par Francoys Roy de France premier de ce nom en la campagne pres Marignan ou moys de Septembre mil cinq cens quinze (par Guillaume Budé domestique serviteur de François I.) in 8. m. r.

MANUSCRIT sur vélin du *XVI siecle*, contenant 24 feuillets. Il est écrit en *bâtarde brisée*, à longues lignes, & enrichi de lettres capitales peintes en or & en couleurs. Cette Ballade, dont les vers sont de dix syllabes, sans alternative de rimes masculines & féminines, est précédée d'une longue lettre de *Budé*, adreſſée à *François I*, & datée de l'an 1529, dans laquelle il parle d'une maladie grave qu'il a eue, & qu'il attribue à une étude longue & pénible. Cette maladie l'empêcha de célébrer plutôt la défaite des Suiſſes près de Marignan. Une Epître en vers du même Auteur termine cette piece que nous ne croyons pas avoir été imprimée.

3023 Recueil des Œuvres de Jean Marot, contenant, Rondeaux, Epîtres, Vers epars & Chants royaux, 1536. in 16. m. r.

3024 L'adoleſcence Clementine, autrement les œuvres de Clement Marot. *Paris*, *Denys Janot*, 1538. in 16. fig. m. viol. doubl. de m. r. l. r.

3025 L'adoleſcenſe Clementine, autrement, les œuvres de Clement Marot. *Anvers*, *Jean Steels*, 1539. in 8. m. r.

3026 La ſuite de l'Adoleſcence Clementine. *Lyon*, *Guillaume Goulle*, 1534. in 16. m. r.

3027 Les Œuvres de Clement Marot. *Paris, par Antoine Bonnemere, ſur la copie de Griffius de Lyon.* in 8. fig. m. viol. doub. de m. r. l. r.

3028 Les Œuvres de Clement Marot, de Cahors, plus amples, & en meilleur ordre que paravant. *Lyon, à l'enſeigne du Rocher*, 1545. in 8. m. viol. doub. de m. r. l. r.

3029 Les Œuvres de Clement Marot. *Lyon*, *Guillaume Rouille*, (*impr. par Eſtienne Rouſſin & Jean Auſoult*,) 1546. in 12. m. r. doub. de m.

BELLES-LETTRES.

3030 Les Œuvres de Clement Marot. *Paris, Guillaume le Bret*, 1546. in 16. m. viol. doub. de m. r. l. r.

3031 Les Œuvres de Clement Marot. *Lyon, Jean de Tournes*, 1549. in 12. m. r. doub. de m. l. r.

3032 Les Œuvres de Clement Marot. *Paris, veuve de François Regnault*, (*imprimé par Eſtienne Meſviere à l'Hôtel de Vendôme,*) 1551. in 12. m. viol. doubl. de m. r. l. r.

3033 Les Œuvres de Clement Marot, *Lyon, Guillaume Rouille*, (*imprimé chez Jean Auſoult,*) 1534. in 12. m. r. doub. de m. l. r.

3034 Les Œuvres de Clement Marot. *La Haye, Adrian Moetjens*, 1700. 2 vol. in 12. m. r. l. r.

3035 Les Œuvres de Clement Marot, avec les ouvrages de Jean Marot ſon pere, ceux de Michel Marot ſon fils, & les pieces du différent de Clement avec François Sagon. accompagnées d'une preface hiſtorique & d'obſervations critiques, par l'Abbé Lenglet du Freſnoy. *La Haye, Goſſe*, 1731. 4 vol. in 4. G. P. m. r. dent.

3036 Pſeaumes de David & autres traités. in 8. m. bl.

SUPERBE MANUSCRIT du *XVI ſiecle*, ſur un vélin fort blanc, contenant 158 feuillets très nettement écrits en *lettres rondes*, à longues lignes, & enrichis de

8 belles miniatures qui portent 6 pouces & demi de hauteur sur 3 pouces & demi de largeur. Les capitales y sont rehaussées d'or, & toutes les pages sont entourées d'un filet d'or. Il y en a huit qui sont bordées d'un cadre orné d'insectes, de fleurs & de fruits peints avec beaucoup de délicatesse, sur un fond d'or.

Il contient:

1 Trente Pseaumes de David mys en (vers) francoys selon la verité hebraicque par C. Marot.

2 Liber proverbiorum quem Hebræi *Misle* appellant.

3 Hæ quoque parabolæ Salomonis, quas transtulerunt viri Ezechiæ Regis Iuda.

4 Verba Lamuelis Regis Visio qua erudivit eum mater sua.

5 Ecclesiastes.

6 Canticum Canticorum.

7 Liber sapientiæ.

3037 Le Riche en pauvreté. joyeux en affliction. & content en souffrance. composé par Matot (Marot) : & trouvé parmy ses autres factures a Chamberry. *Paris, Denyse*, 1558. in 18. m. viol.

3038 L'Enfer de Clement Marot. 1644. in 8. m. r.

3039 Poesies diverses du XVI. siecle: de Marot & d'auteurs anonymes.

MANUSCRIT sur papier du *XVIII siecle*, contenant 56 feuillets.

BELLES-LETTRES. 353

3040 Plusieurs traités, par aucuns nouveaux poetes, du different de Marot, Sagon, & la Hueterie. avec le Dieu gard dudit Marot. 1538. in 18 m. verd.

3041 Les traités par aucuns nouveaux poetes, du différent de Marot, Sagon, & la Hueterie. *Paris*, 1539. in 18. v. m.

3042 Les Disciples & amis de Marot contre Sagon, la Hueterie, & leurs adherents. *Lyon, Pierre de Sainte Lucie dit le Prince.* in 8. v. m.

3043 Le discours de la vie & mort accidentelle de noble homme Guy Morin, traducteur de ce présent, Preparatif a la mort, par François de Sagon. 1539. in 18. m. r.

3044 La Complainte de trois Gentilhommes françois, occiz & morts au voyage de Carrignan: bataille & journée de Cirizolles, par François de Sagon. *Paris, Denys Janot,* 1544. in 8. m. r. l. r.

3045 Le Chant de la paix de France, & d'Angleterre, chanté par les trois Etats, composé par l'indigent de sapience. (par François Sagon.) *Paris, Nicolas Buffet,* 1549. in 8. v. m.

3046 Recueil des Etrennes de François de Sagon, pour l'an present. *Paris,* 1538. in 8. m. r.

3047 Petit Traité contenant la deploration de toutes les prinses de Rome, depuis sa fondation, jusqu'a la derniere prinse des Espagnols, (en

1527.) qui a été la plus cruelle que toutes autres. (par Jacques Godard.) *Paris, J. Longis*, 1528. in 8. goth. m. r.

3048 Epitre familiere de prier Dieu. autre Epitre familiere d'aimer chretiennement. item, Brieve doctrine pour duement écrire selon la proprieté du langage françois. Par Florimond, surnommé Montflory. 1533. in 8. v. m.

3049 La Fontaine d'amour, contenant Elegies, Epîtres & Epigrammes. Par Charles Fontaine. *Paris, Jeanne de Marnef*, 1546. in 12. m. r.

3050 Figures du nouveau Testament, avec des explications en vers, (par Ch. Fontaine.) *Paris, Hierome de Marnef*. in 16. m. bl.

3051 Figures du nouveau Testament, (par Ch. Fontaine.) *Lyon, de Tournes*, 1579. in 8. en cart.

3052 Colloque social de paix, justice, miséricorde, & vérité, pour l'heureux accord des très augustes Rois de France, & d'Espagne. Par Jean (Heroet) de la Maison neuve, Berruyer. *Paris, Martin l'Homme*, 1559. in 8. v. f.

3053 Colloque social de paix, justice, miséricorde, & vérité, pour l'heureux accord des Rois de France & d'Espagne. (Paix de Cateau Cambresis, signée le 3 Avril 1559.) Par Jean (Heroet) de la Maison neufve, Berruyer. *Lyon, Jean Saugrain*, 1559. in 8. v. m.

BELLES-LETTRES.

3054 Le Tuteur d'amour auquel eſt compriſe la fortune de l'innocent en amours, compoſé par Gilles d'Avrigny, dit le Pamphille. *Paris, Arm. l'Angelier*, 1546. in 8. v. f.

3055 L'Oraiſon de Mars aux Dames de la Court. enſemble la réponſe des Dames a Mars. Par Claude Colet. *Paris, Chretien Wechel*, 1544. in 4. rel. en cart.

3056 Les Controverſes des ſexes maſculin & feminin. (par Gratien Dupont.) *Toloſe, Jacques Colomies*, 1534. in fol. goth. v. b.

3057 Controverſes des ſexes maſculin & feminin. (par Gratien du Pont.) 1526. = Requête du ſexe maſculin, contre le ſexe feminin. a cauſe de celles, & ceux qui médiſent de l'auteur du livre intitulé, les controverſes des ſexes maſculin & féminin. Baillée a dame raiſon, enſemble le plaidoyer des parties & arrêts ſur ce intervenu. in 12. m. r.

3058 Les regrets & peines des mal adviſés, faits & compoſés par Dadouille. *Lyon, Olivier Arnoullet*, 1542. in 8. goth. m. r.

3059 L'Enfer de Cupido, par le Seigneur des Coles. *Lyon, Macé Bonhomme*, 1555, in 8. fig. v. f.

3060 L'Epître du Chevalier gris, envoyée a la tres noble, tres auguſte & ſouveraine princeſſe & tres ſacrée Vierge Marie. (par frere Eſtienne

Dame.) *Lyon*, *Jehan Labany*, in 8. goth. rel. en cart.

3061 Le Papillon de Cupido, par Jehan Martin, Seigneur de Choyſi. *à Ylon*, (*Lyon*) *Thibault Payen*, 1543. in 8. v. m.

3062 L'eſperon de diſcipline, pour inciter les humains aux bonnes lettres, ſtimuler a docrine, &c. lourdement forgé, & rudement limé par noble homme fraire Antoine du Saix. 1532. in 4. goth. m. cit.

3063 Petits fatras d'ung apprentif, ſurnommé l'Eſperonnier de diſcipline. (par Antoine du Saix.) *Paris*, *Simon de Colines*, 1537. in 4. m. r.

3064 Panégyrique, recité au tres chretien Roy François premier, à ſon retour de Provence, l'an 1538, au mois de Septembre, par Claude Chappuys, ſon très humble Libraire & Valet-de-Chambre. *Paris*, *André Roffet*, *dit le Fauſcheur*, 1538. in 8. m. bl.

IMPRIMÉ SUR VÉLIN.

3065 Poéſies de François I. petit in fol. v. m.

MANUSCRIT ſur papier, contenant 71 feuillets. Il eſt très bien écrit en *lettres curſives françoiſes*. On lit en tête du Volume la note ſuivante de la main de feu M. *Capperonnier* :

Ce MS. qui n'eſt qu'une copie, eſt cependant précieux. Il

BELLES-LETTRES.

l'eſt d'autant plus, qu'en général ces ſortes de copies ſont fort rares. Celle-ci paroît avoir appartenu à un *de Bellay*, apparemment celui qui a compoſé des mémoires de ſon temps. On croit reconnoître à l'écriture qu'elle eſt véritablement du temps de *François I*.

3066 Le Miroir de tres chretienne Princeſſe Marguerite de France, Reine de Navarre, auquel elle voit & ſon néant & ſon tout. reſtitué en ſon entier, ſur l'original écrit de la propre main de la Reine de Navarre. *Paris, Antoine Augereau,* 1533. in 8. m. r.

IMPRIMÉ SUR VÉLIN.

3067 Marguerite de la Marguerite des Princeſſes, très illuſtre Reine de Navarre, (Marguerite de Valois.) publiées par I. de la Haye. *Lyon, Jean de Tournes,* 1547. 2 vol. in 8. m. r.

3068 Débat d'Amour par Marguerite, Reine de Navarre. in 4. m. r.

TRÈS BEAU MANUSCRIT ſur vélin du *XVI ſiecle*, contenant 41 feuillets écrits en *bâtarde briſée*, à longues lignes, & enrichis de capitales élégamment peintes en or & en couleurs.

Ce MS. eſt infiniment précieux. Il contient un débat d'amour écrit en vers, mêlé de proſe, & il a pour Auteur *Marguerite, Reine de Navarre,* ſœur de *François I*. Elle avoit quarante ans lorſqu'elle compoſa cet Ouvrage ; par conſéquent il eſt de l'an 1532. Voici comme il commence :

Soit noté quen ce liure sont contenues Unze hystoires iouxte le subiect diceluy, Lesquelles hystoires sont deuisees chacune en son endroict. Et icy est la premiere, ou est vng grand pré, dedans lequel est vne compagnie dhommes et femmes se esbatans. Au bout du quel pre est vne femme acoustree comme la Royne de Navarre, cheminant par vne petite sente loing des autres. Et contre vne haie qui est le long dudit pré est vng bon homme de Village vestu de grix, auquel parle la dicte dame.

Tandis que *Marguerite* s'entretient avec le Paysan, trois Dames éperdument amoureuses viennent la supplier de décider laquelle des trois est la plus malheureuse. Elles lui content leurs tourments, & elles demandent aussi pour arbitre *François I* son frere, dont elles vantent l'esprit & le courage.

> De sa beaulte il est blanc et vermeil
> Les cheueulx bruns de grande et belle taille
> En terre il est comme au ciel le soleil
> Hardy vaillant sage et preux en bataille
> Fort et puissant qui ne peult auoir peur
> Que prince nul tant soit il grant lassaille
> Il est begnin doulx humble en sa grandeur
> Fort et constant et plein de patience
> Soit en prison en tristesse ou malheur
> Il a de dieu la parfaicte science
> Que doit auoir vng roy tout plein de foy
> Bon iugement et bonne conscience

La Reine s'excuse de porter leur différend devant le Roi, en disant :

> Mes cinquante ans ma vertu affoyblie
> Le temps passe commandent que i'oublie
> Pour mieulx penser a la prochaine mort
> Sans auoir plus memoire ny remort

Si en amour a douleur ou plaisir
Doncques veuillez aultre juge choysir

Sur le refus de la Reine une des trois Dames conseille de s'en rapporter au jugement de la *Duchesse d'Estampes*, amie de *François I*, dont elle fait une femme accomplie. Le sommaire du onzieme Chapitre est on ne peut pas plus intéressant ; il porte ce qui suit :

Cy endroit est la Onzieme et derniere hystoire, qui contient comment la Royne de Nauarre baille son liure a madame la duchesse destampes, toutes deux estans en vne chambre fort bien tapissee & paree. La dicte dame destampes ayant vne robbe de drap dor frize fourree dhermynes mouchetees, vne cotte de toylle dor incarnat esgorgetee, et doree auec force pierreries. La Royne de Nauarre tant en ceste hystoire que les autres est habillee a sa facon acoustumee, ayant ung manteau de veloux noir couppe vng peu soubz le bras, Sa cotte noire assez a hault collet fourree de martres, attachee desplingues pardeuant. Sa cornette assez basse sur la teste et apparest vng peu sa chemise froncee au collet.

3069 Discours en vers sur la Cour de François I. in 4. m. r.

MANUSCRIT sur vélin du *XVI siecle*, contenant 39 feuillets. Il est écrit en *ancienne ronde bâtarde*, à longnes lignes, & il est enrichi de lettres capitales peintes en or & en couleurs. L'Auteur de ce Poeme, qui consiste en environ 1540 vers, décrit la Cour de François I, & passe en revue les Seigneurs qui la fréquentoient.

Apres auoir maintz discours discouru
Et en la court tant nuict que jour couru
Affin de prendre et prenant estre pris

Voulant scauoir et ayant peu apris
Plustost conduict de legiere jeunesse
Quaccompaigne dune meure sagesse
Plus sot que fin plus lourdault que gentil
Et beaucoup plus ignorant que subtil
Jai estime honneste et conuenable
A moy de dire aux autres agreable
Douyr en brief ce quen long temps jai veu

A la fin :

Et de la court tant ne scaurois escripre
Que plus ne soit ce qui en reste a dire
Dautant que cest le paradis terrestre
Et estre ailleurs au monde nest pas estre.

3070 Recueil de pieces. in 4. m. r.

Il contient :

1 Le Concile des Muses tenu l'an 1538 sur la création du Chancelier de France, par Mathurin Dodier. *Paris, au Mont St. Hilaire, à l'enseigne du Phénix.*

2 Les grands & merveilleux faits du Seigneur Nemo.

3 Recueil de vers latins & vulgaires de plusieurs Poetes françois, composés sur le trépas de feu M. le Dauphin. *Lyon, Franc. Juste, 1536.*

4 Psalmi 71 & 130 Enarratio. Authore Nicolao Beraldo. 1529.

5 Les Cantiques de la paix, par Clément Marot. *Paris, Estienne Roffet, 1539.*

6 Copie d'une lettre de Constantinople, de la victoire du Sophy contre le grand Turc. *Paris, Olivier Mallard, 1535.*

BELLES-LETTRES. 341

7 Le Cry des Monnoies.

8 Panégyrique recité à François premier, à son retour de Provence. *Paris, André Roffet, dit le Faucheur,* 1538.

9 La triumphante entrée & couronnement de Fernant, de la Royale Majesté de Hongrie & de Boheme, faite à Stoel Wittenbutch le dernier Octobre 1527.

10 La Description de la Carte Gallicane. *Lyon, Jehan Mentele de Sonlu,* 1535.

11 Complainte faite par Madame Marguerite Archiduchesse d'Autriche.

3071 Recueil de pieces. in 8. goth. m. bl.

Il contient :

1 Le Sermon des frappe culs nouveaux & fort joyeux. avec la réponse de la dame sus je me repens de vous avoir aimée.

2 Sermon joyeux d'ung Despucelleur de Nourrisses.

3 Le Traité des eaux artificielles. les vertus & propriétés d'icelles, en prose. *Paris, rue Notre-Dame, à l'Ecu de France.* (*Veuve de Jehan Trepperel & Jean Jehanot.*)

4 Le Gouvernement de ménage, selon la doctrine St. Bernard, en prose. *Paris, à l'Ecu de France.*

5 La Doctrine du pere au fils. *Paris.*

6 Le Doctrinal des bons Serviteurs.

7 Les Erreurs du peuple commun qui prognostiquent la famine de l'an 1521.

8 Le Chemin de l'Hospital, & ceux qui en sont possesseurs. en prose. *Paris, Veuve Jehan Trepperel & Jean Jehannot.*

9 Le Baptesme de M. le Dauphin de France. en prose.

10 La Bénédiction du Pape. en profe.

11 Copie des lettres nouvelles du Camp du Roy notre Sire, en profe. L'Epître du Camp de Monfeigneur d'Alençon.

12 La Replique des Bourgoys de Mezieres contre le Comte de Nanfot.

13 Le Pater nofter des Flamands, Henouyers & Brebanfons.

14 L'Ave Maria des Efpagnols, &c.

3072 Le Paffetemps & le fonge du Trifte. *Paris, Jehan Longis*, 1529. in 8. v. b.

3073 La lumiere des Chrétiens, qui conduit a part de falut le corps & l'ame. *Paris, Veuve de Jehan Trepperel.* in 8. goth. m. r.

3074 Ymag. Figura. Seu Reprefentatio. Antichrifti: Peffimi. en latin, & trad. en vers françois. *Paris, Michel le Noir.* in 4. goth. fig. m. r.

3075 Les Figures de la mort (il y a au deffous de chaque figure des vers qui ont rapport à chaque fujet.) in 12. goth. m. bl.

IMPRIMÉ SUR VÉLIN.

3076 Le Monologue de l'Amoureux qui en pourfuivant fes amours demoura trois heures à une feneftre pendu par les bras & enfin fe coucha dedens ung baing cuidant fe coucher en une couchette. in 4. rel. en cart.

MANUSCRIT fur papier du *XVIII fiecle*, contenant 33 feuillets.

3077 Rondeaux nouveaux au nombre de cent trois.

BELLES-LETTRES. 343

trois. contenant plusieurs menus propos de deux vrais Amans. *Paris*, (*Jehan Bonfons*.) in 8. goth. m. r.

La fin du Volume manque.

3078 140 Rondeaux. in 12. v. m.

MANUSCRIT sur vélin du *XVI siecle*, écrit en *ronde bâtarde*, contenant 70 feuillets.

3079 Le premier recueil des Œuvres de la Muse Cosmopolite, laquelle par ses arts gentils guerit toute ladrerye, au commencement & appaise la douleur de toutes goutes en vingt & quatre heures, & fait autres choses dignes d'admiration. *Paris, sur Jean Louis, pour Mtre Jean Mallard, Auteur de ce présent livre.* in 8. fig. v. m.

3080 Les Louanges des Benoist Saints & Saintes de Paradis. *Paris, Veuve de Jehan Trepperel.* in 4. goth. v. f.

3081 Recueil de pieces. in 8. goth. v. m.

Il contient :

1 Noels nouveaux. *Paris, Jean Olivier.*

2 Chansons joyeuses de Noel.

3 Chansons saintes pour vous ébatre, composées par un Prisonnier en 1524.

4 Noels nouveaux faits par les Prisonniers de la Conciergerie.

5 Noels nouveaux, composés pour confondre les Hérétiques. Par Jean Daniel, Organiste.

Tome II   Yy

BELLES-LETTRES.

6 Les grands Noels nouveaux, en François, en Poitevin & en Ecossois.

7 Noels joyeux pleins de plaisir. Par Jean Daniel.

8 Noels nouveaux, faits sous le titre du Plat d'argent dont maint se courrouce. *Paris, Jehan Olivier.*

Il manque dans la premiere piece la feuille C.

3082 Les grands Noels nouveaux. composés sur plusieurs Chansons, tant vieilles que nouvelles, en François, en Poitevin, & en Ecossois. *Paris, pour la Caronne.* in 8. goth. m. r.

3083 Le Testament fin Rubin de Turcquie, maigre Marchand contrefaisant sotie, puis a la fin du dernier coplet l'Epitaphe defunt sot Tribolet. *Imprimé pour Clément Longis.* in 8. goth. v. f.

3084 Le Testament de Jenin de Lesche qui s'en va au mont St. Michel. *Paris, rue neuve Notre Dame, à l'Ecu de France.* in 8. goth. v. f.

3085 Les Gestes des Solliciteurs. *Bordeaux, Jean Guyart*, 1529. in 4. goth. v. m.

3086 La Généalogie de Christ. in 8. goth. fig. m. r.

3087 Les Secrets & Loix de Mariage, composés par le Secrétaire des Dames. (Jean Divry.) in 8. goth. fig. m. r.

3088 La Marguerite des vertus avec le Pres formal d'ung poure humain. *Lyon, Barnabé Chauffard.* in 8. goth. rel. en cart.

BELLES-LETTRES.

3089 Le Purgatoire d'Amours, avec trois belles Ballades de Fortune. in 8. goth. m. bl.

3090 Petit Traité enseignant qu'est-ce que vraie Noblesse. avec authorités de Diogenes, de Seneque, de Boece, & Ovide. *Grenoble.* in 8. v. f. d. s. tr.

3091 La Récréation, devis & mignardise amoureuse, contenant plusieurs blasons, menues pensées, demandes de l'Amant à l'Amie, & autres propos amoureux. *Paris, Jean Bonfons.* in 18. m. r.

3092 Les Cantiques de Salomon translatez en rithme françoise quant à nostre lettre ecclesiastique par Michel Phoque Martino Politain 1541, dediés a Chaterine Daulphine de France et Duchesse de Bretaigne. in 4. m. r.

MANUSCRIT sur vélin du *XVI siecle*, contenant 16 feuillets. Il est écrit en *lettres rondes*, à longues lignes, & enrichi de capitales peintes en or & en couleurs.

3093 Hymne de la Garonne à la Reine Marguerite. Par J. A. de Gag. in 4. rel. en cart.

MANUSCRIT sur papier, contenant 9 feuillets.

3094 Deux Epîtres des Brebis au mauvais Pasteur, composées par le patient d'adversités. *Lyon,* 1545. in 8. rel. en cart.

3095 Recueil de pieces. in 8. goth. v. b.

Il contient :

1 Le Banquet des Chambrieres fait aux eftuves. 1541.

2 Le Quaquet des Lavandieres, à l'encontre des Chambrieres. avec le débat caufé par le Crocheteur leur Macquereau.

3 Apologie des Chambrieres qui ont perdu leur mariage à la Blanque. *Paris, Alain Lotrian.*

4 Sermon joyeux, auquel eft contenu tous les maux que l'homme a en mariage. *Paris.*

5 Pronoftication nouvelle.

6 Sermon fort joyeux pour l'entrée de table. avec graces fort joyeufes.

7 Sermon joyeux de la patience des femmes obftinées contre leurs maris.

8 Le Caquet des bonnes Chambrietes déclarant aucunes fineffes dont elles ufent vers leurs Maîtres & Maîtreffes. avec la maniere pour connoître de quel bois fe chauffe amour.

9 L'heur & gain d'une Chambriere qui a mis en la blanque pour foi marier; repliquant à celles qui y ont le leur perdu. *Paris, Jehan Real.*

10 M. Hambrelin, Serviteur de Mtre. Aliborum, coufingermain de Pacolet. (lettres rondes.)

11 La Fontaine d'Amour & la defcription.

12 Sermon joyeux de Monfieur Saint Haren.

13 Les regrets & peines des maladvifés, fait & compofé par Andonville.

14 Les moyens d'éviter merencolye, foi conduire & enrichir en tous états par l'ordonnance de raifon. compofés

BELLES-LETTRES. 347

par Dadonville. *Paris, rue neuve Notre Dame, à l'enseigne St. Nicolas.*

15 La grande Confrairie des faouls d'ouvrer : & enragés de rien faire, avec les pardons & ftatuts d'icelle, enfemble les monnoies d'or & d'argent fervans à la ditte Confrairie.

16 S'enfuivent plufieurs belles nouveautés joyeufes pofitables, & honneftes, compofées par Symon de Millan. (profe.)

3096 Recueil de pieces. in 8. goth. m. r.

Il contient :

1 Epître exhortative, touchant la perfection & commodité des arts libéraux mathématiques, par Oronce Finé. *Paris, Pierre Lebet,* 1531.

2 L'Epiftole des Prifonniers de Paris, à Madame Alienor, Reine de France, contenant le confort de fa defirable entrée.

3 La défaite des Faux Monoyeurs. compofée par Dadonville.

4 Les Trompeurs trompés par Trompeurs. compofés par Dadonville.

5 Le grand regret & complainte du preux & vaillant Capitaine Ragot, très fcientifique en l'art de parfaite Beliftrerie.

6 Le Teftament de haut & notable homme nommé Ragot, lequel en fon vivant a affronté mainte fine perfonne. Les approches du bon temps dont Ufuriers font mal contens.

7 La Complainte du commun à l'encontre des Ufuriers, Boulangers & Taverniers. *Rouen, Jean Ferrant.*

8 Epître des enfants de Paris envoiée aux enfants de Rouen, 1532.

9 La Complainte de la riviere de Seine, avec la source & origine d'icelle.

10 La piteuse désolation du Monastere des Cordeliers de Meaux, mis a feu & brulé.

11 Les grands regrets & complaintes de ma Demoiselle du Palais.

12 La grande & merveilleuse prise que les Bretons ont fait sur mer depuis trois semaines. avec des lettres missives envoiées à sa dame, en se mocquant d'elle. & la réponse de la ditte Dame.

13 Le Mandement des Gendarmes françois aux Espagnols.

3097 Recueil de pieces. in 8. goth. m. r.

Il contient :

1 Les jours heureux & périlleux de l'année, revelés par l'Ange au bon St. Job. (vers & prose.)

2 Le Songe & Prevision de la paix de France.

3 La Doctrine du pere au fils.

4 *Missus est.* translaté de latin en françois. (prose.)

5 Les quinze Oraisons de Ste Brigide, en françois.

6 Chanson piteuse, composée par frere Olivier Maillard, en pleine prédication, au son de la Chanson nommée. Bergeronette Savoisienne. & chantée à Toulouse, environ la Pentecôte par le dit Maillard, lui étant en chaire de prédication. l'an 1502. & bientôt après trepassa.

7 La Proucession du Roi de France qu'il a fait par dévotion

BELLES-LETTRES.

à l'image de Notre-Dame de Souffrance, avec le préfent qu'il lui a fait.

8 La Complainte des Efpagnols faite à l'Empereur. 1544.

9 La prinfe de Pavie par M. d'Angulen.

10 Les regrets & complainte de Nicolas Clereau avec la mort d'icelui. (par Gilles Corozet.)

11 Epître de Faufte André de Forly, en la quelle Anne, Reine de France exhorte le Roi Louis XII. fon mari à ce qu'il veuille annoncer fon retour en France, après la victoire par lui obtenue fur les Vénitiens. trad. en françois par Guillaume Cretin.

3098 La Sainte Vie & véritable légende de Madame Sainête Catherine, Vierge & Martyre, & fpéciale amye de noftre Seigneur, & le triumphe d'elle a Rome, le iour de fa fefte XXV de decembre lan mil cinq centz XL. par les Vierges filles & Bourgeoifes Romaines. *Troyes, Jean Lecoq*, 1543. in 8. goth. m. r.

3100 Les Simulacres & hiftoriées faces de la mort. *Lyon, foubz l'efcu de Coloigne*, 1538. in 4. fig. v. f.

3101 Les Regrets d'amours faits par un Amant dit le Deconforté. contenant le mal & le bien des femmes, avec plufieurs enfeignements donnés audit Deconforté, contre folle amour. auquel eft ajouté le dard de jaloufie. enfemble l'hiftoire de l'amour parfaite de Guifgardus &

BELLES-LETTRES.

Sigifmonde. *Paris, Alain Lotrian*, 1538. in 8. m. r.

3102 La Fleur & triomphe de cent et cinq Rondeaux, contenant la conftance, & inconftance de deux Amants. *Lyon, Jehan Moufnier*, 1540. in 12. goth. m. cit.

3103 Le Recueil des actes & depefches faites aux hauts jours de Conardie, tenus à Rouen depuis la derniere femaine de Janvier jufques au Mardi-gras enfuivant pénultieme jour de Février 1541, avec le triomphe de la monftre & oftentation du magnifique & tres glorieux Abbé des Conards Monarche de Conardie. imprimé au dit lieu de Rouen, avec privilege de juftice, & défenfes à tous autres Imprimeurs & Libraires en imprimer ne vendre autres que ceux cy, cachetés avec le porte croffe de l'Abbé, fur peine de la confifcation d'iceux, de prifon & amende arbitraire. in 4. m. r.

FORT RARE.

3104 Trialogue beau, fort plaifant & délectable aux lecteurs. (les perfonnages font l'Ambaffadeur du Roi François. Cerberus Portier d'enfer, & Pluto Prince des Diables.) *Anvers, Pacquier Piffart*, 1544. in 4. goth. v. m.

3105 Dialogue nouveau à trois perfonnages, c'eft à fçavoir; l'Ambaffadeur de l'Empereur, Dame Paix

BELLES-LETTRES.

Paix & Bellone la Déesse de guerre. *Imprimé par Guillaume Cordier*, 1544. in 4. v. f.

3106 La Confusible retraite du Roi Franchois, & de son armée, en la quelle est traité l'honneur, que obtint la Majesté Impériale en la ditte retraite & fuite que fit le Roi & ses gens. *Imprimé pour Jacques Millan, en Anvers, par Martin Nuyts*, 1544. in 4. goth. m. r.

3107 Recueil de vers latins & vulgaires de plusieurs Poetes françois, composés sur le trépas de feu M. le Dauphin, fils de François premier. in 8. v. f.

3108 Epître contenant le procès criminel fait à l'encontre de la Roine Boullant d'Angleterre. par Charles, Aumônier de M. le Dauphin. *Lyon*, 1545. in 8. v. m.

3109 Fontaine jaillissante sur les mellifues & tres savoureuses Fleurettes du Boucquet dhonestete pour embaumer la Vie humaine pourtrait & figuré au naturel auec des Rondeaux latins & françois sur chaque sujet. in 8. m. bl.

MANUSCRIT sur vélin du *XVI siecle*, contenant 136 feuillets écrits en *lettres rondes*, à longues lignes. Il est enrichi de capitales peintes en or & en couleurs, & de 19 belles miniatures qui ont environ 6 pouces de hauteur sur 3 pouces & demi de largeur.

On trouve à la fin une petite piece qui porte ce sommaire: Cest le compte des soixante et quatre poinctz de leschequier

Tome II. Z z

double par lequel compte on peult sçauoir combien il fauldroit de grains de fourment pour iceulx emplir ainsi que cy apres sera declaré par ordonnance en nombre commun pour plus aisement tres hault tres puissant et tres magnanime prince et mon tres redoubté seigneur le vous faire entendre par maniere de recreation.

3110 Les Louanges de Jesus-Christ Notre Sauveur. Par Victor Brodeau. *Lyon, Sabon pour Ant. Constantin*, 1540. in 8. rel. en cart.

3111 Les Louanges du saint nom de Jesus, avec la correspondance des figures à la vérité, par Victor Brodeau. *Lyon, Olivier Arnoullet*, 1543. in 8. goth. m. bl.

3112 Le Puy du souverain amour tenu par la Déesse Pallas avec l'ordre du nuptial Banquet fait à l'honneur d'un des siens enfans, mis en ordre par celui qui porte en son nom tourné le vrai perdu, ou le, vrai prelude (Pierre Duval.) *Rouen, Nicolas de Burges* 1543. in 8. v. m.

3113 Œuvres Poétiques de Mellin de St. Gelais. *Lyon, Antoine de Harsy*, 1574. in 12. m. cit. doub. de m. viol. l. r.

3114 Les Amours d'Olivier de Magny, & quelques Odes de lui. ensemble un recueil d'aucunes œuvres de M. Salel, Abbé de St. Cheron, non encore vues. *Paris, Vincent Sertenas*, 1553. in 8. v. éc.

BELLES-LETTRES.

3115 Trifte Elégie ou Déploration lamentant le trépas de François de Valois Duc de Bretaigne & Dauphin de Viennois. Par Gilles Corrozet. *Paris, Jean André & Gilles Corrozet*, 1536. in 8. fig. m. r.

3116 Le Tableau de Cebès de Thebes, traduit du Grec en Rythme françoife. (Par Gilles Corrozet). *Paris, Gilles Corrozet*, 1543. in 8. m. verd.

3117 Le Compte du Roffignol. (Par Gilles Corrozet,) 1546. in 8. v. m.

3118 La Tapifferie de l'Eglife Chrétienne, & Catholique: en laquelle font dépeintes la Nativité, Vie, Paffion, Mort, & Réfurrection de notre Sauveur & Rédempteur Jéfus-Chrift. avec un huitain fous chacune hiftoire. Par Gilles Corrozet. *Paris, Eft. Groulleau*, 1549. in 18. m. verd. dent. doub. de tabis.

3119 Le Théâtre des bons Engins, auquel font contenus cent Emblêmes moraux. compofés par Guillaume de la Perriere *Paris, Denys Janot*, 1539. in 8. fig. m. r.

3120 Les Confidérations des quatre mondes, Divin, Angélique, &c. Par Guill. de la Perriere. *Lyon, Bonhomme*, 1552. in 8. m. r.

3121 Rimes de Gentille & Vertueufe Dame D. Pernette du Guillet, Lyonnoife. *Lyon, Jean de Tournes*, 1545. in 8. v. m.

BELLES-LETTRES.

3122 Rimes de Dame D. Pernette du Guillet, Lyonnoife. avec le triomphe des Mufes fur fon amour. *Paris, Jeanne de Marnef*, 1546. in 16. m. cit.

3123 L'Hiftoire & defcription du Phœnix. compofé à l'honneur & louange de Mde Marguerite de France, fœur du Roi. Par Guy de la Garde, Efcuyer de Chambonas. *Paris, Regnaud Chaudiere*, 1550. in 8. m. r.

3124 Le Combat de Cupido & de la Mort, compofé par le Banni de Lieffe, François Habert. *Paris, Alain Lotrian*, 1541. in 8. fig. v. f.

3125 Les trois nouvelles Déeffes. Pallas. Juno. Vénus. Par François Habert. *Paris, Jeanne de Marnef*, 1546. in 12. m. r.

3126 La nouvelle Pallas. Par François Habert. *Lyon, Jean de Tournes*, 1547. in 8. m. r.

3127 Le Temple de Chafteté, avec plufieurs Epigrammes, tant de l'invention de l'Auteur, que de la traduction & imitation de Martial, & autres. Par François Habert. *Paris, Mich. Fezandat*, 1549. in 8. m. r.

3128 L'Hiftoire de Titus, & Gifippus, & autres petites Œuvres de Beroalde latin. interprétées en rime françoife, par François Habert. *Paris, Mich. Fezandat*, 1551. in 8. v. m.

3129 L'excellence de Poéfie, contenue en Epîtres, Dizains, Huitains, Epitaphes, & Epigrammes, par François Habert. *Lyon, Benoist Rigaud & Jean Saugrain*, 1556. in 12. m. bl.

3130 Les Divins Oracles de Zoroastres, ancien Philosophe, interprétés en rime françoise, par François Habert. plus la Comédie du Monarque. *Paris, Philippe Danfrie*, 1558. in 8. m. r.

3131 Les divers rapports, contenant plusieurs Rondeaux, Dixains & Ballades sur divers propos, Chansons, Epîtres, ensemble une du Coq à l'Ane & une autre de l'Ane au Coq, &c. par Eustorg de Beaulieu. *Lyon, Pierre de Sainte-Lucie, dit le Prince*, 1537. in 8. m. bl.

3132 Exhortation à prier Dieu, de St. Jean Chrisostome, trad. de grec en rithme françoise, par Pierre Rivrain. *Paris, Groulleau*, 1547. in 8. fig. m. r.

3133 Le Combat de la chair, & l'esprit, par Emond du Boullay. *Paris, Corrozet*, 1549. in 8. m. r.

3134 Le Miroer des francz Taulpins, autrement dits Antichristiens, par Artus Desiré. *Paris, J. André*, 1546. in 8. m. r.

3135 Le Deffensoire de la foy chrestienne, sur les contradictions des francs Taupins, autrement nommés Luthériens. Par Artus Desiré. *Paris, Jehan André*, 1547. in 16. m. r.

3136 Le Deffensoire de la foy chrétienne, contenant en soi le Miroer des Errans, autrement dits

Luthériens. Par Artus Desiré. *Lyon, Payen,* 1552. in 16. m. bl.

3137 Les grands jours du Parlement de Dieu, publiés par M. St. Mathieu, où tous chrétiens sont ajournés à comparoître en personnes pour répondre sur les grands blasphemes, tromperies & deceptions du regne qui court. &c. Par Artus Desiré. *Rouen, Rob. & Jehan du Gort,* 1551.
== Le Défensoire de la foy chrétienne, avec le Miroir des francs Taupins autrement nommés Luthériens. Par le même. *Paris, Ruelle,* 1567. in 16. fig. m. r.

3138 Les Combats du Céleste Chrétien dit Papiste Pélerin Romain, contre l'apostat terrestre Antipapiste tirant à la Synagogue de Geneve, maison Babylonique des Luthériens. Par Artus Desiré. *Paris, Boursette,* 1554. in 16. fig. v. m.

3139 Les Combats du fidele Papiste. Par Artus Desiré. *Lyon, Temporal,* 1555. in 16. fig. m. verd.

3140 Les Disputes de Guillot le Porcher, & de la Bergere de St. Denys, contre Jean Calvin, ensemble la généalogie des Hérétiques. (Par Artus Desiré.) *Paris, Gaultier,* 1559. in 8. m. r.

3141 Les Disputes de Guillot le Porcher. (Par Artus Desiré.) *Paris, Veuve de Jean Ruelle,* 1580. in 18. m. viol.

BELLES-LETTRES.

3142 Les Batailles & Victoires du Chevalier Céleste, contre le Chevalier Terreftre. Par Artus Defiré. *Paris, Ruelle*, 1560. in 8. fig. v. m.

3143 Les Terribles & Merveilleux affaulx, donnés contre la Sainte Cité de Dieu, qui eft notre mere Sainte Eglife, par les Hérétiques. Par Artus Defiré. *Paris, Gaultier*, 1562. in 8. m. r.

3144 Les Articles du traité de la Paix, entre Dieu & les Hommes, articulés par Artus Defiré. *Selon la copie imprimée à Paris*, 1563. in 8 goth. m. r.

3145 Le grand Chemin Célefte de la Maifon de Dieu, pour tous vrais Pélerins Céleftes. Par Artus Defiré. *Paris, Beffault*, 1565. in 8. rel. en cart.

3146 Le Défordre & Scandale de France, par les Etats mafqués & corrompus, par Artus Defiré. *Paris, Jullien*, 1574 in 8. m. r.

3147 Le Moyen de voyager furement par les Champs, fans être détrouffé des Larrons & Voleurs, & le chemin que doivent tenir les Voyagiers, Pelerins & Marchands. Par Artus Defiré. *Paris, Hoüic*, 1575. in 8. v. f.

3148 Le Livre des Vifions Fantaftiques. *Paris, Denis Janot*, 1542. in 8. v. m.

3149 Eglogue fur le retour de Bacchus, en laquelle font introduits deux Vignerons. à favoir; Colineau de Beaune & Jaquinot d'Orléans. Composé par Calvi de la Fontaine. in 8. goth. v. f.

3150 Elégie délectable & fructueuse de la guerre & victoire de Vertu contre Fortune, contenant la mort & epitaphe de la dite Fortune, trad. de vers latins en vers françois. Par Guillaume Deheris. *Anvers, Jehan Loé,* 1544. in 4. goth. v. f.

3151 Les Actes & dernier Supplice, de Nicolas le Borgne dit Buz, traître.: rédigés en rime, par Josse Lambert, Tailleur de lettres, & Robert de la Visscherye. *Gand, Josse Lambert,* 1543. in 4. fig. v. f.

3152 La Musique Angélique toute nouvelle de *Salve Regina*. Par un Frere Mineur & Cordelier nommé Frere Gilles de Redon. *Paris,* in 4. goth. m. r.

3153 Promptuaire des Médecines simples en Rithme joyeuse, avec les vertus & qualités d'icelles: & plusieurs autres adjunctions facétieuses pour récréer l'esprit des Benivolens & gracieux Lecteurs: composé par Thibault Lespleigney, Apoticaire à Tours. *Tours, Mathieu Chercele,* 1537. in 8. goth. v. m.

Ouvrages

BELLES-LETTRES.

Ouvrages composés après le milieu du XVI siecle.

3154 Les Propos du vrai Chrétien, régénéré par la parole de Dieu. Par François Guilletat. *Geneve, Hamelin*, 1552. — Discours Chrétien sur les conspirations dressées contre l'Eglise de Christ. Par François Guilletat. *Geneve, Hamelin*, 1552. in 8. m. r.

3155 Les Œuvres de Louise Labé, Lyonnoise. *Lyon, Jean de Tournes*, 1556. in 8. v. f.

3156 Les Œuvres de Louise Labé, Lyonnoise. *Lyon, Jean de Tournes*, 1556. in 8. m. r.

3157 Quadrins Historiques d'Exode, par Claude Paradin. *Lyon, de Tournes*, 1553. in 8. fig. v. f.

3158 Quadrins Historiques de la Bible, par Claude Paradin. *Lyon, de Tournes*, 1558. in 8. fig. m. r.

3159 Les Devises Héroïques, de Claude Paradin, de Gabriel Symeon, & autres Autheurs. *Anvers, Christ. Plantin*, 1561. in. 16. fig. m. r.

3160 La Legende dorée des Prêtres & des Moines : découvrant leurs impiétés secretes. Par A. Chanorrier. 1560. in 8. m. r.

3161 Le Procès des trois freres, traduits de Thoscan (du latin de Phil. Beroalde,) en vers françois, par Gilbert Damalis. *Lyon, Maurice Roy*, 1558. in 8. v. m.

3162 Les Œuvres de Pierre de Ronsard, Gentilhomme Vandomois. *Paris, Gabriel Buon*, 1587. 5 vol. in 12. m r. m. viol. & m. cit.

3163 Les Œuvres de François de Malherbe. *Paris, Charles Chappelain*, 1630. in 4. v. f. l. r.

3164 Les Poésies de Malherbe, avec les observations de Menage. *Paris, Michel Brunet*, 1698. in 12. m. r. l. r.

3165 Poésies de François de Malherbe, rangées par ordre chronologique; avec des remarques historiques & critiques. Par M. de Saint-Marc. *Paris, Joseph Barbou*, 1757. in 8. m. r.

3166 Les Satyres, & autres Œuvres du sieur Regnier. *Leiden, Jean & Daniel Elzevier*, 1652. in 12. m. r.

3167 Les Satyres & autres Œuvres de Mathurin Regnier, accompagnées de remarques historiques. *Londres, Jacob Tonson*, 1733. in 4. G. P. m. r.

3168 Le Temple des Vertus auquel entre autres choses est monstré & prouué que les Huguenots & Politiques, qui degenerent de la vertu de leurs ancestres gens de bien & vrais Catholiques, doivent estre degradez du titre & qualité de

BELLES-LETTRES.

Nobleſſe, dedié au Duc de Mercœur. Par J. Le-Maſle Angevin. in 4. v. m.

MANUSCRIT ſur papier du *XVII ſiecle*, contenant 117 feuillets.

3169 Les Quatrains de Pibrac. = De la Maniere Civile de ſe comporter pour entrer en mariage avec une Demoiſelle. (Par le même Pibrac.) *Amſterdam, vander Haghen.* in 8. en lettres curſives, m. r. doub. de tabis.

On trouve à la tête du Volume une lettre adreſſée à Mr. le Duc de la Valliere, dont voici l'extrait :

A Pibrac, ce 20 Octobre 1757. Feu M. de Pibrac mon grand-Oncle, avant que de mourir, avoit remarqué que dans ſes édifiants quatrains il avoit oublié de traiter de ce qui doit ſe pratiquer en mariage. Il y a ſuppléé par les quatrains que voici. Il les a écrits dans la ſimplicité du langage des gens du commun, parcequ'ils forment le plus grand nombre. Cet Exemplaire eſt le ſeul qui reſte, & je le ſacrifie avec plaiſir à la haute réputation de M. le Duc.

EULALIE PIBRAC,
Comteſſe de Conillac.

3170 Cinquante Quatrains, contenant Preceptes & enſeignements utiles pour la vie de l'Homme, par le Sieur de Pybrac. *Lyon, de Tournes,* 1574. in 8. rel. en cart.

3171 Les Quatrains de Pybrac. *Lyon, de Tournes,* 1574. in 8. rel. en cart.

EXEMPLAIRE imprimé ſur papier bleu.

BELLES-LETTRES.

3172. Figures du nouveau Testament, illustrées de huictains François, par Claude de Pontoux. *Lyon, Roville*, 1570. in 8. v. m.

3173 Amoureux Repos de Guillaume des Autelz. *Lyon, Temporal*, 1553. in 8. m. bl.

3174 Repos de plus grand travail. (Par Guillaume des Autelz). *Lyon, Jean de Tournes, & Guillaume Gazeau*, 1550. in 8. m. r.

3175 A très illustre Princesse Marguerite de France Duchesse de Berri Ode par Marc Claude de Buttet Savoisien. in 4. m. r.

MANUSCRIT sur vélin du *XVI siecle*, contenant 27 feuillets Il est écrit en *lettres rondes*, à longues lignes. Cette Ode partagée en plusieurs *poses*, commence ainsi:

<pre>Oreque ia uermeille aurore
Repigne ses beaux crins dorés.</pre>

L'Auteur vivoit encore en 1584.

3176 Epithalame, ou Noces de très illustre & magnanime Prince Emanuel Philibert Duc de Savoye, & de très vertueuse Princesse Marguerite de France, Duchesse de Berry, sœur unique du Roi. Par Marc Claude de Buttet Savoisien. *Paris, Robert Estienne*, 1559. in 4. m. bl.

IMPRIMÉ SUR VÉLIN.

3177 Le premier livre des vers de Marc Claude de Buttet. auquel a été ajouté le second, ensemble

BELLES-LETTRES.

l'Amalthée. *Paris, Michel Fezandat*, 1560. in 8. m. viol.

3178 Histoire Joyeuse contenant les passions & angoisses d'un Martyr amoureux d'une Dame, par François Gomain. *Lyon, Rigaud*, 1557. in 12. fig. m. bl.

3179 La Fontaine périlleuse avec la chartre d'amours. (Par Jacques Gohorry.) in 8. goth. m. bl.

3180 Livre de la Fontaine périlleuse avec la chartre d'amours : œuvre très excellent de poésie antique contenant la Steganographie des Mysteres secrets de la science minérale. avec le commentaire de Jacques Gohorry. *Paris, Jean Ruelle*, 1572. in 8. m. r.

3181 Recueil de pieces de Poésie in 8. m. bl.

Il contient :

1 L'attiffet des Damoiselles, par G. de la Tayssonniere. *Paris, Frederic Morel*, 1575.

2 La mode qui court à présent. & les singularités d'icelle : ou l'ut, re, mi, fa, sol, la, de ce temps. *Paris, Fleury Bourriquant*.

3 Discours nouveau sur la mode, en vers. *Paris, P. Ramier*, 1613.

4 La réjouissance des femmes, sur la deffense des Tavernes & Cabarets. *Paris, Ch. Chappellain*, 1613.

5 Semonce à une Damoiselle des champs pour venir passer la foire & les jours gras à Paris. *Paris*, 1609.

6 L'Anti-Joseph, ou bien plaisant & fidele narré d'un Miniſtre de la religion prétendue, vendu publiquement à Clerac, Ville d'Agenois, ayant été enfermé dans un coffre par une honnête Dame de la ditte Ville, à laquelle il faiſoit l'amour. 1615.

7 Recueil de la malice des femmes, & des malheurs venus à leur occaſion.

8 Le Bouclier des femmes. contre les impoſtures & les calomnies des médiſans de leur ſexe. Par Gaillar. *Paris, Beſſin*, 1621.

3182 Babylone, ou la ruine de la grande cité, & du regne tyrannique de la grande Paillarde Babylonniene. par L. Palercée, 1563. ⹀ Deux Chanſons ſpirituelles, l'une du ſiecle d'or advenu, tant deſiré : l'autre de l'aſſiſtance que Dieu a faite à ſon Egliſe. par les Proteſtants, à la louange de Mgr. Loys de Bourbon, Prince de Condé. *Lyon*, 1562. in 8. m. cit.

3183 Préceptes nuptiaux de Plutarque, traduits & faits en ryme françoiſe, par Jacques de la Tapie. *Paris, Richard Breton*, 1559. in 8. v. f.

3184 Figures de la Bible, illuſtrées de huictains françois. par Guill. Gueroult. *Lyon, Rouille*, 1565. in 8. m. bl. l. r.

3185 Legende veritable de Jean le Blanc. 1575. ⹀ Le Paſſe-temps de Jean le Blanc. 1575. in 8. m. r.

BELLES-LETTRES. 365

3186 Les regrets & triftes lamentations du comte de Montgommery, fur les troubles qu'il a emus au Royaume de France depuis la mort du Roi Henry II. jufqu'au 26 de Juin qu'il a été exécuté. par Cl. Demorenne. *Rouen, Martin le Mefgiffier*, 1574. in 8. m. r.

3187 Etrénes de Poezie franfoeze an vers mezurés. au Roe. &c. par Jan Antoene de Baif, fegretere de la çanbre du Roe. *Paris, Denys du Val*, 1574. in 4. m. verd. dent.

IMPRIMÉ SUR VÉLIN.

3188 Recueil de pieces. in 8. v. éc.

Il contient :

1 Sommaire des Commandemens de Dieu. compofé en françois premier qu'en latin, comme l'eau eft faite premier que le vin. le Pélerin avant que le Médecin. Pierre de Chantefreine, Seigneur de Viettes, l'a annoncé ce matin le 21 de Mai, arrivant de Fontainebeleau là où eft le Roi.

2 Traité des Proceffions des Chrétiens : auquel eft difcouru pourquoi la croix y eft élevée & portée. Par René Benoift. *Paris, de Roigny*, 1589.

3 De l'élection & cérémonies obfervées à la réception de Sixte V, Pape de Rome. *Paris, Buffet.*

3189 Epifemafie à Mgr. le Duc de Guyfe premier Pair & Grand Maître de France. par le fieur de le Valletrie. *Paris, Marc Orry*, 1588, in 4.º m. r.

IMPRIMÉ SUR VÉLIN.

3190 La Doulce mouelle & saulce friande des saints & savoureux os de l'advent. par maître Jehan Massieux. *Paris, Michel le Duc*, 1578. in 8. v. f.

3191 La Doulce mouelle & saulce friande des saints & savoureux os de l'avent. par Jehan Massieux. *Paris, le Duc*, 1578. in 8. v. m.

3192 Figures de la Bible déclarées par stances, par Gab. Chappuis. *Lyon, Michel*, 1582. in 8. m. r.

3193 La Complainte de Monsieur le Cul, contre les inventeurs des Vertugalles. *Paris, Guill. Nyverd.* = Reponse de la Vertugalle au Cul en forme d'invective. *Paris.* in 8. goth. v. f.

3194 La Réformation des Tavernes & Cabarets: destruction de Gormandise, en forme de Dialogue. *Paris, Guill. Nyverd.* in 8. goth. m. r.

3195 La Polymachie des Marmitons. en laquelle est amplement décrite l'ordre que le Pape veut tenir en l'armée qui veut mettre sus pour l'elevement de sa Marmite. 1562. in 8. rel. en cart.

RARE.

3196 La Fontaine des Devis Amoureux. pour la réjouissance

BELLES-LETTRES.

réjouissance des vrais Amants. *Lyon, Hugues Barbou*, 1562. in 12 fig. m. r.

3197 Recueil de pieces de Poésie. in 8. m. verd.

Il contient :

1 Chanson nouvelle contenant la forme & maniere de dire la Messe, sur le chant de Hari, Hari l'asne, Hari Bouriquet. 1562.

TRÈS RARE.

2 Ode historiale de la Bataille de St. Gile, sur le chant du Pseaume huitante un. *Lyon*, 1563.

3 Babylone, ou la ruine de la grande cité, & du regne tyrannique de la grande Paillarde Babyloniene. par L. Palercée. 1563.

4 L'Epître que le Prophete Jérémie envoya à ceux qui étoient menés captifs en Babylon, trad. en françois. *Geneve*, 1562.

5 Palinodies de Pierre de Ronsard sur ses discours des miseres de ce temps. 1563.

6 Le Blason du Platellet. 1562.

3198 Complainte & Chanson de la grande Paillarde Babyloniene de Rome. sur le chant de Pienne. plus une déploration des Cardinaux, Evêques, & toute leur compagnie pour leur mere la Messe. avec l'accord fait à Poissy sur le point de la Cene. 1561. in 8. v. m.

3199 Remontrance au Peuple de France pour tous Etats. *Trecis*, 1563. in 8. goth. v. m.

3200 La Chronique des Luthériens & outrecui-

368 BELLES-LETTRES.

dance d'iceux, depuis Simon Magus, jusques à Calvin & ses Complices. *Paris, G. de Nyverd.* in 8. v. m.

3201 La Chronique des Lutheriens. *Poitiers, Mesnier,* 1573. in 8. v. f.

3202 Les Figures de l'Apocalypse de S. Jean, exposées en latin & en vers françois. *Paris, Groulleau,* 1552. in 16. v. m.

3203 Le piteux Remuement des Moines, Prêtres, & Nonains de Lyon, par le quel est découverte leur honte, & la Juste punition de Dieu, sur la vermine Papale. Par E. P. C. 1562. in 8. m. r.

3204 La Vie de Moïse représentée par figures, avec des explications en vers. *Lyon, de Tournes,* 1560 in fol. v. m.

3205 Avertissement à Mrs. du Puy, touchant l'idolatrie qu'ils commettent envers l'idole de leur Notre-Dame. *Lyon,* 1563, in 8. v. f.

3206 La grande trahison & volerie du Roi Guillot Prince & Seigneur de tous les Larrons Bandolliers, Sacrileges, Voleurs & Brigans du Royaume de France. in 8. m. r.

Cette piece de vers est une Satyre très violente contre M. le Prince de Condé, qui s'étoit fait proclamer Roi dans St. Denys, au mois d'Octobre 1567. Il avoit fait battre une monnoie d'argent, avec cette inscription: *Louis XIII, Roi de France.* Voyez Brantome, & M. le Président Henault.

BELLES-LETTRES.

3207 Idolopeie c'eſt à dire fiction ou fieintiſe de image : en la quelle eſt introduite une image parlante, ainſi qu'une créature vivante, & raiſonnable, aux Idolomanes eſpars ſous le climat & Papimanie de Rome: trouvée entre les papiers & bordereaux de l'Inconotrible Catholique, l'an 1570. in 8. m. r.

3208 Perles d'Elite, recueillies de l'infini Tréſor des cent cinquante Pſeaumes de David trad. d'italien en françois, par l'auteur. (*Geneve*) *à l'enſeigne de l'Epée, par Jean de Laon*, 1577, in 8. v. f.

3209 Les Abeilles & leur Etat Royal. Par Pierre Conſtant. *Paris, Phil. du Pré*, 1600. in 8. m. r.

Imprimé ſur papier couleur bleue paſſée.

3210 La Guiſiade. 1589. in 12. v. m. l. r.

3211 L'amour de Cupido & de Pſyché mere de volupté, priſe des cinq & ſixieme livres de la Metamorphoſe de Lucius Apuleius, nouvellement hiſtoriée & expoſée en vers françois. in 8. m. r.

Cet Ouvrage eſt orné de très jolies figures gravées en taille-douce, par Léonard Galter, en 1586. Cette date ſe trouve à la derniere figure.

3213 Syllogiſmes en quatrains ſur l'éducation d'un

Roy. *Paris, Robert Nivelle*, 1593. in 8. m. bl.

3214 Sonnets contre la Ligue, du mois de Février 1594. = Sonnets contre la Ligue, fur l'occafion d'un nouvel attentat d'icelle au pays de Nivernois au mois de Février, 1594. in 8. v. m.

3215 Dialogifme auquel font entreparties l'Empire, la France, l'Efpagne, l'union des Etats des Pays-Bas, Rome, Bonne raifon, le Herault, & le Philofophe juge. 1600. in 4. m. bl.

3216 L'Ixion Hefpagnol, autrement le Berceau de la Ligue. par F. Cephale. *Paris*, 1594. in 8. m. r.

3217 Les trois vifions de Childeric quatrieme Roi de France, pronoftics des guerres civiles de ce Royaume : & la prophétie de Bafine fa femme, fur les Victoires & Conqueftes de Henry de Bourbon, Roi de France & de Navarre. Par P. (Pierre) Boton. *Paris, Frédéric Morel*, 1595. in 8. m. r.

3218 Poéfies d'Anne Comte d'Urfé. in fol. v. m. d. f. tr.

MANUSCRIT fur papier du *XVI fiecle*, contenant 99 feuillets. Les Sonnets font d'une main différente.

Il contient :

1 Hymne au Duc de Savoye.

2 Hymne de Ste. Catherine à Mde la Duchefle de Guyfe Henriette Catherine de Joyeufe. 1502.

3 Hymne de la vie du Gentilhomme Champaistre.

4 Vers sur le tombeau de Carite.

5 C'est la Généalogie de l'illustre maison & ancienne race des Urfez. (en prose.)

6 Plusieurs Sonnets Chrétiens.

I. L'Auteur de ces pieces est *Anne*, Comte d'Urfé, Marquis de Baugé, fils de Jacques d'Urfé & de Renée de Savoye, frere aîné d'Honoré d'Urfé. Il épousa *Diane de Château-Morand*, qui devint la femme de son frere, lorsqu'il s'en sépara quelques années après son mariage, pour embrasser l'état Ecclésiastique. Il devint Comte de Lyon, Prieur de Montverdun, &c. & il mourut en 1621.

Ces Hymnes n'ont pas été imprimées dans le recueil de ses poésies qui a vu le jour à Lyon en 1608. in 4.

La Généalogie de sa famille qui paroît être aussi de lui, est autographe.

3219 Recueil de Noëls faits en 1593 & 1594. in fol. v. f. d. s. tr.

MANUSCRIT sur papier contenant 133 feuillets, & 46 figures coloriées; elles sont fort singulieres, & remplissent tout le feuillet qui est en regard de chaque Noel, auquel elles sont analogues. On y voit aussi des grandes lettres capitales grotesquement historiées. Il y a apparence que ce MS sort des mains de quelque Chansonnier ambulant de la fin du *XVI. siecle*.

POETES FRANÇOIS DU XVII SIECLE.

Ouvrages composés avant le milieu de ce siecle.

3220 Recueil des Œuvres qui ont remporté les prix sur le Puy de l'Immaculée Conception de la Vierge. depuis 1638, jusqu'en 1712. 2 portefeuilles in 8. avec des dos de m. r.

3221 Recueil de diverses Poésies des plus excellens Autheurs du XVII siecle. in fol. v. m.

Manuscrit sur papier proprement écrit, contenant 87 feuillets.

3222 Les dévots Elancemens du Poete Chrétien, présentés pour etrennes en ceste année seculaire M. VI. C. à très Chrestien, très Auguste & très Victorieux Monarque Henri IIII. Roy de France & de Navarre. in 8. m. r. rel. aux armes de France, & au chiffre de Henri IV.

Superbe et infiniment précieux Manuscrit sur vélin de 91 feuillets, dont le 2, 3 & 4 contenant deux Epîtres Dédicatoires à *Henri IV*, l'une en prose & l'autre en vers, sont teints en bleu, & écrits en *lettres d'or*, & les 8 derniers intitulés : *L'intercession pour le soulagement des Catholiques deffunts*, sont teints en noir, & écrits en *lettres blanches*.

Il est enrichi de 17 très belles miniatures exécutées avec le plus grand soin, & portant 3 pouces 4 lignes de largeur, sur 3 pouces de hauteur. Les capitales & les sommaires y sont tout en or.

BELLES-LETTRES.

La première des deux Epîtres Dédicatoires est soussignée *Alphonse de Ramberuiller*, *Docteur ez droits*, *Lieutenant-Général au Bailliage de l'Euesché de Metz*. Il est non-seulement l'Auteur de l'Ouvrage; mais encore il paroît être le Peintre des miniatures ; car elles portent son chiffre formé de la double lettre AR, avec la date de 1599. Il a représenté dans celle qu'il a placée au haut de l'Epître en vers, *Henri IV* debout, ayant une couronne d'or sur la tête, revêtu du manteau royal bleu, & décoré des coliers de ses ordres. Ce Monarque tient de la main gauche une main de justice d'or, & reçoit de l'autre le livre que l'Auteur, qui s'est peint en Muse Chrétienne, lui présente.

Henri IV fut si content de l'Ouvrage, qu'il en écrivit à *Charles III*, Duc de Lorraine, & au *Cardinal de Lorraine*, en leur recommandant Ramberviller.

Cet Auteur est mort le 13 Juillet 1623. Son livre a été plusieurs fois imprimé.

3223 Cantiques a la gloire de Dieu, & autres vers spirituels, par Nic. Borel. *Paris, Buon,* 1603. in 16. fig. m. bl.

3224 La Surprise & Fustigation d'Angovlvent. Poëme héroique addressé au Comte de Permission par l'Archipoete des Poispilez. *Paris,* 1603. in 8. v. m.

3225 Replique à la réponse du Poète Angoulvent. 1604. in 8. m. r.

3226 Les espines du Mariage, pour retirer les jeunes gens & autres, de folles & précipitées amours, & éviter les perils de mariage; traité fort plaifant & récréatif. Par le Sieur Varin. *Paris, Fleury Bourriquant*, 1604. in 8. m. r.

3227 La Defcription philofophalé, forme & maniere des bêtes, tant privées que fauvages, avec le fens moral, comprins fur le naturel & condition d'iceux. *Paris, Pierre Ménier*, 1605. in 8. fig. m. r.

3228 Recueil des Mafcarades & jeu de prix à la courfe du Sarazin, faits ce Carefme prenant, en la préfence de fa Majefté à Paris. *Paris, Guill. Marette*, 1607. in 8. v. m.

3229 Le facré Hélicon, ou le dévot Logis de la Mufe dévote. Par Louis Godet. *Paris, Jean Millot*, 1608. in 8. m. r.

3230 Lou Gentilhome Gafcoun e lous heits de Gouerre deu grand e pouderous Henric Gafcoun, Rey de France e de Navuarre. Par Guillem Ader, Gafcoun. *Tolofe, Ramond Colomiés*, 1610, in 8. m. r.

3231 Troifieme centurie des Sonnets du vieil Papifte. Par Charles de Clavefon. *Lyon, Linocier*, 1611, in 8. m. r.

3232 Vers donnés en étrennes à M. de Bovynville, par Pierre le Breton, en 1613. in 8. rel. en cart.

Manuscrit fur vélin du *XVII fiecle*, proprement écrit par P. le Breton lui-même, contenant 8 feuillets.

3233

BELLES-LETTRES. 379

3233 Recueil des différentes pieces de Poéfies de M. Feret. Porte-feuille in 8. avec dos. de m. r.

3234 Les Primices dites le vrai François, ou Poemes, avis, &c. par Denys Feret. 1614, in 8. v. f.

3235 Les quatrains du fieur de Nuyfement, fur les Diftiques de Caton. *Paris, Fleury Bourriquant*, in 8. m. r.

3236 Les Satyres Baftardes, & autres Œuvres folaftres du Cadet Angouleuent. *Paris*, 1615, in 12. m. viol. dent. doubl. de m. r. dent.

3237 Antithefe de Notre Seigneur Jefus-Chrift, & du Pape de Rome. 1620, in 8. m. r.

3238 Les Œuvres fatyriques du fieur de Courval-Sonnet. *Paris, Rolet Boutonné*, 1622, in 8. m. r.

3239 Recueil de 55 Pieces en vers & en profe, pour & contre le Poete Theophile. Deux porte-feuilles in 8. avec des dos. de m. r.

Il contient :

1 Apologie pour Théophile. avec fon Epitaphe. enfemble les regrets de Philis fur fon tombeau. 1626. (en vers.)

2 L'apparition d'un Phantofme à Théophile, dans les fombres tenebres de fa prifon. enfemble les propos tenus entre eux. 1624.

3 Arrêt de la Cour de Parlement, par lequel le fieur Théophile, Berthelot, & autres, font déclarés criminels de

leze Majesté divine, pour avoir composé & fait imprimer contre l'honneur de Dieu, son Eglise, & honnesteté publique ; avec deffenses à toutes personnes d'avoir ny tenir aucuns exemplaires du livre intitulé le Parnasse satyrique, n'autres Œuvres dudit Théophile, sur peine d'estre déclarez fauteurs & adhérans dudit crime, & punis comme les accusez. *Paris, C. Antoine Vitray*, 1623.

4 Les Adyantures de Theophile au Roy par lui faites pendant son exil, en un vieux desert où estoit sa retraite sur le sujet de sa fuitte, de ses passages, de sa prise, & le desespoir de sa prison. 1624. (en vers.)

5 Les dernieres Œuvres de Theophile, à son amy Alcidon sur le sujet de sa solitude. *Paris, C. Claude Morlot.* 1627. (en vers.)

6 La descente de Theophile aux enfers. par Polidor. 1626. (en vers.)

7 Dialogue de Theophile à une sienne Maîtresse, l'allant visiter en prison. 1624. (en vers.)

8 Discours remarquable de la vie & mort de Theophile. *Paris, C. Jean Martin*, 1624.

9 L'Esventail satirique faict par le nouveau Theophile. avec une apologie pour la satyre. *A Paris*. (sans date.)

10 L'Examen de Theophile, par Rhadamante, Juge des Enfers, sur le Parnasse satyrique. 1626.

11 Factum de Theophile. ensemble sa requeste présentée à Nosseigneurs de Parlement. 1625.

12 La Metempsycose de Theophile, ou le transport de son ombre en divers corps. 1626.

13 La Pénitence de Théophile. 1624.

14 Plaintes de Thirsis, sur la mort de son amy Theophile,

BELLES-LETTRES.

avec son tombeau, enrichi d'Epitaphes. 1626. (en vers.)

15 Recueil des Epitaphes faictes sur Theophile. 1626.

16 Recueil de toutes les pieces de Theophile, commençant à l'Arrest de la Cour, & généralement tout ce qui s'est fait pour & contre luy depuis sa prison jusques à présent. Ainsi qu'il se peut voir à la table suivante. *Paris.* 1624.

17 La Rencontre de Theophile & du Pere Coton, en l'autre monde. 1626.

18 Le Testament de Theophile. 1626.

3240 L'Orphée sacré du Paradis, qui par les mélodieux accords de plusieurs préceptes moraux, sentences exquises & conceptions théologiques, enchante doucement les brutales affections du vice, & en désabuse les esprits mondains, par C. Girard. *Lyon, Jonas Gautherin,* 1627, in 8. m. r.

3241 L'antiquité du triomphe de Besiers, au jour de l'Ascension, contenant les plus rares histoires qui ont été représentées au susdit jour ses dernieres années; en vers Languedociens, recueillis par Jean Martel. *Besiers, Jean Martel,* 1628 & 1644, deux parties en 1 vol. in 12. m. r.

RECUEIL COMPLET ET RARE.

3242 Le voyage de Viry, en vers, par le S. Corneillau. *Paris,* 1637, in fol. rel. en cart.

MANUSCRIT sur papier du *XVII siecle*, contenant 15 feuillets. Il est orné de desseins faits à la plume.

3243 Stances à la louange du Roi Louis XIII. in 8. parch.

MANUSCRIT sur papier contenant 48 feuillets.

3244 Les Rossignols spirituels, ligués en duo: dont les meilleurs accords, nommément le bas, relevent du Seigneur Pierre-Philippes, Organiste. Regaillardis au Prime-vere de l'an 1621. *Valenciennes, Jean Veruliet*, 1631, in 12. v. f.

3245 Le Chevalier sans reproche, Jacques de Lalain, (Chevalier de la Toison d'or, mort en 1453). *Tournay, Adrien Quinqué*, 1633, in 8. fig. m. r.

3246 La Philomele séraphique, divisée en quatre parties. En la premiere, elle chante les dévots & ardents soupirs de l'ame pénitente qui s'achemine à la vraie perfection, &c. sur les airs (notés) les plus nouveaux, choisis des principaux Auteurs de ce temps. Par Frere Jean l'Évangéliste, d'Arras, Capucin. *Tournay, Adrien Quinqué*, 1640, 2 vol. in 8. m. bl.

3247 LA GVIRLANDE DE IVLIE. *Pour Mademoiselle de Rambouillet.* IVLIE LVCINE-D'ANGENNES. *Escript par N. Jarry.* M. DC. XLI. in fol. m. r. doublé de maroq.

MANUSCRIT PRÉCIEUX sur vélin, unique dans son genre, & que rien ne peut égaler en beauté. *M. Huet* l'a appellé le chef-d'œuvre de la galanterie, & en a vanté la magnificence de l'exécution. Ce fut le *Baron de Sainte-Maure*, plus connu sous le nom de *Duc de Montausier*, qui en conçut l'idée & en fit la dépense. Il chargea le fameux *Robert* de peindre les fleurs dont il est enrichi, & *Nicolas Jarry*, dont le talent ne peut être trop célébré, d'écrire les Madrigaux que les hommes de lettres qui fréquentoient l'hôtel de Rambouillet s'empresserent de faire sur chaque fleur, à la louange de celle pour qui ce livre étoit destiné.

Ces fleurs sont au nombre de 29 ; sçavoir : l'Amarante, l'Anémone, l'Angléique, la Couronne Impériale, l'Eliotrope, la Flambe, la Fleur d'Adonis, la Fleur de Grenade, la Fleur d'Orange, la Fleur de Thym, l'Hyacinthe, le Jasmin, l'Immortelle blanche, l'Immortelle jaune, la Jonquille, le Lis, le Méleagre, le Muguet, le Narcisse, l'Œillet, le Pavot, la Pensée, la Perceneige, la Rose, le Safran, le Souci, la Tulipe, la Tulipe flamboyante, & la Violette.

Ces Fleurs réunies d'abord sur une même page & formant une guirlande superbe, au milieu de laquelle on lit : LA GVIRLANDE DE IVLIE, se trouvent ensuite séparées & peintes sur le recto de 29 feuillets, qui ne contient jamais qu'une seule fleur.

Les Madrigaux dont chaque fleur est l'objet, sont supérieurement écrits en *lettres rondes*, chacun séparément sur un feuillet. On en compte 61, parcequ'il y en a plusieurs sur une même fleur. M. de Montausier lui-même est au nombre des Poetes qui les ont faits. Le plus beau, le plus connu & le plus souvent cité, est celui de Desmarets, sur la Violette.

On voit sur le septieme feuillet une belle miniature représentant Zéphyr dans un nuage, tenant dans sa main gauche la Guirlande de Julie, & dans sa droite, une rose. Il parseme la terre de diverses fleurs que son souffle fait éclore de sa bouche.

Le *Duc de Montausier*, en ordonnant l'exécution de ce riche MS. le destinoit à *Julie-Lucine d'Angenes*, Marquise de *Rambouillet*, à qui il le présenta en 1641. Il eut soin auparavant de faire relier magnifiquement ce livre, & d'orner le dedans & le dehors de la couverture, du chiffre de cette fille célebre, qu'il épousa quatre ans après, en 1645. Ce fut sans contredit le plus beau présent qu'il pût lui faire, & le plus analogue à son goût & à ses talents.

M. l'*Abbé Rive* a donné une notice particuliere très exacte & très étendue de ce MS.

3248 LA GVIRLANDE DE IVLIE. *Pour Mademoiselle de Rambouillet.* IVLIE - LVCINE D'ANGENNES. *Escript par N. Jarry* 1641. in 8. maroq. rouge doublé de maroq.

Dire que cette copie sur vélin du MS. précédent est de la main du *fameux Jarry*, c'est annoncer un chef-d'œuvre. Elle contient 40 feuillets écrits en *bâtarde*. Elle ne renferme que les Madrigaux seuls sans aucune peinture. La couverture en est ornée du chiffre de Julie, à qui il fut offert par le *Duc de Montausier*, en même temps que le MS. précédent.

3249 Notices historiques & critiques de deux Manuscrits, uniques & très-précieux, de la Bibliotheque de M. le Duc de la Valliere, dont l'un a pour titre : la Guirlande de Julie, & l'autre, Recueil de fleurs & insectes, peints par Daniel Rabel en 1624, par M. l'abbé Rive. *Paris, Didot l'aîné*, 1779. == Notices historiques & critiques de deux Manuscrits de la

BELLES-LETTRES.

Bibliotheque de M. le Duc de la Valliere, dont l'un a pour titre : le Roman d'Artus, Comte de Bretaigne, & l'autre, le Romant de Pertenay ou de Lufignan, par M. l'Abbé Rive. *Paris, de l'imprimerie de Didot l'aîné*, 1779. in 4. G P. v. f.

3250 Recueil de différentes Satyres, Epitaphes & Epigrammes, fur le Cardinal de Richelieu. === Jeu de la prime, joué par les Potentats de l'Europe. === Sommaire du Teftament du Cardinal Mazarin. in 4. br.

MANUSCRIT fur papier du *XVII fiecle*, contenant 19 feuillets.

3251 Recueil de Pieces en vers concernant le tableau du gouvernement préfent, ou éloge de M. le Cardinal de Richelieu. in 4. v. m.

MANUSCRIT fur papier du *XVIII fiecle*, très nettement écrit, contenant 172 feuillets.

3252 Le Gouvernement préfent ou éloge de fon Eminence. Satyre ou la Miliade. *Imprimé en Anvers*, in 8. v. m.

3253 La Paffion de Notre Seigneur, en vers burlefques. *Paris, Jean Remy*, 1649. === Reproches de Saint Pierre & des deux Larrons, à Judas, fur la douloureufe Paffion de notre Sauveur Jefus-Chrift. *Paris, Mufnier*, 1649. in 4. v. f.

BELLES-LETTRES.

Ouvrages composés après le milieu du XVII siecle.

3254 Recueil de lettres en vers depuis la mort du sieur Loret, jusqu'à présent. *Paris.* 2 vol. in fol. v, éc.

3255 Métamorphose du Cul d'Iris, changé en astre. Iris est Mde. de Valossiere, & autres poésies. (par M. Etienne Pavillon.) in 4. parch.

Manuscrit sur papier, contenant 89 feuillets.

3256 Le Vainqueur de la mort, ou Jesus mourant, Poeme, de P. L. B. enrichi de figures de Jacques Callot. *Paris, Charles de Sercy*, 1652. in 8. m. r.

3257 Œuvres de Jean de la Fontaine. *Anvers, Jacob & Henry Sauvage*, 1726. 3 vol. in 4. m. viol.

3258 Fables choisies mises en vers, par Jean de la Fontaine. *La Haye, Van Bulderen*, 1688. 2 vol. in 8. fig. m. viol. l. r.

3259 Poeme du Quinquina, & autres Ouvrages en vers de Jean de la Fontaine. *Paris, Denys Thierry*, 1682. in 12. m. r. l. r.

3260 Fables choisies, mises en vers par Jean de la Fontaine. *Paris, Desaint & Saillant*, 1755. 4 vol. in fol. m. verd, dentelles, très grand papier.

Premieres Epreuves.

3261

BELLES-LETTRES.

3261 Fables choisies, mises en vers par Jean de la Fontaine, nouvelle édition gravée en taille-douce. les figures par le sieur Fessard. le texte par le sieur Montulay. *Paris, Fessard*, 1765. 6 vol. in 8. Papier d'Hollande. m. r.

3262 Nouvelles en vers, par Jean de la Fontaine. *Amsterdam, H. Desbordes*, 1685. 2 tom. en 1 vol. in 8. figures de Romain de Hooghe. m. r. doub. de m. dent l. r.

3263 Nouvelles en vers, par Jean de la Fontaine. *Amsterdam*, 1762. 2 vol. in 8. reliés à compartimens, doublés de tabis.

SUPERBE EXEMPLAIRE des premieres Epreuves.

3264 Poésies de Madame Deshoulieres. *Paris, Jean Villette*, 1694. in 8. m. r. l. r.

3265 Œuvres de Nicolas Boileau Despréaux. avec des éclaircissements historiques donnés par lui-même. Nouvelle édition, augmentée de diverses remarques. Enrichie de figures gravées par Bernard Picart. *Amsterdam, David Mortier*, 1718. 2 vol. in fol. m. r. dent. doub. de m. cit. dent.

3266 Les Œuvres de Nicolas Boileau Despréaux. avec des éclaircissements historiques, donnés par lui-même. Nouvelle édition enrichie de figures gravées par Bernard Picart. *La Haye, Isaac Vaillant*, 1722. 4 vol. in 12. m. cit.

3267 Les Œuvres de Nic. Boileau Despréaux,

Tome II   Ddd

BELLES-LETTRES.

avec des éclaircissements historiques. *Paris, la Veuve Alix*, 1740. 2 vol. in fol. m. cit.

3268 Plusieurs Poésies françoises dédiées à une Demoyselle (Germaine de Forest). Par L. D. P. in 12. v. m.

Manuscrit sur papier du *XVII siecle*, orné du portrait dessiné de cette Demoiselle, & contenant 49 feuillets.

3269 Eglogues sacrées dont l'argument est tiré du Cantique des Cantiques & autres pieces de Poésies. in 8. v. b.

Manuscrit sur papier du *XVII siecle*, contenant 63 feuillets.

3270 Recueil de poésies françoises du XVII. siécle, sur différents sujets. in 4. rel. en cart.

Manuscrit sur papier *du XVIII siecle*, contenant 28 feuillets.

3271 Poésies contre les Alchymistes & sur différents sujets. in fol. m. v. antiqué.

Manuscrit sur papier *du XVII siecle*, contenant 66 feuillets.

3272 Essays de Poésie du Sieur de Boisset, Ecuyer, ci-devant Conseiller du Roy, Correcteur ordinaire en sa Chambre des Comptes. in 4. rel. en cart.

Manuscrit sur papier du *XVII siecle*, contenant 12 feuillets.

BELLES-LETTRES.

3273 L'allée de la Seringue ou les Noyers. Poème héroique en quatre chants. Par le L. D*** 1677. in 8. fig. m. cit.

3274 Le Tableau de la Vie & du Gouvernement des Cardinaux Richelieu & Mazarin; & de M. Colbert. représenté en divers Satyres & Poésies ingénieuses. avec un Recueil d'Epigrammes sur la vie & la mort de M. Fouquet. *Cologne, Pierre Marteau,* 1694. in 12. v. f.

3275 La Christiade qui depeint la vie & les faicts admirables de Jesus Christ urai Dieu & Homme fils du Père Eternel & Saueur du Monde. (En 12 livres & en vers alexandrins.) in 4. v. f. d. s. tr.

MANUSCRIT sur papier, contenant 118 feuillets.

Nous ignorons le nom de l'Auteur de ce Poeme, & s'il a été imprimé: il ne faut pas le confondre avec celui de *Jean d'Escorbiac.*

POETES FRANÇOIS DU XVIII SIECLE.

3276 Dialogue sur le Quiétisme, entre Clarice, Quiétiste, & Flavie, Nouvelle Convertie. Par M. Flechier (en vers). in 4. br.

MANUSCRIT sur papier du *XVIII siecle*, contenant 12 feuillets.

3277 Poésies du P. Charles François Barge, Religieux de Grammont, de Thiers en Auvergne. 1700. 2 vol. in 4. v. f. d. s. tr.

MANUSCRIT sur papier, contenant 403 feuillets. Il y a

parmi ces Poésies quelques Pieces Dramatiques qui sont intitulées :

1 Le Sacrifice d'Abraham & d'Isaac, Tragédie en 5 actes, en vers.

2 Parabole des X Vierges de l'Evangile, Trag. en 3 actes, en vers.

3 Représentation sur les fêtes de la Sainte Vierge, en vers.

4 Représentation sur les Cantiques, en vers.

5 Ste Susanne Noble Romaine Vierge & Martyre, Trag. en 5 actes, en vers.

6 S. Julien & Ste Basilisse, Trag. en 3 actes, en vers.

7 Ste Catherine, Vierge & Martyre, trag. en 5 actes, en vers.

3278 Vers sur la mort de Louis le Grand, accompagnés de quelques Epitaphes de ce Prince. *Cologne, Pierre le Jeune*, 1715. in 8. v. m.

3279 Fables nouvelles, par M. de la Motte. avec un discours sur la Fable. *Paris, Grégoire Dupuis*, 1719. in 4. m. r. à compartiments, l. r.

Avec des figures dessinées & gravées par Gillot, & autres.

3280 Œuvres de Jean Baptiste Rousseau. Nouvelle édition, revue, corrigée & augmentée sur les Manuscrits de l'Auteur. (Par M. l'Abbé Seguy.) *Bruxelles, (Paris, Didot)*. 1743. 3 vol. in 4. m. viol.

3281 Histoire des Amours & des infortunes d'Abelard & d'Heloïse, mise en vers satyri-comi-

BELLES-LETTRES.

burlefques. Par M. ***. *Cologne, Pierre Marteau*, 1724. in 12. m. r.

3282 Recueil des différentes Pieces de Poéfies du Pere Martin, Jéfuite. Porte-feuille in 8. dos de m. r.

La plus ancienne piece eft de 1725.

3283 La fuite des euures poétiques de Vatel. in fol. m. cit. dent.

MANUSCRIT fur papier très bien écrit, contenant 87 feuillets. Il eft enrichi de deffeins & d'ornements lavés, avec le plus grand foin, à l'encre de la Chine. Il eft dédié à M. de *Villeroy*, Secrétaire d'Etat, probablement *François de Neufville, Duc de Villeroy*, mort en 1730.

3284 Les Pfeaumes pénitenciaux en vers, par Perrot le jeune, avocat à S. Mihiel dediés à la Reine de Pologne, Ducheffe de Lorraine & de Bar. 1737. in 4. rel. en cart.

MANUSCRIT fur papier, contenant 16 feuillets.

3285 Stances fur la Commiffion des Eaux & Forefts. Par Gilbert de Chazerat Geographe du Roy. in 4. br. en cart.

MANUSCRIT fur papier, contenant 44 feuillets.

3286 La Henriade, par M. de Voltaire. avec des notes & des variantes. *Paris, Veuve Duchefne.* 2 vol. in 8. m. bl.

Avec des figures deffinées par Ch. Eifen, & gravées par les plus habiles Artiftes.

3287 Lettres portugaises en vers. Par Mademoiselle d'Ol. ***. *Paris, Nic. B. Duchesne*, 1759. in 8. v. m.

IMPRIMÉ SUR VÉLIN.

3288 Poésies diverses du XVIII. siecle. in 4. rel. en cart.

MANUSCRIT sur papier, contenant 40 feuillets.

3289 Poésies diverses. in 4. rel. en cart.

MANUSCRIT sur papier du *XVIII siecle*, contenant 15 feuillets.

3290 Quelques Poésies du Chevalier de S. Jory. in 4. rel. en cart.

MANUSCRIT sur papier du *XVIII siecle*, très lisiblement écrit, contenant 10 feuillets.

3291 Cantiques ou Paroles de Motets pour la Chapelle du Roy pour les principales fêtes de l'année, avec des élévations pour la messe, composées en latin sur les preceptes de la musique & rendues en vers françois par M. Perrin, Conseiller du Roi en ses Conseils. in 4. rel. en cart.

MANUSCRIT sur papier, contenant 49 feuillets.

3292 Œuvres mêlées de M. Duverger Commissaire de Marine. 3 vol. in 4. v. m.

MANUSCRIT sur papier du *XVIII siecle*, contenant 619 feuillets.

BELLES-LETTRES. 393

3293 La Triade ou les Martyrs d'Eſtampes, Poème, par le S. Rocquet. in 4. rel. en cart.

Manuscrit ſur papier du *XVIII ſiecle*, contenant 12 feuillets.

3294 Paraphraſes des leçons de Job, en vers françois. in 4. rel. en cart.

Manuscrit ſur papier du *XVIII ſiecle*, contenant 33 feuillets.

3295 Mélange de Pieces galantes & comiques, en vers. in 4. rel. en cart.

Manuscrit ſur papier du *XVIII ſiecle*, contenant 67 feuillets.

3296 La Manne terreſtre venant du Ciel ſe répandre ſur les enfants de la Science, Poème compoſé par un Adepte. in 4. rel. en cart.

Manuscrit ſur papier du *XVIII ſiecle*, contenant 41 feuillets.

3297 Recueil de Poéſies du XVIII. ſiecle. 2 vol. in 4. v. f.

Manuscrit ſur papier, contenant 341 feuillets.

3298 Les deux Tonneaux, Poème allégorique. (Par Alexis Piron). *Paris, Couſtelier*, 1744. = Le Temple de Mémoire. Poème allégorique. (Par Alexis Piron). *Paris, Couſtelier*, 1744. in 8. v. f.

Imprimé sur vélin.

3299 Le Batiment de Saint Sulpice, Ode. (Par Alexis Piron.) *Paris Couſtelier*, 1744. = Le Temple de Mémoire. Poëme allégorique. (Par Alexis Piron.) *Paris Couſtelier*, 1744. = Les Deux Tonneaux, Poeme allégorique. (Par Alexis Piron). *Paris Couſtelier*, 1744. in 8. m. r.
IMPRIMÉ SUR VÉLIN.

# POÉSIE DRAMATIQUE.

Personne n'ignore que feu M. le Duc de la Valliere s'eſt donné une peine infinie pour réunir & raſſembler toutes les pieces qui ont été compoſées pour les différents théâtres de France, depuis leur origine juſqu'à nos jours : cette précieuſe collection, qui eſt immenſe, ne s'eſt faite qu'avec des ſoins & des dépenſes incroyables. Auſſi peut-on ſe flatter qu'elle eſt abſolument unique, & que peut-être jamais on ne pourra en former de ſemblable : c'eſt d'après elle que M. le Duc de la Valliere a compoſé ſa Bibliotheque du Théâtre françois imprimée à Dreſde, (à Paris) en 1768, en 3 vol. in 8. Ouvrage intéreſſant dans lequel il a rapporté le ſujet d'une grande partie des pieces anciennes, & donné des extraits de toutes les abſurdités, ſottiſes, impiétés, ſatyres, &c. répandues dans ces productions informes de l'enfance du Théâtre françois.

Nous avons ſuivi, pour l'ordre & l'arrangement de nos pieces, cet excellent ouvrage, perſuadés que nous ne pouvions ſuivre un meilleur guide dans l'impoſſibilité où nous ſommes de diſpoſer cette claſſe différemment. On n'y trouvera que les pieces les plus rares & les plus curieuſes ; la ſuite en a été réſervée pour la ſeconde partie de ce catalogue, qui ne tardera pas à paroître.

Tome II. Eee

BELLES-LETTRES.

Introduction à la Poésie Dramatique.

3300 Varillasiana. ⸺ Histoire du Théâtre françois, avec les vies des Poètes qui ont travaillé pour le Théâtre, par M. Boscheron. in fol. v. f.

MANUSCRIT sur papier du *XVIII siecle*, contenant 66 feuillets.

3301 Bibliotheque du Théatre François, depuis son origine; contenant un extrait de tous les ouvrages composés pour ce Théatre, depuis les Mysteres (jusques à l'année 1766.) (Par M. le Duc de la Valliere.) *Dresde.* (*Paris*), 1768. 3 vol. in 8. pap. de Hollande. m. r.

3302 Critique des Pieces & des Ouvrages qui ont rapport au Théâtre. 10 porte-feuilles in 8. avec des dos de m. r.

3303 Recueil de pieces qui ont rapport au Prince des Sots. Porte-feuille in 8.

Il contient :

1 Arrest du Royaume de la Basoche, donné au profit du Sr. Dangoulevent, Valet-de-Chambre du Roi, Prince des Sots, & premier chef de la Sottie de l'hostel de Bourgongne & isle de France, contre les prétendus Maistres & autres Officiers dudit Hostel, rebelles contre leurs Princes. 1607.

2 La Deffence du Prince des Sots. aux Lecteurs.

<blockquote>
Lisans ce peu de pages
Vous confesserez tous
Qu'il n'appartient qu'aux sages
De deffendre les fouls.
</blockquote>

BELLES-LETTRES.

3 Légal teftamentaire du Prince des Sots. A. M. C. d'A-creigne Tullois, Avocat au Parlement.

4 Plaidoyé pour la deffence du Prince des Sots. Par L. V. *Paris, Nicolas Rouffet*, 1617.

5 Remontrance au Roy, & à Noffeigneurs de fon confeil, pour l'abrogation de la Confrairie de la Paffion, en faveur de la trouppe Royale des Comédiens. 1631.

6 La Sentence de Monfieur le Prevoft de Paris, donnée contre Angouleuent, pour faire fon entrée, de Prince des Sots, avec fes Heraulx, Suppots & Officiers. *A Paris, par David le Clers*, 1605.

7 Plaidoyé fur la Principauté des Sots, avec l'Arreft de la Cour intervenu fur iceluy. *Paris, C. David.* 1608.

POETES DRAMATIQUES FRANÇOIS,

RANGÉS PAR ORDRE CHRONOLOGIQUE.

Myfteres, Moralités, Farces, Sotties, & Satyres avant 1552.

3304 Recueil de Farces & de Moralités par perfonnages, en vers. in fol. m. r.

MANUSCRIT fur papier, qui paroît être du *XVI fiecle*, contenant 412 feuillets.

Ce Recueil eft très précieux, & peut-être unique. M. le Duc de la Valliere ne le poffédoit pas encore lorfqu'il fit fa Bibliotheque du Théâtre François. Il renferme les pieces fuivantes:

1 Monologue nouveau & fort recreatif de la fille Baftelierre.

2 Dialogue de Placebo, pour un homme feul.

3 Sermon joyeulx pour rire.

4 Sermon joyeulx des quatre vents.

5 Sermon d'un cartier de mouton.

6 Monologue de Memoire, tenant en fa main ung monde, fur lequel eft efcrit Foi, Efperance & Charité; & fault être habillé en Deeffe.

7 Farce nouvelle à deux perfonnages, c'eft affavoir l'Homme & la Femme; & eft la farce de l'arbaleftre.

8 Moralité nouvelle à deux perfonnages, de la prinfe de Calais, c'eft à fçavoir d'un François & d'un Anglois.

9 Farce à deux perfonnages du Vieil amoureux & du Jeune amoureux.

10 Farce joyeufe à deux perfonnages, c'eft à fçavoir ung Gentilhomme & fon Page, lequel devient laquès.

11 Moralité à trois perfonnages, c'eft à fçavoir Envie, Etat & Simpleffe.

12 Farce à trois perfonnages, c'eft à fçavoir deux galants & une femme qui fe nomme Santé.

13 Farce joyeufe à trois perfonnages, c'eft à fçavoir un Aveugle & fon Varlet, & une Tripiere.

14 Moralité à deux perfonnages, c'eft à fçavoir l'Eglife & le Commun.

15 Farce joyeufe à trois perfonnages, c'eft à fçavoir un vendeur de livres & deux femmes.

16 Farce nouvelle à fept perfonnages, c'eft à fçavoir la Reformereffe, le Sergent, le Prêtre, le Praticien, la Fille débauchée, l'Amant vérolé & le Moine. La Farce fe nomme des Poures Diables.

17 Moralité à quatre perſonnages, c'eſt à ſçavoir, l'âge d'or, l'âge d'argent, l'âge d'airain & l'âge de fer.

18 Farce à ſix perſonnages, c'eſt à ſçavoir la Reformereſſe, le Badin, & trois Galants & un Clerc.

19 Farce à cinq perſonnages, c'eſt à ſçavoir le Couturier & ſon Varlet, deux jeunes Filles & une Vieille.

20 Farce nouvelle à trois perſonnages, c'eſt à ſçavoir, le Sourd, ſon Varlet, & l'Ivrogne.

21 Farce nouvelle à cinq perſonnages, c'eſt à ſçavoir la Mere, la Fille, le Témoin, l'Amoureux & l'Official.

22 Moralité nouvelle à trois personnages, c'eſt à ſçavoir l'Egliſe, Nobleſſe & Poureté.

23 Moralité nouvelle à quatre perſonnages, c'eſt à ſçavoir le Miniſtre de l'Egliſe, Nobleſſe, le Laboureur & Commun.

24 Moralité du Porteur de patience à cinq perſonnages, c'eſt à ſavoir le Maître, la Femme, le Badin, le premier Hermite & le ſecond Hermite.

25 Farce joyeuſe à cinq perſonnages, c'eſt à ſçavoir trois Galants, le Monde & Ordre.

26 Farce nouvelle à ſix perſonnages, c'eſt à ſçavoir deux Gentilshommes, le Meûnier, la Meûniere, & les deux Femmes des deux Gentilshommes habillées en damoiſelles.

27 Farce nouvelle à cinq perſonnages, c'eſt à ſçavoir la Mere de Ville & Varlet, le Garde pot, le Garde nape, & le Garde Cul.

28 Farce nouvelle à quatre perſonnages, c'eſt à ſçavoir Meſſire Jean, la Mere de Jaquet qui eſt badin, le Curé.

29 Farce du Rapporteur à quatre perſonnages, le Badin, la Femme, le Mari & la Voiſine.

30 Farce joyeuſe à ſix perſonnages, Jehan de Lagny, Badin, Meſſire Jehan, Tretant de Oline, Perrote Venéſtot, & le Juge.

31 Moral joyeux à quatre perſonnages, le Ventre, les jambes, le cœur & le chef.

32 Invitatoire bachique, *venite potemus*.

33 La Farce des Veaux, jouée devant le Roi, en ſon entrée à Rouen.

34 Farce de deux Amoureux, recreatif & joyeux.

35 Moral à cinq perſonnages, le Fidele, le Miniſtre, le Suſpens, Providence divine, la Vierge.

36 Farce nouvelle à cinq perſonnages, trois Brus, & deux Hermites.

37 Farce nouvelle à cinq perſonnages, l'Abbeſſe, Sœur de bon cœur, Sœur Eſplourée, Sœur Safrete, & Sœur Feſne.

38 Farce joyeuſe à quatre perſonnages, le Médecin, le Badin, la Femme, la Chambriere.

39 Farce nouvelle à quatre perſonnages, trois Commeres & un Vendeur de livres.

40 Moralité à ſix perſonnages, le Lazare, Marthe ſœur du Lazare, Jacob ſerviteur du Lazare, Marie Magdelaine & ſes deux ſœurs.

41 Moralité à quatre perſonnages, Chacun, Pluſieurs, le Temps qui court, le Monde.

42 Sermon joyeux de la Fille égarée.

43 La Farce du Poulier à quatre perſonnages, le Maître, la Femme, l'Amoureux & la Voiſine.

BELLES-LETTRES.

44 Moralité à six personnages, Nature, Loi de rigueur, divin Pouvoir, Amour, Loi de grace, la Vierge.

45 Farce nouvelle à quatre personnages, la Mere du Badin, le Voisin & son Fils, la Bergere.

46 Farce nouvelle & fort joyeuse à cinq personnages, les Bâtards de Caux, la Mere l'Ainé qui est Henri, le petit Colin, l'Ecolier & la Fille.

47 Moral de tout le monde, à quatre personnages, le premier Compagnon, le second, troisieme & quatrieme.

48 Farce nouvelle à quatre personnages, Science, son Clerc, Asnerie & son Clerc.

49 Farce nouvelle à quatre personnages, la Femme & Badin son mari, le premier Voisin & le second.

50 Moral à cinq personnages, l'Homme fragile, Concupiscence, la Loi, Foi, Grace.

51 Farce nouvelle à quatre personnages, Lucas Sergent boiteux & borgne, le bon Payeur & Fine Mine femme du Sergent, & le Vert Galant.

52 Farce nouvelle & fort joyeuse à quatre personnages, le Retrait, le Mari, la Femme Guillot & l'Amoureux.

53 Farce joyeuse à quatre personnages, Robinet, Badin, la Femme veuve, la Commere & l'Oncle.

54 Farce nouvelle à quatre personnages, l'Aventureux & Guermonset, Guillot & Rignot.

55 Moralité à six personnages, Heresie, Frere Simonie, Force, Scandale, Procès, l'Eglise.

56 Farce nouvelle à trois personnages, la Mere & Fils, lequel veut être Prêtre, & l'Examinateur.

57 Monologue seul du Pellerin passant, composé par Pierre Taherye.

58 Farce nouvelle à quatre personnages, le Troqueur de maris, la premiere Femme, la seconde & la troisieme.

59 Farce joyeuse à quatre personnages, la jeune Fille, la Mariée, la Femme veuve & la Religieuse, & sont les Malcontentes.

60 Moral à trois personnages, l'Affligé, Ignorance & Cognoissance.

61 Farce nouvelle de Frere Phillebert, à quatre personnages, Frere Phillebert, la Voisine, la Maitresse, Pérrette Venéstot.

62 Farce morale & joyeuse des Sobre-fols, entremêlés avec les sieurs Dais, à six personnages; cinq Galants & le Badin.

63 Farce joyeuse des Langues esmoulus pour avoir parlé du drap d'or de St. Vivien, à six personnages; l'Esmouleur, son Varlet, & quatre femmes.

64 Farce nouvelle à cinq personnages, les deux Soupiers de Monille, la Femme, son Pierre l'Huissier & l'Abbé.

65 Farce morale des trois Pellerins.

66 Farce morale à quatre personnages, Marchebeau, Galop, Amour & Convoitise.

67 Farce joyeuse à cinq personnages, le Maître d'Ecole, la Mere & les trois Ecoliers.

68 Farce joyeuse à cinq personnages, le Basteleur, son Varlet, Binete & deux Femmes.

69 Farce nouvelle à cinq personnages, le Marchand de Pommes, & deux l'Apoincteur & Sergent, & deux Femmes.

70 Farce joyeuse à quatre personnages, trois Gallants & Phelipot.

BELLES-LETTRES.

71 Farce morale à cinq perſonnages, Métier, Marchandiſe, le Verger, le Temps & les Gens.

72 Farce joyeuſe à cinq perſonnages, le Savetier, Marquet, Jacquet, Proſerpine & l'Oſte.

73 Remontrance à une Compagnie de venir voir jouer Farces ou Moralités.

3305 L'Aſſomption de la Glorieuſe Vierge Marie, à xxxviij perſonnages. *Paris, Rue neuve Notre-Dame, à l'Ecu de France*, in 8. goth. m. bl.

3306 La vie de Mde. Sainte Barbe, avec pluſieurs des miracles d'icelle & eſt à trente huit perſonnaiges. *Paris, P. Sergent.* in 4. goth. v. f.

Edition rare, inconnue à M. le Duc de la Valliere lorſqu'il publia ſa Bibliotheque du Théâtre françois.

3307 La Vie de Madame Sainte Barbe par perſonnages, avec pluſieurs de ſes miracles, le tout repréſenté par quarante perſonnages. *Paris, Simon Calvarin.* in 4. goth. m. r.

Edition rare dont il n'eſt pas fait mention dans la Bibliotheque du Théâtre françois.

3308 La Vie de Madame Sainte Barbe. à (38) perſonnages. *Lyon, Pierre Rigaud*, 1602. in 18. m. r. dent.

3309 Bien adviſé, mal adviſé. (Myſtere à 59 perſonnages). *Paris, Pierre le Caron pour Antoine Verard*, in fol. goth. m. r.

Tome II.

CET OUVRAGE est extrêmement rare. On lit à la fin de cet exemplaire.

Anthoine Verard Libraire de Paris a donné ce present liure au Monastere de Clerevaulx le XXe jour de Mars mil V^c et onze.

3310 Le Miroir & exemple moral des enfans ingrats pour lesquels les peres & meres se détruisent pour les augmenter, qui en la fin les déconnoissent. (Moralité à 18 personnages. Par Ant. Thyron.) in 4. goth. m. r. dent.

Le dernier feuillet est manuscrit.

3311 L'Histoire de l'Enfant prodigue par laquelle est démontrée la vie misérable ou parviendront ceux qui dépensent leurs biens prodigalement. (Mystere à 11 personnages.) *Lyon, Pierre Rigaud*, in 18. m. r. dent.

3312 L'Enfant prodigue par personnages, nouuellement translaté de latin en françois, selon le texte de l'Evangile. & lui bailla son pere sa part, laquelle il despendit mechament avec folles femmes. *Paris.* = Traictié du Renoncement d'Amours. *Paris, Jehan Janot*, = L'Art & Science de Rhetorique ; pour faire Rimes & Ballades. *Paris, Jehan Trepperel*, in 4. goth. v. f.

3313 Recueil de plusieurs Farces tant anciennes que modernes lesquelles ont été mises en meilleur ordre & langage qu'auparavant. *Paris, Nicolas Rouſſel*, 1612. in 12. m. verd.

RARE.

Contenant :

1 Farce nouvelle & récréative du Médecin qui guérit de toutes ſortes de maladies & de pluſieurs autres, auſſi fait le nez à l'enfant d'une femme groſſe, & apprend à deviner (à quatre perſonnages.)

Cette farce eſt un peu trop libre ; mais elle eſt aſſez plaiſamment écrite, & vraiſemblablement elle a donné lieu au Conte *du Faiſeur d'Oreilles*, que la Fontaine a mis en vers.

2 Farce de Colin, fils de Thenot le Maire, qui revient de la guerre de Naples, & amene un Pélerin priſonnier penſant que ce fut un Turc, à quatre perſonnages.

3 Nouvelle farce de deux Savetiers, l'un pauvre, l'autre riche ; le riche eſt marri de ce qu'il voit le pauvre rire & ſe réjouir, & perd cent écus & ſa robe que le pauvre gagne, à trois perſonnages.

4 Farce nouvelle des femmes qui aiment mieux ſuivre & croire Folconduit, & vivre à leur plaiſir, que d'apprendre aucune bonne ſcience, à quatre perſonnages.

5 Farce nouvelle de l'Antechriſt & de trois femmes, une Bourgeoiſe & deux Poiſſonnieres, à quatre perſonnages.

6 Farce joyeuſe & récréative, d'une femme qui demande les arrérages à ſon mari, à cinq perſonnages.

7 Farce nouvelle, contenant le débat d'un jeune Moine, & d'un vieil Gendarme, par-devant le dieu Cupidon, pour une fille, à quatre perſonnages.

V. pour cette note & toutes les autres qui ſuivent *la Bibliotheque du Théatre François*.

3314 Farce nouvelle très bonne & fort joyeuse des deux savetiers (l'un pauvre, l'autre riche) à 3 personnages. in 8. rel. en cart.

MANUSCRIT sur papier du *XVII siècle*, contenant 14 feuillets.

3315 Le Miracle de Théophile, moralité (à 8 personnages,) par Rutebeuf, (en vers), ⸺ Moralité faite au Collége de Navarre, le jour de St. Antoine 1426 (en vers) ⸺. Moralité du cœur & des cinq Sens (en vers). in 4. v. m.

MANUSCRIT moderne sur papier, contenant 71 feuillets. Le miracle de Théophile est copié d'après le MS. du Roi, N°. 7218. Cette moralité peut être regardée comme une de nos premieres pieces Dramatiques. Son Auteur, Fablier & Menestrier en même temps, florissoit sous St. Louis, auquel il a adressé plusieurs de ses Poésies, qui sont en grand nombre. Il mourut vers 1310.

3316 L'Homme pécheur; c'est à savoir, la terre & le limon qui engendrent l'adolescent. Moralité jouée en la ville de Tours, à 64 personnages. *Paris, Pierre le Dru*, 1508. in fol. goth. m. r. dent. doubl. de tabis, l. r.

3317 L'Homme pécheur par personnaiges, joué à Tours; c'est à assavoir la terre & le limon, qui engendrent l'adolescent, & est à lxiiij personnages. *Paris, veuve de Jehan Trepperel*. 1529 in 4. goth. m. r.

BELLES-LETTRES. 407

3318 Le Myſtere de la Sainte Hoſtie (à 26 perſonnages.) *Paris*, in 8. goth. m. r.

SUPERBE EXEMPLAIRE d'un livre très rare.

3319 Myſtere de l'inſtitution de l'ordre des Freres Précheurs, & commence St. Dominique, lui étant à Rome vétu en l'habit de Chanoine régulier à 36 perſonnaiges. *Paris, Jean Trepperel.* in 4. goth. m. r. dent doubl. de tabis.

Ce Myſtere eſt exceſſivement rare.

3320 Le Laz d'amour divin. (Moralité avec un prologue), à huit perſonnages. *Rouen, pour Thomas Laiſné.* in 8. goth. m. r. dent.

SUPERBE EXEMPLAIRE.

3321 La Vie de Monſeigneur Saint Laurens (à 56 perſonnages). Avec le martyre de St. Hyppolite. *Paris, Alain Lotrian.* in 4. goth. m. r. dent.

CET OUVRAGE, ignoré de Mrs Parfait & de Beauchamps, eſt des plus rares.

3322 Moralité nouvelle du mauvais Riche & du Ladre, par perſonnages. in 4. goth. v. f.

3323 La Vie de Marie-Magdeleine, contenant pluſieurs beaux miracles; comment elle, ſon frere le Lazare & Marthe ſa ſœur, vinrent à Marſeille; & comme elle convertit le Duc &

la Duchesse, & est à vingt-deux personnages. *Lyon, Pierre de la Haye.* 1605, in 12 m. bl.

3324 Le nouveau Monde avec l'estrif. (Moralité à 14 personnages), par Jehan Bouchet, dit le Traverseur des voies périlleuses. *Paris, Guillaume Eustace.* in 8. goth. m. cit.

IMPRIMÉ SUR VÉLIN.

Cette Moralité, qui est toute allégorique, traite des disputes qui sous le regne de Louis XII. divisoient la France au sujet de la Pragmatique.

>Du pourueu et de leffectif
>De lordinaire et du nomme
>Cest ung livre bien renomme
>Ensuivant la forme auctentique
>Ordonnee par la Pragmatique.

3325 Sotise à huit personnages : c'est à scavoir : le Monde abuz, sot dissolu, sot glorieux, sot corrompu, sot trompeur, sot ignorant & sotte folle, (par Jehan Bouchet). *Paris, Guillaume Eustace.* in 8. goth. m. cit.

IMPRIMÉ SUR VÉLIN.

Satyre violente contre les gens d'Eglise, & contre Louis XII. M. le Duc de la Valliere, dans sa Bibliotheque du Théâtre François, tome premier, pag. 25, rapporte l'anecdote suivante :

Une chose singuliere & digne de remarque, c'est que lorsqu'on éleve la deuxieme pyramide, & qu'on y place

BELLES-LETTRES. 409

Avarice au lieu de *Générosité*, *Sot corrompu* lâche alors un trait de satyre très vif contre l'avarice de Louis XII. quoique ce Roi fût présent au spectacle ; mais ce qu'il y a peut-être de plus singulier encore, c'est que Louis XII. ne le trouva point du tout mauvais.

3326 Le Mystere de Mgr. Saint Pierre & St. Paul. à cent personnaiges, contenant plusieurs autres vies, martyres & conversions de St. Cosme, de St. Estienne, &c. *Paris, veuve de Jehan Trepperel,* in 4. goth. m. r.

Le Frontispice est manuscrit.

3327 L'histoire de Sainte Susanne, exemplaire de toutes sages femmes, & de tous bons Juges. (à 14 personnages). *Troyes, Nicolas Oudot.* in 8. m. r. dent.

3328 Moralité de la vendition de Joseph, fils du Patriarche Jacob, &c. A 49 personnages. *Paris, Pierre Sergent.* in fol. goth. m. r. très Rare.

Le format de ce Volume est singulier, sa hauteur est d'un petit in fol. & sa largeur d'un in 12.

La moitié du frontispice est très bien réparée à la plume, ainsi que les deux premiers feuillets.

3329 Vita vel Tragœdia B. Barbaræ virginis filiæ Dioscori regis sisten in palestina sub Maximiano imperatore, in quinque diebus divisa. in 4. divisée en 5 vol. v. f.

MANUSCRIT sur papier du *XVIII siecle*, très proprement écrit, contenant 567 feuillets.

Quoique le titre de ce livre soit en latin, la Tragédie est néanmoins en vers françois. Elle est à 98 personnages.

3330 Le Mystere du Roy Advenir ouvré par Jehan du Prier, dit le Prieur, Maréchal des Logis du Roy de Sicile, René le Bon, divisé en 3 journées, (à plus de 100 personnages) (en vers). in 4.

MANUSCRIT sur papier du *XVIII siecle*, très proprement écrit, contenant 427 feuillets.

Ce Mystere a été composé vers le milieu du XV siecle. Chacune des journées est précédée d'un sommaire fait de notre temps.

3331 Recueil de différents Mysteres. in fol.

MANUSCRIT sur papier du *XV siecle*. Il a été réclamé par Messieurs de Ste Genevieve. Il contient :

1 La Nativité de Notre Seigneur Jesus-Christ, Mystere à 25 personnages.

2 Mystere ou Jeu des trois Rois, à 18 personnages.

3 La Résurrection de N. S. J. C. Mystere à 22 personnages.

4 La Passion de N. S. J. C. Mystere à 56 personnages.

5 La Conversion de St. Paul & son Martyre, & celui de St. Pierre, Mystere à 43 personnages.

6 Le Mystere ou Passion de Saint Estienne, à 15 personnages.

7 La Vie ou Mystere de Monseigneur St. Fiacre, à 23 personnages.

BELLES-LETTRES.

8 Le Myſtere de St. Denys & de ſes Compagnons, à 26 perſonnages.

9 Myſtere de la Vie & des Miracles de Mde. Ste. Géneviève, à 41 perſonnages.

3332 Cy commence l'Yſtoire de Troye (par perſonnages.) in fol. v. m.

MANUSCRIT du *XV ſiecle*, partie ſur vélin, partie ſur papier, contenant 387 feuillets. Il eſt écrit en *ancienne bâtarde*, à longues lignes. La premiere page en eſt ornée d'un cadre peint. L'auteur ou l'écrivain y donne à la fin une idée de la grandeur de la ville de Troye.

La grant ville de Troye auoit trois journées de long & autant de large. les murs auoient iij^c couldees de hault. les murs du chaſtel auoient v^c pas. la plus petite maiſon de la ville auoit de haulteur lx couldées. le nombre des roys & ducs de Grece qui alerent aſſieger ladite ville fut lxix mille ſans Palamides lequel vint après. le nombre des nefz fut mill ij^c & xij.

Nomen ſcriptoris Johannes plenus amoris.

Suit une piece de vers ſur Troye.

Suivant quelques MSS. *Jacques Millet*, auteur de cet ouvrage, le commença le 13 Septembre 1450, tandis qu'il étudioit en droit à Orléans. *Alain Chartier*, qui a compoſé une complainte ſur la mort de *Millet*, dit qu'il fit pluſieurs autres ouvrages dans *ſon adoleſcence*, entr'autres la *la Forêt de Triſteſſe*, & qu'il mourut à Paris en 1456.

3333 La Deſtruction de Troye la grant, miſe par perſonnaiges, (& diviſée en 4 journées, par Jacques Millet.) *Lyon, Mathieu Huſz*, 1485. in fol. m. cit.

Tome II.   Ggg

BELLES-LETTRES.

3334 La Deſtruction de Troye la grant miſe par perſonnaiges, par Jacques Millet. *Paris, Jehan Driart, le VIII Mai,* 1498. in fol. goth. m. bl.

IMPRIMÉ SUR VÉLIN, avec 32 Miniatures.

3335 La Deſtruction de Troye la grant, par perſonnaiges. (par Jacques Millet.) *Lyon, Mathieu Huſz,* 1500, in fol. fig. goth. v. f.

3336 Le Recueil des Hiſtoires & ſingularité de la noble Cité de Troye la grande, nouvellement abrégée, & de belles Hiſtoires enrichy. *Lyon, de Harſy,* 1544. = La Deſtruction de Troye la grande, le Raviſſement d'Heleine faict par Paris Alexandre, compoſée en rythme françoiſe par Mtre. Jehan de Mehun. (Jacques Millet.) diviſée en quatre journées & par perſonnaiges. *Lyon, de Harſy,* 1544. in fol. fig. m. verd.

3337 La Deſtruction de Troye la grande, le Raviſſement d'Héleine faict par Paris Alexandre, compoſée en rithme françoiſe, par Mtre. Jehan de Mehun, (Jacques Millet) &c. *Lyon de Harſy,* 1544. in fol. fig. m. bl. doub. de tabis.

3338 La Patience de Job. hiſtoire extraite de la Bible, en laquelle eſt démontrée la grande Patience de ce Saint Perſonnage : & comme par la permiſſion de Dieu il fut par ſatan perſécuté en ſon corps & en la perte de ſes enfants & de tous ſes biens, & réduit en extrême pauvreté; repré-

BELLES-LETTRES.

senté par quarante neuf personnages. *Paris, Simon Calvarin*, in 4. goth. m. r.

3339 La Patience de Job, selon l'Histoire de la Bible. comme il perdit tous ses biens par guerre & par fortune : & la grande pauvreté qu'il eut. & comme tout lui fut rendu par la grace de Dieu. & est à 49 personnages. *Lyon, Jean Didier, in* 18. m. r. dent.

3340 La Patience de Job, selon l'histoire de la Bible. comme il perdit tous ses biens par guerre, & par fortune, & la grande pauvreté qu'il eut. & comme tout lui fut rendu par la grace de Dieu. & est à 49 personnages. *Rouen, Rom. Beauvais*, in 4. m. r.

3341 La Patience de Job. à 49 personnages. *Lyon, Pierre Marniolles,* 1612. in 18. v. b.

3342 La Patience de Job. par personnages. *Troyes, Nic. Oudot,* 1621. in 4. v. f.

3343 Moralité du Petit & du Grand. à 5 personnages. == La Farce de Maistre Pierres Patelin a 5 personnages (par Pierre Blanchet). == Moralité à 6 personnages c'est ascavoir : aulcun, cognoissance, malice, puissance, auctorité, & malheureté. &c. in 4. v. f. d. s. tr.

MANUSCRIT du *XV siecle*, sur papier, écrit en *ancienne bâtarde courante*, contenant 204 feuillets.

3344 Maître Pierre Pathelin. == Le Testament

Pathelin, à quatre personnages. (par Pierre Blanchet). (*Paris Guillaume Nyverd*), in 8. goth. m. r.

3345 Maître Pierre Pathelin. (par P. Blanchet). *Paris, Jehan Trepperel.* in 4. goth. fig. enluminées. v. m.

3346 Maître Pierre Pathelin, (par Pierre Blanchet.) = Les Dits de Salomon, avec les Réponses de Marcon, fort joyeuses. in 8. goth. v. f.

Cette derniere piece est très libre.

3347 Maître Pierre Pathelin restitué à son naturel, (par P. Blanchet). *Paris, Galliot du Pré*, 1532. in 16. v. f.

3348 Maître Pierre Pathelin restitué à son naturel, (par P. Blanchet). Le grand Blason des fausses Amours. Le Loyer des folles Amours. *Paris, Ant. Bonnemere,* 1533. in 8. v. f.

3349 Comœdia nova quæ Veterator inscribitur alias Pathelinus ex peculiari lingua (Petri Blanchet) in romanum traducta eloquium. per Alexandrum Connibertum, cum præfatione Ivonis Morelli. *Parisiis, Guillelmus Eustace,* 1512. in 12. goth. m. r.

Imprimé sur vélin.

3350 Patelinus, nova comœdia, alias Veterator, e vulgari lingua (Petri Blanchet). in latinam traducta per Alexandrum Connibertum. *Parisiis, Sim. Colinæus*, 1543. in 8. baf.

3351 Le Myſtere de la Conception, Nativité, Mariage & Annonciation de la benoiſte Vierge Marie, avec la Nativité de Jeſus-Chriſt & ſon enfance, à 97 perſonnages. (Par Jehan Michel.) *Paris, Jehan Trepperel*, in 4. goth. m. r. dent.

Dès que l'Auteur de cet ouvrage n'a pas pour guide le Nouveau Teſtament, ou la Tradition, il tombe dans des abſurdités, ou des indécences. Il fait Hérode Payen; Cirinus, Gouverneur de Judée, Mahométan; il met un chapelet au nombre des préſents que les bergers offrent à Jeſus-Chriſt; les Diables diſent les injures les plus groſſieres; Anne, Eliſabeth, & Marie, accouchent ſur le Théâtre, derriere un rideau, &c.

3352 Le Myſtere de la Conception & Nativité de la glorieuſe Vierge Marie, avec le Mariage d'Icelle. La Nativité, Paſſion, Réſurrection & Aſcenſion de notre Sauveur Jeſus-Chriſt, par perſonnages. (Par Jehan Michel.) *Paris, Geoffroy de Marnef*, 1507. in fol. goth. m. bl.

3353 Nativité de Notre Seigneur Jeſus-Chriſt, par perſonnages. avec la digne Accouchée. in 8. goth. v. f.

Pièce rare; inconnue à M. le Duc de la Valliere, lorſqu'il fit imprimer ſa Bibliotheque du Théâtre françois.

3354 Le Myſtere de la Paſſion de Jeſu Criſt (Jeſus-Chriſt.) joué à Paris & à Angiers. (par

Jean Michel.) *Paris, pour Anthoine Verard*, 1490. in fol. goth m., à compartiments.

IMPRIMÉ SUR VÉLIN, avec une grande Miniature.

Ce Myftere eft divifé en quatre journées. Dans la premiere l'on fait faire ou dire aux Diables toutes fortes d'extravagances, & pour rendre Judas plus odieux, l'auteur annonce qu'avant de s'attacher à Jefus-Chrift, il avoit d'abord tué le fils de fon Roi, qu'enfuite il avoit affafiné fon pere, & qu'enfin il avoit époufé fa mere. Dans la feconde & les deux fuivantes, dans tous les repas où Jefus-Chrift affifte, il ne manque jamais de dire fon *Benedicite*.

3355 Le Myftere de la Paffion de Notre Sauveur & Redempteur Jefus-Chrift, avec les additions & corrections faites par Mtre Jehan Michel. par perfonnages. *Paris, Jehan Trepperel.* in 4. goth. m. r. dent.

3356 Le Myftere de la Refurrection de Jefus-Chrift, par perfonnages. (Par Jehan Michel.) *Paris, Jehan Trepperel.* in 4. goth. m. r. dent.

3357 Le Myftere de la Refurrection de Jefus-Chrift. par perfonnages, par Maître Jehan Michel. et joué à Angiers triumphament devant le Roy de Cecile. *Paris, Ant. Verard.* in fol. goth. v. f.

3358 Le Myftere de la Vengeance de Notre-Seigneur Jefus-Chrift, par perfonnages, divifé en quatre journées. *Paris, Antoine Verard*, 1493. in fol. goth. m. r.

IMPRIMÉ SUR VÉLIN, avec 28 Miniatures.

Dans une note de M. de la Monnoie sur Du Verdier, il est dit, qu'après la journée de Marignan, François I, écrivant à Louise de Savoie, sa mere, touchant la victoire qu'il venoit de remporter sur les Suisses, prit occasion de mettre, dans sa lettre, ces paroles, ou d'autres à-peu-près semblables : *ils ont éprouvé*, parlant des Suisses, *que s'ils jouerent bien la Passion il y a deux ans, nous avons cette année-cy bien sû jouer la vengeance*, donnant à entendre par là que si, en 1513, les Suisses, à Novare, avoient battu les François, ceux-ci, en 1515, avoient bien eu leur revanche à Marignan.

Dans la quatrieme journée de ce Mystere, Titus réduit la ville de Jerusalem à une si grande extrémité, qu'une femme ne pouvant résister à la faim qui la dévore, met son enfant à la broche, *comme un Cochon de lait*.

3359 Le Mystere de la Vengeance de Notre-Seigneur, par personnages. *Paris, Jehan Treperel*, 1533. in fol. goth. v. f.

Les huit derniers feuillets ont été refaits à la plume.

3360 Le Mystere de la Vengeance & destruction de Hierusalem, par personnaiges. exécutée par Vespasien & son fils Titus. *Paris, Alain Lotrian*, 1539. in 4. goth. v. f.

3361 La Destruction de Jérusalem faite par Vespasien Empereur de Rome. et comment Pilate mourut à Vienne, par le jugement & decret de l'Empereur & des Senateurs de Rome. *Caen, Michel Augier, & Rouen, pour Raulin Gaultier.* in 4. goth. m. r.

3362 Le Myftere de Monfeigneur Sainct Martin, en 3 journées, matin & foir, & à perfonnages. === La mort de l'aveugle & du boiteux par perfonnages. === La farce du Munyer de qui le Diable emporte l'ame en enfer. === Les noms de ceux qui ont joué la vie de Monfeign. St. Martin. in fol. m. bl.

Manuscrit original fur papier écrit en 1496, année où ce Myftere fut joué. Il eft en lettres *ancienne bâtarde* à longues lignes. Il contient 132 feuillets.

Ce Myftere ne fe trouve pas dans la Bibliotheque du Théâtre François.

3363 Le Myftere du Vieil Teftament par perfonnages, joué à Paris. *Paris, Pierre le Dru, pour Geoffroy de Marnef.* in fol. goth. fig. v. f.

Cet Ouvrage eft compofé de 23 Myfteres différents. Dans le fixieme, Dieu irrité des crimes des habitans de Sodome, veut les faire périr par le feu du Ciel. *Miféricorde* veut en vain implorer la clémence Divine. Dieu lui répond:

> . . . . . , fans tenir plet,
> Leur peché fi fort me depleft,
> Veu qu'il n'y a raifon ne rime,
> Quils defcendront tous en abime.

Dans le dix-feptieme on voit paroître Raguel, qui cherche à confoler Sarra, qui vient de perdre fon feptieme mari, fans qu'aucun d'eux ait eu le temps de confommer le mariage, puifqu'ils font tous morts fubitement au moment même de la célébration.

Raguel

BELLES-LETTRES.

Raguel lui dit :

Comment va fille ?

Sarra répond :

> . . . . . . toute esplorée :
> En moi ny a ne jeux ne ris.
> Vous sçavez que tous mes maris
> Sont morts la premiere nuitée :
> Je ne suis en rien viollée :
> Et si fort je m'en deconforte,
> Que bref je voudrois être morte. &c. &c.

Le vingtieme est l'histoire de Suzanne ; elle dit aux filles qui la suivent aux bains.

> Et pourtant une fille sage,
> Se doit montrer douce & honnête,
> Sans souffrir qu'on la tâte ou baise ;
> Car baiser attrait autre chose.

3364 Moralité à 5 personnages, de Mundus, Caro, Demonia. En laquelle verrez les durs assautz & tentations qu'ilz font au Chevalier Chrestien, & comme par conseil de son bon esprit avec la grace de Dieu, les vaincra, & à la fin aura le royaume de Paradis. in 8. rel en carton.

Manuscrit du *XVII siecle*, sur papier, contenant 27 feuillets.

3365 Moralité & figure sur la Passion de Nostre Seigneur Jesus-Christ, par personnaiges bien devote, en vers. == Piece de vers sur la Ste.

BELLES-LETTRES.

Hoftie, par Hughenin de Bregilles. in fol. m. bl.

MANUSCRIT fur vélin du *XVI fiecle*, éctit en *ancienne bâtarde*, fur 2 colonnes, contenant 21 feuillets.

3366 Moralité de la bataille des Géans contre les Dieux, en vers. = Moralité fur la France, en vers & en deux actes. in 4. v. m.

MANUSCRIT du *XVIII fiecle*, fur papier, contenant 30 feuillets.

3367 L'Homme jufte & l'Homme mondain, avec le Jugement de l'ame devote, & exécution de fa fentence. (Moralité à 82 perfonnages, par Simon Bougouinc). *Paris, Ant. Verard*. 1508, in 4. goth. m. bl.

3368 Le Jeu du Prince des Sotz: & de Mere Sotte, joué aux Halles de Paris, le Mardi Gras de l'année 1511. (par Pierre Gringore). *Paris*, in 4. goth. m. à compartimens, doub. de tabis. l. r.

CE VOLUME eft compofé d'une Sottie, d'une Moralité & d'une Farce. De ces trois Ouvrages, les deux premiers font allégoriques aux différends qui étoient alors entre le Pape Jules II. & le Roi Louis XII. C'eft ce même Pape qu'on a voulu défigner dans la Moralité, fous le nom de l'homme obftiné.

La farce eft intitulée : *Faire vaut mieux que dire*, à 6 perfonnages.

BELLES-LETTRES.

Doublette, femme de Raoullet, Vigneron fort vieux, se plaint de ce que sa vigne demeure en friche, faute d'être façonnée. Son mari se met en colere d'un pareil reproche, & dit :

> . . . . qui la vouldroit
> Servir à son gré, il fauldroit
> Houer la vigne jour & nuit, &c.

Ce Volume est de la plus grande Rareté; il a été acheté, à la vente de M. Gaignat, 599 liv. 19 f.

3369 La Nef de Santé, avec le gouvernail du corps humain ; la condamnation des banquets, à la louange de diepte & sobrieté. (Moralité à 38 personnages, par Nicole de la Chesnaye). *Paris, Ant. Verard*, in 4. goth. fig. v. f.

3370 La Nef de Santé. = La condamnation des banquets, à la louange de diepte & sobriété. (Moralité à 38 personnages, par Nicole de la Chesnaye). *Paris, Michel le Noir.* 1511, in 4. goth. fig. m. r.

Le Frontispice manque.

3371 Sottie, à dix personnages, joué à Geneve, en la place du Molard, le Dimanche des Bordes, l'an 1523. *Lyon, Pierre Rigaud,* in 12. m. r. dent.

EDITION refaite depuis environ 20 ans.

3372 La vie de Saint Christofle, élégamment composée en rime françoise & par personnaiges, par Mtre. Antoine Chevalet. *Grenoble, Anemond Amalberti.* 1530, in 4. m. verd, à compartimens.

Cette piece contient quatre journées, dont la premiere commença le 9 Juin, jour de la Pentecôte, 1527, à Grenoble.

Les expreſſions de l'Auteur dans les endroits où il introduit des gens de néant, ſont d'un ridicule extrêmement licencieux. Il s'y permet des bouffoneries, de ſales équivoques, & tout au long même quelques-uns de ces mots que, dans les livres les plus infâmes, la pudeur fait marquer par les lettres initiales. Note de M. de la Monnoye ſur du Verdier. Article Chevalet.

3373 Moralité de la Maladie de Chreſtienté à XIII perſonnages : en laquelle ſont montrés pluſieurs abus advenus au monde, par la poiſon de péché & l'hypocriſie des Hérétiques. *Paris, Pierre de Vignolle.* 1533, in 8. goth. m. r.

PIECE très rare qui étoit inconnue à M. le Duc de la Valliere, lorſqu'il fit imprimer ſa Bibliotheque du Théâtre François.

3374 Ordre de la triomphante & magnifique monſtre du myſtere des Saints Actes des Apôtres, faitte à Bourges le Dimanche dernier Avril 1536, (par Greban). in fol. v. f.

MANUSCRIT ſur papier du *XVIII ſiecle*, contenant 23 feuillets.

Cette Rélation eſt exagérée; il eût fallu pluſieurs millions pour fournir à toutes les magnificences dont elle fait mention.

3375 Le Triumphant Myftere des Actes des Apôtres, par perfonnages, (par Arnoul & Simon Greban, avec quelques corrections de Pierre Cuvret ou Curet). *Paris, Guill. Alabat.* 1537, 2 tom. en 1 vol. in fol. goth. m. verd.

EDITION précieufe à caufe des augmentations qu'elle contient entre les pages 167 & 168, & après la page 169. Voy. Biblioth. du Théâtre François, Tom. premier, p. 100.

3376 Le Myftere des Actes des Apôtres, par perfonnages, (par les Mêmes). in 4. goth. v. b.

Il manque au premier Volume les deux premiers feuillets, & au tome II. le feuillet 228 & les fuiv. jufqu'à la fin.

3377 Le Myftere des Actes des Apôtres, rédigés en écrit par St. Luc, &c. par les Mêmes. avec les démontrances des figures de l'Apocalypfe vues par St. Jean Zebedée, en l'ifle de Pathmos, par Louis Choquet. *Paris, les Angeliers.* 1541, 2 tom. en 1 vol. in fol. goth. m. r.

3378 Le cry & proclamation publique, pour iouer le Miftere des Actes des Apôtres en la ville de Paris, faict le jeudy 16e jour de Decembre l'an mil cinq cens quarante, par le commandement du Roy notre Sire François, premier de ce nom, & M. le Prevoft de Paris, affin de venir prendre les roolles pour jouer le dict Myſtere. *Paris, Denis Janot.* 1541, in 4. m. cit.

Manuscrit ſur vélin du *XVIII ſiecle*, fait d'après l'imprimé de 1541, & imité parfaitement. Il contient 4 feuillets.

3379 Le Sacrifice de Abraham à huit perſonnages; joué devant le Roi en l'Hôtel de Flandres, à Paris, l'an 1539. *Paris,* (*Gilles Paquot.* 1539). in 8. goth. m. r.

Les deux derniers feuillets ſont MSS.

3380 Le Sacrifice de Abraham à huit perſonnages. in 8. goth. m. r. dent.

Superbe Exemplaire.

M. le Duc de la Valliere dit dans ſa Bibliotheque du Théâtre françois, tome premier, page 110, que ce Myſtere eſt aſſez-bien écrit, & paſſablement verſifié, ſur-tout dans le moment où Abraham bande les yeux à ſon fils, & l'attache ſur l'Autel : ils s'embraſſent & ſe diſent les derniers adieux. (*Cet endroit eſt fort touchant, & réellement bien écrit.*)

3381 Chant Natal, contenant ſept Noelz, ung chant Paſtoural, & ung chant Royal, avec un Myſtere de la Nativité par perſonnages. Par B. Anéau. *Lugduni, Gryphius.* 1539, in 4. goth. v. m.

Une choſe ſinguliere, c'eſt que tout cet Ouvrage (le Myſtere de la Nativité,) eſt en Chanſons. Il eſt fâcheux que les airs qu'on indique ne nous ſoient plus connus : ce qu'il y a de certain, c'eſt que c'eſt le premier Ouvrage de ce genre qui ait paru.

BELLES-LETTRES.

3382 Lyon Marchand Satyre Françoife. fur la comparaifon de Paris, Rouen, Lyon, Orléans, & fur les chofes mémorables depuis l'an 1524, fous allégories, & énigmes par perfonnages myftiques, joué au college de la Trinité à Lyon, 1541. (par Barth. Aneau.) *Lyon Pierre de Tours*, 1542. in 8. goth. m. r. dent.

Très rare.

3383 Le Myftere de l'Apocalypfe Saint Jehan Zébedée, par perfonnages, par Louis Choquet. *Paris, les Angeliers*, 1541. in fol goth. m. r.

3384 Le Myftere de Notre-Dame à la louange de fa très digne nativité, d'une jeune fille laquelle fe voulut abandonner à péché pour nourrir fon pere & fa mere en leur extrême pauvreté, & eft à 18 perfonnages. *Lyon, Olivier Arnoullet*, 1543. in 8. goth. m. r.

Sujet de la piece :

Un pere & une mere accablés de mifere, déplorent leur fort. Leur fille partage leur douleur, & cherche des moyens pour la foulager. Sathan lui en indique un tout fimple ; c'eft de profiter de fes graces & de fa jeuneffe.

> Trouver ne te faut que ung gros Moine,
> Quelque Prélat, quelque Chanoine, &c.

Ce Myftere n'a pas été connu à Meffieurs Parfait ni à M. de Beauchamps.

3385 Le Procès que a fait Miféricorde contre

Juſtice. pour la redemption humaine. laquelle nous démontre le vrai Myſtere de l'Annonciation de Notre-Seigneur Jeſus-Chriſt. à 24 perſonnages. in 4. goth. m. bl.

Il y a un feuillet MS.

3386 Moralité Myſtere. et figure de la paſſion de Notre-Seigneur Jeſus-Chriſt : nommée : *fecundum legem debet mori.* & eſt a unze perſonnages. par Jean d'Abondance. *Lyon, Benoiſt Rigaud.* in 8. v. f.

Tous les feuillets de ce livre ſont encadrés dans un cartouche de format in fol. qui repréſente les différents inſtruments de la Paſſion.

Ce Volume qui eſt tout-à-fait différent des autres Myſteres de la Paſſion, eſt ſi EXTRAORDINAIREMENT RARE, que cet Exemplaire paſſe pour être UNIQUE à Paris.

Voyez ce qui eſt dit au ſujet de ce livre, dans la Bibliotheque du Théâtre François, par M. le Duc de la Valliere. Dreſde, 1768, Tome premier, pag. 117.

3387 Le Joyeulx miſtere des trois Rois à 17 perſonnages compoſé par Jehan d'Abondance Bazochien & Notaire Royal de la ville du Pont Saint-Eſprit. in 8. m. r.

MANUSCRIT ſur papier du *XVIII ſiecle*, proprement écrit, contenant 27 feuillets.

3388 Farce nouvelle tres bonne & très joyeuſe de

BELLES-LETTRES.

de la cornette (à 5 perſonnages.) par Jehan d'Abondance. in 8. m. r.

MANUSCRIT ſur papier *du XVIII ſiecle*, très bien écrit, contenant 38 feuillets.

Cette Farce eſt aſſez plaiſante.

Une femme ſachant que les deux neveux de ſon mari veulent l'avertir de toutes les infidélités qu'elle lui fait, le fait ſi bien prévenir, que quand ils viennent pour lui en parler, il leur ordonne de ſe taire, & leur dit :

>Elle ira derriere, de la,
>Tout partout, à mont et à val,
>Son aller ne m'eſt travail,
>Allez, et ne m'en parlez plus.

LE PREMIER NEVEU.

Elle ira doncques....

5389 Le Théatre de Marguerite de Vallois, tiré de la Marguerite des Marguerites : (pag. 147 à 380.) ſcavoir ; la Comédie de la nativité de Jeſus-Chriſt. Comédie de l'Adoration des trois Rois, à Jeſus-Chriſt. Comédie des Innocens. Comédie du Déſert. in 8. v. f.

BELLES-LETTRES,

THÉATRE FRANÇOIS.

Premier Age, depuis Jodelle jusqu'à Garnier, ou depuis 1552, jusqu'en 1568.

3390 Le Jeu de Mars ou de la Guerre, contenant le fimulacre, l'origine, la fable, la fin du débat intervenu entre les Ruftiques & les Princes de l'Allemagne Orientale, l'an 1525. par perfonnages. en un acte, en profe. in 4. v. m.

Cette piece eft tirée du Tome III d'un livre que nous ne connoiffons pas. La fignature eft I iij. pag. 631.

3391 Moralité de Mars & de Juftice, à 5 perfonnages. in fol. v. m.

MANUSCRIT fur papier de 18 feuillets. On lit au commencement cette note :

Cette Moralité a pour objet les querelles de religion du XVI fiecle. Mars eft follicité par les Proteftants d'entreprendre la guerre pour leur procurer la liberté de confcience. Il y réuffit en prenant de toutes mains ; Juftice eft dépouillée. Bon droit la défend inutilement. Les deux partis Catholiques & Religionnaires font également mécontens. Mars s'en eft enrichi. La piece eft terminée par une fatyre très gaie des bons tours des Procureurs, des Bourgeoifes, des Clercs, des Prêtres & des Moines de Paris.... Cette piece paroît avoir été compofée vers 1566.

BELLES-LETTRES.

3392 Moralité de Paix & de Guerre, mise & rédigée en forme de Comédie, par Henry du Tour. *Gand, Vande Keere*, 1558. in 8. m. r.

3393 Tragédie françoise, à huit personnages: traitant de l'amour d'un Serviteur envers sa Maîtresse, & de tout ce qui en advint. Par Jean Bretog. *Lyon, Noel Grandon*, 1571. in 16. v. m.

3394 Advertissements faits à l'homme par les fleaux de Notre-Seigneur, de la punition à lui due, par son péché, comme est advenu depuis trois ans en ça. (par personnages, par Jacques Grezin) *Angoulême, de Minieres*, 1565. in 4. m. r.

3395 Le Jugement de Paris. Dialogue joué à Anguien le François, nommé cy-devant Nogent le Rotrou, à la naissance de M. le Comte de Soissons. (par Florent Chrestien.) 1567. in 8. m. r.

THÉATRE FRANÇOIS.

Second Age, depuis Garnier jusqu'à Hardy, ou depuis 1568, *jusqu'en* 1600.

3396 La Tragédie de feu Gaspard de Coligny jadis Amiral de France, contenant ce qui advint à Paris le 24 d'Aoust, 1572, avec le nom des personnages, par F. Franc. de Chantelouve. 1575. in 8. m. r.

Dans cette Tragédie on rend Coligny odieux, & on justifie son assassinat. On le peint animé par les furies ; il s'applaudit avec ses Complices de la trahison qu'il médite, & projette avec eux de tuer les Guises, &c. Cavagne, un des Conjurés, s'exprime ainsi :

> Au sang du Roi Papaut je tremperai mes mains.
> Judith n'a-t-elle pas d'une main annoblie,
> Detesté le Tyran, pour sauver Bethulie ?
> Combien nous tuerons de ces Cordeliers ras ?
> Combien de Capelans ? combien de Prieurs gras ?
> Combien de Cardinaux ? &c....

3397 Tragédie de Pharaon & autres Œuvres poétiques, par François de Chantelouve. (donnée au public par frere G. Vigerius.) *Lyon Ben. Rigaud*, 1582. in 16. m. r.

Cette Tragédie contient l'histoire de Moyse & de Pharaon. Moyse sauvé des eaux par la fille de Pharaon, est élevé à la Cour de ce Roi, qui l'aime comme son propre fils. Il lui met, un jour, sa couronne sur la tête ; mais Moyse la jette par terre, & la foule aux pieds. Le Roi est indigné de cette audace ; on cherche encore à l'aigrir ; enfin il veut tuer Moyse ; sa fille l'arrête. Non, dit Pharaon, je veux le tuer absolument,

> Quand bien tu le devrois cacher sous ta chemise.

3398 La Tragédie Françoise du bon Kanut Roy

BELLES-LETTRES. 431

de Dannemarch. 1575, en 5 actes, en vers. in 4. v. éc.

Manuscrit fur papier du *XVIII fiecle*, contenant 60 feuillets.

3399 Recueil de Pieces. in 4. m. viol.

Manuscrit fur papier du *XVII fiecle*, contenant 84 feuillets.

Il renferme les pieces fuivantes :

1 Tragedie francoife du bon Kanut, Roy de Dannemarch, en vers & en 5 actes.
2 Moralité de la bataille des Géants contre les Dieulx, en vers & en un acte.
3 Moralité fur la France, en vers & en 2 actes.
4 Elégie à la Roine de Navarre.

3400 Comédie de Seigne Peyre & Seigne Ioan. *Lyon, par Benoift Rigaud*, 1580. in 8. m. r.

On lit à la fin :

Eyffo ifta ioua per dous Payzans au Monthelimar en l'an 1576.

Cette piece eft écrite en langage du Dauphiné.

3401 Recueil de Farces. in 8. v. f.

Contenant :

1 Le cruel affiegement de la ville de Gais, mis en rime par un Citoyen de ladite Ville de Gais, en leur langage, avec la joyeufe farce de Toannou d'ou Treu. *Lyon*, 1594.
2 Joyeufe Farce à trois perfonnages d'un Curia qui trompa

par finesse la femme d'un Laboureur. Mis en rime Savoyarde, sauf le langage dudit Curia, lequel en parlant audit Laboureur, escorchoit le langage françois. *Lyon*, 1595.

3 Farce joyeuse & recréative de Poncette & de l'Amoureux transi. *Lyon, Jean Marguerite*, 1595.

4 Prologue fait par un Messager Savoyard, sur le rencontre de trois Nymphes, Prisonniers par trois Mores. fait en rime savoyarde, 1596.

5 Farce joyeuse & profitable à un chacun, contenant la ruse, méchanceté, & obstination d'aucunes femmes, par personnages, 1596.

6 Farce plaisante & recréative sur un trait qu'a joué un Porteur d'eau le jour de ses noces dans Paris. 1632.

7 Tragi-Comédie plaisante & facetieuse, intitulée: la Subtilité de Fanfreluche & Gaudichon, & comme il fut emporté par le Diable. *Rouen, Ab. Cousturier.*

8 Tragi-Comédie des enfants de Turlupin, malheureux de nature. *Rouen, Ab. Cousturier.*

3402 Les Comédies facetieuses de Pierre de l'Arivey, Champenois. à l'imitation des Anciens Grecs, Latins, & modernes Italiens. à sçavoir, le Laquais, la Veuve, les Esprits, le Morfondu, les Jaloux, les Ecoliers. *Rouen, Raphael du Petit-Val*, 1601. 2 vol. in 12. v. f.

3403 Guisiade, Tragédie nouvelle. en laquelle au vrai & sans passion, est representé le massacre du Duc de Guise. par Pierre Mathieu. *Lyon*, 1589. in 8. m. r.

BELLES-LETTRES. 433

3404 Troisieme Edition de la Guisiade Tragédie nouvelle, par P. Mathieu. *Lyon, Jacq. Roussin*, 1589. in 8. m. r.

3405 Saint Jacques, Tragédie (en 5 actes & en vers,) représentée publiquement à Limoges, par les confreres pélerins dudit Saint, en l'année 1596. par B. Bardon, de Brun. *Limoges Hugues Barbou*, 1596, in 8. m. r.

Dans le second acte, Saint Jacques s'exprime d'une façon fort singuliere en voyant tomber la statue de l'Amour:

En tumbant, se consomme ung b . . . . Cupidon.

THÉATRE FRANÇOIS.

Troisieme Age, depuis Hardy jusqu'à Corneille, c'est à dire, depuis 1600 jusqu'en 1637.

3406 Cléophon, Tragédie conforme & semblable à celles que la France a vues durant les guerres civiles. Par I. D. F. *Paris, Fr. Jacquin*, 1600 in 8. m. bl.

3407 Achab, Tragédie en 5 actes, en vers. in fol.

MANUSCRIT sur papier du *XVII siecle*, contenant 59 feuillets.

3408 Recueil de Pieces. 2 vol. in 8. v. f.

Il contient:

1 Tragédie Mahommetiste, où l'on peut voir & remarquer l'infidélité commise par Mahumet, fils aîné du Roi des

Othomans, nommé Amurat, à l'endroit d'un sien ami, & son fidele serviteur, lequel Mahumet pour seul jouir de l'Empire fait tuer son petit frere par ce fidele ami, & comment il le livra en la puissance de sa mere pour en prendre vengeance, chose de grande cruauté, (en 5 actes, en vers.) *Rouen, Ab. Cousturier*, 1612.

2 Axiane, (Tragédie en 5 actes, en vers,) ou l'Amour clandestin. *Rouen, L. Costé*, fig.

3 Tragédie françoise d'un More cruel envers son Seigneur, nommé Riviery, Gentilhomme Espagnol, sa Demoiselle & ses Enfants, en 5 actes, en vers. *Rouen, Ab. Cousturier*.

4 Tragi-Comédie, de la rebellion ou mécontentement des Grenouilles contre Jupiter, en 5 actes, en vers. *Rouen, Ab. Cousturier*.

5 Comédie admirable; intitulée: la merveille, où l'on voit comme un Capitaine François, Esclave du Soudan d'Egypte, transporté de son bon sens, se donne au Diable pour s'affranchir de servitude, lequel il trompe même subtilement tant qu'il fut contraint lui rendre son obligation, en 5 actes, en vers. *Rouen, Ab. Cousturier*.

6 Tragi-Comédie des inimitables amours du Seigneur Alexandre & d'Annette. *Troyes, Nic. Oudot*, 1619.

7 Le Mercier inventif, Pastorale en 3 actes, en vers. *Troyes, Nic. Oudot*, 1632.

3409 Tragédie de la Chaste & Vertueuse Susane, ou l'on voit l'innocence vaincre la malice des Juges. *Rouen, Ab. Cousturier*, 1614. in 8. m. r.

3410 Tragédie de la naissance, ou création du Monde

BELLES-LETTRES.

Monde. ou fe voit de belles defcriptions des Animaux, Oifeaux, Poiffons, Fleurs & autres chofes rares, qui virent le jour à la naiffance de l'Univers. par Ville-Touftain. *Rouen, Ab. Coufturier,* in 8. m. r.

3411 Tragédie nouvelle de Samfon le fort. contenant fes victoires, & fa prife par la trahifon de fon époufe Dalide, &c. *Rouen, Ab. Coufturier,* in 8. m. r.

3412 La Belle Hefter: Tragédie françoife tirée de la Bible. de l'invention du fieur Iapien Marfriere. *Rouen Ab. Coufturier.* in 8. m. r.

3413 Hiftoire Tragédienne, tirée de la fureur & tyrannie de Nabuchodonofor. *Rouen, Ab. Coufturier.* in 8. fig. m. r.

3414 L'hiftoire & Tragédie du Mauvais-Riche, extraite de la S. Ecriture, & repréfentée par 18 perfonnages. *Rouen, Daniel Coufturier.* in 8. m. r.

Piece dont le ftyle eft mauvais, & l'intrigue ridicule.

Le Mauvais Riche s'applaudit de fon opulence, &c. Il tombe malade & meurt. Mais comme ce n'eft pas là le dénouement de la pièce; après fa mort fon ame vient prendre fa place fur la fcene, & elle a une longue converfation avec Abraham. Elle lui avoue qu'elle eft aux Enfers, & que l'ame du Lazare eft aux Lymbes; enfuite elle redefcend aux Enfers, & ce qu'il y a d'affez plaifant, c'eft qu'elle s'y amufe à faire des pointes; elle s'exprime ainfi:

Tome II   K k k

BELLES-LETTRES.

O lieu puant ! rempli d'ordure,
dure ;
O maudit feu maudite arfure,
fure,
Ou mis je fuis pour mes très infets
faits ;
Lieu tenebreux, qui me procure
cure ;
Fors de douleurs ! lieu qui bleffure
affure.

3415 Farce nouvelle qui eft très bonne & fort joyeufe, à quatre perfonnages. *Troyes, Nic. Oudot.* 1624, in 12 m. r.

3416 Farce nouvelle du Mufnier & du Gentilhomme, à 4 perfonnages. *Troyes, Nic. Oudot.* 1628, in 12. m. r.

3417 Théâtre de P. du Ryer, contenant : Aretaphile, Tragi Comed. en vers, en 5 actes. 1618. = Clitophon, Tragi-Comed. en vers, en 5 actes. 1632, in 4. v. m.

MANUSCRIT fur papier du *XVIII fiecle*, très proprement écrit, contenant 135 feuillets.

3418 Les heureufes Adventures, Tragi-Comedie en 5 actes, en vers (par Louis le Hayer du Perron). in 4. v. f. d. f. tr.

MANUSCRIT fur papier du *XVII fiecle*, contenant 73 feuillets.

3419 L'heureux Prodigue ou les accidents mer-

BELLES-LETTRES. 437

veilleux de la fortune, Comédie en 5 actes, en vers. = Cinq entr'actes en vers. = Traductions de différentes pieces d'Horace, en vers. = Un Prologue de Piece dramatique, en vers, &c. in 8. m. noir.

MANUSCRIT fur papier *du XVII fiecle*, contenant feuillets.

Ce MS. paroît original, de la main de l'Auteur, qu'on croit être l'Abbé Hédelin d'Aubignac. Il vient de fa Bibliotheque.

THÉATRE FRANÇOIS.

Quatrieme Age depuis Corneille jufqu'à M. de Voltaire, c'eft-à-dire, depuis 1637 jufqu'en 1718.

3420 Le Théâtre de Pierre Corneille. *Paris, Michel David.* 1706, 5 vol. in 12. m. r. dent.

3421 Poemes dramatiques de Thomas Corneille. *Paris, Michel David.* 1706, 5 vol. in 12. m. r. dent.

3422 Théâtre de Pierre Corneille, avec des Commentaires, par M. de Voltaire. 1774, 12 vol. in 8. fig. m. r.

3423 Les Chef-d'œuvres de Pierre Corneille, avec le jugement des Savants à la suite de chaque Piece. *Oxford, Jacques Fletcher.* 1746, in 8. m. cit.

Contenant le Cid..... Horace..... Cinna.....
Polieucte.... la mort de Pompée..... Rodogune.....

3424 Recueil de Pieces pour & contre la Tragédie du Cid, de Pierre Corneille. Porte-feuille in 8. avec un dos de m. r.

Recueil rare.

3425 Le Mariage imprévu, Comédie en 1 acte, en profe. 1638. in 8. v. f.

Manuscrit fur papier du *XVIII fiecle*, contenant 104 feuillets.

3426 Adiator, Tragédie en 5 actes, en vers. in 4. v. f.

Manuscrit du *XVIII fiecle*, proprement écrit, contenant 78 feuillets.

3427 Le Campagnard ou les Amants mal affortis, Comédie en 5 actes, en profe. in 4. rel. en cart.

Manuscrit fur papier *du XVIII fiecle*, contenant 53 feuillets.

3428 Andromede, Tragédie en 5 actes, en vers. in 4. v. b.

Manuscrit fur papier du *XVIII fiecle*, contenant 86 feuillets.

3429 La Fille généreuse, Tragi-Comédie en 5 actes, en vers (par Mde. de Saint-Balmon). 1650, in 4. v. f.

Manuscrit fur papier du *XVIII fiecle*, bien écrit, contenant 58 feuillets.

BELLES-LETTRES.

3430 Les Filles généreuses ou le Triomphe de la pudicité, représenté au martyre de Ste. Agnès & de Ste. Emerentiane, Tragédie Chrétienne, en 5 actes (par Melle. Cosnard). in 4. v. éc.

Manuscrit sur papier du *XVIII siecle*, proprement écrit, contenant 90 feuillets.

3431 Les Filles généreuses ou le Triomphe de la pudicité, représenté au martyre de Ste. Agnès & de Ste Emerentiane, tragédie Chrétienne, en 5 actes, en vers. (par Melle Cosnard.) in 4. rel. en cart.

Manuscrit sur papier, contenant 74 feuillets.

3432 Tragédie Sainte, divisée en trois théâtres: ou autrement les Evengiles de Jesus-Christ, mis en poeme, par François d'Avesnes. *Paris, Nic. Boisset.* 1652, in 12. m. viol.

Très rare. Ce sont 3 Tragédies; la premiere est en 10 actes, la seconde en 7, & la troisieme en 4.

3433 Tragédie Sainte, par François d'Avesnes, seconde édition. *Paris, Nic. Boisset.* 1660, in 12. m. r.

Cette Edition est absolument la même que la précédente; il n'y a de différence que dans le frontispice qui a été réimprimé pour faire passer cette Edition pour nouvelle. L'Errata qui est au verso du dernier feuillet est le même, ainsi que les fautes dans les deux Exemplaires.

Ce livre est fort rare ; mais il paroît qu'il n'a pas été supprimé lorsqu'il parut, comme on l'a annoncé, puisque huit ans après le même Libraire l'a publié comme une seconde Edition. Le frontispice & l'avis au Lecteur occupent sept feuillets, & le corps de l'Ouvrage 312 pages.

3434 Œuvres de Jean Baptiste Pocquelin de Moliere, avec des figures dessinées par François Boucher, & gravées par Laurent Cars. *Paris*, 1734, 6 vol. in 4. m. cit.

3435 Les Œuvres de Moliere, nouvelle édition augmentée d'une nouvelle vie de l'Auteur & de la Princesse d'Elide, toute en vers, telle qu'elle se joue actuellement, imprimée pour la premiere fois. *La Haye, Husson*, 1735, 4 vol. in 12 fig. m. r.

3436 Œuvres de Jean-Baptiste Pocquelin de Moliere. *Paris, David l'aîné*, 1739, 8 vol. in 12. m. r.

On a orné cette Edition de très jolies figures dessinées & gravées par J. Punt.

3437 Œuvres de Jean Racine. *Paris, Pierre Trabouillet*, 1697, 2 vol. in 12. m. r. dent.

3438 Œuvres de Jean Racine. *Londres, J. Tonson*, 1723, 2 vol. in 4. fig. m. r.

3439 Œuvres de Jean Racine. *Paris*, 1741, 2 vol. in 12. gr. pap. fig. m. viol.

3440 Les Œuvres de Jean Racine, nouvelle édition augmentée de diverses Pieces, de Remar-

BELLES-LETTRES. 441

ques, &c. avec des figures gravées par P. Tanjé. *Amsterdam*, *J. F. Bernard*, 1743, 3 vol. in 12. v. éc.

3441 Œuvres de Jean Racine, avec des Commentaires, par M. Luneau de Boisjermain. *Paris*, *Louis Cellot*, 1768, 7 vol in 8. papier d'Hollande m. r.

Avec les figures des premieres épreuves.

3442 L'Eugenie, Tragédie de Corneille Blessebois. *Leyde*, *Felix Lopez*, 1676, in 12. v. m.

3443 La Corneille de Melle. de Scay, Comédie, en un acte, en vers, par Corneille Blessebois. *Paris*, 1678, in 8. v. b.

3444 L'Isle d'Alcine ou l'Anneau Magique, de Brunel, Comédie tirée de l'Arioste, par Regnard. in 4. v. f.

MANUSCRIT sur papier du *XVIII siecle*, contenant 24 feuillets.
Nous ignorons si cette piece est de Jean-François Regnard. Elle ne se trouve pas dans ses Œuvres.

3445 L'Heureux déguisement, Tragédie en 5 actes, en vers, dédiée à Jacques II, Roi d'Angleterre, par F. Mansuet. in 4. rel. en cart.

MANUSCRIT sur papier du *XVII siecle*, contenant 24 feuillets.

3446 La Vocation Religieuse, Triomphante,

Victorieuſe, en la perſonne d'Eugenie, Tragédie en 5 actes. in 4. v. f.

Manuscrit ſur papier du *XVIII ſiecle*, bien écrit, contenant 78 feuillets.

3447 L'Aimable Comteſſe, Comédie en proſe, en 5 actes. in 8. m. r.

Manuscrit ſur papier, contenant 41 feuillets.

3448 Marie Stuart, Tragédie en 3 actes, avec des intremédes en muſique. 1690, in 4. rel. en cart.

Manuscrit du *XVII ſiecle*, ſur papier, bien écrit, contenant 30 feuillets.

3449 Abigail, Tragédie en 5 actes, en vers, dédiée à Mde. la Marquiſe d'Hérouville. 1695. in 4. v. f.

Manuscrit ſur papier du *XVII ſiecle*, contenant 62 feuillets.

3450 Les Saints Amans ou le Martyre de Ste. Juſtine & de S. Cyprien, Tragédie Chrétienne en 5 actes, en vers ; par Caillet, préſentée à Mde. de Maintenon. in 4. rel. en cart.

Manuscrit ſur papier du *XVIII ſiecle*, contenant 73 feuillets.

3451 Théâtre de (Benigne) Caillet. 2 v. in 8. v. f.

Manuscrit ſur papier de ce *ſiecle*, contenant 281 feuillets.

Ce

BELLES-LETTRES. 443

Ce Théâtre est fort rare ; il est formé des pieces suivantes :

1 Les SS. Amans ou le Martyre de Ste Justine & de S. Cyprien, Tragédie Chrétienne présentée à Madame de Maintenon en 1700.

2 Le Mariage de Bacchus, Opéra en 5 actes.

3 La Pastorale.

4 Les Mariages inopinés, Comédie en 5 actes.

5 La Lotterie, Comédie en 1 acte.

6 Les Vacances des Ecoliers, Comédie en 3 actes.

3452 Recueil de Pieces. in 4. v. b.

MANUSCRIT sur papier, de ce siecle, contenant 349 feuillets. Il est de différentes mains, & il contient les pieces suivantes que nous ne croyons pas avoir été imprimées :

1 Les Mariages inopinés, Comédie en 5 actes, par Caillet.

2 Les Vacances des Ecoliers, Comédie en 3 actes, par le même.

3 Pastorale en 3 actes, par le même.

4 Grégoire, ou le Prince imaginaire, Comédie en 5 actes, par le Pere Duedeau, Jésuite.

5 Le Florentin, en 1 acte, par la Fontaine.

6 Le Mariage de Bacchus, Comédie en 5 actes, par Caillet.

7 Le Brocanteur, Comédie en 1 acte, 1708, par T. G.

8 Les Modes, Comédie en 1 acte, par Meunier. 1704.

9 L'Isle d'Alcine, tiré de l'Arioste, par Regnard.

Tome II.   Lll

BELLES-LETTRES.

10 L'Horoscope véritable, Comédie en 5 actes, par F.

11 La Loterie, Comédie par Caillet.

3453 Le Difficile, Comédie en 5 actes, en prose. (Par M. Pottier de Morais). in 4. m. r.

MANUSCRIT sur papier du *XVIII siecle*, contenant 72 feuillets.

3454 Recueil de Pieces. in fol. m. r.

MANUSCRIT sur papier, contenant 65 feuillets. Il porte sur le dos : *Théâtre de M. B.* & il renferme :

1 Les Eaux de la Balaruc, Comédie en 1 acte, en prose, faite à Montpellier le 23 Mai 1702.

2 Colombine, fille bizarre, Comédie en 3 actes, en prose, à Montpellier, Avril 1702.

3 Les Cours de Marseille, avec les plaisirs de la Bastide, en 2 actes, en prose, faite à Marseille le 9 Mai 1703.

4 La Diligence de Lyon, Comédie en 1 acte, en prose, à Lyon, 23 Mai 1703.

3455 Saul & David, Tragédie tirée de l'Ecriture Sainte, en 5 actes, en prose. in 4. rel. en cart.

MANUSCRIT sur papier, contenant 24 feuillets lisiblement écrits.

3456 Le Brocanteur, Comédie en un acte, par T. G. 1708. in 4. v. f.

MANUSCRIT sur papier proprement écrit, contenant 27 feuillets.

3457 La Méprise, Comédie en un acte, en prose.

BELLES-LETTRES.

(Par Carlet de Chamblain de Marivaux). in 8. v. f.

MANUSCRIT fur papier du *XVIII fiecle*, proprement écrit, contenant 65 feuillets.

3458 Recueil de diverfes Pieces mifes en ordre & compofeés par M. D. C***. in 8. m. r.

MANUSCRIT fur papier, contenant 207 feuillets. Il renferme :

1 Monfieur Nigaudinet, Comédie en 3 actes, en profe, 1714.

2 Le Docteur dupé, Comédie en profe, 1714.

3 Arlequin Médecin malgré lui, Comédie en profe, 1715.

4 Poéfies diverfes.

THÉATRE FRANÇOIS.

Cinquieme Age depuis M. de Voltaire, c'eſt-à-dire, depuis 1718 juſqu'à préſent.

3459 Recueil de Tragédies & de Comédies manufcrites, en 11 porte-feuilles in 4. avec dos de m. r.

CE RECUEIL eſt très précieux. Beaucoup de Pieces qu'il contient n'ont pas été imprimées. Plufieurs appartiennent au quatrieme Age.

Porte-feuille premier.

1 La mort d'Abfalom, Tragéd. en vers, en 5 actes.

2 Adélaïde du Gueſclin, Tragéd. de M. de Voltaire repréſ.

pour la première fois aux François, le 18 Janvier 1734, en 5 actes, en vers.

3 Agapit, Martyr Tragéd. latine ; (en 3 actes,) avec intermedes françois, par le P. Porée.

4 Les intermedes de la même piece.

5 La même piece en latin, sans intermedes.

6 Agathocle, Tragéd. en vers, en 5 actes.

7 Les Ages ou la Fée du Toreau, Coméd. en prose, en 1 acte. 1739.

8 Agrippa Posthumus, petit-fils d'Auguste, Tragéd. en vers, en 5 actes.

9 L'Avare fastueux, en 3 actes, en vers. Avec la parodie du prologue d'Alceste, représ. en 1720.

10 Alcibiade, Tragéd. en vers, en 5 actes. (Par Campistron.)

Porte-feuille II.

1 L'Amante Aimable, Coméd. en prose, en 2 actes.

2 L'Amante Romanesque, Coméd. en prose, en 1 acte.

3 L'Amour Apoticaire, ou le Valet Servante, Coméd. en 1 acte, en vers (par C. I. Denis.)

4 Asba, Tragéd. en 5 actes, en vers, par Brueys, avec des variantes. Elle paroît autographe.

5 L'avantage de l'Esprit, Coméd. en prose, en 3 actes, tirée du Canevas, en 1 acte, donnée aux Italiens par M. Coypel, en 1718.

6 Le Bal de Charonne, Coméd. en prose, en 1 acte.

7 Les Banquiers, Coméd. en prose, en 3 actes, 1746.

8 Les Bergers, Coméd. en prose, en 1 acte.

BELLES-LETTRES. 447

9 La Bourgeoife Madame, Coméd. en 5 actes, en profe. (imparf.)

10 Brotekolocas, ou la fauffe reffufcitée, Tragi-Coméd. en 3 actes, en vers, 1700.

Porte-feuille III.

1 Ste. Cecile, Tragéd. en 4 actes, en vers.

2 La Comédie Bourgeoife, en 1 acte, en profe, 1731.

3 La Coméd. impromptu, Comédie en 3 actes, en profe, par M. de Caylus 1739.

4 La Comédie particuliere, en 1 acte, en profe.

5 Le Confiant, ou le Fat, Coméd. en 5 actes, en profe, 1733.

6 Le Confiant ou le Fat, Coméd. en profe, faite en 5 mauvais actes en 1733, & remife par ordre en trois mauvais actes en 1741.

7 Le Confident intéreffé, Coméd. en 1 acte, en profe, avec un divertiff. repréf. pour la premiere fois à Marfeille le 7 Septembre 1740.

Porte-feuille IV.

1 Le Déménagement, Coméd. en profe, en 1 acte.

2 Démétrius, Tragéd. en 5 actes, en vers.

3 Le Dépôt, Coméd. en 3 actes; en profe, tirée du Trinumme de Plaute. 1742.

4 Le Défefpoir amoureux, Coméd. en 3 actes, en profe, avec des intermedes par le Licencié Janus Erythræus Udor.

5 Les Divértiffements, Coméd. en 3 actes, en profe.

6 La Double Intrigue, Coméd. en 1 acte, en profe. 1740. Par M. Defades.

7 La même.

Porte-feuille V.

1 Prologue de l'Ecole du monde & de la fausse Niaise.

2 Electre, Tragéd. en 5 actes, en vers, par de Longe-pierre.

3 Eriphile, Tragéd. en 5 actes, en vers, par M. de Voltaire.

4 L'Esprit de propriété, Coméd. en 1 acte, en prose.

5 La Fausse innocente, Coméd. en 1 acte, en prose (par M. le Comte de Forcalquier.)

6 La même.

7 Fauste & Crispe, Tragéd. en 5 actes, en vers.

8 Le Faux Bonheur, la générosité ou la fausse ressemblance, Coméd. en 5 actes, en prose.

9 La Femme Honnête-Homme, Coméd. en 3 actes, en prose.

10 La même.

11 La Fille Généreuse, Tragi-Coméd. en 5 actes, en vers, 1650. (par M^{de} de Saint-Balmon.)

12 La Foire des Fées, piece en 1 acte, en prose, 1722, par le Sage.

13 La Folie raisonnable, Coméd. en 1 acte, en prose, par Dominique.

14 Les Fontanges, Coméd. en 1 acte, en prose, 1690, par Perrault.

Porte-feuille VI.

1 Gonaxa, ou les Gendres dupez. Coméd. en vers, en 3 actes.

BELLES-LETTRES.

2 La Haine Inutile, Coméd. en 3 actes, en prose, 1744.

3 Henry, Tragi-Coméd. en 5 actes, en vers, (par Pottier de Morais.)

4 L'heure du Berger, Coméd. en 1 acte, en prose (par Boizard de Pontau.)

5 L'heureux échange, Coméd. en 5 actes, en vers.

6 L'heureux mensonge, Coméd. en 1 acte, en prose, (par le Comte de Forcalquier.)

7 Hirlande, Tragéd. en 5 actes, en vers.

Porte-feuille VII.

1 L'Homme Marin, Coméd. en vers, en 1 acte, (par Avost,) représ. par les Coméd. Italiens, le 22 Mai 1726.

2 l'Humeur, Coméd. en 5 actes, en prose.

3 Le Jaloux, Coméd. en 3 actes, en prose, (par de Beauchamps.)

4 Le Jardinier de Chaillot, Prologue en prose.

5 L'Illumination, Coméd. en prose en 1 acte faite du Samedi au soir au Lundi, refusée le 17 Août 1744, avec distinction par les François.

6 Les Incommoditez de la Grandeur, Coméd. Héroïque, en vers, en 5 actes. Elle est différente en quelques endroits de celle qui est imprimée sous le nom du P. du Cerceau.

7 L'Inconstance justifiée, Coméd. en prose, en 5 actes.

Porte-feuille VIII.

1 Josias, Trag. en vers, en 5 actes.

2 Lysimacus Tragéd. en vers. imparf.

3 l'Isle de la Coquetterie, Coméd. en 1 acte, en prose

4 La Maison culbutée, Coméd. en 1 acte, en prose, représ. en 1738.

5 Le Mariage par contre-lettre, Coméd. en profe, en 1 acte.

6 Les Mariages aſſortis, Coméd. en 2 actes, en profe, par M. de Rmenonville, repréſ. à Morville, 1740.

7 Marianne, Tragéd. en vers, en 5 actes, par oui Madame.

8 Le Marquis Comteſſe, Coméd. en profe, en 3 actes.

Porte-feuille IX.

1 Le Médecin de Village, Coméd. en 1 acte, en profe, 1704.

2 Muſtapha, Trag. en vers, en 5 actes 1738.

3 Le Nouvelliſte Muet, Coméd. Tragi-com. en 3 actes, en profe. 1742.

4 L'Officieux intéreſſé, Coméd. en profe, en 1 acte.

5 L'Oublieux, Coméd. en 3 actes, en profe, par Perrault, 1691.

6 Paſtorale ſur la naiſſance de N. S. J. C. contenant l'Adoration des Paſteurs, & la deſcente de S. Michel aux Lymbes, en 4 actes, en vers.

7 Le Payſan & la Payſane parvenus, Coméd. en profe, en 1 acte.

8 Prométhée, Coméd. en 5 actes, en vers libres, pour être miſe en muſique, avec un Prol. & une Préface ſervant d'Argument.

9 Le Quiproquo, Coméd. en profe, en 1 acte.

Porte-feuille X.

1 Prologue pour la Comédie de la Répétition.

2 La Réſolution pernicieuſe, projet d'une Tragédie, Comédie en 5 actes, en vers, par Fr. Charpentier, diviſée

par

BELLES-LETTRES.

par Actes & par Scenes, écrite de la main de l'Auteur. Il y a une vingtaine de vers de faits, le reste est en prose.

3 La Restauration du Parnasse, Coméd. en 1 acte, en vers.

4 La Défense des Romans, Coméd. en 1 acte, en prose.

5 Silvie, ou la fausse Niaise, Coméd. en 1 acte, en prose, avec un divertiss.

6 La Soubrette Maîtresse, Coméd. en 3 actes, en prose.

7 Le Sylphe, Coméd. en 5 actes, en prose.

Porte-feuille XI.

1 Le Triomphe de Plutus, 1728, (par Panard), en 1 acte, en prose.

2 Le Valet à deux Maîtres, Coméd. en 3 actes, en prose.

3 Les deux Veuves, Coméd. en prose, en 1 acte, 1732.

3460 Recueil de Tragédies, Comédies, Opéra, Parades, &c. 3 porte-feuilles in fol.

Contenant :

Porte-feuille premier.

1 L'Amour Vainqueur, Coméd. en prose, en 1 acte, par Honoré.

2 L'Amour vengé, Pastorale en 1 acte, en vers.

3 Athenais, ou la l'omme, Trag. en 3 actes, en vers.

4 L'Aveugle né, piece irréguliere, en 1 acte, en prose.

5 Les belles Manieres, Parade de Cour, en 1 acte, en prose, 1755.

6 La Boëte de Pandore, Coméd. en 1 acte, en vers.

7 Calypso, Opéra en 5 actes, en vers.

Tome II.   M m m

BELLES-LETTRES.

8 Califto, Ballet Héroïque, en 1 acte, en vers, par Pagny le fils.

9 Les Captifs, Coméd. en 3 actes, en vers, par M. Roy.

10 Le Contrafte, Coméd. en vers, en 5 actes, par le P. de Sacy.

11 Daphné, Trag. Opéra en 5 actes, en vers.

12 La Défaite de l'envie, Prologue en vers, par Pagny le fils.

13 Demetrius, Trag. en vers, en 5 actes.

14 Deulerie, Reine de France, trag. en vers, en 3 actes.

Porte-feuille II.

1 Les Enchantements de la Fée Bifcaroux, en 1 acte, en vers.

2 Les Enlevements, Ballet.

3 Ifabelle Précepteur, parade en profe, en 1 acte.

4 Julie & Ovide, Trag. en vers, en 5 actes.

5 Lavinie, Trag. en 5 actes, en vers, 1737.

6 Léandre Ambaffadeur, Parade en profe, en 1 acte.

7 Mariane, Trag. en 5 actes, en vers.

8 Muftapha, Trag. en 5 actes, en vers.

9 La Naiffance des plaifirs, Idylle Héroïq.

10 Narciffe, acte de Ballet, vers 1750.

11 Le Nonchalant, Coméd. en 3 actes, en vers.

12 Octavie, Trag. en vers, en 5 actes.

Porte-feuille III.

1 Les Amours de Pan, Paftorale en 5 actes, en vers.

2 Panurge, Ballet comique, en 3 actes, en vers.

3 Les deux Pierrots, Coméd. en 3 actes, en profe.

BELLES-LETTRES.

4 Pytis, Paſtorale Héroïque, en 4 actes, en vers.

5 Scanderberg, Trag. en vers, en 4 actes.

6 Stratonice, Coméd. Héroïque, en 1 acte, en vers.

7 Tyreſias, Coméd. en 3 actes, en proſe.

8 Zelmire & Almenor, Ballet Héroïque, en 3 actes, en vers.

3461 Recueil de Tragédies & de Comédies repréſentées dans différens Colléges, rangées par ordre alphabétique. 3 porte-feuilles in 4. dont deux avec des dos de m. r.

3462 Adélaïde Dugueſclin, Tragédie en vers, repréſentée le 18 Janvier 1734. Par M. de Voltaire.

MANUSCRIT proprement écrit, contenant 40 feuillets.

3463 Théâtre de Charles Coypel. 6 vol. in 4. m. r.

MANUSCRIT TRÈS RARE, ſur papier, du *XVIII ſiecle*, nettement écrit, contenant 844 feuillets.

Il renferme les pieces ſuivantes :

1 L'Ecole des Peres, Coméd. en 5 actes, en proſe.

2 Le Triomphe de la Raiſon, Coméd. Allégorique en 3 actes, en proſe, avec un prologue.

3 La Capricieuſe, Coméd. en 3 actes, en proſe.

4 Le danger des Richeſſes, Coméd. en 3 actes, en proſe.

5 Les Bons Procédés, Coméd. Héroïque, en 3 actes en proſe.

6 Les Déſordres du Jeu, Coméd. en 3 actes, en proſe.

454 BELLES-LETTRES.

7 Sigismond, Tragéd. en 3 actes, en vers.

8 L'Auteur, en 3 actes, en prose.

9 La Force de l'Exemple, Comed. en 5 actes, en prose.

10 Le Talent, en 3 actes, en prose.

11 Les Tantes, Coméd. en 1 acte, en prose.

12 Les trois Freres, Coméd. en 3 actes, en prose.

13 Les Captifs, Coméd. en 3 actes, en prose.

14 La Soupçonneuse, Coméd. en 3 actes, en prose.

15 La Vengeance Honneste, Coméd. en 3 actes, en prose.

16 Les Jugements Téméraires, Coméd. en 3 actes, en prose.

17 Le Défiant, Coméd. en 3 actes, en prose.

18 Alceste, Tragéd. en 3 actes, en vers,

19 L'Indocile, Coméd. en 3 actes, en prose.

20 La Poésie, & la Peinture, Coméd. allégorique, en 3 actes, en prose.

21 La Répétition, Coméd. en 3 actes, en prose.

Toutes ces pieces de *Charles Coypel*, d'une famille fertile en Peintres, mort en 1752, n'ont pas été imprimées. Il étoit fort jaloux de ne pas les rendre publiques, & c'est par une preuve de la plus grande confiance que M. le Duc de la Valliere a eu une copie de toutes celles qu'il avouoit.

3464 La Tragédie de l'Enfant Jesus, en 5 actes, en vers. in 4. parch.

MANUSCRIT sur papier du *XVIII siecle*, contenant 72 feuillets.

BELLES-LETTRES.

3465 Recueil de Pieces. 2. vol. in 4. m. r.

MANUSCRIT sur papier du *XVIII siecle*, nettement écrit, contenant 393 feuillets.

Il renferme :

1 Dom Ramir & Zayde, Tragédie en 3 actes, par la Chauffée. (non imprimée.)

2 Sylla, Tragédie en 5 actes du P. D. L. R. (Pere de la Rue.)

3 L'Ecole de l'Hymen, Comédie en 3 actes, en prose, par le Chevalier Pelegrin, représentée en 1737.

4 La Grondeuse, Comédie en 1 acte, en prose, par Fagan, représentée en 1734.

5 Le Médecin de l'esprit, Comédie en 1 acte, en prose, par Guyot de Merville, représentée en 1739.

6 La Rencontre imprévue, Comédie en 3 actes, en prose, par l'Affichard.

7 Les Héraclides, Tragédie en 5 actes, par de Brie, représentée en 1695.

8 Jeanne d'Angleterre, Tragédie en 5 actes, par la Place.

3466 Scapin chez le Procureur, Comédie en prose, en 5 actes; par Raoult. Dédiée à M. d'Argenson, Lieutenant de Police vers 1730. in 4. v. m.

MANUSCRIT sur papier, contenant 134 feuillets.

3467 Théâtre de L. G. Citoyen de Genève. in 4. rel. en cart.

MANUSCRIT sur papier, contenant 159 feuillets.

BELLES-LETTRES.

Il renferme :

1 Moyse, Tragédie en 5 actes, en vers. 1728.
2 La Naissance du Sauveur, avec le Massacre des Innocents. 1731.
3 Les Machabées, Tragédie en 3 actes, en vers. 1733.

Rien n'est plus singulier que ces trois pieces faites par L. G. Citoyen de Geneve. On n'y trouve ni sens, ni rime, ni raison, ni connoissance de la langue françoise, ni mesure de vers.

3468 Le Petit-Maître corrigé, Comédie en 3 actes, en prose. (Par P. Carlet). Représentée en 1734. in 4. v. f.

MANUSCRIT sur papier, contenant 68 feuillets.

3469 Mustapha, Tragédie en vers, en 5 actes. 1738, in 4. v. f.

MANUSCRIT sur papier, proprement écrit, contenant 68 feuillets.

3470 Les Désordres des Hôtels de Gesvres & de Soissons, Comédie en un acte, en prose. in 4. v. b. d. s. tr.

MANUSCRIT sur papier du *XVIII siecle*, contenant 35 feuillets.

3471 Recueil de Pieces. in 4. m. r.

MANUSCRIT sur papier très-bien écrit, contenant 178 feuillets.

BELLES-LETTRES. 457

Il renferme :

1 Le Jaloux de lui-même, Comédie en prose, en 3 actes, par le Préf. Henault.

2 La Petite Maison, Comédie en 3 actes, par le même.

3 Le Grec Moderne, Comédie en prose, en 3 actes, représentée en Société en 1742, par le Marq du Chatel.

4 Le Jaloux de lui-même, Comédie en prose, en 1 acte, représentée en Société en 1740, par le Comte de Forcalquier.

5 L'Homme du Bel Air, Comédie en 3 actes, en prose, représentée en société en 1743, par le même.

6 La Mode, Comédie en prose, en 3 actes, par Mde. de Staal.

3472 Le Réveil d'Epimenide, Comédie en un acte, en prose. Par M. le Président Henault. in 8. m. r.

IMPRIMÉ SUR VÉLIN.

3473 La Nouveauté préférée, Comédie en un acte, en prose ; par Romanet. 1749. in 16. m. r. à comp.

MANUSCRIT sur papier, contenant 48 feuillets.

3474 Le Mérite à la mode, Comédie en 5 actes, en vers, avec un discours sur la Comédie, dediée au Maréchal de Lowendalh, par Charles Grept Garde-Françoise. in 4. m. viol. doub. de tabis, aux armes de Lowendalh.

MANUSCRIT sur papier, contenant 81 feuillets.

BELLES-LETTRES.

3475 Thelefis, Tragédie chinoife en 5 actes, en profe. in 8. v. m.

MANUSCRIT fur papier du *XVIII fiecle*, contenant 91 feuillets.

3476 Jonathas, Tragédie en 5. actes, en profe, Jouée au Collége Mazarin pour la diftribution des prix, compofée par M. Fromentin, l'un des profeffeurs de Rhétorique en 1733. in 4. parch.

MANUSCRIT fur papier, contenant 71 feuillets.

3477 Tragédie à 7 perfonnages, repréfentée par les Demoifelles, penfionnaires de l'Abbaye de Mont-Martre, le 20 Juillet 1738, en vers. in 4. v. f.

MANUSCRIT fur papier proprement écrit, contenant 18 feuillets.

3478 Les Philofophes, Comédie, en trois actes, en vers (par Charles Paliffot de Montenoy) & Piéces qui y ont rapport. 2 porte-feuilles in 8. avec des dos de m. r.

Tragédies

BELLES-LETTRES. 459

Tragédies & Comédies manuscrites, dont on ne trouve pas le temps de la composition, dans les Recherches sur les Théâtres de France, par M. de Beauchamps, & dans la Bibliotheque du Théâtre françois, par M. le Duc de la Valliere.

3479 Les Armes d'Achille, Tragédie en vers, en 5 actes. Par Gibert. in 4. v. f.

MANUSCRIT sur papier du *XVIII siecle*, contenant 75 feuillets proprement écrits.

3480 Edouard I. Tragédie en vers, en 5 actes. = Hercule à Troye, ballet héroique en vers. in 4. v. f.

MANUSCRIT sur papier du *XVIII siecle*, contenant 104 feuillets.

3481 Maxime, Tragédie (en vers, en 3 actes) sous l'Empereur Septime. Par le P. Delmas. in 4. v. f.

MANUSCRIT sur papier du *XVIII siecle*, contenant 31 feuillets.

3482 Tragédie sur la mort de Lucrece, en vers, en 5 actes. in 4. m. r.

MANUSCRIT sur papier du *XVII siecle*, contenant 24 feuillets.

Tome II. Nnn

BELLES-LETTRES

3483 Le Roy Détroné, Tragédie en 5 actes, en vers. in 4. v. f.

MANUSCRIT sur papier, contenant 28 feuillets.

3484 La Méliane, Tragi-Comédie, en vers, en 5 actes. Par de Croisac, dédié à Henry Chabot Duc de Rohan. in 4. v. b.

MANUSCRIT sur papier, contenant 46 feuillets.

3485 L'Enrolement de Tivan, Comédie en 1 acte, en vers, composée par noble Jacques Broffard, Seigneur de Montenay, Conseiller du Roi au Présidial de Bourg & Baillage de Bresse. in 4. rel. en cart.

MANUSCRIT sur papier du *XVIII siecle*, contenant 31 feuillets.

3486 L'Horoscope véritable, Comédie en 5 actes, en vers. Par T*** petit in 4. v. f.

MANUSCRIT sur papier *du XVIII siecle*, très bien écrit, contenant 64 feuillets.

3487 Le Lot de la Lotterie, Comédie en 5 actes, en prose. in 4. m. r.

MANUSCRIT sur papier du *XVIII siecle*, contenant 75 feuillets.

3488 Les Travaux divertiffants d'Arlequin Bacchus. Comédie en 1 acte, en prose. (Par Denis).

BELLES-LETTRES. 461

━ Le Salmigundis comique, Comédie en 3 actes, en prose, par Denis. in 4. m. r.

MANUSCRIT sur papier du *XVIII siecle*, contenant 154 feuillets.

3489 Les Travaux divertissants d'Arlequin Bacchus. Comédie en 1 acte, en prose. Par Denis in 4. v. f.

MANUSCRIT sur papier *du XVIII siecle*, contenant 164 feuillets, & orné de 2 miniatures. Il paroît être autographe, & n'avoir pas été imprimé.

Pieces Dramatiques en Langue Provençale.

3490 Lou Carnaval dou Rey René. Coumedio en 5 actes, en vers provençaux. in 4. rel. en cart.

MANUSCRIT sur papier du *XVIII siecle*, proprement écrit, contenant 66 feuillets.

3491 Viandasso, Comédie provençale en 5 actes & en vers, représentée devant Louis XIV. in 4. rel. en cart.

MANUSCRIT sur papier, contenant 67 feuillets.

Pieces Dramatiques des Poètes des Nations hors de l'Europe, traduites.

3492 L'Orphelin de la Maison de Tchao, Tragédie Chinoise, traduite en françois par le P. de Premare, Jésuite, en 1731. in 4. v. f.

MANUSCRIT sur papier, proprement écrit, contenant 98 feuillets.

BELLES-LETTRES.

Pieces Satyriques & qui n'ont pas été faites pour être représentées.

3493 Le Marchand converti. Tragédie nouvelle. (en 5 actes, en vers,) 1561. in 12. m. cit.

3494 Comédie du Pape malade & tirant à sa fin. *Chez Jean Durant*, 1584. === Le Marchand converti, Tragédie excellente. *Geneve, pour Jacques Chouet*, 1594. in 16. m. verd.

3495 Satyres Chrestiennes de la Cuisine Papale. avec un Colloque, en notte duquel sont interlocuteurs, M. notre Maistre Friquandouille, Frere Thibauld, & Messire Nicaise. (par Pierre Viret). (*Lyon*), *Imprimé par Conrad Badius*, 1560. in 8. m. bl.

M. Le Duc de la Valliere, dans sa Bibliotheque du Théatre François, Tome III, page 273, dit : Cette piece est si scandaleuse, que je n'ose en donner l'extrait, &c. &c.

3496 La Victoire du Phébus françois contre le Python de ce temps. Tragédie. (en 4. actes, en vers) où l'on voit les desseins, pratiques, Tyrannies du dit Python (le Maréchal d'Ancre) *Paris, jouxte la copie imprimée à Rouen*, in 8. v. m.

3497 Recueil de Pieces. in 8. m. cit.

Contenant :

1 La Victoire du Phébus françois contre le Python de ce temps, Tragédie (en 4 actes, en vers,) où l'on voit les desseins, pratiques, tyrannies, meurtres, larcins, mort

& ignominie dudit Python. (Le Maréchal d'Ancre.) *Rouen, Th Mallart.*

2 Histoire recueillie de tout ce qui s'est passé, tant à la mort du Marquis d'Ancre, que de Leonor Galligay sa femme la Magicienne étrangere, Tragédie en 4 actes, en vers, par un bon François, neveu de Rotomagus. *Lyon, sur la copie imprimée à Rouen,* 1618.

3 Songe Prophétique des futures victoires de Louis XIII. disposé par personnages. *Paris,* 1624.

4 La Tragédie des Rebelles. *Paris, Veuve Ducarroy,* 1622.

3498 Tragédie (en 4 actes, en vers) du Marquis d'Ancre, ou la Victoire du Phébus françois. contre le Python de ce temps. 1626. in 8. v. m.

3499 La Magicienne étrangere, Tragédie. (en 4 actes, en vers) en laquelle on voit les tyranniques comportements, origine, entreprises, desseins, sortileges, arrêts, mort, & supplice, tant du Marquis d'Ancre que de Léonard Galligay sa femme, avec l'aventureuse rencontre de leurs funestes ombres. Par un bon François, neveu de Rotomagus. *Rouen, David Geuffroy,* 1617. in 8. m. r.

3500 Le Maréchal de Luxembourg au lit de la mort. Tragi-comedie. *Cologne, P. Richemont,* 1695. = Luxembourg apparu à Louis XIV, la veille des Rois, sur le rapport du Pere la Chaise, fait à la sainte Société. *Cologne, P. Marteau,* 1695. in 12. v. m.

M. le Duc de la Vallière donne un extrait très détaillé de cette piece dans sa Bibliotheque du Théâtre françois, Tome III. page 293. Il dit :

Ce n'est ici qu'une piece à tiroirs ; mais en fait de ces sortes d'Ouvrages, qui n'ont pour but qu'une satyre personnelle, c'est peut-être le meilleur : le style en est naturel & vrai, & l'on y trouve souvent des choses remplies de politique ou d'idées, & d'autres fois des détails très comiques, &c.

3501 Luxembourg apparu à Louis XIV, sur le rapport du Pere la Chaise, fait à la sainte Société. augmenté du Courrier de Pluton. avec figures. *Cologne, P. Marteau,* 1718. in 12. m. r.

3502 Le Retour de Jacques II. à Paris, Comédie (en un acte, en prose) *Cologne, P. Marteau,* 1696. in 12. v. m.

3503 L'Expédition d'Ecosse, où le Retour du Prince de Galles en France, Tragi-Comédie, en vers françois. (en 4 actes.) *A Paris, chez Louis Entrepreneur, & Jacques Fuiard, derriere la place des Victoires, à l'enseigne des Gasconades Maritimes.* 1708. in 12. v. m.

BELLES-LETTRES.

THEATRE ITALIEN.

3504 Recueil de Comedies italiennes, d'Opera comiques, de Parodies &c. manuscrites. 2 portefeuilles in 4. avec dos de m. r.

Contenant:

Porte-feuille I.

1 Arlequin Déserteur, en 3 actes, en vers. 1715.
2 Arlequin Favori de la Fortune, en 3 actes, en vers. 1714.
3 Arlequin Gentilhomme par hazard, divert. en 3 actes, en vers, pour la Foire St. Germ. de 1714.
4 Arlequin grand Turc, divertiss. 1715.
5 Arlequin grand Visir, en 3 actes, en vers. 1715.
6 Arlequin jouet des Fées, en 3 actes, en prose. 1716.
7 Arlequin Opérateur, & la Déroute des Usuriers, en 1 acte, en prose. 1717.
8 Arlequin Prince & Paysan, divertiss. en 3 actes, en vers, pour la Foire St. Germ. de 1713.
9 Arlequin rival de son Maître, Opéra-Comique, en 1 acte, en vers.

Porte feuille II.

1 Danaus Tragi-Coméd. avec trois intermedes, en 3 actes, en vers.
2 Dom Johan, ou le Festin de Pierre, en 3 actes, en vers. 1715.
3 L'Empereur dans la Lune, en 3 actes, en vers. 1714.

466　BELLES-LETTRES.

4 L'Enfant prodigue, divertif. en 3 actes, en vers pour la Foire St. Germ. de l'année 1714.

5 Jean des Dardanelles, parodie en 3 actes, en vers, de l'Opéra de Dardanus.

6 La Matrone d'Ephefe, en vers, en 3 actes. 1714.

7 Parodie de Pirame & Thisbé, en 1 acte, en vers.

8 Les Rillons Rillettes, Coméd. Burlefque en vers, en 5 actes.

9 Le Triomphe de Plutus, Coméd. en profe, en 1 acte. 1728.

THEATRE DE LA FOIRE.

3505 Recueil de Parades manufcrites. un vol. in 4. avec dos de m. r.

Contenant :

1 Prologue de l'Opérateur.

2 Le Pet à vingt ongles.

3 Cracher noir.

4 Le Chapeau de Fortunatus, rédigé par M. Fournier, en 1712.

Parade rédigée par M. Geulette, en 3 actes, 1740. Contenant :

5 Les Cornets & le Teftament de Gille.

6 La Bouteille au cul.

7 Le point d'Honneur.

8 Le petit Jacquo.

9 Tu-feras le Ménage.

BELLES-LETTRES.

10 Le Cartel.
11 Les Valets hors de condition.
12 La Conspiration.
13 Le Docteur en tête.
   Parades par M. Geulette, en 1 acte, contenant :
14 Les Lapins.
15 Le Mort sur le banc, ou le Comte de Regni à Babo.
16 Le Repas imaginaire.
17 Gille Barbier.
18 Le Mémoire de Depense.
19 Le Chat.
20 Le Portrait.
21 L'Araignée.
22 Les Braves d'Ostende.
23 Les Métiers.
24 La Succession.
25 Les Maîtres pour l'Education.
26 Tara tapa cous.
27 L'Amant désespéré.
28 Le Traiteur.
29 La Tarantule.
   Parades contenant :
30 Les 4 Cuillerées de Soupe.
31 Le Cérémonial pour les coups de bâtons.
32 Le Combat des Poltrons.
   Parades contenant :
33 Le Muet.

Tome II

34 L'Aveugle.

35 Le Sourd & le Manchot.

36 Caracataca & Carcataqué, parade en 2 actes, en prose.

37 Le Cyclope disgracié, parodie en vers. 1726.

38 L'Amant Cochemar, parade en vers.

39 Blanc & Noir, parade en prose. 1735.

40 Le Bonhomme Cassandre aux Indes, parade en prose.

41 Tragi-coméd. de Cartouche, en vers.

42 Cocauix, Tragéd. en 1 acte, en vers.

43 Le Courrier de Milan, parade en prose.

44 Le Doigt mouillé, parade en prose.

45 Isabelle double, parade en prose.

Parades en prose, contenant :

46 Léandre, Fiacre.

47 La Confiance des Cocus.

48 La Chaste Isabelle.

49 Isabelle double.

50 Le Marchand de merde.

51 Léandre Magicien.

52 Persiflés, Tragédie en 4 actes & en 60 vers, par Personne.

53 Le Saut périlleux de Joachin Bey de Tunis, en 3 actes, en vers.

54 Tyresias, Coméd. en 3 actes, en prose.

55 La Vache & le Veau, parade, en prose.

3506 Recueil de Pieces. in 8. v. f.

MANUSCRIT sur papier, du *XVIII siecle*, contenant 107 feuillets.

BELLES-LETTRES.

Il renferme:

1. Scaramouche Pédant, divertissement de la Foire St. Laurent. 1711.
2. Arlequin à la Guinguette.
3. Le Curieux Impertinent.
4. Ecriteaux des Fêtes Parisiennes.
5. Les Ecriteaux pour les Plaideurs des scenes muettes.
6. Le Retour d'Arlequin à la Foire, Divertissement à la muette.

3507 Recueil de Pieces manuscrites concernant Polichinelle. un porte-feuille in 4. avec dos de m. r.

ACADEMIE ROYALE DE MUSIQUE,

Appellée le Théâtre de l'Opéra.

3508 Histoire de l'Académie Royale du Musique, depuis son établissement jusqu'en 1741. in 4. rel. en cart.

MANUSCRIT sur papier, contenant 120 feuillets.

3509 Traité du Ballet, du progrès que ce Spectacle a fait en France & comment il a donné lieu à l'Opera. in 4. rel. en cart.

MANUSCRIT sur papier, du *XVIII siecle*, contenant 40 feuillets.

3510 Recueil de Décorations qui ont servi aux

BELLES-LETTRES.

Comédies, Opéra & Ballets donnés par les Comédiens ordinaires du Roi Louis XIV. commencé en 1673. par Laurent Mahelot & continué par Michel Laurent. in fol. v. f.

MANUSCRIT sur papier, contenant 93 feuillets. Il est original. On y trouve l'esquisse des Décorations & la maniere dont on les employoit.

3511 Catalogue des Ballets & Opéra qui sont dans la Bibliotheque de M. le Duc de la Valliere. (Par M. le Duc de la Valliere.) *Paris, Cl. J. Bap. Bauche*, 1760. in 8. G. P. m. bl.

3512 Recueil de Ballets & Opéra manuscrits. 9 porte-feuilles in 4. avec dos de m. r.

Collection précieuse, contenant :

Porte-feuille I.

1 Acatis, Ballet Héroïque, en 1 acte, en vers.

2 Aconce & Cidippe, Tragédie-Opera en 5 actes, en vers, fait en 1744.

3 Aconce & Cidippe, Tragédie-Opéra en 5 actes, en vers, autrement traitée que la précédente. Le projet de la piece, l'esquisse, & des lettres de l'Auteur (Royancort,) datées de 1741, analogues à la piece, y sont jointes.

4 La Mort d'Adonis, Trag-Opéra en 5 actes, par M. Perrin, Musique de Boesset.

5 Les trois Ages, Ballet en vers.

6 Les Amans brouillés, Pastorale en Musique.

7 Ballet des Amans Captifs. 1615.

BELLES-LETTRES.

8 L'Amour & Bacchus aux Enfers, Ballet-Héroïque, en 1 acte.

9 Les Exilés, Ballet, en 2 actes.

10 L'Amour & Eucharis, Ballet, en 1 acte.

11 Ballet de la Fête de l'Amour.

12 L'Amour Vainqueur, Pastorale. 1697.

13 L'Amour vengé, Opéra en 5 actes.

14 Appollonius, Trag-Opéra en 5 actes, par Julie Pinel.

15 Ariane & Bacchus, Comédie en 5 actes, par Perin. Musique de Cambert.

16 Ariane, ou le mariage de Bacchus, Opéra en 5 actes, représ. à Londres en 1672 & 73.

17 Atrée, Tragédie lyrique, en 5 actes.

18 Attalante & Hippomene, Ballet Héroïque, en 3 actes.

Porte-feuille II.

1 Le Mariage de Bacchus, Opéra en 5 actes, par Caillet.

2 Le Triomphe de Bacchus, Pastorale mise en musique par Favier.

3 Cinq Ballets par Claude Expilli.

4 Soixante-huit Ballets, les paroles des couplets seulement.

5 Astrée, Tragi-Coméd. en musique, en 5 actes.

Porte-feuille III.

1 Calisto, Ballet-Héroïque, en 3 actes, par Renoul.

2 Recueil de cartels & deffits, tant en prose qu'en vers, pour le combat de la barriere, fait le 25 Février 1605.

3 La Ceinture de Vénus, intermede.

4 Le plaisir de Chalendré, Opéra.

5 Ballet de six Chevaliers. 1603.

BELLES-LETTRES.

6 Coridon, Paſtorale Héroïque, en 1 acte.

7 Criſeis, Opéra en 5 actes, Poeme Héroïque, par un Particulier qui n'eſt ni Poete ni Muſicien. 1755.

8 Daphné, Tragi-Ballet en 3 actes, mis en muſique par Boiſmortier.

9 Diane & Endimion, Opéra en 1 acte.

10 Les Divertiſſements de Verſailles, donnés par le Roi à toute ſa Cour, au retour de la conquête de Franche-Comté en 1674.

11 Le Divertiſſement d'Anet, mis en muſique par M. Lully.

12 Pluſieurs Divertiſſements & Ballets.

Porte-feuille IV.

1 Eglogue, ou Paſtorale miſe en muſique, par Lully en 1697.

2 Electre, Tragédie Lyrique, en 5 actes.

3 La même.

4 Endimion, ou l'Amour vengé, Paſtorale Italienne. 1721.

5 Maſcarade des enfants gâtés, par P. Corneille. imprimé.

6 Enone, Paſtorale en 5 actes.

7 Nouveau Plan de la Tragédie d'Europe.

8 Ballet des faux Rois.

9 Le Ballet des Fées.

10 Ballet de la Félicité.

11 Fêtes à l'occaſion du Mariage du Roi, 1725.

12 Les Fêtes de la paix, Ballet.

BELLES-LETTRES.

13 Les Jeux Actiens, par M. Delaunay.
14 Les Fêtes Theſſaliennes, Opéra-Ballet, en 3 actes.
15 Pluſieurs Ballets.

Porte-feuille. V

1 La gloire de l'harmonie ou le triomphe d'Apollon, divertiſſ. 1727.
2 Le grand Ballet d'Hercule, en 5 actes.
3 L'Iſle des Jaloux, Coméd. Ballet, en 3 actes.
4 Iphiſe, Ballet en 1 acte, par Peſſelier.
5 La Fontaine de Jouvence, Ballet. 1643.
6 Liſe & Colin, paſtorale avec la muſique.
7 Arisbé & Marius, Opéra dédié à M^{de} la Ducheſſe de la Valliere, par Montmoreau.
8 Maleagre, Tragéd. en muſique, en 5 actes.
9 Pluſieurs Ballets & Maſcarades.

Porte-feuille VI.

1 Mérope, Opéra en 3 actes, par S. M. le Roi de Pruſſe.
2 Les Nimphes, Ballet.
3 Olimpe, Opéra, en 5 actes. 1721.
4 Les Amans de Pan, ou les Lupercales, Paſtorale en 3 actes.
5 Le Paradis-Tereſtre, Ballet.
6 Les Peines & les Plaiſirs de l'Amour, Ballet héroïque, muſique de Bourgeois.
7 Penthée, Tragedie-Opéra, en 5 actes.
8 Philomele.
9 Plan d'un poeme héroïq. Deucalion & Pirrha.
10 Procris, Trag.-Opéra, en 5 actes.
11 Pluſieurs Ballets.

Porte-feuille VII.

1 L'origine des Romans, Ballet.

2 Le Siecle d'Auguste ou les Amours des Poetes Romains, Ball. en 3 actes.

3 Sylvandre & Thémire, pastorale, en 3 actes.

4 Thémistocle, Tragédie en 5 actes.

5 Le Triomphe de la Beauté sur les bergers les plus simples, Daphnis & Chloé, pastorale, en 3 actes.

6 Minute du Poeme du triomphe de l'Hyménée.

7 La Noce de Vénus, Opéra en 5 actes.

8 La mort d'Ulysse, Opéra en 5 actes.

9 Le Voyage de Cythere, Pastorale.

10 Zemis, Pastorale Héroïque, en 3 actes.

11 Plusieurs Ballets.

Porte-feuille VIII.

Pieces qui ne sont pas completes.

Porte-feuille IX.

Liste de différents Ballets anciens.

3513. Recueil de Ballets & Opéra, depuis l'origine jusqu'à present. rangés par ordre alphabétique. 73 porte-feuilles in 4. avec des dos de m. r.

Ces deux Recueils, qui sont uniques, sont les matériaux avec lesquels M. le Duc de la Valliere a composé en 1760 son Catalogue des Ballets & Opera.

3514 Recueil des plus excellens Ballets dansez en 1612. in 4. rel. en cart.

MANUSCRIT sur papier, lisiblement écrit, contenant 88 feuillets.

Les

BELLES-LETTRES. 475

Les Ballets qu'il renferme font ceux:

1 De l'Amour défarmé.
2 Des Supléeurs du Courtifan.
3 Des Matrones.
4 Le vrai récit du Ballet des Matrones.
5 Récit du Ballet des Singes.
6 Des Secrétaires de St. Innocent.
7 Des Gentilshommes champêtres habillés à l'antique.
8 Deffein du Ballet de Monfeigneur de Vendôme.
9 Récit du Ballet de la Foire de St. Germain.
10 Ballet comique de la Reine.

3515 Recueil des Comédies & Ballets repréfentés fur le Théâtre des Petits Appartemens, pendant les hivers de 1747 à 1750. 1748, & ann. fuiv. 6 vol. in 8. m. r. dent. doub. de tabis.

IMPRIMÉ SUR VÉLIN.

Contenant :

1 Ifmene, Paftorale Héroïque, par de Moncrif.
2 Æglé, Paftorale Héroïque, par M. Laujon.
3 Le Pédant, Pantomime.
4 Almafis, Ballet, par de Moncrif.
5 Erigone, Ballet, par de la Bruere.
6 Prologue des Fêtes Grecques & Romaines, par Fufelier.
7 Cléopâtre, Ballet Héroïque, par Fufelier.
8 La Vue, Ballet, par Roy.

9 Les Surprises de l'amour, par N ***.
10 Le Retour d'Astrée, Prologue.
11 La Lyre enchantée, Ballet.
12 Adonis, Ballet.
13 Tancrede, Tragédie, par Danchet.
14 L'Opérateur Chinois, Ballet-Pantomime.
15 Fragments composés du prologue des entrées du feu & de l'air, &c. par Roy.
16 Philémon & Baucis.
17 La Terre, entrée du Ballet des Elémens, par Roy.
18 Acis & Galatée, Pastorale Héroïque, par Quinault.
19 Fragments.
20 Jupiter & Europe, par Fuselier.
21 Les Saturnales
22 Entrée du Ballet des Fêtes Grecques & Romaines.
23 Zélie, divertissement.
24 Le Amours de Ragonde, Comédie en Musique, par de Malesieux.
25 Silvie, Pastorale Héroïque, par M. Laujon.
26 Le Prince de Noisy, Ballet Héroïque, par la Bruere.
27 Islé, pastorale héroïque, par de la Motte.
28 Les Quatre Ages en récréation, divertissement Ballet.
29 Les Bûcherons, ou le Médecin de village, Ballet-Pantomime.
30 Les Fêtes de Thetis, Ballet héroïque, par Roy.
31 Egine.
32 Titon & l'Aurore, sujet.

BELLES-LETTRES.

33 Erigone, Ballet, par de la Bruere.

34 Zélie, divertissement.

35 Mignonette, Canevas François.

36 La Journée Galante, Ballet héroïque, par M. Laujon.

37 Les Amusements du soir, ou la Musique.

38 La Nuit, ou Léandre & Hero.

39 Le Prince de Noisy, avec changemens & additions, par de la Bruere.

3516 Intermedes de la Comédie de Zelisca, Ballet mis en musique par Jeliote, paroles de la Noue, donné à Versailles pour la seconde fois le 10 Mars 1746. in fol. m. bl.

MANUSCRIT sur papier, proprement écrit, contenant 70 feuillets, avec la partition.

3517 Ismène, Ballet-Opéra en un acte, représenté devant le Roi sur le Théâtre des Petits Appartemens, le 10 Janvier 1747. Paroles de Montcrif, musique de Rebel & Francœur. in 4. m. r.

MANUSCRIT sur papier, proprement écrit, contenant 40 feuillets, avec la partition.

3518 Æglé, Ballet-Opéra en un acte, représenté sur le Théâtre des Petits Appartemens, le 13 Janvier 1748, paroles de M. Laujon, musique de M. Lagarde. in fol. m. r.

MANUSCRIT sur papier, proprement écrit, contenant

27 feuillets, & enrichi d'un deſſein lavé à l'encre de la Chine, par Boquet, avec la partition.

3519 Almaſis, Ballet-Opéra, repréſenté devant le Roi ſur le Théâtre des Petits Appartemens, le 26 Février 1748. Paroles de Montcrif, muſique de Roger. in fol. m. r.

Manuscrit ſur papier, proprement écrit, contenant 43 feuillets, avec la partition.

3520 Erigone, Ballet-Opéra en un acte, repréſenté devant le Roi à Verſailles, ſur le Théâtre des Petits Appartemens, le 21 Mars 1748. Paroles de la Bruere, muſique de Mondonville. in fol. m. r.

Manuscrit ſur papier, proprement écrit, contenant 43 feuillets, avec la partition.

3521 Les Surpriſes de l'Amour, Ballet-Opéra en 2 actes & un Prologue, repréſenté devant le Roi le 27 Novembre 1748. Paroles de Bernard, muſique de Rameau. == La Lyre enchantée, acte repréſenté le 18 Août 1758. in 4. m. r. tab. dent.

Manuscrit ſur papier, proprement écrit, contenant 81 feuillets, avec la partition.

3522 Zélie, Ballet-Opéra en un acte, repréſenté devant le Roi ſur le Théâtre des Petits Appartemens, le 13 Février 1749. Paroles du S. de Curi, musique du S. Ferrand. in 4. m. r. tab. dent.

MANUSCRIT sur papier, proprement écrit, contenant 61 feuillets.

3523 Silvie, Ballet-Héroïque, mis en musique par M. de la Garde, paroles de M. Laujon. (1749) in fol. m. r.

MANUSCRIT sur papier, proprement écrit, contenant 85 feuillets, avec la partition.

3524 Le Prince de Noisy, Ballet-Héroïque en 3 actes, représenté à Versailles devant le Roi sur le Théâtre des Petits Appartemens, le 13 Mars 1749. Paroles de la Bruere, musique des Srs. Rebel & Francœur. in 4. m. r.

MANUSCRIT sur papier, proprement écrit, contenant 93 feuillets, avec la partition.

3525 Les Fêtes de Thétis, Ballet-Opéra en deux actes & un Prologue, représenté sur le Théâtre des Petits Appartemens, le 14 Janvier 1750. Paroles de Roy, musique de Blamont & de Buri. in fol. m. r.

MANUSCRIT sur papier, très proprement écrit, contenant 122 feuillets, avec la partition.

3526 Jupiter & Europe, Opéra en un acte, représenté sur le Théâtre des Petits Appartemens en 1749. Paroles de Fuselier, musique de Dugué. in fol. m. r.

MANUSCRIT sur papier, contenant 35 feuillets très proprement écrits, avec la partition.

3527 La Toilette de Vénus, Léandre & Héro, représenté sur le Théâtre des Petits Appartemens, le 25 Février 1750. Paroles de M. Laujon, musique de la Garde. in fol. m. r.

MANUSCRIT sur papier, proprement écrit, contenant 35 feuillets, avec la partition.

3528 L'Amour vengé, en musique, en 5 actes. in 4. v. f.

MANUSCRIT sur papier, contenant 38 feuillets.

3529 La Nôce de Vénus, Opéra en musique, en 5 actes. in 4. v. f.

MANUSCRIT sur papier du *XVIII siecle*, contenant 31 feuillets.

Fêtes, Divertissements & Mascarades.

3530 Cartels, Mascarades, Tournois, &c. Depuis le xve siecle. 2 Porte-feuilles in 4. avec dos de m. r.

CE RECUEIL n'est point susceptible de détails.

BELLES-LETTRES. 481

3531 Fête de Chantilly donnée à Monseigneur, le 22 Août.... in 4. rel. en cart.

MANUSCRIT sur papier, du *XVIII siecle*, contenant 48 feuillets.

3532 Partition du Divertissement exécuté en présence de Sa Majesté, au Château de la Selle, sous les ordres de M. le Duc de la Valliere, le 1 Septembre 1748, musique de Blaise. in 4. v. éc.

MANUSCRIT sur papier, contenant 28 feuillets.

3533 Divertissement pour la Cour. Partition in 4 en cart.

MANUSCRIT sur papier, contenant 6 feuillets.

3534 Le Mariage de la Couture avec la grosse Cathos, Mascarade mise en musique par Philidor en 1688. in 4. obl. m. r. dent.

MANUSCRIT sur papier, contenant 38 feuillets.

3535 Descrizione di tutte le Feste, e Mascherate fatte in Firenze per il Carnovale. 1567. *In Fiorenza* 1567, in 8. m. r.

Chansons, Vaudevilles, &c.

3536 Trois Livres de Chansons à quatre & à cinq parties, composées & mises en musique par M. Jean de Castro, & dédiées à Justinien,

Penfe, Lyonnois, efcrites à Anvers par Jean Pollet, Lillois, en 1571. in 4. oblong. vélin d. f. tr.

Beau Manuscrit fur vélin, entichi de 2 fuperbes portraits peints, de 2 armoiries & de 23 grandes lettres capitales rehauffées d'or. Il contient 71 feuillets.

3537 Chanfons diverfes faites dans le xvii fiecle, pour plufieurs perfonnes de qualité. in 4. rel. en cart.

Manuscrit fur papier, du *XVIII fiecle*, lifiblement écrit, contenant 120 feuillets.

3538 Recueil de Vaudevilles hiftoriques. in 4. rel. en cart.

Manuscrit fur papier du *XVIII fiecle*, contenant 146 feuillets.

3539 Airs de Monfieur Daffoucy, en mufique, 1653, 4 vol. in 8. v. f.

Manuscrit fur papier, du *XVIII fiecle*, contenant 57 feuillets.

3540 Choix de Chanfons mifes en mufique, par M. de la Borde; ornées d'eftampes par J. M. Moreau. *Paris, de Lormel*, 1773, 4 vol. in 8. m. r.

3541 Recueil de Chanfons Franc-Maçonnes, compofées par MM. Gobin, Procope, Médecin,

cin, Ricaut, Lanfa de la Tierce, avec la mufique.

MANUSCRIT fur papier du *XVIII fiecle*, contenant 12 feuillets.

POÉSIE ITALIENNE.

Collections & Extraits des Poetes Italiens.

3542 Collettanee Grece, Latine, e Vulgari per diverfi auctori moderni, nella morte de lardente Seraphino Aquilano, per Gioanne Philotheo Achillino, in uno corpo redutte. *in Bologna, per Caligula Bazaliero*, 1504, *di juglio*. in 8. m. r.

3543 I fiori delle rime de Poeti illuftri, nuovamente raccolti & ordinati da Girolamo Rufcelli, con alcune annotationi del medefimo. *In Venetia, Giovan Battifta & Melchior Seffa*, 1558. in 8. m. bl.

3544 Capitoli di Meffer Pietro Aretino, di Lodovico Dolce, di Francefco Sanfovino, & di altri acutiffimi ingegni. 1540, in 8. m. r.

3545 Capitoli del Signor Pietro Aretino, di Lodovico Dolce, di Francefco Sanfovino, e di altri acutiffimi ingegni. 1541, in 8. v. f.

3546 Tutti i Trionfi, Carri, Mafcherate o Canti Carnafcialefchi andati per Firenze, dal tempo del Magnifico Lorenzo vecchio de Medici. (raccolti per N. Lafca, & Giov. Batt. Ottonajo.) *in Fiorenza.* 1559, in 8. m. r.

EXEMPLAIRE COMPLET.

Il y a une faute dans les chiffres depuis la page 304-329. On croiroit le Volume imparfait fi l'on n'y faifoit attention.

3547 Tutti i Trionfi, Carri, Mafcherate andati per Firenze, &c. (raccolti per N. Lafca & Giov. Batt. Ottonajo.) *In Fiorenza.* 1559, in 8. v. f.

EXEMPLAIRE COMPLET.

Il Canto de i giudei di G. B. dell' Ottonajo eft de la réimpreffion de 1560.

3548 Recueil de différentes Pieces de Poéfies. in 4. fig. m. r.

Il contient :

1 Novella di Gualtieri marchefe di Saluzzo, il quale non volendo pigliar moglie fu coftretto da fuoi baroni di pigliarla, & effo per non farfe fuggetto a donna per gran dote fi delibero pigliare una poverella chiamata Grifelda, figliuola d'un contadino.

2 Novella di miffer Alexandro di Sena.

3 Novella della Figliuola del Mercatante.

4 Elegia d'una giovane nobile in Bologna, condotta alla Giuftitia per cagion d'amore. *Bologna, Aleffandro Benacci*, 1587.

5 Lamento del Duca Aleffandro de Medici. Primo Duca di Fiorenza.

BELLES-LETTRES. 485

6 Lamento del Duca Galeazo Maria Duca di Milano, quando fu morto nella chiesa di santo Stefano da Giovana Andrea da Lampognano.

7 Opera Nova che insegna cognoscere le fallace Donne a quelle insegna amare; composta per Hercule Cynthio.

8 Stramotti & fioretti d'amore in ciaschadun verso, composti per Alvise Pulci.

9 Desperata del poeta Pamphilo Sasso. *In Milano, per Petro Martire di Mantegatii ad instantia de Joanne Jacobo e Fratelli de Legnano*, 1503.

10 Cerbero, composto per Simone Sardini vocato Saviozo el contrario di Cerbero. La disperata composta da Antonio de Tibaldi.

11 Le mirabile & inaldite bellezze cadornamenti del campo sancto di Pisa, composta per Michel Agnolo di Christofano da Volterra trombell da Pisa.

12 La historia de li Signori Famosi.

3549 Recueil de différentes Pieces de Poésies. in 4. m. r.

Il contient :

1 Frottola di diversi Autori Fiorentini.

2 Frottola d'un padre che haveva dua figliuoli, un buono, & l'altro cattivo. *In Firenze, Jacopo Perini*, 1575.

3 Frottola di dua fattoti di monache.

4 Canzona delli Mulactieri.

5 La Representatione & Festa di Carnasciale & della Quaresima *In Fiorenza*. 1568.

6 Il transito del tanto lascivo & desiato Carnovale, col

tollerabile, & obfervante Teftamento laffato al ardita, & sfrenata gioventute. *In Fiorenza.* 1569.

7 Carnevalada d'ol Carota Fachi. *In Verona, Angelo Tamo.*

8 Buffonerie del Gonnella. *In Firenze, Bartholomeo Anichini*, 1568.

9 Capitulo contra Speranza.

10 Verfi pofti a Pafquillo nel'anno 1513 & 1514.

11 Il viva overo applaufo fatto alla dotta Pazzia dell' innimitabile, Dottore Boccalone. *In Milano, Pandolfo Malatefta*, 1624.

3550 Dialogo della bella Creanza delle Donne, dello Stordito intronato. (Aleffandro Piccolomini.) *In Milano, Giovann Antonio de gli Antonii*, 1558. in 8. m. bl.

3551 Dialogo dove fi raggiona della bella Creanza delle Donne. (da Aleffandro Piccolomini.) *In Venetia*, 1574. in 12. m. r.

3552 Stanze amorofe, fopra gli horti delle Donne & in lode della menta. la Cacchia d'amore del Bernia. & altre ftanze in materia d'amore, di diverfi Autori. *In Venetia*, 1574. in 12. m. r.

3553 Recueil de différentes Pieces de Poéfies Italiennes, contenues dans un Porte-feuille in 4. avec un dos de m. r.

Poètes italiens, rangés selon l'ordre des temps auxquels ils ont vécu.

3554 Incomincia la Comedia di dante allighieri di firence chiamata inferno, purgatorio e paradiso. in fol. rel. en cart. avec dos de veau.

MANUSCRIT sur vélin, exécuté en Italie dans le *XIV siecle*, contenant 100 feuillets. Il est écrit en *lettres rondes*, sur deux colonnes, & il est enrichi de quelques ornements peints en or & en couleurs. Les sommaires sont en rouge.

On lit à la fin en lettres rouges :

Explicit liber comedie dantis allighieri de florensia p eum ediī sub anno dominice ĩcarnationis millesimo trecentesimo de mense martij sole ĩ ante luna nona ĩ libra.

Qui decesit ĩ ciuitate rauenne ĩ año dominice ĩcarnationis mil!esimo terecentesimo uigesimo p̄mo die sante crucis de mense setembris anima cuis ĩ pace reqẽschat.

Au dessous, d'une écriture différente.

Iste liber scripsit tomazus olim filius petri benedi ciui & mercatorj lucão anno natiuitatis dñj m. ccc. xlvij in primis sex mensibus de dicto anno in ciuitate pisana ....

3555 La Comedia chiamata Inferno, Purgatorio e Paradiso di dante alighieri. in fol. m. r.

SUPERBE MANUSCRIT exécuté en Italie dans le *XV siecle*, contenant 250 feuillets de vélin très blanc & très fin. L'écriture est en *lettres rondes*, à longues lignes ; les intitulés sont en rouge, & les capitales sont élégamment peintes en or & en couleurs. Il est enrichi d'ornements & d'un beau cadre rehaussé d'or qui décore la premiere page de l'Ouvrage.

Ce MS. est infiniment précieux, & peut-être unique, en ce que chaque chant est précédé d'un argument ou précis en rimes tierces dont nous ignorons l'Auteur. Celui de l'Enfer consiste en 226 vers ; celui du Purgatoire, dans le même nombre, & celui du Paradis en 185. Il sont intitulés :

Brieue racchoglimento dicio che inse superficialmente contiene la lettera della prima parte della Cantica ouero Comedia di Dante Alighieri di firenze chiamata Inferno....

3556 Dantis Poetæ Clarissimi Comœdiæ tres Inferni, Purgatorii, & Paradisi (italicè). in fol. rel. en cart. avec dos de veau.

BEAU MANUSCRIT sur vélin, exécuté en Italie dans le *XV siecle*, contenant 110 feuillets. Il est écrit en *lettres rondes*, sur 2 colonnes, & il est enrichi de capitales peintes en or & en couleurs. Les sommaires sont en rouge.

3557 Comedia di Dante Alighieri. in 4. rel. en cart. avec dos de veau.

BEAU MANUSCRIT sur vélin, exécuté en Italie dans le *XV siecle*, contenant 267 feuillets écrits en *lettres rondes*, à longues lignes, & enrichis d'ornements peints, & de notes marginales.

Le dernier feuillet de ce MS. contient une piece de *Boccace*, de 40 vers, transcrite d'après l'original de l'Auteur, & qui porte ce titre :

Versi di messer giouãni boccacci a Messer francesco petrarcha mantatigli auignone chollo opera di dante ne quali loda detta opera & persuadegli di la studi.

3558 La Comedia di Dante Alighieri : cioe, Inferno, Purgatorio e Paradiso. (*Fulginei*) *per Joannem Numeister*, 1472. in fol. m. bl. l. r.

PREMIERE EDITION.

Ce Dante a été imprimé à Foligni, & non pas à Mayence, comme quelques personnes l'ont annoncé. Les caracteres sont absolument les mêmes que ceux de l'Edition de *Leonardus Aretinus de Bello Italico. Fulginei.* 1470.

3559 La Comedia di Dante Alighieri. in fol. m. bl.

A la fin :

M CCCC LxxII.

Magister georgius & magister paulus teutonici hoc opus mantuae impresserunt adiuuante Columbino ueronensi.

3560 Il Dante: *in Napoli*, 1477. in fol. m. r.

On trouve à la fin la souscription suivante :

Finisse la tertia & ultima Comedia di Paradiso. delo exellentissimo poeta laureato Dante : alleghieri di firenze. Impresso nela magnifica cipta di Napoli : cũ ogni diligentia & fede. Sotto lo inuictissimo Re Ferdinando inclito Re de Sicilia. &cr̃. Adi XII. dil mese di Aprile. M. CCCC. LXXVII.

LAVS DEO.

Les deux premiers feuillets sont manuscrits.

3561 Il Dante, con la vita del medesimo, scritta per Giovanni Boccaccio & con commento di Benvenuto d'Imola., correctore Christoval

Berardi. *In Venetia Vendelin, de Spiera*, 1477. in fol. Gr. Pap. m. r.

3562 Il Dante, con commento di Martini Pauli Nidobeati & di Guido Terzago. *Mediolani, Ludovicus & Albertus Pedemontani.* 1478. in fol. m.r.

3563 Il Dante, col comento di Chriftophoro Landino. *In Firenze per Nicholo di Lorenzo della Magna.* 1481, in fol. m. r. l. r.

PREMIERE EDITION, avec le commentaire de Landino. Elle eft ornée de deux figures deffinées par Sandro Boticello, & gravées fur métal, ou par lui, ou par Baccio Baldini. Cet Ouvrage n'eft pas le premier où il y ait des figures gravées en taille-douce. Voyez les additions fur le N° 763, à la tête du premier Volume.

3564 Il Dante, con commento di Chriftophoro Landino. *In Breffa, Boninus de Boninis.* 1487. in fol. fig. en bois. m. r.

A la fin, en lettres capitales :

Fine del comento di Chriftophoro Landino fiorentino fopra la comedia di Danthe poëta excellentiffimo. et impreffo in Breffa per Boninum de Boninis di raguxi a di ultimo di Mazo. M. CCCC. LXXXVII.

L'Ecuffon de l'Imprimeur eft à côté de cette foufcription.

3565 Il Dante, con commento di Chriftophoro Landino. *In Vinegia, per Petro Cremonefe, dito Veronefe.* 1491. in fol. v. f.

A la fin du Texte :

Et Fine del comento di Chriftoforo Landino Fiorentino
fopra

BELLES-LETTRES.

sopra la comedia di Danthe poeta excellētissimo. E impresso in Vinegia per Petro Cremonese dito Veronese: Adi. xviii. di nouēbrio. M. cccc. Lxxxxi. emendato per me maestro piero da fighino dellordine de frati minori.

3566 Le Opere di Dante Alighieri. *Venetiis, in Ædibus Aldi. Accuratissime*: men. Aug. 1502. in 8. m. r. l. r.

On a peint en médaillon le portrait du Dante, au verso du premier feuillet.

3567 Il Dante, col sito, et forma dell' inferno. *In Vinegia, Aldo et Andrea di Asola.* 1515. in 8. v. f.

3568 La Comedia di Dante Alighieri con nova espositione di Alessandro Vellutello. *In Vinegia, per Francesco Marcolini*, 1544. in 4. m. r.

3569 Incommincia lo comento sopra lonferno della Comedia de Dante Aldrigeri Firentino. Composto da Meser Guiniforto deli Bargigi doctor. in fol. m. violet, dentelles, doublé de maroq.

SUPERBE MANUSCRIT sur vélin, exécuté en Italie vers la fin du *XV siecle*, contenant 320 feuillets. Il est écrit en *lettres rondes*, à longues lignes, & il est enrichi d'un cadre qui orne le premier feuillet, & dans lequel sont peintes les armes de *François I.* supportées par deux Salamandres couronnées. Les lettres capitales y sont rehaussées d'or.

Tome II. R r r

On lit sur un feuillet séparé les vers suivants, adressés à *François I.* à qui ce MS. fut donné en présent.

Ad Regem Christianissimum.

Ia. Minutius.

Tres dantes, Tu clara mihi Rex munera prestas
Atque aliquem ex nihilo me facis esse virum
Ipse sed ethruscum cum claro interprete dantem
Adlatum ex Italis In tua Iura fero:
Sic quoque munificus fueris. nam sumere partem
A quo debentur omnia dona dare est.

1519.

Outre sa belle exécution, ce livre a encore le mérite d'être très rare & de n'avoir jamais été imprimé. Le Commentateur *Guiniforte Barziza* naquit à *Bergame* en 1406. On ignore l'année de sa mort. Il vivoit encore en 1459. *Mazzuchelli* parle de son Commentaire, sans l'avoir vu.

3570 Convivio di Dante Alighieri, con commento. *In Firenze, per Francesco Bonacorsi,* 1490. in 4. m. r.

A la fin :

Impresso in Firenze per ser Francesco bonaccorsi Nel anno mille quattrocento nonanta Adi. xx. di septembre.

3571 Cy commence la tierce partie de la Comédie de Dantes, appellée Paradis, (en vers.) in 4. m. r.

Beau Manuscrit sur vélin du *XVI siecle,* contenant 51 feuillets écrits en *lettres rondes,* à longues lignes. Il est enrichi de capitales peintes en couleurs, rehaussées d'or &

de 8 très jolies miniatures qui ont 6 pouces & demi de hauteur, sur 4 pouces de largeur.

Cette traduction du Paradis du *Dante*, est dédiée par son Auteur *François Bergaigne*, à *Guillaume Gouffier*, Amiral de France, dont les armes décorent le premier feuillet.

Ce Seigneur, plus connu sous le nom de l'Amiral de Bonnivet, fut élevé à ce grade éminent par *François I.* en 1517.

Les vers du Traducteur françois sont de dix & onze syllabes. Leurs rimes se croisent & n'observent pas l'alternative des masculines & féminines. Chaque chapitre est accompagné d'un argument & d'une explication en prose.

3572 Libri quattro del clarissimo Philosopho Cicho Asculano (Francesco de Stabili) dicto Lacerba. *Venetiis, per Bapt. de Tortis*, 1484. in 4. m. bl.

L'antépénultieme feuillet est déchiré; il y manque environ 12 vers. A la fin :

Explicit liber Cecchi Asculani. Venetiis p Baptistam de Tortis. M. cccc. lxxxiiii. die xii. Febuarii.

Il y a au commencement du Volume la note suivante :

Lacerba, opera di Maestro Cecco d'Ascoli Astrologo del Duca di Calauria, il quale per le sue maluage opinioni (altri dicono) per opera del Maestro Dino del Garbo suo emulo, fu arso in Firenze a 16 di Settembre l'anno 1327.

3573 Libro del clarissimo philosopho Ciccho Asculano dicto Lacerba. *Mediolani, Antonius Zarotus*, 1484. in 4. m. r.

A la fin, après la table :

Finit opus cecchi Asculani impressu Mediolani per magis-

trum Antonium zarotum parmensem opera & impensa Iohannis antonii ghilii Regnante illustrissimo duce Iohanne galeazio Sfortia Vicecomite Anno domini M cccc lxxxiiii. die xviii. Maii.

Suit un feuillet de registre.

3574 I Libri del Cl. Philosopho Cicho Asculano dicto Lacerba. *Venetiis, per Bernardinum de Novaria*, 1487. in 4. m. r.

A la fin de la table :

Explicit liber Cechi Asculani.
Venetiis per Bernardinum de nouaria. .M. cccc. lxxxvii. die. xviiii. Decembris.

Suit un feuillet de registre.

3575 I Libri del Poeta Cecho d'Ascoli, con el commento novamente trovato & nobilmente historiato, del Massetti. *In Venetia, per Marchio Sessa, e per Pietro di Ravanni Bressiano*, 1516. in 4. m. bl.

3576 Laude di Frate Jacopone da Todi de la Beata Vergene Maria : et del peccatore. *In Firenze, per Francesco Bonacorsi, a di Ventiotto del mese di Septembre*, 1490. in 4. vel.

PREMIERE EDITION.

3577 Triumfi e Sonetti di Francesco Petrarcha. in fol. m. r.

SUPERBE MANUSCRIT sur vélin exécuté en Italie dans le *XV siecle*, contenant 186 feuillets écrits en *lettres rondes*, à longues lignes, & ornés de belles lettres capitales peintes, rehauſſées d'or. Le titre eſt écrit en or & en bleu dans un cartouche très délicatement exécuté. Le premier feuillet des Triomphes, celui des Sonnets, & quelquesautres pages, ſont enrichies d'ornements peints en miniature.

Ce MS. précieux & très complet, contient les trois ſonnets ſatyriques contre la Cour de Rome, qu'on a ſupprimés dans pluſieurs éditions. Ils commencent par ces vers.

 1 L'avara babilonia ha colmo il ſacco
 2 Fiamma dal' ciel ſu le tue treccie piova
 3 Fontana di dolore, albergo dira.

3578 Franciſci Petrarce poetæ clariſſimi Sonectorum liber fœliciter incipit. — Franciſci Petrarce poetæ clariſſ. Triumphi. — Incipit vita Franciſci Petrarce poetæ clar. edita per Leonardum Arretinum virum Cl. in 4. rel. en cart. d. ſ. t. avec dos de veau.

Très beau Manuscrit ſur vélin, exécuté en Italie dans le XV ſiecle, contenant 192 feuillets écrits en *lettres rondes*, à longues lignes. Il eſt enrichi de capitales élégamment peintes en or & en couleurs, & d'un très joli cadre qui décore le premier feuillet des Sonnets. Quelques autres feuillets ſont auſſi chargés d'ornements.

On trouve dans ce MS. les trois Sonnets dont nous venons de parler.

3579 Opere di Franceſco Petrarcha. Cioe; Sonetti & Triomphi. *Venetiis, Vindelinus de Spira*, 1470. in 4. m. r.

Première Edition de la plus belle conſervation, & de

la plus grande RARETÉ, qui a été annoncée comme ayant été imprimée de format in fol. tandis qu'elle est in 4.

Ce Volume imprimé avec de beaux caracteres ronds, sans chiffres, signatures & réclames, commence par une table des Sonnets, rangés par ordre alphabétique du premier vers. Elle contient 7 feuillets. Le texte commence par ce Sonnet.

OI CHASCOLTATE INRI
me sparse il suono....

Le Volume finit au bas du recto du 180ᵉ feuillet, y compris les 7 feuillets de tables, par cette souscription:

: FINIS. MCCCCLXX.

Que fuerāt multis quŏdam confusa tenebris
Petrarce laure metra sacrata sue
Christophori et feruens pariter cyllenia cura
Transcripsit nitido lucidiora die.
Vtq3 superueniens nequeat corrumpere tĕpus
En Vindelinus enea plura dedit.

Le feuillet qui contient les lettres P & Q de la table des Sonnets, est transposé dans notre Exemplaire qui est décoré d'ornements peints.

3580 Sonetti & Triomphi di Francesco Petrarcha. *Patavii, Martinus de septem arboribus Prutenus,* 1472. petit in fol. m. r. dent. doublé de tabis.

Les 28 premiers feuillets sont encadrés, ainsi que les 14 derniers.

3581 Sonetti & Triomphi di Francesco Petrarcha.

BELLES-LETTRES.

(Mediolani) per Antonium Zarotum Parmensem, 1473. in fol. m. bl. l. r.

SUPERBE EXEMPLAIRE.

3582 Sonetti & Triomphi di Francesco Petrarcha. *in Venetiis*, (*Per Nicolaum Jenson*), 1473. in fol. m. r.

Au commencement 7 feuillets de table des Sonnets & des Triomphes. A la fin du texte cette souscription en lettres capitales :

:. *Deo gratias* :.

Francisci petrarcae poetae excellentissimi Triumphus sextus et ultimus de eternitate expliciunt
M. CCCC. LXXIII. *Nicolao Marcello principe regnante impressum fuit hoc opus foeliciter in Venetiis* :. *finis* :.
Suivent 5 feuillets, dont le premier porte ce sommaire :
MEMORABILIA *quædā de laura manu ppria Francisci petrarcæ scripta in quodā codice Virgilii in papiensi biblyotheca reperta.*

Les quatre autres feuillets contiennent la vie de Petrarque.

3583 Triomphi di M. Francesco Petrarcha con commento Bernardi Glicini da Monte Alano da Sena. Canzoni del Medesimo col commento di Francisco Philelpho. *in Venesia*, *Piero Cremoneso*, *ditto veroneso*, *a di* 18. *del meso de Augusto*, 1484. in fol. goth. m. r.

A la fin :

☾ *Finis dil canzionero di Franciesco petrarcha per maestro*

Piero cremoneso dicto veronoso impresso in Venesia adi 18. del meso de augusto M. ccccxxxiiii.

3584. Sonetti & Canzoni di Messer Francesco Petrarcha, con la interpretatione di Francesco Philelpho. *in Venesia per Pelegrino di Pasquali & Domenico Bertocho Bolognesi, Anno 1486. adi VII. Zugno.* == Triomphi del Petrarcha col commento di Misser Bernardo da monte Illicinio da siena. *in Venesia, per Pelegrino di Pasquali e Domenico Bertocho da Bologna, 1488. adi VIII. di Aprile.*

3585 Triomphi di Messer Francesco Petrarcha con la espositione di Bernardo Ilicino. Sonetti del medesimo, con la interpretatione di Francesco Philelpho, & corretti per Hieronymo Centone. *in Venetia, per Piero Veroneso, 1490. in fol.* m. bl.

3586 Triomphi di Francesco Petrarcha con l'espositione di Bernardo Ilicino medico; sonetti del medesimo con la interpretatione di Misser Francesco Philelpho. *in Milano, per Ulderico Scinzenzeler, 1494. in fol.* m. r.

3587 Opere di Petrarcha, con el commento di M. Bernardo Lycinio sopra li triumphi. Con M. Francesco Philelpho : M. Ant. de Tempo : M. Hieronimo Allexandrino sopra li sonetti, & canzone novamente historiate & correcte. Per Nicolo

BELLES-LETTRES.

Nicolo Paranzone altramente Riccio Marchesiano. *in Venetia, per Augustino de Zâni de Portese*, 1515. in fol. m. cit.

3588 Opere di Francesco Petrarcha. *in Tusculano apresso il Laco Benacense per Alessandro Paganino di Paganini*, 1521. adi primo de giugno. in 24. m. r.

3589 Opere di Francesco Petrarcha, con commento di Francesco Philelpho, di Antonio de Tempo, & di Nicolo Peranzone. *Venetiis, Bernardinus Staguinus, alias de Ferrariis de Tridino Montisserrati.* 1522 in 8. v. f.

3590 Il Petrarcha corretto da M. Lodovico Dolce, & alla sua integrita ridotto. *in Vinegia, Gabriel Giolito de Ferrari*, 1547. in 12. m. cit.

3591 Il Petrarcha. *in Lione, Giovanni di Tournes*, 1547. in 12. m. cit.

3592 Il Petrarcha con la spositione di M. Giovanni Andrea Gesualdo. *in Venetia, per Domenico Giglio*, 1553. in 4. m. viol.

3593 Il Petrarcha, con nuove spositioni. *in Lyone, Gulielmo Rovillio*, 1574. in 12. m. r.

3594 Le Rime del Petrarcha brevemente sposte. Per Lodovico Castelvetro. *in Basilea, Pietro de Sedabonis*, 1582. in 4. m. r.

Piqué de vers.

3595 Francifci Petrarce Poetæ Cl. Triumphi. in 8. v. f. d. f. tr.

MANUSCRIT exécuté en Italie dans le *XV fiecle*, fur vélin, contenant 52 feuillets. Il eft écrit en caracteres ronds, & à longues lignes. Les capitales en font rehauffées d'or, ainfi que les ornements qui en décorent le premier feuillet.

3596 Francifci Petrarce Triumphi fex. in 8. rel. en cart.

MANUSCRIT fur vélin exécuté en Italie dans le *XV fiecle*, contenant 46 feuillets. Il eft élégamment écrit en *lettres rondes*, à longues lignes, & il eft enrichi d'ornements & de capitales peintes en or & en couleurs. Il porte à la fin la date de 1432.

3597 Francifci Petrarce Poetæ clariffimi florentini Triumphi incipiunt. in 8. rel. en cart.

MANUSCRIT exécuté en Italie dans le *XV fiecle*, fur vélin, contenant 59 feuillets. L'écriture eft en *lettres rondes*, à longues lignes ; il eft enrichi de capitales & d'ornements peints en or & en couleurs. Les marges en font chargées de notes.

3598 Incomincia el Libro chiamato Triomphi damore facto : e compofto per lo excellentiffimo : e fummo poeta mifer Francefco Petrarcha da Fiorenza : per amor di Madona Laura : El qual libro e diftincto in capituli xii : i quali in fumma fano mentione : ouero contengono in fe cinqui

BELLES-LETTRES. 501

triomphi : ne lo qual proceffo tutti li antiqui : & moderni : coffi Homini comme Done : hanno triumphato ponendo in alchuni di quelli la lor felicita. *Parmæ, Andreas Portilia,* 1473. in 4. m. r.

PREMIERE EDITION.

CE VOLUME commence par l'intitulé ci-deffus, dont les fix premieres lignes font imprimées en lettres capitales. A la fin il y a ces vers :

Quæ condam totū lector quefita p orbem :
Quæq; tibi fuerant tota fepulta diu
Perlege Philelphi : nam cōmentaria docte
Narrabunt quicquid continet hiftoria.
Perlege nec dubites dulces cantare triūphos
Exemplo illuftres nec minus eloquio.
Hæc nam dedalicus pofuit Portilia Parmæ
Andreas : patriæ gloria magna fuæ.
Pridie Nonas Martii. M.ccclxxiii.

3599 Gli Triomphi del Petrarcha con la expofitione di Bernardo Glicino. *Bononiæ,* 1475. *die XXVII. menfis Aprilis.* in fol. m. bl.

3600 Triomphi di Francefco Petrarcha, con commento di Bernardo Glicini da Sena. *in Venexia per Theodorum de Reynsburch, & Reynaldum de Novimagio,* 1478. *adi VI. del mefe de Febraro.* in fol. goth. m. cit.

3601 Triomphi di Petrarcha con commento da Licinio e Francefco Philelpho. caftigato e cor-

BELLES-LETTRES.

retto per Hieronymo Centone. *in Venetia, Piero Veronese*, 1492. in fol. vel.

3602 Triompho dello amore di meſſer Franceſco Petrarcha excellentiſſimo poeta fiorentino comincio cap. primo. in 4. m. r.

IMPRIMÉ SUR VÉLIN.

Cette Edition eſt ſans date, ſans nom de Ville ni d'Imprimeur, à longues lignes au nombre de 27 ſur les pages qui ſont entieres. Elle a des ſignatures depuis a juſqu'à e, & elle commence par l'intitulé ci-deſſus, qui eſt imprimé en lettres capitales. Elle finit dans le haut du verſo du dernier feuillet, par les 4 derniers vers des triomphes, leſquels ſont ſuivis de ces mots :

Fine de Triumphi del clariſſimo poeta Franceſco petrarcha.

3603 Les ſix Triomphes de François Petrarque. grand in fol. m. r.

MANUSCRIT MAGNIFIQUE ſur vélin du commencement du *XVI ſiecle*, contenant 216 feuillets écrits en *ancienne ronde bâtarde*, ſur deux colonnes. Il eſt enrichi de très belles capitales peintes, rehauſſées d'or & de ſix ſuperbes tableaux peints en miniature, & recommandables par une compoſition ſavante, un deſſein correct & un coloris agréable. Ils portent 14 pouces de hauteur ſur 10 pouces de largeur.

Ce précieux MS. a été fait pour *Anne Malet*, fille de *Louis Malet*, Seigneur de Graville, Amiral de France, & de *Marie de Balſac* ; elle étoit femme de *Pierre de Balſac D'Entragues*, qui l'avoit enlevée. On voit ſes armes au bas de la troiſieme miniature, écartelées au 1 & 4 d'azur, à

BELLES-LETTRES.

trois fautoirs d'argent, 2 & 1, au chef d'or, chargé de trois fautoirs d'azur, qui eſt *Balſac-Entragues*, au 2 & 3 de gueules, à trois fermeaux d'or, qui eſt *Malet-Graville*, & ſur le tout d'argent, à la givre d'azur, à l'iſſant de gueules, qui eſt *Milan*.

On y voit auſſi les trois deviſes ſuivantes qui renferment chacune l'anagramme du nom d'*Anne de Graville*. GARNI DVNE. LEALE. AN VELLERE DIGNA. JEN GARDE VN LEAL.

La bordure de la premiere miniature qui repréſente le Triomphe de l'amour, eſt formée de fermeaux ou boucles, tels qu'il s'en trouve dans les armes de *Malet*; elle eſt ornée de la deviſe d'*Anne Malet*, qui eſt un Chante-Pleure ou Arroſoir, d'où découlent des larmes. Cet inſtrument hidraulique eſt accompagné de ces mots: *Muſas natura, Lachrimas fortuna*.

La bordure de la ſeconde miniature eſt parſemée de ces deux ſigles: P. N. & ornée de deux Chante-pleurs, avec la deviſe précédente.

Le cadre de la quatrieme miniature eſt formé de boucles, & parſemé des mêmes lettres P. N.

On lit dans le cadre de la cinquieme miniature les mêmes deviſes qui ſont dans celui de la troiſieme.

La traduction contenue dans ce MS. eſt celle d'un Commentaire Italien ſur les ſix triomphes de *Pétrarque*, que *Bernardo Ilicinio da Monte Alano di Siena* publia dans le XV ſiecle. Nous ignorons le nom du Traducteur François, qui ne s'eſt pas fait connoître. Tout ce que nous avons pu découvrir à ſon ſujet, c'eſt qu'il entreprit ſa traduction dans la ville de Rouen, & qu'il la préſenta à *Louis XII*. Roi de France. Il rend compte dans un prologue qui eſt à la tête de ce MS. des raiſons qui l'ont porté à traduire ces Commentaires.

... Et pour ce que ce liure intitule les triumphes de francoys

Tom. II.

petrarche tres excellent et tres scientifique philosophe et poethe ma semble tres vtile et prouffitable a lhomme pour congnoistre soy mesmes et sa fin je lai voulu selon mon petit et debile entendement tant le texte que le comment translater de vulgaire italien en gros et rude langaige francoys ainsique ie lay peu entendre affin que les francoys qui le vouldront lire y puisse proffiter et apprendre.

Du Verdier a connu ce superbe MS. lorsqu'il étoit dans la bibliotheque de *Claude d'Urfé*. Voyez sa bibliotheque tom. I pag. 227.

3604 Les Triumphes de Messire Francois Petrarque translatez nouvellement en François. in fol. m. bleu.

BEAU MANUSCRIT sur vélin, du *XVI siecle*, contenant 178 feuillets, écrits en *ancienne bâtarde* & à longues lignes. Il est enrichi de lettres *tourneures* peintes en or & en couleurs, & de 24 fort belles miniatures qui ont 10 pouces de hauteur sur 6 pouces de largeur.

Ce MS. ne contient que les trois premiers Triomphes de Pétrarque, au lieu que les 3 Editions suivantes, qui sont de la même traduction, renferment les six. Nous ignorons le nom de l'Auteur. Nous n'osons assurer que ce soit *George de la Forge*, Bourbonnois, qui est connu pour avoir fait une traduction de cet Ouvrage.

3605 Les Triumphes Messire François Petrarque translatez de langaige tuscan en François. *Paris, Berthelemy Verard*, 1514. in fol. goth. fig.

3606 Les Triumphes Messire François Petrarque. translatez de langaige tuscan en françois, auquel ont été ajoutées plusieurs collections jouste les premieres imprimées, pour plus facilement entendre la matiere des dits triumphes. *Paris,*

BELLES-LETTRES.

Hemon le Febure, le 9 Juin, 1519. in fol. goth¶ m. bl.

IMPRIMÉ SUR VÉLIN, avec 17 Miniatures.

3607 Les Triumphes de Meffire François Petrarque. trad. en françois. *Lyon, Romain Martin,* 1531 in 8. fig. m. r.

3608 Le Petrarque en rime françoife avec fes commentaires, traduit par Philippe de Maldeghem, Seigneur de Leyfchot. *Douay, François Fabry,* 1606. in 8. m. r.

3609 Les fix Triumphes & les fix Vifions de Francoys Petrarqe. in 4. m. r.

MANUSCRIT fur vélin, du *XVI fiecle*, contenant 21 feuillets écrits en *lettres rondes*, & enrichis de 18 très belles miniatures qui ont plus de 4 pouces en quarré.

Le difcours de ce MS. confifte, favoir, pour les triomphes, dans *la devife* écrite en or, & un diftique françois au bas de chaque miniature, & pour les vifions, en un fixain difpofé de même.

3610 Incominza el libro primo Dita Mundi cumponuto per Fazio di Gluberti da firenza. et prima de la buona difpofitione che egli ebe adretrarfi da gli vitii et feguire le virtute. *In Vicentia, Maeftro Leonardo de Bafilea,* 1474 in fol. m. r.

PREMIERE EDITION TRÈS RARE.

Elle commence par l'intitulé rapporté ci-deffus qui eft

BELLES-LETTRES.

imprimé en lettres capitales. Les pages en font fur 2 colonnes, dont celles qui font entieres ont 39 vers. Elle n'a ni chiffres ni réclames ; mais elle a des fignatures qui font difpofées tout au bas de la page, de forte que celles qui étoient aux deux premiers feuillets ont été emportées par le Relieur. Le troifieme feuillet porte a 3.

On trouve au verfo du dernier feuillet cette foufcription :

Facio mi chiamo de gliuberti intendi
naqui foprarno che Firenze honora
fa buon letor che me legiendo atendi
T ocho lantiche Iftorie che macora
quando gli penfo ben che morto io fia
e le moderne in buona parte anchora
M ia fama rinoua per fua cortefia
maeftro leonardo con mirabel ftampa
il qual gia naque ne lalta Bafilia
V incentia adunque inpiu uirtute auampa
cha nula altra cita magior equale
foto laqual fi triumpha e non pur fcampa
C ompiuto fui un mefe in uer natale
mille fetanta quatro. e quatrociento
regnante Marcho con le fue grandale.
N on hauena phebo ancor el giorno fpento.

3611 Opera di Faccio de gli Uberti Fiorentino chiamato Ditta Mundi. *In Venetia, per Chriftoforo di Penfa da Mandelo.* 1501. in 4. m. r.

3612 El libro del Birria e del Gieta compofto in rima da Filippo Brunellefchi e da fer Domenico da Prato. in 4. m. r.

PREMIERE EDITION.

Elle

BELLES-LETTRES.

Elle est d'environ l'an 1476, & à longues lignes, au nombre de 24 sur les pages qui sont entieres, sans chiffres ni réclames; mais avec signatures. On trouve à la fin cette souscription.

Finiscie ellibro delbirria e delgieta composto ĩ rima da filippo brunelleschi e da ser domenicho da prato. Laus deo.
.*A M E N.*

3613 Il Ninfale di giov. Boccaccio. (in ottava. rima). in 4. rel. en cart.

MANUSCRIT sur papier, exécuté en Italie, dans le *XV siecle*, contenant 93 feuillets écrits en *ancienne bâtarde romaine*, & à longues lignes.

3614 Ninfale Fiesolano di Messer Giovani Boccaccio nel quale si contiene l'Innamoramento di Afrio & Mensola. con i loro accidenti & morti. *In Fiorenza*, *Valento Panizzi*, 1568. in 4. fig. v. éc.

3615 Philostrato di Giov. Boccaccio (Poema in ottava rima) in 4. rel. en cart. avec dos de veau d. s. tr.

MANUSCRIT sur papier, du *XV siecle*, contenant 94 feuillets; il est écrit en *ancienne bâtarde romaine*, à longues lignes.

3616 Il Filostrato, Poema in ottava rima. ⹀ Corbaccius contra sceleratam uiduam & alias mulieres incipiunt inuective. in fol. rel. en cart.

MANUSCRIT sur papier, du *XV siecle*, contenant 122 feuillets, écrits en *letttes rondes*: le premier ouvrage est sur 2 colonnes, le second est à longues lignes.

Tome II. Ttt

Ces deux Ouvrages sont de *Boccace*. Le dernier en prose italienne, est plus connu sous le nom de *Labirinto d'Amore*.

3617 Livre en stille tres piteux & plaisant la façon & maniere comment Toille filz au Roy Priam senamoura de la belle Criseida pendant le temps que les Grecz tenoient Troye assiégée & comment elle changea son amour vers la fin en le mettant en obly pour Dyomedes de Grece. in 4. m. r.

MANUSCRIT sur vélin, du *XV siecle*, contenant 92 feuillets, écrits en *ancienne bâtarde*, à longues lignes. Il est enrichi de lettres *tourneures* peintes en or & en couleurs, & de 15 dessins en noir, très curieux : le plus grand porte 5 pouces & demi de hauteur, sur environ 4 pouces de largeur.

On voit sur le premier feuillet de ce MS. des armes dessinées en losange : parti au 1 d'*Orléans*, au 2 de *Visconti-Milan*, au 3 parti de *Cleves* & de *Bourgogne moderne*, au 4 parti de *Bourgogne ancien* & de *la Mark*. Ces armes sont celles de *Marie de Cleves*, fille d'*Adolphe, Duc de Cleves*, & de *Marie de Bourgogne*. Elle avoit épousé en 1440 *Charles, Duc d'Orléans*, fils de Louis de France & de *Valentine de Milan*, & elle mourut en 1487. On apperçoit sur le même feuillet deux chiffres & deux Chante-pleurs, d'où découlent des larmes ; l'un de ces Chante-pleurs est accompagné de ces mots : *riens ne mest plus*, & l'autre a au goulot une tige de fleurs avec sa racine. Cet instrument hidraulique étoit la devise de *Valentine de Milan*, belle-mere de *Marie de Cleves* ; elle l'avoit prise, à la mort de *Louis, Duc d'Orléans*, son mari, qui fut assassiné à Paris le 23 Novembre 1407, par des gens apostés par *Jean sans-peur*, Duc de Bourgogne. Elle mourut accablée de tristesse de l'assassinat de ce Prince, le 4 Décembre 1408.

On lit, dans un Prologue qui est à la tête de ce MS. les particularités suivantes :

BELLES-LETTRES.

Pierre de Beauvau, Sénéchal d'Anjou, & Chambellan de *Louis II* Roi de Sicile, désespéré de l'insensibilité d'une Dame qu'il aime constamment sans pouvoir réussir à la toucher, entre tout pensif dans une chambre à côté de celle de son maître le Roi de Sicile, & jettant au hasard les yeux sur quelques romans, il lui tombe sous la main *un petit livre en langue italienne qu'on appelle* Phillostraclo *lequel jadis fut fait par un poete florentin nommé Pétrearque*. Il en trouve les aventures si conformes aux siennes & si analogues à sa situation, qu'il se met à le translater *en larmoyant tant le sujet en est triste;* il dit à la fin de sa traduction que jadis il faisoit *plaisans dis & gracieuses chançonnettes,* mais qu'à présent un amour malheureux & sans espoir lui fait traduire, malgré lui & *contre sa droitte nature, ce Traité de Douleur.*

Jeanne de Craon, fille de *Pierre de Craon*, Seigneur de la Suse, est la Dame insensible qui excite les tourments & les plaintes de *Pierre de Beauvau*. Elle étoit belle. *Pierre de Beauvau* l'avoit beaucoup aimée durant la vie d'*Ingelger d'Ambroise II* du nom son premier mari; il se brouilla avec elle, se raccommoda ensuite, & l'épousa; il en eut *Louis de Beauvau*, Auteur d'une description en vers d'un Tournoi fait à Tarrascon, en 1449, sous *René d'Anjou* & Jean, Seigneur de Beauvau.

Pierre de Beauvau attribue mal-à-propos à *Pétrarque*, le roman de *Philostrate* qu'il a traduit. Il appartient incontestablement à *Boccace*. C'est le sentiment de tous les Auteurs, entr'autres de *Crescembeni*, *Quadrio* & *Mazzuchelli* qui l'appuient sur le témoignage d'une infinité de MSS. anciens qui le donnent à cet Auteur. D'ailleurs ce roman est dans le genre de plusieurs romans de *Boccace*, & il est écrit en stances de 8 vers ou *rimes octaves*, genre de poésie qu'il avoit perfectionné, & dont il a souvent fait usage.

3618 Amorosa Visione di Messer Giovani Boccaccio nuovamente ritrovata, nella quale si contengono cinque Triumphi. cioe. di Sapientia, di Gloria. &c. *In Ædibus Zanotti Castellionei impensa. D. Andreæ Calvi*, 1521. in 4. v. f.

3619 (Frederico) Frezzi il quadriregio : liber de Regnis, ad magnificum dominum Ugolinum de Trinciis de Fulgineo, diuisus in quatuor libris quorum primus tractat de regnis Cupidinis Dei Amoris, secundus de regnis Sathanæ, tertius de Regnis uitiorum, quartus de Regnis uirtutum. Poema in terza rima. in fol. rel. en cart.

MANUSCRIT du *XV siecle*, sur papier, contenant 81 feuillets. Il est écrit en *lettres rondes*, & sur 2 colonnes ; les sommaires en sont en rouge.

On lit à la fin :

Iste Liber scriptus fuit in ciuitate Castelli, partim per me Neiu; franchis dum eram potas prefate ciuitatis & partim per Bartolomeum de fulgineo militem socium anno M. cccc°. xxj. die iiij°. mens. Nouembris.

3620 El Libro intitulato Quatriregio del decursu della vita humana de Messer Frederico (Frezzi) frate dell' ordine de sancto Dominico & Vescovo della citta de Foligni. *Impresso a Peruscia, per Maestro Steffano Arns Almano*, 1481. in fol. goth. m. r.

PREMIERE EDITION.

3621 Libro chiamato Quatriregio del decorso de la vita humana in terza rima, di Messer Federico Frezzi, vescovo della cipta di Foligno. *In Venetia*, 1511. in fol. m. r.

3622 Incominciano i Sonecti di (Domenico) Burchiello Poeta Fiorentino. in 4. rel. en cart.

MANUSCRIT sur papier, exécuté en Italie, dans le *XV siecle*, contenant 73 feuillets écrits en *lettres rondes*, à longues lignes.

3623 Li Soneti del Burcelo (Burchiello). *In Veniegia, per Maestro Tomaso d'Alexandria*, 1477. in 8. m. r.

PREMIERE EDITION.

A la fin :

Fin de sonetti del burchiello li quali sono stati impressi in ueniegia per maestro Tomaso dalexandria nel anno M. ccclxxvii. adi. xxix. di iuglio. Regnante lo inclyto principe Messer Andrea uendramino.

3624 Sonecti del Burchiello. in 4. v. éc.

CETTE EDITION est très rare ; elle est sans date, sans nom de Ville ni d'Imprimeur, avec des signatures depuis a 2-i, sans y comprendre le feuillet du frontispice. Au verso du dernier feuillet des Sonnets on trouve le registre ; il est suivi de quatre feuillets qui contiennent la table.

Cette Edition a une singularité, c'est qu'à une partie des Sonnets il y a en tête, en lettres capitales :

S. di Burchiello.

3625 Sonetti del Burchiello. *Venetiis, Antonius de Strata*, 1485. *Die vero* 24 *Julii.* in 4. m. r.

A la fin :

Cura & diligĕtia Antonii de strata de Cremona opus Burchielli florentini impreſſum Venetiis. anno domini. M. cccclxxxv. die uero. xxiiii. iulii Ioanne mocenico inclito principe Venetiis principante.

3626 Sonetti del Burchiello. *In Venetia per Baſtiano de Verolengo Depane & Vino de Monteferrato.* 1492. *adi* 23 *de Zugno.* in 4. m. r.

3627 I Sonetti del Burchiello, e di Meſſer Antonio Alamanni, alla Burchielleſca. *In Firenze, i Giunti,* 1552. in 8. m. bl.

3628 I Sonetti del Burchiello, di Meſſer Antonio Alamanni, & del Riſoluto. *In Fiorenza, Giunti,* 1568. in 8. m. r.

3629 Il Driadeo compilato per Luigi Pulci. *Florentiæ, per Antonium Bartholomei Miſcomini,* 1481. *Die primo Februarii.* in 4. m. r.

3630 Il Driadeo compilato per Luigi Pulci, con note manoſcritte di Jacopo Corbinelli. *In Firenze, Antonio di Franceſcho Vinitiano. adi quattordici di Luglio,* 1487. in 4. m. bl.

3631 Morgante Maggiore compoſto per Luigi Pulci Fiorentino. *in Milano, per Zanotto da Caſtellionio : ad inſtantia di M. Jo. Jac. Fratelli de Legnano,* 1518. in 4. fig. m. r.

BELLES-LETTRES.

3632 Morgante Maggiore compofto per Luigi de Pulci, nuovamente ftampato e ricorrecto. in 4. fig. m. r.

3633 Morgante Maggiore : il quale tratta de la morte de Orlando, con tutti li Paladini, da Luigi Pulci. *In Vinegia, per Jo. Ant. et Fratelli da Sabio*, 1532. in 4. m. bl.

3634 Morgante Maggiore di Aluigi Pulci. *In Vinegia, Gulielmo da Fontaneto*, 1534. in 8. m. r. goth.

3635 Morgante Maggiore di Luigi Pulci, corretto per M. Lodovico Domenichi. *In Vinegia, Girolamo Scotto*, 1545. in 4. fig. m. r.

3636 Morgante Maggiore di Aluigi Pulci. *In Vinegia, per Bartolomeo detto l'Imperadore*, 1549. in 8. fig. m. r. goth.

3637 La Confeffione di Luigi Pulci, in terza rima. in 4. v. f.

EDITION fur 2 colonnes, contenant 4 feuillets.

3638 Piftole de Luca de Pulci al magnifico Lorenzo de Medici. *Imp. circa* 1490. in 4. v. f.

EDITION à longues lignes au nombre de 33. fur les pages qui font entieres, fans chiffres & réclames; mais avec fignatures. Il y a fur le premier feuillet une gravure en bois.

3639 Cyriffo Calvaneo compofto per Luca Pulci, con l'adgiunta per Bernardo Giambollari. *Ve-*

netiis, per Alexandrum de Bindonis, 1518. in 4. fig. m. r.

3640 Buovo d'Antona, nel quale tratta delle bataglie, et gran fatti che lui fece con la fua morte. *In Venetia, Pietro Donato*, 1580. in 8. fig. v. f.

3641 Geographia di Francefco Berlinghieri Fiorentino, in terza rima & lingua tofcana diftincta con le fue tavole in varii fiti & provincie, fecondo la geographia & diftinctione dele tavole di Ptolomeo. Cum gratia & privilegio. *Impreſſo in Firenze per Nicolo Todefco, et emendato con ſomma diligentia dallo Auctore*. in fol. baf.

PREMIERE EDITION FORT RARE, imprimée vers 1478, avec des cartes géographiques, dont la gravure très informe eft faite par un Orfevre qui n'avoit aucune pratique du burin, & qui a frappé les lettres dans le métal, fouvent affez mal.

Ce Volume a des fommaires dans le haut des pages, des fignatures & une réclame; il eft imprimé en caracteres romains, fur 2 colonnes; dont celles qui font entieres contiennent 51 vers. Il commence par le titre imprimé ci-deffus, en rouge. Au verfo de ce feuillet il y a en lettres capitales & en 9 lignes, ce qui fuit :

In quefto volume ſi contengono ſepte giornate della geographia di francefco Berlingeri fiorentino allo illuſtriſſimo federigo duca Durbino.

Suit un feuillet de tables qui tient le recto, & au verfo il y a une piece de vers fur 2 colonnes, adreffée à Frédéric, Duc d'Urbain.

Cet

Cet Ouvrage est divisé en sept livres, & les livres en chapitres. Le texte commence au troisieme feuillet, où il y a la signature a, par 5 lignes imprimées en lettres capitales: *Geographia di francesco Berlinghieri*, &c.

Au bas de la seconde colonne du verso de ce feuillet on trouve cet apologue de Marsile Ficin:

Marsilii ficini florentini Apologus ad Federicum urbini ducem in librum Cosmographie Frācisci Berlingherii florentini Nicholai filii adeundem·
qVem iuppiter omnipotēs orbis totius Dominus ad terreni orbis imperiū procreauit: Quem pallas mercuriusque Iouis filii iamdiu tanto fuere imperio dignum huic et academia horum cultrix numinū platonicam terreni regni formam non iniuria dicat: huic et academicus Berlingherius noster uniuersam orbis poeticā figuram eo largitur tempore quo respublice Ducesque et Reges iterum atque iterum Tum Palladis hastam: Tum Herculis clauam concedunt felicibus auspiciis potentem belli italici dominam. Ac dum plerique potentes Federico duci semper inuicto Italiam bello parere uolunt. Interim et academia et academicus eidem tam pace quam bello totum subicit orbem.

Le Volume finit par un feuillet qui contient le registre, tant des signatures que des cartes géographiques. Au dessous il y a cette souscription en 3 lignes:

Impresso in firenze per Nicolo Todescho & emendato con somma diligentia dallo auctore.

3642 Poesie volgati di Lorenzo de Medici, che fu padre di Papa Leone. *In Vinegia, Figlivoli di Aldo,* 1554. in 8. m. r.

3643 Orlando innamorato, di Mattheo Maria

Boiardo Conte di Scandiano. *In Vinegia, Giov. Ant. et Piet. Fratelli de Nicolini da Sabio*, 1544. in 4. v. f.

3644 Opere del Signor Antonio Thibaldeo da Ferrara: cioe Sonetti, Dialogo, Epiftole, Egloghe, Difperata, Capitoli. *Impreffo in Firenze a petitione di fer Piero Pacini da Pefcia*, (circa 1490.) in 8. m. r.

PREMIERE ÉDITION.

3645 Opere di Mifer Antonio Thibaldeo da Ferrara: cioe Sonetti, Difperata, Egloghe, &c. *In Venetia, Alexandro de Bindonis*, 1511. in 4. m. r.

3646 Sonetti: Capitoli: et Egloge di M. Antonio Thibaldeo. *In Milano, per Bernardino de Caftello, ad inftancia de Meffer Nicolao de Gargonzola*, 1517, *adi XXI de Febrari*. in 12. m. r.goth.

3647 Opere de le elegante Poeta Thibaldeo Ferrarefe. *In Vinegia, per Francefco di Aleffandro Bindoni, et Mapheo Pafyni*, 1535. in 8. m.bl.

3648 Antonius Cornaçanus de placentia de geftis invectiffimi ac illuftriffimi Francifci Sfortiæ, Ducis Mediolanenfis, (poema in terza rima, con gli argomenti a ciafcun canto.) in fol. rel. en cart.

TRÈS-BEAU MANUSCRIT fur vélin, exécuté en Italie,

dans le *XV.fiecle*, contenant 179 feuillets. Il est écrit en *lettres rondes*, à longues lignes. Les arguments de chaque chant au nombre de 12 sont en rouge, & la premiere capitale représente le portrait de *François Sforce* peint en miniature. Cet usurpateur du Duché de Milan, mort en 1466, gagna 22 batailles sans jamais avoir été vaincu. Il gouverna ses Etats avec beaucoup de modération, & en bon Souverain.

Le Poëme d'*Antonio Cornazano* est fort rare & n'a jamais été imprimé, ce qui en rend les MSS. très-précieux.

3649 Opera bellissima del arte militar del excellentissimo Poeta miser Antonio Cornazano, in terza rima. *In Venexia, per Cristophoro da Mandello aposta del vener. homo miser Pre Piero Benalio*, 1493. in fol. m. r.

3650 Opera di Miser Antonio Cornazano in terza rima : la qual tratta de modo regendi, de motu fortunæ, de integritate rei militaris, &c. *In Venetia, per Zorzi di Rusconi, ad instantia de Nicolo Zopino, & Vincentio*, 1517, *adi 3 di Marzo*. in 8. fig. m. r.

3651 Commento di Hieronymo Benivieni, sopra a piu sue Canzone & Sonetti dello amore et della belleza divina. *In Firenze, per S. Antonio Tubini*, 1500. in fol. m. r.

3652 Opere dello elegantissimo Poeta Seraphino Aquilano. *In Venetia, Giovanni Andrea Vavassori*, 1539. in 8. m. bl.

3653 Opera nova del Cavalier Fregoso Antonio Phileremo. Cioe : lamento d'amore mendicante. Dialogo de Musica, &c. *In Milano per Bertolameo da Crema, ad instantia de Joanne Jacobo et Fratelli de Legnano.* 1525, *adi* 29 *de Lugo.* in 4. m. r.

3654 Riso de Democrito : et pianto de Heraclito compositi per il Cavalere Phileremo D. Antonio Fregoso. *In Milano, per Zanoto da Castione,* 1515. in 4. m. r.

3655 Justo de Comitibus da Roma chiamato Là Bella Mano, publicato per Jo. Batt. de Refrigeriis de Bononnia. *In Venetia, Thomaso di Piasi,* 1492. in 4. m. r.

3656 Poema de dui Amanti Paulo e Daria, composto, per Gasparo Vesconte. *In Milano, per Philippo Montegatio dicto el Cassano,* 1495. *a di primo de Aprile.* in 4. vélin.

PREMIERE ÉDITION.

3657 Carmina quædam perpulcherrima in Sonetis vulgariter redacta, de Christi fide ac ejus Sacramento in altari consecrato nec non de immortalitate animæ, morumque moralitate, &c. (Italicè), per Franciscum de Alegris. *Bononiæ, per Jo. Jacobum de Fontanetis de Regio cognominato de Laberintis,* 1495. in 4. m. r.

3658 Canzoneri dicto il Perleone del Rustico Romano. *In Napoli, Aiolfo de Cantono,* 1492. *adi X. de Martio.* in 4. m. bl.

PREMIERE ÉDITION.

BELLES-LETTRES.

3659 Rime nuove amorose di M. Giovanni Bruno. *In Venetia, per Bernardino Vitale, ad instantia di Jacob da Borgofranco.* 1533, in 8. m. r.

3660 Arcadia del Sannazaro tutta fornita & tratta emendatissima dal suo originale & novamente in Napoli restampita. in 4. v. f.

BELLE EDITION à longues lignes au nombre de 25 sur les pages qui sont entieres, sans chiffres & réclames; mais avec signatures. Elle est d'environ l'an 1480, & elle commence par le titre ci-dessus.

3661 Le Rime di Messer Pietro Bembo. *In Vinegia, Giovan Antonio de Nicolini de Sabio,* 1535. in 4. m. r.

IMPRIMÉ SUR VÉLIN.

3662 Delle Rime di Messer Pietro Bembo. *In Roma, Valerio Dorico & Luigi fratelli,* 1548. = Le Prose del medesimo. *In Fiorenza, Lorenzo Torrentino,* 1548. in 4. m. r.

3663 Opere di Messer Lodovico Ariosto. *In Venezia, Antonio Zatta,* 1772. 8 vol. in fol. fig. m. r.

3664 Orlando Furioso di Lodovico Ariosto, ristampato & con multa diligentia da lui corretto & quasi tutto formato di nuevo & ampliato. *In Ferrara, Giovanni Battista da la Pigna Milanese adi. XIII de Febraro.* 1521. in 4. v. f.

3665 Orlando Furioso di Messer Lodovico Ariosto. *In Vinegia, in casa de Figliuoli di Aldo*, 1545. in 4. m. r.

3666 Orlando Furioso di M. Lodovico Ariosto. *In Vinegia, Gabriel Giolito de Ferrari*, 1547. in 8. fig. m. r.

3667 Orlando Furioso di M. Lodovico Ariosto. *In Vinegia, Giolito de Ferrari*, 1549. in 8. m. cit. l. r.

3668 Orlando Furioso di Lodovico Ariosto, & cinque canti d'un nuovo libro del medisimo nuovamente aggiunti. *In Vinegia, Gabriel Giolito de Ferrari*, 1558. in 8. fig. m. r.

4669 Orlando Furioso di Lod. Ariosto, con le annotationi di Girolamo Ruscelli. *In Venetia, Valgrisi*, 1560. in 4. fig. v. f.

3670 Orlando Furioso di M. Lodovico Ariosto, nuovamente adornato di figure di rame da Girolamo Porro. *In Venetia, Francesco de Franceschi*, 1584. in 4. m. bl. l. r.

Les figures des Chants 33 & 34 sont les mêmes.

3671 Orlando Furioso di M. Lodovico Ariosto, adornato di figure di rame da Girolamo Porro. *In Venetia, Fr. de Franceschi*, 1584. in 4. m. bl. l. r.

La figure du 34ᵉ Chant, qui manque dans la plus grande partie des Exemplaires, & qui est extrêmement rare, se trouve dans celui-ci.

BELLES-LETTRES. 521

3672 Orlando Furioso di Lodovico Ariosto. *Birmingham, Baskerville,* 1773. 4. vol. in 4. G. P. fig. m. r.

3673 Roland Furieux, Poème héroique de l'Ariofte, traduction nouvelle, par M. de Mirabeau. *La Haye, Pierre Goſſe,* 1741. 4 vol. in 12. G. P. v. f.

3674 Le Satire di M. Lodovico Ariosto. *In Vinegia Nicolo d'Ariſtotile detto Zoppino.* 1535. in 8. m. bl.

3675 Strambotti di Miſſer Saſſo Modoneſo. *In Milano, per Joan. Jacobo & i fratelli da Legnano,* 1506. = Strambotti del Seraphino. *In Milano, Antonio Zaroto,* 1504. *adi VIII. de Zugno.* in 4. v. m.

3676 Il Libro Vulgare dicto la Spagna in quaranta cantare divifo: dove ſe tracta le bataglie che fece Carlo magno in la Provincia de Spagna. in ottava rima. *In Milano, per Joanne Angelo Scinzinzeler, ad inſtancia de fratelli de Legnano.* 1512. in 4. baſ.

3677 Libro di mirandi facti di Paladini, intitulato Vendetta di Falchonetto. in ottava rima. *In Venetia,* 1513. in 4. v. m.

3678 Opere de Antonio Riccho Neapolitano intitulata fior de Delia. *In Milano, per Rocho & fratello da Valle ad inſtantia de Miſer Nicolo da*

BELLES-LETTRES.

Borgonzola, 1518. *adi XVI di Octobre.* in 8. v. m.

3679 Rime di Meſſer Giovan Giorgio Triſſino. *In Vicenza, per Tolomeo Janiculo,* 1529. in 8. m. r.

3680 La Italia Liberata da Gotthi del Triſſino. *Stampata in Roma, per Valerio e Luigi Dorici a petizione di Ant. Macro, Vicentino.* 1547. 3 vol. in 8. m. r.

3681 L'Italia Liberata da Goti di Giangiorgio Triſſino. riveduta e corretta per l'Abbate Antonini. *Parigi, Cavelier,* 1729. 3 vol. in 8. m. r.

IMPRIMÉ SUR VÉLIN.

3682 Le Rime di M. Agnolo Firenzuola Fiorentino. *In Fiorenza, Bernardo Giunti,* 1549. in 8. m. r.

3683 Libro de Argentino: nel quale ſe tratta della Liberatione di terra ſancta fatta per Carolomano: compoſto per Michiele Bonſignori. *In Peruſia, per Hieronymo di Franceſco di Baldaſſarre Cartholaio.* 1521. in 4. goth v. f.

3684 Triompho magno nel qual ſi contiene le famoſe Guerre d'Alexandro Magno imperator di Grecia comminciando avanti ſua nativita: compoſto per Domenico Falugi Anciſano. *Romæ, per Marcellum Silber dictus Franck,* 1521. in 4. m. r.

BELLES-LETTRES.

3685 Libro d'arme e d'amore nomato Mambriano, composto per Francesco Cieco da Ferrara. *In Venetia, per Benedetto & Augustino Fratelli de Bindoni,* 1523. in 8. goth. fig. m. r.

3686 Tutte le rime della Signora Vittoria Colonna, Marchesana di Pescara; con l'espositione di Rinaldo Corso, mandate in luce da Girolamo Ruscelli. *In Venetia, Giovanbattista & Melchior Sessa,* 1558. in 8. bl.

3687 Orlandino, per Limerno Pittocco (Teofilo Folengo) da Mantoa composto. *In Vinegia, Giovanni Antonio & Fratelli de Sabio,* 1526. in 8. v. b.

3688 Orlandino, per Limerno Pittocco (Teofilo Folengo) da Mantoa composto. *In Vinegia, Agostino Bindone,* 1550. in 8. m. r.

3689 Orlandino di Limerno Pittocco, (Teofilo Folengo.) nuovamente stampato, diligentemente corretto, ed arricchito di annotazioni. *Londra, si trova a Parigi, presso Molini* 1773. in 8. m. r. doub. de tabis.

Imprimé sur vélin.

3690 La Humanita del figliuolo di Dio, in ottava rima, per Teofilo Folengo. *In Venegia, Aurelio Pincio,* 1533. in 4. m. r.

3691 Itinerario Asyatico di Siptabina Pisano;

BELLES-LETTRES

Poeta celeberrimo. *In Vineggia, per Helisabetta de Ruschoni*, 1526. in 8. fig. m. bl. l. r.

3692 Il Sogno amoroso e l'Egloge di Hercole Bentivogli. *In Vinegia, per Francesco di Alessandro Bindoni, & Mapheo Pasini*, 1530. in 4. v. m.

On trouve au commencement du Volume la note suivante de M. Floncel.

Deve riputarsi per rara questa Edizione. V. lettere di Apostolo Zeno tom. I. pag. 273. Negli scrittori d'Italia tom. 2. part. 2. pag. 872. 73 & 74. il Conte Mazzuchelli da una notizia di questo poeta che non aveva che 24 anni quando fu data questa edizione, che essendo la prima non e niente commune. V. ancora il Quadrio.

3693 Satira di Marco Guazzo intitolata Miracolo d'Amore. *In Vinezia, per Nicolo d'Aristotile detto Zoppino*, 1530. in 8. m. r.

3694 Astolfo borioso, che segue alla morte di Ruggiero. per Messer Marco Guazzo. *In Vinegia, per Paolo Gherardo*, 1549. in 4. v &c.

3695 Carte de Mare Egeo con rime. in fol. m. r.

Très-beau Manuscrit sur vélin du *XVI siecle*, contenant 58 feuillets. Il est écrit en *lettres rondes*, à longues lignes; & enrichi de 49 Cartes coloriées.

Il commence par ce titre inintelligible:

> Al Diuo Cinquecento Cinque e Diere
> Tre cinque ado mil nulla tre e do Vn Cento
> Nulla. questa opra dar piu cha altri lice.

BELLES-LETTRES. 525

Le nom de l'Auteur se trouve au 77ᵉ vers.

Per me bon Venetian Bartholomio
Da li sonetti uer compositore.

L'Edition qui suit renferme une piece de 172 vers de plus que ce MS. Elle est intitulée:

Figura e scrittura in somma di tutto lo habitato.

3696 Carte del Mare Egeo, in Rime. per Bartholomeo. 1532. in fol. m. r.

3697 Libro d'Arme e d'Amore. chiamato Leandra. nel quale se tratta delle battaglie, & gran fatti delli Baroni di Franza, & principalmente di Orlando, & di Rinaldo. estratto della vera cronica di Turpino. composto per Piero Durante da Gualdo, in sesta rima. *In Venetia, Guilielmo da Fontaneto*, 1534. in 8. goth. m. r.

3698 Del Parto della Vergine libri tre di M. Castore Durante da Gualdo ad imitatione del Sannazaro con gli argomenti di M. Jeromio Pallantieri. *In Roma, Gio. Batt. Cavalleri*, 1573. in 4. fig. v. éc,

3699 Libro chiamato Trabisonda: nel qual se tratta de la vita & morte de Rinaldo. *In Vinegia, Aloise Torti*, 1535. in 4. m. r.

Le titre manque.

3700 De le Cose volgari & latine del Beatiano, (Agostino Bevazzano). *Venetiis, per Bartholomaum de Zanettis*, 1538. in 8. v. f.

3701 Aurora, Libro nuovo compoſto per C. Baltha, Olympo de gli Aleſſandro da Saſſoferrato. *In Venegia, Bernardino de Bindoni,* 1539 = Olimpia di Baldaſar Olimpo da Saſſoferrato, ove contienſi. Strambotti, Recomandatione, Mattinate, Sonetti, &c. *In Vinegia, Giovanne Padouano,* 1541. in 8. m. r.

3702 Opere varie. in 8. m. bl.

Contenant :

1 Aurora del medeſimo C. Baltha, Olimpo de gli Aleſſandro da Saſſoferrato. *In Venegia, Bernardino de Bindoni.* 1539.

2 Nova Phenice del medeſimo. *In Vineggia per Barnardin di Bindoni,* 1538.

3 Gloria d'amore, del medeſimo. *In Venegia, Bernardino de Bindoni,* 1539.

4 Pegaſea, del medeſimo. *In Venetia, Bernardino de Bindoni,* 1539.

5 Olimpia del medeſimo. 1538.

6 Linguaccio del medeſimo.

7 Parthenia del medeſimo. *In Venetia, Bernardino de Bindoni,* 1539.

3703 Verſi, & Regole della nuova Poeſia toſcana, di Meſſer Antonio Renieri da Colle. *In Roma, per Antonio Blado d'Aſola,* 1539. del Meſe d'Ottobre. in 4. v. f.

3704 Abbattimento Poetico del divino Aretino, & del beſtiale Albicante, occorſo ſopra la guerra

BELLES-LETTRES.

di Piemonte, & la pace loro, celebrata nella Academia de gli Intrónati a Siena. 1539. in 4. m. bl.

3705 Poefie liriche & Egloghe di Luigi Allemani. in 4. rel. en cart. avec dos de veau.

Très-beau Manuscrit exécuté en Italie, dans le XVI fiecle, fur un vélin fort blanc, contenant 181 feuillets. Il eft très-élégamment écrit en bâtarde, à longues lignes.
Les Poéfies qu'il contient n'ont pas été imprimées.

3706 Opere Tofcane di Luigi Alamanni. *Lugduni, Sebaftianus Gryphius*, 1532, in 8. m. verd.

Imprimé sur vélin.

3707 Gyrone il cortefe di Luigi Alamanni. *In Parigi, Rinaldo Calderio, & Claudio fuo figliuolo*, 1548. in 4. m. r.

3708 L'Amorofe Rime di Luigi Borra Parmiggiano. *In Milano, in cafa de Gio. Ant. de Caftiglioni, ad inftantia di Andrea Calvi*, 1542. in 4. v. f.

3709 Libro chiamato infantia Salvatoris. nel quale fi contiene la Vita, Miracoli, & Paffione di Jefu-Chrifto, & la Creatione di Adamo. *In Venetia, per Venturino Roffinello*, 1543. in 12. goth. m. bl.

3710 La Paffione del Noftro Signore Jefu-Chrifto. in ottava rima. in 4. v. m.

3711 La Vendetta di Chrifto che fece Vefpafiano

BELLES-LETTRES.

e Tito, contro a Hierufalem. Poema in ottava rima. in 4. v. m.

3712 Tutte le Guerre horrende d'Italia. Comenzando dala venuta di Re Carlo, del mille quatrocento nonanta quatro, fin al giorno prefente. in ottava rima. *In Milano, Jo. Antonio da Borgo.* 1545. in 4. v. m.

3713 L'Amadigi del Signor Bernardo Taffo. *In Vinegia, Gabriel Giolito de Ferrari.* 1560. in 4. v. m.

3714 Rime di M. Gio. Agoftino Cazza Gentilhuomo Novarefe, detto Lacrito nell' Academia de i Paftori. *In Vinegia, Gabriel Giolito de Ferrari.* 1546. in 8. m. r.

3715 Il Primo e fecondo libro delle Satire alla Carlona, di meffer Andrea da Bergamo. (Pietro Nelli Sanefe.) *In Vinegia, Paolo Gherardo.* 1548. in 8. m. bl. dent.

3716 Il Primo libro delle Satire alla Carlona di meffer Andrea da Bergamo. (Pietro Nelli Sanefe). in 8. m. r.

3717 Simolacri, Hiftorie, e figure de la morte. La Medicina de l'anima; il modo e la via di confolar gl'infermi. &c. *In Lyone, Giovan Frellone.* 1549. in 8. v. f. fig.

3718 Raccolta de Poefie. in 4. m. bl. dent.

Il contient:

1 Le Magnificentie & dignitade del Prete Janni.

BELLES-LETTRES.

2 Lo innamoramento de Melon e Berta, e come naque Orlando & de la fua pueritia.

3 La rotta di Babilonia, quando Morgante e Orlando e Rinaldo prefeno la citta di Babilonia.

4 La hiftoria e la guerra del populo genovefe e gentilhomini e del Re di Franza e di tutto fuo exercito e triumpho de la intrata che fece in Genova, e una barzelletta de la difcordia de Italia.

5 Trambotfi novi fopra ogni prepofito compofti per lo famofo poeta Seraphino da Laquila.

3719 Trojano il qual tratta la deftruttione de Troia, per amor di Helena Grecha la qual fu tolta da Paris Trojano, al Re Menelao. in 8. fig. v. f.

3720 Dell' Hercole di M. Giovan-Battifta Giraldi Cinthio. canti ventifei. *In Modena, Gadaldini.* 1557, in 4. m. r.

EXEMPLAIRE imprimé fur du papier bleu.

3721 Cinque primi canti di Sacripante di meffer Ludovico Dolcio. *In Vinegia, Francifco Bindone e Mapheo Pafini.* 1535. in 8 v. m.

3722 Le Trasformationi di M. Lodovico Dolce *In Venetia, Gabriel Giolito de Ferrari.* 1553, in 4. fig. v. f.

IMPRIMÉ SUR PAPIER BLEU.

3723 Il Mefchino, altramente detto il Guerrino,

fatto in ottava rima dalla Signora Tullia d'Aragona. *In Venetia, Seſſa.* 1560, in 4. fig. v. m.

3724 Lode de le Nobili & illuſtri Donne Romane, raccolte & compoſte in ottava rima de Giuſeppe Santafiore. *In Roma, Antonio Blado,* 1551. in 8. fig. m. r.

3725 Le Bataglie de lo innamoramento de Re Carlo. Poema in ottava rima. *In Venetia, per Alexandro de Vian.* in 4. v. f.

Le Frontiſpice manque.

3726 Angelica innamorata di M. Vincentio Bruſantino, Ferrareſe. *In Vinegia Franceſco Marcolini.* 1553, in 4. vélin.

3727 Angelica innamorata, di meſſer Vicentio Bruſantino. *In Vinegia, Franceſco Marcolini.* 1553, in 4. m. bl.

3728 Figure del Vecchio Teſtamento, con verſi toſcani, per Damian Maraffi compoſti. *In Lione, Giovanni di Tournes.* 1554, in 8. v. f.

3729 Morte di Ruggiero continuata alla materia de l'Arioſto, con ogni riuſcimento di tutte l'impreſe generoſe da lui propoſte, & non fornite, per Giovam Battiſta Peſcatore da Ravenna, compoſta. *In Vinegia, per Comin da Trino.* 1557. in 8. v. m.

3730 Vendetta di Ruggiero continuata alla materia dell' Arioſto con le allegorie da Giovam Battiſta

BELLES-LETTRES. 531

Battista Pescatore. *In Vinegia, per Comin da Trino.* 1557, in 4. v. m.

3731 La Gigantea (del Forabosco, sotto il qual nome si volle nascondere Girolamo Amelughi detto il Gobbo da Pisa). La Nanea (del F. Aminta.) con la guerra de Mostri (di Ant. Franc. Grazzini, detto il Lasca.) *In Firenze, Ant. Guiducci.* 1612, in 12. v. f.

On trouve à la tête du Volume la note suivante de la main de M. Floncel.

V. Crescembeni tom. I, pag. 358. V. il Quadrio tom. 6. pag. 724 & 725 dove si ha una distesa notizia di questi tre poemetti giocosi che sono tanto rari che in vinti anni di tempo con replicate lettere scritte in italia non ho potuto averli.

3732 La Genealogia della gloriosissima casa d'Austria, in ottava rima, per Gieronimo Bossi. *In Venetia, Gio. Batt. & Melchior Sessa.* 1560, in 4. m. bl.

3733 Rime di Messer Bernardo Cappello. *In Venetia, Dom. Guerra,* 1560. in 4. v. m.

3734 La Alamanna di Messer Antonio Francesco Oliviero Vicentino. Carlo Quinto in Olma, poema del Medesimo. *In Venetia, Vincenzo Valgrisi,* 1567. 2 vol. in 4. m. r.

Tome II.   Y y y

3735 Recueil de pieces de poésie. in 4. fig. m. r.

Il contient :

1 La hiſtoria & favola d'Orfeo il quale per la morte di Euridice fu forzato andare nel inferno , & impetrò gratia da Plutone, &c. *Ad inſtanza di Jacopo Perini.*

2 La hiſtoria di Pirramo e Tisbe. *In Fiorenza, appreſſo Alla Badia, 1568.*

3 La ſciatta de Reali di Francia & de Nerboneſi di ſceſi del ſangue di Chiaramonte & di Mongrana.

4 Fioriti di Palladini di Franza.

5 Tutti li facti del Duca Valentino e la ſua deſtructione. *In Turino, Franciſco de Silva.*

6 Nova Frotoletta contra Veniciani compoſta per Bemzo da Cotignola.

7 Hiſtoria di Lionbruno. *In Turino Franciſco de Silva.*

8 Hiſtoria di Ginevra & Diomede overo Maria per Ravenna.

9 Hippolito e Lionora. *In Turino, Franciſco de Silva.*

3736 Rinaldo appaſſionato, nel quale ſi contiene battaglie d'arme e d'amore. *In Siena,* 1576. in 12. m. r.

3737 Libro chiamato Altobello : nel quale ſi contiene molte belliſſime battaglie et altre degne coſe come ne la preſente opera ſi contiene. *In Venetia, per Pietro Falcon,* 1578. in 8. v. f.

3738 Druſian dal Leone, nello qual ſi tratta delle battaglie doppo la morte de li Paladini. *In Venetia, Pietro Donato,* 1580. in 8. goth. m. r.

BELLES-LETTRES. 533

3739 L'Afino d'oro di Nicolo Machiavelli, con tutte l'altre fue operette. *In Roma*, 1588. in 8. m. bl.

3740 La Gierufalemme liberata di Torquato Taffo, con le figure di Bernardo Caftello : e le annotationi di Scipio Gentili e di Giulio Guaftavini. *In Genova*, 1590. in 4. m. r. dent. doub. de tab.

3741 La Gierufalemme di Torquato Taffo, figurata da Bernardo Caftello. *In Genova, Giufeppe Pavoni*, 1617. in fol. m. r. l. r.

On a joint à cet Exemplaire les figures gravées par Antoine Tempefte.

3742 La Gierufalemme liberata di Torquato Taffo, con le figure di Giambatifta Piazzetta. *In Venezia, Albrizzi*, 1745. in fol. m. r.

Exemplaire précieux, dont les Eftampes, les Vignettes, & les Culs-de-lampe font coloriés.

3743 La Gierufalemme liberata di Torquato Taffo: con le figure di Sebaftiano le Clerc. *In Glafgua, Rob. & Andrea Foulis*, 1763. 2 vol. in 8. m. r.

3744 La Gierufalemme liberata di Torquato Taffo. *In Parigi, Delalain*, 1771. 2 vol. in 8. tirés fur papier in 4. m. r. dent. Figures coloriées.

3745 Jérufalem délivrée, poëme héroïque du Taffe, traduit en françois par M. de Mirabeau. *Paris, Barrois*, 1752. 2 vol. in 12. m. viol.

BELLES-LETTRES.

3746 La Gerusalemme conquistata del Signor Torquato Tasso. *In Parigi, Abel l'Angelier*, 1595. in 12. m. r. l. r.

3747 Rime di Tomaso Stigliani; cioè, amori civili, amori pastorali, amori giocosi, &c. *In Venetia, Giovan Battista Ciotti*, 1605. in 12. m. bl.

3748 Libro chiamato Antifor di Barosia, il qual tratta delle gran battaglie d'Orlando, et di Rinaldo, e come Orlando prese Re Carlo e tutti li Paladini. *In Venetia, Lucio Spineda*, 1615. in 8. v. f.

3749 La Secchia rapita. Le Seau enlevé. Poeme héroï-comique du Tassoni, trad. par Pierre Perrault. *Paris, Guillaume de Luyne*, 1678. 2 vol. in 12. m. r.

3750 Versi di Girardo Rustici placentino. in 8. rel. en cart.

MANUSCRIT sur vélin, exécuté en Italie, dans le *XV siecle*, contenant 12 feuillets. Il est écrit en *lettres rondes*, à longues lignes, & enrichi d'un cadre peint en or & en couleurs.

3751 Il Padre Pettacioli della Compagnia di Giesu inviato dall Pontifice Innocentio XI. in Cortona; poema in octava rima e Canti VI. — Cortona nuovamente convertita per la Missione fatta nella medesima citta delle R. R. Padri Paolo Segneri: ed Ascanio Limi Gesuiti opera dello stesso autore, canto unico in ottava rima. in fol. rel. en cart.

MANUSCRIT sur papier du *XVIII siecle*, très bien écrit, contenant 94 feuillets.

3752 Poesie satiriche del Sig. Cav. Bartolommeo Dotti. in 8. v. f. d. s. tr.

MANUSCRIT sur papier, du *XVIII siecle*, contenant 213 feuillets proprement écrits.

POETES DRAMATIQUES ITALIENS.

3753 Comedia de Timone, (in rima e in 5 atti) per el conte Matheo Maria Boyardo, tradutta de uno dialogo de Luciano. = Sapho Phaoni interprete Jacobo Philippo de Pellibus nigris troiano. *In Venetia, Georgio di Rusconi* 1518. in 8. m. r.

3754 Virginia, Comedia, (in rima e in 5 atti) capitoli, & strambotti di Messer Bernardo Accolti Aretino. *In Firenze, Alexandro di Francesco Rossegli,* 1513. in 8. v. f.

3755 Comedia di M. Bernardo Accolti Aretino intitolata la Verginiana (in rima e in 5 atti) con un Capitolo della Madonna. *In Vinegia, per Nicolo di Aristotile detto Zoppino,* 1530. in 8. m. r.

3756 La Sophonisba, Tragedia del Giovan Giorgio Triſſino. (in rima.) *In Vicenza, Tolomeo Janiculo*, 1529. in 4. m. r.

3757 Calandra, Comedia (in proſa, e in 5 atti) di Bernardo Divitio da Bibiena. *In Vinegia, per Nicolo d'Ariſtotile detto Zoppino*, 1530. in 8. m. r.

3758 Eutichia, Comedia, (in proſa e in 5 atti), di Nicolo Graſſo Mantouano. *In Vinegia, per Nicolo d'Ariſtotile detto Zoppino*, 1530. in 8. m. bl.

3759 Mandragola, Comedia facetiſſima, di Lucretia e Callimaco (in proſa e in 5 atti), compoſta per Nicolo Machiavello. *in Vinegia, per Nicolo d'Ariſtotile detto Zoppino*, 1531 in 8. m. r.

3760 Mandragola, Comedia facetiſſima, di Lucretia, e Callimaco (in proſa e in 5 atti), compoſta per Nicolo Machiavelli. 1533. in 8. m. bl.

3761 Mandragola, Comedia (in proſa e in 5 atti), di Nicolo Machiavelli, novamente riveduta & ricorretta, per Girolamo Ruſcelli. *In Venetia, per Plinio Pietraſanta*, 1554. = Il Marinaio, Comedia de Girolamo Paraboſco. *In Venetia, Gryphio*, 1550. in 8. v. m.

3762 La Lena, Comedia (in rima e in 5. atti), di Meſſer Lodovico Arioſto. *In Vinegia, per Nicolo d'Ariſtotile detto Zoppino*, 1535. in 8. v. f.

3763 Il Negromante, Comedia (in rima e in 5

BELLES-LETTRES. 537

atti) di Meſſer Lodovico Arioſto. *In Vinegia, per Nicolo d'Ariſtotile detto Zoppino*, 1535. in 8 v. f.

3764 La Comedie des Suppoſés (en proſe & en 5 actes) de Louis Arioſte, en italien & en françois, traduite (par Pierre de Meſmes), *Paris, Eſt. Groulleau*, 1552. in 8. v. f.

<small>Dans cette Edition la Comédie de l'Ariſtote eſt en proſe Italienne, & telle qu'il la conçut avant de la mettre en vers.</small>

3765 Quattro, Comedie del divino Pietro Aretino. cioe il Mareſcalco, la Cortegiana, la Talanta, l'Hipocrito. (tutte in proſa e in 5 atti). 1588. in 8. m. cit.

3766 Comédie du Sacrifice des Profeſſeurs de l'Académie Vulgaire Senoiſe, nommés *Intronati*, célébrées es jeux d'un Carême prenant a Senes. (en proſe & en 5 actes), trad. de Langue tuſcane, par Charles Eſtienne. *Lyon, François Juſte*, 1543. in 8. m. bl.

3767 Les Abuſez, Comedie, faite à la mode des Anciens Comiques, compoſée en Langue tuſcane, par les Profeſſeurs de l'Académie Senoiſe, & nommé *Intronati*. (en proſe & en 5 actes), trad. en françois par Charles Eſtienne. *Paris, Groulleau*, 1556. in 18. fig. m. verd. l. r.

3768 Comédie très élégante, en laquelle ſont contenues les Amours récréatives d'Eroſtrate, &

de la belle Polymneste. (en vers & en 5 actes), trad. de l'italien, par Jacques Bourgeois. *Paris, Jeanne de Marnef*, 1545. in 18. v. f.

3769 I Fantasmi, Comedia (in rima e in 5 atti), del S. Hercole Bentivoglio. *In Vinegia, Gabriel Giolito de Ferrari.* 1547. in 8. v. f.

3770 Il Capitano, Comedia (in rima e in 5 atti), di M. Lodovico Dolce, con la favola d'Adone corretta. = Stanze di M. Lodovico Dolce nella favola d'Adone. *In Vinegia, Giolito de Ferrari*, 1547. in 8. v. f.

3771 Il Marito. (in rima e in 5 atti), Comedia di Lodovico Dolce. *In Vinegia, Giolito de Ferrari*, 1547. in 8. v. f.

3772 Orbecche, Tragedia (in rima e in 5 atti), di M. Giovan Battista Giraldi Cinthio. 1547. in 8. m. bl.

3773 Piovana, Comedia, overo Noella del Tasco di Ruzante. (in prosa e in 5 atti), *In Vinegia, Giolio de Ferrari*, 1548. in 8. v. f.

3774 Tutte le opere del Famosissimo Ruzzante. cioe, Rhodiana, Comedia stupenda & ridiculosissima. Aconitana, Comedia. Piovana, Comedia. Vaccaria, Comedia. Moschetta, Comedia. Fiorina, Comedia. (tutti in prose e in 5 atti) 1584. 2 vol. in 12. m. bl.

3775 La Trinutia, Comedia (in prosa e in 5 atti) di M. Agnolo Firenzuola. *In Fiorenza*, 1549. = I

BELLES-LETTRES. 539

= I Lucidi Comedia (in profa e in 5 atti) del medefimo. 1549, in 8. v. f.

3776 L'Hermafrodit, Comedia nova (in profa e in 5 atti). di Girolamo Parabofco. *In Vinegia, Giolito de Ferrari.* 1549, in 8. v. f.

3777 Il Marinaio, Comedia (in profa e in 5 atti) di Girolamo Parabofco. *In Venetia, Gryphio*, 1550. in 8. v. f.

3778 Les deux Freres de l'Ifle de Scio, Comédie en 5 actes, en profe, traduite de l'Italien d'Annibal Caro, par Ant. Galant. in 4.

Manuscrit fur papier du *XVIII fiecle*, contenant 112 feuillets.

3779 Della Tragedia di M. Francefco Negro Baffanefe, intitolata Libero Arbitrio (in profa e in 5 atti), edizione fecunda con accrefcimento. 1550. in 8. m. bl.

3780 Tragédie du Roi Franc-Arbitre, (en profe, en 5 actes), traduite d'Italien en François. = Seconde Apologie ou Défenfe des vrais Chrétiens contre les calomnies impudentes des ennemis de l'Églife Catholique. 1559. = Réponfe à certaines Calomnies & Blafphêmes dont quelques malins s'efforcent de rendre odieufe la doctrine de la prédeftination de Dieu. 1557, Geneve, Jean Crefpin, 1558. in 8. m. r.

3781 Liberum Arbitrium, Tragœdia (carmine

Tome II. Zzz

conscript & in 5 actibus), Francisci Nigri Bassanensis; nunc primum ab ipso authore latine scripta & edita. *Geneva, Jo. Crispinus,* 1559. in 8. v. f.

3782 Comedia dilettosa, raccolta nel vecchio testamento, novamente ristampata, nella quale si raggiona de Jacob, & de Joseph; composta per M. Pandolpho Collenutio. In terza rima historiata (in 6 atti). *In Venetia, per Matthio Pagan,* 1553. in 8. fig. m. r.

3783 Il Pastor Fido, Tragicomedia Pastorale (in rima e in 5 atti). Del Cavalier Battista Guarini. = Facetie motti & burle di diversi Signori e persone private con epitafi giocosi. *Amsterdam, Elzevier,* 1678. in 24. m. r. figures de Leclerc.

3784 La Inventione della Croce di Giesu Christo, descritta in versi sciolti, e in stile comico, & tragico (in 5 atti), per Beltramo Poggi. *In Fiorenza, Giunti,* 1561. in 8. v. f.

3785 I Bernardi, Comedia (in rima e in 5 atti), di Francesco d'Ambra. *In Fiorenza, Giunti,* 1564. in 8. v. f.

3786 Aminta, Favola Boscareccia (in rima e in 5 atti), di Torquato Tasso. *In Amsterdam, Elzevier,* 1678. in 24. m. r. fig. de Leclerc.

3787 La representatione d'Abrahamo quando volle fare sacrificio d'Isac suo caro figliuolo. *Impressa in Firenze per M. Franco.* in 4. m. bl.

BELLES-LETTRES.

3788 Raccolta di Poesie. (in ottava rima.) in 4. fig. m. r.

Contenant :

1 La representatione di Salomone.

2 Representatione dell' Abbataccio. *In Fiorenza, Jacobo Chiti.* 1572.

3 Representatione d'un Miracolo del Sagramento. composto da Bernardo Cungi. *In Firenze.*

4 Historia e oratione di sancta Lucia Vergine & Martire.

5 Representatione di san Giovanni, e Paulo, e di sancta Costanza. composta per Lorenzo de Medici. *In Fiorenza,* 1571.

6 La representatione di san Panutio. *In Fiorenza, Jacopo Chiti,* 1572.

7 La representatione della favola d'Orpheo. composta da Agnolo Politiano.

3789 Le Repentir amoureux, Eglogue en 5 actes, en prose, trad. de l'Italien (de Louis Groto d'Hadrio), par Roland du Jardin. *Tours,* 1590. in 8.

MANUSCRIT sur papier, contenant 196 feuillets.

3790 Les Aveugles, Tragi-Comédie d'Epicure Napolitain, d'Italienne faite Françoise, par R. D. J. (Roland du Jardin), avec une très belle plainte du Jaloux; & de plus, le Recouvrement de leur Vue, en prose, sans distinction d'actes & de scenes. === Trois Histoires,

& de plus, quelques queſtions par le Même. in 8.

MANUSCRIT autographe ſur papier, écrit à Tours en 1592, contenant 205 feuillets.

3791 Candelaio, Comedia (in proſa e in 5 atti) del Bruno Nolano. *In Pariggi, Gug. Giuliano.* 1582, in 12. m. bl.

3792 Filli di Sciro, Favola Paſtorale (in rima e in 5 atti) del Conte Guidubaldo de Bonarelli. *In Amſterdam, Elzevier.* 1678, in 24. m. r. fig. de Leclerc.

3793 L'Adamo, ſacra repreſentatione (in rima e in 5 atti) di Giov. Battiſta Andreino, Fiorentino. *In Milano, Geronimo Bordoni.* 1613, in 4. fig. m. r.

On trouve à la tête du Volume la note ſuivante de M. Floncel:

Nella prefazione del paradiſo Perduto tradotto da Paolo Rolli, ſtampato in Londra nel 1735. ſi vede che Milton abbia potuto pigliar l'idea del ſuo poema da queſta tragedia che del reſto e rariſſima.

Cette Edition eſt ornée de jolies figures gravées par Ceſare Baſſani. Sa marque eſt un C. ſurmonté d'un B.

3794 Transformazioni amoroſe, Tragedia (in rima, in 3 atti). in 4. v. m.

MANUSCRIT ſur papier, du *XVIII ſiecle*, contenant 48 feuillets.

BELLES-LETTRES. 543

3795 Sainte Marie Egiptienne, Tragedie en 3 actes, en profe, par Hiacinte-André Cicognini, trad. par Gueulette. in 4. v. f.

MANUSCRIT fur papier, du *XVIII fiecle*, contenant 109 feuillets.

3796 Affetta, Comedia rufticale di Bartolom. Marifcalco della Congrega de' Rozzi. in 4. v. éc.

MANUSCRIT fur papier du *XVIII fiecle*, contenant 72 feuillets. C'eft l'Exemplaire paraphé par le Cenfeur.

3797 Poefie del Signor Abate Pietro Metaftafio. *Parigi, la Vedova Quillau*, 1755. 10 vol. in 8. m. r. dent. Gr. Pap.

3798 Tragedies-Opera, de l'Abbé Metaftafio. Traduites en françois (par Richelet). *Vienne*, 1751. XI. vol. in 12. m. verd, doub. de tabis.

3799 Melodrami Opere da rapprefentarfi in mufica del. Co. Profpero Bonarelli (della Rovere, d'Ancona dedicat. alla Sereniff. D. Vittoria, Gran Ducheffa di Tofcana, l'anno 1641, da Lorenzo figliuolo dell' autore). in 4. rel. en cart.

MANUSCRIT fur papier très-bien écrit en *lettres curfives*, contenant 188 feuillets dont le premier eft orné d'un deffein proprement lavé à l'encre de la Chine.

Ce MS. que nous croyons original, renferme les Pieces fuivantes, lefquelles ont été imprimées à *Ancône*, en 1647, in 4.

1 L'Efilio d'amore, in IV atti.

2 La Gioia del cielo, in III atti.
3 Il Sancto, cioe il fole innumerato della notte, in III atti.
4 La Vendetta d'amore, in III atti.
5 L'Allegrezze del mondo, in I atto.
6 L'Antro dell' eternità, in I atto.
7 L'Alcefte, opera tragica, in V atti.
8 Il merito fchernito, in V atti.
9 La Pazzia d'Orlando, in V atti.

POETES ESPAGNOLS,

HOLLANDOIS ET ANGLOIS.

3800 Tragi-Comedia (en profa.) de Califto y Melibea. En la qual fe contienne muchas fentencias philofophales, y avifos muy neceffarios para mancebas, monftrandoles los engaños que eftan encerrados enfirvientes y alcahuetas (por Fernando de Roias di Montalbano.) *En Alcala, Francifco de Cormellas, y Pedro de Robles*, 1563. in 12. m. r.

3801 Celeftina. Tragi-Comedia de Califto & Melibea, tradocta de lingua caftigliana (di Fernando de Roias de Montalbano). In italiano idioma (da Alfonfo Ordognez). *In Venetia, per Cefaro Arrivabeno*, 1519. in 8. fig. m. r.

3802 Celeftina. Tragi-Comedia de Caleifto et Melibea (in profa) nuovamente tradotta de lingua caftigliana (di Fernando deRoias) in italiano idioma (da Alfonfo Ordognez). (*In Venetia*), *Nicolini de Sabio*, 1535, *del mefe di Luio*. in 8. fig. m. r.

3803 Celeftine, en laquelle eft traité des deceptions des ferviteurs envers leurs maîtres, & des macq. envers les amoureux, tranflaté d'italien (d'Alfonfe Ordognez, en françois). *Paris, par Nic. Coufteau, pour Galliot Dupré*, 1527. in 8. goth. fig. m. r.

3804 Abrégé des douze livres olympiades, compofés par le fieur Jehan Vander Noot, patrice d'Anvers, en vers hollandois & françois. *Anvers, Gilles Vanden Rade*, 1579. in fol. fig. m. r.

3805 The Works of Geoffrey Chaucer, compared with the former Editions, and many valuable MSS. out of which Three Tales are added which were never before printed; by John Urry; together with a gloffary; to the whole is prefixed the Author's Life. *London, Bernard Lintot*, 1721. in fol. fig. v. éc. Gr. Pap.

3806 Effai fur l'Homme, par Alexandre Pope. Traduction françoife en profe, par M. de Silhouette. Nouvelle édition avec l'original anglois; ornée de figures. *Laufanne, Marc Michel Boufquet*, 1745. in 4. m. r.

BELLES-LETTRES.
MYTHOLOGIE.

Mythologistes anciens & modernes.

3807 Apollodori Atheniensis, Bibliotheces, sive de Deorum origine, libri tres, tam græcè quam latinè, luculentis pariter ac doctis annotationibus illustrati, nunc primum in lucem editi, Benedicto Ægio Spoletino interprete. *Romæ, Ant. Bladus*, 1555. in 8. m. r.

3808 La Généalogie des Dieux poétiques, composée par l'Innocent Egaré (Gilles d'Aurigny, dit le Pamphile). La Description d'Hercules de Gaule, composée en grec par Lucien, & par ledit Innocent Egaré trad. en françois. *Poitiers, à l'enseigne du Pélican*, 1545. in 12. m. bl.

3809 Auctores Mythographi Latini. Cum notis Variorum, curante Augustino van Staveren qui & suas animadversiones adjecit. *Lugd. Bat. Samuel Luchtmans*, 1742. in 4. v. éc. Gr. Pap.

3810 Genealogiæ Deorum Gentilium Joannis Boccaccii de Certaldo Libri XV. *Venetiis, Vindelinus de Spira*, 1472. = Ejusdem Boccaccii de Montibus, Silvis, Fontibus, Lacubus, &c. Liber. *Venetiis, idus Januarias*, 1473. in fol. m. r.

PREMIERE EDITION.

Les deux derniers feuillets de *Genealogia Deorum* font MS.

BELLES-LETTRES.

3811 Joannis Boccaccii de Certaldo genealogiæ Deorum Gentilium. *Regii, Bartholomæus Bottonus*, 1481, *pridie Nonas Octobris.* = Ejusdem Boccaccii de Montibus, Silvis, Fontibus, Lacubus, &c. Liber. in fol. v. f.

3812 Genealogiæ Deorum Joannis Boccaccii. Idem de Montibus, Sylvis, Fontibus, Lacubus, &c. *Venetiis, Manfredus de Strevo de Monteferrato,* 1497. in fol. goth. rel. en cart.

3813 La Généalogie des Dieux, trad. de Jean Bocace. *Paris, Ant. Vérard,* 1498. in fol. fig. v. f.

3814 Bocace de la Généalogie des Dieux, translaté en françois. *Paris, Jehan Petit,* 1531. in fol. goth. v. f.

3815 Parnaſſus biceps. In cujus priore jugo Musarum Deorumque præsidum Hippocrenes. In altero Deorum fatidicorum phæbadum, & Vatum illustriorum imagines proponuntur, & distichiis latinis explicantur. A Ja. Jac. Boiſſardo, æri incifæ à Jo. Th. de Bry. *Francofurti, Fitzerus,* 1627. in fol. v. f.

3816 Tableaux du Temple des Muſes; tirés du Cabinet de M. Favereau, avec les descriptions, remarques & annotations compoſées par Meſſire Michel de Marolles, Abbé de Villeloin. *Paris, Antoine de Sommaville,* 1655. in fol. G. P. v. f.

Avec de belles figures gravées par Bloemaert.

Tome II.   A a a a

548   BELLES-LETTRES.

3817 Le Temple des Muses, orné de LX Tableaux où sont représentés les événements les plus remarquables de l'antiquité fabuleuse; dessinés & gravés par Bernard Picart, & autres habiles Maîtres; & accompagnés d'explications & de remarques (par de la Barre de Beaumarchais). *Amsterdam, Zach. Chatelain*, 1733. in fol. m. viol.

3818 Le Temple des Muses: avec les figures de Bernard Picart: & les explications & remarques (par de la Barre de Beaumarchais). *Amsterdam, Zacharie Chatelain*, 1742. in fol. m. r.

3819 Les Voyages de Cyrus, avec un Discours sur la Mythologie, par Ramsay. *Paris, Gab. Franc. Quillau*, 1727, 3 vol. in 8. m. r.

IMPRIMÉ SUR VÉLIN.

3820 Les Voyages de Cyrus, par M. de Ramsay. *Londres, Jacques Bettenham*, 1730. in 4. m. r. l. r.

FABLES, APOLOGUES, &c.

3821 Cento Favole morali de i piu illustri antichi, & moderni Autori Greci, & Latini, scielte, & trattate in varie maniere diversi volgari, da M. Giov. Mario Verdizotti. *In Venetia, Giordano Ziletti*, 1570. in 4. m. bl.

On trouve à la tête du Volume la note suivante écrite de a main de M. Floncel.

V. Crescimbeni tom. 4. pag. 100. Haym notizia de librirari. pag. 96. Baldinucci nelle notizie de professori del disegno, tom. 3. pag. 113. ed il Quadrio tom. 6. p. 102 & 103.

Questo libro e pieno di bellissimi intagli in legno molti di queli furono fatti da i disegni di Tiziano famosissimo pittore, ed intagliati dal Verdizotti stesso.

Questa edizione che certamente e la prima non e mentionata ne dal Crescimbeni ne dal Haym, ed e l'istessa che si trova nella libreria Capponi, pag. 386, ede per consequenza da preferire a tutte le altre.

3822 Recueil de diverses fables dessinées & gravées par George Fossati. *Venise, Charles Pecora*, 1744. 3 vol. in 4. Gr. Pap. m. verd, dent.

3823 Æsopi Vita & Fabulæ, græcè, translatæ per Rynucium Thettalum, cum præfatione & emendationibus Boni Accursii Pisani. Accedunt ejusdem Æsopi Fabulæ, græcè cum versione latina verbum pro verbo, studio ejusdem Boni Accursii Pisani. in 4. m. r.

PREMIERE EDITION.

CETTE EDITION exécutée vers 1488, est sans date, sans nom de Ville ni d'Imprimeur, sans chiffres & réclames. Les caracteres qui sont ceux de la premiere Edition d'Homere imprimé à Florence, par Nerlius, en 1488, prouvent qu'elle n'a pas été imprimée dans une autre Ville. Elle est dédiée par Bonus Accursius à Jean-François Turrianus, le même auquel il a dédié le *Crastoni Lexicon*, imprimé avec les mêmes caracteres, tant grecs que Romains.

Ce Volume commence par un feuillet qui contient la

Dédicace ; on trouve ensuite la vie & les fables d'Esope en Grec., & on lit au bas du dernier feuillet :

Τέλος Τῶν Τοῦ Αἰσώπου Μύθων.

La vie & les Fables d'Esope traduites en latin viennent après ; elles contiennent les signatures a — g. Au verso du dernier feuillet il y a cette souscription :

Vita Aesopi per Rynucium thettalum traducta. ... *Ego Bonus accursius Pisanus : eadem in ea omnia correxi : & emendaui.*

Le Volume finit par les Fables d'Esope en grec, avec la traduction latine mot pour mot ; elles sont précédées d'un feuillet qui contient une seconde Dédicace de Bonus Accursius à J. Fr. Turrianus. Au bas du dernier feuillet il y a :

Bonus accursius pisanus impressit : qui non doctorum hominum sed rudium ac puerorum gratia hunc laborem suscepit.

3824 Æsopi & Gabriæ Fabellæ. Phurnutus de natura Deorum. Palæphatus de non credendis historiis. Heraclides Ponticus de allegoriis apud Homerum. Ori Apollinis Hieroglyphica. Collectio proverbiorum Tharræi, & Didymi, &c. Aphthonius de fabula. Philostrates de fabula, Prisciano interprete. Apologus Æsopi de Cassita apud Gellium. Æsopi Vita à Maximo Planude composita : hæc omnia græcè & latinè. *Venetiis, apud Aldum, mense Octobri,* 1505. in fol. m. bl.

Premiere Edition.

3825 Æsopus moralisatus cum bono commento. 1492. in 4. v. f.

A la fin :

Esopus fabulator p̃clarissimus cum suis moralizationib̃ ad nostri instructoem appositis Jmpressus anno salutis nostre M. cccc. xcij. tercio kalendas Octobris.

3826 Figures diverses tirées des Fables d'Esope, & d'autres, gravées par Gilles Sadeler, & expliquées par R. D. F. (Raphael du Fresne.) *Paris*, 1659. in 4. v. f.

3827 Fables d'Esope, avec les figures de Sadeler. Traduction nouvelle. *Paris, Aubouyn*, 1689. in 4. v. f.

3828 Fabule de Esopo hystoriate, (Sive Acii Zuchi Summa Campanee Veronensis, interpretatio latina & italica fabularum Æsopi). *Venetiis, per Augustinum Zannis*, 1528. in 8. fig. v. f.

3829 La Vita di Esopo historiata per Francisco del Tuppo. *In Venetia, per Giovanni Andrea Vavassore detto Guadaguino*, 1533. in 8. v. f.

3830 Directorium humanæ vitæ, aliàs Parabolæ antiquorum Sapientum. (Seu liber Kelile & Dimne è lingua Indica in Persica, in Arabica, & nunc ex Arabica in Latinam translatus). in fol. goth. fig. en bois, v. f.

3831 Dialogus creaturarum optime moralizatus, jucundis fabulis plenus. *Goudæ, per Gerardum*

Leeu, 1482. in fol. goth. fig. en bois. m. r.
A la fin :

Præſens liber Dyalogus creaturarum appellatus iocundis fabulis plenus Per gerardum leeu in opido goudenſi incept9 munere dei finitus eſt Anno domini milleſimo quadringenteſimo octuageſimo ſecundo menſis auguſti die vltima.

3832 Dialogus creaturarum optime moralizatus. *Pariſiis, impendio Johannis Parvi, induſtria vero Philippi Pigoucheti,* 1510, ad nonas Julias. ⹀ Pronoſticatio quædam mirabilis divinitus partim revelata, partim celeſti conſtellatione præmonſtrata, ſub futuro Eccleſiæ ſtatu, tam ſpirituali quam ſeculari, edita per ſanctam Brigidam de Suevia. *Lugduni, Joannes Cleyn,* 1515. in 8. goth. v. f.

3833 Les Apologues & Fables de Laurens Valle, tranſlatées de latin en françois. — Les Dits facecieux de Pétrarque (par Laurent Valle). in fol. fig.

EDITION exécutée en *ancienne bâtarde,* ſur 2 colonnes dont celles qui ſont entieres ont 33 lignes, ſans chiffres & réclames; mais avec ſignatures. Il y a dans ce Volume 33 Fables d'Eſope que Valla a traduites du grec en latin.

3834 Vingt cinq Fables des Animaux, par Eſtienne Perret. *Anvers, Chriſt. Plantin,* 1578. in fol. fig. v. m.

3835 Reynier le Renard, Histoire très joyeuse & récréative, en françois & bas allemand. *Anvers, Plantin*, 1566. in 8. fig. v. m.

3836 Apologue nouveau: du débat d'Eole & Neptune, contenant les Dangers de la Court. *Paris, Gasp. de Lafite*, 1544. in 8. v. m.

3837 Gli Apologi di Giulio Cesare Capacio, con le dicerie morali. *In Napoli, Gio. Jac. Carlino*, 1607. in 8. fig. v. f.

Facéties, Pieces burlesques, Plaisanteries, Histoires comiques, plaisantes & récréatives, latines, françoises, italiennes, &c.

3838 Lucii Apuleii Platonici Philosophi metamorphoseos liber: ac non nulla alia opuscula Ejusdem: nec non Epitoma Alcinoi in disciplinarum Platonis. e græco in latinum translata a Petro Balbo Pisano, cum Epistola dedicatoria ad Paulum II. Joannis Andreæ Episcopi Aleriensis. *Romæ, in domo Petri de Maximo, die ultima mensis Februarii*, 1469. in fol. m. r.

PREMIERE EDITION.

3839 L. Apuleii opera. cum Epistola dedicatoria Joannis Andreæ Episcopi Aleriensis ad Paulum II. *In Vicentia, per Henricum de Sancto Vrso*, 1488. in fol. m. r.

A la fin:

Lucii Apuleii platonici Madaurensis philosophi metamor-

phoseos Liber ac nonnulla alia opuscula eiusdem : nec-non epitoma *Alcinoi* in disciplinarum *Platonis* desinunt. Impressa per Henricum de Sancto Vrso in Vicentia. Anno salutis. M. CCCC. LXXXVIII. Die nona Augusti. Suit un feuillet de Regiſtre.

3840 L. Apuleii Metamorphoſeos libri VI. cum annotationibus uberioribus Joannis Pricæi, & Variorum. *Goudæ, Vander Hoeve,* 1650. in 8. m. r. doub. de m. dent. l. r.

3841 Lucii Apuleii Opera, interpretatione & notis illuſtravit Julianus Floridus, in uſum Delphini. *Pariſiis, Fredericus Leonard,* 1688. in 4. v. f.

3842 Lucius Apuleius de l'Aſne doré, autrement dit de la couronne Cerés. Tranſlaté de latin en françois. Par Guil. Michel, dict de Tours. *Paris, veuve de Jehan Janot,* 1517. in 4. goth. m. r.

3843 Lucius Apuleius de l'Ane doré, autrement dit de la couronne Cerés. Tranſlaté en langaige françois, par Guillaume Michel. *Paris, Galliot du Pré,* 1518. in fol. goth. m. r.

3844 Apulegio volgare diviſo in undeci libri, diligentemente correcto, con le ſue fabule in margine poſte, traducto per il Conte Mattheo Maria Boiardo. *In Venetia, per Nicolo d'Ariſtotele,* 1519. in 8. m. r.

3845

BELLES-LETTRES.

3845 L. Apulegio tradotto in volgare dal Conte Matteo Maria Boiardo historiato. Con un breve discorso della vita dell' auttore. *In Vinegia, per Bartholomeo detto l'Imperadore*, 1544. in 8. m. bl.

3846 Francisci Poggii (Bracciolini) Florentini Secretarii apostolici facetiarum Liber. *Impress. circa* 1472. in 4. v. f.

PREMIERE EDITION.

Elle est sans date, nom de Ville ni d'Imprimeur, chiffres, réclames & signatures. Les pages en sont à longues lignes au nombre de 23 sur celles qui sont entieres, & les caracteres en sont les mêmes que ceux dont s'est servi George Laver pour les *Homelies de St. Chrisostôme*, imprimées dans le Monastere de St. Eusebe, à Rome en 1470. Voyez No 398.

La premiere page contient 21 lignes, & commence par celle-ci :

Vltos futuros esse arbitror :

La derniere ligne de la derniere page qui est au recto du feuillet renferme ces mots :

oĩsq iocandi cõfabulãdiq cõsuetudo sublata.

Et au dessous il y a cette souscription qui contient 3 lignes.

Poggii florentini secretarii apostolici facetiarum liber absolutus est feliciter : : .

Il manque dans cet Exemplaire 7 feuillets qui contiennent la table des facéties. Cette défectuosité n'est pas dans celui du Roi.

BELLES-LETTRES.

3847 Poggii (Bracciolini) Florentini facetiarum Liber. *Impreff. circa annum* 1480. in 4. goth. v. f.

EDITION sans chiffres, réclames ni signatures, à longues lignes au nombre de 31 sur les pages qui sont entieres. On trouve à la fin une table de 6 feuillets.

3848 Pogii (Bracciolini) Florentini Liber facetiarum. petit in 4. goth. m. viol. l. r.

EDITION sans chiffres, réclames ni signatures, à longues lignes au nombre de 26 sur les pages qui sont entieres. On trouve au commencement une table de 7 feuillets.

3849 Poggii (Bracciolini) Florentini Facetiæ. (*Parifiis, avec la marque de Michel le Noir*). in 4. v. f.

3850 Les Contes facétieux, & joyeuses récréations de Poge (Bracciolini). *Paris, Nicolas Bonfons.* in 18. m. r.

3851 Bebeliana Opuscula nova & florulenta, necnon et adolescentiæ labores librique facetiarum. Cum multis additionibus luculentis. *Parifiis, ex Ædibus Nicolai de Pratis, Guillelmus Vivien,* 1526. in 4. v. f.

3852 L. Domitii Brusonii facetiarum exemplorumque Libri VII. *Romæ, per Jac. Maxochium,* 1518. in fol. m. r.

EDITION originale, la seule complete & la plus recherchée pour cette raison.

BELLES-LETTRES.

3853 De tribus fugiendis : Ventre, Pluma, & Venere, Libelli tres, auctore Guillermo de Mara. *Parisiis, Simon Colinæus*, 1521. in 4. v. f.

Le Frontispice manque.

3854 De generibus ebriosorum, & ebrietate vitanda. Cui adjecimus de meretricum in suos amatores, & concubinarum in sacerdotes fide : quæstiones salibus & facetiis plenæ. 1557. in 12. m. r.

3855 Le Livre des Connoilles, lequel traite de plusieurs choses joyeuses. in 4. goth. v. m.

On lit à la fin :

Cy finissent les euangiles des cōnoilles lesquelles traictent de plusieurs choses ioyeuses.

3856 Le Livre des Guenoilles. *Rouen, Raulain Gaultier.* in 4. goth. m. r.

3857 Le Livre de Maître Regnard & de Dame Hersant sa femme, livre plaisant & facetieux. (Trad. de rimes de Jacquemard Gielée en prose par Jean Teneſſax). *Paris, Phil. le Noir.* in 4. goth. v. f.

3858 Le Docteur en malice, Maître Regnard, démontrant les ruses & cautelles qu'il use envers les personnes. (Trad. de rimes de Jacquemard Gielée en prose par Jean Teneſſax). *Rouen, Rob. & J. Dugort*, 1550. in 18. fig. m. r.

558 BELLES-LETTRES.

3859 Le Docteur en malice, Maître Regnard. (Trad. de rimes de Jacquemard Giélée en profe par Jean Teneffax). *Paris, Nic. Buffet*, 1551. in 18. m. r.

3860 Les nouvelles Recréations & joyeux Devis de Bonaventure des Periers. (de Jacques de Peletier & Nicolas Denifot). *Rouen, David du Petit Val*, 1615. in 12. m. r. l. r.

3861 Les Œuvres de Maître François Rabelais, publiées fous le titre de faits & dits du Géant Gargantua & de fon fils Pantagruel, avec la pronoftication Pantagrueline, l'Epître du Limoufin, la Creme Philofophale, &c. Nouvelle édition à laquelle on a ajouté des remarques hiftoriques & critiques. *Amfterdam, Henri Bordefius*, 1711. 5 vol. in 8. Gr. Pap. fig. m. r.

3862 Œuvres de Maître François Rabelais, avec des remarques hiftoriques & critiques de M. le Duchat. Nouvelle édition ornée de figures de Bernard Picart. *Amfterdam, Jean Frederic Bernard*, 1741. 3 vol. in 4. Gr. Pap. m. r.

3863 La grande & merveilleufe vie du très puiffant & redouté Roi de Gargantua, tranflatée de grec en latin, & de latin en françois (par François Rabelais). in 8. goth. m. r.

3864 La Vie très horrifique du grand Gargantua, pere de Pantagruel, jadis compofée par Alcofribas abftracteur de quinteffence. Livre plein

BELLES-LETTRES.

de Pantagruelifme. (Par François Rabelais). *Lyon, Franc. Jufte,* 1542. in 18. v. m.

3865 La plaifante & joyeufe Hiftoire du grand Geant Gargantua. Revue par l'Auteur (Maître François Rabelais). *Valence, Claude la Ville,* 1547. in 12. fig. m. r.

3866 Les horribles & épouvantables faits & prouef- fes du très renommé Pantagruel, Roi des Dip- fodes : compofés par M. Alcofribas Nafier. (Par François Rabelais), 1533. === Pantagrueline pronoftication certaine, véritable & infaillible, pour l'an 1533, compofée au profit & advife- ment des gens étourdis & mufards de nature, par Maître Alcofribas, architriclin dudit Pan- tagruel. (Par François Rabelais). in 8. goth. v. m.

3867 Pantagruel, Roi des Dipfodes, reftitué à fon naturel, avec fes faits & proueffes épouvanta- bles : compofé par M. Alcofribas (par François Rabelais.) *Lyon, François Jufte,* 1542. in 18. v. m.

3868 Grands Annales ou Chroniques très vérita- bles des geftes merveilleux du grand Gargantua & Pantagruel fon fils, Roi des Dipfodes : en- chroniqués par Maître Alcofribas : abftracteur de quinteffence (par François Rabelais), 1542. === Pantagruel, Roi des Dipfodes, reftitué à fon naturel, avec fes faits & proueffes épouvantables. Par Maître Alcofribas (par François Rabelais). in 8. goth. m. r.

Le dernier feuillet eft MS.

3869 Les Chroniques du Roi Gargantua, coufin du très redouté Galimaffue, & qui fut fon pere & fa mere, avec les Merveilles de Merlin. (par François Rabelais.) *Troyes, Jean Oudot,* in 16. m. r.

3870 Le Tiers & le Quart livre des faits & dits héroïques du bon Pantagruel : compofés par Me. François Rabelais. *Paris, Michel Fezandat,* 1552. 2 vol. in 8. m. cit. l. r.

3871 Les Songes drolatiques de Pantagruel, ou font contenues plufieurs figures de l'invention de Mtre. François Rabelais, & derniere œuvre d'icelui, pour la récréation des bons efprits. *Paris, Richard Breton,* 1565. in 8. m. r.

3872 La Navigation du compagnon à la bouteille, avec les Prouefles du merveilleux Geant Bringuenarille. *Troyes, Veuve de Nicolas Oudot,* in 16, v. f.

3873 Les Difcours fantaftiques de Juftin Tonnelier. trad. de l'Italien de Jean-Baptifte Gelli, par C. D. K. P. (Claude de Kerquifinen Parifién) *Lyon, à la Salamandre (Charles Pefnot),* 1566. in 8. m. r.

3874 Grandes & Récréatives Prognofticatìons.

BELLES-LETTRES.

pour cette présente année. selon les promenades & beuvettes du Soleil, par les douze cabarets du Zodiaque, & envisagement des conjonctions copulatives des Planettes. par Mtre. Astrophile le Roupieux, Intendant des affaires de Saturne, &c. in 8. m. r.

3875 La Pogonologie, ou Discours facétieux des Barbes: auquel est traitée l'origine, substance, différence, propriété, louange, & vitupere des Barbes. Par R. D. P. *Rennes, Pierre Bretel*, 1589. in 8. m. r.

3876 Formulaire fort récréatif de tous contrats, donations, testamens, codicilles & autres actes qui sont faits & passés pardevant Notaires & Témoins. Fait par Bredin le Cocu, Notaire rural & Contrôleur des Basses-marches. *Lyon*, 1594. in 18. v. f.

3877 Le Formulaire fort récréatif de tous contrats, &c. passés pardevant Bredin le Cocu. *Lyon, Pierre Rigaud*, 1610. in 18. m. bl.

3878 Les Serées de Guillaume Bouchet, sieur de Brocourt, où sont contenues diverses matieres fort récréatives, & sérieuses, utiles & profitables à toutes personnes mélancholiques & joviales. *Lyon, Pierre Rigaud*, 1618. 3 vol. in 8. reliés en peau de truie. l. r.

3879 Dialogue des vaillants faits d'armes de Bolorospe cavalier Gascon hipocondre, devant Nancy, & le recit de ses autres avantures à Adaminte cavalier François. in 8. v. m.

3880 Le Deſſert des mal ſouppés, contenant un plat d'hiſtoires, de douze ſervices au plat, le tout de bon appétit & bien aſſaiſonné de ſauce, pour purger l'humeur bilieuſe & mélancholique. *Rouen, Ab. Couſturier*, 1604. in 8. m. bl.

3881 La Doctrine de Careſme-Prenant, dédiée à tous ceux qui voudront rire depuis le bout des pieds juſques à la tête. *Paris, P. Ramier*, 1612. in 8. v. f.

3882 Les Fanfares & Corvées abbadeſques des Roule-bontemps de la haute & baſſe Coquaigne & dépendances. *Chamberry, Pierre Dufour*, 1613. in 8. m. r.

3883 Facétieuſes Paradoxes de Bruſcambille, & & autres diſcours comiques; le tout nouvellement tiré de l'eſcarcelle de ſes imaginations. *Jouxte la copie imprimée à Rouen*, 1615. in 12. m. r.

3884 Les nouvelles & plaiſantes imaginations de Bruſcambille, en ſuitte de ſes fantaiſies. *Bergerac, Martin la Babille*, 1615. in 12. v. f.

3885 Les Œuvres de Bruſcambille, contenant ſes fantaiſies, imaginations & parades, & autres diſcours comiques. le tout tiré de l'eſcarcelle de ſes imaginations. *Rouen, Jacques Caillové*, 1622. in 12. m. r.

BELLES-LETTRES.

3886 Les Fantaisies de Bruscambille, contenant plusieurs discours, paradoxes, harangues & prologues facétieux. *Paris, Florentin Lambert,* 1668. in 12. v. f.

3887 Les plaisantes idées du sieur Mistanguet, Docteur à la moderne, parent de Bruscambille. *Paris, Jean Millot,* 1615. in 8. m. r.

3888 Le Carabinage & matoiserie Soldatesque. auquel sous discours amphibologiques, l'on raille plaisamment les cerveaux etheroclites de ce temps. Par le sieur Drachier d'Amorny (Richard de Romany.) *Paris, Claude de Monstr'oeil,* 1616. in 8. v. f.

3889 La nouvelle fabrique des excellents traits de vérité, livre pour inciter les resveurs tristes & mélancholiques à vivre de plaisirs. Par Philippe d'Alcripe, sieur de Neri. in 12. m. r.

3890 Prologues non tant superlifiques que drolatiques, avec plusieurs galimathias. *Rouen,* 1618. in 12. v. m.

3891 La vie généreuse des Mattois, Gueux, Bohemiens & Cagoux, contenant leurs façons de vivre, subtilités & gergon. avec un Dictionnaire en langue Blesquin. mis en lumiere par M. Pechon de Ruby, Gentilhomme Breton, ayant été avec eux en ses jeunes ans, où il a exercé ce beau metier. *Paris, P. Menier,* 1622. in 8. v. m.

Tome II.   Cccc

BELLES-LETTRES.

3892 Recueil général des Œuvres & fantaifies de Tabarin. contenant fes rencontres, queftions & demandes facetieufes, avec leurs réponfes. *Paris, Philippe Gaultier*, 1625. in 12. v. m.

3893 Recueil général des Œuvres & fantaifies de Tabarin. contenant fes rencontres, queftions & demandes facetieufes, avec leurs réponfes. *Paris, Philippe Gaultier*, 1626. in 12. v. m.

3894 Les Œuvres & fantaifies de Tabarin. avec les rencontres & fantaifies du Baron de Grattelard. *Rouen, David Geuffroy*, 1627. in 12. v. m.

3895 Les rencontres, fantaifies & coqs-à-l'afne facétieux du Baron Gratelard. avec fes gaillardifes admirables, conceptions joyeufes, & farces joviales. *Troyes, P. Garnier*. in 12. v. m.

3896 Les Débats & facétieufes rencontres de Gringalet & de Guillot Gorgeu fon Maître. *Rouen, Veuve Ourfel*. in 12. v. m.

3897 Lettre d'Efcorniflerie & déclaration de ceux qui n'en doivent jouir. *Paris.* === L'anatomie d'un nez à la mode, en vers. === Le Paffeport des bons Buveurs. *Paris.* === Le Poete Ivrogne, en vers. *Paris*, 1631. === Dialogue des Feftins. *Paris, Denys du Pré*, 1579. in 8. m. bl.

3898 Les grands jours tenus à Paris, par M. Muet, Lieutenant du petit criminel. 1622. === La réponfe de quelques malcontens du

BELLES-LETTRES.

Châtelet, aux grands jours & plaidoyers de M. Muet. 1622. in 8. v. m.

3899 Les grands jours d'Antitus, Panurge, Gueridon & autres. in 8. m. r.

3900 Continuation des grands jours interrompus d'Antitus, Panurge & Gueridon. in 8. m. r.

3901 Conférence d'Antitus, Panurge & Gueridon. in 8. m. r.

3902 Les Aventures extravagantes du Courtisan grotesque. *Paris, Denis Langlois*, 1627. in 8. m. r.

3903 Le Tombeau de la Mélancholie. ou le vrai moyen de vivre joyeux. *Rouen, Jean Berthelin*, 1645. in 12. v. m.

3904 Histoire Coquette, ou l'abrégé des galanteries de quatre Soubrettes campagnardes : contenant la rencontre d'une Duppe chez le Messager de Bois commun, avec le portrait au naturel de Barillet Bitry, de sa femme, & plusieurs autres. Par de Mareuil. *Amsterdam*, 1669. in 8. m. r.

3905 Le Bouffon de la Cour, ou remede préservatif contre la mélancholie. *Paris, Claude Barbin*. in 12. v. f.

3906 Les Etrennes de la Saint Jean, (par Philippe-Anne de Tubieres, Comte de Caylus.) *Troyes, chez la Veuve Oudot*, 1742. in 12. G. P. m. r.

BELLES-LETTRES

3907 Les Etrennes de la Saint Jean, (par M. le Comte de Caylus.) seconde Edition, revue, corrigée & augmentée par les Auteurs de plusieurs morceaux d'esprit. *Troyes, chez la Veuve Oudot*, 1742. in 12. m. verd, avec des fermoirs d'argent.

IMPRIMÉ SUR VÉLIN.

3908 Les Ecosseuses, ou les œufs de Pâques, (par M. de Caylus.) *Troyes, chez le Veuve Oudot*, 1745. in 12. m. viol.

3909 Recueil de ces Messieurs, (par le Comte de Caylus.) *Amsterdam, les freres Wetsteins*, 1745. in 12. v. m.

3910 Les Manteaux. Recueil. (par le Comte de Caylus.) *La Haye*, 1746. in 12. G. P. m. r.

3911 Mémoires de l'Académie des Colporteurs, (par le Comte de Caylus.) *De l'Imprimerie ordinaire de l'Académie*, 1748. in 8. fig. m. r.

3912 Recueil de Faceties, Plaisanteries, &c. rangé par ordre alphabétique. 10 porte-feuilles in 8. avec dos de m. r.

Voici les titres des pieces les plus singulieres.

1 Affiges des Grands Opérateurs de Mirlinde. in 8.

2 Apologie de la Frivolité, lettre à un Anglois. *Paris, Prault*. 1750. in 12.

3 L'Arrivée d'un Plaideur dans la rue de la Huchette, Dialogue, par L. S. P. D. V. *Paris*, 1703.

BELLES-LETTRES. 567

4 L'Aſne ruant, compoſé par le Diſciple de Philoſtrat. Enſemble ſix prologues comiques du même Auteur. *Paris, Fleury Bourriquant*, 1620. in 8.

5 L'Aſne. *Paris, Antoine de Heuqueville.* 1727. in 12.

6 L'Aſneſſe, parodie de l'Aſne. *Paris, Louis Coignard.* 1729. in 8.

7 Avanture de Phelidor, ſur le quay des Orfevres. *Paris, au Palais.* 1713.

8 Les avantures extravagantes du Courtizan groteſque. *Paris, Denis Langlois, au Mont S. Hilaire.* in 8. 1627.

9 Les Bequilles du Diable boiteux. Par M. l'A. B. *** *Paris, Charles le Clerc.* 1707.

10 Le Bilboquet. *Paris, Chez Pierre Prault,* 1714. in 12.

11 Le Boulevard de jour. Scenes Comiques. 1755. in 12.

12 Le Branle du Diable aveugle ou la Critique des maximes du Monde. *Paris, Jacques Joſſe.* 1708. in 12.

13 A la tête de ce merveilleux ouvrage, l'honneur m'engage de ſouhaiter l'accompliſſement de l'heureuſe année à mon frere ſa Majeſté & à la Reine également & à toute l'Auguſte Famille pareillement. Ainſi-ſoit-il. in 8. avec une fig. coloriée:

Cette brochure rare eſt de ce fou nommé Caiſſant, qui ſe croyoit frere de Louis XV. Cardinal - Laïque, Pape-Laïque, &c.

14 Au Roi dont j'eſpere qu'il ſoutiendra mes titres, prérogatives & qualités de Caiſſant, dont ſa ſainteté & ſa Majeſté ont honoré avec un zele de félicité, le Roi de Miſiſipi, Cardinal-Laïque, & Pape-Laïque, Cordon-bleu, Généraliſſime des mers Orientales & Occidentales, qui me

BELLES-LETTRES.

procurent millions & milliars immenses. in 8. sans date.

15 Catéchisme des Courtisans, où les questions de la Cour, & autres galanteries. *Cologne*, 1668. in 12.

16 Catéchisme des Maltotiers, ensemble. *Miserere* & le *De profundis*. in 8.

17 Catéchisme des Normands, composé par un Docteur de Paris. in 12.

18 Le Déjeuné des halles, ou accordée de Mariage entre Claude l'Echapé, Michel Noiret, Charbonniers, avec Suson-Vadru, Marianne Ravier, Revendeuses de fruits sur des inventaires.

L'on trouve dans cette petite piece des vers, des chansons & de la poésie ; le tout rendu dans l'idiôme des gens des ports & des halles. 1761. in 8.

19 Demêlé survenu à la sortie de l'Opéra entre le Paysan parvénu & la Paysane parvenue. *Paris*, *Pierre Ribou*. 1735. in 12.

20 Le Démon des Villageois, captivant nouvellement les Dames & Bourgeois de Paris. *Paris*, *Pierre*. 1618. in 8.

21 Le Député de la Cour du Triomphe. *Paris*, 1750. in 12.

22 La Description de la superbe & imaginaire entrée faite à la Reine Gyllette, passant à Venise, en faveur du Roy de la Malachie son futur époux, le premier jour de Septembre, 1582. Traduit de langue caractérée en langue françoise. in 8.

23 La Description de la superbe & imaginaire entrée faite à la Reine Gyllette, passant, à Venise en faveur du Roy de Malachie son futur époux, le premier jour de Septembre 1602. Traduite de langue caractérée, en langue Françoise. Par Jean Bon-homme. in 8.

BELLES-LETTRES.

24 Le Diable d'argent. 1708. in 12.

25 Le Diable Procureur & le Diable Financier, entretien en vers & en prose, suivi d'une avanture galante. *Paris.* in 12.

26 Dialogue entre Cartouche & Mandrin, où l'on voit Proserpine se promener en cabriolet dans les enfers. in 12.

27 L'Ecloppé infernal, nouvellement débarqué. Dialogue tout neuf, par M. Mirfin. *Paris*, 1709. in 12.

28 La Diseuse de bonne-avanture. *Paris*, 1713. in 12.

29 Discours plaisant & naïf d'un Paourux, après avoir apperçu le tableau d'une guerre pourtraicte en son logis. in 8.

30 Eloge de l'Ane ou discours où l'on prouve avec autant de force que de vérité, que cet animal possede de rares & d'éminentes qualités. *Toulouse*, 1735. in 8.

31 Eloge de la Goutte, nouvelle édition. *Paris*, 1737.

32 L'Eloge de quelque chose, dédié à quelqu'un, avec une préface chantante. *Paris*, 1730. in 12.

33 L'Eloge de rien dédié à personne avec une postface. *Paris*, 1730. in 12.

34 Eloge des Paysans, aux Paysans. *Laye*, 1731. in 12.

35 Eloge du Mensonge, dédié à tout le Monde. *Paris*, 1730 in 12.

36 Eloge prononcé par la folie devant les habitans des petites-Maisons. *Avignon*, 1761. in 12.

37 Les Embarras du Jubilé. *Paris*, 1751. in 12.

38 L'Entretien des bonnes Compagnies, nouvellement lu, corrigé & augmenté de plusieurs beaux Discours pour contenter les Curieux. Par le sieur Des-Fontaines, Gentilhomme Provençal. *Troyes*. 1736. in 8.

BELLES-LETTRES.

39 Les Entretiens de la Truche, ou les Amours de Jean Barnabas & de la mere Roquignard. *Paris.* 1745. in 12.

40 Les étranges Tromperies de quelques Chatlatans nouvellement arrivés à Paris. Histoire plaisante & nécessaire à toutes personnes pour s'en garantir, découvertes aux dépens d'un Plaideur. Par C. F. Duppé. *Paris, Robert Daufrêne.* 1623. ni 8.

41 Etrennes badines, ou le Poëte de Cour, Relation comiquement fidele. in 8.

42 Les Etrennes de Herpinot, présentées aux Dames de Paris, dédiées aux Amateurs de la vertu. Par C. D. P., Comédien François. *Paris.* 1618. in 8.

43 Facétieuse Aventure de deux Bourgeois de Paris, nouvellement arrivés dans les Marais du Temple de ladite ville, avec ce qui s'est passé en icelle, jeudi 3 Février 1633. Ensemble les étranges Rencontres qu'ils firent, & les Dangers où ils se sont trouvés, le tout pour passer Carême prenant. (*Paris.*) 1633. in 8.

44 Fantaisie nouvelle à M^{de}. de M. * * * in 12.

45 Les Fourberies de Vénus, ou Lettre à M. de C. E. A. à B. R. G., écrites en 1708, 1709, 1710. *Villefranche.* in 8.

46 Gercelle, Allégorie, pour servir à l'Histoire de ce temps-là. *Villemanie*, chez *Philarithmus*. 1751. in 12.

47 Grandes & récréatives Prognostications pour cette présente année 08145000470, selon les promenades & beautés du soleil, par les douze cabarets du zodiaque, & envisagement des conjonctions copulatives des planettes. Par M. Astrophile le Roupieux, &c. dédiées à Jean Potage. *Paris, Jean Martin.* in 8.

BELLES-LETTRES.

49 Harangue de la Goutte à M^{rs}. ses Hôtes où elle-même fait son Apologie, son Panégyrique, & montre enfin les moyens dont ont se peut servir pour la rendre plus traitable. *Geneve.* 1673. in 8.

49 Histoire de la vie, grandes Voleries & Subtilités de Guillery & de ses Compagnons; & de leur fin lamentable & malheureuse. *Troyes, Garnier.* in 12.

50 Histoire générale du Pont-neuf, en 6 volumes in-folio. *Londres* 1750. in 8.

51 L'Homme inconnu, ou les Equivoques de la langue, dédié à Bacha bilboquet. *Lyon, André Molin.* 1714. in 12.

52 Le Jardin de l'honneste Amour, où est enseigné la maniere d'entretenir une Maîtresse. *Troyes, Pierre Garnier.* 1739. in 12.

53 Je vous prends sans verd. Dialogue entre deux filles au sujet des différens Mays qui leur sont présentés par leurs Amans. *Paris.* 1704. in 12.

54 L'Imperfection des Femmes, tirée de l'Ecriture sainte & de plusieurs Auteurs. Livre très-utile & curieux, lequel servira de consolation à ceux qui sont tourmentés par leur femme, & d'avertissement à ceux qui se veulent marier. *Chatillon-sur-Seine.* in 12.

55 L'Imperfection des Hommes, ou le Triomphe du beau Sexe, dédié aux Hommes. *Vienne.* in 12.

56 Instruction à l'usage des grandes Filles, pour être mariées. Ensemble la Maniere d'attirer des Amans, par demandes & par réponses. *Troyes.* in 12.

57 Lettre à M^{de}. de *** contenant la Relation d'une révolution arrivée à Cythere. in 12.

Tome II   Dddd

BELLES-LETTRES.

58 La Lettre confolatoire, écrite par le Général de la Compagnie des Crocheteurs de France, à ſes Confreres, ſur ſon Rétabliſſement au-deſſus de la Samaritaine du Pontneuf, naratifve des cauſes de ſon abſence, & Voyage pendant icelle. 1612. in 8.

59 Lettre hiſtorique ſur la Mort d'un Serin & d'un Matou. *Paris, Jacques Clouſier.* 1748. in 8.

60 Lettre galante & divertiſſante, pour régler les vie & mœurs des Chats friands & voleurs, adreſſée à Friolette, belle & ſcientifique chate. *Paris.* 1739. in 12.

61 Lettre Ridiculo-Phyſique du Docteur Gorgi-Rhumius, à tous les Enrhumez. *Paris.* 1729. in 8.

62 Lettres de la Grenouillere, entre M. Jérôme du Bois, Pêcheur du Gros-caillou, & M.lle Nanette Dubut, Blanchiſſeuſe de linge fin. in 12.

63 La Lorgnette du Diable borgne; Entretien entre le Diable borgne & le Diable boiteux. *Paris.* 1708. in 12.

64 Louanges des Dames, en proſe & en vers. *Lyon.* 1736. in 8.

65 La Lunette d'approche du Diable borgne, par M. P*** *Paris.* 1707. in 12.

66 Le Mariage de Belfégor, nouvelle Italiene. 1661. in 12.

67 Le Marchand arrive ſur les affaires de ce temps. ſans date. in 8.

68 La Méchanceté des Filles. Où ſe voit leurs ruſes & fineſſes, pour parvenir à leurs deſſeins. *Troyes.* in 12. ſans date.

69 Mémoire pour l'Ane de Jacques Feton, Blanchiſſeur à Vanvres, Demandeur & Défendeur; contre l'Aneſſe de

BELLES-LETTRES.

Pierre Leclerc, Jardinier-Fleuriste, Demanderesse & Défenderesse. in 8.

70 Le Miaou, ou très docte & très sublime Harangue miaulée, par le Seigneur Rominagrobis, le 29 Décembre 1733, jour de sa réception à l'Académie Françoise, à la place de M... *Chatou.* 1734. in 8.

71 Histoire nouvelle & divertissante du bon homme Misere, dans laquelle on verra ce que c'est que la misere, où elle a pris son origine, comme elle a trompé la mort, & quand elle finira dans le monde. Par le sieur de la Riviere. *Troyes.* in 8.

72 La Mode qui court a present, & les Singularitez d'icelle; ou l'ut, ré, mi, fa, sol, la, de ce temps. *Paris.* 1613. in 8.

73 La Naissance de l'An nouveau Mil six cent soixantequatre. Histoire allégorique. 1664. in 8.

74 Nouvelles diverses du Temps, la Princesse des Pretintailles. Par M^{de}. la Comtesse D. L. *Paris.* 1702. in 12.

75 Les Nouvellistes du Luxembourg, nouvelle comique, augmentée d'une Epitre dédicatoire au Régiment de la Calote. Par un Volontaire dudit Régiment. Seconde édition. *Paris,* 1728. in 12.

76 Les Œuvres & Questions de Tabarin. *Rouen, Jean Oursel.* in 12.

77 L'Ordre de Chevalerie des Cocus réformés, nouvellement établis à Paris. La Cérémonie qu'ils observent en prenant l'habit. Les Statuts de leur Ordre, & un petit Abrégé de l'origine de ces Peuples. *Paris.* in 8. sans date.

78 Les Oreilles de l'Ane d'or. *Paris.* 1707. in 12.

79 L'Ouverture des Jours gras, ou l'Entretien du Carnaval. *Paris*. 1634. in 8.

80 Le Pêcheur cru Norvegeois, Histoire Turque. Par J. L. J. Moliere. *Paris*. 1764. in 12.

81 Recueil de Pieces pour & contre, concernant l'affaire de Mlle. Petit, Actrice de l'Opéra de Paris. *Cythere*. 1741. in 8.

82 Piece galante, Lettre sur l'Entretien suivant de trois Demoiselles aux Thuilleries. in 12.

83 Plaidoyers plaisans, dans une cause burlesque. 1743. in 8.

84 Plaintes du Diable boiteux & du Diable d'Argent. Par M. A. D. S. *Paris*. 1707. in 12.

85 Les plaisantes Ephémérides & Pronostications très certaines pour six années, envoyées par le Capitaine Ramonneau de l'autre monde, à ses amis. *Paris*. 1619. in 8.

86 Privilege des Enfans sans Soucy, qui donne Lettre-patente à M^{de}. la Comtesse de Gusicosalle, à M. de Bricquerazade, pour aller & venir par tous les Vignobles de France, avec le cordon de leurs ordres. in 12.

87 Privileges & Réglemens de l'Archiconfrairie, vulgairement dites des Cervelles émouquées ou des Ratiers. in 8. sans date.

88 Les Promenades de la Guinguette, Aventures & Histoires galantes, Dialogue. *Troyes*. 1736. in 12.

89 Recueil de la Chevauchée, en la ville de Lyon 1578, avec tout l'ordre tenu en icelle. *Lyon*. in 8.

90 Réponse à l'Eloge du Mensonge, par celui de la Vérité. par M. R. *** *Paris*. 1731. in 12.

91 La Revue des Troupes d'Amour, à M^{de}. D. S. P. D. D. A. L. R. *Cologne*. 1667. in 12.

BELLES-LETTRES. 575

92 Songe arrivé à un Homme d'importance, sur les affaires de ce temps. *Paris.* 1634. in 8.

93 Relations curieuses de différens pays nouvellement découverts; de la maniere extraordinaire dont ils sont gouvernés; des Mœurs & Coutumes singulieres des Habitans, & autres Particularités très intéressantes. *Paris.* 1741. in 8.

94 Relation curieuse d'un Voyage de Paris à Rouen. in 8.

95 Relation de ce qui s'est passé à la promotion de l'illustre S. Martin, proclamé Généralissime du Régiment de la Calotte, au Château de L.*** le 28 Mai 1731. *La Haye.*

96 Rôle des Présentations faites aux grands jours de l'Eloquence Françoise. 1634 in 8.

97 Traité du véritable Amour, Dialogue dédié à M^{de}. la M.*** Par M^{de}. *Paris.* 1716. in 8.

98 Relation du Siege de Beauté. *Paris.* 1652. in 12.

99 Le Triomphe de la Charlatanerie, dédié au Grand T.*** *Paris.* 1730. In 12.

100 Le Trompeur trompé, Histoire galante & divertissante, arrivée au bal de l'Opéra le Dimanche gras. in 8. sans date.

101 Le Voyage d'Anieres. Lettre à M^{de}. de N.*** Par M. H. *Bruxelles.* 1748. in 8.

102 Voyage de Chantilly, à M. D.* P.*** 1760. in 8.

103 Voyage de Rogliano, par M. de Chevrier de l'Académie des Belles-Lettres de Corse. *Livourne*, de l'Imprimerie Françoise. 1751. in 8.

BELLES-LETTRES.

3913 Recueil de Facéties, plaisanteries, &c. 6 porte-feuilles in 8. avec dos de m. r.

Contenant entr'autres Pieces:

1 L'Adieu du Plaideur à son argent. Le Jeu de Paulme & le Palais, font (ce me semble) de grands frais, les tripôts & les plaideries, font le vrai jeu du Coquinbert : car il en coûte aux deux parties, & en tous deux qui gagne perd. in 8. en vers.

2 Almanach bacchique qui durera autant que le bon vin, & le moyen très facile pour savoir en quel temps il faut planter & semer les choses nécessaires pour éguiser l'appétit & la soif. Ensemble les Loix de Bacchus, Prince de Nisse, Roi des Indes & des Buveurs. *Rouen, Jean-B. Besongne.* in 12.

3 Almanach merveilleux pour les jours de Carême prenant de cette présente année. Par le sieur de Peu-de-Soucy, Baron d'Aimeioye, au Lecteur Chasse mélancholie. *Paris, P. Chevalier.*

4 L'Anatomie d'un Nez à la mode, dédié aux bons Beuveurs. in 8. en vers.

5 Les Ballieux des ordures du monde, nouvellement imprimé pour la premiere impression, par le commandement de notre puissant l'Econome. *Rouen, chez Abraham Couturier.* in 8. en vers.

6 Le Banissement de l'Espérance des Chambrieres de Paris, avec l'Oraison funebre faite à la mémoire d'un demyceint perdu à la blanque, & prononcée par Jacquette de Long-Babil, Dame de Mauregard. in 8.

7 Les Bignets du Gros-Guillaume, envoyez à Turlupin & à Gautier Garguille, pour leur Mardy-gras. Par le sieur

BELLES-LETTRES.

Tripotin, Gentil-homme fariné de l'Hôtel de Bourgongne. in 8.

8 Le Blason des Barbes de maintenant, chose tresjoyeuse & récréative à toute personne. in 8. en vers.

9 Conférence d'Antitus, Panurge, & Gueridon. in 8.

10 La Conférence de Messieurs les Savetiers, avec les ordres qu'ils donnent à 5 Dénommez ci-dessus, pour aprêter toutes les viandes & dessert à ce magnifique repas, avec le Devoir des braves Savetiers, &c. in 8.

11 Le Danger de se marier, par lequel on peut connoître les périls qui en peuvent advenir, témoins ceux qui en ont été les premiers trompés. *Lyon*. in 8. en vers.

12 Demandes d'Amours avec les Réponses. in 8.

13 Les Différens des Chappons & des Coqs, touchant l'Alliance des Poulles; avec la Conclusion d'iceux. *Paris*.

14 Discours du Curé de Bersy, fait à ses Paroissiens en langue picarde, avec l'Histoire agréable de Jeannin, sur la Grossesse soudaine du Pringne sa femme. in 8.

15 Edit perpéduel & irrévocable de l'invincible & très antique Roi Caresme, à lencontre des Pervers & obstinez ennemis, tant de sa souveraine Majesté, & infracteurs de ses Statuts & Ordonnances, que de ses confédérez amis & alliez. *Paris*. in 8.

16 L'Etrange Ruse d'un Filoux habillé en femme, ayant duppé un jeune Homme, d'assez bon lieu, sous apparence de mariage. in 8.

17 Extaze propinatoire de maître Guillaume, en l'honneur de Caresme prenant. *Paris*. in 8. en vers.

18 Les Fantaisies plaisantes & facétieuses du Chappeau à Tabarin. *Paris*. in 8.

19 La Flûte de Robin, en laquelle les Chansons de chaque métier s'égayent, & vous y apprendrez la maniere de jouer de la flûte, ou bien de vous en traits de paroles dignes de votre veue, si les considérez. in 8.

20 La grande Confrairie des saoul-d'ouvrer, & enragez de rien faire, avec les statuts d'icelle. Ensemble la Monnoye d'or & d'argent, servant à la dite Confrerie. *Rouen, Oursel.* in 12.

21 Grandes & Recreatives prognostications pour cette présente année 08145000470. Selon les promenades & beautés du soleil, par les douze cabarets du zodiaque, & envisagement de conjonctions copulatives des planettes. Par Me Astrophile le Roupieux. Dédié à Jean Potage. in 8.

22 La Maltote des Cuisinieres, ou la maniere de bien féter la mule ; dialogue entre une vieille Cuisiniere & une jeune Servante. En vers. *Rouen, François Behourt.* in 8.

23 Les miseres de la femme mariée : où se peuvent voir les peines & tourments qu'elle reçoit durant sa vie. Mis en forme de stances, par Mme Liebaut. *Paris, chez Pierre Menier.* in 8. en vers.

24 La Mode qui court à présent & les singularitez d'icelle : ou l'ut, ré, mi, fa, sol, la, de ce temps. *Paris*, in 8.

25 La moustache des filous, arrachée. Par le sieur Du Lorent. in 8. en vers.

26 La Musique de la Taverne & les prophéties du Cabaret. Ensemble les mépris des Muses. in 8.

27 L'Ordre des Cocus reformez, nouvellement établis à Paris. La cérémonie qu'ils tiennent en prenant l'habit. Les Statuts de leur Ordre : & un petit abregé de l'origine de ces peuples. in 8.

28 Paradoxe ou déclamation des cornes. in 12. en vers.

BELLES-LETTRES.

29 Le Passe-partout du Mardi-gras. in 8. en vers.

30 Le Passe-port des bons Beuveurs, envoyé par leur Prince, dont voici le portrait pour conserver ses ordonnances. Dédié à ceux qui sont capables d'en jouir ; ensuite la lettre générale d'écorniflerie & l'arrêt des paresseux. *Paris.* in 8.

31 La Peine & misere des garçons Chirurgiens autrement appellez fraters, représentez dans un entretien joyeux & spirituel, d'un garçon Chirurgien avec un Clerc. *Troyes.* in 8.

32 La Querelle de Gautier Garguille & de Perrine, avec la sentence de séparation entre eux rendue à Vaugirard. in 8.

33 Les Regrets des filles de joye de Paris, sur le sujet de leur bannissement. *Paris.*

34 Regles, statuts & ordonnances de la caballe des filous, réformez depuis huit jours dans Paris. Ensemble leur police, estat, gouvernement, & le moyen de les connoître d'une lieue loing sans lunettes. in 8.

35 Les de Relais, ou le Purgatoire des Bouchers, Charcuitiers, Poullayers, Paticiers, Cuisiniers, Joueurs d'Intruments comiques, & autres gens de même farine. in 8.

36 Les Rencontres, fantaisies & coqs-à-l'asne facetieux du Baron Gratelard. tenant sa classe ordinaire au bout du Pont-neuf, avec ses gaillardises admirables & conceptions joyeuses. *Troyes.* in 12.

37 Sermon en faveur des Cocus. *Cologne.* in 12.

38 Les Tenebres de Mariage. *Paris.* (in 8. en vers.)

39 Le Théâtre des farces de Maroquin, avec son testament drolifique. in 12.

Tome II.   E e e e

40 La Tromperie faite à un Marchand par son apprenty, lequel coucha avec sa femme, qui avoit peur de nuit, & de ce qui en avint. Avec le testament du martyr amoureux. *Paris*. in 8.

41 La Boutique des Usuriers avec le recouvrement & abondance des bleds & vins, composé par M. Claude Mermet, Notaire Ducat de Sainct Rambert en Savoye. *Paris*. 1575. en vers.

42 La description de la superbe & imaginaire entrée faite à la Reine Gillette, passant à Venise, en faveur du Roi de la Malachie, son futeur époux, le premier jour de Septembre 1582. in 8.

43 Le grand & espouventable Purgatoire des prisonniers, avec l'emprisonnement d'iceux, où se peuvent voir les peines innumerables, que l'homme par les accidents de cette vie peut éviter & souffrir, tant en sa misere qu'en sa prospérité. Discours autant grave que recréatif, auquel sont représentés les félicités, & miseres de la vie humaine, pour induire chacun à bien vivre, suivre la vertu, & éviter le vice, vrai chemin de la vie éternelle. *Paris*, 1583. in 8. en vers.

44 La Duplique faite pour le Seigneur Arlequin, en forme de contrepeterie au nez de Robert Tripluplart l'Andouiller, urinal des Poetes, & Colonnel des gadoues de la Bastille des Proserpine, avec un *recipe* de haulte fustaye pour desembrener ceste grand' piece poltronesque. *Paris*, 1585. in 8. en vers.

45 Histoire plaisante des faicts & gestes d'Harlequin commédien Italien. Contenant ses songes & visions, sa descente aux Enfers pour en tirer la mere Card... comment & avec quels hazards il en esch.... après y avoir trompé

BELLES-LETTRES.

le Roy d'icelui, Ce.... & tous les autres diables. *Paris*, 1585. in 8. en vers.

46 Réponses di gestes de Arlequin au Poete, fils de Madame Cardine ; en langue arlequine, en façon de prologue, par lui-mesme : de sa descente aux enfers, & du retour d'icéluy. *Paris*, 1585. in 8. en vers.

47 Le discours d'vne tres grande cruauté commise par vne Damoyselle nommée Anne de Baringel laquelle a fait empoisonner son mary, son frere, sa sœur, deux petits neveux qu'elle avoit & de la mort d'un jeune Gentilhomme qui s'en est ensuyuie, le tout pour la paillardise. Et comme s'estant remariée avec son paillard, Dieu a permis que la vérité à été cogneuë & de la punition d'iceux par justice. *Lyon, Jehan Bourgeois*, 1587. in 8.

48 La complainte du commun peuple, à l'encontre des Boulangers qui font du petit pain, & des Taverniers qui brouillent le bon vin, lesquels seront damnez au grand Diable s'ils ne s'amendent, avec la louange de tous ceux qui vivent bien, & la chanson des brouilleurs de vin. *Paris* 1588. en vers.

49 L'Arrêt d'amour donné sur le réglement requis par les femmes à l'encontre de leurs maris, par-devant l'Abbé des Cornards. *Paris*, 1601.

50 La surprise & fustigation d'Angoulvent, Poeme heroïque addressée au Comte de Permission, par l'Archi-poete des pois pilez. *Paris*, 1633.

51 Discours de deux Savoyards, l'un charpentier & l'autre tailleur, lesquels changerent de femmes l'un l'autre le premier jour de May, de l'année présente 1604. Avec leurs disputes & cartels de défi, en rithme Savoyarde. *Lyon*, 1604. in 8.

BELLES-LETTRES

52 L'Ombre du Mignon de fortune, avec l'enfer des ambitieux mondains, fur les dernieres confpirations, où eft traicté de la cheute de l'hofte. Dédié au Roy par I. D. Laffemas fieur de Humont. *Paris, chez Pierre Pautonnier, Imprimeur du Roi.* 1604. in 8. en vers.

53 L'archi-fot, Echo fatyrique. *Omne regnum in fe diuifum defolabitur.* 1605. in 8.

54 Drogues nouvelles & laxatives pour les conftipez. 1605 in 8. en vers.

55 La raifon pourquoi les femmes ne portent barbe au menton auffi bien qu'à la penilliere, & ce qui à émus nos dittes femmes porter les grandes queuës. 1606. in 8.

56 Les Plaintes & les Doleances des mal mariez avec leur confolation, le tout mis en dialogue fort plaifant & recréatif. Par G. F. J. C. *Paris.* in 8.

57 Difcours facétieux des fignes veuz au ciel par un aveugle, & interpretez par un muet & entendus par un fourd. M. F. P. A. Piogre. 1609. in 8.

58 Procès & amples examinations fur la vie de Careme-prenant, &c. 1609. in 8.

59 Le rencontre des Cocus. 1609. in 8. en vers.

60 L'adieu facétieux, auttrement dit l'advancoureur. *Saumur, par Pierre Godeau.* 1611. in 8. en vers.

61 Hiftoire joyeufe & plaifante de Monfieur de Baffeville, & d'une jeune Demoifelle, fille du Miniftre de Saint Lo, laquelle fut prife & emportée fubtilement de la maifon de fon pere, par un Verrier dans fa raffe. Enfemble le bien qui en eft parvenu, par le moyen d'un loyal mariage qui s'en eft enfuivy, au grand contentement d'un chacun. 1611. in 8.

BELLES-LETTRES.

62 Le Fléau des Putains & Courtisanes. *Paris, J. le Roi.* 1612. in 8.

63 Procez & amples examinations sur la vie de Carême-prenant, &c. 1612. in 8.

64 La Pronostication des pronostications, composée par Carême-prenant, docteur ès deux facultez de Bacchus & de Vénus, ensemble la chanson des Biberons. 1612. in 8.

65 La vie généreuse des Mattois, Gueux, Boémiens, & Cagouz, contenant leurs façons de vivre, subtilitez & jargon. &c. *Paris*, 1612. in 8.

66 Discours de M^{tre} Jean Joufflu sur les débats & divisions de ce tems. (1614.) in 8.

67 Jugement définitif donné par Mathault, à l'encontre de la Beste-rouge & la Beste-noire, & autres leurs complices & associez. 1614. in 8.

68 La Blanque des filles d'amour, Dialogue, ou la Courtizane Myrtale & sa mere Philire, devisant du rabais de leur mestier, & de la misere de ce temps. *Paris, Nicolas Alexandre.* 1615. in 8.

69 Le contenu de l'assemblée des Dames de la confrairie du grand *Habitavit. Paris, Nicolas Alexandre.* 1615.

70 La grosse enuvaraye Messine, ou Denis amoereux d'un gros Vertugay de village à sa mieus aymee Vazenatte : écrite en vray langage du haut pays Messin. *Metz*, 1615. in 8.

71 Harangue du sieur Mistanguet, parent de Bruscambille, pour la deffence des droits du Mardi-gras. Aux Députez du pays de Morfante, en faveur des bons compagnons. *Paris.* 1615. in 8.

BELLES-LETTRES.

72 Le Pot aux roses découvert, ou le rabais des filles d'amour. *Paris.* 1615. in 8.

73 Pasquil ou coq-à-l'asne de M. Guillaume, pour balleier les ordures de ce temps. *Paris.* 1616. in 8. en vers.

74 Le Pasquil Picard Coyonesque. 1616. in 8. en vers.

75 Pasquin ou coq-à-l'âne de cour. 1616. in 8. en vers.

76 Gazette sur la culbute des Coyons. *Montalban, par a b c d e f g h. &c.* 1617. in 8. en vers.

77 Le rapport fait des pucellages estropiez de la pluspart des chambrieres de Paris, par les Matrones Jurées, tant Françoises que Bearnoises, ensemble les noms des ustencilles trouvées dans leurs bas guichets. *Paris*, 1617. in 8.

78 La découverte du style impudique des Courtizanes de Normandie : envoyé pour étrennes à celles de Paris. De l'université d'une Courtizane Angloise. *Paris, Nicolas Alexandre.* 1618. in 8.

79 Prédictions crotesques & recréatives, du Docteur Bruscambile, pour l'année 1619. ou sous mots couverts est traité des choses de ce temps. *Paris,* 1618. in 8.

80 La vie généreuse des Mattois, Gueux, Bohémiens, Cagoux contenant leur façon de vivre, sustilitez & jargon. &c. *Paris,* 1618. in 8.

81 Le Viellard jaloux tombé en rêveries à la louange des cornes avec une expresse deffense aux femmes de ne plus battre leurs maris, sur les peines y mentionnez. *Paris,* 1618. in 8.

82 Le désespoir de Zanicorneto sur la fuite de Pantalonne sa Garse. 1619. in 8.

83 Discours pitoyables des lamentations de la femme mariée, ensemble les miseres & tourmens qu'elle endure sous un mauvais mary. *Par Thomas Arnaud d'Armosin.* 1619. in 12. en vers.

84 La mine éventée des Dames de Courtoisie de Paris, avec la résolution prise en leur assemblée générale. Avec la suite du pot aux roses découvert par les filles d'amour. *Paris*, 1619. in 8.

85 Peripatetiques résolutions & remontrances sententieuses du Docteur Bruscambille, aux perturbateurs de l'état. *Paris*, 1619. in 8.

86 Les privileges & fidélitez des Châtrez, ensemble la réponse aux griefs proposés en l'arrêt, donné contre eux au profit des femmes. *Paris*, 1619. in 8.

87 La réponse du sieur Tabarin, au livre intitulé la tromperie des Charlatans découverte. *Paris*, 1619.

88 Les contre véritéz de la Cour, avec le Dragon à trois testes. 1620. in 8. en vers.

89 Coq-à-l'âne sur le mariage d'un Courtisan grotesque. 1620. in 8.

90 Les grands statuts & ordonnances de la grande confrairie des saouls d'ouvrer, & enragez de rien faire, ensemble les grands salaires que recevront ceux & celles qui auront bien & duement observez lesdits statuts & ordonnances, avec les monnoyes d'or & d'argent, servans à laditte cour. *Paris*, 1620. in 8.

91 Les Jeux de la Cour. 1620. in 8. en vers.

92 Les quinze marques approuvées pour connoître les faux C.... d'avec les légitimes. à la requête des chercheurs de Midi, courriere de la foire Saint Germain. 1620. in 8.

93 Discours de l'origine des mœurs, fraudes & impostures des Charlatans, avec leur découverte, dédié à Tabarin & Désidério de Combes. Par J. D. P. M. O. D. R. *Paris, 1622. in 8.*

94 Le Procez, plaintes, & information d'un moulin à vent de la porte S. Antoine, contre le sieur Tabarin, touchant son habillement de toille neuve, intenté pardevant messieurs les Meûniers du faux-bourg S. Martin, avec l'arrêt desdits meuniers, prononcé en jaquette blanche. Riez devant que de le lire, car il y a bien à rire. *Paris, 1622. in 8.*

95 La Querelle arrivée entre le sieur Tabarin & Francisquine sa femme, à cause de son mauvais ménage, avec la sentence de séparation contre eux rendue pour ce sujet. *Paris, chez Jean Houdenc, demeurant rue S. Severin. 1622. in 8.*

96 Les Arrêts admirables & authentiques du sieur Tabarin, prononcez en la place Dauphine le 14 jour de ce présent mois, discours remply des plus plaisantes, joyeusetez qui puissent sortir de l'escarcelle imaginative du sieur Tabarin. *Paris, 1623. in 8.*

97 Oraison funebre de Carême-prenant; composée par le serviteur du Roy des melons Andardois. 1623. in 8. en vers.

98 Le Pasquil du rencontre des Cocus à Fontainebleau. 1623. in 8. (en vers.)

99 La Querelle d'entre Jean Pousse & Jeanneton sa cousine. 1623. in 8.

100 L'Adieu du Plaideur à son argent. 1624. in 8. en vers.)

101 L'ordre de chevalerie des Cocus réformés, nouvellement

BELLES-LETTRES.

ment établis à Paris, la cérémonie qu'ils observent en prenant l'habit, les statuts de leur ordre : & un petit abrégé de l'origine de ces peuples. 1624. in 8.

102 Le mécontentement arrivé aux Dames d'amour, suivant la Cour. *Paris*, 1625. in 8.

103 Les Merveilles & les excellences du Salmigondis de l'Alloyau. *Paris, Jean Martin.* 1627. in 8. en vers.

104 Plaisant contrat de Mariage passé nouvellement à Auberville, le 35 Février 1333. entre Nicolas Grand-Jean, & Guillemette Ventruë. Ensuite le festin dudit mariage apprêté à la Plaine de Long-boyau, le 3 Mars ensuivant, avec l'inventaire des biens de feu Taupin-Ventru. *Paris.* 1627. in 8.

105 Les plaisantes ruses, & caballes de trois bourgeois de Paris, nouvellement découvertes, ensemble tout ce qui s'est passé à ce sujet. 1627. in 8.

106 Apologie de Guillot Gorju, addressée à tous les beaux esprits. *Paris, Michel Blageart.* 1634. in 8.

107 Procez nouvellement intenté entre Messieurs les Savetiers savatans, de la ville & fauxbourgs de Paris, & les courtisans de la nécessité, avec les plaidoyers de part & d'autre, & le jugement intervenu entre les parties. *Paris*, 1634. in 8.

108 Rencontre & naufrage de trois Astrologues judiciaires. *Paris*, 1634. in 8.

109 La Rencontre de Gautier Garguille avec Tabarin en l'autre monde, & les entretiens qu'ils ont eu dans les Champs élisées, sur les nouveautez de ce temps. *Paris*, 1634. in 8.

110 Le Testament de feu Gautier Garguille trouvé depuis sa

Tome II. Ffff

mort, & ouvert le jour de la réception de son fils adoptif, Guillot Gorgeu. *Paris*, 1634. in 8.

111 Le Testament du gros Guillaume & sa rencontre avec Gaultier Garguille, en l'autre monde. *Paris, Jean Martin.* 1634. in 8.

112 Reglement d'accord sur la préférence des Savetier-Cordonnier. *Paris.* 1636. in 8.

113 La Réponse des Servantes aux langues calomnieuses qui ont frollé sur l'Anse du panier ce carême: avec l'avertissement des Servantes bien mariées & mal pourvuës à celles qui sont à marier, & prendre bien garde à eux avant que de leur mettre en ménage. *Paris.* 1636. in 8.

114 La Rencontre de Turlupin en l'autre monde, avec Gautier Garguille, & le gros Guillaume, & la grande joye & allegresse qu'ils eurent à son arrivée aux Champs-élisées. *Paris.* 1637. in 8.

115 Le Courrier général de la mi-carême, ensemble le mauvais traitement & emprisonnement de la Macreuse. *Paris.* 1642. in 8.

116 La Conférence des Servantes de la ville de Paris sous les charniers Saint Innocent, avec protestation de bien ferrer la mule ce carême, pour aller tirer à la blanque à la Foire Saint Germain, & de bien faire courir l'anse du panier. *Paris.* 1636. in 8.

117 La Blanque des illustres Filous du Royaume de coqueterie. *Paris.* 1655. in 12.

118 Questions énigmatiques recreatives & propres pour deviner & y passer le temps aux veillées des longues nuits, avec les réponses subtiles, & autres propos joyeux, ensemble le blason des fleurs. *Paris.* 1674. in 8.

119 Les Débats & facétieuses rencontres de Gringalet &

BELLES-LETTRES.

de Guillot Gorgeu son maître. *Rouen, V. Oursel.* 1735.

120 Etrennes à Messieurs les Ribauteurs, le supplément aux Ecosseuses, ou Margot la mal peignée en belle humeur, & ses qualités. 1752. in 8.

3914 Facetie : Piacevolezze : Fabule : e Motti del Piovano Arlotto. *In Vineggia, Francesco Bindoni & Mapheo Pasini,* 1525. in 8. goth. fig. v. f.

3915 Facetie, Piacevolezze, Fabule, e Motti del Piovano Arlotto prete Fiorentino. *In Firenze, per Bern. Zuchetta.* in 4. v. m.

Les trois premiers feuillets sont MSS.

3916 I Capricci del Bottaio, di Giovan Battista Gelli, Academico Fiorentino. *In Firenze,* 1549. in 8. m. r.

3917 I Caprici del Bottaio, di Giovan Battista Gelli, Academico Fiorentino. *In Fiorenza Lorenzo Torrentino,* 1551. in 8. m. r.

3918 Faceties, & Mots subtils, d'aucuns excellents Esprits & très nobles Seigneurs, en françois & en italien, par Loys Dominique. *Lyon, Benoist Rigaud,* 1574. in 16. v f.

3919 La Nobilissima anzi asinissima compagnia delli Briganti della Bastina. *In Vicenza, Heredi di Perin,* 1597. in 4. v. f.

3920 Harangues facetieuses sur la mort de divers animaux, composées par divers Auteurs, trad. d'italien en françois. *Lyon, Pierre Rouffin,* 1618. in 12. m. r.

3921 La Lode de la Pelata. in 8. m. cit.

Ce Volume qui est rare contient 14 feuillets.

Il y a au frontispice une Estampe qui représente une jeune femme dans l'attitude d'un Barbier. Elle a sa main sur le visage d'un homme assis sur un fauteuil; cet homme n'a point de barbe d'un côté du visage. Au dessous de l'estampe il y a ces vers :

Questo el barbier che dona la pelata
Senza rasoio e senza savonata.

Contes & Nouvelles.

3922 Libro di Novelle, & di bel parlar gentile. nel qual si contengono cento Novelle date alla luce da M. Carlo Gualteruzzi. *In Fiorenza, Giunti,* 1572. in 4. m. r.

3923 Il Decamerone di messer Giovanni Boccaccio. (*Vicentiæ,*) *Giovanne da Reno,* 1478. in fol. v. b.

3924 Il Decamerone di Messer Giovanni Boccaccio, con tre novelle aggiunte. *In Venetia, Augustino de Zani da Portese,* 1518. in fol. fig. m. bl.

3925 Il Decamerone di M. Giovanni Boccaccio

BELLES-LETTRES.

nuovamente corretto con tre novelle aggiunte nuovamente ritrovate. *In Vinegia nelle cafe d'Aldo Romano*, 1522. in 8, m. bl.

3926 Il Decamerone di Meſſer Giovanni Boccaccio nuovamente corretto & con diligentia ſtampato. *In Firenze, per li heredi di Philippo di Giunta*, 1527. in 8, m. r. dent. doub. de tabis.

EDITION ORIGINALE.

On a annoncé que dans l'Edition originale, le chiffre numéraire du feuillet 167 étoit cotté 617, & que dans la contrefaction il y avoit 167.

Dans cet Exemplaire ce feuillet eſt numeroté 167, & il eſt de l'Edition originale; on n'a pas fait attention que le chiffre avoit été enlevé pendant que la feuille étoit ſous preſſe, & qu'il avoit été tranſpoſé en le remettant.

La maniere de diſtinguer au premier coup d'œil l'Edition originale de celle qui eſt contrefaite, c'eſt de prendre garde aux *a* qui ont la tête en pointe dans la premiere Edition.

3927 Il Decamerone di Boccaccio. *In Venetia, per Giovanni de Farri, & fratelli da Rivoltella*, 1540. in 8. vélin.

3928 Il Decamerone di Boccaccio, corretto per Meſſer Antonio Bruccioli. *In Venetia, Gabriel Giolito de Ferrari*, 1542. 2 vol. in 16, m. r.

3929 Il Decamerone di M. Giovanni Boccaccio. *In Lione, Gulielmo Rovillio*, 1555. 2 vol. in 12, m. bl.

BELLES-LETTRES.

3930 Boccacce des cent nouvelles, tranflaté de latin en françois, par maître Laurens du Premier Faict. *Paris, pour Anthoine Vérard.* in fol. goth. m. r.

IMPRIMÉ SUR VÉLIN, avec 110 Miniatures. Il eſt décoré des armes d'Urfé.

3931 Le Livre Cameron, autrement furnommé le Prince Galliot, qui contient cent nouvelles, par Jehan Bocace de Certald, tranflatées de latin en françois par maître Laurens du Premier Faict. *Paris, veuve de Mich. le Noir,* 1521. in fol. goth. m. r.

3932 Contes & Nouvelles de Bocace Florentin. traduction libre, enrichie de figures en taille-douce, gravées par Romain de Hooge. *Amſterdam, George Gallet,* 1699. 2 vol. in 8. m. viol.

3933 Le Cento Novelle di Meſſer Vincenzo Brugiantino, in ottava rima. *In Vinegia, Francefco Marcolini,* 1554. in 4. m. r.

3934 Le Cinquante Novelle di Mafuccio Salernitano. intitolate a la Illuſtriſſima Ipolita d'Aragona Ducheſſe de Calabria. *Venetiis, per Baptiſtam de Tortis, die VIII. Junii,* 1484. in fol. m. bl.

PREMIERE EDITION.

3935 Settanta novelle del Johanne Sabadino.

BELLES-LETTRES. 593

nuovamente historiade & correcte per Sebast. Manilio. *in Venetia*, 1510. in fol. fig. m. bl.

3936 Operetta nova utile & dilectevole de l'Heremita di Messer Marco Mantuano. *In Milano, per Jo. Aug. Scinzenzeler*, 1523. in 8. m. cit.

3937 Hieronymi Morlini Novellæ Lxxx. Fabulæ XX. Comœdia. *Neapoli, in Ædibus Joannis Pasquet, de Sallo*, 1520. *die VIII. Aprilis.*

Superbe Exemplaire d'un livre de la plus grande Rareté.

3938 Le tre parte de le Novelle del Bandello. *In Lucca, per il Busdrago*, 1554. 3 vol. in 4. m. bl. = Il terzo volume delle Novelle del Bandello, con una aggiunta d'alcuni sensi morali dal S. Ascanio. *In Milano, de gli Antonii*, 1560. = La quarta parte de le Novelle del Bandello. *In Lione, Alessandro Marsilii*, 1573. in 8. m. bl.

3939 De gli Hecatommithi di M. Giovan battista Gyraldi Cinthio. *Nel Monte-Regale, Lionardo Torrentino*, 1565. 2 vol. in 8. vel.

Edition originale.

3940 Les facetieuses nuits de Seigneur Jean François Straparole, traduites d'italien en françois, par Jean Louveau & Pierre de la Rivey ; revues & corrigées, avec une préface de M. de la

Monnoye. *Paris*, 1726. 6 vol. in 12. m. r.
IMPRIMÉ SUR VÉLIN.

3941 Les Cent Nouvelles Nouvelles. *Paris, Veuve de Jehan Trepperel & Jehan Jannot*, in 4. goth. fig. v. f.

3942 Les Cent Nouvelles Nouvelles. *Lyon, Olivier Arnoullet*, in 4. goth. fig. m. cit.

3943 Les facétieux Devis des Cent Nouvelles Nouvelles, remis en leur naturel; par le Seigneur de la Motte Roullant. *Paris, Guillaume le Bret*, 1549. in 8. v. f.

3944 Les Cent Nouvelles Nouvelles, avec figures gravées par Romain de Hooge. *Cologne (Amst.) Pierre Gaillard*, 1701. 2 vol. in 8. m. viol.

3945 L'Heptameron des nouvelles de très Illustre Princesse Marguerite de Valois, Reine de Navarre. remis en son vrai ordre, par Claude Gruget. *Paris, Caveillier*, 1559. in 4. m. cit.

3946 Contes & Nouvelles de Marguerite de Valois, Reine de Navarre. *Amsterdam, Gallet*, 1698. 2 vol. in 8. fig. v. f.

3947 Les Contes de Marguerite de Valois, Reine de Navarre. *Amsterdam, Gallet*, 1700. 2 vol. in 8. fig. m. viol.

3948 Recueil des plaisantes & facétieuses Nouvelles recueillies de plusieurs Auteurs. *Anvers, Gerard Spelman*, 1555. in 8. v. f.

BELLES-LETTRES.

3949 Nouveaux Récits, ou Contes moralisés, joint à chacun le sens moral, par du Roc. *Anvers, Th. Kauffman,* 1575. in 18. m. r.

3950 Contes amoureux par Mde. Jeanne Flore, touchant la punition que fait Vénus de ceux qui contemnent & méprisent le vrai amour. *Lyon,* in 8. fig. v. f.

3951 Les Contes amoureux de Madame Jeanne Flore. *Lyon, Ben. Rigaud,* 1574. in 18. m. r.

3952 Les Contes & Discours d'Eutrapel. par le feu Seigneur de la Herissaye. (Noel du Fail.) *Rennes, Noel Glamet,* 1603. in 8. m. r. l. r.

3953 Les Baliverneries d'Eutrapel. *Lyon, Pierre de Tournes,* 1549. in 12. m. r.

3954 Les Contes & Discours bigarrés du sieur de Cholieres, déduits en neuf matinées. *Paris, Claude Collet,* 1613. 2 vol. in 12. m. r.

3955 Les Nouvelles de Miguel de Cervantes Saavedra, traduites d'espagnol en françois, les six premieres par François de Rosset & les six autres par le sieur d'Audiguier. *Paris, Jean Richer,* 1618. 2 vol. in 8. m. viol. dent.

Tome II.   Gggg

ROMANS.

Origine des Romans.

3957 Lettre de M. Huet à M. de Segrais, de l'origine des Romans. *Paris, Sebastien Mabre Cramoisy*, 1678. in 12, m. r.

3958 De l'usage des Romans, où l'on fait voir leur utilité & leurs différents caracteres : avec une Bibliotheque des Romans. Par Gordon de Percel : (l'Abbé Lenglet du Fresnoy). *Amsterdam, veuve de Poilras*, 1734. 2 vol. in 12, v. f.

3959 L'Histoire justifiée contre les Romans, par M. l'Abbé Lenglet du Fresnoy. *Amsterdam, Compagnie*, 1735. in 12, v. f.

Romans Grecs.

3960 Parthenii Nicaensis, de amatoriis affectionibus liber, græcè, Jano Cornario interprete. *Basileæ, Froben*, 1531. in 8, m. verd.

3961 Les Affections d'Amour de Parthenius, ancien Auteur Grec ; jointes les Narrations d'Amour de Plutarque, mises en françois, par Jean Fournier. *Lyon, Macé Bonhomme*, 1555. in 8, m. r.

3962 Les Affections de divers Amants, faites & rassemblées par Parthenius de Nicée, mises en françois par Jean Fournier. *Paris, Sertenas,* 1555. in 8, v. f.

3963 Les Amours pastorales de Daphnis & Chloé, trad. du grec de Longus, par Jacques Amyot. (*Paris, Ant. Couſtelier,*) 1718. in 8, mar. à compartiments.

Édition Originale, ornée de figures gravées par Ben. Audran, d'après les deſſins de M. le Duc d'Orléans, Régent.

Cet Exemplaire eſt rempli de corrections d'une belle écriture, auxquelles on a joint les paſſages grecs.

3964 L'Histoire Ethiopique d'Héliodore, contenant dix livres, traitant des loyales & pudiques amours de Theagenes & Chariclea, traduite de grec en françois par Jacques Amyot, divisée en vingt-neuf chapitres ou ſommaires par d'Audiguier; avec des figures de Criſpin de Pas. *Paris, (Touſſain Du Bray,)* 1626. in 8, m. r.

3965 Amours de Theagenes & Chariclée, histoire Ethiopique, traduite du grec d'Héliodore (par J. Amyot). *Londres, (Paris, Couſtelier),* 1743. 2 vol. in 8, fig. m. verd.

3966 Les Aventures amoureuſes de Theagenes & Chariclée, décrites & repréſentées par figures par Pierre Vallet. *Paris; P. Vallet,* 1613. in 8, m. r.

3967 Historia di Heliodoro delle coſe Ethiopiche, nella quale fra diverſi, compaſſionevoli avenimenti di due amanti, si contengono abbattimenti, descrittioni di paesi, &c. tradotta dalla lingua greca nella Toscana da M. Leonardo Ghini. *In Vinegia, Giolito de Ferrari,* 1560. in 8. m. viol.

3968 Les Amours d'Ismene & d'Ismenias, traduits du grec d'Eustathe (par M. de Beauchamps). *La Haye,* (*Paris, Coustelier,*) 1743. in 8. fig. m. r.

3969 Gli Amori d'Ismenio, composti per Eustathio Filosopho, & di greco tradotti per M. Lelio Corani *In Venetia, Domen. & Giov. Batt. Guerra,* 1560. in 8. m. viol.

3970 Liber Barlaam & Josaphat (e græco S. Joannis Damaceni traductus.). in fol. goth. m. r.

ÉDITION d'environ l'an 1476, sans chiffres, réclames ; mais avec signatures depuis a ij —— k, à longues lignes au nombre de 36 sur les pages qui sont entieres. Les caracteres en sont semblables à ceux du livre intitulé : *Tractatus de quatuor virtutibus* .... imprimé à Spire en (1472) & annoncé sous le N° 1280.

3971 Alector ou le Coq, histoire fabuleuse, traduite en françois, d'un fragment grec trouvé non entier, &c. : par Barth. Aneau. *Lyon, Pierre Fradin,* 1560. in 8. v. f.

BELLES-LETTRES.

Romans Latins.

3972 Epiſtola Franciſci Petrarchæ de hiſtoria Griſeldis mulieris maximæ conſtantiæ & patientiæ. = Eneæ Sylvii poetæ ſenenſis de duobus amantibus Eurialo & Lucretia, opuſculum. (*Coloniæ, per Olricum Zel de Hanau*) circa 1470. in 4. goth. m. r.

Ces deux Ouvrages imprimés à longues lignes au nombre de 27 ſur les pages qui ſont entieres, ſont ſortis des preſſes de Zel de Hauau. Ils n'ont ni chiffres, ni réclames, ni ſignatures.

Le premier commence ainſi :

Epiſtola dñi. Franſcĩ Petrarche. Laureati poete. ad Dñm Johēm. Florentinũ poetam. De Hiſtoria. Griſeldis. mulieris maxime cõſtantie et patiētie. Jn preconium omniũ laudabilium mulierum :...:.

Il finit par le ſommaire ci-deſſús :

Explicit Epiſtola dñi Franciſci petrarche laureati....

Le ſecond :

Enee Siluij poete Seneñſis. de duobȝ amãtibus Eurialo et Lucreſia. opuſcũ ad Marianũ Soſinũ feliciter Jncipit.

Et à la fin :

Explicuit opuſculum Enee Silvij de duobus amantibus.

3973 Incipit Epiſtola Françiſci Petrarche de inſigni obedientia & fide uxoria Griſeldis in Waltherum. *Ulme, Joannes Zeiner, de Reutlingen,* 1473. in fol. v. f.

EDITION à longues lignes, exécutée avec un caractere

rond particulier & assez maigre. Elle commence par le titre imprimé ci-dessus en lettres capitales, dont chaque mot est suivi d'un point, & elle contient en tout 10 feuillets. On lit au bas du dernier :

Vlme impressum per Iohänem zeiner de Reutlingen Anno domini. I. 9. A. 3.

3974 La Patience. Griselidis, Marquise de Saluces, (trad. du latin de Pétrarque. *Paris, Jehan Treperel.* in 4. goth. v. m.

3975 La grande & merveilleuse patience de Griselidis, fille d'un pauvre homme appellé Janicolle, du pays de Saluces, (traduite du latin de Pétrarque). *Lyon, Cl. Nourry, Alias le Prince,* 1525. in 4. goth. fig. m. bl.

3976 Francisci Florii Florentini de Amore Camilli & Emiliæ Aretinorum. = Libellus de duobus Amantibus Guiscardo & Sigismunda Tancredi filia, in latinum ex Boccaccio convertit Leonardus Aretinus. (*Parisiis, Petrus Cæsaris & Joannes Stol*). in 4. m. r.

ÉDITION exécutée vers 1475, à longues lignes au nombre de 24 sur les pages qui sont entieres, sans chiffres, réclames & signatures. Les caracteres sont ceux de Pierre Cæsaris & de Jean Stol.

On lit à la fin du premier traité cette souscription :

Francisci Florii Florentini, de duobus amantibus liber feliciter expletus est turonis. editus in domo domini Guillermi archiepiscopi turonësis ! pridie kalendas ianuarii.

Anno dñi millesimo quadringentesimo sexagesimo septimo;

3977 Traité très plaisant & récréatif de l'amour parfaite de Guisgardus & Sigismunde, fille de Tancredus, trad. du latin de Léonard Aretin, en vers françois. *Paris, P. le Caron,* 1493. in 4. goth. fig. m. r.

3978 Le Traité des deux Amants, c'est à sçavoir Guiscard & la belle Sigismunde, (trad. du latin de Léonard Aretin, en vers françois, par Jeh. Fleury, dit Floridus). *Rouen, M. J. le Forestier, Richart Goupil & Nicolas Mullot, pour Thom. Laisné.* in 4. goth. m. r.

3979 Æneæ Silvii libellus de duobus amantibus Eurialo & Lucretia. *Editio circa* 1476 *edita.* in 4. goth. m. r.

ÉDITION à longues lignes au nombre de 30 sur les pages qui sont entieres, sans chiffres, réclames & signatures.

3980 L'Histoire des deux vrais Amants, Eurial & la belle Lucrece, compilée par Enée Silvius, & translatée du latin en françois par maître Antithus. *Lyon, Olivier Arnoullet.* in 4. goth. v. m.

3981 Joannis Barclaii Argenis, cum Clave. *Amstelodami, ex Officina Elzeviriana,* 1671. in 12. m. r.

BELLES-LETTRES.

ROMANS FRANÇOIS.

Romans des Chevaliers de la Table-ronde.

3982 L'Ordre de Chevalerie, auquel est contenue la maniere comment on doit faire les Chevaliers, & de l'honneur qui à eux appartient, & de la dignité d'iceux ; composé par un Chevalier, lequel en sa vieillesse fut Hermite. *Lyon, Vinc. de Porthunaris de Trine*, 1510. in fol. goth. v. f.

3983 Le livre intitulé l'Arbre des Batailles, par Honoré Bonnor. *Paris, par Anthoine Verard*, 1493, le viii Juin. in fol. goth. fig. m. bl.

IMPRIMÉ SUR VÉLIN.

A la fin :

Cy finist le liure intitule larbre des batailles imprime a paris le viii. ior de iuing Mil. cccc. quatre vĩgtz z treize par anthoine verard libraire demourãt a paris sus le pont nostre dame a lenseigne saint iehan leuãgeliste ou au palais au premier pillier deuant la chappelle ou lon chante la messe de messeigneurs les presidens.

3984 L'Arbre des Batailles, par Honoré Bonnor, Prieur de Salon. *Lyon, Olivier Arnoullet.* in 4. goth. v. m.

3985 Ce sont les noms, armes & blasons des Chevaliers & Compaignons de la Table-ronde au temps que ilz iurerent la queste du Sainct-Graal

BELLES-LETTRES.

Graal à Camaloth le jour de la Pentecouste, & par la vertu diuine eſtoient tous à ce iour aſſemblez. in fol. m. r.

Très beau Manuscrit ſur vélin du *XV ſiecle*, contenant 85 feuillets écrits en *ancienne bâtarde*, & à longues lignes. Il eſt enrichi de *tourneures*, élégamment peintes en or & en couleurs, de 184 blaſons ſupérieurement enluminés, d'une très belle miniature qui eſt au verſo du premier feuillet & d'un cadre d'or orné de fleurs, d'inſectes & d'animaux, lequel décore le recto du ſecond feuillet.

3986 La Deviſe des armes des Chevaliers de la Table-ronde. *Paris, rue St. Jacques, à l'enſeigne de l'Eléphant* (*Fr. Regnault.*) in 18. got. m. r.

3987 La Deviſe des armes des Chevaliers de la Table-ronde, leſquels étoient du très renommé & vertueux Artus, Roi de la Grande-Bretagne, avec la deſcription de leurs armoiries. *Lyon, Benoiſt Rigaud*, 1590. in 16. v. f.

3988 La forme qu'on tenoit des Tournois & aſſemblées au temps du Roy Uterpendragon & du Roy Artus, entre les Roys & Princes de la Grant-Bretaigne & Cheualiers de la Table-ronde (avec leurs blaſons peints).⸻Traictie de la forme des Tournoys que auiourduy ont cours. in 4. m. r. à compartiments.

Manuscrit du *XV ſiecle*, ſur vélin, contenant 61 feuillets écrits en *ancienne bâtarde*, à longues lignes; il eſt enrichi de *tourneures* peintes en or, & d'une miniature qui a environ 5 pouces de haut fur 4 de large. Il y en a plufieurs autres qui repréfentent les formes des armures dont fe fervoient pour eux & pour leurs courfiers les Chevaliers du XV fiecle.

Ces deux traités font de *René d'Anjou*, Roi de Sicile, Prince très inftruit dans les loix des combats & des tournois qu'il aimoit paffionnément ; il les dédia à *Charles d'Anjou, Comte du Maine*, &c. fon frere, mort en 1473. Il le nomme dans la dédicace du premier traité : *Très hault & Puiffant Prince mon très chier & honnoré frere, Prince de Vienne*, & dans celle du fecond : *Très hault & puiffant Prince mon très chier, très amé & feul frere Germain, Charles d'Aniou, Conte du Maine, de Mortaign & de Suyfe.* Le fecond traité eft imprimé dans le tome I, pag. 49 & fuiv. du *Théâtre d'honneur*, par Wlfon de la Combiere.

3989 Recueil de Romans des Chevaliers de la Table-ronde. 3 vol. in fol. m. r.

Manuscrit fur velin de la fin du *XIII fiecle*, divifé en 3 volumes, & contenant 694 feuillets. Il eft écrit en *lettres de forme*, fur 3 colonnes, & enrichi d'un grand nombre de miniatures qui n'ont d'autre mérite que leur antiquité. On en voit de très burlefques au commencement de chaque volume. Les fommaires y font en rouge & une partie des *tourneures* y font peintes en or & en couleurs.

Ce MS. eft très précieux, parcequ'il renferme plufieurs Romans de la Table-ronde qu'on trouve rarement réunis dans un feul volume.

Il contient :

1 Le roman del fan Graal.

Ce Roman qui eft le premier de la Table-ronde, finit ainfi :

BELLES-LETTRES. 605

Si se taist a tant li contes de tout les lignies qui de celydoine issirent & retorne a parler dune estoire de Merlin quil conuient a fine force adiouster a lestoire del S. Graal parceque la brance i est et i appartient & commenche mesires robers (*de Borron*) en tel maniere comme vous porres oir sil est qui le vos die. Ore nous consaut sainte Marie.

C'est probablement d'après ce roman que *Chrestien de Troyes* a mis en vers, vers la fin du *XII siecle*, celui qu'il a intitulé de même.

2 Histoire de Merlin jusqu'à sa prison, ou sa disparition, sans ses prophéties.

3 Le roman de Lancelot du Lac, suite de celui de S. Graal, & des Chevaliers de la Table-ronde.

On y lit que les avantures *del S. Graal*, telles qu'elles furent vues & racontées par Boor, furent mises & gardées en *l'Aabbye de Salesbieres* . . .

Dont Maistre Gautiers map les traist a faire son liure del S. Graal por lamor del roi henri son signor qui fit lestoire translater du latin en franchois. apres che que maisstres gautiers map ot traitie des auentures del S. Graal asses souffisament si comme il fut auis al roi henri son signor que ce quil auoit fait ne deuoit pas souffire sil ne racontoit la fin de chaus dont il auoit deuant fait mention comment chil moururent de qui il auoit les proeces ramenteus en son liure & porce commencha il cest daaraine partie & quant il lot mise ensamble il lapala la mort al roi artus. . . .

Gautier Map florissoit sous *Henri II*. surnommé *Plantagenet*, Roi d'Angleterre; il reçut ordre de ce Monarque, comme il le dit lui-même, de mettre en françois le Roman latin de Lancelot-du-Lac. Cette traduction n'est pas mentionnée dans le catalogue de ſes ouvrages, publiés par *Fabricius* & *Tanner*. Ce dernier Bibliographe le fait Chanoine de Sarisbury, Grand-Chantre de l'Egliſe de Lincoln en 1196, & enfin Archidiacre d'Oxfort en 1198. On ignore l'année de ſa mort ; il vivoit encore en 1210.

Chreſtien de Troyes rima vers l'an 1190 le Roman de Lancelot-du-Lac, ſous le titre de celui de la *Charette*. Il ne l'acheva point ; mais il fut continué quelques années après par *Geoffroy de Ligny*, ou *de Lagny*.

3990 Le Roman du Bruth. = de Méliadus de Léonnoys. = de Giron le Courtois. 2 vol in fol. m. bleu.

MANUSCRIT ſur vélin du *XV ſiecle*, contenant 598 feuillets écrits en *lettres de forme*, ſur 2 colonnes. Il eſt enrichi de *tourneures* peintes en or, & de 104 miniatures. Les ſommaires y ſont en rouge.

Maiſtre Ruſticiens de Piſe traduiſit ces trois Romans du latin, par ordre d'un Henri, Roi d'Angleterre, qui vraiſemblablement étoit *Henri III*. Son grand pere *Henri II*, Monarque protecteur des lettres, auquel la langue Françoiſe étoit plus familiere que la langue Angloiſe, avoit fait traduire précédemment une partie des Romans des Chevaliers de la Table-ronde.

Ruſticiens de Piſe rapporte au commencement de ſon Roman de Meliadus, les noms de ceux qui furent employés à ces traductions. ...

Meſſire luces du gau (*du Gat*). ſen entremiſt premierement et ce fu le premier cheualier qui ſen entremiſt et qui ſeſtude y miſt et ſa cure que bien le ſauons &c ilz tranſlata en langue francoiſe partie de liſtoyre de monſ. triſtan... apres ſen entremiſt meſſ. gaſſes li blons qui parens fu le roi henry

BELLES-LETTRES.

après fen entremift meff. gautier map qui fu cheualier le roy et diuifa cilz lyftoire de lancelot du lac que dautre chofe ne parla il mie gramment en fon liure meffire robeart de borron fen entremift apres fen entremift i helis de borron par la priere meffire rabert de borron. ...

Entre autres particularités qui fe trouvent dans le prologue du Brut, on y apprend qu'un nommé *Jean Vaillant* de Poitiers abrégea en 1391 ce Roman tel qu'il eft dans ce MS. par le commandement d'un *Pierre le Saut*, Efcuyer, Confeiller du Roy de France, & de *Sire Loys*, *Duc de Bourbon*, apparemment *Louis II*, Comte de Clermont, mort en 1410.

3991 Partie du Roman des Chevaliers de la Table-ronde. in fol. m. r.

MANUSCRIT fur vélin du *XIII fiecle*, contenant 304 feuillets. Il eft écrit en *lettres de forme*, fur 2 colonnes & enrichi de quelques miniatures.

Ce MS. n'eft pas complet. outre qu'il y manque quelques feuillets à la fin ; il s'en trouve plufieurs dans le corps du Volume qui font déchirés.

Il commence ainfi :

En cefte partie dift li contes que iii iours entiers demoura fire yvains en la maifon le roi march ....

3992 L'Hiftoire du Saint Greaal, qui eft le premier livre de la Table-ronde : enfemble la Quefte dudit Saint-Greaal faite par Lancelot, Galaad, Boorf & Perceval, qui eft le dernier livre de la Table-ronde : (traduits du latin en françois par Robert Beron ou Bofron.) *Paris*,

BELLES-LETTRES

Jehan Petit, Galiot Dupré & Michel le Noir, 1516. in fol. goth. m. bl.

3993 Le Roman du San-Graal. in fol. m. r.

MANUSCRIT fur vélin, du *XIII* fiecle, très bien confervé, contenant 112 feuillets. Il eft écrit en *lettres de forme*, fur 2 colonnes.

Ce MS. renferme l'hiftoire du *San-Graal* jufqu'à *Merlin*.

3994 Roman du San-Graal & de Merlin.(par Rob. de Borron.) 2 grands volumes in fol. m. r.

BEAU MANUSCRIT fur vélin du commencement du *XV fiecle*, contenant 360 feuillets. Il eft écrit en *lettres de forme*, fur 2 colonnes, & enrichi de grandes *tourneures* peintes, rehauffées d'or, & de 34 miniatures, dont les plus grandes portent 8 pouces en quarré.

Ce MS. dont l'exécution eft belle, renferme l'hiftoire du *San-Graal*, & celle de *Merlin*, jufqu'à fa difparition.

3995 Partie du Roman du San-Graal, contenant celui de Jofeph d'Arimathie, & partie de celui de Merlin. (trad. par R. de Borron.) in fol. m. r.

MANUSCRIT fur vélin du *XIII* fiecle, très bien confervé, contenant 37 feuillets. Il eft écrit en *lettres de forme*, fur 2 colonnes.

La fin manque.

3996 La Vie & les Prophéties de Merlin. *Paris, Ant. Verard*, 1498. 3 vol. in fol. m. cit. à compartiments, doublé de m. r. dent.

SUPERBE EXEMPLAIRE.

BELLES-LETTRES.

3997 La Vita de Merlino & de le fue Prophetie hiftoriade che lui fece le quale tractano de le cofe che hauo avenire. *In Florentia*, 1495. in 4. fig. m. bl.

PREMIERE EDITION, TRÈS RARE, de la traduction en Italien.

A la fin :

Tracta e quefta opera del Libro autentico del magnifico meffer Pietro Delphino fu del magnifico meffer Zorzi tranflatato de lingua franceffe in lingua italica fcripto nel anno del fignore. M. ccc. Lxxix. adi. xx. nouembre & ftampado in Florentia del. M. cccc. Lxxxxv. adi. xv. de Marzo

3998 Le Roman du Roi Artus. *Rouen, Gaillard le Bourgeois*, 1488. 2 tom. en 1 vol. in fol. goth. m. r.

C'eft le Roman du Grand Artus.

A la fin :

Ce prefent et premier volume a efte Jmprime a Rouen. en loftel de gaillard le bourgois Lan de grace mil. cccc. iiii. xx. et huyt le. xxiiii. iour de nouēbre. Par iehan le bourgois. A lexaltacion de la nobleffe, et de la bonne cheualerie, q̃ fut en la grāde bretaigne eu tēps du tres noble et vailāt roy artus, et de la table ronde Et a lexaltacion des courages des ieunes nobles ou autres qui fe veullēt erxcerciter aux armes et acquerir lordre de cheualerie.

Ce Volume eft divifé en 2 parties.

3999 Les merveilleux Faits & Geftes du noble & puiffant Chevalier Lancelot du Lac, Compaignon de la Table-ronde. *Paris, Anthoine Vérard*, 1494. 3 vol. in fol. v. m.

A la fin du tom. 3 :

Cy fine le derrenier volume de la table ronde faifant mētion des faits et proeffes de mōfeigñr lācelot du lac et dautres plufieurs nobles et vaillans hões fes compaignōs. Jmprime por anthoine verard marchāt libraire demourāt a paris...

4000 Le fecond volume du Roman de Lancelot du Lac, Compagnon de la Table-ronde. (*Paris, Anthoine Verard.*) in fol. goth. m. r.

IMPRIMÉ SUR VÉLIN, avec 20 Miniatures.

CE VOLUME n'eft pas de l'Edition de 1494. Il y a au deffous du titre le quatrain fuivant en faveur de Lancelot; il eft d'une écriture du XVII fiecle.

>Quiconque dit que Lancelot eft fable
>C'eft quelque fot qui n'eft point amoureux
>Car qui bien aime & a le cueur ftable
>Penetera & l'enfer & les cieux.

4001 Les Faits & Prouëffes de Monfeigneur Lancelot du Lac. *Paris, Ph. le Noir*, 1533. 3 tom. en 1 vol. in fol. goth. v. b.

4002 Hiftoire contenant les grandes prouëffes, vaillances & héroïques faits d'armes de Lancelot du Lac, Chevalier de la Table-ronde, divifée en trois livres, & mife en beau langage françois. *Lyon, Ben. Rigaud*, 1591. in 8. v. b.

BELLES-LETTRES.

4003 Le Roman de Lancelot du Lac. in fol. v. f. d. f. tr.

MANUSCRIT fur vélin du *XIII fiecle*, contenant 354 feuillets. Il eſt écrit fur 2 colonnes.

Ce MS. comprend les deux premieres parties du Roman de *Lancelot du Lac*; c'eſt-à-dire, jufqu'à la délivrance de *du Lac*, de la prifon de la *Fée Morgain*.

4004 Le Roman de Lancelot du Lac. in fol. m. r.

MANUSCRIT fur vélin du *XIII fiecle*, très bien confervé, contenant 352 feuillets. Il eſt écrit en *lettres de forme*, fur 2 colonnes.

Ce MS. contient la premiere partie, & à peu près la moitié de la feconde partie du Roman de *Lancelot du Lac*. Il finit par ces mots :

Quand Mordrec fu montez fi fenpatt del cheualier de la damoifele et fe met en fon chemin ainfint quil auoit fet le iour deuant. mes a tant fe tet ore li contes de lui et retorne a parler dagrauain fon frere.

4005 Le Roman de Lancelot du Lac. in fol. v. f. d. f. tr.

MANUSCRIT fur vélin du *XIII fiecle*, contenant 130 feuillets. L'écriture eſt en *lettres de forme*, fur 2 colonnes.

C'eſt la fin du Roman de *Lancelot du Lac*, commençant ainfi :

A la ueille de la pantecoſte quant li compaignons de la table ronde furent uenu a camaalot &c.

Et finiſſant par la mort de *Lancelot*.

Tome II. Iiij

BELLES-LETTRES.

Les 4 derniers feuillets qui manquoient ont été récrits dans le *XV siecle*.

4006 Partie du Roman de Lancelot du Lac. in fol. m. r.

MANUSCRIT fur vélin du *XIV fiecle*, contenant 45 feuillets. Il eft écrit en *lettres de forme*, fur 2 colonnes, & enrichi de 7 miniatures & de belles *tourneures* peintes en couleurs, rehauffées d'or.

Il commence ainfi :

Chi endroit dift li contes ke quant agrauains fe fu pattis de fes compaignons &c.

Et finit à cette partie de ce Roman, où *Gautier Map* en étoit refté lorfqu'il reçut ordre de *Henri II*, Roi d'Angleterre, de le continuer jufqu'à la mort de *Lancelot*.

4007 La très plaifante & récréative Hiftoire du vaillant Chevalier Perceval le Galloys, jadis Chevalier de la Table-ronde; (tranflatée de ryme en profe de l'ancien Auteur Chrétien de Troyes). *Paris, Jehan Longis*, 1530. in fol. goth. m. bl.

4008 L'Hiftoire de Giglan, fils de Meffire Gauvain, qui fut Roi de Galles; & de Geoffroy de Mayence fon compaignon : tous deux Chevaliers de la Table-ronde : tranflaté d'efpaignol en françois par Frere Claude Platin, Religieux de l'Ordre Mgr. St Antoine. *Lyon, Cl. Nourry, dit le Prince*. in 4. goth. fig. m. r.

Le dernier feuillet eft MS.

BELLES-LETTRES. 613

4009 Gyron le Courtois, (trad. du latin par Rusticien de Pise,) avec la devise des armes de tous les Chevaliers de la Table-ronde. *Paris, Anthoine Verard.* in fol. goth. v. m.

4010 Gyron le Courtois, avec la devise des armes de tous les Chevaliers de la Table-ronde. *Paris, pour Anthoine Verard.* in fol. goth. m. bl.

IMPRIMÉ SUR VÉLIN, avec 57 miniatures.

Réclamé par l'Abbaye de St Germain-des-Prez, & rendu.

4011 Les nobles Faits d'armes du vaillant Roi Meliadus de Leonnoys, (translaté du latin par Rusticien de Pise). *Paris, Galliot du Pré,* 1528. in fol. goth. v. b.

4012 Le Livre des nobles Faits d'armes du vaillant Roy Meliadus de Leonnoys, (translaté du latin par Rusticien de Pise). *Paris, Denys Jannot,* 1532. in fol. goth. v. f.

4013 La triomphante & véritable Histoire des hauts & chevalereux faits d'armes du plus que victorieux Prince Meliadus, dit le Chevalier de la Croix, fils de Maximian, Empereur des Allemaignes, (translatée du latin par le Chevalier du Clergé). *Paris, Pierre Sergent,* 1535. in 4. goth. v. m.

4014 La triomphante & véritable Histoire des hauts & chevalereux faits d'armes du plus que victorieux Prince Meliadus (dit le Chevalier de la Croix) : (tranflaté du latin par le Chevalier du Clergé). *Paris, Denys Janot*, 1535. in 12. goth. m. r.

4015 Ci commence li Roumans du bon Cheualier Triftan, filz au bon Roy Melyadus de Loenois (Leonnois) & de Sadoch. grand in fol. v. f.

Manuscrit fur vélin de la fin du *XIII fiecle*, contenant 387 feuillets écrits en *lettres de forme*, & décorés de quelques miniatures.

Le Roman de Triftan paffe pour un des plus anciens qui aient été traduits en profe. Il eft du *XII fiecle*, & il a été fouvent cité par nos Chanfonniers du *XIII*. Le commencement fait connoître la langue dans laquelle il fut d'abord écrit, & le nom de fon traducteur.

Apres ce que iai leu et releu et pourueu par maintes fois le grand liure en latin celui meifmes qui diuife apertement leftoire du faint graal moult me merueil que aucuns preudoms ne vient avant pour tranflater le du latin en roumans ..... je luces cheualiers et fires du chaftel du gat voifins prochain de falebieres (Salisbury) comme cheualiers amoureus enprens a tranflater du latin en francois une partie de cette eftoire non mie pour ce que ie fache graimment de francois ainz apattient plus ma langue et ma parleure a la maniere d'engleterre que a celle de france comme cil qui fu en engleterre nez mais tele eft ma volentez et mon propofement que ie en langue francoife le tranflaterai ....

Le ftyle du roman de triftan a été rajeuni dans les Editions qu'on en a faites fur la fin du XV fiecle, & dans le courant du XVI.

4016 L'Histoire du très vaillant Chevalier Tristan, fils du noble Roi Meliadus de Leonnoys, (trad. par Luce, Seigneur du château de Gast). *Paris, Antoine Verard.* 2 vol. in fol. goth. m. r.

Piqué de vers.

4017 Tristan de Leonnois, Chevalier de la Table-ronde, fils du noble Roi Meliadus de Leonnois, (trad. par Luce, Seigneur du château de Gast). 2 vol. in fol. goth. m. bl.

Imprimé sur vélin, & enrichi de 185 Miniatures. On a gratté la souscription de cet Exemplaire. Il paroît par les caracteres que l'Edition est d'Antoine Verard ; elle est sur 2 colonnes dont celles qui sont entieres ont 43 lignes.

Le premier feuillet du texte du second Volume est MS.

4018 Le premier Livre du nouveau Tristan, Prince de Leonnois, Chevalier de la Table-ronde, & d'Yseulte, Princesse d'Irlande, Reine de Cornouaille ; fait françois, par Jean Maugin, dit Langevin. *Paris, veuve de Maurice de la Porte,* 1554. in fol. v. f.

4019 Le Livre du nouveau Tristan, Prince de Leonnois, Chevalier de la Table-ronde, & d'Yseulte, Princesse d'Irlande, Roine de Cornouaille ; fait françois, par Jean Maugin. *Lyon, Benoist Rigaud,* 1577. 2 vol. in 16. v. b.

4020 L'Histoire de Ysaïe le Triste, fils de Tristan de Leonnois, jadis Chevalier de la Table-ronde,

& de la Royne Iseulte de Cornouaille. *Paris, Ph. le Noir.* in 4. goth. v. f.

4021 Ysaie le Triste, fils de Tristan de Leonnoys, jadis Chevalier de la Table-ronde. *Paris, Galliot du Pré*, 1522. in fol. goth. v. f.

Le feuillet 90 est MS.

4022 Le Roman du Petit Artus de Bretaigne. in fol. v. f. d. s. tr.

MANUSCRIT sur papier du *XV siecle*, contenant 442 feuillets. Il est écrit en *ancienne bâtarde courante*, à longues lignes M. l'*Abbé Rive* a publié une notice très ample de ce MS.

4023 Le Livre du vaillant & preux Chevalier Artus, fils du Duc de Bretaigne, 1493. in fol. fig. sur bois. v. f.

C'est le Roman du petit Artus.
A la fin :

Cy finist le liure du vaillãt et preulx cheualier art9 filz du duc de bretaigne. Jmprime le vij. iour de iuillet. Lan mille quattre cens quatre vingtz et treze.

4024 Le preux & vaillant Chevalier Artus de Bretaigne. *Paris, Michel le Noir*, 1502. in 4. goth. m. bl.

4025 La Chronique de Messire Cleriadus, fils au Comte Desture, & de Meliadice, fille au Roy d'Angleterre. *Lyon, Olivier Arnoullet*, 1529. in 4. goth. v. f.

Romans de Charlemagne, des douze Pairs de France, & des neuf Preux.

4026 La Chronique de Turpin, Archevêque de Rheims, l'un des Pairs de France, contenant les prouesses & faits d'armes advenus en son temps, &c. (trad. du latin par Rob. Gaguin). *Paris, P. Vidove, pour Regnauld Chauldiere,* 1527. in 4. goth. m. r.

4027 La Chronique de Turpin, Archevêque & Duc de Rheims, & premier Pair de France, faisant mention de la conquête du très puissant Empire de Trebizonde, faite par Regnault de Montauban. Plus la Généalogie & trahison de Ganelon, Comte de Mayence : (trad. par Mickius (Michel) de Harnes). *Lyon, François Arnoullet,* 1583. in 8. v. f.

4028 La Conqueste du grand Roy Charlemaigne des Espaignes, & les Vaillances des douze Pairs de France, & aussi celles de Fier-à-Bras. *Lyon, P. Marechal & Barn. Chauffard,* 1501. in 4. goth. fig. v. m.

4029 La Conqueste du grand Roy Charlemaigne, des Espagnes, avec les faits & gestes des douze Pairs de France, & du grand Fier-à-Bras, & le combat fait par lui contre le Petit Olivier, lequel le vainquit. *Paris, Nic. Bonfons.* in 4. goth. fig. v. m.

4030 La Fleur des Batailles d'Oolin de Maience, Chevalier preux & hardi fils du noble & chevalereux Guy Comte de Maience. *Paris, Ant. Verard*, 1501. in fol. goth. v. f.

4031 Les quatre fils Aymon (trad. de rime en prose). *Lyon*, 1493. in fol. goth. fig. m. r.

A la fin :

☾ *Cy finiſt lhyſtoire du noble et vaillant cheualier regnault de montauban. Jmprimee a lyon le xx. iour du moys dapuril lan mil quatre cens nonante trois.*

Il renferme le même Roman que celui ci-deſſus.

4032 Le Mariage des quatre fils Aymon, & des filles Dampſimon, avec tout l'ordre qui a été gardé au banquet. *Rouen, Ab. Couſturier.* in 8. v. f.

4033 Hiſtoire fort plaiſante & récréative, contenant le reſte des faits & geſtes des quatre fils Aymon ; ſemblablement la Chronique & hiſtoire du chevaleureux & redouté Prince Mabrian, Roi de Hieruſalem, reduit de vieil langage corrompu, en bon vulgaire françois, compilé par Mᵉ Guy Bounay, & achevé par Jean le Cueur, Seigneur de Nailly. *Lyon, Benoiſt Rigaud*, 1581, in 8. v. f.

4034 La Chronique & hiſtoire ſinguliere du Chevalier Mabrian, lequel, par ſes proueſſés, fut Roi de Hieruſalem, (réduite du vieil langaige

en

BELLES-LETTRES. 619

en bon vulgaire françois par Guy Bounay, & Jehan le Cueur, Seigneur de Nailly). *Paris, Jacques Nyverd*, 1530. in fol. goth. fig. m. r.

4035 La Conquête de l'Empire de Trébisonde, faite par Regnault de Montauban, fils du Duc de Dardayne. *Paris, Veuve de Jean Trepperel.* in 4. goth. fig. v. m.

4036 L'Histoire du noble & vaillant Chevalier Regnault de Montauban. (Trad. de rimes en prose.) in fol. goth. m. r.

EDITION ancienne exécutée avec les mêmes caractères que l'*Abusé en Cour* & le *Doctrinal de Pierre Michault*, annoncés Nºˢ 2824 & 2825. Elle est à longues lignes au nombre de 32 sur les pages qui sont entieres, sans chiffres & réclames ; mais avec signatures. Les capitales en sont historiées & gravées en bois. Le premier feuillet est orné d'une gravure en bois, partagée en quatre sujets qui représentent différentes actions de la vie de Regnault. L'explication qui est au dessus de chacune est imprimée en caracteres rouges.

On lit à la fin du Volume :

Cy finist listoire du noble et vaillant cheuallier regnault de montauban . Deo gracias.

4037 La très plaisante Histoire de Maugist d'Aygremont & de Vivian son frere, en laquelle est contenue comment Maugis, à l'aide de Oriande la Faée sa mye, alla en l'isle de Boucault où il s'habilla en diable ; & puis comment il enchanta le Diable Raouart, & conquist le cheval Bayard. *Paris, Allain Lotrian*, in 4. goth. v. f.

Tome II   Kkkk

4038 L'Histoire de Maugis d'Aygremont & de Vivian son frere. *Lyon, Olivier Arnoullet,* 1551. in 4. goth. m. bl.

4039 La très plaisante Histoire du preux & vaillant Guerin de Montglave. (Trad. de rime en prose). *Paris, Allain Lotrian.* in 4. goth. m. verd.

4040 Les deux très plaisantes Histoires de Guerin de Montglave & de Maugis d'Aygremont. (Trad. de rime en prose). *Paris, Michel le Noir,* 1518. in fol. goth. v. f.

4041 Le premier Livre de l'histoire & ancienne chronique de Gerard d'Euphrate; traitant pour la plupart, son origine, jeunesse, amours, & chevalereux faits d'armes, mis de nouveau en vulgaire françois. *Paris, Vincent Sertenas,* 1549. in fol. fig. v. f.

4042 L'Histoire & ancienne chronique de Gérard d'Euphrate, Duc de Bourgogne. *Lyon, Benoist Rigaud,* 1580. in 16. v. f.

4043 Le Rommant nommé Ogier le Danois parlant des belles victoires & grands prouesses qu'il eut; ensemble plusieurs nobles Princes François contre les Sarrasins & Infideles. (Trad. de rime du Roi Adenés, en prose). *Paris, pour Anthoine Verard.* in fol. goth. m. r.

IMPRIMÉ SUR VÉLIN, avec 57 miniatures & lettres peintes en or.

4044 Ogier le Danois, Duc de Dannemarche, qui fut l'un des douze Pairs de France ; lequel avec le secours & aide du Roy Charlemaigne chassa les payens hors de Rome, & remit le Pape en son siege. (Trad. de rime d'Adenès en prose). *Paris, Nic. Bonfons.* in 4. goth. v. f.

4045 Histoire d'Ogier le Danois, Duc de Dannemarche ; qui fut l'un des douze Pairs de France ; lequel avec l'aide du Roi Charlemagne chassa les payens hors de Rome, & remit le Pape en son siege. (Trad. de rime du Roi Adenès en prose). *Lyon, Benoist Rigaud*, 1579. in 8. m. r.

4046 L'Histoire du preux Meurvin, fils d'Oger le Danois; lequel par sa prouesse conquist Hierusalem, Babylone, &c. *Paris, Pierre Sergent,* 1540. in 8. goth. m. bl.

4047 Le Romant de Fierabras. *Lyon, Guillaume le Roy*, 1486. in fol. goth. fig. en bois. v. f.

A la fin :

Cy finist Fierabras imprime a lyon par maistre guillaume le roy le .xx. iour de ianuier .M, CCCC. lxxxvi.

4048 Les Prouesses & Faits merveilleux du noble Huon de Bordeaux, Pair de France, Duc de Guyenne. *Paris, Veuve de Jehan Trepperel.* in 4. goth. m. bl.

4049 Histoire & Faits du très preux noble, & vaillant Huon de Bordeaux, Pair de France & Duc de Guyenne. *Rouen, Romain de Beauvais.* 2 vol. in 8. fig. v. m.

4050 Galien Rethoré, noble & puissant Chevalier : fils du Comte Olivier de Vienne, Pair de France. *Paris, P. Sergent.* in 4. goth. v. f.

4051 L'Histoire très récréative : traitant des faits & gestes du noble & vaillant Chevalier Theseus de Coulogne, par sa prouesse Empereur de Rome ; & aussi de son fils Gadifer. *Paris, Jehan Bonfons.* in 4. goth. v. f.

4052 Histoire très récréative : traitant des faits & gestes du noble & vaillant Chevalier Theseus de Coulogne, par sa prouesse Empereur de Rome. *Paris, par Ant. Bonnemere, pour Jehan Longis.* 2 tom. en 1 vol. in fol. goth. fig. m. r.

4053 L'Histoire des deux nobles & vaillants Chevaliers Valentin & Orson, enfans de l'empereur de Grece, & neveux du très Chrétien Roi de France Pepin. *Paris, Nicolas Bonfons.* in 4. goth. v. m.

4054 Les Faits & Prouesses du noble & vaillant Chevalier Jourdain de Blaves. *Paris, Michel le Noir,* 1520. in fol. goth. v. m.

4055 Le Romant de Milles & Amys. *Paris, Ant. Vérard.* in fol. goth. fig. v. f.

4056 Le Romant de Milles & Amys. *Paris,*

BELLES-LETTRES. 623

pour Anthoine Vérard. in fol. goth. m. verd.

Exemplaire très précieux, Imprimé sur vélin, enrichi de 52 miniatures, & décoré aux quatre coins de la couverture du chiffre en cuivre doré de *Claude d'Urfé*, & au milieu, de ses armes également en cuivre doré. Cet Exemplaire qui a été aussi en la possession d'Honoré d'Urfé, est relié comme le Roman de la Rose, annoncé ci-devant N° 2753.

On trouve à la tête du Volume la note suivante de la main de M. du Tillot.

Ce Roman est une traduction en prose, par un Auteur inconnu, d'un Roman en vers, ou plutôt d'une partie du Roman de Jourdain de Blaives, dont on n'a pu découvrir l'Auteur. Du Verdier qui en parle, pag. 779, dit seulement qu'il a été imprimé à Paris & à Lyon, sans dire quand, par qui, ni en quelle forme. M. du Cange en a parlé dans les Prolégomenes de son Glossaire latin, pag. CXCIV. où il l'appelle Jourdan de Blayes; il y a quelque apparence que Blayes & Blaives est la même chose.

On trouve au commencement de cet exemplaire la vie en manuscrit, & le portrait d'Honoré d'Urfé, gravé d'après van Dyck.

4057 L'Histoire des nobles & vaillants Chevaliers Milles & Amys. *Paris, Nic. Bonfons.* in 4. goth. fig. v. f.

4058 Le Livre de Beufves de Hantonne, & de la belle Josienne sa mye. *Paris, Ant. Vérard.* in fol. goth. v. f.

Les feuillets 2, 3, 4 & 5 sont MSS.

4059 La plaisante & délectable Histoire de Gerileon d'Angleterre, mise en françois, par Estienne de Maison-Neufve. *Paris, Jehan Houzé,* 1586, in 8. v. f.

4060 L'Histoire du noble Roy Ponthus, fils du Roy de Galice & de la belle Sidoyne, fille du Roy de Bretaigne. *Paris, Michel le Noir,* in 4. goth. fig. v. f.

4061 Le Romant du noble & chevaleureux Roy Ponthus & de la très belle Sidoyne, fille du Roy de Bretaigne. *Lyon, Maître Caspar Ortuin,* in fol. goth. fig. v. f.

4062 Le Triomphe des Neuf-Preux, auquel sont contenus tous les faits & prouesses qu'ils ont achevés durant leurs vies; avec l'Histoire de Bertrand du Guesclin. *Abbeville, Pierre Gerard,* 1487. in fol. goth. v. f. doub. de tabis.

Première Edition, très rare.

A la fin :

Cy fine le liure iutitule le triumphe des neuf preux, ouquel sont contenus tous les fais et proesses quilz ont acheuez durant leurs vies, auec lystoire de bertran de guesclin. et a este imprime en la ville dabbeuille par Pierre gerard et finy le penultieme iour de may lan mil quatre cēs quatre vingtz et sept.

4063 Le Triomphe des Neuf-Preux, savoir, Hector, Alexandre, Julius Cesar, Josué, David, Judas Machabéus, Artus, Charlemagne, &

BELLES-LETTRES.

Godefroy de Bouillon. in fol. v. f. d. f. tr.

MANUSCRIT moderne, fur papier, contenant 312 feuillets écrits fur 2 colonnes, & enrichi des portraits des *neuf preux* très bien peints en or & en couleurs.

Cet Ouvrage est différent des imprimés.

4064 Les faits & Prouesses du puissant & Preux Hector, miroir de toute chevalerie. *Troyes, Nicolas Oudot*, in 8. v. f.

4065 Les excellentes, magnifiques & triomphantes Chroniques du très valeureux Prince Judas Machabeus, un des Neuf-Preux, très vaillant juif, & aussi de ses quatre freres, Jehan, Symon, Eléazar & Jonathas, translatées de latin en françois, par Maître Charles de Saint Gelais. *Paris, pour Antoine Bonmere, au mois d'Aoust*, 1514. in fol. goth. m. bl.

IMPRIMÉ SUR VÉLIN, avec 10 miniatures.

4066 L'Histoire du noble & très vaillant Roy Alexandre le Grand, jadis Roy & Seigneur de tout le Monde. *Paris, Nic. Bonfons*, in 4. fig. v. m.

4067 La Généalogie & nobles faits d'armes du très Preux & renommé Prince Godefroy de Bouillon, le quel fut Roi de Jérusalem, & de ses chevaleureux freres Baudouin & Eustace, aussi le voyage d'outre-mer en la Terre Sainte, fait par le Roi Saint Louis, recueillie & rédigée

626 BELLES-LETTRES.

par Pierre d'Esrey. *Lyon, François Arnoullet,* 1580. in 8. v. f.

Romans des Amadis.

4068 Amadis de Gaule, mis en françois par le Seigneur des Essarts, Nicolas de Herberay, Claude Collet, I. Gohorry, P. G. Aubert de Poitiers, Antoine Tyron, Gabriel Chappuys, Nicolas de Montreux, Jacques Charlot & Jean Boyron. *Lyon, François Didier,* 1577. & années suivantes. 29 vol. in 16. & in 8. m. verd.

EXEMPLAIRE précieux, avec les Volumes suivants qui sont doubles.

Tomes 14 & 15 trad. par Ant. Tyron.

Tom. 16, par Nic. de Montreux.

Tom. 19, par Jacq. Charlot.

Tom. 20, par Jean Boyron.

4069 Le Trésor des Amadis. *Anvers, Jean Waesberghe,* 1563. in 8. v. f.

4070 Tresor de tous les livres d'Amadis de Gaule. *Lyon, Jean Huguetan,* 1582. 2 vol. in 16. m. verd.

4071 Le premier livre de la Chronique du très vaillant & redouté Dom Flores de Grece, surnommé le Chevalier des Cygnes, mise en françois par le Seigneur des Essarts Nicolas de Herberay.

beray. *Paris, Jean Longis*, 1552. in fol. fig. v. b.

Le Frontispice est fait à la plume.

4072 La Chronique du très vaillant & redouté Don Flores de Grece, surnommé le Chevalier des Cignes, second fils d'Esplandian, Empereur de Constantinople, mise en françois par le Seigneur des Essarts, Nicolas de Herberay. *Lyon, Benoist Rigaud*, 1572. 2 vol. in 16. m. r.

4073 L'admirable Histoire du Chevalier du Soleil, où sont racontées les immortelles prouesses de cet invincible Guerrier & de son frere Rosiclair, enfants du grand Empereur de Constantinople, trad. de l'Espagnol, par François de Rosset & (Louis Douet). *Paris, Mathieu Guillemot*, 1643. 8 vol. in 8. m. r.

4074 Le Romant des Romants, où on verra la suitte & la conclusion de Don Belianis de Grece, du Chevalier du Soleil, & des Amadis, par du Verdier, avec des figures de Crispien de Pas. *Paris, Toussaincts du Bray*, 1626. 7 vol. in 8. v.m.

4075 Le premier livre de Palmerin d'Olive, fils du Roi Florendos de Macedone & de la Belle Griane, fille de Remicius Empereur de Constantinople, mise de castillan en françois par

Jean Maugin. *Paris, Jeanne de Marnef,* 1546. in fol. m. r.

4076 L'Histoire de Palmerin d'Olive, fils du Roi Florendos de Macedone, & de la belle Griane, fille de Remicius, Empereur de Constantinople, par Jean Maugin, dit le petit Angevin. *Lyon, Pierre Rigaud,* 1619. 2 vol. in 16. v. f.

4077 Histoire de Primaleon de Grece continuant celle de Palmerin d'Olive, tiré tant de l'italien comme de l'espagnol, & mise en françois, par François de Vernassal, (Gabr. Chappuys & Guil. Landré). *Paris, Estienne Groulleau,* 1550. in fol. v. f.

4078 L'Histoire & poursuite de Primaleon de Grece, fils de l'Empereur de Constantinople, nommé Palmerin d'Olive, traduit d'espagnol en françois, par Guillaume Landré. *Paris, Jean Parant,* 1577. in 16. v. m.

4079 L'Histoire de Primaleon de Grece, continuant celle de Palmerin d'Olive Empereur de Constantinople son pere, naguerre tirée tant de l'italien comme de l'espagnol, par François de Vernassal, (Gabr. Chappuys & Guil. Landré.) *Lyon, Pierre Rigaud,* 1618. 4. vol. in 16 v. f.

4080 Le premier livre du preux vaillant & très victorieux Chevalier Palmerin d'Angleterre, fils du Roi Dom Edoard, traduit du Castillan en françois par Maître Jacques Vincent, du Crest-

BELLES-LETTRES. 629

Arnauld, en Dauphiné. *Lyon, Thibauld Payen*, 1555. in fol. v. f.

4081 Histoire du preux vaillant & très victorieux Chevalier Palmerin d'Angleterre, fils du Roi Dom Edoard, traduite du castillan en françois, par Jacques Vincent. *Paris, Jean d'Ongoys*, 1574. 2 vol. in 8. m r. dent.

4082 Histoire Palladienne, traitant des gestes & généreux faits d'armes & d'amours de plusieurs grands Princes & Seigneurs, spécialement de Palladien fils du Roi Milanor d'Angleterre, & de la belle Selerine sœur du Roi de Portugal, mise en françois, par feu Cl. Colet. *Paris, Vincent Sertenas*, 1555. in fol. fig. v. f.

Romans de Chevalerie qui n'appartiennent ni à la classe des Chevaliers de la Table-Ronde, ni à ceux de Charlemagne, ni aux Amadis.

4083 Les prouesses & Vaillances du preux & vaillant Hercules. *Paris, Alain Lotrian*, in 4. goth. fig. v. m.

4084 Les prouesses & vaillances d'Hercules. *Paris, Michel le Noir*, 1508. in 4. goth. fig. m. r.

4085 Le Roman de Jason & Médée (par Raoul le Fevre). pet. in fol. goth. m. r.

EDITION exécutée en grosses lettres de *somme*, sur 2 colonnes, dont celles qui sont entieres ont 31 lignes,

BELLES-LETTRES.

sans chiffres & réclames; mais avec signatures. Les lettres capitales qui font au commencement des Chapitres sont gravées en bois & à jour. Cette Edition passe pour la premiere.

4086 L'Histoire du preux & vaillant Chevalier Jason, fils au noble Roy Eson, & de sa mie Médée. (par Raoul le Fevre) *Paris, Phil. le Noir*, 1528. in 4. goth. v. m.

4087 Chy commenche le volume Intitule le Recueil des hystoires de Troyes, composees par venerable homme Raoul le Feure, Chappellain de mon tres redoubte Seigneur, Monseigneur le Duc Philippe de Bourgoingne en lan de grace mil cccc lxiiij. (1464). in fol. m. bl.

SUPERBE MANUSCRIT sur vélin de la fin du *XV siecle*, contenant 304 feuillets écrits en *ancienne grosse bâtarde*, sur deux colonnes, avec les sommaires des chapitres en rouge. On admire dans ce MS. la beauté de son exécution, l'élégance de ses lettres *tourneures* peintes en or, sur un fond d'azur, & la fraîcheur & l'éclat de ses miniatures. Il y en a 2 de 12 pouces de hauteur sur près de 8 pouces & demi de largeur, 113 d'environ 7 pouces de hauteur sur plus de 6 pouces & demi de largeur, & 8 de 3 pouces 9 lignes de haut sur 3 pouces de large: total, 123 miniatures. Celles qui décorent les feuillets cotés j. cxix & ccvij, sont bordées d'un cadre fort riche, dont le fond est d'or, & l'ornement composé de fleurs, d'insectes & de fruits peints avec délicatesse. Ces feuillets portent les armes d'*Oettengen*, illustre maison de Souabe, c'est un écu vairé, un autre en abîme, & un sautoir brochant sur le tout. On voit, dans les mêmes cadres, plusieurs chiffres peints. Il y en a un très considérable qui est formé en tronçons d'arbre, & qui occupe presque la page entiere du dernier feuillet verso de la table du second livre.

Ces chiffres appartiennent sans doute au premier propriétaire de ce MS. qu'un peu de recherches pourront peut-être faire connoître.

L'invention du sujet de quelques-unes de ces miniatures, annoncent l'ignorance des peintres du *XV siecle*; témoin celles des fol. vi & xxxiij ; dans l'une, un Evêque en habits Pontificaux donne à *Saturne* & à *Cybele* la bénédiction nuptiale, & dans l'autre c'est Jupiter & Junon qui la reçoivent dans une Eglise catholique, où l'on voit un Calvaire.

Plusieurs sont intéressantes par la maniere dont le Peintre a rendu les sujets. Tel est au fol. clx. *Hercule* combattant l'Hydre de Lerne, au fol. cciij. ce Héros vêtu de la chemise teinte du sang de Nessus, se brûlant de rage dans un bûcher. Le verso du fol. qui précede le 3 livre, représente une vue curieuse de la ville de Troye, & le cclxxviij. cette même ville livrée à la fureur des Grecs.

L'épître dédicatoire de Raoul le Fevre, qui est enrichie d'une belle miniature, dans laquelle on voit cet Auteur présentant son livre à Philippe le Bon, ne renferme rien de remarquable ; il y donne en cette maniere la division de son ouvrage.

Ou premier liure je traicteray de saturne & de jupiter, de l'aduenement de troyes et des fais de parseus & de la merueilleuse natiuité de hercules et de la premiere destruction de troyes.

Ou second ie traicteray des labeurs de hercules en demonstrant comme troyes fut reediffiee & destruitte par le dit hercules la seconde fois.

Et ou tiers ie traicteray de la derniere et generalle destruction de troyes faicte par les gregois ad cauſe du raviſſement de dame helaine... et y adiouſterai les fais et grans proueſſes du preu hector et de ſes freres . . . . . et auſſi traicteray des mervilleuſes auantures et perils de mer qui aduinrent aux gregois en leur retour, de la mort du noble roy agamenon qui fut duc de loſt et des grans fortunes du fort roy vlixes et de ſa meruilleuſe mort.

Dès que l'Ouvrage de *Raoul le Fevre* parut, il fut lu avec avidité, & on en fit des traductions en pluſieurs langues. *Caxton*, premier Imprimeur d'Angleterre, commença de le traduire en Anglois, par ordre de *Marguerite*, *Ducheſſe de Bourgogne*, en 1468, à Bruges, & l'acheva à Cologne en 1471. Une traduction Flamande faite par un anonyme, ſuivit de près celle de *Caxton*.

Notre MS. eſt terminé par la ſouſcription ſuivante, qui apprend ſon âge & le nom de ſon habile Artiſte.

Finiſt le Recueil des hyſtoires de troyes, Contenant la genealogie dicelles. Enſamble les glorieuſes proueſſes forces et vaillances de hercules. Et auſſi les troys deſtructions de troyes et reedifficacions de la dicte cite faictes tant par ledit preu hercules comme par les gregois. Eſcript et furni en lan mil iiij^c iiij^{xx} xv (1495) enuiron le jour de touſſains par pierrot gouſſet eſcripuaint.

A la ſuite de cette ſouſcription ſont peintes en grand les armes d'*Oettingen*, ſurmontées d'un timbre & d'un cimier.

4088 Le Recueil des hiſtoires Troyennes, contenant la Généalogie de Saturne & de Jupiter, les faits & proueſſes du vaillant Hercules, comment il détruiſit Troies deux fois & occit le Roy Laomedon, & la réédification de la ditte Troyes par

BELLES-LETTRES. 633

Priam, & deſtruction d'icelle par les Gregeois, par Raoul le Fevre. *Paris, Anthoine Verard*, in fol. goth. m. bl.

IMPRIMÉ SUR VÉLIN, & enrichi de 97 miniatures. Réclamé par l'Abbaye de S. Germain, & rendu.

4089 Recueil des hiſtoires & ſingularités de Troyes la grande, par Raoul le Fevre. *Lyon, Ant. du Ry*, 1529. in 4. goth. fig. v. m.

4090 Le Recueil des hiſtoires troyennes, par Raoul le Fevre. *Paris, D'en. Janot*, 1532. in fol. goth. fig. v. m.

4091 Les faits merveilleux de Virgille. *Paris, Jehan Trepperel*, in 4. goth. m. r.

4092 Les faits merveilleux de Virgille. *Paris, Guillaume Nyverd*, in 8. goth. m r.

4093 L'Hiſtoire de Florent & Lyon, enfants de l'Empereur de Rome. *Paris, Nic. Bonfons*, in 4. goth. fig. m. r.

4094 Chronique de l'excellent Roy Florimond, fils du noble Matagnas, Duc d'Albanie, en laquelle eſt contenue comment, en ſa vie, mit a fin pluſieurs aventures, & comment pour l'amour de la Damoiſelle de l'Iſle Celée, par trois ans mena vie ſi douloureuſe, qu'il fut appellé pauvre perdu. *Lyon, Ol. Arnoullet*, 1555. in 4. goth. v. m.

4095 L'Hiſtoire du preux & vaillant Chevalier Guillaume de Palerne, & de la belle Melior, lequel Guil. de Palerne, par fortune & merveilleuse aventure devint Vacher, & finalement fut Empereur de Rome, sous la conduite d'un Loup-garoux, fils au Roy d'Espagne. *Paris, Nic. Bonfons*, in 4. goth. v. f.

4096 Le Roman connu sous le titre du Dolopatos ou des 7 Sages de Rome, & autres romans. 3 vol. in fol. m. r.

BEAU MANUSCRIT sur vélin du *XIII siecle*, divisé en 3 vol. & contenant 585 feuillets écrits en *lettres de forme*, sur 3 colonnes, avec les sommaires en rouge. Il est enrichi de 252 miniatures, & d'un grand nombre de *tourneures* peintes en or & en couleurs. Il a appartenu à l'*Amiral de Graville*, dont il porte les armes, qui sont *Malet-Graville*, mi-parties de *Balsac-Entragues*.

Les Romans contenus dans ce MS. y portent ces sommaires :

1 Cy commence li liures des vij seiges de romme et de la marrastre qui fu arse.

2 Commence li liures de marques de romme.

3 Ci commence li liures de lempereeur siseus qui fu filz a lempereur dyoclesiens.

4 (Le livre de Laurens, fils de Marques, Sénéchal de Rome.)

5 Ci commence li liures de cassiodorus empereur de costantinoble.

6 De pelyarmenus de romme.

7 Ci commance du derreains des enfans de cassiodorus.

Le passage suivant prouve que ces Romans ont été d'abord écrits en vers & ensuite traduits de rime en prose :

Pour

BELLES-LETTRES. 635

Pour ce que li pluifour ont oy et encore oient volentiers contes defrimez meft il pris talent que ie raconte mot a mot fans riens ofter et fans riens accroiftre la vie de lempereeur qui fu iadis en conftantinoble.

Le Roman du Dolopatos, ou des VII Sages de Rome, a été mis en vers par un nommé *Hebers*, fur la fin du *XII fiecle*. On ne connoît point de livres qui ayent été traduits en autant de langues, & fous autant de formes différentes. Il fut originairement écrit en Indien par un certain *Sendebad*, qui vivoit un fiecle avant J. C. Depuis ce temps, il a été traduit en Perfan, en Arabe, en Hébreu, en Syriaque, en Grec, plufieurs fois en Latin, en rime & en profe françoife, en Flamand, en Allemand, en Anglois, en Italien, &c.

4097 La très élégante, délicieufe, melliflue & très plaifante hiftoire du très noble & victorieux Roi Perceforeft, Roi de la Grande Bretaigne. *Paris, Galliot du Pré*, 1528. 6 vol. in fol. goth. m. r.

IMPRIMÉ SUR VÉLIN.

MAGNIFIQUE EXEMPLAIRE décoré des armes de France, de 5 grandes miniatures, de capitales & de cadres peints en or & en couleurs. Il eft probablement celui qui a été préfenté à François I.

4098 La très élégante, délicieufe, melliflue & très plaifante Hiftoire du très noble Roy Perceforeft Roy de la Grant-Bretaigne, avecques les merveilleufes entreprinfes, faits & adventures de Gadifer Roy d'Ecoffe. *Paris, Egidius Gor-*

Tome II.   M m m m

BELLES-LETTRES.

montius, 1531. 6. tom. rel. en 3 vol. in fol. goth. m. r.

4099 Chronique de Tournay ou histoire de Bustalus, Achifer, Blanchandin, Gloriand, Philipis, Nervus & Tournus. 2 vol. in fol. v. f. d. s. tr.

Manuscrit sur papier du *XV siecle*, divisé en 2 vol. contenant 465 feuillets. Il est écrit en *ancienne grosse bâtarde*, à longues lignes, & il est décoré de figures grotesques. Les sommaires y sont en rouge, & les *tourneures* peintes en vermillon. Il manque à la fin de ce MS. un ou deux feuillets ; le premier est presque entièrement déchiré ; il n'y reste plus qu'une grande lettre *tourneure*, dans laquelle on voit les armes des Ducs de Bourgogne, & quelques mots de la Dédicace adressée à Philippe le Bon ou à Charles le Téméraire. Au reste, cette Chronique n'est autre chose qu'un Roman.

4100 Le Livre Baudoyn, Comte de Flandres & fils au Roi de Portingal. *Lyon, Buyer*, 1478. in fol. v. f.

Edition très rare, exécutée avec les mêmes caracteres & sur 2 colonnes, comme l'ancien & le nouveau Testament imprimé à Lyon par Buyer vers 1477.

On lit à la fin :

Cy finit ce present liure ititule le liure baudoyn conte de flandres Et de ferrãt filz au roi de portingal qui apres fut cõte de flandres Contenãt aulcunes croniques du roy philippe de france et de ses quatre filz Et aussy du roy saint loys et sõ filz iehan tristant quilz firent encontre les sarrasins Jmpresse a lion sur le rosne et fini le douzeiesme iour du moys de nouembre lã courant mil iiii cens lxxviii.

4101 Le Livre de Baudoyn, Comte de Flandres, & de Ferrant, fils au Roi de Portingal, contenant aucunes Chroniques du Roi Phelippe de France & de ses quatre fils, & aussi du Roi Saint Louis. *Chamberry, Ant. Neyret*, 1484. in fol. v. m.

PIQUÉ DES VERS. A la fin :

Cy finist ce present liure intitule le liure baudoyn conte de flandres Et de ferrant filz au roy de portingal qui apres fut conte de flãdres Contenant aucunes cronicques du roy phelippe de france et de ses quatre filz. Et aussy du roy saint loys et de son filz iehan tristan quilz firent encotre les sarrazins Jmprime a chambery par anthoine neyret lan de grace mil quatre cens octante et quatre le xxix. iour de nouembre.

4102 L'Histoire & Chronique du noble & vaillant Baudouin, Comte de Flandres, lequel épousa le Diable. *Lyon, Olivier Arnoullet*, in 4. goth. v. m.

4103 La Description, forme & histoire du noble Chevalier Berinus, & du vaillant champion Aygres de Laymant son fils. *Paris, Jehan Bonfons*, in 4. goth. m. r.

PIQUÉ DES VERS.

4104 La plaisante & Amoureuse histoire du Chevalier Doré, & de la Pucelle la belle Néronnes, surnommée Cœur-d'Acier. 1542. in 8. fig. m. r.

BELLES-LETTRES.

4105 La plaisante & amoureuse histoire du Chevalier Doré, & de la Pucelle surnommée Cœur-d'Acier. *Lyon, Benoist Rigaud*, 1577. in 16. fig. v. f.

4106 Le Livre des trois fils de Roys, c'est à savoir, de France, d'Angleterre & d'Ecosse. *Lyon, Cl. Nourry*, 1503. in 4. goth. fig. m. r.

4107 Cy commence de Girart, conte de Nevers (ou le roman de la Violette). in fol. m. citron.

Superbe Manuscrit sur vélin, très bien conservé, contenant 174 feuillets écrits en *ancienne grosse bâtarde*, avec des sommaires en rouge. Il est enrichi de *lettres tourneures* peintes en couleurs, rehaussées d'or, & de 55 très belles miniatures qui ont presque toutes 4 pouces de largeur sur 3 pouces & demi de hauteur. Il a été exécuté après le milieu du XV siecle, par les ordres de *Philippe le Bon*, Duc de Bourgogne, qui le fit mettre dans cette riche Bibliotheque que *Philippe le Hardi* & *Jean sans Peur* avoient formée à Bruxelles, & qu'il augmenta lui-même d'un nombre considérable de Volumes. Lorsqu'on fit en 1614 l'inventaire de cette Bibliotheque, ce beau MS. y étoit encore conservé.

Le Roman qu'il contient est très ancien. Il fut originairement écrit en langue Provençale, & il étoit presque devenu inintelligible, lorsqu'un Anonyme le mit en François, & l'accommoda au goût du XV siecle. C'est ce qu'il nous apprend dans une Dédicace où il ne s'est pas nommé, & où il a également passé sous silence le nom de l'Auteur primitif. Il a adressé sa version à *Charles I*, Comte de Nevers, de Rethel & de Donzi, qui succéda en 1415 aux Etats de *Philippe II* son pere, sous la tutele de *Bonne d'Artois* sa mere, remariée ensuite à *Philippe le Bon*, Duc de Bourgogne. Ce Prince mourut en 1464, sans laisser d'enfants de *Marie d'Albret* sa femme. Il cultiva, pendant son séjour à la Cour galante du Duc de Bourgogne, la poésie, & fit des vers à l'exemple des grands Seigneurs qui la fréquentoient. Il nous en est resté quelques-uns, conservés parmi les poésies MSS. du *Duc d'Orléans*, pere de *Louis XII*, dont une copie est annoncée sous le N° 2788.

Nous ignorons par quel motif l'Anonyme qui a refait le langage du Roman de *Gerard de Nevers*, avance, dans sa Dédicace, qu'il s'est servi, pour faire sa version, d'un livre *en langaige provençal & moult difficile à entendre*, tandis qu'il est constant qu'il n'en a eu d'autre sous les yeux que le Roman *de la Violette*, rimé dans le XIII siecle par *Gibers de Monstreuil*. Nous en trouvons la preuve dans la marche de ce Poete, qu'il a suivie constamment, & dans le langage, & des phrases entieres qu'il en a souvent conservées. Toute la différence qu'on y remarque, c'est que *Gibers de Monstreuil* n'ayant point indiqué le regne sous lequel *Gerard de Nevers* vivoit, l'Anonyme a suppléé à cette omission, en le faisant exister sous celui de *Louis le Gros*.

Ce Roman n'a aucun fondement historique ; le Héros même n'y a qu'une existence Romanesque ; car non-seulement il n'y eut point de Comte de Nevers du nom de *Gerard* pendant le regne de *Louis le Gros*, puisque *Guillaume II*, fils de Renaud II, fut le seul Comte de Nevers, du temps de ce Monarque; mais encore aucun Prince connu sous le nom de *Gerard*, ne posséda dans la suite ce Comté ; cependant le Traducteur de ce Roman, peu instruit de l'histoire de la maison de Nevers, en offrit le MS. à *Charles I.* comme un livre qui contenoit les hauts faits & les aventures d'un de ses prédécesseurs. La présentation fait le sujet de la miniature qui est en tête de l'Epître Dédicatoire de notre MS. lequel finit par la souscription suivante :

Si-fine le liure de girart de Nevers et de la belle euriant sa mye qui fut escript par moi guiot daugerans par le commandement de mon tres redoubte et souuerain seigneur monseigneur philippe par la grace de dieu duc de Bourgoingne de brabant et de lembourg Conte de flandres &c.

Ce MS. qui est semblable aux imprimés, à l'exception de l'Epître Dédicatoire qui est différente, & qui est adressée à *Charles II de Cleves*, Comte de Nevers, mort en 1521, a successivement appartenu à M. de *Gaignieres*, au Maréchal, Prince d'*Ysenghien*, & à M. *Gaignat*, qui l'acheta 770 liv. à la vente des livres de ce Seigneur, faite en 1756. C'est M. Gaignieres qui l'a fait relier dans l'état où il est, avec son chiffre doré sur le dos. Cet Amateur, tandis qu'il en étoit possesseur, l'estimoit au point qu'il en a jugé les miniatures dignes d'entrer dans sa précieuse collection des costumes françois qu'il a fait imiter & peindre d'après les miniatures des plus beaux MSS. qu'il a trouvés en France. Il a fait copier les sujets les plus intéressants de notre MS. & les a placés au nombre de 28 dans le porte-feuille 6 de ce riche recueil qui est actuellement à la Bibliotheque du Roi.

4108 L'Histoire du noble & chevaleureux Prince Gerard Comte de Nevers, & de la très vertueuse & très chaste Princesse Euriant de Savoye sa mye. (trad. de rime de Gibert de Monstreuil en prose). *Paris, Phil. le Noir*, 1526. in 4. goth. bas.

4109 L'Histoire & plaisante Chronique du petit Jean de Saintré, de la jeune Dame des belles Cousines, sans autre nom nommer, avec l'histoire de Floridan, & de la belle Ellinde, &

BELLES-LETTRES. 641

l'extrait des Chroniques de Flandres. (Par Ant. de la Salle) *Paris, Nic. le Noir*, 1517. in fol. goth. m. viol.

4110 Histoire du très vaillant Chevalier Paris, & de la belle Vienne, fille du Dauphin, (traduite du provençal en françois, par Pierre de la Sippade). *Anvers, Gerard Leeu*, 1487. *le XVe jour du mois de May.* in fol. goth. fig. en bois. m. bl.

PREMIERE EDITION TRÈS RARE.

4111 L'Histoire du très vaillant Chevalier Paris, & de la belle Vienne, lesquels pour loyamment aimer souffrirent moult d'adversités, avant qu'ils pussent jouir de leurs amours, (trad. en françois par Pierre de la Sippade) *Lyon, Cl. Nourry, alias le Prince*, 1520. in 4. goth. v. b.

4112 Histoire du noble & vaillant Chevalier Paris, & la belle Vienne, fille du Dauphin de Viennois, (trad. en françois par Pierre de la Sippade). *Lyon, Benoist Rigaud*, 1596. in 8. m. viol. l. r.

4113 Le Romant de Jean de Paris, Roy de France, lequel après que son pere eut remis le Roy de Espaigne en son Royaume, par sa prouesse, épousa la fille du dit Roy de Espagne, (trad. en françois par Pierre de la Sippade). *Paris, Veuve de Jean Bonfons*, in 4. goth. m. r.

4114 La elegante & bella historia de gli nobilissimi Amanti Paris, & Vienna. *Mediolani per Andream de Brachis & Jo. Jac. de Rixis, impensis R. Dom. Præsbyteri Nicolai Gorgonzole, 1515. die XII. Decembris.* in 4. v. f.

4115 L'Histoire de Melusine, faite par le commandement de Jean, fils du Roy de France, Duc de Berry & d'Auvergne, l'an mil trois cent quatre-vingt & sept, par Jehan d'Arras. *Paris, Nic. Bonfons*, in 4. goth. v. f.

4116 Le Romant de Melusine, (par Jean d'Arras). *Paris, P le Caron, & Jehan Petit.* in fol. goth. fig. v. éc.

TRÈS PIQUÉ PAR LES VERS.

4117 Le Roman de Melusine, par M. L. M. D. M. *Paris, Pierre Rocolet*, 1637. in 8. m. r.

4118 Les faits & gestes des nobles conquestes de Geoffroy à la grant dent, Seigneur de Lusignan & fils de Raymondin & de Melusine. *Lyon, Olivier Arnoullet*, 1549. in 4. goth. m. bl. dent.

4119 La Conqueste de Grece, faite par Philippe de Madien, autrement dit, le Chevalier à l'Esparvier blanc. *Paris, Jacques Nyverd*, 1527. in fol. goth. fig. v. m.

4120 Histoire du vaillant Chevalier Pierre de Provence & de la belle Maguelonne, fille du Roi de Naples. *Paris, Jehan Trepperel, le quinzieme jour de May*, 1492. in 4. goth. m. bl.

BELLES-LETTRES.

4121 Histoire du vaillant Chevalier Pierre, fils du Comte de Provence & de la belle Maguelonne, fille du Roi de Naples. *Lyon, Guillaume le Roy*, in fol. goth. fig. v. b.

Il manque le feuillet C. I.

4122 L'Histoire du noble & vaillant Chevalier Pierre de Provence, & aussi de la belle Maguelonne, fille du Roy de Naples. in 4. goth. fig. m. r.

4123 Histoire de Pierre de Provence, & de la belle Maguelonne. (*Rouen,*) *le Forestier*. in 4. goth. v. m.

4124 La vie du terrible Robert le Diable, (trad. de rime en prose) *Paris, Nicole de la Barre*. 1497. in 4. goth. v. m.

4125 La terrible & merveilleuse vie de Robert le Diable, lequel après fut nommé l'Homme-Dieu (trad. de rime en prose). *Jehan Herouf*. in 4. goth. m. r.

4126 Le Romant de Guy de Warvich, Chevalier d'Angleterre, qui en son temps fit plusieurs prouesses & conquestes en Allemaigne, Italie, &c. *Paris, par Ant. Couteau, pour Franc. Regnault*, 1525. in fol. goth. v. m.

4127 Le Romant du Jouuencel. in fol. m. r.

MANUSCRIT sur vélin du *XV siecle*, contenant 136 feuillets. L'écriture est en *ancienne bâtarde*, à longues lignes. Les sommaires sont en rouge, & un grand nombre de *tourneures* sont peintes en or & en couleurs. Il est enrichi d'ornements peints, & de 16 belles miniatures qui ont environ 6 pouces de largeur sur 4 pouces de hauteur, à l'exception de la premiere qui a 2 pouces & demi de plus en hauteur, & un demi pouce en largeur.

Cet Ouvrage est un Roman allégorique; il renferme les maximes les plus sages d'après lesquelles un Militaire doit se conduire dans les différents grades & places auxquels son mérite & sa valeur l'élevent successivement. Le fameux *Jean du Beuil*, Amiral de France sous *Charles VII*, en est l'Auteur & le Héros. On croit qu'il le composa après que *Louis XI* l'eut destitué de sa place d'Amiral en 1461.

Feu M. *de Sainte-Palaye* a donné un extrait charmant de ce Roman dans le tom. 26 des Mémoires de l'Académie des inscriptions & belles-lettres. Cet Académicien nous apprend que les MSS. en sont infiniment préférables aux imprimés, parceque ceux ci fourmillent de fautes.

4128 Le Jouvencel. *Paris, Antoine Verard*, 1493. in fol. goth. m. r.

A la fin :

Cy finist le iouuencel Jmprime a paris le xxvii ior de mars mil quatre cēs iiii. vingʒ et treʒe par antoine verard libraire demourant a paris sur le pont nostre dame a limage sainct iehan leuangeliste ou au palais au premier pilier deuant la chapelle ou on chante la messe de messeigneurs les presidens.

4129 Histoire antique & merveilleuse du chateau de Vicestre près Paris. *Paris, rue S. Jacques, à l'enseigne S. Nicolas*, 1606. in 8. m. r.

4130 L'Histoire & Chronique du noble & vaillant Clamades fils du Roy d'Espagne, & de la belle Clermonde fille du Roy Carmant, (translatée de rime du Roi Adenes, en prose) *Troyes, Guill. le Rouge*, in 4. goth. v. f.

4131 Le Romant de la belle Helaine de Constantinople, mere de S. Martin de Tours, & de S. Brice son frere. *Paris, Simon Calvarin*, in 4. goth. m. bl.

4132 Histoire plaisante & récréative de la belle Marquise, fille de Saluste, Roi de Hongrie. *Lyon, François Arnoullet*, 1615. in 8. m. bl.

4133 Le premier livre de la belle & plaisante histoire de Philandre, surnommé le Gentilhomme, Prince de Marseille, & de Passerose, fille du Roi de Naples. *Lyon, Jean de Tournes*, 1544. in 8. v. m.

Romans d'Amour, Moraux, Satyriques, &c.

4134 Collection des ouvrages imprimés par ordre de Monseigneur, Comte d'Artois. *A Paris de l'Imprimerie de Didot l'Aîné*, 1780. 21 vol. in 18. brochés.

1 Le Temple de Gnide, par M. de Montesquieu.
2 Acajou & Zirphile, par M. Duclos.
3 Ismene & Ismenias, traduit du grec d'Eustathius.

BELLES-LETTRES.

4 Zayde, histoire Espagnole, par Madame la Comtesse de la Fayette & M. de Segrais. 3 vol.

5 La Princesse de Cleves, par les mêmes. 2 vol.

6 Histoire du Petit-Jehan de Saintré, extrait par M. le Comte de Tressan.

7 La Bergere des Alpes; l'Amitié à l'épreuve; les quatre Flacons, Contes Moraux, par M. Marmontel.

8 Lettres de la Comtesse de Sancerre, par Madame Riccoboni. 2 vol.

9 Olivier, Poeme, par M. Cazotte. 2 vol.

10 Le Berceau de la France, par M. Daucourt. 2 vol.

11 Lettres de Mylady Juliette Catesby, par Madame Riccoboni.

12 Histoire de Gerard, Comte de Nevers & de la belle Euriant sa mie; extrait par M. le Comte de Tressan.

13 Contes & Romans de Voltaire. Les trois premiers volulumes.

Cette précieuse collection, donnée par Monseigneur Comte d'Artois à feu M. le Duc de la Valliere, ne sera pas exposée en vente. Madame la Duchesse de Chastillon se l'est réservée.

C'est le seul article de la Bibliotheque qui ne sera pas vendu.

4135 Romans & Contes de M. de Voltaire. *Bouillon, aux dépens de la Société Typographique,* 1778. 3 vol. in 8. fig. m. r.

4136 Histoire des amours fortunés, par Pierre Boistuau, surnommé Launay. *Paris, Prevost,* 1558. in 4. v. m.

BELLES-LETTRES.

4137 La folie fainte de l'Amant loyal. *Lyon, André Papillon*, 1597. in 18. m. cit.

4138 Les chaftes Amours d'Helene de Marthe, recherchée de plufieurs amants, entre lefquels Valentin du Soleil tient le principal & plus illuftre rang. *Paris, Mathieu Guillemot*, 1597. in 12. m. r.

4139 Le Lion d'Angelie. Hiftoire amoureufe & tragique, par Pierre Corneille Bleffebois. *Cologne, Simon l'Africain*, 1676. in 12 m. r.

4140 Zayde hiftoire efpagnole, par M. de Segrais (& Madame de la Fayette), avec un traité de l'origine des Romans, par M. Daniel Huet. *Paris, Claude Barbin*, 1670. 2 vol. in 8. m. cit. l. r.

4141 La Princéffe de Cleves, par Madame de la Fayette & M. de Segrais. *Paris, Claude Barbin*, 1689. 2 vol. in 12. m. r. dent. doub. de m. viol. l. r.

4142 Caraccio, hiftoire, par Mme de la Fayette. in 8. v. b.

MANUSCRIT fur papier du *XVII fiecle*, contenant 87 feuillets. Nous ne le connoiffons pas imprimé.

4143 Hiftoire des Amours de Henry IV. avec diverfes lettres écrites à fes Maîtreffes, & autres pieces curieufes. *Leyde, Jean Sambix*, 1663. in 12. m. r.

4144 Les Amours de Henry IV. Roi de France, avec ses Lettres Galantes à la Duchesse de Beaufort, & à la Marquise de Verneuil. *Amsterdam*, 1743. in 18. m. r.

4145 Les Amours d'Anne d'Autriche épouse de Louis XIII. avec le C. de R. (le Cardinal de Richelieu) &c. *Cologne, Guillaume Cadet*, 1692. in 12. m. bl.

4146 Histoire des Amours de Grégoire VII, du Cardinal de Richelieu, de la Princesse de Condé, & de la Marquise d'Urfé. *Cologne, Pierre le Jeune*, 1700. in 12. m. r.

4147 La France galante, ou Histoires amoureuses de la Cour. *Cologne, Pierre Marteau*, 1689. in 12, m. r. doub. de m. l. r.

4148 Histoire secrete des Amours du Pere la Chaize, Jésuite & Confesseur du Roi Louis XIV. *Cologne, P. Marteau*, 1702. in 12. m. r.

4149 Le Maréchal de Bouflers, prisonnier dans le château de Namur, & les Aventures secretes qui lui sont arrivées pendant la Campagne. *Liege, Paul de la Tour*, 1696. in 12. m. r.

4150 Laodice inconstante. in 8. m. r.

MANUSCRIT sur papier du *XVIII siecle*, contenant 28 feuillets.

4151 L'Abbé libertin. in 4. v. m.

MANUSCRIT sur papier du *XVIII siecle*, contenant 108 feuillets.

BELLES-LETTRES. 649

4152 Histoire du Chevalier des Grieux & de Manon Lescaut, par M. l'Abbé Prevost. *Amsterdam, la Compagnie*, 1753. 2 vol. in 12, fig. m. r.

4153 Le Temple de Gnide, (par Charles de Secondat, Baron de Montesquieu) nouvelle édition, avec figures gravées par N. le Mire, d'après les desseins de Ch. Eisen. le texte gravé par Drouet. *Paris, Le Mire*, 1772, in 4. m. bl.

4154 Les Aventures de Télémaque, fils d'Ulysse, composées par M. François de Salignac de la Motte Fénelon, avec des remarques pour l'intelligence de ce poeme allégorique. *Rotterdam, Jean Hofhout*, 1725, in 12, fig. v. f.

4155 Les Aventures de Télémaque, fils d'Ulysse, par M. François de Salignac de la Motte Fénelon. *Paris, veuve Delaulne*, 1730. in 4. G. P. fig. m. r.

4156 Les Aventures de Télémaque, fils d'Ulysse, par M. Fr. de Salignac de la Motte Fénelon. *Amsterdam, Wetstein*, 1734. in fol. fig. de B. Picart. m. bl.

EDITION ORIGINALE.

4157 Les Aventures de Télémaque, fils d'Ulysse, par M. François de Salignac de la Motte Fénelon. *Londres, R. Dodsley*, 1738. 2 vol. in 8. m. r.

CE LIVRE, qui est rare, même à Londres, est très

bien exécuté. Il est orné des belles figures que Bern. Picart a faites pour la superbe Edition in folio & qui ont été réduites de format in 8.

4158 Polexandre, par de Gomberville. *Paris, Augustin Courbé*, 1637, 8 vol. in 8. G. P. m. viol.

4159 Les Veillées de Thessalie, par Mlle M. de Lussan. *Paris, veuve Pissot*, 1741. 4 vol. in 12. m. verd, dent.

4160 Les Aventures satyriques de Florinde, habitant de la basse région de la Lune. 1625. in 8. m. verd.

4161 Le Diable Boiteux, par M. le Sage. *Paris, Damonneville*, 1756. 3 vol. in 12. G. P. fig. m. r.

4162 Contes de ma Mere l'Oye, en françois & en anglois, par Perrault, avec des figures gravées par Fokke. *La Haye, Jean Neaulme*, 1745. in 12. m. r.

Romans Italiens.

4162* Comincia il Philocolo (cioe libri V de gli amori di Florio & de Biancifiore). di : M : G : Bocchacii. *Die : XII : Nouenbris :* MCCCCLXXII : in fol. m. r.

EDITION exécutée à longues lignes, sans chiffres, réclames

réclames & signatures; elle commence par l'intitulé ci-dessus imprimé en lettres capitales. Au bas du recto du dernier feuillet il y a cette souscription :

Magister iouannes petri demagontia scripsit hoc opus florētiae Die : XII : nouenbris : MCCCCLXXII :

4163 Libro di Florio & di Bianzafiore chiamato Philocolo, composto per Misser Joanni Boccaccio da Certaldo con la vita del medesimo composta per Hieronymo Squarzafico de Alexandria. *In Venetia, Pelegrino Pasquale,* 1488. in fol. m. r.

4164 Historia di Fiorio & Biancifiore. *Mediolani, per Petrum Martirem de Mantegaciis, ad instantiam Joannis Jacobi & fratrum de Legnano,* 1505, *die* XXVII *Septembris.* in 4. v. f.

Note de M. Floncel :

Si crede con fundamento che Boccaccio sia autore di questo Poemetto.

4165 L'Histoire amoureuse de Flores & Blanchefleur sa mye; avec la Complainte que fait un amant contre Amour & sa Dame : traduit de l'espagnol en françois par Jacques Vincent. *Paris, Michel Fezandat,* 1554. in 8. v. m.

4166 Le Philocope de Jean Boccace, contenant l'histoire de Fleury & Blanchefleur, divisé en VII livres, traduits d'italien en françois par

Tom. II. Oooo

Adrian Sevin. *Paris, Gilles Robinot*, 1575. in 16, m. viol.

4167 Qui comincia la Comedia delle Nymphe Fiorentine (l'Ameto di Giov. Boccaccio). in 4. rel. en cart. avec dos de veau.

BEAU MANUSCRIT exécuté en Italie dans le *XV siecle*, sur vélin, contenant 65 feuillets dont le premier est enrichi d'ornements. L'écriture est en *lettres de somme* & à longues lignes.

4168 Ameto di M. Giovanni Boccaccio, con le osservationi in volgare Grammatica sopra esso di Hieronimo Claricio. *In Milano nella Officina Minutiana a Ispesa di Andrea Calvo*, 1520. in 4. vél.

4169 Ameto di Messere Giovanni Boccaccio. con le osservationi in volgare Grammatica sopra esso di Hieronimo Claricio. *In Milano, nella Officina Minutiana a ispesa di Andrea Calvo*, 1520. in 4. m. bl.

4170 Ameto, over Comedia delle Nimphe Fiorentine, compilata da Messer Giovanni Boccaccio. *In Vinegia, Gregorio de Gregori*, 1526. in 8. m. bl.

4171 Incomincia il libro chiamato elegia di Madomptna Fiamecta Daley ale innamorate dompne mandato (in sette libri, di Giov. Boccaccio). in 4. v. f. d. s. tr.

MANUSCRIT sur vélin exécuté en Italie dans le *XV siecle*,

contenant 60 feuillets. Il est écrit en *lettres de somme*, à longues lignes. Les sommaires sont en rouge, les capitales peintes, & la premiere page est enrichie d'ornements.

On lit à la fin :

Questo libro ego Johannes Matheus caualinus scripsi.

4172 Incomincia il libro Chiamato Elegia di Madonna Fiammetta (in sette libri, di Giov. Boccaccio.) in 4. rel. en carton avec dos de veau. d. s. tr.

MANUSCRIT sur papier exécuté en Italie dans le *XV siecle*, contenant 206 feuillets. Il est très bien écrit en *lettres rondes*, à longues lignes, & enrichi de capitales peintes en or & en couleurs. Les sommaires y sont en rouge.

4173 Pamphilia. in 4. rel. en carton avec dos de veau d. s. tr.

TRÈS BEAU MANUSCRIT sur vélin du *XV siecle*, contenant 133 feuillets. Il est écrit en *ancienne cursive romaine*, à longues lignes, & enrichi de lettres capitales élégamment peintes en or & en couleurs. Le premier feuillet est entouré d'un cadre d'ornements exécuté avec beaucoup d'élégance.

Cet Ouvrage en prose, dans le goût de la *Fiametta de Boccace*, est anonyme, & n'a jamais été imprimé.

4174 Opera Jucundissima novamente retrovata del facundissimo & elegantissimo Poeta Messer Joanne Boccaccio, intitolata Lurbano. in 4. m. r.

4175 L'Histoire de Theseus, Palamon, Arcita, &

de la belle Hemylia, en x livres in fol. bazane verte.

MANUSCRIT fur papier du commencement du *XVI fiecle*, écrit en *ancienne bâtarde courante*, contenant 130 feuillets. Il n'a ni commencement ni fin. L'Ouvrage qu'il contient eft traduit de la *Théfeide* de Boccace.

4176 Poliphili Hypnerotomachia, ubi humana omnia non nifi fomnium effe oftendit, atque obiter plurima fcitu fane quam digna commemorat. (Authore Francifco Columna.) opus impreffum cura & fumptibus Leonardi Craffi veronenfis. *Venetiis, in ædibus Aldi Manutii,* 1499. in fol. fig. m. r.

Il manque les quatre premiers feuillets.

4177 Hypnerotomachia Poliphili, ubi humana omnia non nifi fomnium effe docet, atque obiter plurima fcitu fane quam digna commemorat. (Auctore Francifco Columna). *Venetiis, menfe Decembri,* 1499, *in ædibus Aldi Manutii.* in fol. fig. m. r.

IMPRIMÉ SUR VÉLIN.

4178 Hypnerotomachie ou Difcours du fonge de Poliphile, déduifant comme amour le combat à l'occafion de Polia. traduite de l'italien de François Columna, & mife en lumiere par Jean

BELLES-LETTRES.

Martin. *Paris, Jacques Kerver*, 1561, in fol. fig. m. verd, dentelles.

4179 El Libro de Guerino chiamato Mefquino (di Tullia d'Aragona). *In Venetia, per Joan. Aluixio Milanefi de Varefi*, 1498. in fol. m. r.

4180 La très joyeufe, plaifante & récréative Hiftoire de Guerin Mefquin, trad. d'italien (de Tullie d'Aragon) en françois, par Jehan Decuchermois. *Lyon, Rom. Morin.* in 4. goth. fig. v. f.

4181 Reali di Franza : Comenzando da Conftantino Imperatore fecondo molto lezende che io ho attrovate e raccolte infieme. *In Venetia per Chriftophalo da Penfis da Mandello*, 1499, a di XXVII. *de marzo*. in fol. v. éc.

4182 El Peregrino per Jacomo Caviceo da Parma. *In Venetia, per Helifabetta di Rufconi ad inftantia fua & de Nicolo Zopino. adi V Febraro*, 1526. in 8. fig. m. r.

4183 Dialogue très élégant, intitulé le Peregrin, traitant de l'honefte & pudique amour, trad. de l'italien de J. Caviceo, par François Daffy. *Lyon, Claude Nourry, dit le Prince*, 1503. in 4. goth. v. f. doub. de tabis.

4184 Dialogue très élégant, intitulé le Peregrin, traitant de l'honnête & pudique amour concilié par pure & fincere vertu, traduit de l'italien de Jacques Caviceo, par François Daffy. *Lyon,*

Claude Nourry dit le Prince, 1528, le 20 d'Avril. in 4. goth. v. m.

4185 Dialogue très élégant, intitulé le Peregrin, traitant de l'honnête & pudique amour concilié par pure & fincere vertu ; traduit de l'italien par François Daffy. *Paris, Nicolas Gilles*, 1540. in 8. goth. v. f.

4186 Le troifieme livre du Dialogue intitulé le Peregrin. in fol. v. éc.

MANUSCRIT fur papier de l'an 1525, contenant 207 feuillets *en ancienne bâtarde*, à longues lignes.

Cet Ouvrage eft traduit de l'Italien de *Jacques Caviceo*, Prêtre de Parme, né en 1443, mort en 1511. Le Traducteur eft *François Daffy*, Breton, Contrôleur des Briz, fur la mer, en Bretagne, Secrétaire du Roi *Jean de Navarre*, & de Madame *Louife*, Ducheffe de Valentinois.

Romans Efpagnols.

4187 Tirante il Bianco valeroffimo Cavaliere, di lingua fpagnola nello idioma noftro per Meffer Lelio di Manfredi tradotto. *In Vinegia, Pietro di Nicolini da Sabio : alle fpefe di Federico Tortefano d'Afola*, 1538. in 4. m. bl.

4188 La primera parte de la quarta de la choronica de el Principe Don Florifel de Niquea, que fue efcripta en griego por Galerfis, fue facada en latin por Philaftes Campaneo, y traduzida en romance caftellano por Feliciano de Silva. *En*

BELLES-LETTRES.

Çaragoça, *por Pierrez de la Floreſta*, 1568. in fol. v. m.

4189 Les principales Aventures de l'admirable Don Quichotte, repréſentées en figures par Coypel, B. Picart, & autres. *La Haye, de Hondt*, 1746. in fol. m. r. dent. doub. de tab.

4190 Les Travaux de Perſiles & de Sigiſmonde, ſous les noms de Périandre & d'Auriſtele. Hiſtoire ſeptentrionale, trad. de l'eſpagnol de Michel Cervantes, par Daudiguier. *Paris, Louis Feugé*, 1626. in 8. m. viol. l. r.

4191 La deplourable fin de Flamecte, élégante invention de Jehan de Flores Eſpagnol, trad. en françois. *Paris, Denys Janot*. in 8. v. b.

4192 Carcer d'amore, tradotto da Meſſer Lelio de Manfredi, de idioma ſpagnolo (de Diego San Pedro) in lingua materna. *In Vinegia, per Franceſco Bindoni, & Mapheo Paſini*, 1537. in 8. m. r. fig.

4193 Les Amours de Leriano & de Laureole (Par Diego San Pedro.) in fol. m. r.

BEAU MANUSCRIT du *XVI ſiecle*, ſur vélin, contenant 66 feuillets écrits en *ancienne bâtarde*, à longues lignes, & enrichis de 68 belles *tourneures* qui repréſentent différents ſujets, peints en miniature. La premiere page eſt dans un cadre d'or chargé de fruits, de fleurs & d'inſectes.

Ce Roman eſt allégorique ; il renferme les amours de

Leriano, fils du Duc *Guercio*, & de la Duchesse *Colleria* avec *Laureolle*, fille de *Gaulo*, Roi de Macédoine.

Le Traducteur qui ne se nomme pas, nous apprend dans une Dédicace à une Dame, que ce Roman a été composé originairement en Espagnol, & ensuite traduit en Toscan Florentin par un Ferrarois son ami, qui le lui donna pendant le voyage de *François I* en Lombardie.

4194 La Prison d'amour, laquelle traite de l'amour de Leriano & Laureole, fait en espagnol (par Diego San Pedro), puis translaté en toscan (par Lelio Manfredi), & naquerres en françois. *Paris*, 1527. in 4 goth. fig. v. f.

4195 L'Amant maltraité de sa Mie, trad. de l'espagnol en françois (par Nicolas de Herberay, Seigneur des Essarts); lequel traite de l'honnête & pudique amour de Arnalte & Lucenda. *Paris, Vincent Sertenas.* — Le Songe de Madame Helisenne de Crenne. *Paris, Denys Janot,* 1540. in 8. v. f.

CRITIQUE.

Critiques Anciens & Modernes.

4196 Athenæi Deipnosophistarum Libri XV. græcè; accuratè recensiti & collati per Marcum Musurum. *Venetiis, apud Aldum & Andræam socerum, mense Augusto,* 1514. in fol. v. f.

PREMIERE EDITION.

4197 Les quinze Livres des Deipnosophistes d'Athenée, traduits en françois, d'après les versions latines de Natalis Comes, & de Jacques d'Alechamp, par Michel de Marolles, Abbé de Villeloin. *Paris, Jacques Langlois*, 1680. in 4. m. r.

4198 Auli Gellii Noctium Atticarum Libri XX. in fol. rel. en carton avec dos de veau.

BEAU MANUSCRIT sur vélin, exécuté en Italie dans le XV siecle, contenant 150 feuillets. Il est écrit en ancienne bâtarde romaine, sur 2 colonnes, & enrichi de notes marginales.

Les passages grecs répandus dans l'Ouvrage d'*Aulu-Gelle*, ne sont pas remplis dans ce MS. & la Préface de cet Auteur n'y est point au commencement du premier livre; mais se trouve à la fin du 20ᵉ livre, comme dans tous les anciens MSS. & les premieres Editions.

L'Ecrivain y a conservé quatre feuillets & demi en blanc pour le huitieme livre dont il ne nous est parvenu que les sommaires des chapitres, dans l'espérance qu'on les retrouveroit un jour. Il y a écrit :

Iste liber deficit et adhuc meis diebus non reperitur.

Ces mots grecs, Ἡ βίβλος τῦ Σωζομένυ, écrits à la fin du MS. font connoître qu'il appartenoit autrefois à Sozomene de Pistoie. Ils sont précédés de cette note de la main du Scribe :

A. gellij noctiũ aticarũ liber explicit q̃ si corruptus alicubi repiat̃, imputetur exemplo corruptissimo libri inusitati.

L'*Evêque d'Alérie* rend compte de la corruption & de la

rareté des MSS. de cet Auteur, dans son Epître Dédicatoire au Pape *Paul II*, imprimée à la tête de la premiere Edition d'*Aulu-Gelle* de 1469, & réimprimée dans la vie du Pape Paul II. pag. 222—234, ainsi que dans le traité du Cardinal *Quirini*, qui est intitulé : *De optimorum scriptorum editionibus quæ romæ primum prodierunt post typographiæ inventum*, pag. 196 ——— 106 de l'Edition de Schelhorn.

4199 Auli Gellii Noctes Atticæ, ex recensione Joannis Andreæ Episcopi Aleriensis. *Romæ, in domo Petri de Maximis*, 1469, *die vero XI mensis Aprilis.*

PREMIERE EDITION.

Le Volume commence par 5 feuillets qui contiennent l'Epître Dédicatoire de Jean André, Evêque d'Alerie à Paul II. Le texte suit, & après la souscription, on trouve 15 feuillets qui contiennent la table des chapitres.

Il manque un feuillet de cette table depuis le chapitre XI du 12e livre, jusqu'au chapitre 2 du 14e livre.

4200 Auli Gellii Noctes Atticæ, ex recensione Joannis Andreæ. *Romæ, in domo Petri de Maximis*, 1469. in fol. m. r.

Il manque dans cet Exemplaire le 5e feuillet de l'Epître dédicatoire & les 15 feuillets de table.

4201 Auli Gellii Noctes Atticæ. *Romæ, in domo Petri de Maximis, per Conr. Suueynheym & Arn. Pannartz*, 1472, *die sextâ Augusti.* in fol. m. r.

La table des chapitres qui est à la fin du Volume est de 15 feuillets.

4202 Macrobii Theodofii viri illuftris conviviorum dierum Saturnaliorum Libri VII. in fol. rel. en carton avec dos de veau.

TRÈS BEAU MANUSCRIT fur vélin, exécuté en Italie dans le *XV fiecle*, contenant 174 feuillets. Il eft écrit en *caracteres ronds*, à longues lignes, & enrichi de belles capitales rehauffées d'or, ainfi que d'ornements peints qui décorent la premiere page.

Les paffages grecs de l'Ouvrage de *Macrobe* ont été laiffés en blanc dans ce MS. Il n'eft point diftribué par chapitres, & on y trouve un autre ordre des livres différent des imprimés.

Le fecond livre finit vers le milieu, par ces mots :

Partem effe quandam morbi taterrimi quem noftri comitialem dixerunt namque ipfius uerba hæc traduntur.

Le troifieme livre commence ainfi :

Violatum cum fe noffet eneas ....

Et finit :

Atque ita facta difceffio eft.

C'eft ordinairement la fin du fecond livre.

Le quatrième livre commence de cette maniere :

Nec magis incepto vultum fermone monetur ....

Il eft terminé par ces mots :

Refutamus eneas ignarus abeft, ignarus et abfit.

4203 Macrobii Aurelii Theodofii Opera omnia : fcilicet ; Expofitio in fomnium Scipionis, M. T. Ciceronis & Saturnaliorum libri. *Venetiis, opera & impenfa Nicolai Jenfon*, 1472. in fol. m. bl.

PREMIERE EDITION.

BELLES-LETTRES.

4204 Theodosii Macrobii Opera, cum notis Variorum, ex recensione Jacobi Gronovii. *Lugduni Batavorum, Arnoldus Doude,* 1670. in 8. v. f.

4205 Alexandri ab Alexandro genialium Dierum Libri sex, cum notis variorum. *Lugduni Batavorum, ex officina Hackiana,* 1673. 2 vol. in 8. m. r.

4206 Recueil de Pieces. in 8. v. f.

Contenant :

1 Le Reveil matin fait par M. Bertrand, pour réveiller les prétendus Savans Mathématiciens de l'Académie Royale de Paris, &c. *Hambourg, Bertrand,* 1674.

2 Ne trompez plus personne, ou suite du Reveil matin des prétendus Mathématiciens, &c. *Hambourg, Bertrand,* 1675.

3 Le Monde désabusé, ou la démonstration des deux lignes moyennes proportionelles, par Bertrand de la Coste, Colonel d'Artillerie, *Hambourg,* 1675.

4 Ce n'est pas la mort aux Rats ni aux Souris ; mais c'est la mort des Mathématiciens de Paris, & la démonstration de la trisection de tous les triangles, par Bertrand de la Coste. *Hambourg,* 1676.

4207 La Maniere de bien penser dans les ouvrages d'esprit, dialogues, par le Pere Dominique Bouhours. *Paris, Veuve de Sébast. Mabre Cramoisy,* 1687. in 4. m. r. doub. de m. l. r.

4208 La Tenda Rossa risposta di Girolamo Nomisenti (Alessandro Tassoni) : a i Dialoghi di Falcidio Melampodio (Giuseppe de gli Aromatari). *In Francfort.* 1613. (*Venezia*, 1702.) in-8. m. r.

SECONDE EDITION.

Satyres, Invectives, Défenses, Apologies, &c.

4209 Petronii Arbitri Satyrici Fragmenta quæ extant. *Impressum Venetiis per Bernardinum Venetum de Vitalibus, anno Domini, M. CCCC. XCIX. Die XXIII Mensis Julii.* in 4. v. f.

PREMIERE EDITION.

4210 Titi Petronii Arbitri Satyricon, cum fragmento nuper Tragurii reperto. Accedunt diverforum Poetarum in Priapum Lufus, cum notis Variorum concinnante Michaele Hadrianide. *Amstelodami, Joannes Blaeu,* 1669. in 8. m. r.

4211 Titi Petronii Arbitri Satyricon, cui accedunt diverforum Poetarum lufus in Priapum, &c. cum notis Bourdelotii, & gloffario Petroniano. *Parisiis, Claudius Audinet,* 1677. in 12. m. viol. l. r.

4212 Titi Petronii Arbitri Satyricon, cum notis Bourdelotii, & gloffario Petroniano. *Parisiis, Claud. Audinet,* 1677. in 12. v. b.

CET EXEMPLAIRE est relié avec du papier blanc entre chaque feuillet ; il est rempli de notes & de variantes, de citations, de passages de différents auteurs, & de traductions de quelques phrases.

4213 Titi Petronii Arbitri Satyricon, cum notis Baschii, Reinesii, & Schefferi. Accessit Fragmentum Tragurianum, & quod Albæ Græcæ recuperatum est anno 1688. *Amstelædami, Joannes Wolters*, 1700. 2 vol. in 24. m. violet. dent. doub. de m. cit.

4214 Titi Petronii Arbitri Satyricon quæ supersunt, cum notis Variorum, curante Petro Burmanno. *Amstelodami, apud Janssonio - Waesbergios*, 1733. 2 vol. in 4. G. P. v. f.

4215 Petrone Latin & François, traduction entiere, suivant le manuscrit trouvé à Belgrade en 1688, avec plusieurs remarques & additions, par Nodot. 1698. 2 vol. in 12. Gr. Pap. fig. v. f.

4216 Ex obscurorum virorum salibus cribratus Dialogus, non minùs eruditionis quam Macaronices amplectens: in quo introducuntur Colonienses Theologi tres, Ortuinus, Gincolphus, Lupoldus, tres idem celebres viri; Johannes Reuchlin, Des. Erasmus, Jacobus Faber, de rebus à se recenter factis disceptantes, apud Antipodas. Cum privilegio. in 4. v. f.

4217 Recueil de Pieces fugitives satyriques, en

BELLES-LETTRES.

prose & en vers, de différens Auteurs des XVI & XVII siecles. 1741. in fol. v. éc.

MANUSCRIT sur papier proprement écrit, contenant 228 feuillets.

4218 L'Introduction au Traité de la conformité des merveilles anciennes avec les modernes, ou Traité préparatif à l'apologie pour Hérodote; par Henry Estienne. 1566. in 8. m. r.

4219 Apologie pour Hérodote, ou Traité de la conformité des merveilles anciennes avec les modernes; par Henri Estienne. Nouvelle Edition, avec des remarques par M. le Duchat. *La Haye, Henri Scheürleer*, 1735. 3 vol. in 8. m. r.

4220 Le Salmigondis, ou le Manege du genre humain. *Liege, Louis Refort*, 1698. in 12. m. r.

4221 Œuvres satyriques de P. Corneille Blessebois. *Leyde*, 1676. in 12. v. m.

4222 Le Conte du Tonneau, contenant tout ce que les arts & les sciences ont de plus sublime & de plus mystérieux, trad. de l'anglois du Docteur Jonathan Swift. *La Haye, Henry Scheurleer*, 1721. 2 vol. in 12. G. P. fig. v. m.

4223 Les véritables Motifs de la conversion de l'Abbé de la Trappe, avec quelques réflexions sur sa vie & sur ses écrits, par Daniel la Roque. *Cologne, Pierre Marteau*, 1685. in 12. m. r.

4224 Histoire de Pierre de Montmaur, Professeur Royal en langue grecque dans l'Université de Paris, par M. de Sallengre. *La Haye, Chr. van Lom*, 1715. 2 vol. in 8. fig. m. r.

4225 Le Tocsin: troisieme édition, par M. Louis Dutens. *Paris, Molini*, 1763. in 12. m. r.

IMPRIMÉ SUR VÉLIN.

4226 Pasquino in estasi, nuovo, e molto piu pieno, ch'el primo, insieme c'ol viagio de l'inferno. Aggiunte le propositioni del medesimo da disputare nel Concilio di Trento (authore Cœlio Secundo Curione). *Stampato a Roma, nella botega di Pasquino, a l'instanza di Papa Paulo Farnese.* in 8. v. f.

4227 Les Visions de Pasquille. Le Jugement d'iceluy, ou Pasquille prisonnier, avec le dialogue de Probus, (traduit de Cœlius Secundus Curio). 1547. in 8. v. f.

4228 Opera nova del divo Signor Pietro Aretino: la qual scuopre le astutie, scelerita, frode, robarie, & dolce paroline, ch'usano le cortigiane, per ingannar li simplici giovéni. *In Napoli*, 1534. in 8. m. bl.

4229 Tromperies, dont usent les mieux affetées courtisanes à l'endroit d'un chacun; principalement

BELLES-LETTRES. 667

lement des jouvenceaux débauchés, qu'elles attirent dans leurs filets, faisant que sous propos emmielés perdent honneur & cheent en pauvreté. Trad. d'italien (de Pierre Aretin) en françois. Plus la courtisanne de Joachim du Bellay. *Paris, Pierre Chevillot*, 1580. in 18. m. r.

4230 Histoire des amours feintes & dissimulées de Lais & Lamia, récitées par elles-mêmes; mise en forme de Dialogue par P. Aretin, où sont découvertes les fallaces & communes tromperies dont usent les mieux affetées courtisanes de ce temps à l'endroit de leurs amis, traduite de l'italien en françois, & augmentée de la vieille courtisanne de J. du Bellay. *Paris, Antoine du Breuil*, 1595. in 12. m. r.

4231 Coloquio de las Damas: en el qual se descubren las falsedades, tratos, engaños, y hechizerias: de qual usan las mugeres enamoradas, para engañar a los simples & aunalos muy avisados hombres, que dellas se enamoran. Traduzido de la lengua toscana de Pedro Aretino, en castellano, por el beneficiado Fernan Xuares. *Medina del Campo, por Pedro de Castro*, 1549. in 8. goth. v. m.

4232 Ragionamento nel quale M. Pietro Aretino figura quattro suoi amici, che favellano de le Corti del Mondo, e di quella del Cielo. 1539. in 8. v. m.

4233 Il Ragionamento del divino Pietro Aretino, nel quale si parla del gioco con moralita piacevole. 1589. in 8. m. bl.

4234 L'Alcibiade Fanciullo a Scola D. P. A. (di Pietro Aretino). *Oranges, par Juann Vvart,* 1652. in 12. v. f.

Manuscrit sur papier du *XVIII siecle*, contenant 104 feuillets.

4235 L'Alcibiade Fanciullo a Scola D. P. A. (di Pietro Aretino), *Oranges, par Juann Vvart,* 1652. petit in 8. m. r.

Edition Originale, très rare, qui a été annoncée de format petit in 12. mais on s'est trompé, le format est in 8.

4236 Apologie de Marus Equicolus, Gentilhomme Italien, contre les Médisants de la nation Françoise, traduite du latin en françois par Michel Roté. *Paris, Vincent Sertenas,* 1550. in 8. m. bl.

Imprimé sur vélin.

Dissertations Philologiques, critiques, allégoriques & enjouées; & Traités critiques & apologétiques de l'un & de l'autre sexe.

4237 Navicula sive speculum fatuorum, præstantis Doctoris Jo. Geyler Keysersbergii, atque

BELLES-LETTRES.

à Jac. Othro collecta. *Argentorati*, 1511. in 4. goth. v. m.

4238 Moriæ encomium Erasmi Roterodami declamatio. *Argentorati, Matthias Schurerius*, 1511. in 4. m. r.

4239 L'Eloge de la Folie, traduit du latin d'Erasme par M. Gueudeville. 1751. in 4. m. verd, dent. doub. de tabis. l. r.

FIGURES COLORIÉES.

4240 De Podagræ laudibus Doctorum hominum lusus, Bilibaldi Birckheymeri Norici. Luciani tragœdia versibus reddita, Christophori Balistæ. *Argentorati, hæredes Christiani Milii*, 1570. in 8.

4241 Deux Plaidoyers, d'entre M. Procès, appellant de la Sentence de M. le Sénéchal de Raison, ou son Lieutenant au lieu de Concorde, d'une part : & honorable homme M. de Bon Accord, intimé, d'autre. par lesquels il appert de l'utilité de Procès, & aussi de la misere d'iceluy. *Paris, Nic. Chesneau*, 1570. in 8. v. f.

4242 La Nobilta dell' Asino di Attabalippa dal Peru. compositione di Camillo Scaligeri, dalla frotta (Adriano Banchieri). *In Venetia, Barezzo*, 1599. in 4. m. r.

4243 La Noblesse, excellence & antiquité de l'Asne. traduit de l'italien du Seigneur Attabalippa. (Adriano Banchieri). *Paris, Franç. Huby*, 1606. in 8. m. r.

4244 L'Afinefca gloria dell' Inafinito Acadèmico Pellegrino (del Doni). *In Vinegia, per Franc. Marcolini*, 1553. in 8. fig. v. m.

4245 La Difputation de Frere Anfelme avec les animaux, où eft montré par vives raifons que les fils de notre pere Adam font de plus grande dignité & nobleffe que les animaux. *Lyon, D. Arnoullet*, 1540. in 16. v. m.

Le Frontifpice eft réimprimé.

4246 La Difpute d'un Afne contre Frere Anfelme Turmeda, touchant la dignité, nobleffe & prééminence de l'homme par-devant les autres animaux. *Pampelune, Guillaume Buiffon*, 1606. in 16. m. r.

4247 Regrets facétieux, & plaifantes Harangues funebres du fieur Thomaffin, fur la mort de divers animaux; avec plufieurs Chanfons joviales & comiques. *Rouen, David Ferrand*, 1632. in 12. m. r.

4248 La magnifique Doxologie du Feftu, par Sébaftian Roulliard. *Paris, Jean Millot*, 1610. in 8. m. r.

4249 Les Gymnopodes, ou de la nudité des pieds, difputée de part & d'autre : par Sébaftian Roulliard. *Paris*, 1624. in 4. G. P. v. f.

BELLES-LETTRES. 671

4250 Presbyteri Laurentii Pisani dialogi IV de amore (sive de natura amoris & ejus viribus). in 4. rel. en cart. avec dos de veau.

MANUSCRIT exécuté en Italie dans le *XV siecle*, sur vélin, contenant 228 feuillets. Il est écrit en *lettres rondes*, à longues lignes, & enrichi de capitales peintes en or & en couleurs.

4251 Baptistae de Albertis Poetae laureati de amore, liber optimus. 1471. in 4. m. r.

PREMIÉRE EDITION en très beaux caracteres ronds & semblables en tous points à ceux qui ont été employés pour le *Mesve* exécuté en la même année 1471, & annoncé ci-devant N° 1719.

Elle est sans chiffres, réclames & signatures, à longues lignes, dont le nombre sur les pages entieres est de 25. Elle commence par le titre ci-dessus qui est imprimé en lettres capitales, & elle finit par cette souscription imprimée aussi en capitales sur le 20e & dernier feuillet.

Baptistae de albertis poetae lavreati opvs de amore vtilissi-mvm feliciter finit. .M. CCCCLXXI.

Quoique ce Volume porte un titre latin, néanmoins l'Ouvrage qu'il contient est en Italien.

4252 Baptistae de Albertis Poetæ laureati opus praeclarum in amoris remedio. 1471. in 4. m. r.

PREMIERE EDITION.

CE VOLUME écrit en Italien, commence par l'intitulé ci-dessus, qui est imprimé en lettres capitales; il contient en total 20 feuillets imprimés à longues lignes, & il finit par la souscription suivante imprimée aussi en lettres capitales :

Baptistae de Albertis poetae lavreati opvs in amoris remedio vtilissimum feliciter finit. .M. CCCC. LXXI.

Cette Edition est semblable à la précédente pour le caractere & la justification des pages. Nos deux Exemplaires paroissent avoir été reliés autrefois ensemble.

4253 Hecatomphile, du vulgaire italien (de Leon Batista Alberti) tourné en langage françois. Les Fleurs de Poésie françoise. *Paris, Galliot du Pré*, 1534. in 8. m. r.

4254 Hecatomphile, signifiant centieme amour, sciemment appropriées à la Dame ayant en elle autant d'amours que cent autres Dames en pourroient comprendre. trad. d'italien (de Leon Batista Alberti) en françois : ensemble les Fleurs de Poésie françoise. 1536. in 8. goth. fig. v. f.

4255 Baptistæ Fulgosii Anteros, sive de amore. *Mediolani, per Leonardum Pachel,* 1496. in 4. m. r.

PREMIERE EDITION.

4256 Baptistæ Fulgosii Anteros. *Mediolani, Leonardus Pachel,* 1496. in 4. m. r.

4257 Petri Haedi Sacerdotis Portusnaensis, de Amoris generibus libri tres. *Tarvisii, per Gerardum (de Lisa) de Flandria, anno* 1492, *die XIII Octobris.* in 4. m. r.

BELLES-LETTRES.

4258 Les Angoyſſes douloureuſes qui procedent d'amours, contenant trois parties, compoſées par Dame Heliſenne de Crenne. *Paris, Denys Janot.* in 4. fig. m. r.

4259 Les Angoyſſes douloureuſes qui procedent d'amours, par Dame Heliſenne de Crenne. in 8. fig. v. br.

4260 Hiſtoire de l'Amant reſſuſcité de la mort d'amour, par Theodoſe Valentinien. *Paris, Claude Micard,* 1572. in 18. m. r.

4261 Areſta amorum (auct. Martiale d'Auvergne), cum erudita Ben. Curtii Symphoriani explanatione. *Lugduni, Gryphius,* 1533. in 4. v. f.

4262 Areſta amorum (auct. Martiale d'Auvergne), cum commentariis Benedicti Curtii Symphoriani. *Rouen, Thom. Mallard,* 1587. in 18. m. verd.

4263 Les cinquante & un Arrêts d'amours (de Martial d'Auvergne). *Paris, le Petit Laurens.* in 4. goth. v. m.

4264 Les Arrêts d'amours (de Martial d'Auvergne). *Paris, Michel le Noir.* in 4. goth. m. r.

4265 Les Arrêts d'amours (de Martial d'Auvergne). *Paris, rue St. Jacques, à l'enſeigne de la Roſe blanche couronnée, (Phil. le Noir.),* 1525. in 4. goth. v. m.

4266 Le cinquante-deuxieme Arrêt d'amour, (par Gilles d'Aurigni, dit Pamphile), avec les

Ordonnances sur le fait des Masques. *Paris, à St. Jean de Latran, en la maison de Cheradame*, 1528. in 8. m. r.

4267 Droits nouveaux, & Arrêts d'amours publiés par les Sénateurs du Parlement de Cupido, sur l'état & police d'Amour, pour avoir entendu le différent de plusieurs amoureux & amoureuses. *Paris, Pierre Sergent*, 1541. in 8. v. m.

4268 Ordonnances générales d'amour, envoyées au Seigneur Baron de Myrlingues, Chancelier des isles Hyeres, pour faire étroitement garder par les Vassaux dudit Seigneur, en sa jurisdiction de la Pierre-au-Lait. *Imprimé à Vallezergues, par l'autorité du Prince d'Amour*, 1564. in 8. m. viol.

4269 Les Ordonnances générales d'amour, envoyées au Baron de Myrlingues, &c. *Anvers, P. Urbert*, 1574. in 8. m. r.

4270 Treize élégantes demandes d'amours, trad. de l'italien de Jean Boccace en françois. *Paris, au premier pilier de la grande Salle du Palais*. in 8. goth. v. f.

4271 Dialogi d'Amore di maestro Leone Medico Hebreo. *In Roma, per Antonio Blad. d'Assola*, 1535. in 4. v. f.

4272 Dialogi di Amore, composti per Leone Medico, di natione Hebreo, & di poi fatto Christiano.

BELLES-LETTRES.

Christiano. *In Vinegia, in cafa de Figliuoli di Aldo*, 1541. in 8. v. f. l. r.

4273 Queſtions diverſes, & Réponſes d'icelles, diviſées en trois livres : à ſçavoir : Queſtions d'amour ; Queſtions naturelles ; Queſtions morales & politiques, traduites du toſcan en françois. *Lyon, veuve de Gabriel Cotier*, 1570. in 16. m. viol. dent.

4274 Le Débat des deux Gentilshommes Eſpagnols ſur le fait d'amour : l'un, nommé Vaſquiran, regrette ſa Mye que mort lui a tollue après l'avoir épouſée ; & l'autre, nommé Flamyan, voudroit mourir pour la ſienne, à la charge d'en jouir par épouſée ou autrement. *Paris, Jean Longis*, 1541. in 8. m. r.

4275 De la Beauté, diſcours divers. avec la Paule-Graphie, ou deſcription des beautés d'une Dame Tholoſaine nommée la Belle Paule, par Gabriel de Minut. *Lyon, Barthelemy Honorat*, 1587. in 8. m. verd.

4276 Diſcours de la beauté des Dames, prins de l'italien du Seigneur Ange Firenzuole, par I. Pallet. *Paris, Abel l'Angelier*, 1578. in 8. m. r.

4277 La Source d'honneur pour maintenir la corporelle élégance des Dames en vigueur, floriſſant & prix ineſtimable. avec une belle Epître d'une noble Dame à son Seigneur & ami. *Lyon, Olivier Arnoullet*, 1543. in 8. goth. v. f.

Le Frontispice est MS.

4278 Les quinze Joyes de Mariage, (par François de Rosset). petit in 4. goth. m. verd.

4279 Les quinze Joies de Mariage, ou la Nasse, dans laquelle sont détenus plusieurs personnages de notre temps, mises en lumiere par François de Rosset. *Paris, Rolet Boutonné*, 1620. in 12. m. verd.

4280 Les quinze Joyes de Mariage, ouvrage très ancien, (par Fr. de Rosset). auquel on a joint le Blason des fausses amours, le loyer des folles amours, (par Guillaume Alexis), & le triomphe des Muses contre Amour. avec des remarques (par M. le Duchat). *La Haye, de Rogissart*, 1726. in 8. v. f.

4281 Jacobi Lydii Sermonum convivalium libri duo. quibus variarum gentium mores ac ritus in uxore expetenda, sponsalibus contrahendis, nuptiisque faciendis ac perficiendis enarrantur. *Lugd. Bat. Jo. Elzevirius*, 1656. in 4. m. r.

4282 Recueil général des Caquets de l'Accouchée, le tout discouru & caqueté par Dames, Damoiselles, Bourgeoises & autres. *Troyes, Nicolas Oudot*. in 8. v. m.

4283. Recueil des Caquets de l'Accouchée & autres, porte-feuille in 8.

Contenant :

1 Le Caquet de l'Accouchée. 1622.

2 La seconde après-dînée du caquet de l'Accouchée. 1622.

3 La troisieme après-dînée du caquet de l'Accouchée. 1622.

4 La derniere après-dînée du caquet de l'Accouchée. 1622.

5 La derniere & certaine journée du caquet de l'Accouchée 1623.

6 L'anti-caquet de l'Accouchée. 1622.

7 Les dernieres paroles, ou le dernier adieu de l'Accouchée. 1622.

8 Le Passe-partout du caquet des caquets de la nouvelle Accouchée. 1622.

9 Le relevement de l'Accouchée. 1622.

10 La réponse des Dames & Bourgeoises de Paris, au caquet de l'Accouchée. 1622.

11 La Sentence par corps obtenue par plusieurs femmes de Paris, contre l'Auteur des caquets de l'Accouchée. 1622.

12 Le Caquet des femmes du fauxbourg Mont-Martre, avec la réponse des filles du fauxbourg Saint Marceau. *Paris*. 1622.

13 Le Caquet des Poissonnieres sur le département du Roi & de la Cour.

14 Plaidoyer sur le caquet d'une femme, apporté tout nouvellement de Grece en France. *Paris*, 1593.

15 Les Essais de Mathurine.

4284 Remarques curieuſes ſur les Cornes & ſur le mot Cocu. in 4. v. f.

MANUSCRIT ſur papier du *XVIII ſiecle*, contenant 26 pages proprement écrites. Cet Ouvrage eſt mêlé de proſe & de vers.

4285 Les Triomphes de l'Abbaye des Conards : ſous le reſveur en décimes Fagot, Abbé des Conards, contenant les criées & proclamations faites depuis ſon advenement juſques à l'an préſent. Plus l'ingénieuſe Leſſive qu'ils ont couardement montrée aux jours gras en l'an 1540. *Rouen, Nic. Dugord,* 1587. in 8. m. r.

4286 La Vie & Actes triomphants d'une très illuſtre & renommée Damoiſelle, nommée Catherine des Bas-Souhaits, femme d'un riche Conſeiller au Parlement de Bordeaux, par Meſſire Jean de la Roche, Baron de Florigny. *Imprimé ſur la copie de Me Nicole Paris, Imprimeur à Troyes.* in 8. m. r.

4287 Recueil de diverſes Pieces. in 8. m. r.

Contenant :

1 Les belles & diverſes complexions amoureuſes des femmes & filles de ce temps. *Paris, Julien le Dinde.* 1621.

2 L'invention de traiter l'amour aux Dames à la mode, en vers.

3 Le parfait Macquereau ſuivant la Cour, contenant une hiſtoire paſſée à la Foire St. Germain, entre un Grand,

BELLES-LETTRES.

& l'une des plus notables & renommées Courtisannes de Paris. en vers. 1622.

4 La Procédure faite contre les filles de Joie, à la requête des Bourgeois de Paris. en vers 1619.

5 Les Regrets des filles de Paris, sur le sujet de leur bannissement. *Paris, Veuve du Carroy.*

6 Boutade hazardeuse de deux Morfondus aux actes de Vénus. 1615.

7 La querelle arrivée entre le sieur Tabarin & Francisquine sa femme, à cause de son mauvais ménage. *Paris.* 1622.

8 Les ruses & finesses découvertes sur les Chambrieres de ce temps, composé par Goguelu, allant souper en Ville. en vers. *Rouen.* 1621.

9 Les articles des privileges accordés aux femmes par dessus leurs maris le jour de carême-prenant. *Paris, du Breuil,* 1616.

10 Le vieillard jaloux tombe en rêveries à la louange des cornes, avec une expresse défense aux femmes de ne plus battre leurs maris. *Paris,* 1618.

11 Les Privileges & fidélités des Châtrés. *Paris,* 1619.

12 Arrêt contre les Châtrés. *Paris,* 1622.

4288 Le Tableau des Piperies des Femmes mondaines, où, par plusieurs histoires, se voyent les ruses & artifices dont elles se servent. *Cologne, Pierre du Marteau,* 1685. in 8. v. m.

4289 Henrici Cornelii Agrippæ declamatio de nobilitate & præcellentia fœminei sexus. *Antuerpiæ, Michael Hillenius,* 1529. in 8. m. bl.

4290 Alphabet de l'Imperfection & Malice des Femmes. De mil Hommes j'en ai trouvé un bon, & de toutes les Femmes pas une. revu, corrigé & augmenté d'un friant Deffert pour les Courtifans & Partifans de la Femme mondaine. Par Jacques Olivier. Sixieme Edition. Dédié à la plus mauvaife du monde. *Paris, Jean Petit-Pas,* 1636. in 12. m. r.

4291 Le Champion des Femmes, qui foutient qu'elles font plus nobles, plus parfaites, & en tout plus vertueufes que les hommes; contre un certain Mifogynés, anonyme Auteur & inventeur de l'Imperfection & Malice des Femmes: par le Chevalier de l'Efcale. *Paris, veuve de M. Guillemot,* 1618. in 12. m. r.

4292 Le Dépit du genre humain, où l'on traite de la fupériorité du beau fexe, & du triomphe des femmes, adreffé à Madame la Marquife de Guercy; par le P. Pulleux, Feuillant, frere de M. Pulleux, Confeiller à la Cour des Aydes. in 4.

MANUSCRIT fur papier du *XVIII fiecle,* contenant 57 feuillets.

4293 Opera di M. Domenicho Bruni da Piftoia intitolata difefe delle Donne. *In Firenze, Giunti,* 1552. in 8. m. bl.

4294 Le Triomphe des Dames, auquel eft déterminé par 50 raisons que la femme est plus noble & de plus grande excellence que l'homme, traduit de l'espagnol de Jean Rodrigue de la Chambre. *Paris, Pierre Sergent.* in 4. goth. v. f.

4295 Réflexions nouvelles sur les Femmes, par une Dame de la Cour. 1718. in 4. m. r.

MANUSCRIT sur papier, proprement écrit, contenant 44 feuillets.

4296. De la bonté & mauvaistié des Femmes, par Jean de Marconville. *Paris, Jean Dallier*, 1571. in 8. m. r. l. r.

Gnomiques ou Sentences, Apophtegmes, Adages, Proverbes, & Collections de Bons Mots & de Rencontre, &c.

4297 Plutarchi Apophtegmata Regum, Imperatorum, &c. græcè & latinè. *Londini, Gul. Darres & Claud. Dubosc*, 1741. in 4. m. r. dent. l. r.

4298 Plutarchi Chæronensis Apophtegmata, è græco in latinum translata à Francisco Philelpho. *Venetiis, per Vindelinum de Spira*, 1471. in 4. m. bl.

PREMIERE EDITION.

4299 Les Dits Moraux des Philosophes, (trad. du latin par Guillaume de Tignonville) ; & les

Prouesses du vaillant Roi Alexandre. *Paris, Michel le Noir.* in 4. goth. v. f.

Ce Livre est placé ici, parcequ'il a été oublié. Sa place est à la suite du N° 1241.

4300 Comicorum græcorum Sententiæ, græcè, latinis versibus ab Henrico Stephano redditæ, & annotationibus illustratæ. (*Parisiis,*) *H. Stephanus*, 1569. in 16. m. r. l. r.

4301 Catonis Disticha latinè reddita. 1475. in 4. goth. m. r.

Edition à longues lignes au nombre de 24 sur les pages qui sont entieres, sans chiffres, réclames & signatures, contenant 8 feuillets. Les caracteres qui y sont employés, sont les mêmes que ceux du *Manipulus Curatorum*, N°. 615, & du *Saluste*, N°. , sorti, suivant M. l'Abbé Rive, des presses de Jean Zainer de Rheutlingen, Imprimeur à Ulm dans le XV siecle.

Cette Edition du Caton commence par cette ligne:

Cum animaduerterem quã pluri

Et finit ainsi :

Explicit Cato Feliciter Anno. LXXV.

4302 Sententiæ ex Horatio præsertim, aliisque Auctoribus excerptæ, (en latin & en françois). 1683. in 8. v. b.

Manuscrit sur papier, contenant 104 feuillets.

4303 Proverbia Senecæ secundum ordinem Alphabeti.

BELLES-LETTRES.

beti. *Editio excuf. circa ann.* 1480. in 4. goth. rel. en carton.

4304 Les Faits & Geftes mémorables de plufieurs gens remplis d'une admirable doctrine & condition, traduits du latin d'Erafme en vers françois, par G. Haudent. *Lyon, Benoift Rigaud,* 1557. in 12. m. bl.

4305 Urbium dicta, per Jacobum Caviceum Parmenfem. 1491. in 4. v. f.

4306 Le Miroir de Prudence, contenant plufieurs Sentences, Apophthegmes, & Dits moraux des Sages anciens. *Rouen, Robert & Jean du Gort,* 1546. in 18. fig. v. m.

4307 Le Miroir de Prudence, contenant plufieurs Sentences, Apophthegmes, &c. *Paris, Jean Ruelle,* 1547. in 18. v. f.

4308 Les Dits notables de Monfieur Philippe de France, Duc d'Anjou, frere unique du Roi; par le fieur Reverend, fon Aumonier. *Paris, André Soubron,* 1655. in 8. m. bl. dent. doub. de tabis.

IMPRIMÉ SUR VÉLIN.

4309 L'Etymologie ou Explication des proverbes françois, par Fleury de Bellingen. *La Haye, Adrian Ulacq,* 1656. in 8. v. f.

4310 Les Proverbes communs : qui font au nombre de sept cent quatre-vingt & deux. in 4. goth. rel. en cart.

4311 Rencontres à tous propos, par proverbes & huitains françois. *Paris, Estienne Groulleau,* 1554. in 12. oblong, fig. v. f.

4312 Le Jardin de récréation auquel croissent rameaux, fleurs, & fruits, très beaux, & gentils, sous le nom de six mille proverbes, & plaisantes rencontres françoises recueillies & triées, par Gomes de Trier. *Amsterdam, Paul de Ravestein,* 1611. in 4. m. r.

4313 Recueil des plus illustres Proverbes, divisés en trois livres. Le premier contient les proverbes moraux ; le second les proverbes joyeux & plaisans ; le troisieme représente la vie des gueux, en proverbes, mis en lumiere par Jacques Lagniet. in 4. fig. v. f.

4314 Libro della Origine delli volgari proverbi (in terza rima) di Aloyse Cynthio delli Fabritii, della citta di Vinegia cittadino, delle Arti & di Medicina Dottore, ad Clemente Settimo. *In Vinegia, per Maestro Bernardino & Maestro Matheo de i Vitali fratelli, adi ultimo Septembrio,* 1526. in fol. m. r.

TRÈS RARE.

On trouve à la tête du Volume quatre feuillets, dont le premier est intitulé :

BELLES-LETTRES.

ADY
TVM IGNA
VIS
PROCVL
HINC
ABESTE
PROFANI.

Les autres feuillets contiennent :
L'index des proverbes, la Préface de l'Auteur adressée à Clément VII. & différentes pieces de vers. Le texte commence au feuillet cotté I, il finit au verso du feuillet CXCIII qui devroit être numéroté CXCIV. Les deux derniers feuillets sont réimprimés, dans cet Exemplaire, d'un caractere plus petit que les autres.

Il est bien étonnant que ce livre, rempli d'obscénités, ait été dédié à un Pape, & muni d'un privilege du même Pape, & de celui de la république de Vénise.

4315 Proverbi di M. Antonio Cornazano in facetie: ristampati di nuovo : con tre altri proverbi aggiunti, & dui dialoghi in disputa. *In Vinegia, per Nicolo Zoppino di Aristotile di Rossi*, 1526. in 8. fig. v. m.

Hiéroglyphes, ou Emblêmes, Devises & Symboles.

4316 Recueil d'Emblêmes, de Proverbes, d'Adages, d'Allégories & de Portraits. in fol. couvert de velours cramoisi.

CURIEUX ET RARE MANUSCRIT sur vélin du *XVI siecle*,

contenant 140 feuillets. Il est orné, d'un côté de chaque feuillet, de desseins lavés au bistre, & de quelques figures enluminées. Ces desseins qui sont accompagnés d'explications en vers françois écrits en *lettres bâtardes*, représentent les sujets suivants avec leurs attributs.

1. Les six triomphes de Petrarque.
2. La Fortune, Saturne, Jupiter, Bacchus, Pan, Neptune, Vulcain, Mercure, Mars, Apollon, Pluton, l'Arc Triomphal dressé par les Dieux en l'honneur d'Hercules, Cibelle, Minerve, Junon, Vénus, Diane, Ysis, Thetis, les neuf Muses.
3. Soixante-un Emblêmes divers.
4. La femme Allemande, la Genoise, l'Espagnole, la Lombarde, la Florentine, la Vénitienne, la Napolitaine, la Romaine, la Françoise, la Duchesse de Bar.
5. L'exposition des couleurs en 5 tableaux.
6. Marcus-Curius, Lucrece, Ovide, Cupidon & Hercules.
7. Deux Emblêmes.
8. Les 12 Sybilles.
9. Hipponne, Pénélope, Lucrece, Claudie, Sémiramis, Cérés, Porcie.
10. François I. en médaillon.
11. Divus Alphonsus Rex triumphator & pacificus M CCCC xlviii.
12. Emblêmes de la Cité de Carthage, de la Cité de Rome, & de la maison de Bourbon.
13. Charles, Duc d'Auvergne & de Bourbonnois.

4317 Livre d'Emblêmes. in 4. m. r. dentelles.

SUPERBE MANUSCRIT du *XVII siecle*, contenant 60

feuillets de vélin le plus blanc & le plus fin qu'on puisse voir. Il est enrichi de 30 desseins emblématiques lavés à l'encre de la Chine, avec beaucoup d'art & de perfection; ils ont environ 4 pouces de hauteur sur 4 pouces & demi de largeur. Le fameux *Jarry* en est le Calligraphe : quoiqu'il n'y ait point mis son nom, il est impossible de se méprendre à la régularité, la netteté & la précision des caracteres tracés par la main de cet Artiste habile, qui en exécutant ce livre, ne l'a pas voulu rendre inférieur aux trois chefs-d'œuvres annoncés. Nos 318, 3247 & 3248 de ce Catalogue.

Il a écrit en *ronde* au haut de chaque figure, l'ame de l'Emblême, en *bâtarde*, l'explication en vers qui est au dessous de la figure, & encore en *ronde*, l'explication en prose du corps de la devise qui se trouve toujours sur le recto d'un feuillet séparé. Il s'est plu à faire contraster des lignes entieres écrites en or, en rouge & en bleu, & il a entouré les pages écrites, d'un filet d'or.

Nous ignorons si ces Emblêmes sont imprimés; nous en donnons ici le dernier que nous choisissons de préférence au premier, parcequ'il est moins long :

Fatalis navigantibus ara.

Dans une vaste mer qui paroît effroyable
Où nous porte un courant qu'on ne peut surmonter
La mort est un écueil à l'homme redoutable
Que le plus sage enfin ne sauroit éviter
Et tout ce qu'il peut faire, en ce dernier orage
C'est d'entrer dans le port par un heureux naufrage.

De la Mort.

Le corps de cet Emblême est une mort sur un tombeau parmi des écueils où de trois différentes mers viennent faire naufrage des vaisseaux qui portent sur leur poupe la marque de ces diverses Mers, d'Amour, d'Ambition & d'Avarice, sur lesquelles la plus grande partie des hommes s'embarquent, & qui sont les trois plus puissantes passions qui occupent leur vie, & qui sont les objets des félicités de la terre qui se terminent toutes à cet écueil inévitable de la mort qu'on peut appeller :

Fatalis navigantibus ara.

4318 Emblêmes & Devises chrétiennes & morales. in 4. v. m.

MANUSCRIT sur papier du *XVII siecle*, contenant 62 feuillets, ornés de 30 figures lavées au bistre. C'est le même Ouvrage que le précédent. Ce sont aussi les mêmes figures qui paroissent avoir servi d'esquisses.

4319 Figures emblématiques & satyriques. petit in 4. m. bl.

MANUSCRIT sur vélin du *XV siecle*, contenant 81 figures singulieres accompagnées chacune de 8 vers françois de 10 syllabes, écrits en *ancienne ronde bâtarde*. La totalité du Volume est de 83 feuillets, dont le premier porte :

    Je suys faict en lhonneur de Dieu
    Pourtant ne prenez pas en mal
    Si vous trouuez en quelque lieu
    Dedans mon langaige ruzal
    Aulcun mot en espicial
    Qui vostre vice mencionne
    Jentens parler en general
    Sans conguoistre nulle personne.

4320 Tabulæ Ægyptiorum hieroglyphicæ, opera Jacobi Franci. 1600. in fol. fig. v. f.

BELLES-LETTRES. 689

4321 Interprétation grecque, latine, toscane & françoise, du Monstre, ou Enigme d'Italie. Sol & Lucina Parentes. *Lyon, Antoine Voulant*, 1555. in 8. m. r.

4322 Andreæ Alciati Emblematum Libellus. *Parisiis, Christianus Wechelus*, 1534. in 8. fig. v. f.

4323 Livret des Emblêmes de Maître André Alciat, mis en rime françoise, par Jehan le Fevre. *Paris, Chrestien Wechel*, 1536. in 8. fig. m. r.

4324 Livret des Emblêmes, de Maître André Alciat, mis en ryme françoise, par Jehan le Fevre. *Paris, Chrestien Wechel*, 1536. in 8. goth. fig. m. r.

Imprimé sur vélin.

4325 Achillis Bocchii Bon. symbolicarum quæstionum de universo genere, quas serio ludebat, Libri V. *Bononiæ, in ædibus novæ Academiæ Bocchianæ*, 1555. in 4. m. bl.

Cet Ouvrage est orné de belles figures de Giulio Bonasoni.

Il manque dans cet Exemplaire le troisieme & le huitieme feuillet des Préliminaires contenant, l'un, le privilege de Henri II, & l'autre au recto une piece de 10 vers de Janus Vitalis, & au verso une autre de 12 vers de J. B. Pigna de Ferrare. Il manque encore dans le corps du Volume le feuillet

690 BELLES-LETTRES.

cotté I. dont le vérfo repréfente le portrait de Bocchius, les pag. CLIX & CLX. CCLXXXIII & CCLXXXIIII

4326 Achillis Bocchii fymbolicarum quæftionum de univerfo genere, quas ferio ludebat, Libri V. *Bononiæ, in ædibus novæ Academiæ Bocchianæ,* 1555. in 4. m. r. dent. doub. de tabis.

Avec les figures parfaitement coloriées.

4327 Joachimi Camerarii Medici Symbolorum & Emblematum Centuriæ tres. 1. Ex Herbis & Stirpibus. 2. Ex Animalibus quadrupedibus. 3. Ex Volatilibus & Infectis. Edit. fecunda, auctior. Acceffit Centuria IV. ex Aquatilibus & Reptilibus, (cum figuris depictis). *Typis Vogelianis,* 1605. in 4. cuir de Ruffie, dent.

4328 Pauli Maccii Emblemata. *Bononiæ, Clemens Ferronius,* 1628. in 4. fig. v. f.

4329 Pia Defideria, authore Hermanno Hugone, Soc. Jefu. *Antverpiæ, Henricus Aertffens,* 1632. in 8. m. r.

FIGURES COLORIÉES.

4330 L'Ame amante de fon Dieu, repréfentée dans les emblêmes de Hermannus Hugo fur fes pieux defirs : & dans ceux d'Othon Vænius, fur l'amour divin. *Cologne, de la Pierre,* 1717. in 8. fig. m. bl.

4331 La Morofophie de Guillaume de la Perriere, Tolofain,

BELLES-LETTRES.

Tolosain, contenant cent Emblêmes moraux, illustrés de cent Tétrastiques latins, réduits en autant de Quatrains françois. *Lyon, Macé Bonhomme*, 1553. in 8. fig. m. r.

4332 Théatre d'amour. in 4. fig. m. bl.

4333 Emblêmes sacrés, sur la vie & miracles de Saint François, expliqués en vers françois. *Paris, Jean Messager*, 1637. in 8. fig. m. bl.

4334 Vie de la Bienheureuse Vierge Marie Mere de Dieu, représentée par figures emblématiques, dessinées & gravées par Jacques Callot. *Paris, François Langlois*, 1646. in 4. m. r.

4335 Delle Allusioni, Imprese, & Emblemi del Sig. Principio Fabricii da Teramo sopra la vita, opere & attioni di Gregorio XIII. Pontifice Massimo Libri VI. *In Roma, Barth. Grassi*, 1588. in 4. fig. m. bl.

POLYGRAPHIE.

Polygraphes Grecs, rangés par ordre des temps auxquels ils ont vécu.

4336 Luciani Opera. Icones Philostrati. Philostrati junioris Icones. Ejusdem Heroica. Descriptiones Callistrati: Ejusdem vitæ Sophistarum, græcè. *Florentiæ*, 1496. in fol. m. bl.
PREMIERE EDITION.

4337 Luciani Opera, græcè, ex verſione Joannis Benedicti, cum notis Variorum. Accedunt inedita Scholia in Lucianum, ex Bibliotheca Iſaaci Voſſii. *Amſtelodami, Blaeu*, 1687. 2 tom. en 4 vol. in 8. v. b.

4338 Luciani Samoſatenſis Opera, cum nova interpretatione Tiberii Hemſterhuſii, & Joannis Matthiæ Geſneri, græcis ſcholiis ac notis Variorum, cura Tiberii Hemſterhuſii, & Joan. Fred. Reitzii. *Amſtelodami, Jacobus Wetſtenius*, 1743. 3 vol. in 4. G. P. m. viol.

4339 Philoſtratorum quæ ſuperſunt omnia, græcè & latinè, ex recenſione & cum notis Gottfridi Olearii. *Lipſiæ, Thomas Fritſch*, 1709. in fol. G. P. fort v. f.

4340 Les Images ou Tableaux de platte peinture des deux Philoſtrates Sophiſtes Grecs, mis en françois par Blaiſe de Vigenere. *Paris, Veuve d'Abel Langelier*, 1615. in fol. v. m.
FIGURES COLORIÉES.

Polygraphes Latins, rangés par ordre des temps auxquels ils ont vécu.

4341 Orationes, Prælectiones, Præfationes, & quædam Mythicæ Hiſtoriæ Philippi Beroaldi. Item Pluſculæ Angeli Politiani, Hermolai Barbari; atque una Jaſonis Mayni Oratio. *Pariſiis, in ædibus Aſcenſianis*, 1515. in 4. v. f.

BELLES-LETTRES. 693

4342 Opus Martiani Capellæ de nuptiis Philologiæ & Mercurii Libri duo. De Grammatica, de Dialectica, de Rhetorica, de Geometria, de Arithmetica, de Astronomia & de Musica Libri septem. *Vicentiæ, per Henricum de Santo Urso*, 1499. in fol. m. r.

4343 Francisci Petrarchæ Opera quæ latinè scripsit omnia. Accedit Benevenuti de Rambaldis Liber Augustalis. *Basileæ, Joannes de Amerbach*, 1496. in fol. m. r.

PREMIERE EDITION.

4344 Francisci Petrarchæ Opera quæ latinè scripsit omnia. *Venetiis, per Simonem Papiensem dictum Bivilaquam*, 1503. in fol. m. r.

4345 Felicis Malleoli. vulgò Hemmerlin: de nobilitate & rusticitate Dialogus. de Suuitensium ortu: nomine: moribus: & quibusdam (utinam bene) gestis; &c. in fol. goth. m. r.

TRÈS RARE.

4346 Felicis Hemmerlin Cantoris quondam Thuricensis variæ oblectationis Opuscula & Tractatus. *Basileæ*, 1497. in fol. goth. m. r.

4347 Bernardi Justiniani Orationes, Epistolæ. ejusdem traductio in Isocratis libellum ad Nicoclem Regem. Leonardi Justiniani Epistolæ. *Venetiis, per Bernardinum Benalium*. in fol. v. f.

4348 Augustini Dati Opera varia. *Senis, per Sim. Nicolai Nardi*, 1503. in fol. v. f.

4349 Joannis Joviani Pontani Opera: scilicet, de fortitudine, Libri duo; de Principe, Liber. Dialogus qui Caron inscribitur, &c. *Venetiis, per Joannem Rubeum, & Bernardinum Vercellenses*, 1512, *die* 8 *Novembris.* in fol. v. f.

4350 Joannis Antonii Campani Opera, cura, correctione & impensa Michaelis Ferni: accedit vita ejusdem Campani per eumdem Fernum. *Caracteribus venetis impressum Romæ, per Eucharium Silber aliàs Franck*, 1495, *pridie Kalend. Novembris.* in fol. m. r.

PREMIERE EDITION.

4351 Matthæi Bossi Recuperationes fesulanæ. *Bononiæ, Plato de Benedictis*, 1493. in fol. m. r.

PREMIERE EDITION.

4352 Marci Antonii Sabellici Opera; scilicet, Epistolæ familiares, Orationes & Poemata. *Venetiis, per Albertinum de Lisona*, 1502. in fol. m. r.

4353 Christophori Landini Disputationes Camaldulenses de vita contemplativa & activa; de summo bono; Allegoriæ in Virgilium. *Impress. circa annum* 1480. in 4. m. r.

4354 Angeli Politiani Opera omnia, ab amicis,

BELLES-LETTRES.

sed præcipuè ab Alexandro Sartio Bononiensi, accuratè quæsita. *Venetiis, in ædibus Aldi, mense Julio*, 1498. in fol. m. r.

PREMIERE EDITION.

4355 Angeli Politiani prælectio, cui titulus Panepistemon. *Florentiæ, Ant. Miscominus*, 1491. in 4. v. f.

4356 Angeli Politiani Opera. *Basileæ, Nic. Episcopus*, 1553. in fol. v. f.

4357 Antonii Codri Urcei Orationes & Poemata, ex recensione Phil. Beroaldi. *Bononiæ, per Jo. Ant. Platonidem Benedictinorum Bibliopolam*, 1502. in fol. m. bl.

4358 Caroli Bovilli Liber de Intellectu; de Sensu; de Nihilo; Ars oppositorum; Liber de generatione; Liber de sapientia; de duodecim numeris. Epistolæ complures: insuper Mathematicum opus. *Editum est hoc volumen Ambianis in ædibus Rev. Pat. Francisci de Hallevin ejusdem loci Pontificis, & emissum ex officina Henrici Stephani, impensis ejusdem & Joannis Parvi*, 1510, *primo Cal. Februarii*. in fol. fig. v. f.

4359 Petri Pomponatii Opera omnia. *Venetiis, arte hæredum Octaviani Scoti*, 1525. in fol. m. bl.

4360 Petri Pomponatii Philosophi & Theologi

Opera. *Basileæ, ex officina Henricpetrina*, 1567. in 8. m. r.

4361 Joannis Pici Mirandulæ Opera; scilicet Heptaplus de opere sex dierum; Apologia tredecim quæstionum; Tractatus de ente; Epistolæ plures, &c. quibus anteponitur vita per Joannem Franciscum, illust. Principis Galeotti Pici filium conscripta. *Bononiæ, Benedictus Hectoris*, 1496. in fol. v. f.

4362 Joannis Pici Mirandulæ Opera omnia, cum vita ejusdem per Joannem Franciscum, illustris Principis Galeotti Pici filium elegantissime conscripta. *Venetiis, Bernardinus Venetus*, 1498, *die ix Octobris.* in fol. v. f.

4363 Petri Criniti (Riccio) de honesta disciplina libri XXV, de Poetis latinis, libri V, & Poematum libri duo, ex accuratione Jodici Badii. *Parisiis Johannes Parvus & Jodocus Badius, ad idus Junias*, 1508. in fol. v. f.

4364 Desiderii Erasmi Roterodami opera omnia emendatiora & auctiora, ad optimas editiones præcipue quas ipse Erasmus postremo curavit summa fide exacta, doctorum que virorum notis illustrata, ex recensione Joannis Clerici. *Lugduni Batavorum, Petrus Vander Aa*, 1703. 10 vol. in fol. Gr. Pap. v. b.

4365 Andreæ Naugerii orationes duæ, carmina

que nonnulla. *Venetiis, Jo. Tacuinus*, 1530. in fol. m. r.

4366 Caroli Sigonii Mutinensis opera omnia edita, & inedita, cum notis variorum. & ejusdem vita a Ludovico Ant. Muratorio conscripta, Philippus Argelatus collegit. *Mediolani, in Ædibus Palatinis*, 1732. 6 vol. in fol. Gr. Pap. v. f.

4367 Joannis Meursi opera omnia, ex recensione Joannis Lami. *Florentiæ, Regiis Magni Etruriæ Ducis Typis*, 1741. 12 vol. in fol. v. f.

4368 Joannis Seldeni Jurisconsulti opera omnia, tam edita quam inedita. Collegit ac recensuit David Wilkins. *Londini, Guil. Bowyer*, 1726. 3 vol. in fol. Gr. Pap. v. f.

4369 Gothofredi Guillelmi Leibnitii opera omnia, nunc primum collecta studio Ludovici Dutens. *Genevæ, Fratres de Tournes*, 1768. 6 tom. rel. en 12 vol. in 4. Gr. Pap. v. f.

Polygraphes François.

4370 Recueil de Pieces MSS. sur différents sujets. 5 Porte-feuilles in fol.

4371 Recueil de Pieces MSS. sur différents sujets. 7 Porte-feuilles in 4.

Ces deux recueils, ainsi que le suivant, ne sont pas susceptibles de détail.

BELLES-LETTRES.

4372 Recueil de différentes Pieces. 4 Porte-feuilles in fol. avec des dos de m. r.

4373 Recueil de Pieces diverses Latines, Françoises, &c. depuis 1506 & 1776; rangées par ordre alphabétique. 165 Porte-feuilles in 4. dont la plupart sont avec des dos de m. r.

Il contient.

Des Edits, Arrêts, Lettres-Patentes, Factums, Mémoires, Discours académiques, Panegyriques, Oraisons-funebres, Relations de fêtes, Pieces sur l'histoire de France. &c. &c. entr'autres:

1 Copie des lettres transmises par le Impériale Majesté à la Douagiere de Hongrie, touchant la prise de la Goulette, & défaite du Pirate Marin, Barberousse, & prinse de la Cité de Thunes. *Bruges, Hubert de Crooch.*

2 L'ordre & les articles du Tournoy entrepris pour la solemnité du couronnement du Roi Henri II. *Paris, Ponce Rofet,* 1548.

3 L'ordre & forme qui a été tenue au sacre & couronnement de Madame Cathérine de Médicis, fait à S. Denys, le 10 Juin 1549. *Paris, Jean Dallier,* 1549.

4 Opposition faite par le Roi de Navarre & Monsieur le Prince de Condé, contre l'excommunication du Pape Sixte V. à lui envoyée, & affichée par les cantons de la ville de Rome, le 6 Novembre 1585. *La Rochelle, P. Haultin.* 1587.

5 Actes de la seconde séance des Etats généraux de France, tenus à Blois le XVIII. du mois d'Octobre 1588.

6 La Harangue faite par le Roi Henri III, à l'ouverture

BELLES-LETTRES.

de l'assemblée des trois Etats Généraux de son Royaume, en sa ville de Blois, le 16 Octobre 1588. *Blois, B. Gomet,* 1588.

7 Copie d'un placard affiché par ceux de Paris en plusieurs endroits de leur ville, ou se voit la division qui est parmi eux, pour les deniers levés pour leur Ligue. *Tours, Mettayer.* 1589.

8 Etablissement du conseil Général de la Sainte union, pour la manutention & défense de la réligion catholique, &c. de ce Royaume. *Paris, Nicolas Nivelle,* 1589.

9 Les raisons pour lesquelles le Roi s'est servi du Roi de Navarre & de ses forces. 1589.

10 Lettres d'un Ecclésiastique, sur les difficultés que les Ecclésiastiques d'Angiers & autres Ligueurs font de prêter serment de fidélité au Roi Henri IV. *Tours,* 1589.

11 Descriptio ac delineatio geographica detectionis freti, sive, transitus ad occasum supra terras Americanas, in Chinam atque Japonem ducturi. recens investigati ab Henrico Hudsono, Anglo. *Amsterodami, Gerardus,* 1613. fig.

12 De jurisdictione serenissimæ reipublicæ Venetæ in mare Adriaticum. Epistola Fr. de Ingenuis, Germani. *Eleutheropoli,* 1619.

13 Le Theristre, ou défense apologétique, pour le voile du visage, nagueres pris par les Religieuses, Abbesse, & couvent de Notre-Dame de Troyes. Par Sébastien Rouillard. *Paris, Jean Mestais,* 1626.

14 Galimatias des oreilles coupées; ou le françois criant: ou sont mes oreilles. Composé par l'auteur, qui porte nez & barbe, & deux oreilles en tête, non comme

plufieurs en France, pendues à la ceinture. *En Brabant.* 1635.

15 Les infignes obligations que les Rois de France & leurs Couronnes ont toujours eu au Parlement de Paris. *Paris, Alexandre Leffelin.* 1649.

16 Le jufte chatimemt de Dieu, dans la mort d'un Grenetier, pour avoir vendu les grains trop cher & laiffé moifir plufieurs pains. *Paris,* 1649.

17 Lettre d'un Cavalier à fa Maîtreffe, en vers burlefques. *Paris,* 1649.

18 Lettre d'un fameux Courtifan à la plus illuftre Coquette du monde. *Paris,* 1649.

19 La naiffance d'un Monftre épouventable engendré d'une belle & jeune femme, native de Mark, à deux lieues de Calais, le 23 Février, 1649. *Paris, Coulon.* 1649.

20 La Paffion de Notre-Seigneur, en vers burlefques. *Paris, Jean Remy,* 1649.

21 La piece charmante de cabinet découverte. *Paris, Merault.* 1649.

22 Le procez, l'ajournement perfonnel, l'interrogatoire, & l'arreft de mort du Roi d'Angleterre. avec le procédé dont il a été mis à mort: & la harangue qu'il fit fur l'échaffaut. Trad. de l'anglois par de Marfys. *Paris, Peuvray.* 1649.

23 Queftion, fi la voix du peuple eft la voix de Dieu. 1649.

24 Recit véritable de la fin malheureufe d'un Ufurier. *Paris, Bouillerot.* 1649.

25 L'entrée magnifique triomphante du Mardi-gras dans toutes les villes de fon royaume, enfemble les privile-

ges octroyés à tous bons Frippelippes, Pathelins, Rabelistes, & enfans sans soucy. *Paris*, 1650.

26 L'entretien de Fanchon, Toinon, & Nichon, sur l'arrivé de leurs Galands. Par Baujion. 1650.

27 Le grand Courrier, ou le célèbre défenseur du Mardigras, & son dialogue avec le gros Guillaume, le Dodelu, & Frippe-Sauce. *Paris*, *Pelé*. 1650.

28 Contrat d'échange de Sedan, du 20 Mars 1651.

29 L'histoire lamentable de Gilles Seigneur de Châteaubrient & de Chantoncé, Prince du sang de France & de Bretagne, étranglé en prison par les ministres d'un favori. 1651.

30 L'histoire véritable des crimes horribles commis à Boulogne, par deux Moines, deux Gentilshommes, & Demoiselles, sur le St. Sacrement de l'autel, qu'ils ont fait consumer à une chevre & à une oye, & sur trois enfants qu'ils ont fait distiler par l'alambique. 1651.

31 L'état présent de la fortune de tous les Potentats & de toutes les puissances de l'Europe, en proverbes. *Paris*, 1652.

32 Examen de la vie des Juifs, de leur réligion, commerce & trafic dans leur Synagogue. *Paris*, *Preuveray*. 1652.

33 Discours du jeu d'amour. Dédié aux belles Dames. Par Varin. *Paris*. 1666.

4374 Recueil de Pieces diverses, Latines, Françoises, &c. sans date, rangées par ordre alphabétique. 31 Porte-feuilles in 4. avec des dos de m. r.

BELLES-LETTRES.

4375 Recueil très Précieux de Pieces diverses qui traitent principalement de l'Histoire de France; elles sont rangées par ordre alphabétique & chronologique, depuis 1514 — 1775. 500 Porte-feuilles in 8. avec des dos de m. r.

Il contient entr'autres pieces, savoir :

1 L'atheisme de Henry de Valois.

2 Déclaration par laquelle Henry de Valois, confesse être Tyran & ennemy de l'église catholique apostolique & romaine.

3 Dialogue (de Gabrielle D'Estrées.)

4 Exhortation aux Catholiques pour attaquer promptement Henry de Valois, avant qu'il puisse avoir secours d'aucuns étrangers hérétiques, avec une complainte des Laboureurs, à écho qui habite ès forets, contre Henry de Valois.

5 L'hermaphrodite de ce temps.

6 Histoire de l'inappetence d'un enfant de Vauprofonde près Sens, son désistement de boire & de manger quatre ans onze mois, & de sa mort, par Simeon de Provencheres.

7 Histoire tragique de la constance d'une Dame envers son serviteur, lesquels se sont tuez de chacun un pistolet pour ne survivre l'un après l'autre. *Paris, Fr. Huby*.

8 Histoire espouvantable de deux Magiciens qui ont esté estranglez par le Diable dans Paris, la semaine-sainte. *Paris, Cl. Percheron*.

9 La magie des Favoris.

10 Martin l'afne aux Parifiens falut.

11 La Montmorenciade, contenant les exploits héroïques de Monfeigneur le Duc de Mont-morency, en ces dernieres guerres, tant par mer que par terre.

12 Le Petard d'éloquence de Maiftre Guillaume le jeune, à Meffieurs les rebelles de la Rochelle. *Montauban, Jacq. Olivier.*

13 Le purgatoire des hommes mariez, avec les peines & les tourmens qu'ils endurent inceffamment au fujet de la malice & mefchanceté des femmes, qui le plus fouvent font donnéez comme pour pénitence en ce monde. *Paris, P. Menier.*

14 Recueil des exemples de la malice des femmes & des malheurs venus à leur occafion, enfemble les exécrables cruautez exercées par icelles.

15 Les Rocquentins de la cour.

16 Le Singe Hugenot.

17 Les vrais pieges & filets pour attraper ce faux hérétique & Cauteleux Grifon, (Henri IV) avec une remontrance à tout bon Catholique.

18 L'amande honorable de Nicolas Durand, furnommé le Chevalier de Villegaignon. 1560.

19 L'eftrille de Nicolas Durant, dict le Chevalier de Villegaignon. 1561.

20 La deftruction & faccagement exercé cruellement par le Duc de Guife & fa cohorte en la ville de Vaffi le 1er Mars. 1561.

21 Difcours concernant les cruelles procedures qui ont efté exécutées par les commis de l'inquifition d'Efpagne, à l'encontre de plufieurs Martyrs en l'an 1559,

touchant le fait de la vraie religion Chreſtienne. 1564.

22 Bref diſcours & véritable conjuration de ceux de la maiſon de Guiſe, contre le Roi & ſon royaume, les Princes de ſon ſang, & les Etats. 1565.

23 Diſcours ſur leſpouvantable & merveilleux desbordement du Roſne dans & alentour la ville de Lyon, & ſur les miſeres & calamités qui y ſont advenues.

24 Le diſcours ſur l'eſpouvantable, horrible, & merveilleux tremblement de terre advenu en la ville de Ferrare. *Paris, Guil. Nyverd.*

25 Merveilleuſe & eſpouvantable tourmente de mer & effroyables troubles advenus en la ville d'Anvers, & autres lieux circonvoiſins, au mois de Novembre 1570. *Rouen, Martin le Meſgiſſier.*

26 Choſes prodigieuſes & admirables advenues en la ville de Ferrare. *Lyon*, 1571.

27 Déclaration du Roi, de la cauſe & occaſion de la mort de l'Amiral & autres ſes adherens & complices dernierement advenue en ceſte ville de Paris, le 24 Aouſt 1572. *Paris, Jean Dallier.*

28 Dits magnifiques & gaillards, touchant les cauſes de la mort de l'Admiral de Colligny, & ſes complices : pris & tirez de la Sainḉte Ecriture, & reſpectivement & fort à propos adaptez au Roy, à la Reyne-Mere, à la Reyne de France, & autres Seigneurs françois, & Potentats eſtrangers. *Lyon, Ben. Rigaud.*

29 Figure & expoſition des pourtraiḉtz & diḉtons contenuz es médailles de la conſpiration des rebelles en France opprimée & eſtainte par le Roy très chreſtien Charles IX, le 24 Aouſt 1562. Par Nic. Favyer, Conſeiller dudit ſieur & Général de ſes monnoyes. *Paris.* 1572.

BELLES-LETTRES.

30 Arrêt mémorable de la cour de Parlement de Dôle, donné à l'encontre Gilles Garnier, Lyonnois, pour avoir en forme de Loup-garou dévoré plusieurs enfants & commis autres crimes : enrichi d'aucuns points recueillis de divers Autheurs pour eclaircir la matiere de telle transformation. *Paris, pour Pierre Def-Hayes. Jouxte la copie imprimée à Sens.* 1574.

31 Histoire du plus espouventable & admirable cas qui ait jamais esté ouy au monde, nouvellement advenu au Royaume de Naples par laquelle se void l'ire de Dieu n'estre encore appaisée, & nous tous humains subjets à son juste jugement. *Paris, Jean Ruelle.* 1574.

32 Histoire horrible & espouventable d'un enfant, lequel après avoir meurtry & estranglé son pere, enfin le pendit. Et ce advenu en la ville de Lutzelflu pays des Suisses, en la Seigneurie de Brondis, près la ville de Berne le 3 Avril 1574. Ensemble l'arrêt & Sentence donnée à l'encontre dudit Meurtrier : avec les figures dudit meurtrier, traduit d'Allemand en François *Paris, Jean de Lastre.*

33 Prodiges merveilleux apparuz au pays d'Anjou & du Mayne le 13 & 14 Mars 1575. Et environ de ce temps en autres lieux de ce Royaume. *Paris, Jean de l'Astre.* 1575.

34 Articles de la Ligue & association de quelques Catholiques ennemis de la paix establie en France. 1576.

35 Histoire miraculeuse de trois Soldats punis divinement pour les forfaits, violences, irrévérences & indignitez par eux commis avec blasphemes exécrables contre l'image de M. Saint Antoine, à Souley près Chastil-

lon fur Seine, le 21 Juin dernier paffé. *Paris, chez Guil. Merlin.* 1576.

36 Petit traité de l'antiquité & fingularités de la Bretagne armorique. Par Roch le Baillif. 1577.

37 Oraifon funebre de noble Jacques de Levis, fils du noble A. de Levis Comte de Kailus, prononcée en l'églife S. Paul de Paris, le dernier de May 1578. Par M. Arnauld Sorbin.

38 Oraifon funebre de noble Paul de Cauffade, Seigneur de S. Maigrin, Gentilhomme ordinaire de la chambre du Roy, Maiftre-de-Camp de la Cavallerie de France. Prononcée en l'églife de S. Paul, en Paris le XXV. de Juillet 1578. Par A. Sorbin. *Paris, Chaudiere.* 1578.

39 Le défaftre merveilleux & effroyable d'un déluge advenu ès fauxbourg S. Marcel, les Paris, le 8 Avril 1579. *Paris.*, 1579.

40 Difcours d'une merveilleufe & véritable copie du grand déluge & débordement de la mer, avec le nom des lieux & places qui ont éfté fubmergez & le nombre des navires qui ont efté péris entre Doüvre & Calais, & autres lieux, le vi & vij Avril 1580. *Paris, Jean Coquerel.* 1580.

41 Les efpouvantables tremblemens de terre, & feux miraculeufement tombez du ciel : dont fix villes ont efté ruynées, tombées & foudroyées, tant par le feu du ciel que par le tremblement. *Lyon, Anthoine Prat.*

42 Difcours admirable des meurtres & affafinatz de nouveau commis par un nommé Crifterman, Allemand, exécuté à mort en la ville de Berckeffel, près de Mayence en Allemagne, lequel par fon procès à confeffé avoir entre autres crimes tué & affafiné 964 perfonnes Jouxte la copie, imprimée à Mayence, 1588.

43

43 Discours tragicque & véritable de Nicolas Salcedo sur l'empoisonnement par lui entrepris, en la personne de Monseigneur le Duc de Breban, d'Anjou, & d'Alençon frere du Roi. avec les jugements & arrêts donnez contre icelui pour raison des quelz il a été exécuté à mort à Paris le XXV Novembre 1582.

44 Discours sur le droit prétendu par ceux de Guise sur la couronne de France. 1583.

45 Advertissement, antidote & remede contre les piperies des Pipeurs auquel sont déduictz les traictz & finesses de un nommé Anthoine d'Authenay, lequel outrepassant les finesses de Villon, Pathelin, Ragot & autres infinits affronteurs, a (sans bourse delier) emporté de plusieurs Ecclésiastiques, Bourgeois & Marchands de la ville de Paris, cent mil éscus & plus. 1584.

46 La déclaration de nostre Sainct Pere le Pape Sixtus cinquiesme à l'encontre de Henry de Bourbon, soi-disant Roy de Navarre & Henry semblablement de Bourbon, prétendu Prince de Condé hérétique, contre leurs postéritez & successeurs, par laquelle tous leurs subjects sont déclarez absous de tous sermens qu'il leur auroit juré faict ou promis. 1585.

47 Déclaration du Roy de Navarre sur les calomnies publiées contre luy ès protestations de ceux de la ligue qui se sont eslevez en ce Royaume. *Ortés*. 1585.

48 Discours sur le droit prétendu par ceux de Guise sur la couronne de France, imprimé nouvellement. 1585.

49 Le manifeste de la Saincte Ligue. 1585.

50 Santiss. D. N. Sixti Papæ V. declaratio contra Henricum Borbonium assertum Regem Navarræ, & Henricum item Borbonium, prætensum principem Condensem hæ-

reticos eorumque posteros & successores ac liberatio subditorum, ab omni fidelitatis & obsequii debito.

51 Déclaration & protestation du Roi de Navarre, sur la venue de son armée en l'année présente 1587.

52 Protestation & déclaration du Roi de Navarre sur la venue de son armée en France. 1587.

53 Replicque faicte à la réponce, que ceux de la Ligue ont publiée contre l'examen qui avoit esté dressé sur leur précédent discours, touchant la loi Salique de France. 1587.

54 Articles pour proposer aux estatz de faire passer en loi fondamentale du Royaume. Jouxte la copie. 1588.

55 Pleurs & soupirs lamentables de Madame de Guyse, sur la mort & assassinat fait à son époux de Guyse, le 23 Septembre 1588. *Paris, François le Jeune.*

56 Le Procez verbal d'un nommé Nicolas Poulain Lieutenant de la prévosté de l'isle de France, qui contient l'histoire de la Ligue, depuis le second Janvier 1585 jusqu'au jour des barricades, éschues le 12 May 1588.

57 Les regrets & lamentations faites par Madame de Guise sur le trépas de feu M. de Guyse son espoux 1588.

58 Les regrets & soupirs lamentables de France, sur le trespas de Monseigneur le Duc de Joyeuse, Pair & Admiral de France. *Paris, Habert Velu.* 1588.

59 Traicté de la succession à la couronne de France. 1588.

60 Advertissement à tous fideles chrestiens du Royaume de France, qu'ils ne doivent aucune obéissance à Henry de Valois 3ᵉ de ce nom. 1588.

BELLES-LETTRES.

61 Advertiſſement au Roy tres chreſtien, Charles de Bourbon dixieme de ce nom, avec une remonſtrance aux Prélats de France démonſtrative de l'extreſme miſere de ce temps. Par Jacques Baron. *Paris, Veuve de F. Plumion.* 1589.

62 Advertiſſement catholique ſur l'heretique & traiſtre déclaration de Henry d'Albret, ſe diſant Roy de France & de Navarre; envoyée aux bons François unis par les catholiques affligez du pays de Bearn. *Paris, Robert Nivelle.* 1589.

63 Advertiſſement des nouvelles cruautez & inhumanitez deſſeignées par le tyran de la France. *Paris, Robin Thiérry.* 1589.

64 Advis aux François de la réſolution priſe aux estats de Bloys de 1588. contre Henry de Bourbon, ſoydiſant Roy de Navarre. *Paris, ſuivant la copie imprimée à Dijon.*

65 Arreſt de la Cour de Parlement de Paris, contre ceux qui tiennent le parti de Henry de Bourbon, déclaré hérétique par noſtre S. Pere le Pape, & qui lui preſtent ayde, ſecours & faveur. *Paris, Nicolas Nivelle.* 1589.

66 Arreſt de la Cour de Parlement, contre Henry de Bourbon, ſes fauteurs & adhérans. *Paris.*

67 Arreſt de la Cour de Parlement, de recognoiſtre pour Roy Charles X de ce nom. *Paris, Charles du Souchet.* 1589.

68 Arreſts de la Cour Souveraine des Pairs de France, donnez contre les meurtriers & aſſaſſinateurs de Mrs. les Cardinal & Duc de Guyſe. *Paris, Nicolas Nivelle.* 1589.

69 Bulle de N. S. P. Pape Sixte V. contre Henry de Valois. *Paris, Nicolas Nivelle.* 1589.

70 De Clericis præſertim Epiſcopis qui participarunt in di-

vinis scienter & sponte cum Henrico Valesio post Cardinalicidium. T. S. assertio. *Parisiis, apud Ægidium Gorbinum.* 1589.

71 Déclaration du Roy, sur l'attentat, félonnie & rebellion du Duc de Mayenne, Duc & Chevalier d'Aumalle, & ceux qui les assistent. avec la déclaration de Sa Majesté, sur l'attentat, félonnie & rebellion des villes de Paris, Orléans, Amiens, Abbeville, & autres leurs adhérens. 1589.

72 De la différence du Roy & du Tyran, dédié à M. L. L. D. M. *Paris, Rolin Thierry.* 1589.

73 Discours véritable des derniers propos qu'a tenu Henry de Valois à Jean d'Espernon. avec les regrets & doléances dudit d'Espernon, sur la mort & trespas de son maistre. *Paris, Anthoine de Brueil.* 1589.

74 Discours véritable & dernier propos de Mgr. le Duc de Guyse, Pair & grand Maistre de France. ensemble son Tombeau. *Paris, Simon Marquau.* 1589.

75 Le droict de M. le Cardinal de Bourbon à la Couronne de France, défendu & maintenu par les Princes & Catholiques François. *Paris, Rolin Thierry.* 1589.

76 Le faux-visage descouvert du fin Renard de la France. ensemble quelques Anagrammes & Sonnets propres pour la saison du jourd'hui. 1589.

77 Graces & Louanges deues a Dieu, pour la justice faite du cruel Tyran, & ennemy Capital de la France. *Paris, Antoine Le Riche.* 1589.

78 La Grande Diablerie de Jean Vallette dit de Nogaret, par la Grace du Roy, Duc d'Espernon, Grand Animal de France & Bourgeois d'Angoulesme, sur son département de la Court. de nouveau mis en lumiere, par un des va-

BELLES-LETTRES.

lets du Garçon du premier Tournebroche de la Cuisine du Commun dudit Sr. d'Espernon. 1589.

79 Le Masque descouvert du Biernois & ses adhérens, par une Lettre envoyée à Madame de Tinteville. *Paris, Guill. Chaudiere.* 1579.

80 Origine, généalogie, & démonstration de cette excellente & héroyque maison de Lorraine, & Guyse en dépendante. 1589.

81 La Récompense du Tyran de la France & porte Banniere d'Angleterre, Henry de Valois, envers Nosseigneurs les Cardinal & Duc de Guyse pour leurs bons services. avec le Loyer que ledit Tyran, parjure, peut espérer & attendre pour ses faicts inhumains. *Paris, Michel Jouin.* 1589.

82 Sentence contre Henry de Valois, ses complices, adhérans & fauteurs, selon les Saincts Canons de l'Eglise. 1589.

83 Sommaire des raisons qui ont meu les François Catholiques de recognoistre nostre Roy Charles X. entre tous les Princes qui sont en France. *Paris, Rolin Thierry.* 1589.

84 De la Succession du droict & prérogative de premier Prince du Sang, déférée à M. le Cardinal de Bourbon, par la Loi du Royaume, & le décez de François de Valois, Duc d'Anjou. traduit du latin du sieur Mathieu Zampini, de Recanati, Jurisconsulte. *Paris, Pierre Menier.* 1589.

85 Trahison descouverte de Henry de Valois, sur la vendition de la ville de Bologne à Jezabel, Royne d'Angleterre. avec le nombre des vaisseaux pleins d'or & d'argent prins par ceux de la ville de Bologne, envoyez par Jeza-

bel audit de Valois. *Paris, Michel Joüin,* 1589.

86 Recepte pour la Toux du Regnard de la France. *Paris, Michel Joüin.* 1589.

87 Les Regrets de Madame de Nemours, sur la mort de Messeigneurs de Guyse ses enfans. 1589.

88 Le Remerciement des Catholiques unis, faict à la déclaration & protestation de Henry de Bourbon, dict Roy de Navarre. *Paris, Rolin Thierry.* 1589.

89 Requeste présentée à Messieurs de la Court de Parlement de Paris, par Madame la Duchesse de Guyse. pour informer du massacre & assassinat commis en la personne de feu Mgr. de Guyse. *Paris, Rolin Thierry.* 1589.

90 Arrest de la Cour de Parlement, par lequel est enjoint de recognoistre le Roy Charles X pour vray & légitime Roy de France, & deffendu aucun traicté de paix avec Henry de Bourbon. *Paris, Nicolas Nivelle.* 1590.

91 Arrest de la Cour de Parlement de Rouen, contre les gentilz hommes, & autres qui persistent à la suitte de Henry de Bourbon, soydisant Roi de Navarre. *Lyon, Loys Tautillon.* 1590.

92 Bulle de N. S. P. Pape Sixte V. contre Henry de Bourbon. *Paris, Rolin Thierry.* 1590.

93 Malheurs & inconvéniens qui adviendront aux Catholiques faisant paix avec l'Hérétique. extraicts des Doctes Prédications des Seigneurs Panigarole & Christin. *Paris, Nicolas Nivelle.* 1590.

94 Bulles de N. S. Pere le Pape Grégoire XIIII. l'une contre toutes personnes Ecclésiastiques suyvans le party de Henry de Bourbon, jadis Roy de Navarre. l'autre aux Princes, Seigneurs, Nobles & autres personnes laïques suyvans le mesme party. *Paris, Robert Nivelle.* 1591.

BELLES-LETTRES. 713

95 Les Facultez donnēes par noſtre S. Pere le Pape Grégoire XIIII. à Mgr. le Révérendiſſime Laudriano Nonce Apoſtolique au Royaume de France. *Paris, Robert Nivelle.* 1591.

96 Monitoire de Noſtre S. Pere le Pape Grégoire XIIII. à la Nobleſſe & tiers eſtat de France qui ſuit le party de Henry de Bourbon, jadis Roy de Navarre. *Rheims, Vefve Jean de Foigny.* 1591.

97 Arreſt de la Court de Parlement de Rouen, du 7 Janvier 1592. contre Henry de Bourbon, prétendu Roy de Navarre, ſes fauteurs & adhérans. *Lyon, Louis Tautillon.* 1592.

98 Les Chimeres Monarchiques de la Ligue. *Tours, Jamet Mettayer.* 1593.

99 Diſcours par lequel il eſt monſtré qu'il n'eſt loiſible au ſubject de médire de ſon Roy, & encore moins d'attenter à ſa perſonne. avec une Remonſtrance à la ville de Paris & autres villes rebelles, à ce qu'elles ſe rangent au ſervice de Sa Majeſté. 1593.

100 Epitaphe de la Ligue. 1594.

101 Les Funérailles de la Ligue de Normandie, dédiées à Mgr. de Villardu, Admiral de France. 1594.

102 L'origine & conception de la Ligue trouvée entre les mémoires de l'Advocat David à Paris. *Tours.* 1594.

103 Regrets funebres ſur la mort d'un Aſne Ligueur. 1594.

104 Sonnets contre la Ligue, du mois de Février 1594.

105 Le Teſtament de la Ligue.

106 Arreſt de la Court de Parlement, contre Jean Chaſtel, eſcolier eſtudiant au Collége des Jéſuiſtes, pour le parri-

cide par lui attenté sur la personne du Roi. *Paris, Jamet Mettayer.* 1595.

107 Arrest & procès verbal d'exécution d'icelui, contre Jehan Tanquerel, du 2 Décembre 1561. extraict des Regiftres de la Cour de Parlement.

108 Prodige Merveilleux, apparu l'an de grace 1597. en la grand mer sur la Cité de Théodofie maintenant dicte Capha, de trois soleils, deux arcs au Ciel, un croissant avec une croix, & une estoille dessus. *Bordeaux, Nicolas Balli.* 1597.

109 Discours sur l'attentat à la personne du Roy, par Nicole Mignon. dédié à Sa Majesté par le sieur de Souhan. Jouxte la coppie imprimée. *Paris, Anthoine du Brueil.* 1600.

110 Arrest de la Court de Parlement, donné contre Monf. Duc de Biron, Pair & Mareschal de France, Gouverneur de Bourgogne, le 29 Juillet 1602. ensemble une Lettre envoiée à M. de Vicq, Gouverneur de Calais. 1602.

111 Histoire de la fondation de l'Eglise & Abbaye du Mont S. Michel, près celui de Tombe, & des miracles, reliques & indulgences donnez en icelle. tout recueilly des Archives dudit lieu. Par F. François Ferardem. *Couftances, Jean le Cartel.* 1604.

112 Histoire miraculeuse de la Saincte Hostie gardée en l'Eglise de St. Jean en Greve. ensemble quelques Hymnes de l'Eglise au S. Sacrement de l'Autel. de la Traduction de H. S. P. *Paris, Frédéric Morel.* 1604.

113 Le Discours effroyable d'une fille enlevée, violée, & tenue plus de trois ans par un Ours dans sa Caverne, avec une missive sur le mesme subject. *Paris, Jouxte la Copie imprimée à Lyon.* 1605.

BELLES-LETTRES.

114 Difcours des caufes pour lefquelles le Sr. de Cuille, Gentil-homme de Normandie, fe dit avoir été mort, enterré & reffufcité.

115 Difcours prodigieux & véritable d'un monftre né près de Francfort. lequel a fait chofe émerveillable le 27 de Juillet 1606. *Paris, Jouxte la Copie imprimée à Francfort.* 1606.

116 Difcours véritable de l'exécrable cruauté commife par un enfant de Remilly en Savoye, lequel a miférablement pendu & eftranglé fa propre mere. enfemble la punition qui en a efté faite le 19 Août 1606. *Suivant la copie imprimée à Tholofe, Pierre de Chanteneufue.* 1606.

117 Difcours véritable des poffédez & tourmentez des demons, avec la délivrance d'iceux, depuis l'an 1608 jufques à cejourd'hui. enfemble plufieurs meurtres & pernicieux accidents advenus en ce mefme temps par les Adulteres & Fornicateurs. *Rouen, Jean Petit* 1606.

118 Difcours véritable d'un Ufurier, lequel miraculeufement a efté mangé des Rats, à Charret, proche la ville d'Aix en Provence, le 2 Août 1606. *Suivant la Copie imprimée à Lyon par Leger Bon-homme.* 1606.

119 Entreprife, jugement & mort du Comte d'Effex, Anglois. enfemble l'exécution & mort de Thomas Lez, Gentil-homme notable & déterminé Guerrier. *Jouxte la Copie imprimée à Londres par Thomas Barquier.* 1606.

120 Traité merveilleux d'un monftre engendré dans le corps d'un homme nommé Ferdinand de la Febue, habitant de Fereyta, au Marquifat de Cenete, par des enforcelements qui lui furent donnez en un breuvage. La Sage-Femme qui le receut s'appelloit Françoife de Léon, il fut mis fur terre par la partie extraordinaire le 21 Juin 1606.

Imprimé, à Madrid en Espagne le 14 Septembre 1606. A Rouen, Jean Petit 1606.

121 Discours tragique & pitoyable de deux filles du pays de Flandre, qui ont esté brûlées pour avoir empoisonné & fait mourir leur pere & mere, & un frere qu'elles avoient. Gand, Philippes de Vaux. 1608.

122 Discours véritable sur le calamiteux naufrage & déluge des glaçons au pays de Poitou & Bretagne, avec la perte d'un Fauxbourg d'Orléans le 28 Janvier. Lyon, Jean Poyet. 1608.

123 L'espouvantable & prodigieuse vision des Fantosmes au nombre de douze mille, advenus au pays d'Angoumois, & veuz par les habitans de là en grande admiration. Paris, Hevieux Blanvilain. 1608.

124 Miracle très-fameux n'a gueres arrivé en la Cité de Palerme, d'un enfant mis en pieces par sa propre mere, & remis en vie par le Séraphique Pere S. François, envoyé de Milan par le R P. Francois Hybernois. Paris, 1608.

125 La prinse & deffaicte du Capitaine Guillery, qui a esté pris avec soixante & deux voleurs de ses Compagnons, qui ont estez roués en la ville de la Rochelle le 25 Novembre 1608. avec la Complainte qu'il a fait avant que de mourir. Paris, 1608.

126 Discours d'un Soldat François, lequel entrant en Flandres, a rencontré vingt Soldats qui l'ayant assailly, furent par lui mis en route, en ayant tué cinq à la place, & pris quatre prisonniers, représentés à son Altesse, qui, pour la gloire des François, a fait dresser une pyramide au mesme lieu où le combat s'est fait. Paris, Pierre Menier. 1609.

127 Discours très véritable d'un insigne Voleur qui contre-

BELLES-LETTRES.

faisoit le Diable, lequel fut pris & pendu à Bayonne au mois de Décembre dernier 1608. *Jouxte la Copie imprimée à Bayonne, & à Troyes, chez Jean Dudot.* 1609.

128 Discours véritable d'un Juif errant, lequel maintient avec paroles probables avoir esté présent à voir crucifier Jesus-Christ, & est demeuré envie jusques à présent. avec plusieurs beaux discours de diverses personnes sur ce mesme suject. *Bordeaux*, 1609.

129 Discours véritable d'un Sorcier nommé Gimel Trua, natif de Léon en Bretagne, surprins en ses charmes & sorcelleries au pays du Vivarais. ensemble la Recepte pour guarir le Bestail, que par sa subtille poison avoit mis sur les champs, en l'année 1609. *Paris*, 1609.

130 Le vrai Discours d'une cruauté exercée par une Damoiselle envers son Mari, son Pere, & deux de ses Neveux. *Rouen, Jacques Hubault.* 1609.

131 Arrest de la Cour de Parlement, contre le très-méchant parricide françois Ravaillac. *Paris, F. Morel, P. l'Huillier & P. Mettayer.* 1610.

132 Cruauté horrible & espouvantable perpétrée contre Jacques Puget, dit Capitaine d'Aubonne, à la sollicitation d'Aymé sa femme, & de Jean Roch son serviteur & paillard : exécutez le 21 Juillet 1609. à Vulpillieres en Genevois. *Lyon, Govnin Joly, & Guichard Sailly.* 1610.

133 Discours prodigieux & espouvantable de trois Espagnols & une Espagnole, Magiciens & Sorciers, qui se faisoient porter par les Diables, de ville en ville, avec leurs déclarations d'avoir fait mourir plusieurs personnes & bestail par leurs sorcilleges, & aussi d'avoir fait plusieurs dégats aux biens de la Terre. *Paris, Jouxte la Copie imprimée à Bordeaux.*

134 La grande cruauté de maſſacre arrivé depuis nagueres en la ville du Mans, par une femme qui a eſgorgé deux de ſes fils, laquelle a eſté bruſlée en la place au lait devant S. Julien, le 15 Octobre 1609. *Lyon, François de Laye*. 1610.

135 Premiere harangue de l'admirable crocheteur de Paris, aſſis ſur la cloche de la Samaritaine du pont-neuf, à ſes ſpectateurs. 1611.

136 Seconde harangue du mirelifique crocheteur de Paris, aſſis ſur la cloche de la Samaritaine du pont-neuf, à ſes ſpectateurs. 1611.

137 Miracle très fameux, arrivé en la cité de Palerme, d'un enfant mis en pieces par ſa propre mere, & remis en vie par le ſeraphique pere St. François. *Paris, ſuivant la copie imprimée à Troyes*. 1612.

138 Gigantomachie pour répondre à la Gigantoſtologie. 1613.

139 La guerre des ſinges & des marmozets, repréſentée par un diſcours véritable de ce qui s'eſt paſſé à la Rochelle le 11 Janvier 1613, ſur le ſanglant deſſein des factieux, contre leurs compatriotes. 1613.

140 Hiſtoire miraculeuſe & très certaine envoyée à D. frere André de Ste. Marie, Evêque de Cochin, en laquelle eſt rapporté qu'es Indes de Portugal, ſe trouv un homme marié âgé de 380 ans, lequel a été marié huit fois : à qui par deux fois les dents ſont tombées & après revenues. Traduit d'Italien en françois, par le ſieur François de Vezeliſe. *Paris, Eſtienne Perrin.* 1613.

141 Punition exemplaire du jugement de Dieu, contre Anthoine Sauctive, voiturier de Gennes, englouty en terre

BELLES-LETTRES.

jusqu'au menton, pour avoir execrablement blasphêmé le saint nom de Dieu.

142 Le cabinet de Vulcan, avec l'arithmétique des mal-contens. 1614.

143 La carabinade des mangeurs de bonnes-gens, à Messieurs de Poictiers. 1614.

144 Le franc Taupin. *Paris, Pierre Buray*. 1614.

145 La harangue d'Alexandre le Forgeron, prononcée au conclave des réformateurs. Jouxte la copie. 1614.

146 Histoire prodigieuse d'un Ours monstrueusement grand & espouvantable, tuant & dévorant tout ce qu'il trouvoit devant lui, & violant femmes & filles au pays de Forests : qui fut tué par le Capitaine la Halle.

147 Lettre de Perroquet, aux enfans perdus de France. Jouxte la copie imprimée. *Paris, Jean Brunet*. 1614.

148 Le procez & jugement dernier, entre les mal-contens & Jacques Bon-homme.

149 L'almanach des Abusez de ce temps ; composé, & diligemment calculé par le scientifique Docteur M^{tre}. Guillaume, avec la pronostication de M^{tre}. Gounin. *Paris, Nicolas Alexandre*. 1615.

150 L'anti-Joseph, ou bien plaisant & fidele narré d'un Ministre de la religion prétendue, vendu publiquement à Clerac ville d'Agenois, ayant été enfermé dans un coffre par une honneste Dame de ladite ville, à laquelle il faisoit l'amour. *Suivant la copie imprimée à Agen*. 1615.

151 Le Sire Benoist ferreur d'esguillettes. 1615.

152 Bibliotheque imaginaire de livrets, lettres & discours imaginaires. 1615.

153 La chemife fanglante de Henri le grand. 1615.

154 Foucade aux Etats, par Gabriel le Bien-Venu, Gentilhomme Angoumoifin. 1615.

155 Harangue de Turlupin le Soufreteux. 1615.

156 Lettre de Guillaume fans peur, envoyée aux desbandez de la Cour. 1615.

157 Lettre du Courrier de l'autre monde arrivé en France. 1615.

158 Les lunettes à tous âges, pour faire voir clair à ceux qui ont la vue trouble, pour le fervice du Roi. *Paris, Veuve Hubert Velue.* 1615.

159 La rencontre de M. d'Efpernon & de François Ravaillac. 1615.

160 Réponfe de Dame Friquette Bohémienne, appellée en France par les mal-contens, pour dire leur bonne aventure. *Paris,* 1615.

161 Le Tondeux qui court en certains quartiers de la France, & pourquoi il tient la campagne. 1615.

162 Le train du Charivary affemblé aux Nopces du Malaffis, rue Fromenteau, enfeigné à Paris, par l'efprit de la Cour, qui fait revivre Gueridon, don. xvj. cxv.

163 La grande propriété des bottes fans cheval en tout temps, nouvellement découverte, avec leurs appartenances dans le grand magafin des efprits curieux.

164 Hiftoire de la vie & fin tragique du Comte de Somerfet, & de la Comteffe fa femme. 1616.

165 Interrogation & déclaration de Mademoifelle Decoman. 1616.

166 La patience de Job, aux fideles François. 1616.

BELLES-LETTRES. 721

167 Histoire miraculeuse des eaux rouges comme sang, tombées dans la ville de Sens & ès environs, le jour de la grand Fête-Dieu derniere 1617. extraite d'une lettre de Maistre Thomas Mont-Sainu, M. Chirurgien en ladicte Ville. *Paris, Sylvestre Moreau.* 1617.

168 Histoire pitoyable sur la mort d'une jeune Demoiselle âgée de dix-sept à dix-huict ans, exécutée dans la ville de Padoue au mois de Décembre dernier. traduite en françois, par le sieur de Nerveze. *Paris, Anthoine du Breuil.* 1617.

169 Histoire prodigieuse & espouvantable d'un Esprit incube, lequel a abusé une jeune Demoiselle Espagnolle, native de la ville de Salamanque. Ensemble les signes merveilleux apparus au Ciel sur la dicte Ville, le Dimanche 8 de Juillet 1617. *Paris, Abraham Saugrain.* 1617.

170 La naissance & le progrez de la rebellion. *Paris*, 1617.

171 Le Roy hors de page, à la Royne mere. 1617.

172 Le Royaliste François, respirant son estre que le Ligueur & desnaturé Coyoniste estouffoit. aux Princes. *Paris, Estienne Perrin,* 1617.

173 L'Enfer des Chiquaneurs. Par Maistre Louis Urevin, Avocat au Parlement de Paris. *Paris, Sylvestre Moreau.* 1618.

174 La grande cruauté & tyrannie exercée en la ville d'Arras ce 18 May 1618. par un jeune Gentilhomme & une Demoiselle frere & sœur, lesquels ont commis inceste. Ensemble ce qui s'est passé durant leurs impudiques amours. *Paris, Veuve Jean du Carrois.* 1618.

175 Histoire prodigieuse & admirable d'un homme Provençal de nation, présenté à la Royne mere du Roy, étant au Château de Blois. Lequel homme ne boit ni ne

mange & ne laisse de parler & cheminer, chose approuvée & vérifiée par plusieurs notables personnes. *Paris, C. Abraham Saugrain.* 1618.

176 Histoire remarquable d'une femme décédée depuis cinq ans en ça, laquelle est revenue trouver son mary & parler à luy au fauxbourg St Marcel lez Paris le Mardi 11 Décembre 1618. *Paris, Nicolas Alexandre.* 1618.

177 L'abcès de N. d'Espernon, percé par un de ses amys. *Paris,* 1619.

178 Arrest contre les Chastrez avec deffense à eux de contracter mariage, comme estant trompeurs & affronteurs de filles & de femmes, accusez selon l'escriture & les loix du droit civil du crime de Stellionat. *Paris,* 1619.

179 Discours véritable de Toussainct le Tra, lequel a esté bruslé tout vif dans la Ville d'Aix, le 26 Août dernier, pour avoir violé sa propre fille, avec les procédures & arrêts de la Cour. *Paris, Nicolas Rousset.*

180 Histoire horrible & effroyable d'un homme plus qu'enragé, qui a esgorgé & mangé sept enfans dans la Ville de Châlons en Champagne. Ensemble l'exécution mémorable qui s'en est ensuivie. *Paris, Nicolas Alexandre,* 1619.

181 Miracle advenu en la ville de Lyon en la personne d'un jeune enfant, lequel ayant esté mort vingt-quatre heures, est ressuscité, par l'intercession de la Sacrée Vierge, avec le vœu, prière & oraison faite par son pere & sa mere. Jouxte la copie imprimée. *Lyon,* 1619.

182 La mort de Henry le Grand, descouverte à Naples en l'année 1608. par Pierre du Jardin, sieur & Capitaine de la Garde, natif de Rouen, Province de Normandie, detenu ès prisons de la Conciergerie du Palais, à Paris. *Paris,* 1619.

BELLES-LETTRES.

183 Le nouveau remue mefnage de la Cour, & le fujet pourquoy. *Paris, Joachim du Pont,* 1619.

184 Le Purgatoire des hommes mariez. avec les pieces & les tourmens qu'ils endurent inceffament au fujet de la malice & mefchanceté des femmes. *Paris*, 1619.

185 Les rencontres & imaginations de Rabelais, contre le moulin & les molinets de Charenton. *Paris*, jouxte la copie imprimée à Bruxelles, par *Chriftophe Girard.* 1619.

186 Le fonge du Démon véritable fur l'eftat de la France. *Paris*, 1619.

187 Effroyable bataille apperçue fur la ville de Genefve, le Dimanche des Rameaux dernier. Enfemble les étranges & prodigieufes chofes qui s'y font vues & remarquées de plus de trois mille perfonnes. *Paris*, jouxte la copie imprimée à Lyon par *Jean Poyet.* 1620.

188 Miraculeufe refurrection d'un enfant devenu mort au monde, qui a reçu vie en l'Eglife de Noftre-Dame de Bonne-nouvelle en Gaftinois, le 16 Juillet 1620. le tout Suivant l'approbation y contenue, tant du Prieur & Curé de ladite Eglife, que de plufieurs notables perfonnes préfentes à ladite refurrection. *Paris*, jouxte la copie imprimée à Poitiers par *Julien Thoreau.* 1620.

189 Le Pélerin des Antipodes, racontant des nouvelles de fon voyage à Meffieurs de la Réligion. 1620.

190 La Poupée démafquée adreffée au Roy l'an 1620.

191 Les Pfeaumes des Courtifans, dédiés aux braves efprits qui entendent le jard de la Cour. 1620.

192 La tefte de Boeuf couronnée aux bons François. 1620.

193 L'exercice militaire faict à préfent par les femmes de la Rochelle. avec les ordonnances à ce fujet. Enfemble les

Tome II   Zzzz

fortifications qu'elles ont faites, & tout ce qui s'est passé en ladite Ville jusques à présent. *Paris, Mathieu le Blanc.* 1621.

194 La Fricassée Huguenotte, sur les traistres rebelles à sa Majesté. Jouxte la copie imprimée à *Niort, par Josué le Cuisinier.* 1621.

195 Les Monopoliez ennemis de la France. 1621.

196 Le Petard d'éloquence de Maistre Guillaume le Jeune.

197 Le Restaurant des constipez de cerveau, fraischement apporté de Privas où le monde s'ennuye de trop vivre. 1621.

198 La chasse au vieil Grognart de l'antiquité. 1622.

199 La chasse royale des Parpaillaux en l'isle de Rié en bas Poictou. *Tours, Jean Oudot.* 1622.

200 Le Corbeau de la Cour. 1622.

201 Le court-bouillon des Rebelles, accommodé à la sausse des Reistres d'Allemagne. 1622.

202 La Corneille deplumée. 1622.

203 La descente des Parpaillaux aux enfers, & l'accueil à eux fait par les Bourgeois du manoir Plutonique. *Paris, Pierre Columbel.* 1622.

204 Discours facétieux des finesses de Croustelle, accommodé aux affaires de ce temps. 1622.

205 L'enfer des Chiquaneurs, revu & augmenté par Maistre Louys Vervin. *Paris, Nicolas Alexandre.* 1622.

206 L'estonnement de la Cour, de l'esprit qui va de nuict. 1622.

207 La fricassée huguenotte, sur les rebelles à sa Majesté. Jouxte la copie imprimée à *Niort, par Josué le Cuisinier.* 1622.

BELLES-LETTRES.

208 La grande divifion arrivée ces derniers jours entre les femmes & les filles de Montpellier, avec le fujet de leurs querelles. *Paris*, 1622.

209 Les matinées de la Cour faites par un bon François, fur les trahifons defcouvertes par Meffieurs de Luynes. 1622.

210 Nouveau prodige arrivé en la Ville de Metz : où trois coqs de Miniftres fe font convertis en poules. Jouxte la copie imprimée à *Metz chez Abraham Jacob*. 1622.

211 Le Pfeautier des Courtifans. 1622.

212 Le que dit-on de la Cour. 1622.

213 Le refveille-matin des Couards & Fendeurs de nazeaux de ce temps, fur le fubject de la paix. 1622.

214 L'affliction des Dames de Paris fur le defpart de leurs ferviteurs & amis fuivant la Cour. avec la confolation qui leur eft faite fur ce fubject. Par Cléandre. 1623.

215 Atteftation de la nativité de l'Antechrift, par les Chevaliers de Sainct Jean, en l'ifle de Malte. enfemble les fignes efpouventables apparus en l'air. *Paris, Veuve Saugrain*. 1623.

216 La chaffe au Renard, ou remerciment des Poules au Roy. 1623.

217 Le Clair-voyant de Fontainebleau. 1623.

218 Dialogue de la France mourante, adreffé au Chancelier de l'Hofpital. 1623.

219 Difcours admirable d'un Magicien de la ville de Moulins, qui avoit un demon dans une phiole, condamné d'eftre bruflé tout vif par un arreft de la Cour de Parlement. *Paris, Anthoine Vitray*. 1623.

220 L'Eflifte des malcontens de la Cour. avec le fujet de leurs plaintes. 1623.

221 Le Mort qui court les rues. 1623.

222 La mort de la France, ou la France en croix, avec la confolation au pauvre peuple affligé. 1623.

223 La naiffance de l'Antechrift en Babylone, envoyée par l'Ambaffadeur de France eftant en Turquie. Jouxte la copie imprimée à Lyon. & à *Paris*, *Laurent Lacquehay*. 1623.

224 Les refveries d'un Bourgeois de Paris, fur un Hibou vollant de nuict. Tout fraifchement imprimé. 1623.

225 Les fingeries des femmes de ce temps defcouvertes. 1623.

226 La confeffion des Financiers au Roy, & à Meffieurs de la Chambre de Juftice. 1624.

227 Les dernieres heures de Monfieur du Pleffis-Mornay. 1624.

228 La difgrace des Favoris. *Nyort*. 1624.

229 Examen fur l'inconnue & nouvelle caballe des freres de la Roze-croix, habituez depuis peu de temps en la ville de Paris. Enfemble l'hiftoire des mœurs, couftumes, prodiges & particularitez d'iceux. 1624.

230 Le flux diffenterique des bourfes financieres, ou la diffenterie des Financiers. 1624.

231 Les hypochondriaques de la Cour. 1624.

232 Le Médecin Empirique de la France. 1624.

233 Le mot à l'oreille de Monfieur le Marquis de la Vieville. 1624.

234 L'ordre de chevalerie des Cocus reformez, nouvellement eftablis à Paris, la cérémonie qu'ils obfervent en prenant l'habit, les Statuts de leur ordre, & un petit abrégé de l'origine de ces peuples. 1624.

BELLES-LETTRES.

235 Les ponts Bretons de Messieurs les Princes. Au Roi. *Imprimé à Nyort, en l'année*. 1624.

Piece très satyrique.

236 La poursuitte de la chasse aux larrons. Au Roi. 1624.

237 Le pressoir des éponges. Au Roi, ou épître liminaire de l'histoire de la chambre de Justice établie en l'an 1607, pour la recherche des abus, malversations & péculats commis ès finances de sa majesté. par **D. Bourgoin**. 1624.

238 Les tapisseries royales, représentant au naïf les plus rares affaires de ce temps. 1624.

239 Le bon Gascon ressuscité parlant à un vieux courtisan bien informé. 1625.

240 G. G. R. Theologi ad Ludovicum decimum tertium Galliæ & Navarræ Regem christianissimum admonitio fidelissimè, humillimè, verissimè, facta, & **ex** Gallico in latinum translata : Qua breviter & nervosè demonstratur, galliam fœdè & turpiter impium fœdus iniisse & injustum bellum hoc tempore contra catholicos movisse, salvaque religione prosequi non posse. *Augustæ francorum, cum facultate catholic. Magistrat.* anno 1625.

241 Réponse au libelle intitulé Admonition à Louis XIII. Roi de France. 1629.

242 La ruse des flateurs découverte. Au Roi. 1625.

243 Discours prodigieux & épouventable de trois Espagnols & une Espagnolle, magiciens & sorciers qui se faisoient porter par les diables, de ville en ville, avec leurs déclarations d'avoir faict mourir plusieurs personnes & bestail par leurs sortileges, & aussi d'avoir fait plusieurs dégats aux biens de la terre ; ensemble l'arrest

prononcé contr'eux par la cour de Parlement de Bordeaux. *Paris, J. Guillemot.* 1626.

244 Le Monstre de la Cour, parlant aux prisonniers sur la résolution du Roi. 1626.

245 Le mot secret de la Reine-Mere prononcé au Roi, sur les affaires de la cour. 1626.

246 Les Serées satyriques de la Cour 1626.

247 Le trebuchement des Phaetons aux pieds du Roi. Sur le Sujet des affaires de ce temps. *Paris,* 1626.

248 Histoire véritable & miraculeuse d'un jeune homme de Toulouse nommé Estienne Portail; lequel a esté pendu par trois fois, par quelques habitans de la ville de Revel: mais ayant fait sa priere à Dieu, & à la Vierge Marie il a été exempté de la mort & de ses ennemis &c. Jouxte la copie imprimée à *Tolose, par la Veuve Jacques Colomiez & Raymond Colomiez.* 1628.

249 La naissance d'un monstre ayant la face humaine, la tête & le reste du corps couvert d'une armure en façon d'écailles. Né à Lisbonne ville Capitale de Portugal, le Lundi 10 Avril 1628. & mort le 14 du même mois. Avec les noms du pere & de la mere. Traduit d'espagnol en françois. *Paris, Melchior Mondiere.* 1628.

250 L'adieu plaintif de Monseigneur le Mareschal de Marillac, à Monseigneur son frere. 1632.

251 Discours sur la vie & la mort de Monsieur le Mareschal d'Effiat. Ensemble ses dernieres paroles, & ce qui s'est passé de plus mémorable en sa mort. *Paris, Adrien Bacot.* 1632.

252 L'hellebore pour nos mal-contens, cueilli au jardin d'un anti-Machiavel, & mis en lumiere. *Paris, sur la copie envoyée de Bruxelles.* 1632.

BELLES-LETTRES.

253 Recit véritable de tout ce qui s'est passé à la mort de Monseigneur le Mareschal de Marillac, avec les regrets qu'il a eu d'avoir offensé le Roy. 1632.

254 Histoire véritable de tout ce qui s'est faict & passé dans la ville de Thoulouse, en la mort de Monsieur de Montmorency. Ensemble les interrogations qui luy ont été faictes, & les responces à icelles. 1633.

255 Interrogatoire de Maistre Urbain Grandier, Prestre, Curé de S. Pierre du marché de Loudun, & Chanoine de l'Eglise Saicte Croix dudit lieu, avec les confrontations des Religieuses possédées contre ledit Grandier. Ensemble la liste & les noms des Juges députez par sa Majesté. *Paris, Estienne Hebert & Jacques Poullard.* 1634.

256 Histoires véritables arrivées en la personne de deux Bourgeois de la ville de Charleville, qui ont esté étranglez & emportez par le Diable dans ladite Ville. Jouxte la copie imprimée à *Charleville.* 1637.

257 Les plaintes générales faites au Roy contre la confusion & incommodité des carosses. *Paris.* 1637.

258 La merveille arrivée à Londres d'un serpent né dans le cœur d'un Gentilhomme vivant. 1639.

259 Discours curieux sur le secret admirable du sieur Manfredé, buveur d'eau insigne, qui est venu de Malte, & par quelle subtilité il convertit l'eau qu'il a beue en toutes sortes de couleurs & d'odeurs. 1640.

260 De loco ubi victus Attila fuit olim dissertatio. (Auth. Joan. Grangierio.)*Parisiis, Joann. Libert.* 1641.

261 La Messe trouvée dans l'Ecriture. (par de Rodon.) 1647.

262 Le jeu de Piquet comme il se joue à la cour. Piece satyrique. *Paris.* 1660.

263 La Legende du Gafcon. *Paris, C. François Clou-fier.* 1665.

264 Le Divan ridicule, ou les confeils comiques donnés par la Princeffe Ottomane au grand Vifir fon époux après quelques reproches de fa conduite. 1684.

265 Inftitution de l'Ordre des Chevaliers de la Joye fous la protection de Bacchus & de l'Amour. 1696.

266 La Gazette des enfers, par M. de S***. Juillet. 1708.

267 La fageffe des petites-Maifons. *Paris.* 1740.

268 Homere danfeur de corde. *Paris.*

269 Médailles fur la Régence; avec les tableaux fimboliques du fieur Paul Poiffon de Bourvalais, premier Maltotier du Royaume, & le fonge funefte de fa femme. *Populum humilem falvum facies & oculos fuperborum humiliabis.* Pfalm. 17. 28. *Paris, Pierre le Mufca, rue des cent portes, à la maifon percée.* 1716.

270 Le Renard pris au trebuchet, dialogue entre la capitation & Gruet. *Paris, en place de Greve, chez Griffard Grapinand, à l'enfeigne Tire-col, fous la potence, près de l'échelle.* 1716.

271 Differtation fur l'antiquité de Chaillot, pour fervir de mémoire à l'hiftoire univerfelle. Deuxieme édition revue & corrigée. *Paris, Prault Pere.* 1736.

272 Panégyrique du fieur Jacques Mathieu Reinart, maître Cordonnier, prononcé le 13e mois de l'an 2899 dans la ville de l'imagination; par Pierre Mortier, Diacre de la Cathédrale; avec permiffion de Monfeigneur l'Archevêque de Bonfens. 1759.

273 Le Coq à-l'afne, ou l'éloge de Martin Zebre, prononcé

dans

dans l'assemblée générale tenue à Montmartre par M. M. ses confreres. Eh ! eh ! eh ! eh ! Sire Asne ! *à Asniere, aux dépens de qui il appartiendra.* 1760.

274 Oraison funebre de très habile, très élégant, très merveilleux Christophe Scheling, Maître Tailleur de Paris, prononcée le 18 Février 1761. dans la salle du célebre Alexandre, Limonadier au Boulevard. *Paris.* 1761.

4376 Bref sommaire des sept Vertus, sept arts Libéraux, sept arts de Poesie, sept arts Méchaniques, des Philosophies, des quinze arts Magiques. La louange de Musique. Plusieurs bonnes raisons à confondre les Juifs qui nient l'avénement de Notre-Seigneur ; avec les noms des premiers Inventeurs de toutes choses admirables, par Guillaume Telin. *Paris, pour Nicolas Cousteau, pour Galliot du Pré,* 1533, in 8. goth. m. r.

4377 Les Essais de Michel, Seigneur de Montaigne, avec des remarques par Pierre Coste. *Londres, Tonson,* 1724, 3 vol. in 4. m. bl. l. r.

4378 Supplément aux Essais de Michel de Montaigne, contenant la vie de Montaigne, par M. le Président Bouhier ; le caractere & la comparaison d'Epictete & de Montaigne, par M. Pascal, & le Discours d'Estienne de la Boetie, de la Servitude volontaire, avec les Notes de

Pierre Coste. *Londres, Guillaume Darres*, 1740. in 4. m. bl. l. r.

4379 Œuvres de Bernard de Bluet Darberes, Comte de Permiſſion, en 103 livres. *le premier jour de Mai* 1600. 3 vol. in 12. m. bl.

CET EXEMPLAIRE qui eſt un des plus complets que l'on connoiſſe, a été acheté à la vente de M. Gaignat 195 l. 1 ſ. N° 2423. Le LXXV livre où il y a une figure très ſinguliere, ne manque pas.

4380 Le Tombeau & Teſtament du feu Comte de Permiſſion, dédié à l'Ombre du Prince de Mandon, par ceux de la vieille Académie. *Paris, Touſſainct Boutillier*, 1606. in 8. m. bl.

4381 Les Œuvres de Guillaume du Bois, natif de la Paroiſſe de Putot en Beſſin, & Ouvrier du métier de Maçon, Maître Tailleur de Pierres à la ville de Caen, où il lui a été donné le don d'écrire en Poeſie Françoiſe, par un ordre alphabétique, pour oppoſer au fantaſtique, comme on pourra voir en ce petit livret. *Paris*, 1606. in 12. m. r.

CE VOLUME, qui eſt rare & ſingulier, paroît avoir été fait à l'imitation de celui de Bernard de Bluet Darberes; il eſt compoſé de différentes pieces dont voici le détail:

1 Au nom de Dieu, le monde eſt redreſſé par ſon amour loyal, &c. en vers. 72 pages. *Paris*, le 15 Septembre 1606.

2 Après que Dieu m'a fait cognoiſtre les très honorables cé-

BELLES-LETTRES. 733

rémonies du Baptême de noftre Maître & de fes fœurs, que Dieu a benies, &c. en vers & en profe. *Paris*, le 8 Octobre 1606. 24 pag.

3 Au Roi par amour loyal, ce falut eft dédié: par moi Guillaume du Bois, Poete de Monfeigneur de Roquelaure, &c. en vers. *Paris*, le 15 Septembre 1606. 12 pages.

4 A la gloire de Dieu, à l'honneur du Roi & de la Reine de France, &c. en profe & en vers. *Paris*, le 8 Octobre 1606. 24 pages.

5 Au nom de Dieu par amour loyal, &c. en vers & en profe. *Paris*, le premier Septembre 1606. 48 pages.

6 Traité des argumens faits à Caen en Normandie, & à Paris en France & autres lieux, par moi Guillaume du Bois, à l'encontre de Pierre Nizebeau de Chanteraine, foi difant fieur des Viettes. en vers. *Paris*, au mois de Juillet 1607.

4382 Les Œuvres de M. de Voiture. *Paris, veuve de Fr. Mauger*, 1693, 2 vol. in 12. m. r. doub. de m. l. r.

4383 Les Œuvres de M. Sarafin. *Paris, Louis Billaine*, 1663, in 12 m. r. l. r.

4384 Les Œuvres de M. Sarafin. *Paris, Nicolas le Gras*, 1685. 2 vol in 12. m. cit. doub. de m. viol. l. r.

4385 Les Œuvres de M. Paul Scarron. *Amfterdam, Pierre Mortier*, 1697. 10 tom. rel en 11 vol. in 12. m. r.

4386 Œuvres mêlées de (Charles de Saint-

Denis,) Sieur de Saint-Evremond, publiées sur les Manuscrits de l'Auteur. *Londres, Jacob Tonson*, 1709. 3 vol. in 4. m. r. l. r.

4387 Ouvrages de Prose & de Poesie des Sieurs de Maucroy, & de la Fontaine, *Paris, Claude Barbin*, 1685. 2. vol. in 12, m. r. l. r.

4388 Les Œuvres Posthumes de M. de la Fontaine. *Paris, Guillaume de Luyne*, 1696. in 12. m. r. l. r.

4389 Œuvres diverses du Pere Rapin. *Amsterdam, Abraham Wolfgang*, 1693. 4. vol. in 12. m. r. l. r.

4390 Opuscules sur divers sujets, par le Pere Dominique Bouhours. *Paris, Sebastien Mabre-Cramoisy*, 1684. in 12. m. r.

4391 Œuvres en Prose & en Vers, de M. Pavillon. *La Haye, Henry du Sauzet*, 1715. in 8. m. bl.

4392 Œuvres d'Estienne Pavillon, en Prose & en Vers. *Amsterdam, Zacharie Chatelain*, 1750. 2 vol. in 12, m. r.

4393 Recueil de quelques Pieces nouvelles & galantes, tant en prose qu'en vers. *Cologne, Pierre Marteau*, 1667. in 12. m. r.

4394 Œuvres de M. l'Abbé (Cesar Vichard) de Saint-Real, nouvelle édition enrichie de figures en taille-douce & de vignettes. *Amsterdam, François l'Honoré*, 1740. 6 vol. in 12. m. r.

BELLES-LETTRES. 735

4395 Œuvres diverses de M. (Bernard le Bouvier) de Fontenelle ; édition enrichie de figures gravées par Bernard Picart. *La Haye, Gosse*, 1728. 3 vol. in fol. m. viol.

4396 Œuvres de M. (Charles de Secondat, Baron de la Brede &) de Montesquieu. *Londres, chez Nourse*, 1767. 3 vol. in 4. G. P. v. f.

4397 Œuvres diverses en vers & en prose, par M. le Brun. in fol. rel. en cart.

MANUSCRIT sur papier du *XVIII siecle*, contenant 53 feuillets.

4398 Le Mariage de Phrynée : Vers sur la Calotte : Lit de Justice du 8 Juin 1725, & autres Pieces en vers & en prose. in fol. rel. en cart.

MANUSCRIT sur papier lisiblement écrit, contenant 43 feuillets.

4398* Recueil de Pieces manuscrites & imprimées, en vers & en prose, faites par M. de Voltaire, ou qui lui ont été adressées, & autres pieces pour & contre lui. 2 vol. in 4. & 9 Portefeuilles in 8. avec des dos de m. r.

4399 Recueil de Pieces de M. Gresset, en vers & en prose. Un Porte-feuille in 8. avec dos de m. r.

4400 Œuvres complettes de M. (Germain-François Poullin) de Saint-Foix, Historiographe des ordres du Roi. *Paris, veuve Duchesne*, 1778. 6 vol. in 8. papier de Hollande. v. f.

Polygraphes Italiens & Anglois.

4401 Le Prose di Messer Pietro Bembo. *In Vinegia, Gualtero Scotto*, 1552. in 8. m. bl.

4402 The Works of sir Thomas More, Chauncellor of England. *London, William Rastel*, 1530. 2 vol. in fol. goth. v. f.

4403 The Works of John Sheffield, earl of Mulgrave, Marquis of Normanby, and Duke of Buckingham, in verse and prose. *London, John Barber*, 1723. 2 vol. in 4. m. r.

4404 The Works of Joseph Addisson. *Birmingham, printed by John Baskerville for J. and R. Tonson*, 1761. 4 vol. in 4. fig. v. f.

Dialogues & Entretiens.

4405 Decem Dialogi variorum autorum. 1473. in fol. goth. m. r.

EXEMPLAIRE orné de lettres peintes en or & en couleurs. Premiere Edition exécutée sur 2 colonnes, dont celles qui sont entieres ont 35 lignes, sans chiffres, réclames & signatures. Elle est sortie des presses de Jean Veldener, à en juger par les caracteres qui sont les mêmes que ceux du livre intitulé : *Jacobi de Theramo liber qui consolatio peccatorum intitulatur* ... (N° 645.) livre qu'il imprima vers 1475 à Cologne où il étoit d'abord établi.

Il y a à la tête de ce Volume un feuillet qui contient l'exposé des traités qui y sont imprimés. Au verso on lit cette date: *Anno dñi. M. cccc. lxxiij.*

On trouve sur le dernier feuillet la table des dialogues qui portent dans le corps du Volume les sommaires suivants. Le premier n'en portant point, nous en copions la souscription:

1 *Explicit tractatus beati ysidori de spirituali consolacione.*

2 *Incipit tractatus doctoris egregij iheronimi pro consolacione infirmorū compositus.*

3 *Epistola bartholomei facij super tractatu siue libello quem composuit de vite felicitate pro illustrissimo principe alfonso rege aragonum.*

4 *Lucij annei senece de remedijs fortuitor liber feliciter incipit*

5 *Laurentij vallensis oratoris clarissimi in elegantissimum de libero arbitrio dialogū ad garsiam illerdensem episcopum prefatio seu prohemium feliciter incipit.*

6 *Mafei vegij laudunen in elegantissimū de alithia et philalithe dialogū prefacio epistolaïs.*

7 *Incipit ejusdē dialogꝰ de felicitate et miseria.*

8 *Pogij florentini oratoris disertissimi ad franciscū barbar dialogi in auariciā prefacio epistolaris feliciter incipit.*

9 *Perpu!chre ac elegantissime de nobilitate disputationis prefatio inicium sumit. (-authore bonacursio pistoriensi.)*

10 *Incipit dyalogus ꝯsolatoriꝰ in quo anthonius consolatur bernardū mesticia affectū ob casū rei. p.*

4406 Salomonis & Marcolphi Dialogus. *Antwerpiæ per me Gerardum Leeu.* = Æsopus cum comento. *Impressus per me Gerardum Leeu,* 1488. in 4. m. r.

4407 Les Dits de Salomon & de Marcon. in 8. goth. m. r.

Ce Livre, qui est fort singulier & rare, contient en tout sept feuillets.

4408 Cymbalum Mundi en françois, contenant quatre Dialogues poetiques, antiques, joyeux & facetieux, par Thomas du Clevier, (Bonaventure Desperiers.) *Paris, Jehan Morin*, 1537. in 8. m. violet.

Edition Originale, très rare, achetée à la vente de M. Gaignat, N°. 2528. 350 liv. Il y a à la fin de cet Exemplaire une copie de la requête présentée à M. le Chancelier par Jean Morin, à l'effet de le faire sortir de prison où il étoit détenu à cause de l'impression de cet Ouvrage. Cette Requête a été copiée sur l'Exemplaire de la Bibliotheque du Roi, où elle est écrite de la main de M. Dupuy. On a annoncé que cette Edition étoit ornée de quelques figures gravées en bois; c'est une erreur; il n'y en a jamais eu, à l'exception de celle du frontispice.

4409 Cymbalum Mundi, ou Dialogues satyriques sur différents sujets, par Bonaventure des Perriers, avec une Lettre critique dans laquelle on fait l'Histoire, l'Analyse & l'Apologie de cet Ouvrage, par Prosper Marchand. *Amsterdam, Prosper Marchand*, 1732. in 12. m. viol.

Imprimé sur vélin.

BELLES-LETTRES. 739

4410 Les Dialogues de feu Jacques Thaureau, non moins profitables que facetieux. *Anvers, Pierre Vibert,* 1574. in 12. m. r.

4411 Dialogue fort plaifant & récréatif de deux Marchands, l'un eft de Paris, & l'autre de Pontoife, fur ce que le Parifien l'avoit appellé Normand. Enfemble diffinition de l'affiette d'icelle ville de Pontoife, felon les chroniques de France. *Paris, Prigent Godec.* = Avertiffement, Antidote & Remede contre les piperies des Pipeurs, auquel font déduits les traits & fineffes de un nommé Ant. d'Anthenay, lequel outrepaffa les fineffes de Villon, Pathelin, Ragot & autres Affronteurs, a (fans bourfe delier) emporté de la ville de Paris, cent mil écus & plus. 1584. in 8. m. bl.

4412 Quatre Dialogues faits à l'imitation des Anciens, par Orafius Tubero. (Franç. la Mothe-le Vayer.) *Francfort, Jean Sarius,* 1506 (1606) in 4. m. cit. dent. l. r.

4413 Dialogue de la Tête & du Bonnet, trad. de l'Italien de Pandolpho Colenucio, par Frere Antoine Geuffroy. *Paris, Wechel,* 1543. in 4. vélin verd.

4414 Le Soulas du cours naturel de l'homme, en forme de Dialogue, trad. de Tofcan en François, par Gilbert Dert. *Paris, Richard Breton,* 1559. in 8. m. r.

Tome II. Bbbbb

BELLES-LETTRES.

4415 Dix plaisans Dialogues du sieur Nicolo Franco. Trad. d'Italien en François, par G. C. (Gabriel Chappuis.) *Lyon, Jean Beraud*, 1579. in 16, m. r.

4416 Giordano Bruno Nolano. de gl' Heroici furori. *Parigi, Antonio Baio*, 1585, in 8. m. à compart. doublé de m. r. dent. l. r.

4417 Cabala del Cavallo Pegaseo, in tre Dialogi. l'Asino Cillenico. opera di Giordano Bruno Nolano. *in Parigi, Baio*, 1585, in 8. m. r.

Il manque dans cet Exemplaire le frontispice ; malgré cette imperfection, ce livre a été acheté à la vente publique des livres de la Bibliotheque de M. Floncel 160 liv. Il est le plus rare des Ouvrages de Brunus Nolanus, & c'est le seul Exemplaire que l'on connoisse à Paris. On trouve à la tête du Volume une Epître Dédicatoire adressée à Don Sapatino, Abbate successor di San Quintino. Elle contient 5 feuillets. Declamatione al studioso, divoto, & pio lettore. partie de 8 feuillets. un molto pio sonetto, 1 feuillet.

Le texte suit ; il commence ainsi :

Dialogo primo. interlocutori Sebasto. Saulino. Coribante.

Les trois Dialogues tiennent les signatures A——D. 2.

L'Asino Cillenico commence à la signature D 3. Il contient six feuillets, au verso du dernier desquels il y a une gravure qui représente un Cheval & un Ane.

4418 Les Entretiens d'Ariste & d'Eugene. par le Pere Dominique Bouhours. *Paris, Sebastien Mabre Cramoisy*, 1671, in 4. m. r.

BELLES-LETTRES.

ÉPISTOLAIRES.

Traités sur la maniere d'écrire des Lettres.

4419 Modus Epiftolandi editus & compilatus per Poggium civem Florentinum. *impref. circa annum* 1472, in 4. rel. en cart.

EDITION à longues lignes au nombre de 29 fur les pages qui font entieres, fans chiffres, réclames & fignatures, contenant 6 feuillets. Les caracteres font femblables à ceux de *George Laver*, avec lefquels il a exécuté : *E Bafilio Magno traductio* n°. 387 & le *Rationale Durandi* en 1477. n°. 216.

Le dernier feuillet porte cette foufcription :

Epiftolandi modus dñi Pogii Oratoris atq3 Poete excellentiffimi Finit.

4420 Modus Epiftolandi editus ac compilatus per Poggium civem Florentinum. *impreff. circa*, 1472, in 4. rel. en cart.

Autre Exemplaire de l'Edition précédente.

4421 Formulario de Epiftole vulgare miffive & refponfive & altri fiori de ornati parlamenti. compofto per Bartholamio Miniatore. *in Milano, per Leonardo Pachel*, 1489, *del mefe de Lugo*, in 4. goth. v. f.

Collections de Lettres de différents Auteurs Grecs.

4422 Epistolæ diversorum Philosophorum, Oratorum, Rhetorum sex & viginti. Græcè, ex recensione Aldi Manucii. *Venetiis, apud Aldum mense Martio*, M. ID. (1499) in 4. m. r.

PREMIERE EDITION.

4423 Epistolæ Basilii Magni, Libanii, Chionis, Æschinis, Isocratis, Phalaridis, Bruti Romani, Apollonii Tyanensis, & Juliani Apostatæ, &c. græcè, ex recensione Aldi Manucii. *Venetiis, apud Aldum, mense Martio*, 1499, in 4. m. bl.

PREMIERE EDITION.

4424 Opuscula varia. in 8. rel. en cart. avec dos de veau d. s. tr.

MANUSCRIT du *XV siecle*, sur vélin, contenant 56 feuillets. Il est écrit en *ancienne bâtarde romaine*, à longues lignes. On y lit à la fin des Epîtres de Phalaris :

Perfectum brugijs Anno domini M. cccc. lxi. (1461) die xviij januarij. Per me Franciscũ Iustinianum quondã dnĩ Iuliani LAVS DEO.

Il contient :

1 Francisci (Accolti d'Arezzo) aretini phalaridis agrigentini epistolæ ad illustrem principem mallatestam novellum de mallatestis.

BELLES-LETTRES. 743

Les quatre dernieres Epîtres de Phalaris ne se trouvent pas dans ce MS.

2 (Morbaxiani epistola ad summum pontificem Clementem VI. qua eum & cruce signatos deterret a bello in asiam inferendo.)

Cette Epître commence ainsi, sans sommaire :

Morbaxianus herbexeyexi cum fratribus suis cherubim et Iusbach imperatoris Organi colecterales et pugiles in partibus achaye domino magno sacerdoti romanorum iûxta merita dilecto.

A la fin :

Data anno mahometi 745. (J. C. 1344.) in introitu mensis caldeti. i. Ianuarij ;

2 Oratio ad B. Virginem metricè composita.

Cette Oraison consiste en 41 vers. Elle commence ainsi :

O intemerata parens superum regina decusque
O spes humani generis : cui nostra facultas
Tota subest.

4425 Epistolæ variæ. in 4. rel. en cart. avec dos de veau, d. s. tr.

BEAU MANUSCRIT sur vélin, exécuté en Italie dans le *XV siecle*, contenant 199 feuillets. Il est écrit en *lettres rondes*, à longues lignes. Les ornements dont la premiere page est décorée, & quelques unes des capitales sont peintes en or & en couleurs.

Il contient :

1 Francisci (Accolti d'Arezzo) arretini phalaridis agrigentini epistole (cxlij) è græco traducte.

2 Leonardi (Bruni) aretini epistolæ (xii) platonis è græco traductæ ad cosmam medicem.

3 Quædam Epistolæ ypocratis medicine artis peritissimi è græco in latinum conuersæ per.... ad Nicolaum iiij summum pontificem.

Cette traduction de quelques Epîtres d'*Hippocrates* est d'*Alamano Rinuccini* de Florence, mort vers 1504. Il la dédia au Pape *Nicolas V*, & non à *Nicolas iiij*, ainsi que l'écrivain le marque dans le titre.

4 Francisci Aretini Diogenis philosophi epistolæ (xlvij) ad pium secundum pont. max.

Cette traduction est précédée d'une piece de 60 vers latins, adressée par *Accolti* à *Pie II*.

Elle commence ainsi:

Ad uaticani præclara palatia petri
Vade precor nostri diua talia memor.

Elle finit par ces deux vers.

Sic hominum mundique diu moderatus habenas
Candidus exuperes serius astra pie.

4426 Phalaridis Agrigentini Epistolæ, è græco in latinum translatæ à Francisco (Accolti d'Arezzo) Aretino. ==Marci Bruti Epistolæ à Mithridate collectæ & è græco in latinum versæ per Raimitium. ==Cratis Cynici, Diogenis discipuli, Epistolæ, è græco in latinum traductæ per Athanasium Constantinopolitanum, Archiensem Abbatem. (*Parisiis*) *per Michaelem Friburger,*

BELLES-LETTRES. 745

Martinum Crantz & Ulricum Gering, circa,
1471, in 8. m. r.

Ce Volume imprimé avec les mêmes caracteres, & de même format que la Rhétorique de Fichet, par les trois premiers Imprimeurs de Paris, commence par la Dédicace de François Aretin, sur les Epîtres de Phalaris, qui finissent ainsi :

Epistolar Phalaridis fœlix finis ;

Les Epîtres de M. Brutus commencent ainsi sur le recto du feuillet suivant :

Raimitii! in catalogum Mitridatis de epistolis. M. bruti, ad
Nicolaū quintū pontificem maximum! præfatio fœliciter
incipit ;

Elles sont terminées par ces mots :

Catalogus eplar bruti finit fœliciter ;

Le feuillet suivant commence par la Dédicace d'Athanase sur les Epîtres de Crates, & le Volume finit par la souscription suivante :

Finis Cynicar Cratis ;
Erhardi Vuindsberg Epigrāma ad germanos librarios
egregios, michaelem, martinum, atq₃ udalricum ;
Plura licet summa dederis alemannia laudi!
At reor hoc maius te genuisse nihil.
Q prope diuinā summa ex industria fingis
Scribendi hanc artem, multiplicans studia.
Fœlices igiť Michael, Martineq₃ semper
Viuite, & Vlrice! hoc qs opus imprimiť.
Erhardum uestro & nō dedignemini amore !
Cui fido semper pectore clausi eritis ;

Lettres des Auteurs Grecs.

4427 Phalaridis Tyranni Agrigentini Epiſtolæ, per Franciſcum (Accolti d'Arezzo.) Aretinum è græco in latinum tranſlatæ. (*Romæ Ulricus Han circa* 1469,) in 8. m. r.

PREMIERE EDITION, TRÈS RARE.

Ces lettres de Phalaris ont été imprimées au plus tard dans le commencement de l'année 1469, à Rome, par Ulric Han, avec les mêmes caracteres qui ont été employés pour les Epîtres de S. Jérôme, n° 435, & les Tuſculanes de Cicéron, *Romæ*, 1469, n° 2263. On ne connoît pas de livres imprimés par cet Artiſte, avec ces mêmes caracteres, depuis cette année.

L'Edition que nous annonçons eſt à longues lignes, ſans chiffres, réclames & ſignatures, & contient 48 feuillets, dont les pages qui ſont entieres ont 27 lignes.

On trouve à la tête une Dédicace de Fr. Aretin au Prince Malateſta. Les lettres de Phalaris commencent au bas du verſo du troiſieme feuillet, & à la fin du dernier il y a cette ſouſcription :

Phalaridis Tyrãni Agrigentini Epiſtole ad Illuſtrem principẽ Malateſtã per Franciſcũ Aretinum Tranſlate feliciter Explitiunt.

4428 Phalaridis Tyranni Agrigentini Epiſtolæ, è græco in latinum tranſlatæ per Franciſcum (Accolti d'Arezzo). Aretinum. 1474, in 8. m. r.

Ce Volume commence ainſi :

Franciſci Aretini in phalaridis tiranni agrigẽtini eplas

ad

BELLES-LETTRES.

ad illustres principem Malatestam Nouellum de Malatestis.

A la fin il y a la souscription suivante :

Phalaridis Tyranni Agrigentini Epistole ad illustrem principem Malatestam. Per Franciscum Aretinum translate. Foeliciter Absoluta sunt. A. M. CCCC. LXXV.

Au dessous de cette souscription se voit un Registre.

4429 Phalaridis Epistolæ è græco in latinum translatæ per Franciscum (Accolti d'Arezzo.) Aretinum. *impress. circa annum* 1474, in 4. v. f.

EDITION sans chiffres, réclames & signatures, à longues lignes, contenant 41 feuillets. Elle commence ainsi :
Francisci Aretini in phalaridis tirăni agrigētini epistolas ad illustrē principē Malatestă nouellŭ d Malatestis.

Elle finit au bas du verso du dernier feuillet par ces mots :
Phalaridis Tirăni Agrigētini Eple ad Illustrē principē Malatestă. Per Frăciscŭ. Aretinŭ translate. Feliciter absoluta sunt.

4430 M. Bruti Epistolæ collectæ per Mithridatem & è græco in latinum translatæ à (Rinuccino) in 8. rel. en cart.

EDITION sans chiffres, réclames & signatures, exécutée à longues lignes vers l'an 1474. Elle commence par ces mots, formant deux lignes imprimées en lettres capitales :
Incipiunt Epistolae bruti ad Pergamenos.

Elle finit au bas du dixieme feuillet par cette ligne :
nequeunt id eos denegare neccesse est.

Tom. II.   C c c c c

Collection de Lettres de différents Auteurs Latins.

4431 Epistolarum illustrium Virorum Libri XII. collectore Jodoco Badio Ascensio. *in Officina Nicolai Wolf, Lutriensis*, 1499, in fol. v. f.

4432 Epistolæ obscurorum virorum (Ulrici de Huttin, Herman. de Newenar, Joann. Croti, Joann. Reuchlin, &c.) ad Ortuinum Gratium. 1557, in 12. m. r.

Lettres des Auteurs Latins anciens.

4433 Lucii Annæi Senecæ Epistolarum ad Lucilium Libri XXV. *Romæ, in domo Petri de Maximis, per Arnoldum Pannartz*, 1475, gr. in 4. m. r.

PREMIERE EDITION, exécutée avec un petit caractere rond assez serré. Le Volume commence par huit feuillets qui contiennent :

1 Le Prologue de St. Jérôme sur les prétendues Epîtres de S. Paul à Seneque, & celles de Seneque à S. Paul.

2 Ces prétendues Epîtres.

3 L'Epitaphe de Seneque.

4 La Table des Epîtres de Seneque.

On lit à la fin cette souscription :

Præsens hæc epistolarum Senecæ ad Lucilum impressio In alma urbe Roma in domo nobilis uiri Petri de maximis non atramento : plumali calamo : neq3 stilo æreo : sed

BELLES-LETTRES.

artificiosa quadam adinuentione imprimendi seu characteriȝandi : opus sic effigiatum est , ad dei laudem ĩdustriæq3 p̄ magistr Arnoldũ pannartȝ Alamanũ est cõsumatũ. Anno salutis. M. CCCC. LXXV. Die uero Prima Mensis Februarii: Seden. Sixto Pon. Max. Anno eius quarto.

Cette souscription est suivie d'un feuillet de regiftre.

4434 Lucii Annei Sénece Cordubensis ad Lucillium epistole Feliciter Incipiunt. in fol. m. bl.

EDITION sans chiffres , réclames & signatures , exécutée à longues lignes au nombre de 35 sur les pages qui sont entieres. Elle commence par l'intitulé ci-dessus , & elle finit au bas du recto du dernier feuillet , par cette Epitaphe :

Epitaphium Senece.
Cura labor meritum sumpti pro munere honores.
Post hac solicitate animas.
Me procul a vobis deus euocat : & licet actis.
Rebus terrenis hospita terra vale.
Corpus auara tamen solemnibus accipe saxis.
Namq3 animam celo reddimus ossa tibi.

Cette Edition, dont le caractere est semblable à celui des Vies de Plutarque, sans noms de Ville & d'Imprimeur, N°   , nous paroît plus ancienne de deux ou trois années que la précédente.

4435 Pistole del moralissimo Seneca nuovamente fatte volgare, per Sebastiano Manilio. *In Venetia Sebastiano Manilio , Stefano e Bernardino Dinali, fratelli,* 1494, *à di XIV. di Aprile.* in fol. vel.

4436 Caii Plinii Secundi Epistolarum Libri VIII. ex recognitione Ludovici Carbonis. 1471, in 4. m. r.

Première Edition.

Nous l'annonçons comme étant in 4. parcequ'elle a les pontuſceaux en travers. Quoiqu'elle ne porte point de nom de Ville ni d'Imprimeur, nous ſommes très perſuadés qu'elle eſt ſortie des preſſes de Chriſtophe Valdarfer, Imprimeur de Veniſe, non-ſeulement parceque les caractères qui ont ſervi à ſon exécution ſont ſemblables à ceux de l'Edition des Oraiſons de Cicéron, publiée par cet Artiſte en 1471; mais encore parcequ'elle a eu pour correcteur Louis Carbo, qui s'étoit attaché à cette Imprimerie de Veniſe.

Le premier feuillet contient une Epître de Carbo à Borſio, Duc de Modene, elle eſt curieuſe. Nous en extrayons un paſſage qui concerne les premiers imprimeurs :

.... *Adeo late pateat Romana & Græca facundia ut iā & Galli & Britanni bonos oratores & poetas habere uideantur : ad quā quidem rem cōmodiſſimū adiumentū præſtiterūt nobiliſſima Germanor ingenia : q̃ artificioſiſsias ĩprimēdor librorum formas excogitarunt ut ſapiētiſſimor auctor plurima ſimul. eodem temporis momēto uolumina in prōptu eēnt.*

Ce paſſage ne paroît pas devoir être ſuſpect ; il eſt d'un Italien qui n'avoit aucun intérêt à avancer une fauſſeté. Carbo continue ainſi :

.... *In primiſq3 has Plinii Secundi iunioris Epiſtolas cognitiōe p̃fecto digniſſimas & lectione frequēti : op̃a mea emendatas correctaſq3 ĩpreſſoribus miſi.*

Les paſſages grecs pour leſquels on a laiſſé des blancs ſont remplis dans cet Exemplaire par une belle écriture.

BELLES-LETTRES. 751

4437 C. Cæcilii Plinii Secundi Epistolæ. ex recensione Pomponii Lætii. *Romæ, Eucharius Silber alias Franck*, 1490, in 4. v. f.

4438 C. Plinii Secundi Epistolarum Libri X. Ejusdem Panegyricus Trajano dictus. Ejusdem de Viris illustribus in re Militari liber. Suetonius de claris Grammaticis & Rhetoribus. Julius Obsequens de Prodigiis. Latina interpretatio dictionum & sententiarum græcarum, quibus Plinius utitur. cum Præfatione Aldi Pii Manucii. *Parisiis, Robertus Stephanus*, 1529, in 8. m. r. doub. de m. l. r.

4439 Lettres de Pline le jeune, traduites en françois par Louis de Sacy. *Paris, veuve de Claude Barbin*, 1699, 3 vol. in 12. m. r. dent.

Lettres des Auteurs Latins modernes.

4440 Francisci Petrarchæ Epistolæ familiares. ex recensione Sebastiani Manilii. *Venetiis, per Joannem & Gregorium de Gregoriis*, 1492, in 4. v. f.

4441 Francisci Philelfi Epistolæ. (*Venetiis, per Joannem de Spira, circa* 1472.) in fol. m. r.

PREMIERE EDITION, sans chiffres, signatures, & avec réclames, à longues lignes au nombre de 37 sur les pages qui sont entieres. On n'y voit ni nom d'Imprimeur ni nom de Ville ; mais à en juger par les caracteres qui sont ceux avec lesquels Jean de Spire a imprimé à Venise en 1469 deux Editions des Epîtres Familieres de Cicéron, dont une est annoncée sous le n° 2313; elle doit être sortie des presses de cet Artiste.

L'intitulé du premier feuillet est en lettres capitales, ainsi qu'il suit :

Francisci Philelfi epistolarum Liber Primus.

Franciscus Philelfus. Leonardo Iustiniano salutem plurimam Dicit.

La derniere Epître finit par cette ligne :

debeam. Vale. Ex Mediolano iiij. Idus martias. M. cccc. lxi.

Finis.

4442 Francisci Philelfi Epistolæ. *Opus impressum circa* 1490, in 4. m. r.

EDITION à longues lignes au nombre de 36 sur les pages qui sont entieres, sans chiffres & réclames, avec signatures.

4443 Francisci Philelfi Epistolarum familiarium Libri XXXVII. ex ejus exemplari transumpti. *Venetiis, Gregorius de Gregoriis,* 1502, in fol. relié à compart.

EXEMPLAIRE DE GROLIER.

4444 Eneæ Sylvii, postea Pii Secundi Pontificis Maximi, Epistolæ. *Mediolani, per Magistrum Antonium de Zarotis,* 1473, *Maii XXV.* in fol. m. r.

4445 Aenee Siluii Piccolominei qui & Pius secundus fuit Epistole in Cardinalatu edite Lege foeliciter. in 4. v. f.

Edition sans chiffres, réclames & signatures, exécutée vers 1472, à longues lignes au nombre de 27 sur les pages qui sont entieres. Elle commence par l'intitulé que nous avons rapporté, & elle finit au verso de l'avant-dernier feuillet, par cette souscription:

Finiunt Epistole Enee Siluii Piccolominei qui & Pius secundus fuit in Cardinalatu edite.

Cette souscription est suivie d'un feuillet de regiftre.

4446 Eneæ Silvii postea Pii secundi Pont. Max. familiares Epistolæ. *Coloniæ, per Johannem Koelhoff de Lubeck,* 1458 (1478) in fol. goth. m. r.

L'Auteur de la Bibliographie au n° 4134, fixe la date de cette Edition à l'année 1468, d'après les sentimens de quelques savans; mais ils n'ont pas fait attention que ce livre a des signatures, qui n'ont commencé à être en usage qu'en 1474.

4447 Eneæ Silvii, postea Pii secundi Pontificis Maximi, familiares Epistolæ datæ ad amicos in quadruplici vitæ ejus statu. *Impress. per Johannem Koelhoff de Lubeck Coloniæ incolam, anno M. CCCC. LVIII,* (1478) in fol. goth. m. r.

4448 Æneæ Silvii, postea Pii secundi Pontificis Maximi, familiares Epistolæ. *Lovanii, per Joan. de Westphalia,* 1483, in fol. m. bl.

Cette Edition est la plus complete, & la plus belle de ces lettres.

On lit à la fin :

Pii Secundi pontificis maximi cui ante summũ episcopatũ primũ quidem imperiali secretario Mox episcopō. Deĩde etiã Cardinali senẽsi. Enee siluio nomẽ erat Familiares epistole date ad amicos ĩ quadruplici uite eius statu finiunt per me Ioãnẽ de uuestfalia In alma uniuersitate louaniẽsi cõmorãtẽ. Annõ incarnatõis dominice M. CCCC. LXXXIII.

Les caractères qui ont servi à cette Edition sont très beaux, & sont exactement les mêmes que ceux qu'Adam de Ambergau a employés pour son Edition des Oraisons de Cicéron, qui porte la date de 1472.

M. Gockinga dans son origine de *l'Imprimerie*, pag. 85. à la note, rapporte sur cette Edition le sentiment de M. Kribber, Libraire d'Utrecht, qui croit que Jean de Westphalie n'en est point l'Artiste, & qu'il n'en a été que le Prête-nom. Il auroit pu ajouter, pour appuyer ce sentiment, que c'est le seul livre connu, imprimé par Jean de Westphalie, avec ces beaux caractères ronds, & que les autres Editions qu'il a données en la même année 1483, & les années sui-vantes, sont exécutées avec des lettres de *somme*.

Malgré cela, il est possible que cet Imprimeur ait acquis après la mort d'Adam de Ambergau, les matrices ou les poinçons de ce caractère. Nous croyons même qu'il a réel-lement exécuté les lettres d'*Eneas Silvius*, parceque nous y voyons les signatures placées d'une maniere qui lui étoit particuliere; au lieu de les mettre au bas de la page, il les mettoit à côté dans la marge extérieure.

4449 Æneæ Silvii, postea Pii secundi Pontificis Maximi Epistolæ sive orationes. *Mediolani*, Antonius

BELLES-LETTRES. 755

Antonius Zarothus impreſſit, opera & impendio Joannis Petri Novarienſis, 1487, in fol. m. r.

4450 Epiſtolarum Marſilii Ficini Florentini, Libri XII. *Venetiis, impenſa Hieronymi Blondi, opera vero Mathæi Capcaſæ*, 1495, in fol. m. r.

4451 Roberti Gaguini Epiſtolæ; orationes; de conceptione Virginis defenſio; de arte metrificandi. Epigrammata, &c. *Pariſiis, impenſa Durandi Gerleri, & venales habentur apud Andræam Bocard*, 1498. in 4. m. viol.

4452 Opus epiſtolarum Petri Martyris Anglerii Mediolanenſis. *Compluti in Ædibus Mich. de Eguia*, 1530. in fol. m. bl.

EDITION ORIGINALE.

4453 Opus Jacobi Comitis Purliliarum Epiſtolarum familiarium. in fol. m. r.

EDITION exécutée vers l'an 1500, à longues lignes, avec chiffres, réclames & ſignatures.

4454 Selectæ aliquot Epiſtolæ Deſiderii Eraſmi Roterodami nunquam anteà evulgatæ. *Baſileæ, Joannes Hervagius & Hieronymus Frobenius*, 1528. in 4. m. r.

4455 Petri Delphini Veneti, Prioris ſacræ Eremi, & Generalis totius Ordinis Camaldulenſis Epiſtolarum Libri XII in lucem editi curâ & ſtudio

Tome II. Ddddd

Jacobi Brixiani, Prioris Camaldulensis. *Venetiis, arte & studio Bernardi Benalii*, 1524. in fol. m. r.

TRÈS RARE.

EXEMPLAIRE de M. de Colbert.

Voici ce que dit le Pere Martene au sujet de la rareté de ce livre, dans le tom. III. de sa collection, intitulée: *Veterum scriptorum amplissima collectio. Parisiis,* 1724. pag. 913 & 914....

Hinc tantus ille studiosorum virorum ardor, eum, ubi se se præbet occasio, coemendi, (rarissima enim est) ut nullo parcant auro, argentum vero plenâ manu disseminent, quo vel unum exemplar consequi valeant : adeo ut nuper cum Parisiis Hasta unicum subjiceretur, MILLE GALLICIS LIBRIS *in publicâ auctione venundatum sit : &c.*

4456 Epistolæ Jacobi Antiquarii Perusini. *Perusiæ, apud Leonem, opera Cosmi Veronensis, cognomento Blanchini,* 1519. in 4. m. r.

4457 Epistolæ Thurci per Laudivium Hierosolimitanum equitem collectæ. *Lugduni, Joannes Marion, sumptibus Romani Morin,* 1520. = Nouvelles venues d'Orient entre Sophin ou Sophias nommé & le Grand Turc & Soudan. Comment le Grand Turc a gagné la ville de Damas, & a ouy la messe environ le sépulchre de Notre Seigneur. *Jean Richard* (1517). = La totale & vraie Description de tous les passages, lieux & détroits, par lesquels on peut pasfer & entrer des Gaules en Italie. *Paris, Touffains Denys*, 1518. in 4. goth. m. r.

4458 Epistolarum Pauli Manutii Libri IV. ejusdem quæ præfationes appellantur. *Venetiis, Aldus*, 1560. in 8. m. viol. l. r.

Lettres des Auteurs François.

4459 Lettres du Cardinal Duc de Richelieu. *Paris, Veuve Mabre Cramoisy*, 1696. 2 vol. in 12. m. r.

4460 Lettres de M. Flechier, Evêque de Nismes, sur divers sujets. *Paris, Estienne Ganeau*, 1711. in 12. m. r.

4461 Lettres Persanes, par M. (Charles de Secondat, Baron) de Montesquieu. *Amsterdam, Jacques Desbordes*, 1730. 2 vol. in 12. m. viol.

Lettres des Auteurs Italiens & Espagnols.

4462 Epistola o vero lectera di Messer Giovanni Boccacci mandata à Messer Pino de Rossi confortatoria. *In Firenze per M. B. Cl. Florentino*, 1487. in 4. vél.

4463 Delle Lettere di Messer Pietro Bembo. *In Roma, per Valerio Dorico & Luigi Fratelli*, 1548. in 4. m. r.

4464 Le Lettere di Messer Pietro Aretino, di nuovo impresse & corrette. 1538. in 8. m. bl.

4465 Le Lettere di M. Pietro Aretino. *In Venetia, per Curtio Navo e Fratelli*, 1539. in 8. m. bl.

4466 Epitres dorées, morales & familiaires de Don Antoine de Guevare, Evêque de Mondonedo, traduites d'Espagnol en François par le Seigneur de Guterry, Docteur en Médecine. Tome premier. *Lyon, Macé Bonhomme*, 1558. in 4. veau f. à compartiments.

Fin du second Volume.

www.ingramcontent.com/pod-product-compliance
Lightning Source LLC
Chambersburg PA
CBHW071658300426
44115CB00010B/1245